Enderlein · Der Außenhandelskaufvertrag
– HANDBUCH DER AUSSENHANDELSVERTRÄGE BAND 1

Motive Texte Materialien (MTM) – Band 32

Das Recht der DDR (5)

Handbuch der Außenhandelsverträge Band 1

Der Außenhandelskaufvertrag

Herausgegeben vom Institut für ausländisches Recht
und Rechtsvergleichung an der Akademie für Staats-
und Rechtswissenschaft der DDR

bearbeitet von einem Autorenkollektiv
unter Leitung von

Prof. Dr. jur. Dr. sc. oec. Fritz Enderlein

CFM

C. F. Müller Juristischer Verlag
Heidelberg 1986

Autoreh:

Marianne Andrae	2.1.
Karl Becher	2.3.
Fritz Enderlein	2.1./2.2./3.
Horst Fincke	6.
Dieter Krahl	1./5.
Gisela Neumann	1.
Helga Rudolph	4.

Sachregister: Jutta Kästner

Redaktion:
Fritz Enderlein/
Helga Rudolph

Ausgabe der C. F. Müller, Juristischer Verlag GmbH,
Heidelberg 1986

Printed in the German Democratic Republic
Gesamtherstellung: Staatsdruckerei der DDR, Berlin
ISBN 3-8114-0286-2

Einleitung

Seit dieser Band 1 der Handbücher der Außenhandelsverträge im Jahre 1971 das erste Mal erschienen ist, haben sich hinsichtlich der rechtlichen Regelung der internationalen Wirtschaftsbeziehungen sowohl national als auch international große Veränderungen vollzogen. Bereits in der 1979 erschienenen 2. Auflage konnte sich die Darstellung auf das 1976 erlassene Gesetz über internationale Wirtschaftsverträge – GIW – stützen. Nunmehr steht das Inkrafttreten der UN-Konvention über Verträge über den internationalen Warenkauf – CIS – bevor. Auch die Praxis des Abschlusses und der Erfüllung von Außenhandelsverträgen wurde weiterentwickelt. Dabei ist nicht zu übersehen, daß die Politik der friedlichen Koexistenz, die in den 70er Jahren den Aufschwung und die Entwicklung der intersystemaren Wirtschaftsbeziehungen bestimmte, in der jüngsten Vergangenheit starken Belastungen ausgesetzt ist.

Unter diesen Bedingungen betrachten es die sozialistischen Staaten als vordringlich, den Kampf um die Erhaltung des Friedens auch weiterhin durch den Ausbau und die Festigung ökonomischer Beziehungen zwischen Staaten unterschiedlicher Gesellschaftssysteme zu unterstützen. Die rechtliche Regelung dieser Beziehungen spielt dabei keine geringe Rolle.

Die internationalen Wirtschaftsbeziehungen der DDR sind weiterhin vorrangig auf die Entwicklung und Vertiefung der sozialistischen internationalen Arbeitsteilung, der wissenschaftlich-technischen Zusammenarbeit, der Kooperation und des Warenaustausches mit der Sowjetunion und den anderen sozialistischen Staaten im Rahmen der sozialistischen ökonomischen Integration gerichtet. Auf dieser Grundlage nehmen aber auch die Handelsbeziehungen mit nichtsozialistischen Partnern, die der Durchsetzung der friedlichen Koexistenz dienen, im Außenhandel der DDR einen wichtigen Platz ein. Besonderes Gewicht legt die DDR auf die Entwicklung ihrer Wirtschaftsbeziehungen zu den Entwicklungsländern. Sie unterstützt damit deren Ringen um die Erlangung ihrer ökonomischen Unabhängigkeit und fördert ihre industrielle Entwicklung.

Die Zielstellung des vorliegenden Bandes, das Gesamtsystem der rechtlichen Regelung des Außenhandelskaufvertrages (vom Außenwirtschaftsmonopol bis zur Durchsetzung von Ansprüchen) dem Benutzer nahezubringen, ist unverändert geblieben. Wir hielten es aber für vertretbar, in dieser 3. Auflage auf die Behandlung der gerichtlichen und schiedsgerichtlichen Beilegung von Streitigkeiten, die in den bisherigen Auflagen gebührenden Raum einnahmen, zu verzichten, und verweisen dafür auf das Kapitel 4 (Rechtsverfolgung und Streitbeilegung in den intersystemaren Wirtschaftsbeziehungen) in dem Grundriß „Die rechtliche Regelung der internationalen Wirtschaftsbeziehungen der DDR zu Partnern im nichtsozialistischen Wirtschaftsgebiet" (Autorenkollektiv unter Leitung von Helga Rudolph und Heinz Strohbach, Berlin 1982). Auf diese Weise wurde Platz gewonnen, um in den anderen Abschnitten des Handbuches rechtsvergleichende Hinweise aufzunehmen.

Auch die 3. Auflage des Handbuches der Außenhandelsverträge Band 1 bildet die Grundlage für die folgenden Bände, von denen bisher Band 2: Anlagenvertrag, Montagevertrag, Lohnveredlungsvertrag u. a. (1. Auflage 1974, 2. Auflage 1980), Band 3: Transport, Spedition, Lagerung, Kontrolle, Versicherung (1. Auflage 1977, 2. Auflage 1984) und Band 4: Kooperation, Kompensation, Gesellschaft, Konsortium (1982) erschienen sind. Es ist das Anliegen des Bandes 1, alle mit dem Abschluß und der Erfüllung von AKV verbundenen rechtlichen Probleme den Bedürfnissen der Praxis angepaßt auf der Grundlage des Rechts der DDR und unter Berücksichtigung insbesondere des Rechts der anderen deutschsprachigen Länder zusammenfassend darzustellen. Um den Handbuchcharakter zu wahren, wurden Literaturhinweise auf einen vertretbaren Umfang beschränkt. Das Handbuch soll die Arbeit mit den gesetzlichen Regelungen erleichtern und insbesondere all denen als Ratgeber und Nachschlagewerk dienen, die in den verschiedensten Bereichen der Außenwirtschaft der DDR arbeiten. Darüber hinaus kann es zum systematischen Studium genutzt werden.

Gegenüber den bisherigen Auflagen wurden die Kapitel 1 und 2 neu gegliedert. Das ermöglichte es, die verschiedenen Methoden der staatlichen Leitung und rechtlichen Regelung internationaler Wirtschaftsbeziehungen deutlicher zu machen und Wiederholungen zu vermeiden. Im übrigen behält die 3. Auflage die bewährte Gliederung bei, die vom tatsächlichen ökonomischen und kommerziellen Ablauf der Außenhandelsoperationen ausgeht, dem im Prinzip auch das GIW folgt.

Behandelt werden die jeweiligen Probleme der Vertragsgestaltung bzw. Umstände, die besondere Aufmerksamkeit verdienen. Die rechtliche Regelung des GIW greift ein, wenn die Partner nicht von der (meist gegebenen) Möglichkeit Gebrauch gemacht haben, konkretere oder speziellere Regelungen zu treffen – vorausgesetzt, daß überhaupt das Recht der DDR und nicht das Recht eines anderen Staates zur Anwendung kommt.

In der 3. Auflage konnten nunmehr auch Erkenntnisse über die Anwendung und Auslegung des GIW in der Rechtsprechung verwertet werden. In der Spruchpraxis des Schiedsgerichts bei der Kammer für Außenhandel (KfA) der DDR wurden zu wichtigen Fragen der Außenhandelsvertragspraxis auch mit Partnern aus nichtsozialistischen Ländern Auffassungen entwickelt, die richtungweisend sind, da sie den Erfordernissen moderner Wirtschaftsbeziehungen gerecht werden. Die vorliegende Auflage wurde auch in dieser Hinsicht von den Autoren auf den neuesten Stand gebracht.

Sowohl das Sachregister als auch das Gesetzesregister wurden weiter verbessert, um die Nutzung als Nachschlagewerk zu erleichtern.
Zahlreiche Anregungen für die Ausgestaltung des Bandes 1, die den Herausgeber erreicht haben und für die herzlich gedankt wird, haben in der Neuauflage Beachtung gefunden. Wir bitten die Leser, wie bisher, durch kritische Hinweise die Arbeit an der Handbuchserie zu unterstützen.

Herausgeber und Autorenkollektiv

Inhalt

1. Die außenwirtschaftsrechtlichen Grundlagen für den Abschluß und die Gestaltung von Außenhandelskaufverträgen

1.1. Das Außenhandels- und Valutamonopol der DDR

1.1.1. Das staatliche Außenhandelsmonopol der DDR – Grundlage für den Abschluß und die Gestaltung des Außenhandelskaufvertrages

1.1.1.1. Die Funktionen des Außenhandelsmonopols

Leitung der gesellschaftlichen Entwicklung durch den Staat

Die bewußte Ausnutzung der objektiven Gesetze des Sozialismus erfordert, daß der sozialistische Staat die gesamte gesellschaftliche Entwicklung im allgemeinen, die sozialistische Wirtschaft im besonderen und alle ihre Bereiche im einzelnen leitet und plant. Eines der Instrumente, deren sich die sozialistische Staatsmacht dabei bedient, ist das staatliche Außenhandelsmonopol.[1] Entsprechend seiner Bedeutung für die sozialistische Wirtschaft wurde es in der Verfassung der Deutschen Demokratischen Republik verankert. Nach Art. 9 der Verfassung ist die „Außenwirtschaft einschließlich des Außenhandels und der Valutawirtschaft . . . staatliches Monopol“[2]. Mit dieser Formulierung werden das Außenhandels- und Valutamonopol besonders hervorgehoben, zugleich aber die enge Verflechtung dieser Monopole mit der staatlichen Leitung und Planung der gesamten Außenwirtschaft zum Ausdruck gebracht.

Rolle der Außenwirtschaft und des Außenhandels

Die Außenwirtschaft umfaßt heute neben dem Außenhandel die Formen der internationalen Produktionszusammenarbeit, einschließlich der wissenschaftlich-technischen und der Investitionszusammenarbeit, die zwischenstaatlichen Valuta-, Kredit- und Finanzbeziehungen, den Austausch von kommerziellen und nichtkommerziellen Dienstleistungen im Bereich des Bauwesens, des Transport- und Nachrichtenwesens und im internationalen Tourismus. Diese wechselseitig miteinander verbundenen Elemente der Außenwirtschaft durchdringen in mehr oder weniger starkem Maße alle Zweige und Bereiche der Volkswirtschaft und werden im einzelstaatlichen Reproduktionsprozeß wirksam.

In diesem System nimmt der Außenhandel, d. h. der Ex- und Import von Waren und Leistungen, einschließlich Lizenzhandel, Lohnveredlungen und andere Formen, eine zentrale Stellung ein; denn die anderen Formen der Außenwirtschaftstätigkeit werden letztlich über den Austausch von Waren und Dienstleistungen und über Valutabeziehungen realisiert.

1 Vgl. M. Kemper/D. Maskow, Internationales Wirtschaftsrecht. Außenwirtschaftsrecht der DDR, Berlin 1985; F. Enderlein, Außenhandelsmonopol und ökonomisches System des Sozialismus, Aktuelle Beiträge der Staats- und Rechtswissenschaft, H. 32, Potsdam-Babelsberg 1968; E. Faude/G. Grote/Ch. Luft, Sozialistische Außenwirtschaft, Berlin 1984, Kap. 1.

2 Verfassung der DDR vom 6. 4. 1968 i. d. F. des Gesetzes zur Ergänzung und Änderung der Verfassung der DDR vom 7. 10. 1974, GBl. I Nr. 47 S. 432.

Die Außenwirtschaftsbeziehungen stellen einen wichtigen Wachstumsfaktor der Wirtschaft dar. Sie dienen u. a. der bedarfsgerechten, kontinuierlichen Versorgung der Volkswirtschaft mit Roh- und Brennstoffen, anderen Produktionsmitteln und Konsumgütern. Sie unterstützen die Konzentration und Spezialisierung der Produktion und tragen durch Erschließung der äußeren Märkte zur vollen Auslastung vorhandener Produktionskapazitäten bei.

Einheit von inneren und äußeren Funktionen des Außenhandelsmonopols

Die Erhöhung des Nationaleinkommens und die Steigerung der Akkumulationskraft unserer Volkswirtschaft mit Hilfe der Außenwirtschaftsbeziehungen ist deshalb eine der wichtigsten Funktionen des staatlichen Außenhandelsmonopols. Die staatliche Leitung und Planung der außenwirtschaftlichen Prozesse ist auf die optimale Realisierung von Struktur-, Proportionalitäts-, Konzentrations-, Substitutions-, Zeit- und Zahlungseffekten gerichtet.

Außenhandelsmonopol und Außenpolitik

Genauso bedeutsam wie die Verwirklichung der Einheit von Wirtschafts- und Außenwirtschaftspolitik im Rahmen des staatlichen Außenhandelsmonopols ist die Einheit von Außen- und Außenwirtschaftspolitik. Der sozialistische Staat organisiert seine Außenwirtschaftsbeziehungen entsprechend den Erfordernissen der nationalen Wirtschaft und seinen außenpolitischen Zielsetzungen.

Sozialistische ökonomische Integration

Deshalb ist die sozialistische ökonomische Integration die Hauptrichtung der Entwicklung der Außenwirtschaft der Mitgliedsländer des RGW. Die sozialistischen Staaten haben sich im Rahmen der sozialistischen ökonomischen Integration das Ziel gestellt, durch die Entwicklung optimaler Volkswirtschaftskomplexe in jedem Land in Wechselwirkung mit der Realisierung der strategischen Grundlinien der ökonomischen und wissenschaftlich-technischen Zusammenarbeit sowie der Hauptrichtung der Spezialisierung und Kooperation in den wichtigsten Volkswirtschaftszweigen die sozialistische Gemeinschaft als Ganzes zu stärken. Die Vertiefung der Zusammenarbeit der sozialistischen Staaten im Rahmen der sozialistischen ökonomischen Integration schafft zugleich die materielle und politische Basis für die Gestaltung der Beziehungen mit nichtsozialistischen Staaten auf der Grundlage der Prinzipien der friedlichen Koexistenz. Sie ermöglicht insbesondere eine wirksamere Hilfe und Unterstützung für die Lösung der wirtschaftlichen Probleme der Entwicklungsländer.

Diese erfolgt neben dem traditionellen Warenaustausch vor allem über folgende Formen: verstärkter Handel mit immateriellen Leistungen einschließlich Ausbildung, Rekonstruktion, Rationalisierung und Modernisierung vorhandener Anlagen, Aufbau von Montageproduktionen, Verstärkung der Beratungstätigkeit durch spezialisierte Consultingfirmen, Produktionskooperation mit nationalen Firmen in Entwicklungsländern, Kooperation mit Unternehmen aus Drittländern (insbesondere RGW-Staaten) im Anlagenexport und bei der Realisierung von Bau- und Montageleistungen.

Schutzfunktion gegenüber NSW

In den Wirtschaftsbeziehungen zu den kapitalistischen Industrieländern spielt nach wie vor die Schutzfunktion des sozialistischen Außenhandelsmonopols eine Rolle. Das bedeutet in diesem Zusammenhang vor allem Schutz der Volkswirtschaft sowohl vor den Auswirkungen des kapitalistischen Marktes (ausfallende Absatzmöglichkeiten, daraus resultierende Zahlungsbilanzstörungen, Entwertung von Guthaben im Ausland u. a.) als auch vor politisch motivierten Maßnahmen (wie Embargopolitik).

Ein neuer Aspekt für die Verwirklichung des sozialistischen Außenwirtschaftsmonopols ist die im Komplexprogramm der sozialistischen ökonomischen Integration vorgesehene Koordinierung der Außenwirtschaftspolitik der RGW-Staaten gegenüber Drittländern. Sie ist neben eigenständigen Entwicklungserfordernissen der sozialistischen ökonomischen Integration auch durch die Tatsache bedingt, daß insbesondere im Rahmen kapitalistischer Integrationsverbände die Internationalisierung außenwirtschaftlicher Staatsfunktionen voranschreitet.

1.1.1.2. Die Leitung und Planung des Außenhandels

Die Leitung und Planung des Außenhandels ist Bestandteil des einheitlichen Systems der Leitung und Planung der Volkswirtschaft. Sie erfolgt aus gesamtgesellschaftlicher Sicht, in Wechselwirkung mit der Leitung und Planung der Produktion, der Investitionen, der Forschung und Entwicklung, der materiell-technischen Versorgung der Wirtschaft und der Bedürfnisbefriedigung der Bevölkerung.

Außenhandelsmonopol – besondere Form der Leitung und Planung des Außenhandels

Auch für den Außenhandel gilt das Grundprinzip der Leitung und Planung der Volkswirtschaft – Verbindung der zentralen staatlichen Planung der Grundfragen mit der Eigenverantwortung der sozialistischen Warenproduzenten –, das sich aus dem Wesen des sozialistischen Eigentums an den Produktionsmitteln und seiner konkreten Struktur ergibt. Die Wahrung der Einheitlichkeit sozialistischer Außenpolitik auf allen Ebenen und in den verschiedenartigen und komplizierten Formen internationaler Wirtschaftsbeziehungen erfordert jedoch ein relativ hohes Maß der Zentralisation staatlicher Leitungstätigkeit. Diese wird über das sozialistische Außenhandelsmonopol verwirklicht, dessen Aufgabe darin besteht, die souveräne Leitung und Organisation des Außenhandels einschließlich der operativen Geschäftstätigkeit durch den sozialistischen Staat mittels spezifischer Formen und Methoden zu gewährleisten. Die zur Verwirklichung des Außenhandelsmonopols erforderlichen vielfältigen Leitungs- und Kooperationsbeziehungen zwischen staatlichen Organen der Wirtschaftsleitung und sozialistischen Wirtschaftsorganisationen regelt im wesentlichen das Wirtschafts- und Außenwirtschaftsrecht der DDR.[3]

Erhöhung der Verantwortung von Industrieministerien und Kombinaten für die Außenhandelstätigkeit

Um eine engere und effektivere Verbindung von Wissenschaft und Technik, Produktion und Außenhandel zu gewährleisten, wurde zu Beginn der achtziger Jahre eine Reihe grundsätzlicher Maßnahmen eingeleitet, die bei Wahrung des sozialistischen Außenhandelsmonopols die Verantwortung der Industrieministerien und Kombinate für die Außenhandelstätigkeit erhöhen. Das Kernstück dieser Maßnahmen bildeten die Einbeziehung der meisten Außenhandelsbetriebe (AHB) in das Leitungs- und Planungssystem der wirtschaftsleitenden Organe der Industrie bei gleichzeitiger Erhöhung der Verantwortung des Ministeriums für Außenhandel (MAH) für die zentrale Leitung, Planung und Koordinierung der Außenhandelstätigkeit, die Herausbildung spezifischer Rechtsformen zur Eingliederung von AHB in die Kombinate, die Übertragung von Befugnissen und Vollmach-

3 Vgl. M. Kemper/D. Maskow, a. a. O., Kap. 1.

ten zur Durchführung der Außenhandelstätigkeit an bestimmte Kombinate und Betriebe.[4]

Die AHB sind gegenwärtig überwiegend einem Kombinat zugeordnet oder einem anderen zentralen Staatsorgan als dem MAH – in der Regel einem Industrieministerium – unterstellt (vgl. S. 138). Das MAH hat jedoch umfangreiche Kompetenzen auf dem Gebiet der Außenhandelsplanung gegenüber diesen AHB und den betreffenden Kombinaten.
Auch im Verhältnis des MAH zu den jeweiligen Industrieministerien ergeben sich besondere Leitungs- und Koordinierungsbeziehungen im Hinblick auf die Tätigkeit der den Industrieministerien unterstellten AHB. Die sich daraus für die AHB in diesem Leitungssystem ergebenden Konsequenzen werden häufig als „doppelte Unterstellung" bezeichnet. Zu den AHB, die nach wie vor dem MAH unterstellt sind, gehören hauptsächlich solche mit Dienstleistungsfunktionen.

Aus diesen Veränderungen in den Leitungs- und Organisationsstrukturen ergaben sich eine Reihe von Neuregelungen im Organisations-, Planungs- und Kooperationsrecht der Außenwirtschaft.[5]

Grundstrukturen der Leitung und Planung des Außenhandels

Die Leitung und Planung der Außenwirtschaft, insbesondere des Außenhandels, wird über folgende Grundstrukturen realisiert. Die höchsten staatlichen Organe der DDR (Volkskammer, Staatsrat und Ministerrat) verfügen über umfassende Kompetenzen auch auf dem Gebiet der Außenwirtschaft. Die Volkskammer als oberstes staatliches Machtorgan bestimmt in Übereinstimmung mit den in der Verfassung der DDR geregelten außenpolitischen und ökonomischen Grundlagen auch die außenwirtschaftlichen Grundfragen der Staatspolitik (vgl. Art. 6 bis 9 und Kap. 2 Verfassung). Sie entscheidet z. B. über die außenwirtschaftlichen Aufgaben in den Plangesetzen.
Der Ministerrat gewährleistet als Organ der Volkskammer das staatliche Monopol auf dem Gebiet der Außenwirtschaft (§ 5 Abs. 4 Ministerratsgesetz[6]). Seine Verantwortung und Kompetenz für die Leitung und Planung der Außenwirtschaft ist Bestandteil seiner zentralen Verantwortung für die Leitung und planmäßige Entwicklung der Volkwirtschaft. Er berät und bestätigt die Plangesetze zur Beschlußfassung in der Volkskammer, entscheidet über die Staatsbilanzen und die Grundsatzfragen des Finanz-, Währungs- und Kreditwesens. Der Ministerrat erläßt Rechtsvorschriften für die Außenwirtschaft in Form von Verordnungen und Beschlüssen (§ 8 Abs. 2 Ministerratsgesetz). Er entscheidet darüber, welche weiteren Organe für die operative Durchführung und Kontrolle der einzelnen außenwirtschaftlichen Aufgabengebiete zuständig sind. Die zentralen Organe des Ministerrates nehmen auf der Grundlage der Volkskammergesetze und der Verordnungen und Beschlüsse des Ministerrates ihre Kompetenzen auf dem Gebiet der Außenwirtschaft wahr. Ihre Leiter sind dabei an die Weisungen des Vorsitzenden des Ministerrates gebunden.
Der Staatlichen Plankommission, als Stabsorgan des Ministerrates, obliegt im Rahmen ihrer Verantwortung für Prognose, Planung und Bilanzierung der Volkswirtschaft die Ausarbeitung der staatlichen Planaufgaben und

4 Vgl. Betriebswirtschaftliche Aufgaben im Außenhandel der DDR, Berlin 1982, S. 20f.
5 Vgl. W. Engelmann, „Rechtsfragen im Zusammenhang mit der doppelten Unterstellung von Außenhandelsbetrieben", Wissenschaftliche Zeitschrift Hochschule für Ökonomie, 1982/4, S. 42ff.
6 Gesetz über den Ministerrat der DDR vom 16. 10. 1972, GBl. I Nr. 16 S. 253.

-auflagen für den Export nach Wirtschafts- und Währungsgebieten, für die Erarbeitung der Plankennziffern Import, für die Erarbeitung der Planzahlungsbilanz und für die Bilanzierung der gebrauchswertmäßigen Entwicklung des Ex- und Imports.

Stellung des MAH

Eine besondere Stellung im System der Leitung und Planung des Außenhandels nimmt das MAH ein. Es hat als Funktionalorgan des Ministerrates die staatlichen Gesamtinteressen auf dem Gebiet des Außenhandels wahrzunehmen. Ihm obliegt die einheitliche Leitung, Planung, Organisation und Kontrolle des Außenhandels. Wichtige Rechtsgrundlage für die Leitung und Durchführung des Außenhandels ist die auf der Grundlage des Gesetzes vom 9. 1. 1958 über den Außenhandel der DDR erlassene VO über die Leitung und Durchführung des Außenhandels[7] vom 9. 9. 1976 (AHVO).

Danach ist der Minister für Außenhandel insbesondere für folgende Leitungskomplexe verantwortlich:

- Planung des Außenhandels, der Valutabeziehungen aus Ex- und Import sowie der Valutadienstleistungen des Außenhandels, Lenkung der Ex- und Importe nach Währungsgebieten und Ländern sowie Gewährleistung der Einheit von gebrauchswertmäßiger, wertmäßiger und regionaler Planung in seinem Verantwortungsbereich;
- Realisierung der staatlichen Aufgaben und Planauflagen für Ex- und Import und Sicherung des volkswirtschaftlich effektivsten und rationellsten Einsatzes der Warenfonds und Valutamittel;
- Gestaltung der Valutapreispolitik, Planung der Finanzbeziehungen der AHB zum Staatshaushalt, Bestimmung der Grundsätze der kommerziellen Kreditpolitik und der Grundrichtungen der Marktarbeit;
- Vorbereitung von Staats- und Regierungsabkommen bzw. Abschluß von Ressortabkommen in seinem Verantwortungsbereich zur Gestaltung der für den Waren- und Leistungsaustausch erforderlichen handelspolitischen Voraussetzungen;
- Vervollkommnung der Rechtsvorschriften auf dem Gebiet des Außenhandels (z. B. der Zollbestimmungen, außenhandelsspezifischer planmethodischer Bestimmungen, des Kooperationsrechts u. a.).

Zusammenwirken von MAH und anderen Staatsorganen

Das MAH nimmt seine Aufgaben und Funktionen im Zusammenwirken mit den anderen an der Außenwirtschaft beteiligten Staatsorganen (Staatliche Plankommission, Ministerium der Finanzen, Ministerium für Verkehrswesen, Staatsbank, Industrieministerien) wahr. Es unterbreitet z. B. der Staatlichen Plankommission Vorschläge zur Entwicklung des Ex- und Imports sowie seiner regionalen Struktur, zur Entwicklung der Zahlungsbilanz und der Kreditbeziehungen. Es nimmt ferner Planabstimmungen mit anderen volkswirtschaftlichen Bereichen vor. Andere zentrale Organe sind bei der Wahrnehmung ihrer Funktionen auf dem Gebiet der Außenwirtschaft unter bestimmten Voraussetzungen dem Minister für Außenhandel gegenüber informationspflichtig bzw. sind verpflichtet, seine Zustimmung einzuholen, wenn es sich um den Außenhandel tangierende Fragen handelt.

Auf Grund der außenwirtschaftlichen Kompetenzerweiterung der Zweigleitungsorgane sind in stärkerem Maße als bisher koordinierte und gemeinsame Leitungs- und Planungsentscheidungen des MAH und der Indu-

7 GBl. I 1976 Nr. 35 S. 421.

strieministerien erforderlich (z. B. in Form gemeinsamer Verfügungen).
Die Industrieministerien sind für die Entwicklung effektiver Export-Import-Strukturen, insbesondere für die Entwicklung einer rentablen Exportwarenstruktur und eine den Anforderungen der internationalen Märkte Rechnung tragende Ausrichtung der Pläne Wissenschaft und Technik ihres Industriezweiges verantwortlich.[8]

Zielstellungen der Außenwirtschaftsplanung

Die speziellen Zielstellungen der Außenwirtschaftsplanung, die Erfordernisse und Möglichkeiten der Außenwirtschaft hinsichtlich der Regionalstruktur, der Warenstruktur, der Rentabilität, der Finanzierung, des Transports und des Außenhandelsvolumens, müssen in die Planung des volkswirtschaftlichen Reproduktionsprozesses einbezogen werden. Sie verlangen eine spezielle Planung in Form von Teilplänen des Volkswirtschaftsplanes (Außenhandels- und Valutaplan, komplexe Betriebspläne der staatlichen Außenhandels- und Dienstleistungsbetriebe). Entsprechend den Planungsprozessen der übrigen volkswirtschaftlichen Bereiche wird die kontinuierliche Planung der Außenwirtschaft als Einheit von lang-, mittel- und kurzfristiger Planung verwirklicht. Dabei ist auch hier der demokratische Zentralismus tragendes Prinzip, d. h. die Verbindung der zentralen Planung mit der eigenverantwortlichen Planung der an der Durchführung beteiligten Wirtschaftsorganisationen.

Außenhandelsplanung

Kernstück der abgestimmten bzw. gemeinsamen Leitungstätigkeit der zentralen Organe ist die Außenhandelsplanung. Im Planungsprozeß erhalten die Industrieministerien und das MAH von der Staatlichen Plankommission (SPK) staatliche Planaufgaben bzw. -auflagen, die auf der Basis grundsätzlicher Zielstellungen des Ministerrats erarbeitet wurden.
Die Industrieministerien übergeben den ihnen unterstellten Kombinaten bzw. AHB die Exportaufgaben bzw. -auflagen aufgeschlüsselt nach Wirtschaftsgebieten hinsichtlich Volumen, Wert- und Gebrauchswertstruktur wichtiger Erzeugnisse. Vom MAH werden ihnen nach Abstimmung mit den Industrieministerien die Aufgaben bzw. Auflagen für die Länderstruktur, die Valutaeinnahmen, Valutaforderungen, Valutapreise, Exportrentabilität und Finanzierung der Außenhandelstätigkeit übergeben.
Die dem MAH unterstellten AHB erhalten ihre Planaufgaben bzw. -auflagen selbstverständlich insgesamt direkt vom MAH.
Diese Planaufgaben bzw. -auflagen werden von den Wirtschaftseinheiten (Kombinaten, AHB und Exportliefer- bzw. Importempfängerbetrieben) konkretisiert und bilden die Grundlage für den Abschluß von Wirtschafts- und internationalen Wirtschaftsverträgen.[9]

Formen des Planungsrechts

Formen des Planungsrechts sind die Plankennziffern, die volkswirtschaftlichen Berechnungskennziffern, staatliche Normative und Bilanzentscheidungen. Zu den spezifischen Plankennziffern, die die AHB direkt vom MAH erhalten, gehören u. a. die Kennziffern für den Import nach Währungsgebieten, für Valutaeinnahmen (Export) und Valutaausgaben (Import), für die Beziehungen zum Staatshaushalt (z. B. Nettogewinnabführung).
Realisiert werden die Planentscheidungen vor allem mit Hilfe der Rechts-

8 Vgl. Rahmenstatut für die Industrieministerien – Beschluß des Ministerrates vom 9. 1. 1975, GBl. I Nr. 7 S. 133.
9 Vgl. Betriebswirtschaftliche Aufgaben ..., a. a. O., S. 89ff.

formen des Kooperationsrechts bzw. des internationalen Wirtschaftsvertragsrechts im Prozeß der Vertragsgestaltung und Erfüllung der Verträge (s. S. 171ff., 244ff.).
Während der Plan die Grundlage für den Vertragsabschluß bildet, ist zugleich die qualifizierte Gestaltung vor allem der langfristigen Verträge Voraussetzung für eine effektive Planung.

Weitere Leitungsmaßnahmen

Neben den Planaufgaben sind weitere Leitungsmittel notwendig. Dies ergibt sich schon daraus, daß die staatliche Leitungsmaßnahme ggf. kurzfristiger wirken muß, als das bei langfristigen Kennziffern und Normativen der Fall ist, oder daß sie detaillierter sein muß, als das bei hochaggregierten Wertkennziffern möglich ist. Sie muß außerdem bestimmte Prozesse gestalten, wie z. B. Kostenrechnung und Abrechnung, Sicherung von Gebrauchseigenschaften der Erzeugnisse, Kontrolle der operativen Außenhandelstätigkeit. Individuelle Leitungsmaßnahmen sind z. B. erforderlich, wenn es darum geht, die Erfüllung von Handelsabkommen zu sichern, Import und Export zu koordinieren oder andere Koordinierungsprobleme zu lösen, die zwangsläufig mit der zunehmenden Anzahl der Subjekte und Objekte des Außenwirtsschaftsverkehrs wachsen.
Ein kurzfristiges Eingreifen kann ferner notwendig werden, wenn es Störungen zu beseitigen gilt, die aus Export- oder Importproblemen resultieren bzw. zu solchen führen oder die die Zahlungsbilanz beeinträchtigen. Dabei kann es sich um Reaktionen auf „normale" Störungen handeln oder auch um Retorsionsmaßnahmen auf Grund diskriminierender Eingriffe anderer Staaten. Die Realisierung der Planziele wird deshalb durch besondere, hauptsächlich vom MAH und ihm nachgeordnete Organe anzuwendende Leitungsinstrumente unterstützt.

Hierzu gehören z. B. Regelungen über Valutapreisbildung, kommerzielle Kreditierung, Vertragsgestaltung, Gestaltung der Absatz- und Bezugsorganisation und sonstige Formen des Auftretens auf den äußeren Märkten (Beteiligung an Messen und Ausstellungen), die Genehmigungspflicht als Abschluß- bzw. Wirksamkeitsvoraussetzung für bestimmte Verträge, die zollrechtliche Genehmigungspflicht für Warenverbringungen über die Grenze und Zulassungsregelungen für bestimmte Waren.

Die DDR verzichtet gegenwärtig darauf, die Außenhandelsentwicklung durch Zölle zu beeinflussen. Auch die Berechtigungserteilung für die Durchführung von Außenhandelsoperationen ist Bestandteil der Außenwirtschaftsleitung (vgl. dazu S. 137).

1.1.2. Das staatliche Valutamonopol der DDR – Grundlage des Zahlungsverkehrs in den intersystemaren Wirtschaftsbeziehungen der DDR

Notwendigkeit des Valutamonopols

Die internationalen Finanzbeziehungen (Zahlungs- und Verrechnungsbeziehungen) sind innerhalb des Bereichs der Außenwirtschaftsbeziehungen Bestandteil und Ergänzung der Außenhandelsbeziehungen. Zur Leitung der internationalen Finanzbeziehungen bedient sich die DDR des staatlichen Valutamonopols.
Das Valutamonopol stellt das alleinige Recht des sozialistischen Staates

dar, alle (insbesondere aus der gesamten Außenwirtschaft resultierenden) Geld- und Wertbeziehungen mit dem Ausland zu erfassen, zu planen, zu lenken und operativ mit dem Ziel abzuwickeln, das durch Außenwirtschaftsoperationen berührte sozialistische Finanzsystem gegen Einflüsse aus dem nichtsozialistischen Wirtschaftsgebiet abzuschirmen. Es dient also der planmäßigen Entwicklung der Volkswirtschaft, indem es die staatliche Leitung der internationalen Finanzbeziehungen der DDR in Übereinstimmung mit den gesamtvolkswirtschaftlichen und außenwirtschaftlichen Erfordernissen gewährleistet.

Angesichts der Kompliziertheit des internationalen Zahlungsverkehrs wird besonders deutlich, welche Rolle dem staatlichen Valutamonopol zukommt. Die komplizierte Situation im internationalen Zahlungsverkehr ergibt sich aus den Unterschieden in den Währungssystemen der einzelnen Länder und aus den mehr oder weniger stark differierenden nationalen Devisengesetzgebungen. Da Inhalt und Funktion der genannten Faktoren natürlich nicht unabhängig von den unterschiedlichen sozialökonomischen Verhältnissen in den Ländern beider Weltwirtschaftssysteme existieren, ergeben sich hieraus weitere komplizierende Einflüsse auf den internationalen Zahlungsverkehr. Es liegt daher auf der Hand, daß die nach außen, insbesondere auf nichtsozialistische Länder gerichteten Finanzdispositionen einer erhöhten Aufmerksamkeit der sozialistischen Staatsmacht bedürfen, zumal die über die Grenzen eines Staates hinausreichenden Finanzbeziehungen nach dem Eintritt ihrer ökonomischen Wirkungen im Souveränitätsbereich eines anderen Staates nur unter sehr schwierigen Umständen einer Korrektur zugänglich sind.[10]

Organe für die Durchsetzung des Valutamonopols

Mit der Durchsetzung des Valutamonopols sind als Staatsorgane der Ministerrat der DDR, die SPK, das Ministerium der Finanzen, das MAH, die Staatsbank der DDR sowie die Deutsche Außenhandelsbank AG (DABA) betraut.

Der Ministerrat leitet die planmäßige Gestaltung der internationalen Währungs- und Devisenbeziehungen der DDR und entscheidet in grundsätzlichen Fragen der Durchsetzung des Valutamonopols (vgl. § 5 Abs. 4 Ministerratsgesetz; § 7 Abs. 1 Devisengesetz[11]).

Der SPK obliegt es, in enger Zusammenarbeit mit dem MAH, dem Ministerium für Verkehrswesen, dem Ministerium der Finanzen und der Staatsbank die Planzahlungsbilanz auszuarbeiten und ihre Verflechtung mit der gesamtvolkswirtschaftlichen Bilanzierung zu sichern (vgl. Teil 0 Ziff. 7 der Planungsordnung[12]).

Das Ministerium der Finanzen ist als einer der Valuta-Hauptplanträger neben dem MAH (Valutaplanteil Zahlungen aus Warenbewegungen) und dem Ministerium für Verkehrswesen (Valutaplanteil Zahlungen für Transportleistungen) verantwortlich für die Ausarbeitung, Durchführung, Abrechnung und Kontrolle des Valutadienstleistungsplanes.[13] Der Minister der Finanzen ist in Übereinstimmung mit dem Vorsitzenden der SPK, dem

10 Vgl. Internationales Finanz- und Währungsrecht. Finanz- und Währungsbeziehungen zu nichtsozialistischen Ländern, Berlin 1984.

11 vom 19. 12. 1973, GBl. I Nr. 58 S. 574.

12 AO über die Ordnung der Planung der Volkswirtschaft der DDR 1981 bis 1985, GBl.-Sdr. Nr. 1020.

13 Vgl. Statut des Ministeriums der Finanzen – Beschluß des Ministerrates vom 9. 1. 1975, GBl. I Nr. 18 S. 321 (§ 3 Abs. 4).

Minister für Auswärtige Angelegenheiten und dem Minister für Außenhandel für die Vorbereitung, Durchführung und Abrechnung internationaler Zahlungs- und Finanzabkommen verantwortlich, die auf Regierungsebene abgeschlossen werden (vgl. § 8 Abs. 2 AHVO[14]). Er organisiert im Auftrag des Ministerrates die Durchführung des Devisengesetzes (vgl. § 7 Abs. 2) und des Gesetzes zur Änderung und Ergänzung des Devisengesetzes[15].

Das MAH ist im Rahmen der Durchsetzung des Valutamonopols neben der Ausarbeitung, Durchführung, Abrechnung und Kontrolle des Valutaplanteils Zahlungen aus Warenbewegungen insbesondere verantwortlich für die Devisenkontrolle an den Zoll- und Staatsgrenzen der DDR (§ 9 Devisengesetz) sowie für die Festlegung der Grundsätze der kommerziellen Kreditvergabe und Kreditnahme und die Sicherung ihrer einheitlichen Durchsetzung (§ 12 Abs. 3 Statut des MAH[16]).

Die Staatsbank der DDR wirkt an der Ausarbeitung, Durchführung, Abrechnung und Kontrolle der Zahlungsbilanz der DDR mit. Sie schließt Bankenabkommen und -vereinbarungen mit Banken in anderen Staaten ab und bestimmt die Grundsätze für den internationalen Zahlungs- und Verrechnungsverkehr mit dem Ausland (vgl. § 9 Gesetz über die Staatsbank der DDR[17] sowie Teil 0 Ziff. 7 der Planungsordnung).

Die operative Finanzierung der Außenhandelsgeschäfte, der kommerzielle Zahlungs- und Verrechnungsverkehr und die sonstigen Bankoperationen mit dem Ausland obliegen der DABA (vgl. § 1 AO über die Durchführung des zwischenstaatlichen Zahlungs- und Verrechnungsverkehrs[18] sowie § 8 Satzung der DABA[19]).

Rechtliche Regelung der Durchsetzung des Valutamonopols

Rechtlich geregelt ist die Durchsetzung des Valutamonopols der DDR hauptsächlich im Devisengesetz, einschließlich der Durchführungsbestimmungen, sowie in der AO über die Durchführung des zwischenstaatlichen Zahlungs- und Verrechnungsverkehrs.

Wesentlichster Inhalt dieser Devisengesetzgebung ist:

- die Ausgestaltung der Währung der DDR ausschließlich als Binnenwährung, d. h. die Trennung des nationalen Währungssystems von den internationalen finanziellen Austauschbeziehungen als Erfordernis der planmäßig geleiteten Volkswirtschaft und der Stabilität ihres Geldsystems;
- die grundsätzliche Anmelde- und Anbietungspflicht für Devisenwerte;
- die überwiegende Konzentration der Devisenwerte bei der Staatsbank der DDR bzw. den zugelassenen Banken;
- die Verpflichtung zur planmäßigen Verwendung der Devisenwerte gemäß dem jeweils geltenden Gesamtvalutaplan der DDR mit dem Ziel der Sicherung eines ständigen Ausgleichs der Zahlungsbilanz der DDR;
- die Verpflichtung zur Einholung einer Genehmigung für den Umlauf von Devisenwerten, wenn der Umfang dieser Devisenwerte nicht in den Valutaplänen enthalten ist bzw. wenn der Umlauf insbesondere zwischen Bürgern der DDR und Devisenausländern erfolgen soll;
- die alleinige Befugnis der Staatsbank der DDR bzw. der zugelassenen Banken zur operativen Durchführung internationaler Zahlungen und Verrechnungen.

14 VO über die Leitung und Durchführung des Außenhandels vom 9. 9. 1976, GBl. I Nr. 35 S. 421.
15 vom 28. 6. 1979, GBl. I Nr. 17 S. 147.
16 Vgl. Statut des Ministeriums für Außenhandel – Beschluß des Ministerrates vom 9. 8. 1973, GBl. I Nr. 41 S. 420.
17 vom 19. 12. 1974, GBl. I Nr. 62 S. 580.
18 vom 6. 12. 1984, GBl. I Nr. 37 S. 449.
19 Satzung der Deutschen Außenhandelsbank AG vom 18. 5. 1966.

Transformation der völkerrechtlichen Regelung des Zahlungsverkehrs

Eine wichtige Funktion erfüllt die rechtliche Regelung des staatlichen Valutamonopols der DDR bezüglich der Transformation der völkerrechtlichen Regelung des internationalen Zahlungsverkehrs mit nichtsozialistischen Ländern. Es ergibt sich die Frage, wie die juristischen Personen und Bürger in der DDR, von denen die Zahlungen ausgehen und die sie empfangen, zu einem abkommensgemäßen Verhalten veranlaßt werden. Üblicherweise bedarf es – soweit es sich um völkerrechtlich qualifizierte Verpflichtungen der Abkommenspartner handelt – der Transformation, d. h. der Umsetzung der völkerrechtlichen Normen in das innerstaatliche Recht, da die hier behandelten völkerrechtlichen Normen nicht die Qualität besitzen, von sich aus innerstaatliche Wirkungen zu erlangen. Es ist jedoch nicht erforderlich, daß auf dem Wege der Übernahme der Abkommenstexte in das innerstaatliche Recht der DDR transformiert wird. Es kommt lediglich darauf an, dem materiellen Gehalt der Abkommen Geltung als innerstaatliches Recht zu verschaffen. Dafür steht im Rahmen des Systems der rechtlichen Regelung des staatlichen Valutamonopols eine Reihe von Instrumenten zur Verfügung.

An erster Stelle sind hier die nationalen Devisenvorschriften der DDR mit den oben genannten wichtigsten Rechtswirkungen zu nennen. Ihre Existenz sowie die regelmäßig in den Abkommen erfolgende Bezugnahme auf sie modifizieren die Art und Weise der Transformation insofern, als eine Übernahme von Abkommensbestimmungen, die inhaltlich bereits Gegenstand der nationalen Devisenvorschriften sind, nicht erforderlich ist.

Das bezieht sich insbesondere auf den Zahlungswegzwang, der sich aus § 13 Devisengesetz, aus der AO über die Durchführung des zwischenstaatlichen Zahlungs- und Verrechnungsverkehrs sowie aus § 9 Abs. 2 Gesetz über die Staatsbank der DDR ergibt.

Die innerstaatliche Verbindlichkeit der Verrechnungswährung geht aus den Valutaplänen hervor, die nach Währungsgruppen (Verrechnungswährungen kapitalistischer Länder, freie Devisen usw.) aufgestellt werden. Im übrigen hat der Gesetzgeber für die sich aus den einzelnen Abkommen ergebenden Besonderheiten in der AO über die Durchführung des zwischenstaatlichen Zahlungs- und Verrechnungsverkehrs mit anderen Staaten der DABA die Berechtigung übertragen, „die erforderlichen Regelungen für den von ihr durchzuführenden zwischenstaatlichen Zahlungs- und Verrechnungsverkehr zu treffen" (§ 2).

Auf Grund dieser allgemeinen Kompetenzübertragung ist es Angelegenheit der DABA, die innerstaatliche Regelung des zwischenstaatlichen Zahlungs- und Verrechnungsverkehrs, d. h. eine Regelung des Zahlungs- und Verrechnungsverkehrs mit den einzelnen Ländern, entsprechend den in den Abkommen jeweils vereinbarten Bedingungen vorzunehmen.

1.2. Außenwirtschaftsregulierung nichtsozialistischer Staaten und ihre Auswirkung auf die Außenhandelskaufverträge

1.2.1. Das System der Außenwirtschaftsregulierung nichtsozialistischer Staaten

Staatsmonopolistische Außenwirtschaftsregulierung

Das System der Wirtschafts- und Außenwirtschaftsleitung in den nichtsozialistischen Staaten ist ein Faktor, den die AHB der DDR beim Abschluß, der Gestaltung und Realisierung von AKV zu berücksichtigen haben. In den kapitalistischen Industrieländern setzt der Staat das Recht in verstärktem Maße zur Realisierung seiner wachsenden ökonomischen Funktion ein, die in erster Linie in den inneren Gesetzmäßigkeiten der kapitalistischen Produktionsweise begründet ist. Er ist bestrebt, durch Kombination langfristig angelegter Maßnahmen (z. B. Prognostizierung, Planifikation, Programmierung) mit kurzfristig und operativ gehandhabten, administrativen oder marktkonformen Formen (z. B. Subventionen, Abschöpfungen, Steuern, Kredite) systemstabilisierend zu wirken.[20]
In diesem Prozeß kommt es zu einer engen Verflechtung staatlicher Regulierungsmaßnahmen mit den „privaten" Regulierungen nationaler und internationaler Monopole.

Funktionen

Das Außenwirtschafts- und das Internationale Wirtschaftsrecht werden eingesetzt, um die Konkurrenz- und Wettbewerbsbedingungen für die kapitalistischen Unternehmen günstiger zu gestalten und ihre internationalen Aktivitäten zu fördern. Es erweist sich z. B. als ein wirksames Instrument zur Sicherung ihres Einflusses in den Entwicklungsländern. In bezug auf die sozialistischen Staaten ist allerdings nicht zu übersehen, daß häufig eine grundsätzlich differenzierende, benachteiligende Behandlung Praxis ist.[21]
In den Entwicklungsländern ist die Einflußnahme des Staates auf die Gestaltung der internationalen Wirtschaftsbeziehungen stark ausgeprägt. Diese Ländergruppe ist jedoch hinsichtlich des ökonomischen Entwicklungsstandes und des gewählten politisch-ökonomischen Entwicklungsweges nicht homogen. Dementsprechende Unterschiede zeigen sich auch bei der Gestaltung der Außenwirtschaft. Während in erster Linie die Staaten, die einen nichtkapitalistischen Weg eingeschlagen haben, ein staatliches Außenhandelsmonopol schaffen, werden in anderen Ländern Methoden gewählt, die der staatsmonopolistischen Regulierung ähneln (Aus- und Einfuhrlizenzierung sowie Devisengenehmigungssysteme, Zölle und andere exportfördernde und importsteuernde Maßnahmen, z. B. Depotgestellung). Daneben werden sehr spezifische Formen der Einflußnahme eingesetzt, wie die Monopolisierung des Außenhandels mit bestimmten Waren bei staatlichen Handelsorganisationen, die Investitions- und Technologietransfergesetzgebung mit besonderer Berücksichtigung ausländischer Investitionen und des Technologieimports.
Diese Regulierungssysteme und ihre öffentlich-rechtliche Regelung sind

20 Vgl. G. Neumann/H. Rudolph, „Zum Charakter und zu einigen Funktionen des imperialistischen Wirtschaftsrechts", SuR, 1976/6, S. 619ff.
21 Vgl. z. B. VO/EWG Nr. 1765/82 vom 30. 6. 1982 über die gemeinsame Regelung für die Einfuhr aus Staatshandelsländern, Amtsblatt der EG, Nr. L 195 vom 5. 7. 1982, S. 1ff.

beim Abschluß, bei der Gestaltung und der Realisierung von AKV genauso zu beachten wie die zivilrechtliche Regelung. Sie determinieren in gewissem Umfang das Handeln der Vertragspartner.
Die Maßnahmen nichtsozialistischer Staaten, die Einfluß auf die AKV haben können, sind verschiedener Art.

Ökonomische Maßnahmen

Dazu gehört ein System marktkonformer ökonomischer Maßnahmen, die den konkreten AKV hauptsächlich über den Preis und die Zahlungsbedingungen beeinflussen und deren Kenntnis für die Entwicklung der Außenwirtschaftsbeziehungen überhaupt, für ihre Effektivität, die Einschätzung der Preis-, Kosten-, Kreditlage und für die Marktsituation äußerst wichtig ist.

Solche Maßnahmen sind z. B.:
- Zölle, Steuern (Mehrwertsteuern, Verbrauchssteuern für bestimmte Warengruppen oder andere Inlandssteuern, die für Importe bei der Einfuhrabfertigung nach einer speziell dafür festgelegten Berechnungsgrundlage, z. B. unter Einbeziehung des zu entrichtenden Einfuhrzolls, erhoben werden), sonstige Einfuhrnebenabgaben;
- exportfördernde Maßnahmen, wie Garantien, Bürgschaften und Kreditversicherungen;
- währungspolitische Maßnahmen sowie staatliche Finanzierungsmaßnahmen;
- Subventionen, einschließlich solcher in den verschiedenen Reproduktionssphären (Wissenschaft und Technik, Investitionen);
- weitere exportfördernde Maßnahmen, wie staatliche Einrichtungen zur Förderung des Handels, der Werbung usw.

Administrative Maßnahmen

Zum Regulierungssystem gehören außerdem administrative Maßnahmen, mit denen unmittelbar in die Außenwirtschaftstätigkeit (den Kapital-, Waren-, Dienstleistungs- und Zahlungsverkehr) eingegriffen wird. In einer Reihe von Ländern tragen diese Maßnahmen stark protektionistische Züge. Die großen Monopole sind in erster Linie an der staatlichen Förderung ihrer Exportexpansion bei gleichzeitiger Abschirmung ihrer Inlandsmärkte durch Importrestriktionen interessiert. Daraus erklärt sich u. a. der in vielen kapitalistischen Ländern seit Ende der 70er Jahre vorgenommene Ausbau administrativer Einfuhrbeschränkungen.
Das Regime der Durchführung von Außenhandels- bzw. Außenwirtschaftsoperationen basiert in den nichtsozialistischen Ländern entweder auf dem Prinzip genereller Erlaubnis („Außenhandelsfreiheit") mit Verbots- oder Beschränkungsvorbehalt oder auf dem Prinzip generellen Verbots mit Genehmigungsvorbehalt oder auch auf einer Kombination von beiden. Diese Prinzipien werden in der Regel durch zahlreiche, schnellen Veränderungen unterworfene Rechtsvorschriften ergänzt und präzisiert.

Einfuhrbeschränkungen

Zu den für die Einfuhr relevanten administrativen Maßnahmen zählen:

Kontingentierungen

- Mengen- und wertmäßige Kontingentierungen, Einfuhrlizenzen
  Die Kontingentierungen werden in der Außenwirtschaftspraxis kapitalistischer Staaten in der Regel mit der Schutzbedürftigkeit „sensibler" Erzeugnisse begründet. Einfuhrgenehmigungen für kontingentierte Waren werden nur zu bestimmten Modalitäten und in den festgelegten Mengen- und Wertgrenzen erteilt. Auf der Grundlage der Kontingente erfolgen Ausschreibungen in den offiziellen Veröffentlichungen, nach denen die Importeure bei den zuständigen Verwaltungsorganen ihre

Anträge stellen können. Sie erhalten die Einfuhrlizenzen entweder in Form von Einzelgenehmigungen oder auch im Rahmen von Globalkontingenten.

Häufig werden sozialistische Staaten von kapitalistischen Partnerstaaten bei der Einfuhrliberalisierung ungünstiger behandelt als andere Partner. So sind z. B. in Belgien, Italien, den Niederlanden, Norwegen und Schweden im Verhältnis zu sozialistischen Staaten mengenmäßige Beschränkungen für ansonsten liberalisierte Waren beibehalten worden.
In der BRD basiert die Regelung der Außenwirtschaftsbeziehungen mit der DDR auf dem im Militärregierungsgesetz Nr. 53[22] postulierten Verbotsprinzip mit Erlaubnisvorbehalt. Dieses Prinzip ist in die Bestimmungen über den „Interzonenhandel"[23] aufgenommen worden, während in Beziehungen zu allen anderen Staaten auf der Grundlage des Außenwirtschaftgesetzes[24] das Prinzip der Außenhandelsfreiheit (mit Beschränkungsvorbehalt) gilt. Deshalb sind in den Beziehungen BRD – DDR Zahlungs- und Bezugsgenehmigungen sowie Warenbegleitscheine für alle Warenlieferungen (kontingentierte wie nichtkontingentierte) erforderlich.

Melde- und Überwachungsvorschriften

– Melde- und Überwachungsvorschriften
Sie geben den betreffenden Staaten die Möglichkeit, auch solche Einfuhren, die keinen mengenmäßigen Beschränkungen unterliegen, zu kontrollieren, wenn sie das für erforderlich halten.

So ist z. B. in Frankreich für die Einfuhr bestimmter Waren ein Sichtvermerk einzuholen. Mit diesem Verfahren übt das französische Industrieministerium eine technische und preisliche Kontrolle aus. In Schweden sind für bestimmte Importe aus sozialistischen Staaten Überwachungslizenzen erforderlich.[25] In der VO (EWG) über Einfuhren aus Staatshandelsländern[26] sind spezielle Voraussetzungen geregelt, unter denen Importe aus sozialistischen Staaten Überwachungsmaßnahmen unterworfen werden können.

Oft werden im Ergebnis von Melde- und Überwachungsmaßnahmen neue mengenmäßige Beschränkungen eingeführt oder Liberalisierungen rückgängig gemacht.

Die Einfuhrlizenzen werden relativ kurz befristet (häufig z. B. auf 6, in der Regel nicht über 12 Monate). Auch die im Rahmen eines Kontroll- und Überwachungsverfahrens ausgestellten Einfuhrdokumente (Überwachungslizenzen, Einfuhrerklärungen) haben, je nachdem wie streng die Einfuhrüberwachung gehandhabt wird, nur eine begrenzte Gültigkeitsdauer. Verlängerungen oder auch notwendig werdende Änderungen von Einfuhrlizenzen erfordern ein neues Verfahren der Antragstellung, sind in der Regel an bestimmte Bedingungen geknüpft und nur beschränkt möglich.
Im Zusammenhang mit der Einfuhrgenehmigung und -überwachung wird

22 Militärregierungsgesetz Nr. 53 über die Devisenbewirtschaftung und Kontrolle des Güterverkehrs i. d. F. vom 19. 9. 1949, BAZ Nr. 2 vom 27. 9. 1949, S. 2, i. d. F. vom 23. 7. 1958, BGBl. I Nr. 28 S. 540.
23 InterzonenhandelsVO vom 18. 7. 1951, BAZ Nr. 97 vom 25. 5. 1968, mit den diversen Durchführungsverordnungen.
24 Außenwirtschaftsgesetz der BRD vom 28. 4. 1961, BGBl. I Nr. 29 S. 481, i. d. F. seiner diversen Änderungen.
25 Siehe Einfuhrbedingungen des Auslandes, Informationen der Kammer für Außenhandel der DDR, Länderteil Frankreich, Schweden (Sammelmappe).
26 Vgl. Fußn. 21.

häufig ein Ursprungsnachweis für die betreffenden Waren verlangt, um länderbezogene Beschränkungen abzusichern.

Ausfuhrverbote

Unter den für die Ausfuhr relevanten Maßnahmen seien wegen ihrer negativen Bedeutung für die Entwicklung intersystemarer Wirtschaftsbeziehungen die Ausfuhrverbote mit oder ohne Genehmigungsvorbehalt für sogenannte strategische Güter genannt.[27]

Mit Hilfe des COCOM (Coordinating Committee for East-West Trade Policy), dem alle NATO-Staaten (außer Island und Spanien) und Japan angehören, wurde ein multilateral koordiniertes Ausfuhrkontrollsystem geschaffen, das gegen die sozialistischen Staaten gerichtet ist. Die diesem Kontrollsystem unterliegenden Waren werden in den Warenlisten I bis IV erfaßt. Die vorgesehenen Restriktionen reichen von der bloßen Überwachung über mengenmäßige Beschränkungen bis zum absoluten Ausfuhrverbot. Die COCOM-Sperrlisten werden jeweils Bestandteil des einzelstaatlichen Außenwirtschaftsrechts. (Sie werden z. B. als Anlagen Bestandteil der Außenwirtschaftsverordnung der BRD.)

Länder- und Warenlisten

Hilfsmittel für diese diversen Kontroll-, Schutz- und Beschränkungsmaßnahmen sind Länder- und Warenlisten, aus deren Kombination der Beschränkungsgrad je Ware und Land deutlich wird.

Im Exportkontrollsystem der USA werden außerdem in einer besonderen Liste alle Exporteure und ausländischen Importeure erfaßt, mit denen der Außenhandel generell verboten ist.[28]

Schutzklauseln

Für die Handhabung der Außenwirtschaftsgesetzgebung spielen die in den jeweiligen Gesetzen und Verordnungen enthaltenen Schutzklauseln, insbesondere die sogenannten Markt- und Wirtschaftsstörungsklauseln, eine große Rolle.[29] Ebenfalls für internationale Wirtschaftsbeziehungen relevant sind Klauseln, die Beschränkungen zum Schutz des Lebens und der Gesundheit von Menschen, Pflanzen und Tieren ermöglichen. Diese Schutzklauseln gestatten es, unter in den betreffenden Bestimmungen oft nur global geregelten Voraussetzungen Liberalisierungsmaßnahmen ganz oder teilweise rückgängig zu machen, zeitweilig auszusetzen und neue Beschränkungen einzuführen. (Zu den Anwendungsvoraussetzungen von Markt- und Wirtschaftsstörungsklauseln gehören z. B. die allgemeine Verschlechterung der Wirtschaftslage eines Zweiges, einer Region u. ä.).
Besondere Bedeutung haben Klauseln erlangt, die Maßnahmen zum Schutz der öffentlichen Ordnung, der nationalen und internationalen Sicherheit und zur Sicherung der Erfüllung internationaler Verpflichtungen vorsehen. Diese Vorschriften wurden mehrfach herangezogen, um völkerrechtswidrige Embargomaßnahmen zu begründen.

So können z. B. die Exportbeschränkungen auf der Basis des USA-Export-Administration Act 1981/82 aus Gründen der nationalen Sicherheit und der Außenpolitik erfolgen.

27 Zur historischen Entwicklung dieses auf den Listen des Coordinating Committee for East-West Trade Policy beruhenden Kontroll- und Lizenzierungssystems vgl. Handelspartner DDR – Innerdeutsche Wirtschaftsbeziehungen, Baden-Baden 1975.

28 Vgl. H. Liebold, „Grundzüge der Außenhandelsgesetzgebung der USA", RiA, 1979/30, S. 9ff. (41. Beilage).

29 Vgl. G. Neumann, „Die Markt- und Wirtschaftsstörungsklauseln im Außenwirtschaftsrecht kapitalistischer Industrieländer", RiA, 1981/21, S. 1 (51. Beilage); B. Zimmermann, „Instrumente des Protektionismus – Schutzklauseln und Anti-Dumping-Bestimmungen im Recht der Europäischen Gemeinschaften", RiA, 1980/46, S. 9 (49. Beilage).

Ferner gehören zum System staatlicher Außenwirtschaftsregulierung Vorschriften über die Gebrauchseigenschaften von Erzeugnissen, z. B. technische Standards, Qualitäts- und Hygienevorschriften, Bestimmungen über den Gesundheits- und Umweltschutz. Auch derartige Bestimmungen wurden und werden verschiedentlich als Instrumente zur Einfuhrbeschränkung gehandhabt. Die Einhaltung dieser Vorschriften wird über Zulassungs-, Registrier- und Zertifikatsregelungen erzwungen. Erst die Anpassung der Erzeugnisse an die jeweils geforderten Qualitätsmerkmale und Gebrauchseigenschaften eröffnet den Zugang zu dem betreffenden Markt.

Sonstige Regulierungsmaßnahmen

Zulassungs-, Registrier- und Zertifikatsregelungen

Für die inhaltliche Gestaltung von AKV und mit ihnen verbundenen Verträgen (z. B. Lizenz- oder Handelsvertreterverträge) sind die Bestimmungen des Kartell- und Wettbewerbsrechts zu beachten. Das betrifft z. B. Preis- aber auch sogenannte Konditionenbindungen, Vereinbarungen über die Zusammenarbeit auf dritten Märkten und andere Vertragsbestandteile (vgl. Abschn. 2.3.).

Kartell- und Wettbewerbsrecht

In den letzten Jahren nahm die Anwendung von Mindestpreisvorschriften und Antidumpingregelungen in den kapitalistischen Industrieländern sprunghaft zu. Mit den auf Grund dieser Regelungen gegebenen Möglichkeiten zur Einführung von Antidumpingzöllen oder der Selbstverpflichtung zur Preiserhöhung können Wettbewerbsvorteile ausländischer Unternehmen völlig eliminiert werden.[30] Das kann den Abschluß von AKV mit Partnern aus den betreffenden Ländern für ausländische Exporteure uneffektiv machen und zu ernsthaften Störungen für die Entwicklung der Handelsbeziehungen führen. Einzelstaatliches Außenwirtschaftsrecht der nichtsozialistischen Staaten wird in immer stärkerem Maße durch internationale Regelungen beeinflußt. Im Rahmen von Integrationsverbänden ist diese Internationalisierung besonders ausgeprägt. So überlagert und verdrängt das Außenwirtschaftsrecht der EWG besonders im Bereich des Außenhandels weitgehend das einzelstaatliche Außenwirtschaftsrecht der Mitgliedsländer.[31] Es umfaßt

Antidumpingregelungen

Außenwirtschaftsrecht der EWG

- die Zollregelungen (z. B. die Bestimmung des gemeinsamen Zollgebiets, des Warenursprungs und des Zollwertes);
- den Komplex der Einfuhrregelungen, so u. a. die VO (EWG) über Einfuhren aus Staatshandelsländern[32], die die Voraussetzungen für die Einführung von Einfuhrüberwachungs-, Kontroll- und Schutzmaßnahmen einschließlich des Untersuchungs-, Informations- und Konsultationsverfahrens bestimmt;

  Diese VO enthält außerdem die sogenannte Liberalisierungsliste (d. h. die Zusammenstellung der Einfuhren, die keinen mengenmäßigen Beschränkungen unterliegen), die gemeinsame Verfahrensregelung für die Verwaltung mengenmäßiger Kontingente, Antidumping- und Antisubventionsregelungen.

- die VO (EWG) Nr. 2641/84 des Rates zur Stärkung der gemeinsamen Handelspolitik und insbesondere des Schutzes gegen unerlaubte Han-

30 Vgl. Ch. Mindach, „Ausgewählte rechtliche Aspekte der Antidumpingvorschriften der EWG", RiA, 1980/15, S. 9ff. (45. Beilage); B. Zimmermann, „Im Zeichen des Protektionismus – neue Rechtsvorschriften zur ‚gemeinsamen Handelspolitik'", RiA, 1984/50, S. VIIIff. (74. Beilage).
31 Vgl. B. Zimmermann/M. Hirschler, Westeuropäische Integrationsverbände – Recht, Berlin 1983.
32 Vgl. Fußn. 21.

delspraktiken vom 17. 8. 1984[33], die eine wesentliche Erweiterung der Protektionsinstrumente bringt;

Sie ermöglicht handelspolitische Verfahren gegen Drittstaaten, in deren Ergebnis u. a. folgende Maßnahmen getroffen werden können: Aussetzung oder Rücknahme von in handelspolitischen Verhandlungen vereinbarten Zugeständnissen, Anhebung bestehender Zollsätze, Einführung mengenmäßiger Beschränkungen.

- den Komplex der Ausfuhrregelungen, so u. a. die gemeinsame Aufstellung jener Waren, deren Ausfuhr verboten ist, Regelungen über die gemeinschaftliche Ausfuhranmeldung, zur Harmonisierung der Ausfuhrverfahrensregelungen und schließlich mehrere Richtlinien und Beschlüsse auf dem Gebiet der Ausfuhrförderung (insbesondere der Kreditpolitik);
- die Regelungen der EGKS und des Außenwirtschaftsrechts der Agrarmarktorganisationen, das mit seinem Ein- und Ausfuhrlizenzsystem, den Qualitätsnormen und Preisregulationen weitreichende Konsequenzen für die Handelsbeziehungen mit Drittländern hat.

(Zu den Niederlassungs-, Kartell- und Wettbewerbsregelungen sowie zu kooperationsrechtlichen Regelungen vgl. Abschn. 2.3. und Handbuch der Außenhandelsverträge Band 4.)

GATT Die multilateralen Regelungen des GATT beeinflussen sowohl das einzelstaatliche als auch das Integrationsrecht der nichtsozialistischen Staaten in den zentralen Fragen des handelspolitischen Regimes (Gewährung der Meistbegünstigung, Zolliberalisierungen, Ein- und Ausfuhrkontingentierung, Antidumpingregelungen, Exportsubventionen u. a.). Dabei kann man feststellen, daß die GATT-Mechanismen zur Beeinflussung des Welthandels im wesentlichen auf den in der einzelstaatlichen Außenwirtschaftsregulierung dieser Länder entwickelten Instrumentarien beruhen (vgl. Abschn. 1.3.2.).

1.2.2. Die Auswirkungen außenwirtschaftsregulierender Rechtsvorschriften auf Außenhandelskaufverträge

Ökonomische Regulierungsmaßnahmen beeinflussen den Abschluß von AKV hauptsächlich über den Preis und die Finanzierungsbedingungen und stimulieren damit die Entscheidungen potentieller Vertragspartner. Werden z. B. Preise durch Zölle und Steuern drastisch erhöht, oder wird eine kommerzielle Kreditgewährung durch staatliche Maßnahmen weder gefördert noch abgesichert, so werden damit Importe aus den betroffenen Ländern bzw. Exporte in diese Länder für von solchen Maßnahmen erfaßte Waren wirksam beschränkt oder unterbunden.
Der Einsatz administrativer Regulierungsmaßnahmen bedeutet jedoch, daß mit Instrumenten des Wirtschafts- und Außenwirtschaftsrechts, einschließlich verfahrensrechtlicher Regelungen, direkt auf den Abschluß und die Gestaltung von AKV sowie auf die Vertragsrealisierung Einfluß ge-

33 Amtsblatt der EG Nr. L 252 vom 26. 9. 1984, S. 1.

nommen wird, um die in Abschn. 1.2.1. dargelegten Ziele zu erreichen. Wie weit die Wirkungen solcher Regelungen reichen, ist eine Frage ihres Anwendungs- und Geltungsbereichs. Die Staaten bestimmen den Geltungsbereich in den Rechtsvorschriften im allgemeinen auf der Grundlage des Territorialitätsprinzips. Da Abschluß und Realisierung eines AKV in den internationalen Wirtschaftsbeziehungen die außenwirtschaftsrechtlichen Regelungskompetenzen mindestens zweier Staaten tangieren, ist die Haltung der Staaten zur Anerkennung und Anwendung des ausländischen Außenwirtschaftsrechts von großer praktischer Bedeutung.

Anwendung ausländischer Verbots- und Genehmigungsvorschriften

Die Einhaltung staatlicher Verbots- und Genehmigungsvorschriften, die den Vertragsabschluß betreffen, ebenso von Zulassungsregelungen für natürliche und juristische Personen zur Außenhandelstätigkeit ist in der Regel Wirksamkeitsvoraussetzung für den betreffenden Vertrag. In den nichtsozialistischen Ländern sind die Rechtsauffassungen und die Gerichtspraxis zur Anwendung ausländischen „öffentlichen" Rechts nicht einheitlich.[34]

In der DDR wird die Anwendung derartiger ausländischer Rechtsvorschriften bejaht, sofern sie nicht gegen demokratische Völkerrechtsprinzipien verstoßen und das Prinzip der Gegenseitigkeit gewahrt ist. Man geht also hinsichtlich dieser Konstitutivvoraussetzungen von einer Mehrfachanknüpfung aus.[35]

Beeinträchtigen Verbots- oder Genehmigungsvorschriften die Realisierung eines bereits abgeschlossenen AKV, so werden diese Bestimmungen nach in der DDR dazu vertretener Rechtsauffassung entsprechend den o. g. Grundsätzen berücksichtigt, und es wird geprüft, ob sie ggf. für den an der Erfüllung gehinderten Vertragspartner eine Befreiung von der materiellen Verantwortlichkeit begründen (vgl. S. 264ff.).

Anders zu beurteilen sind jedoch diskriminierende, gegen allgemein anerkannte Prinzipien des Völkerrechts verstoßende Eingriffe in Außenhandelsgeschäfte. Derartige Maßnahmen können nach den o. g. Grundsätzen in der DDR keine Anwendung als Rechtsvorschriften verlangen. Generell haben sie keine exterritoriale Geltung und Anwendung zu beanspruchen.[36]

Nach auch in westeuropäischen kapitalistischen Staaten allgemein dazu vertretener Auffassung verstößt der Anspruch der USA-Regierung auf exterritoriale Anwendung dieser Bestimmungen, insbesondere die Ausdehnung auf westeuropäische Tochtergesellschaften amerikanischer Firmen, auf westeuropäische Firmen mit Filialen in den USA und auf unabhängige ausländische Lizenznehmer amerikanischer Firmen, gegen das Territorialitätsprinzip. Adressaten von Embargobeschlüssen können nach herrschender Auffassung nur Unternehmen des betreffenden Landes bzw. in seinem Territorium ansässige Unternehmen sein.[37] Die USA-Behörden setzten sich außerdem mit dem die exterritoriale Ausdehnung der amerikanischen Jurisdiktion auf diese Unternehmen begründenden Beschluß vom 22. 6. 82 über die allge-

34 Vgl. F. Enderlein, „Die Anwendung in- und ausländischen öffentlichen Rechts auf Außenhandelsverträge", SuR, 1968/1, S. 71.

35 Vgl. Kommentar zum Gesetz über internationale Wirtschaftsverträge, Berlin 1983, Anm. 1.3. zu § 12 und Anm. 1 zu § 38; Die rechtliche Regelung der internationalen Wirtschaftsbeziehungen der DDR zu Partnern im nichtsozialistischen Wirtschaftsgebiet. Grundriß, Berlin 1982, S. 189.

36 Vgl. O. W. Koshewnikow/P. S. Smirnow, „Handel und wirtschaftliche Zusammenarbeit Ost-West und diskriminierende Maßnahmen der USA", Sowjetskoje gossudarstwo i prawo, 1983/3, S. 108ff.; vgl. auch Wörterbuch der Außenpolitik und des Völkerrechts, Berlin 1980, Stichwort Embargo.

37 Vgl. E. U. Petersmann, „Internationale Wirtschaftssanktionen als Problem des Völkerrechts und des Europarechts", Zeitschrift für vergleichende Rechtswissenschaft, 1981/1, S. 1.

mein üblichen Kriterien zur Bestimmung der Nationalität juristischer Personen (Sitz- bzw. Gründungsprinzip) hinweg.[38]

Rechtsfolgen von Embargomaßnahmen

Daraus folgt u. E., daß Embargomaßnahmen zwar Vertragsabschlüsse und Erfüllungshandlungen seitens der Unternehmen des ein Embargo verhängenden Landes faktisch verhindern, jedoch nicht zur Begründung der Nichtigkeit gem. § 12 GIW[39] (Verstoß gegen gesetzliches Verbot und Unmöglichkeit der Leistung), der Unwirksamkeit gem. § 38 GIW (Verweigerung der staatlichen Genehmigung) oder zur Begründung von Umständen unabwendbarer Gewalt (§ 293 GIW) herangezogen werden können.

Kann z. B. ein Technologielieferant seine Verträge auf Grund derartiger Maßnahmen seines Staates nicht erfüllen, so kann er daraus auch keine Befreiung von den Rechtsfolgen der materiellen Verantwortlichkeit herleiten.
Ausnahmen bilden lediglich Fälle, in denen Embargomaßnahmen z. B. in Übereinstimmung mit Art. 41 und 42 der UN-Charta[40] in Erfüllung friedenssichernder Maßnahmen des UNO-Sicherheitsrates getroffen werden.

Auch wenn die erforderlichen Genehmigungen (z. B. Einfuhrlizenzen) erteilt werden, können sich damit verbundene Verfahrensfragen außerordentlich erschwerend auf die Vertragsrealisierung auswirken.

Verzögerungen bei der Bearbeitung der Anträge, kurze Befristung der Lizenzen, enge Wert-, Mengen- oder Gewichtstoleranzen zwingen die Vertragspartner zu erhöhter Aufmerksamkeit bei der Vertragsgestaltung und Realisierung, um zu sichern, daß die vorgesehenen Leistungen noch innerhalb der Gültigkeitsdauer der Lizenz erbracht werden können und daß der genehmigte Leistungsumfang nicht überschritten wird.

Außerdem kann man feststellen, daß die Genehmigungs- und Überwachungsverfahren anhand der jeweils vorzulegenden Vertragsunterlagen eine umfassende Vertragskontrolle ermöglichen.

Zulassungsregelungen

Zulassungsregelungen für bestimmte Erzeugnisse, die den Gesundheits- und Arbeitsschutz, die Schutzgüte und Qualitätssicherung betreffen, sowie Schutzvorschriften im Interesse des Umweltschutzes und des human- oder veterinärmedizinischen Gesundheitsschutzes beeinflussen im allgemeinen nicht die Wirksamkeit, jedoch die Realisierung des AKV. Die Einhaltung von Zulassungsregelungen kann Nutzungs- und auch Einfuhrvoraussetzung für die Ware sein, und die o. g. Schutzmaßnahmen reichen oft bis zu Ein- und Ausfuhrverboten.

Technische Zulassungsregelungen, deren Einhaltung Nutzungsvoraussetzung ist, bestehen z. B. in der Regel für Erzeugnisse der Kraftfahrzeug- und Elektrotechnik. Zunehmend werden auch solche Vorschriften als „technische Handelshemmnisse" genutzt, um konkurrierende Importe zu unterbinden. Zu diesem Zweck wird die Einfuhr davon abhängig gemacht, daß die betreffenden Erzeugnisse den für verbindlich erklärten nationalen Standards des Einfuhrlandes entsprechen.
Die Einhaltung veterinär- oder humanmedizinischer Schutzvorschriften ist häufig Einfuhrvoraussetzung. So wird z. B. in den meisten Ländern der Import von Arzneimitteln davon abhängig gemacht, daß diese unter Vorlage umfangreicher Dokumen-

38 Vgl. M. M. Boguslawski/L. A. Ljalitowa/A. G. Swetlanow, „Die Exportgesetzgebung der USA und das internationale Privatrecht", Sowjetskoje gossudarstwo i prawo, 1983/3, S. 114ff.
39 Gesetz über internationale Wirtschaftsverträge – GIW – vom 5. 2. 1976, GBl. I Nr. 5 S. 61.
40 Charta der Vereinten Nationen vom 26. 6. 1945 i. d. F. vom 17. 12. 1963, 20. 12. 1965 und 20. 12. 1971, in: Völkerrecht. Dokumente, Teil 1, Berlin 1980.

tationen, die eine den Vorschriften der Arzneimittelgesetze des Einfuhrlandes entsprechende Prüfung und Bewertung nachweisen, von den nationalen Gesundheitsbehörden registriert worden sind. In diesem Bereich spielen nicht nur humane, sondern nachweislich auch kommerzielle Interessen nationaler Arzneimittelkonzerne eine Rolle.

Die sich aus diesen Vorschriften für die Vertragserfüllung ergebenden Konsequenzen werden von den Gerichten oder Schiedsgerichten deshalb meist im Zusammenhang mit den Rechtsfolgen einer Nicht- oder nicht gehörigen Erfüllung zu prüfen sein. Aber auch aus anderen wirtschaftlichen oder außenwirtschaftlichen Rechtsvorschriften, z. B. dem Kartell- und Wettbewerbsrecht, können sich Konsequenzen für den Abschluß und die Gestaltung von AKV ergeben.

Der Verstoß gegen kartell- oder wettbewerbsrechtliche Vorschriften kann z. B. zur Nichtigkeit einzelner Vertragsklauseln, unter Umständen eines ganzen Vertrages führen. (Vgl. Abschn. 2.3.)

Beschaffung der Genehmigungen oder Zulassungen

Da das Wirtschafts- und Außenwirtschaftsrecht der Partnerstaaten auf Grund der Vielzahl der Rechtsvorschriften für den ausländischen Partner schwer zu überschauen ist, geht man im Recht der DDR davon aus, daß jeder Vertragspartner auf seine Kosten die in seinem Land erforderlichen Genehmigungen oder Zulassungen zu beschaffen hat, wenn nichts anderes vereinbart wurde (vgl. § 49 GIW).
In der internationalen Vertragspraxis ist es üblich, sich gegen Störungen, die aus außenwirtschaftsrechtlichen Vorschriften bzw. operativen Eingriffen des Staates des anderen Partners resultieren können, möglichst abzusichern. Das ist bedeutsam, weil auch hinsichtlich der vertragsrechtlichen Konsequenzen des ausländischen öffentlichen Rechts im Zivil- und Handelsrecht der nichtsozialistischen Staaten unterschiedliche Standpunkte vertreten werden.

Die Partner treffen häufig Vereinbarungen über das Einholen der erforderlichen Genehmigungen und darüber, wer die Risiken der Genehmigungsverweigerung zu tragen hat. Es werden z. B. auch Beschaffungsgarantien übernommen. Es werden Informationspflichten und Rechtmäßigkeitsklauseln vereinbart, um zu sichern, daß jeder Vertragspartner für die Einhaltung der Rechtsvorschriften seines Landes Sorge trägt, um Störungen vorzubeugen, die sich aus etwaigen Verstößen dagegen ergeben.
Mit Klauseln, die die Wirksamkeit des Vertrages von der Erteilung der Genehmigung durch die zuständigen Staatsorgane beider Partner abhängig machen, wird der für die Anwendung und Anerkennung des ausländischen Rechts erforderliche Gegenseitigkeitsnachweis überflüssig gemacht.

Durch zwischenstaatliche Abkommen versuchen die sozialistischen Staaten, die sich aus staatlichen Regulierungsmaßnahmen nichtsozialistischer Partner ergebenden Handelshemmnisse abzubauen und das handels- und wirtschaftspolitische Regime günstig zu gestalten; erreichte Liberalisierungen sollen durch völkerrechtliche Verpflichtungen gesichert werden.
Auch für die gegenseitige Anerkennung und Respektierung außenwirtschaftsleitender Vorschriften und Maßnahmen können in den zwischenstaatlichen Abkommen Vereinbarungen getroffen werden. Ergeben sich starke Überschneidungen in bestimmten Materien, können auch spezielle Anknüpfungskriterien vereinbart werden (z. B. für Steuertatbestände).

1.2.3. Der Mechanismus des Währungs- und Kreditsystems in den nichtsozialistischen Ländern und sein Einfluß auf den internationalen Zahlungsverkehr

In den intersystemaren Wirtschaftsbeziehungen der DDR erfolgt in vielfältiger Art und Weise eine Konfrontation mit den Bedingungen des kapitalistischen internationalen Zahlungsverkehrs. Für das Verständnis einzelner Fragen und Probleme des Zahlungsverkehrs in den intersystemaren Wirtschaftsbeziehungen, aber auch für die Reaktion auf Störungen, die sich aus den Bedingungen des kapitalistischen internationalen Zahlungsverkehrs ergeben können, ist es erforderlich, in kurzen Zügen auf einige Aspekte des Währungs- und Kreditsystems in den nichtsozialistischen Ländern einzugehen.

Abkommen von Bretton Woods

Das Währungs- und Kreditsystem des staatsmonopolistischen Kapitalismus ist in seinen Grundzügen zunächst insbesondere im Bretton-Woods-Agreement von 1944 (in Kraft ab 27. 12. 1945)[41] sowie im Abkommen über die Internationale Bank für Wiederaufbau und Entwicklung von 1944 (in Kraft ab 27. 12. 1945)[42] fixiert worden, durch die der Internationale Währungsfonds (International Monetary Fund – IMF) als internationale Organisation zur Koordinierung der Währungspolitik der kapitalistischen Länder und die Internationale Bank für Wiederaufbau und Entwicklung (International Bank for Reconstruction and Development – IBRD; auch „Weltbank" genannt) gegründet wurden.

Am 15. 11. 1947 schlossen die UNO und der IMF ein Abkommen, nach dem der IMF den Status einer Spezialorganisation der UNO erhielt. Von der 2. UNO-Vollversammlung wurde der IMF am 15. 11. 1947 als Spezialorganisation der UNO anerkannt. Die UNO ist aber nicht berechtigt, dem IMF Empfehlungen zu geben.
Gegenwärtig sind 146 Länder Mitglied des IMF. Von den sozialistischen Ländern gehören dem IMF an: die SFR Jugoslawien (Gründungsmitglied), die VDR Laos (ab 1961), die SR Rumänien (ab 1972), die SR Vietnam (sie nahm 1976 den Platz des früheren Süd-Vietnam ein), die VR China (ab 1980) und die Ungarische VR (ab 1982).
Die IBRD ist ebenfalls Spezialorganisation der UNO. Im November 1947 wurde ein Abkommen zwischen der IBRD und der UNO über eine enge Zusammenarbeit abgeschlossen.
Bis 1982 traten 143 Mitgliedsländer der IBRD bei. Zu ihnen gehören auch die o. g. Mitgliedsländer des IMF.

Die historische Bedeutung dieser Abkommen lag in der Internationalisierung der bis zu diesem Zeitpunkt nationalstaatlich oder bilateral gehandhabten staatsmonopolistischen Interventionen und Regulierungen der internationalen Finanzbeziehungen. Auf diese Weise dienten diese Abkommen – u. a. durch die Ausgestaltung des US-Dollars als Leit- und Reservewährung – auch der Sicherung der politischen und ökonomischen Vorherrschaft der USA in der kapitalistischen Welt.
Eine Reihe von Elementen und Mechanismen des Abkommens von Bretton Woods bestimmen in der ursprünglichen oder teilweise modifizierten Form auch noch das heutige kapitalistische internationale Währungssy-

41 BGBl. II 1952 Nr. 13 S. 637.
42 BGBl. II 1952 Nr. 13 S. 664.

stem. Eckpfeiler des auf dem Abkommen von Bretton Woods beruhenden kapitalistischen internationalen Währungs- und Kreditsystems waren:

- die administrative (nicht ökonomische!) Lösung sämtlicher Nationalwährungen – mit Ausnahme des US-Dollars – aus der direkten Beziehung zum Gold, und zwar mit folgenden Konsequenzen: überwiegendes Verbot von Goldbesitz für Deviseninländer; ausschließliche Benutzung des Goldes in den Wirtschaftsbeziehungen als Weltgeldreserve (nicht als nationale Zirkulationsmittelreserve), d. h. als internationales Zahlungs- und Kaufmittel; staatliche Organisierung des Goldmarktes; Beschränkung der Goldeinlösepflicht auf den Kreis der Zentralbanken und – mit wenigen Ausnahmen – der Devisenausländer;

Beseitigung des Goldes als nationales Zahlungsmittel

- die langfristig wirksame Fixierung des offiziellen Goldgehaltes der Währungen, wobei als Grundlage für die Bewertung der Währungen aller anderen Mitgliedsländer des Abkommens der Goldgehalt des US-Dollars von 0,8886714 g Feingold oder 1 Troy-Unze = 31,1 g = 35 US-Dollar fungierte. Damit wurde eine Leit- und Reservewährung geschaffen, die das Gold als Weltgeld verdrängen sollte;

Fixierung des Goldgehaltes der Währungen

- die Teilkonvertibilität der kapitalistischen Währungen;

Teilkonvertibilität

- die Abwicklung des zwischenstaatlichen Zahlungs- und Verrechnungsverkehrs zu fixen Paritätskursen, die sich primär aus dem Dollarkurs ergeben, und die administrative Begrenzung der Schwankungsbreite von ± 1 Prozent zwischen dem oberen und unteren Interventionspunkt im Interesse langfristig gültiger Wertrelationen im internationalen Handel. Paritätsänderungen über 10 Prozent bedurften der Genehmigung des IMF, um nationalstaatliche währungspolitische Maßnahmen zur Verbesserung der Konkurrenzlage zu verhindern;

Zahlungsverkehr zu fixen Paritätskursen

- die Freiheit der Kontrolle der Kapitalbewegung, aber Abbau der Devisenbewirtschaftung für Zahlungen in laufenden Geschäften (Art. VI Abschn. 3) mit dem vor allem von den USA verfolgten Zweck, „die Ausschaltung der Devisenbeschränkungen herbeizuführen, die der Erweiterung und Ausdehnung des Welthandels hindernd im Wege stehen" (Art. I Ziff. IV);

Abbau der Devisenbewirtschaftung

Zahlungen für laufende Geschäfte durften nur beschränkt werden: erstens hinsichtlich einer als „knapp" deklarierten Währung (Art. VII Abschn. 3 Buchst. b) und zweitens während einer Übergangsperiode (Art. XIV), deren Dauer zwar nicht festgelegt war, die aber dort ihre Grenze hatte, wo Beschränkungen nicht mehr automatisch fortgesetzt werden konnten, sondern eine Beratung mit dem IMF verlangten. Von diesen beiden Fällen abgesehen, „soll kein Mitglied ohne Zustimmung des Fonds Zahlungen und Überweisungen für laufende Außenhandelsgeschäfte beschränken" (Art. VIII Abschn. 2 Buchst. a).
Zahlungen für laufende Außenhandelsgeschäfte sind negativ definiert als Zahlungen, „die nicht zum Zwecke der Kapitalüberweisungen gemacht werden" (Art. XIX Abschn. 1). Sie umfaßten also nicht nur Zahlungen in Außenhandels- und anderen laufenden Geschäften, wie Zahlungen für Dienstleistungen, sondern auch Zahlungen in normalen kurzfristigen Bank- und Kreditgeschäften, wie Zahlungen von Darlehenszinsen, Nettoeinkommen aus anderen Geldeinlagen, Zahlungen zur Darlehenstilgung, oder für die Abschreibung von Direktinvestitionen (Art. XXX Buchst. d).

- die währungspolitische Kooperation durch gegenseitige, in der Regel an Auflagen gebundene Kreditgewährung über zwei Organe, erstens

Gegenseitige Kreditgewährung

den IMF (Vergabe kurzfristiger Kredite in Gold und Valuten aus Einlagen in Gold und Landeswährungen, ergänzt um die 1968 vereinbarten sogenannten Sonderziehungsrechte [SZR] als dritten Typ von Währungsreserven, insbesondere zum Zwecke der Bereinigung von Unausgeglichenheiten der Zahlungsbilanzen) und zweitens die IBRD (Vergabe langfristiger Kredite, insbesondere zum Zwecke der Investitionsfinanzierung);

Quoten im IMF

- die Bestimmung der Stimmrechtsverhältnisse – auch der Kapitaleinzahlungen und Kreditmöglichkeiten – nach vom IMF zugeteilten Quoten, und zwar in der Weise, daß jedes Mitglied des IMF 250 Stimmen und eine zusätzliche Stimme für jeden Teil seiner Quote, der 100 000 US-Dollar entspricht, hat.

Damit war, ausgehend von einer entsprechenden Quotenzuteilung, den stärksten kapitalistischen Ländern der entscheidende Einfluß gesichert. Mit einem Stimmenanteil von 63,7 % (Ende 1983) gelingt es diesen Ländern, insbesondere den USA, ihre Vorherrschaft in dieser internationalen Währungs- und Finanzorganisation zu sichern.

Labilität des kapitalistischen Weltwährungs- und Kreditsystems

Obwohl vielfältige und durch staatsmonopolistische Integrationsformen modifizierte Instrumente für die staatsmonopolistischen Interventionen existieren, war das kapitalistische Weltwährungs- und Kreditsystem von Anfang an unfähig, stabil zu funktionieren. Das begann bereits mit der außerordentlich schleppenden Verwirklichung des Bretton-Woods-Agreements (1945 nach Ratifizierung durch 28 Länder in Kraft getreten, aber noch 1950 radikale Devisenzwangswirtschaft mit Vorherrschaft des Bilateralismus im kapitalistischen internationalen Zahlungs- und Verrechnungsverkehr; 1958 erst Teilkonvertibilität der kapitalistischen Hauptwährungen). Außerordentlich stark wurde dieses kapitalistische Währungs- und Kreditsystem auch von seiner verfehlten Struktur beeinflußt.

So stand der Gleichsetzung des US-Dollars mit den internationalen Werten (der US-Dollar sollte allgemeines Äquivalent sein) die Nichterfüllung vieler notwendiger Bedingungen für diese Funktion gegenüber, wie die ständige Entwertung des US-Dollars und damit der wachsende Widerspruch zwischen dem Wert des Goldes und dem Wert des US-Dollars. Das zeigten auch die tendenzielle Unausgeglichenheit der Zahlungsbilanzen der kapitalistischen Länder trotz Anwendung verschiedener Systeme der Außenwirtschaftsmanipulierung, die Potenzierung der Ungleichgewichte im kapitalistischen Welthandel durch starre und falsche Wechselkurse, die Notwendigkeit der Vielzahl von Abwertungen und Aufwertungen (die das Versagen des Systems fester Paritäten beweist), die Aufrechterhaltung des Systems mehr oder minder starker Devisenbewirtschaftung (1965 verzichteten z. B von 102 Mitgliedstaaten des IMF nur 26 auf Devisenkontrollbestimmungen), insbesondere in Zeiten akuter Währungskrisen.

Reformvorschläge

Angesichts dieser Situation gab es eine Reihe von Reformvorschlägen für das kapitalistische Weltwährungssystem.
Der IMF-Gouverneursrat bildete im Juli 1972 für die Reform des Währungssystems einen Zwanzigerausschuß, dessen Tätigkeit seit Oktober 1974 durch einen ebenfalls vom Gouverneursrat eingesetzten beratenden Interimsausschuß fortgesetzt wird. Obwohl auf diese Weise – wie noch zu zeigen sein wird – bestimmte Resultate auf dem Weg zu einem veränderten Währungsmechanismus erzielt wurden, haben diese die Währungskrise als

Bestandteil der allgemeinen Krise des Kapitalismus nicht beseitigen können.

Sonderziehungsrechte

Ein erster markanter Schritt bei den Veränderungen des kapitalistischen Währungssystems, die Etappen des Zusammenbruchs des vorstehend skizzierten Währungssystems von Bretton Woods darstellen, war die bereits erwähnte Einführung der SZR. Dies geschah auf der Grundlage des Abkommens über Änderungen und Ergänzungen des Abkommens über den Internationalen Währungsfonds von 1968[43], das im Juli 1969 in Kraft getreten ist (im folgenden IMF-Abkommen genannt). Die SZR stellen durch Beschluß des IMF geschaffenes künstliches Gold (sogenanntes Papiergold) dar, das durch keinerlei Gegenwerte (Gold, materielle Warendecke, Währungen) gedeckt ist. Sie basieren auf einem juristisch geregelten Annahmezwang. Die Hauptfunktion der SZR besteht in der Schaffung zusätzlicher Kredite für Länder mit Defiziten hinsichtlich der Zahlungsbilanz und Währungsreserven.

Im IMF-Abkommen ist geregelt, daß jedes Mitgliedsland des IMF, soweit es Mitglied der SZR-Abteilung geworden ist – ausgehend von dem Beschluß über die Schaffung einer bestimmten Gesamtsumme von SZR –, entsprechend seiner zum Grundkapital des IMF eingebrachten Quote eine (demzufolge ungleiche) Zuweisung von SZR erhält. Sie berechtigen zum Erwerb nationaler konvertierbarer Währungen über den Verkauf von SZR an andere IMF-Mitglieder. Ein Mitgliedsland mit Zahlungsbilanzschwierigkeiten, welches seine SZR aktivieren will, muß sich an den IMF wenden. Der IMF bestimmt unter Berücksichtigung der Zahlungsbilanz- und Reservesituation der anderen Mitgliedsländer das Land, welches die SZR entgegennehmen und dafür den entsprechenden Betrag in nationaler konvertierbarer Währung zur Verfügung stellen soll. Kein Land ist verpflichtet, mehr als doppelt soviel übertragene SZR anzunehmen, als es selbst zugeteilt bekommen hat.

Erwerb und Rückzahlung nationaler Währungen

Der Erwerb nationaler konvertierbarer Währungen durch den Verkauf von SZR kann auch auf der Grundlage von Vereinbarungen zwischen zwei Staaten erfolgen.

Die erworbenen nationalen konvertierbaren Währungen müssen spätestens nach 3 Jahren unter Zurücknahme der SZR zurückerstattet werden. Ursprünglich mit einem Goldgehalt (0,888670 g Feingold) ausgestattet, schwankt der Wert eines SZR seit dem 1. 8. 1981, je nachdem, wie sich die Kurse von 5 bestimmten Währungen (Standardkorb) verändern.

Der Anteil der einzelnen Währungen richtet sich nach dem ökonomischen Potential der 5 betreffenden Länder: US-Dollar 42 Prozent, DM 19 Prozent, Pfd. Sterling 12 Prozent, französicher Franc 12 Prozent und Yen 15 Prozent.

Die Einführung der SZR ist Ergebnis der Tatsache, daß der Dollar in seinen Leit- und Reservewährungsfunktionen wesentlich geschwächt wurde. Im März 1968 erfolgte im Zusammenhang mit dem Beschluß der Goldpoolländer (westeuropäische Industriestaaten, Frankreich war 1967 ausgeschieden), kein Gold mehr an die Goldmärkte abzugeben, und die dadurch bewirkte Spaltung des Goldmarktes und Goldpreises in einen offiziellen und einen „freien" Goldmarkt und -preis die faktische Einstellung der Konver-

43 BGBl. II 1968 Nr. 55 S. 1225, seit dem 1. 4. 1978 in Kraft i. d. F. der 2. Änderung und Ergänzung des Übereinkommens über den Internationalen Währungsfonds, BGBl. II 1978 Nr. 2 S. 13; auch abgedruckt in: Internationales Finanz- und Währungsrecht. Finanz- und Währungsbeziehungen zu nichtsozialistischen Ländern, Berlin 1984, S. 231.

tierung von Dollarforderungen gegen Gold (Einstellung der Tätigkeit des Goldpools). Zugleich waren die USA auf Grund der Disproportionen zwischen der Entwicklung ihrer Goldreserven und ihrer kurzfristigen Auslandsschulden faktisch nicht mehr in der Lage, US-Dollar gegen Gold zu konvertieren. Da dies jedoch seitens der Zentralbanken in gewissem Umfang noch realisiert wurde, erfolgte die De-jure-Aufhebung der Goldkonvertibilität des US-Dollars im August 1971.

Folgen der Dollarabwertung

Ein weiterer Schritt auf dem Wege des Zusammenbruchs des Währungssystems von Bretton Woods stellt die im Dezember 1971 erfolgte Abwertung des US-Dollars um 7,895 Prozent (eine weitere Abwertung um 10 Prozent erfolgte im Februar 1973) dar. Damit verlor der US-Dollar die Funktion einer in ihrer Goldparität unveränderlichen Leitwährung des kapitalistischen Währungssystems. Es wurde der Prozeß eingeleitet, der zum Zusammenbruch des Systems fester Wechselkurse, eine der wichtigsten Säulen des Währungssystems von Bretton Woods, führte.

Zunächst wurde im Dezember 1971 die Begrenzung der Schwankungsbreite von 1 Prozent zwischen dem oberen und dem unteren Interventionspunkt auf 2,25 Prozent erweitert. Danach trat – beginnend im Juli 1972 mit dem englischen Pfd. Sterling – eine Periode der allgemeinen Freigabe der Wechselkurse ein, die durch das selbständige oder Blockfloating gekennzeichnet ist.

Devisenkursformen

Gegenwärtig existieren im kapitalistischen Währungssystem insbesondere folgende Devisenkursformen:

- fester Devisenkurs zu einer Währung
  Hierunter fielen Mitte 1981 etwa die Hälfte aller Währungen des nichtsozialistischen Wirtschaftsgebietes. Sie haben einen festen Kurs zu einer der wichtigsten kapitalistischen Währungen, so z. B. (Stand Juni 1981) zum US-Dollar (39 Währungen), zum Pfd. Sterling (5 Währungen) und zum französischen Franc (14 Währungen).
- fester Devisenkurs zu einer Gruppe von Währungen
  Hierzu gehören:
  a) Währungen im Floating-Block des Europäischen Währungssystems (EWS),
  b) Währungen mit festem Devisenkurs zu sich verändernden SZR,
  c) Währungen mit festem Devisenkurs zu einem Währungskorb.
  Allen diesen Wechselkursformen ist gemeinsam, daß sie einen Übergang zwischen festen Kursen und freigegebenen Kursen darstellen. Die Währungen im Floating-Block des EWS (Mitgliedsländer mit Beteiligung an diesem Wechselkurssystem: Belgien, BRD, Dänemark, Frankreich, Irland, Italien, Niederlande) haben untereinander feste Leitkurse und Bandbreiten (obere und untere Interventionspunkte). Gegenüber allen anderen kapitalistischen Währungen ist der Kurs freigegeben. Die unter c) genannten Währungen haben einen festen Kurs zu einem sich hinsichtlich der Anzahl der darin enthaltenen Währungen und ihrer Gewichtung unterscheidenden Währungskorb.
- freigebener Devisenkurs (reines Floating)
  Die Währungen der betreffenden Länder haben gegenüber allen Ländern des nichtsozialistischen Wirtschaftsgebietes einen freigegebenen Kurs.

In Art. IV des IMF-Abkommens sind die vorstehenden Möglichkeiten der Wechselkursregelungen festgeschrieben worden. Die Wahl des Wechselkurssystems wird den Mitgliedsländern nach Inkrafttreten dieser zweiten einschneidenden Änderung nicht mehr nur faktisch, sondern auch formell freigestellt. Als Einschränkung ist lediglich das Verbot der Bindung der Währung an das Gold und der Wechselkursmanipulationen zur Verschaffung von Konkurrenzvorteilen geregelt. Gleichzeitig wurde festgelegt, daß der IMF mit einer speziellen Mehrheit von 85 Prozent der Stimmen die Wiedereinführung fester Wechselkurse beschließen kann. Das käme, infolge der Sperrminorität, nur mit Stimmenbeteiligung der USA (20 Prozent der Stimmen) zustande.
Alle vorgenannten Devisenkursformen beinhalten für die kapitalistischen Exporteure und Importeure ein Kursrisiko, dessen Höhe von der Kursentwicklung der Vertragswährung und der Währung der Exporteure bzw. Importeure in der Zeit zwischen dem Vertragsabschluß und dem Termin der Zahlung abhängig ist. Daher ist zum Zwecke der Einengung oder Ausschaltung des Kursrisikos eine Reihe von Methoden der Kurssicherung entwickelt worden.

Solche Methoden sind beispielweise die Kurssicherung durch Devisentermingeschäfte, die staatliche Kursrisikoversicherung, die Diskontierung eines Fremdwährungswechsels, die Forfaitierung einer Fremdwährungsforderung, die Kompensation von Fremdwährungspositionen.

Der vorstehend skizzierte Zerfall des Währungssystems von Bretton Woods und die ebenfalls skizzierte Übergangsperiode zu einem veränderten Währungsmechanismus machen allerdings – wie eingangs hervorgehoben – auch deutlich, daß eine Reihe von Elementen und Mechanismen des Bretton-Woods-Agreements in ursprünglicher oder modifizierter Art und Weise bestehen geblieben sind.

Das betrifft z. B. das Prinzip der Konvertibilität (allerdings mit der Einschränkung, daß tatsächlich nur etwa 20 Währungen kapitalistischer und 24 Währungen von Entwicklungsländern mehr oder weniger konvertierbar sind), die Rolle des IMF als internationale Organisation zur Regulierung der Währungsbeziehungen, die Rolle des US-Dollars als Währungsreserve und als Zahlungsmittel.

Einzelstaatliche Devisenbestimmungen

Das kapitalistische Weltwährungs- und Kreditsystem, wie es in einer Reihe multilateraler zwischenstaatlicher Abkommen verankert ist, spiegelt sich u. a. in den als Bestandteil staatsmonopolistischer Außenwirtschaftsreglementierung fungierenden einzelstaatlichen Devisenbestimmungen der kapitalistischen Länder, die insbesondere die Ein- und Ausfuhr von Zahlungsmitteln sowie den Umlauf und den Besitz von Devisenwerten regeln, trotz Anwendung unterschiedlicher Regelungsmethoden (z. B. Verbot mit Erlaubnisvorbehalt) im wesentlichen gleichartig wider. Allerdings wird diese Gleichartigkeit in Zeiten akuter Währungskrisen vor allem in den in erster Linie davon betroffenen kapitalistischen Ländern beeinträchtigt oder gar beseitigt, da die jeweils herrschenden Monopolgruppen entsprechend ihren Interessen eine Verschärfung oder Aufhebung der devisenrechtlichen Bestimmungen fordern, je nachdem, was ihnen im ständigen

Spannungsfeld zwischen Devisenzwangswirtschaft und Schwankungen der Währungskurse im jeweiligen Moment am günstigsten erscheint.

Verschärfung der Devisenzwangswirtschaft

Als Reaktion auf die schwankende Funktionstüchtigkeit des international vereinbarten kapitalistischen Währungsmechanismus zeichnet sich jeweils zeitweilig eine Verschärfung der Devisenzwangswirtschaft ab. (Das zeigen z. B. die Beschränkungen im internationalen Kapitalverkehr, Einschränkungen im privaten Auslandsreiseverkehr usw.) Die kapitalistische Devisenzwangswirtschaft erstreckt sich also nicht allein auf die Konvertibilität der Geldzeichen, sondern umfaßt alle einzelstaatlichen Regulierungsformen, insbesondere währungspolitische Importregulierungen und devisenpolitische Methoden staatsmonopolistischer Exportförderung, hinsichtlich der internationalen Geldbeziehungen.

1.3. Die zwischenstaatliche Regelung der Außenwirtschaftsbeziehungen

1.3.1. Die bilateralen Wirtschaftsabkommen

1.3.1.1. Die Gestaltung der Außenwirtschaftsbeziehungen durch bilaterale Handelsabkommen und Abkommen über die wirtschaftliche, industrielle und technische Zusammenarbeit (WITZ-Abkommen)

Arten der Wirtschaftsabkommen

Im Rahmen intersystemarer Wirtschaftsbeziehungen beteiligen sich die Staaten zunehmend selbst mittels vielfältiger Kontakte und Vereinbarungen über ihre Organe und Institutionen an der Organisierung langfristiger Handels- und Kooperationsbeziehungen. Mittel- und langfristige bilaterale Abkommen und Programme für Außenhandel, Industrie, Wissenschaft und Technik sind bewährte Instrumente dieser Zusammenarbeit. Wesentliche neue Elemente in den intersystemaren Wirtschaftsbeziehungen, z. B. die langfristige Zusammenarbeit in der Produktionssphäre, bei der Realisierung von Forschungs- und Investitionsvorhaben und die damit verbundene Ausdehnung der Zirkulationsbeziehungen, stellen höhere Anforderungen an zwischenstaatliche Vereinbarungen.[44]

Handelsabkommen und WITZ-Abkommen nehmen eine zentrale Stelle in den sich herausbildenden bilateralen Abkommenssystemen ein. Auf der Basis der WITZ-Abkommen, die global die Grundfragen der wirtschaftlichen, industriellen und wissenschaftlich-technischen Zusammenarbeit klären, werden verstärkt Spezialabkommen geschlossen, die die Zusammenarbeit in den verschiedenen Bereichen oder auch an bestimmten Objekten der intersystemaren Wirtschaftsbeziehungen detailliert regeln. Hierzu gehören Abkommen über die ökonomisch-technische oder wissenschaftlich-

44 Vgl. Die rechtliche Regelung der internationalen Wirtschaftsbeziehungen der DDR zu Partnern im nichtsozialistischen Wirtschaftsgebiet. Grundriß, Berlin 1982, S. 87ff.; G. Neumann, „Funktionen zwischenstaatlicher Abkommen bei der rechtlichen Regelung intersystemarer Wirtschaftsbeziehungen", SuR, 1979/2, S. 138ff.; dies. „Neue Aspekte bilateraler zwischenstaatlicher Regelung industrieller und wissenschaftlich-technischer intersystemarer Zusammenarbeit", RiA, 1979/30, S. 1ff. (41. Beilage); U. Enderlein, Die völkerrechtliche Regelung der intersystemaren Industriekooperation, Aktuelle Beiträge der Staats- und Rechtswissenschaft, H. 195, Potsdam-Babelsberg 1978.

technische Zusammenarbeit (ÖTZ- bzw. WTZ-Abkommen) sowie Abkommen für bestimmte Bereiche, z. B. der Landwirtschaft, des Fischereiwesens, der Energiegewinnung oder der Infrastruktur. Wichtige Hilfsprozesse der wirtschaftlichen Zusammenarbeit werden durch Transport-, Verkehrs- und Bankenabkommen geregelt. Die in großer Zahl geschlossenen Konsular- und Rechtshilfeabkommen tragen dazu bei, den erforderlichen Rechtsschutz der Bürger und juristischen Personen der Partnerstaaten zu gewährleisten.

Mit der Verwirklichung der im EWG-Vertrag[45] fixierten „gemeinsamen Handelspolitik" ist die Kompetenz zum Abschluß von Handelsabkommen mit Drittstaaten auf den EWG-Ministerrat übergegangen. Deshalb hat die DDR mit den Mitgliedsländern der EWG z. Z. keine Handelsabkommen. Da der Abschluß eines die Grundfragen der wirtschaftlichen Zusammenarbeit regelnden Abkommens zwischen dem RGW und der EWG bisher an der ablehnenden Haltung der EWG scheiterte, ist die zwischenstaatliche Regelung handelspolitischer Fragen zwischen sozialistischen Staaten und den Mitgliedsländern der EWG derzeit unbefriedigend.

Inhalt und Funktionen von Wirtschaftsabkommen

Durch zwischenstaatliche Wirtschaftsabkommen werden außenwirtschaftspolitische Rahmenbedingungen für die Gestaltung der intersystemaren Handels- und Kooperationsbeziehungen zwischen den Unternehmen der Partnerstaaten verbindlich vereinbart. Die Staaten bestimmen in Handels- und WITZ-Abkommen, die in der Regel für Zeiträume von 5 bis 10 Jahren geschlossen werden, Gegenstand, Entwicklungsziele sowie Formen und Methoden der Zusammenarbeit.

Entwicklungszielstellungen der Zusammenarbeit

Sie bekunden durch grundsätzliche Erklärungen in diesen Abkommen ihre Zielstellung, den Handel und die wirtschaftliche Zusammenarbeit auf der Grundlage der Gleichberechtigung und des gegenseitigen Vorteils zu fördern und weiterzuentwickeln, um das wirtschaftliche, industrielle und technische Potential ihrer Länder effektiv zu nutzen.

Im Programm zur Gestaltung der Wirtschaftsbeziehungen DDR-Frankreich 1980 bis 1985 haben die Partner z. B. im Sinne der Schlußakte der KSZE eine überdurchschnittliche Erweiterung ihrer Zusammenarbeit auf stabiler und langfristiger Grundlage vereinbart. Sie streben Ausgeglichenheit und Diversifizierung ihrer Wirtschaftsbeziehungen an.[46]

Diese globalen Verpflichtungen werden im allgemeinen durch die nähere Bestimmung der Gebiete, Formen und Methoden des Handels und der Kooperation präzisiert, und zwar in der Regel in Form von Niederschriften, Protokollen, Anlagen, Waren- und Objektlisten zu den betreffenden Abkommen, zum Teil auch in Form von Programmen.

Handelsabkommen

So enthalten die meist für einen Zeitraum von 5 Jahren geschlossenen Handelsabkommen globale und teilweise auch in Warenlisten fixierte Festlegungen über die Entwicklung des Warenaustausches, die durch Jahresprotokolle präzisiert werden. Die Warenlisten werden in der Abkommenspraxis je nach der Bedeutung, die ihnen in den Partnerstaaten für die Planung

45 Vertrag zur Gründung der Europäischen Wirtschaftsgemeinschaft vom 25. 3. 1957, Text in: Völkerrecht. Dokumente, Teil 2, Berlin 1980, S. 440.

46 Vgl. Präambel und Art. 1 des Programms zur Gestaltung der wirtschaftlichen, industriellen und technischen Beziehungen zwischen der DDR und der Französischen Republik in den Jahren 1980 bis 1985, AWID, 1980/28, S. 6f.

und Bilanzierung der Ex- und Importe oder für die Handhabung des Lizenzierungssystems zukommt, differenziert gestaltet.

Der Umfang der wert- und mengenmäßig spezifizierten Warenlisten beschränkt sich in der Regel auf die Warenpositionen, die der Kontingentierung und Lizenzierung im nichtsozialistischen Partnerstaat unterliegen.[47] Solche Listen werden mit dem ausdrücklichen Hinweis verbunden, daß sich die Ex- und Importe nicht auf die in den Listen aufgeführten Positionen beschränken sollen.
Im Verhältnis zu kapitalistischen Industrieländern wurde jedoch in den letzten Jahren weitgehend auf die Vereinbarung von Warenlisten verzichtet, obwohl die mengenmäßigen Importbeschränkungen und die Lizenzierung in diesen Ländern im Verhältnis zur DDR und anderen sozialistischen Staaten keineswegs abgebaut wurden. In einigen Fällen wurden wert- und mengenmäßig nicht spezifizierte Listen solcher Waren aufgestellt, an deren Ex- und Import die Partnerstaaten bzw. ihre Wirtschaftsunternehmen interessiert sind.[48]
In den Handelsabkommen mit Entwicklungsländern spielen Warenlisten aus den o. g. Gründen noch eine größere Rolle.

Die Staaten übernehmen in bezug auf vereinbarte Warenlisten im allgemeinen die Verpflichtung, die erforderlichen Ein- oder Ausfuhrgenehmigungen mindestens im Rahmen der vereinbarten Mengen und/oder Werte zu erteilen. Sie übernehmen jedoch keine Liefer- und Abnahmegarantien für diese Positionen.

WITZ-Abkommen

In den WITZ-Abkommen und Programmen werden die Wirtschaftszweige oder -bereiche bestimmt, in denen die industrielle und wissenschaftlich-technische Zusammenarbeit schwerpunktmäßig entwickelt werden soll (dabei dominieren die Bereiche Metallurgie, Maschinen- und Anlagenbau, Chemie, Elektrotechnik/Elektronik). Gleichzeitig wird festgestellt, welche Formen und Methoden der Zusammenarbeit besonders zu fördern sind.

Die Aufmerksamkeit der Abkommenspartner konzentriert sich meist auf die Zusammenarbeit bei der Herstellung und dem Vertrieb von Erzeugnissen, bei der Einführung neuer Forschungsergebnisse in die Produktion, bei der Rationalisierung von Produktionsprozessen, bei der Vergabe von Lizenzen und der gemeinsamen Realisierung von Projekten in einem der beiden Länder oder auf Drittmärkten (vgl. zu den WITZ-Abkommen Handbuch der Außenhandelsverträge Band 4, Kap. 2).

Wegen der zentralen Stellung der Handelsbeziehungen innerhalb der intersystemaren industriellen und wissenschaftlich-technischen Zusammenarbeit haben die in den Handelsabkommen getroffenen Festlegungen über die Bedingungen des bilateralen Handels, sofern nicht spezielle Festlegungen in Kooperationsabkommen getroffen wurden, auch Bedeutung für die zwischenstaatliche Regelung der Kooperationsbeziehungen.

So enthalten z. B. Anlagen oder Niederschriften zu den Handelsabkommen gesonderte Festlegungen über Gegenstand und Zielstellungen der bilateralen Kooperation. Einige Handelsabkommen enthalten globale Verpflichtungen zur Förderung der industriellen und wissenschaftlich-technischen Zusammenarbeit.

Die Festlegungen über Schwerpunkte, Formen und Methoden der Wirtschaftsbeziehungen in den Abkommen haben in der Regel den Charakter

47 Vgl. z. B. das Handelsabkommen und Handelsprotokoll DDR – Norwegen von 1974, AWID, 1974/12, S. 3, sowie das Handelsprotokoll DDR – Schweden von 1980, AWID, 1980/1, S. 2.
48 Vgl. das Handelsabkommen DDR – Australien, AWID, 1974/15, S. 1ff.

von Empfehlungen oder Orientierungen, die vermittels des einzelstaatlichen Umsetzungsmechanismus an die Wirtschaftsorganisationen und Unternehmen gerichtet werden sollen. Die Warenlisten in den Handelsabkommen werden deshalb auch oft als indikative Listen bezeichnet.[49]

Partnerpflichten

In den Abkommen werden Vereinbarungen getroffen, die die Pflichten der Partner im Prozeß der zwischenstaatlichen lang- bzw. mittelfristigen komplexen oder zweigspezifischen Abstimmung der Zielstellungen wirtschaftlicher Zusammenarbeit regeln. Zu diesem Pflichtenkomplex gehören bestimmte Informations- und Kontrollpflichten sowie verfahrensregelnde Vereinbarungen (z. B. über Termine, Zeiträume und Abstimmungsformen).

Die kontinuierlich erfolgenden Abstimmungen und Informationen betreffen z. B. die beiderseits interessierenden Prioritäten staatlicher Wirtschaftspläne und Programme, die Entwicklung der Ex- und Importmöglichkeiten ausgewählter Bereiche und eine dementsprechende Präzisierung der Zielstellungen der Zusammenarbeit und der zu ihrer Realisierung durchzuführenden Maßnahmen (z. B. Abbau von Handelsbeschränkungen, spezielle Förderungsmaßnahmen).

Handels- und Wirtschaftspolitisches Regime

Eine wesentliche Funktion der Wirtschaftsabkommen ist die Gestaltung des handels- und wirtschaftspolitischen Regimes der intersystemaren Wirtschaftsbeziehungen. Sie konzentriert sich z. Z. in den Handelsabkommen auf die Beseitigung von Handelshemmnissen und die Vereinbarung handelsfördernder Maßnahmen.

Förderungsklauseln

Ausgehend von der Zielstellung, die Handelsbeziehungen auf der Grundlage der Gleichberechtigung und des gegenseitigen Vorteils zu entwickeln, enthalten viele Handelsabkommen Klauseln, mit denen sich die Abkommenspartner verpflichten, die Entwicklung der Handelsbeziehungen zu erleichtern bzw. zu unterstützen und ihre ausgewogene Gestaltung anzustreben.

Zum Teil wird in den Handelsabkommen die Förderung spezieller Formen und Methoden der Zusammenarbeit, an deren Entwicklung Interesse besteht, besonders hervorgehoben.[50] In den WITZ-Abkommen sichern sich die Partner z. B. Unterstützung und alle möglichen Erleichterungen für die zuständigen Organisationen, Betriebe und Institutionen beim Abschluß und der Realisierung von Verträgen auf Unternehmensebene zu. Allgemeine Förderungsklauseln bilden außerdem den Behandlungsstandard für Fragen des handels- und wirtschaftspolitischen Regimes, für die im Abkommen keine besonderen Regelungen getroffen wurden. Man kann davon ausgehen, daß dadurch Verpflichtungen zur Abkommenserfüllung nach „Treu und Glauben" im Sinne der UN-Charta und der Deklaration über die Prinzipien des Völkerrechts entstehen. Das wird auch von bürgerlichen Autoren anerkannt.[51]

Meistbegünstigung

Von besonderer Bedeutung wegen seiner Diskriminierung vorbeugenden Wirkung ist das Prinzip der Meistbegünstigung. Die DDR hat bei der Vereinbarung dieses Prinzips in seiner unbedingten Form Erfolge erzielt.[52]

49 Vgl. das Handelsabkommen DDR – ARÄ von 1980, AWID, 1980/21, S. 1ff., sowie das Handelsprotokoll DDR – Schweden von 1980, AWID, 1980/1, S. 2.

50 Im Handelsabkommen DDR – ARÄ von 1980 (AWID, 1980/21, S. 1ff.) verpflichten sich die Partner, insbesondere den Abschluß von Gegenseitigkeitsgeschäften und langfristigen kommerziellen Verträgen zu fördern; das Handelsabkommen DDR – Sierra Leone (AWID, 1980/28, S. 4ff.) enthält die Verpflichtung, Geschäfte nach dem Prinzip Ware gegen Ware besonders zu fördern und zu erleichtern.

51 Vgl. J. Pfeffer, Der rechtliche Rahmen des Wirtschaftsverkehrs mit den RGW-Ländern, Studien zum Internationalen Wirtschaftsrecht und Atomenergierecht, Bd. 60, Köln 1978, S. 347.

52 Vgl. K. Becher/H. Prokein, „Aktuelle Probleme des Prinzips der Meistbegünstigung", RiA, 1975/35, S. 1ff. (6. Beilage).

Die DDR hat mit über 70 Staaten Handelsabkommen geschlossen. In mehr als 60 dieser Abkommen (Entwicklungsländer und kapitalistische Industrieländer) wurde die Meistbegünstigung vereinbart.

Seiner allgemeinen Durchsetzung sind insbesondere die Behandlungsunterschiede hinderlich, die im Außenwirtschaftsrecht führender kapitalistischer Staaten, so der USA und der Mitgliedsländer der EG, gegenüber sozialistischen Staaten aufrechterhalten werden.

Direkte Regelung von Sachfragen

Es wird angestrebt, die Prinzipienregelungen in den Abkommen mit der direkten Regelung wichtiger Sachfragen der bilateralen Beziehungen zu verbinden. Das betrifft z. B. die in vielen Handelsabkommen enthaltenen Verpflichtungen zur Erteilung der erforderlichen Genehmigungen für die Ein- und Ausfuhr, einschließlich der Devisengenehmigungen, sowie Regelungen zur Vereinfachung von Verfahrensfragen (z. B. Verzichtserklärungen im Hinblick auf die Legalisierung von Handelsdokumenten).

Zollfragen bilden einen wesentlichen Bestandteil des handelspolitischen Regimes. Ihre Regelung erfolgte in den bilateralen Abkommen der DDR bisher in erster Linie über die Gewährung der Meistbegünstigung bei der Bestimmung der Höhe der Zollgebühren, der Art und Weise ihrer Erhebung und der Verfahrensfragen der Zollabfertigung. Sie ist für diese Fragen auch von besonderer Bedeutung, weil sich z. B. auf Grund starker Unterschiede zwischen den alternativ zur Anwendung kommenden Zollsätzen erhebliche Zolleinsparungen ergeben können. Weitergehende direkte Regelungen über einen schrittweisen prozentualen Zollabbau, die Vereinbarung eines „standstill" für Zölle und zollähnliche Gebühren tragen Ausnahmecharakter. Das trifft auch auf den Abbau mengenmäßiger Einfuhrbeschränkungen zu.

Derartige Vereinbarungen enthält z. B. das Abkommen DDR-Finnland über den Abbau von Handelshemmnissen (1975); im Handelsabkommen DDR-Österreich (1973) waren ebenfalls konkrete Schritte zum Abbau von Handelshemmnissen vorgesehen. Das Handels- und Zahlungsabkommen DDR–Österreich (1980) sieht die Behandlung der Wareneinfuhren aus der DDR wie gegenüber Vertragspartnern des GATT vor.

Eine Befreiung von Zollabgaben und Steuern erfolgt in der Regel für Waren und Artikel, die auf Messen und Ausstellungen gezeigt werden, sowie für Werkzeuge und andere Instrumente für Reparatur- und Montagezwecke.

Auch niederlassungs- einschließlich steuerrechtlicher Fragen für Bürger und juristische Personen der Partnerstaaten bedürfen mit der weiteren Ausdehnung der wirtschaftlichen Zusammenarbeit der Regelung in bilateralen Abkommen (vgl. Handbuch der Außenhandelsverträge Band 4, insbes. Kap. 2).

Beispielsweise sieht das von der DDR mit der Republik Zypern geschlossene Doppelbesteuerungsabkommen auf dem Gebiet der Einkommens- und Vermögenssteuern[53] für die wichtigsten Steuertatbestände der intersystemaren Wirtschaftsbezie-

53 Abkommen zwischen der DDR und der Regierung der Republik Zypern zur Vermeidung der Doppelbesteuerung auf dem Gebiet der Steuern vom Einkommen und vom Vermögen vom 16. 10. 1982, GBl. II 1983 Nr. 3 S. 38.

hungen eine Aufteilung der Besteuerungsrechte durch die kombinierte Anwendung des Sitz- und Quellenprinzips vor.

Barterabkommen

Um die Handelsbeziehungen mit Entwicklungsländern zu erleichtern, die nicht über die erforderlichen Valutamittel verfügen und vor ernsthaften Zahlungsproblemen stehen, hat die DDR mit einigen Ländern sogenannte Barterabkommen oder -protokolle geschlossen. Sie stehen in Verbindung mit dem jeweiligen Handelsabkommen und haben eine Laufzeit von einem Jahr.

Sie sehen Lieferungen Ware gegen Ware vor, deren Volumen wertmäßig vereinbart ist. Die gegenseitigen Lieferungen müssen jeweils zum Ende des Jahres bilanzieren. Die Warenlieferungen erfolgen im Rahmen von Warenlisten, die Bestandteil der Barterabkommen sind. Die Zahlungen aus den gegenseitigen Warenlieferungen erfolgen im Verrechnungswege auf von den Banken dafür eingerichteten Sonderkonten.

Verträge über Handel und Seeschiffahrt

Das handels- und wirtschaftspolitische Regime, insbesondere das Regime der Seeschiffahrt, wird in der internationalen Abkommenspraxis häufig auch in Verträgen über Handel und Seeschiffahrt geregelt.

Die DDR hat einen solchen Vertrag mit Japan geschlossen.[54] Er regelt u. a. die Meistbegünstigung in bezug auf Zölle und Gebühren beim Ex- und Import und für direkte Investitionen, eine Behandlung nach dem Régime national und der Meistbegünstigung für Staatsbürger der Vertragspartner hinsichtlich des Schutzes ihrer Person und ihres Eigentums, des Zugangs zu Gerichten und Verwaltungsorganen und andere wesentliche Fragen.

Gemischte Kommissionen

Mit der Entwicklung der wirtschaftlichen Zusammenarbeit wächst die Bedeutung solcher Gremien wie der gemischten Kommissionen, Wirtschaftsausschüsse und Komitees, die im Rahmen der Abkommen gebildet werden. Sie beraten Grundsatzfragen und größere Projekte der Zusammenarbeit sowie die zur Förderung der Handels- und Kooperationsbeziehungen erforderlichen Maßnahmen. Zu ihren Aufgaben gehören in bestimmtem Umfang Kontroll- und Überwachungspflichten in bezug auf die Abkommensrealisierung sowie – im Rahmen hierzu vorgeschriebener Konsultationen – die Klärung dabei auftauchender Schwierigkeiten und Probleme. Es erhöht die Effektivität der Tätigkeit dieser Gremien, daß neben den verantwortlichen Mitarbeitern der Staatsorgane auch Vertreter der Betriebe, Unternehmensgruppen, kompetenten Organisationen und Institutionen der beteiligten Staaten einbezogen sind.

54 Vertrag über Handel und Seeschiffahrt zwischen der DDR und Japan vom 28. 5. 1981, GBl. II 1982 Nr. 5 S. 73 (seit dem 22. 9. 1982 in Kraft).

Übersicht über die von der DDR abgeschlossenen Handelsabkommen

(Stand: 15. Mai 1985)

A. Kapitalistische Länder*

Land	*Unterzeichnung*	*Inkrafttreten*	*Quelle***
Australien	28. 2. 1974	28. 2. 1974	XXII/761
Finnland	20. 6. 1973	16. 11. 1973	XXI/821
Island	6. 2. 1973	6. 2. 1973	XXI/838
Japan	28. 5. 1981	22. 9. 1982	GBl. II 1982
	(Vertrag über Handel und Seeschiffahrt)		Nr. 5 S. 73
Kanada	9. 9. 1983	1. 6. 1984	
Norwegen	30. 1. 1974	1. 1. 1974	XXII/874
Österreich	11. 11. 1980	1. 2. 1981	XXVIII/1016
	(Handels- u. Zahlungsabk.)		
Portugal	25. 1. 1975	25. 1. 1975	XXIII/916
Schweden	26. 7. 1973	1. 1. 1974	XXI/881
Schweiz	27. 6. 1975	1. 1. 1976	XXIII/947
	(Handels- u. Wirtschaftsabk.)		
Spanien	17. 12. 1979	1. 5. 1981	XXVII/845
Türkei	11. 6. 1975	10. 9. 1975	XXIII/974
Zypern	21. 6. 1978	1. 1. 1978	XXVI/773

B. Entwicklungsländer

Land	*Unterzeichnung*	*Inkrafttreten*	*Quelle*
DR Afghanistan	8. 4. 1984	1. 1. 1985	
AR Ägypten	11. 2. 1980	6. 12. 1980	XXVIII/541
DVR Algerien	21. 12. 1966	21. 12. 1966	XIV/809
VR Angola	25. 6. 1976	25. 6. 1976	XXIV/1304
Argentinien	30. 5. 1975	28. 3. 1977	XXIII/489
Äthiopien	18. 12. 1976	18. 12. 1976	XXIV/460
VR Bangladesh	24. 7. 1972	24. 7. 1972	XX/641
VR Benin	6. 6. 1978	–	XXVI/555
Bolivien	15. 10. 1976	3. 3. 1977	XXIV/465
Brasilien	5. 11. 1975	1. 6. 1976	XXIII/496
	(Handels- u. Zahlungsabk.)		
Burma	12. 5. 1967	12. 5. 1967	XV/856
Burundi	26. 6. 1980	–	XXVIII/584
Chile	27. 7. 1971	1. 1. 1972	XIX/689
Ekuador	26. 11. 1976	15. 3. 1977	XXIV/487
El Salvador	17. 12. 1976	18. 3. 1977	XXIV/491
Ghana	8. 3. 1974	22. 8. 1974	XXII/552
Grenada	7. 9. 1981	7. 9. 1981	

* Mit den EWG-Staaten, die nicht berechtigt sind, bilaterale Handelsabkommen abzuschließen, gibt es eine Anzahl anderer Verträge. Siehe dazu Handbuch der Außenhandelsverträge Band 3, S. 72, und Band 4, S. 46f.

** Die Quellenangaben beziehen sich auf den jeweiligen Band und die Seite der Dokumentensammlung „Dokumente zur Außenpolitik der DDR", wo bei der überwiegenden Anzahl der Abkommen der gesamte Text abgedruckt ist.
Bis Redaktionsschluß waren die Jahrgänge bis 1980 erschienen.

Land	*Unterzeichnung*	*Inkrafttreten*	*Quelle*
Guinea	10. 12. 1965	1. 1. 1966	XIII/614
	nebst Änderungsprotokoll vom		
	19. 11. 1975	19. 11. 1975	XXIII/1325
Guinea-Bissau	17. 11. 1976	17. 11. 1976	XXIV/537
Guyana	17. 3. 1974	6. 6. 1974	XXII/1279
Indien	1. 11. 1985	1. 1. 1986	
	(Handels- u. Zahlungsabk.)		
Indonesien	20. 12. 1974	23. 6. 1976	XXII/577
Irak	26. 4. 1975	1. 1. 1976	XXIII/544
Iran	25. 9. 1973	15. 11. 1973	XXI/587
VDR Jemen	18. 10. 1969	18. 10. 1969	XVII/474
Jemenitische AR	12. 6. 1967	12. 6. 1967	XV/894
Jordanien	12. 12. 1983	27. 2. 1984	
	(Abkommen über den Handel, die wirtschaftliche u. technische Zusammenarbeit)		
Kamerun	11. 12. 1978	8. 5. 1979	XXVI/622
Kolumbien	8. 7. 1982		
VR Kongo	14. 3. 1970	6. 10. 1970	XVIII/436
Kostarika	24. 10. 1979	14. 4. 1983	XXVII/581
Kuweit	19. 6. 1975	11. 12. 1976	XXIII/579
Libanon	22. 2. 1975	–	XXIII/582
Liberia	20. 2. 1978	6. 6. 1978	XXVI/652
Libyen	25. 4. 1975	11. 8. 1975	XXIII/593
DR Madagaskar	25. 4. 1979	26. 11. 1980	XXVII/593
Malaysia	27. 5. 1980	27. 5. 1980	XXVIII/665
Mali	15. 5. 1972	15. 5. 1972	XX/710
Malta	1. 11. 1985	1. 11. 1985	
Marokko	5. 3. 1975	5. 3. 1975	XXIII/596
Mexiko	22. 5. 1974	28. 10. 1975	XXII/625
VR Moçambique	15. 4. 1977	15. 4. 1977	XXV/692
Neuseeland	21. 4. 1978	21. 4. 1978	XXVI/915
Nigeria	19. 7. 1983	–	
Nikaragua	31. 3. 1980	31. 3. 1980	XXVIII/708
Pakistan	16. 11. 1979	16. 11. 1979	XXVII/658
Panama	17. 10. 1979	5. 8. 1982	XXVII/665
Peru	27. 5. 1974	–	XXII/655
Philippinen	7. 12. 1977	27. 12. 1978	XXV/715
Sambia	11. 11. 1970	11. 11. 1970	XVIII/455
São Tomé und Príncipe	9. 3. 1979	–	XXVII/685
Sierra Leone	13. 5. 1980	29. 6. 1981	XXVIII/763
Simbabwe	2. 11. 1981	1. 1. 1982	
DR Somalia	13. 9. 1970	13. 9. 1970	XVIII/472
DSR Sri Lanka	22. 12. 1975	1. 1. 1976	XXIII/630
DR Sudan	27. 2. 1975	1. 4. 1975	XXIII/634
Syrische AR	10. 4. 1975	1. 1. 1976	XXIII/642
Tansania	9. 4. 1970	–	XVIII/517
Thailand	18. 11. 1980	18. 11. 1980	XXVIII/808
Togo	12. 11. 1981	–	
Tunesien	30. 11. 1973	1. 1. 1974	XXI/645
Uganda	20. 6. 1980	18. 10. 1981	XXVIII/815
Zaïre	7. 9. 1976	–	XXIV/667
Zentralafrikanische Republik	25. 9. 1970	25. 9. 1970	XVIII/556

Übersicht über die von der DDR abgeschlossenen Zahlungsabkommen

(Stand: 15. Mai 1985)

A. Kapitalistische Länder

Land	*Unterzeichnung*	*Inkrafttreten*	*Quelle*
Finnland	25. 2. 1959	1. 1. 1959	VII/357
	geändert durch Notenaustausch vom		
	5. 5. 1983	1. 9. 1983	
Österreich	11. 11. 1980	1. 2. 1981	XXVIII/1016
	(Handels- u. Zahlungsabk.)		

B. Entwicklungsländer

Land	*Unterzeichnung*	*Inkrafttreten*	*Quelle*
DR Afghanistan	8. 4. 1984	1. 7. 1984	
Brasilien	5. 11. 1975	1. 6. 1976	XXIII/496
	(Handels- u. Zahlungsabk.)		
Ekuador	2. 5. 1977	29. 9. 1977	XXV/597
Indien	1. 11. 1985	1. 1. 1986	
	(Handels- u. Zahlungsabk.)		
Iran	25. 9. 1973	15. 11. 1973	XXI/590

1.3.1.2. Die internationale rechtliche Regelung des Zahlungsverkehrs mit nichtsozialistischen Ländern

Ausgehend von dem souveränen Recht jedes Staates, sein Finanzsystem unter Beachtung des Völkerrechts selbst zu gestalten, ist es im Interesse eines reibungslosen Außenhandelsverkehrs zwischen Partnern dieser Länder erforderlich, dem Einfluß der einzelstaatlichen Devisengesetzgebung auf die internationalen Zahlungs- und Verrechnungsbeziehungen Rechnung zu tragen. Allerdings lassen sich allein durch die Beachtung der nationalen Devisenvorschriften die Barrieren nicht beiseite räumen, die der regelmäßigen und sicheren Abwicklung der internationalen Zahlungs- und Verrechnungsbeziehungen zwischen Partnern aus nichtsozialistischen Staaten und der DDR vielfach entgegenstehen und direkte internationale ökonomische Beziehungen zu bestimmten Staaten außerordentlich erschweren.

Die DDR strebt daher auch für die Gestaltung ihrer internationalen ökonomischen Beziehungen zu nichtsozialistischen Partnerstaaten eine den spezifischen Erfordernissen adäquate vertragliche Regelung auf zwischenstaatlicher Ebene an. Sie hat in zunehmendem Maße internationale Abkommen abgeschlossen, in denen u. a. auch die internationalen Zahlungs- und Verrechnungsbeziehungen einer internationalen Regelung zugeführt werden.

Das sind entsprechend dem erreichten Entwicklungsstand der internationalen ökonomischen Beziehungen zu den einzelnen nichtsozialistischen Staaten Regierungsabkommen/Ressortabkommen (Zahlungsvereinbarungen in Handelsabkommen, Verrechnungsvereinbarungen in kombinierten Handels- und Zahlungsabkommen sowie in selbständigen Zahlungsabkommen) und Bankenabkommen der Staatsbank der DDR mit den Zentral- oder Staatsbanken der Partnerstaaten.

Internationale Zahlungs- und Verrechnungsbeziehungen werden auch in den Kreditabkommen geregelt, die die DDR auf Regierungsebene mit einigen Entwicklungsländern abgeschlossen hat. Wenn diese Regelungen auch mehr oder weniger eng mit den entsprechenden Zahlungs- und Verrechnungsbedingungen für die außerhalb des Kreditabkommens zum Austausch gelangenden Warenlieferungen und Leistungen verknüpft sind (durch Bezugnahme, Übertragung von Konten u. ä.), so erfordern doch die vereinbarten speziellen Bedingungen für die Abwicklung der auf den Kreditabkommen basierenden Außenhandelsgeschäfte (wie Zahlungsbedingungen, Art und Weise der Rückzahlung des Kredits usw.) besondere Beachtung. An dieser Stelle kann nur auf den Inhalt der Kreditabkommen selbst verwiesen werden.

Der Zahlungsverkehr für den Handel mit der BRD und Berlin (West) wird auf der Grundlage des Berliner Abkommens vom 20. 9. 1951 in der jetzt gültigen Fassung vom 16. 8. 1960 sowie der Vereinbarung über die zahlungsmäßige Abwicklung von Dienstleistungen – Dienstleistungsabkommen – vom 3. 2. 1951 abgewickelt. Er erfolgt auf dem Verrechnungswege zwischen der Staatsbank der DDR einerseits und der Deutschen Bundesbank (DBB) andererseits. Verrechnungswährung ist die Verrechnungseinheit (1 M der DDR = 1 DM der DBB).

Rechtscharakter der internationalen Regelung des Zahlungsverkehrs

Die zwischen der DDR und nichtsozialistischen Partnerstaaten auf Regierungs- bzw. Ministeriumsebene abgeschlossenen Handels-, Zahlungs- und Kreditabkommen sind völkerrechtlicher Natur, d. h., sie stellen zwischenstaatliche Vereinbarungen dar, die die beteiligten Partnerstaaten unmittelbar berechtigen und verpflichten. Entsprechend dem Inhalt dieser Abkommen sind die Partnerstaaten u. a. verpflichtet, die über die internationale Zahlung und Verrechnung getroffenen Vereinbarungen so zu realisieren, daß insbesondere die Gesamtoperation des zwischenstaatlichen Warenaustausches gewährleistet ist und möglichst reibungslos ablaufen kann.
Die Frage allerdings, ob auch die von der DDR abgeschlossenen Bankenabkommen diesen Rechtscharakter haben, ist differenziert zu beantworten. Soweit auch auf seiten der nichtsozialistischen Partnerstaaten deren Zentral- bzw. Staatsbanken als Abschlußorgane von Zahlungs- und Verrechnungsvereinbarungen auftreten – und das ist die Regel –, handeln sie bei Vorliegen entsprechender Abschlußermächtigungen[55] als Staatsorgane und schließen somit völkerrechtliche Vereinbarungen.

Organe der Realisierung des Zahlungsverkehrs

Soweit es sich bei den Zahlungs- und Verrechnungsvereinbarungen um völkerrechtliche Bestimmungen handelt, sind die beteiligten Staaten Träger der sich aus diesen Vereinbarungen ergebenden Rechte und Pflichten. Das bedeutet jedoch nicht, daß sie alle aus den Zahlungs- und Verrechnungsvereinbarungen resultierenden rechtlichen Handlungen in den internatio-

55 Für die Staatsbank der DDR vgl. Gesetz über die Staatsbank der DDR vom 19. 12. 1974, GBl. I Nr. 62 S. 580 (§ 9 Abs. 2).

nalen Beziehungen selbst vornehmen. Sie bedienen sich vielmehr zur praktischen Durchführung der getroffenen Vereinbarungen (das geht auch bereits aus deren Inhalt hervor) ihrer Staats- bzw. Zentralbanken. Die Berechtigung und Verpflichtung der Staats- und Zentralbanken zur Wahrung der aus den Zahlungs- und Verrechnungsvereinbarungen resultierenden Rechte und Pflichten folgt allerdings nicht unmittelbar aus den völkerrechtlichen Vereinbarungen, sondern ist eine Frage der Transformation in das innerstaatliche Recht. Die Regelung der internationalen Zahlungs- und Verrechnungsbeziehungen der Partnerländer wird in den genannten Abkommen unter Beachtung und in Übereinstimmung mit den nationalen Devisenvorschriften vorgenommen. In einigen von der DDR abgeschlossenen Abkommen wird das ausdrücklich hervorgehoben.

Zusammenwirken internationaler u. nationaler Regelung des Zahlungsverkehrs

Technische Bankenvereinbarungen

Nicht ohne Einfluß auf das Zusammenwirken der Abkommensbestimmungen und der nationalen Devisenvorschriften sind die sogenannten technischen Bankenvereinbarungen, in denen entsprechend den Abkommensbedingungen die Details für die konkrete Abwicklung der einzelnen Zahlungs- und Verrechnungsoperationen (in bezug auf Kontenführung, Dokumentenabwicklung, Überweisungsverkehr usw.) zwischen den Korrespondenzbanken fixiert werden. In den meisten Abkommen wird direkt auf die Bankenvereinbarung hingewiesen.

Zahlungsverkehr auf der Grundlage konvertibler Devisen

Die meisten der von der DDR abgeschlossenen internationalen Zahlungsvereinbarungen legen fest, daß die sich insbesondere aus dem Handelsaustausch ergebenden Zahlungen gemäß den in den Partnerländern geltenden Bestimmungen über den Devisenverkehr und die Devisenkontrolle in frei konvertierbaren Devisen geleistet werden.

Der Zahlungsverkehr wird mittels Bankenverrechnungen abgewickelt, aber im Unterschied zum Abkommensclearing (s. u.) im freien Zahlungsverkehr, d. h. in frei konvertierbaren Devisen. Er erfolgt über Konten, wie sie insbesondere die DABA bei ihren Korrespondenzbanken in den nichtsozialistischen Ländern unterhält (vgl. § 2 der AO über die Durchführung des zwischenstaatlichen Zahlungs- und Verrechnungsverkehrs[56]). Zur reibungslosen Abwicklung des Zahlungsverkehrs in konvertiblen Devisen räumen sich die betreffenden Banken gegenseitig verzinsliche Kreditlinien (Fazilitäten) ein. Bei der Wahl der Korrespondenzbanken spielen solche Kriterien wie Größe und Bonität der Bank, ihre Rolle im Bankensystem des betreffenden Landes, ihre Bereitschaft zur gleichberechtigten Zusammenarbeit, zur Gewährung bankmäßiger Fazilitäten und günstiger Konditionen hinsichtlich der Verzinsung von Guthaben und Krediten die entscheidende Rolle.

Die Bankoperationen, die von den Banken auf Grund einer gegenseitigen Beauftragung zur Eröffnung und Führung von Korrespondenzkonten durchgeführt werden, und die sich aus dem Saldo dieser Konten ergebenden Verpflichtungen tragen keinen völkerrechtlichen Charakter. Sie verpflichten nur die Banken als juristische Personen und nicht die betreffenden Staaten.

Zahlungsverkehr auf der Grundlage des bilateralen Clearings

Die Abkommenspraxis der DDR läuft zu einem Teil noch auf die Vereinbarung bilateraler Clearings im internationalen Zahlungsverkehr (Devi-

56 vom 6. 12. 1984, GBl. I Nr. 37 S. 449.

senclearings) hinaus (z. B. mit Afghanistan, Brasilien, Finnland, Indien, Iran). Clearing bedeutet im internationalen Zahlungsverkehr die bargeldlose zwischenstaatliche Verrechnung von Zahlungen aus den gegenseitigen Warenlieferungen und Dienstleistungen. Die bilateralen Clearingabkommen legen die Verwendungszwecke der gegenseitig zu verrechnenden Forderungen und Verbindlichkeiten nach Zahlungstiteln (auch Umfang oder Gegenstand des Clearings genannt) fest.

Zahlungstitel

Das in der gegenwärtigen Abkommenspraxis angewandte sogenannte gemischte Clearing – es steht zwischen dem reinen Warenclearing und dem totalen Clearing – reicht von den vorherrschenden gegenseitigen Zahlungen für Warenlieferungen und der Bezahlung von Kosten, die mit den Warenlieferungen zusammenhängen, bis zu nichtkommerziellen Zahlungen.

Zu den Kosten, die mit Warenlieferungen zusammenhängen, gehören beispielsweise:
Frachtkosten, Zollgebühren, Maklergebühren, Vertreterprovisionen, Kosten für Transite, Lagerung und Spedition, Kosten für Lohnveredelung, Projektierung und Montagen, Warenversicherungen, Zinsen und Bankspesen, Kosten für Werbung, Kosten, die beim Aufenthalt von Schiffen in den Häfen der Partnerstaaten anfallen (vor allem Hafengebühren, Kosten für die Versorgung der Schiffe mit Nahrungsmitteln und Brennstoffen, für Schiffsreparaturen).

Clearingorgane

Die Clearingorgane, d. h. die Institutionen, welche die Verrechnung der von den Abkommenspartnern als Clearinggegenstand vereinbarten Zahlungen vornehmen, werden in der Regel in den Abkommen namentlich genannt. Es sind meistens die Staats- bzw. Zentralbanken der Partnerländer, die als zentrale Clearingorgane auftreten. Auf seiten der DDR fungiert die Staatsbank der DDR mittels der DABA als Clearingorgan. Der Umfang der international relevanten Rechte und Pflichten der Clearingorgane wird in den Clearingabkommen geregelt. Eine der Hauptpflichten der Clearingorgane besteht in der Eröffnung und Führung der Clearingkonten.

Clearingwährung

Zur Gewährleistung der technischen Abwicklung des Clearings ist es erforderlich, daß die Abkommenspartner die Clearingwährung vereinbaren. In den von der DDR mit Partnern aus nichtsozialistischen Ländern abgeschlossenen Abkommen wurde entweder die Währung des ausländischen Partnerlandes oder die Währung eines dritten (nicht am jeweiligen Clearing beteiligten) Landes vereinbart.

Technischer Kredit (Swing)

In der Clearingpraxis wirken ständig Faktoren, die das Gleichgewicht der Zahlungen zwischen den Abkommenspartnern beeinträchtigen. Allein bei den Warenlieferungen gibt es vielerlei Umstände, die das Gleichgewicht der gegenseitigen Zahlungen erheblich beeinträchtigen können, wie saisonbedingte Faktoren, ungleiche Warenstrukturen, Nichtzustandekommen von Verträgen, Verletzungen der Lieferfristen, verschiedene Zahlungsbedingungen usw. Um auch bei kurzfristiger Unausgeglichenheit der Zahlungen das reibungslose Funktionieren des Clearings zu sichern, räumen sich die Abkommenspartner in den Clearingvereinbarungen in der Regel einen gegenseitigen technischen Kredit (Swing) ein.

Saldentilgung

Im Zusammenhang mit dem Swing vereinbaren die Abkommenspartner regelmäßig die Konsequenzen für ein Überschreiten des Swing.

So wird z. B. vereinbart, daß
- die Gläubigerseite berechtigt sein soll, die Ausstellung von Ausfuhrgenehmigungen einzuschränken oder einzustellen, bis die Schuldnerseite durch Lieferung von Waren und sonstige Leistungen den den Swing übersteigenden Saldo abgedeckt hat;
- die Gläubigerseite die Vornahme von Zahlungsaufträgen einstellt, bis der Saldo nach der gegenseitigen Aufrechnung beider Konten den vereinbarten Swing nicht mehr übersteigt;
- beide Abkommenspartner unverzüglich zusammentreten werden, um Maßnahmen für den Ausgleich des Saldos zu empfehlen.

Die Konsequenzen treten sofort mit dem Zeitpunkt des Überschreitens des Swing ein, sofern sich die Abkommenspartner nicht gegenseitig eine Frist einräumen, innerhalb derer dem betreffenden Teil Gelegenheit gegeben wird, den Saldo durch Warenlieferungen auszugleichen. Diese Frist ist unterschiedlich, meist mit drei oder sechs Monaten bemessen. Für den Fall, daß ein Ausgleich durch Warenlieferungen nicht oder nur teilweise erfolgt, sehen die Abkommen zur Zurückführung des Saldos auf den vereinbarten Swing vor, daß die Schuldnerseite verpflichtet ist, unverzüglich oder innerhalb einer bestimmten Frist bzw. nach Anforderung der Gläubigerseite den Saldo in einer frei konvertierbaren Währung oder in jeder von der Gläubigerseite geforderten oder akzeptierten Währung abzudecken.
Für den Fall, daß die Gültigkeit des Abkommens infolge Nichterneuerung oder Kündigung abläuft, sehen die Abkommen gewöhnlich bestimmte Modi für die Tilgung des Abschlußsaldos vor. Es überwiegen dabei Vereinbarungen, in denen sich die Abkommenspartner – wie bei der Saldentilgung im laufenden Abkommen – gegenseitig die Möglichkeit einräumen, einen bestehenden Saldo zunächst durch Warenlieferungen zu tilgen. Auch hierfür werden in der Regel genaue Fristen, z. B. sechs oder zwölf Monate, gerechnet vom Tage des Ablaufs des Abkommens bzw. einer bestimmten Nachfrist, festgelegt.

Wertsicherungsklauseln

Zur Sicherung der Guthaben auf den Clearingkonten gegen Währungsrisiken, von denen die einzelnen Clearingwährungen unter den Bedingungen der chronischen Währungskrise des modernen Kapitalismus befallen werden können, hat die DDR in einer Reihe von Abkommen mit nichtsozialistischen Ländern Wertsicherungsklauseln vereinbart. Es sei an dieser Stelle ausdrücklich betont, daß die Wertsicherungsklauseln in den Clearingvereinbarungen ausschließlich dazu dienen, die Salden bei den Banken, die die Clearingkonten führen, vor einer Entwertung zu sichern. Daraus wird deutlich (und das wird in der Außenhandelspraxis oft verkannt), daß es sich nicht erübrigt, parallel zu den entsprechenden Abkommen in den AKV zur Ausschaltung des Währungs- und Kursrisikos hinsichtlich des Kaufpreises Wertsicherungsklauseln zu vereinbaren (vgl. hierzu S. 337ff.).

1.3.2. Die multilaterale zwischenstaatliche Regelung

Funktionen multilateraler Regelungen

Neben den bilateralen Wirtschaftsabkommen wächst die Bedeutung multilateraler Vereinbarungen, die sich mit staatlichen Leitungs- bzw. Regulierungsmechanismen befassen. Zahlreiche wichtige Fragen der internationalen Wirtschaftsbeziehungen (wie z. B. der Abbau von Handelshemmnissen, die von den Staaten oder auch transnationalen Monopolen errichtet wurden, die Beseitigung von Diskriminierungen im internationalen Handel, die Verwirklichung der Prinzipien der Gleichberechtigung und des gegenseitigen Vorteils unter entsprechender Berücksichtigung der Förderung der Entwicklungsländer) können effektiver und rationeller gelöst werden, wenn auch multilaterale Vereinbarungen getroffen werden. Solche regionalen oder universellen Regelungen wurden hauptsächlich im Ergebnis der Tätigkeit internationaler Wirtschaftsorganisationen des UNO-Systems geschaffen. Hierbei sind auch solche Ergebnisformen zu berücksichtigen, die zwar allgemeinverbindliche Prinzipien des demokratischen Völkerrechts in Bezug nehmen, selbst aber nur den Charakter von Empfehlungen haben. Für den internationalen Handel und damit auch für die Entwicklung kommerzieller Vertragsbeziehungen bedeutsam sind u. a. die Charta der ökonomischen Rechte und Pflichten der Staaten und andere Dokumente, die sich mit der handels- und wirtschaftspolitischen Grundkonzeption einer neuen Weltwirtschaftsordnung befassen, sowie die bereits auf der I. Tagung der UNCTAD verabschiedeten allgemeinen und speziellen Prinzipien des internationalen Handels.[57]

Allgemeine und spezielle Prinzipien des internationalen Handels

Sie fordern u. a. die Entwicklung des internationalen Handels auf der Grundlage der souveränen Gleichheit der Staaten, der Selbstbestimmung und Nichteinmischung; eine die Beschleunigung des Wirtschaftswachstums in der Welt (insbesondere in den Entwicklungsländern) fördernde staatliche Handelspolitik; die Entwicklung von Regeln und Bedingungen für den internationalen Handel, die dem ökonomischen und sozialen Fortschritt dienen, eine rasche Steigerung der Exporteinnahmen der Entwicklungsländer und die Erweiterung des Handels zwischen allen Ländern ermöglichen; Nichtdiskriminierung, gegenseitigen Vorteil und Meistbegünstigung sowie die nichtreziproke Präferenzbehandlung für Entwicklungsländer.

Verhaltenskodexe

Wichtige, die kommerziellen Vertragsbeziehungen betreffende Fragen werden in dem noch im Entwurfsstadium befindlichen Kodex über den Technologietransfer und in dem bereits von der UN-Vollversammlung verabschiedeten Kodex zur Bekämpfung restriktiver Geschäftspraktiken geregelt.[58]

So befaßt sich der Kodex über den Technologietransfer mit Maßnahmen, die dazu beitragen sollen, monopolistische Praktiken des Technologietransfers einzudämmen, die sich in Restriktionen bei der Technologieübertragung, Beschaffungsauflagen und Exportverboten, überhöhten Technologiepreisen, ungenügender Personalausbildung u. ä. äußern. Mit dem Kodex zur Bekämpfung restriktiver Geschäftspraktiken wird die Beseitigung von Wettbewerbsbeschränkungen angestrebt, die durch den Mißbrauch marktbeherrschender Positionen entstehen. Zu solchen bei Monopolunternehmen gebräuchlichen Praktiken gehören z. B. Kontingentierungen durch Verkaufs- und Produktionsquoten, abgestimmte Lieferverweigerungen gegenüber bestimmten Importeuren oder diskriminierende Preisfestlegungen.

57 Die rechtliche Regelung der internationalen Wirtschaftsbeziehungen . . ., a. a. O., S. 50ff.

58 Entwurf eines Kodex über den Technologietransfer (UNCTAD TD/Code TOT/33 vom 12. 5. 1981); multilateral vereinbarte gerechte Prinzipien und Regeln für die Kontrolle restriktiver Geschäftspraktiken (UNCTAD TD/RBP/CONF/10), angenommen von der UN-Vollversammlung auf ihrer 35. Tagung am 5. 12. 1980 mit Res. 35/63.

Allgemeines Zoll- und Handelsabkommen

Die umfassendste multilaterale Regelung auf dem Gebiet des internationalen Handels stellt das Allgemeine Zoll- und Handelsabkommen (GATT) dar.[59]

Dieses im Jahre 1947 aus der gescheiterten Havanna-Charta hervorgegangene multilaterale Abkommen basiert im wesentlichen auf Mechanismen, die eine Beeinflussung internationaler Handelsbeziehungen im Sinne einer neoliberalistischen Grundkonzeption entsprechen. Der Beitritt sozialistischer Staaten zu diesem Abkommen vollzog sich auf der Grundlage von Sondervereinbarungen.

Von den Mitgliedsländern des RGW gehören gegenwärtig folgende dem GATT an: die ČSSR und Kuba als Gründungsmitglieder, die VR Polen, die SR Rumänien, die Ungarische VR. Die VR Bulgarien hat einen Beobachterstatus.
Die UdSSR und die DDR arbeiten in der gemeinsamen Konsultativgruppe UNCTAD/GATT mit.

Da mit dem Allgemeinen Abkommen jedoch eine globale Differenzierung des Regimes des internationalen Handels erfolgte, ist es nicht nur für Mitglieder, sondern auch für Nichtmitglieder von Bedeutung. Zum Gegenstand des Allgemeinen Abkommens gehört der Abbau von Zöllen, zollgleichen Maßnahmen und mengenmäßigen Beschränkungen. Zu diesem Zweck wurden mehrere multilaterale Verhandlungsrunden durchgeführt und dabei auch umfassende Zollsenkungen erzielt.

Das sogenannte Standstill soll einseitige Erhöhungen von Zollsätzen oder Rücknahmen von Zollzugeständnissen verhindern. Die Mitglieder gewähren einander die unbedingte Meistbegünstigung in bezug auf Zölle, Steuern und andere Abgaben sowie Inländergleichbehandlung für ausländische Warenangebote hinsichtlich nichttarifärer Maßnahmen. Im Allgemeinen Abkommen waren jedoch von Anfang an, ebenso wie im einzelstaatlichen Außenwirtschaftsrecht, weitreichende Ausnahmen vorgesehen, die ein Abweichen von den „Basis"-Bestimmungen ermöglichen. Hierzu gehören das Schutzklauselsystem und die sogenannten Waiver, durch welche die Vertragspartner bei Vorliegen außergewöhnlicher Umstände von bestimmten Vertragspflichten entbunden werden können. Außerdem werden Vergünstigungen, die sich die Partner von Zollunionen und Freihandelszonen gewähren, von der Meistbegünstigung ausgenommen. Sonderregelungen, die nichtreziproke Präferenzbehandlungen für Entwicklungsländer ermöglichen, enthält der Teil IV (Handel und Entwicklung) des Allgemeinen Abkommens.[60]

Die Schwerpunktverlagerung im System außenwirtschaftlicher Regulierung in den nichtsozialistischen Staaten führte zu verstärkter Einbeziehung der nichttarifären Handelshemmnisse in die GATT-Regelungen. Im Ergebnis der Tokio-Runde entstanden mehrere neue multilaterale Vereinbarungen, die sowohl tarifäre als auch nichttarifäre Fragen betreffen.

Der Zollwertkodex führte zu einer Vereinheitlichung der Zollbemessungsgrundlagen auf der Basis des Transaktionswertes. Mit dem Übereinkommen über Einfuhrlizenzverfahren wird zwar das Lizenzsystem nicht abgeschafft, es werden jedoch bestimmte Modalitäten geregelt, die zu einer Vereinheitlichung und Vereinfachung des Lizenzvergabeverfahrens führen sollen. Das Abkommen über technische Handelshemmnisse verpflichtet die Partnerstaaten u. a., sich gegenseitig über technische

59 Vgl. H.-J. Müller, GATT. Rechtssystem nach der Tokio-Runde, Berlin 1986; ders., „Was brachte die Tokio-Runde?", RiA, 1981/21, S. 7ff. (51. Beilage).

60 Vgl. G. Neumann, „Präferenzbehandlung der Entwicklungsländer im Prozeß demokratischer Umgestaltung der internationalen Handels- und Kooperationsbeziehungen", SuR, 1982/11, S. 1011.

Standards, Zertifikationserfordernisse und ähnliche Regelungen zu informieren und zu diesem Zweck zentrale Informationsstellen zu schaffen, sich möglichst an internationalen Standards zu orientieren und sich an internationalen Zertifikatsystemen zu beteiligen. Das Übereinkommen über Regierungskäufe soll ausländischen Bestellern besseren Zugang zu Regierungsaufträgen sichern.
Auf der Basis der Übereinkommen über die Auslegung und Anwendung der Art. VI, XVI und XXII des Allgemeinen Abkommens wurden z. B. in der EWG und in den USA neue Antidumping- und Antisubventionsregelungen erlassen, viele Staaten sind dem Zollwertkodex des GATT beigetreten.

Diese multilateralen Regelungen führten zu einer gewissen Anpassung und Vereinheitlichung außenwirtschaftsrechtlicher Materien und zu damit verbundenen administrativen Erleichterungen für ihre Mitglieder. Sie haben das weitere Anwachsen des Protektionismus jedoch nicht verhindert. Insbesondere die Entwicklungsländer kritisierten diesbezüglich die USA und andere kapitalistische Industriestaaten und forderten den sofortigen Stopp der Einführung weiterer protektionistischer Maßnahmen.

Rohstoffabkommen

Multilaterale zwischenstaatliche Abkommen sind wichtige Rechtsformen zur Gestaltung der Bedingungen des internationalen Rohstoffhandels.[61] Bereits vor dem zweiten Weltkrieg entstanden infolge der Krisensituation auf dem Rohstoffsektor multilaterale Vereinbarungen, zunächst in den zwanziger Jahren in Form von privaten Rohstoffkartellen, z. B. für Kautschuk (1920), Tee (1920), Zinn (1929). Ihnen folgten in den dreißiger Jahren ebenfalls privatkapitalistische Kartelle für Zucker (1931) und Tee (1933).

Neuartig war die Verbindung dieser Kartellvereinbarungen mit staatlichen Regulierungsmaßnahmen. Das 1931 abgeschlossene Zuckerabkommen enthielt die Verpflichtung der Mitglieder, sich bei ihren Regierungen für die Durchführung bestimmter staatlicher Maßnahmen einzusetzen. Das Inkrafttreten des Teeabkommens von 1933 wurde von der Zustimmung der betreffenden Regierungen abhängig gemacht, und diese sollten außerdem die Einhaltung der festgelegten Exportquoten garantieren.

Eine neue Qualität internationaler Rohstoffregulierung wurde mit dem Abschluß zwischenstaatlicher Rohstoffabkommen erreicht. Zu den ersten Abkommen dieser Art gehörten das Internationale Zuckerabkommen (1937), das Internationale Zinnabkommen (1931), das Internationale Weizenabkommen (1933), das Internationale Kautschukabkommen (1934). Nach dem zweiten Weltkrieg begann die UNO sich intensiv mit den Rohstofffragen zu befassen und Einfluß auf den Inhalt von Rohstoffabkommen zu nehmen. Im Rahmen der UNCTAD wurde ein integriertes Rohstoffprogramm erarbeitet, das die wesentlichen Maßnahmen zur internationalen Koordinierung der Rohstoffpolitik enthält.

Es sieht u. a. die Errichtung von Ausgleichslagern, die Schaffung eines internationalen Rohstoffonds, die Vereinbarung von Liefer- und Abnahmegarantien sowie Maßnahmen zum Ausbau rohstoffverarbeitender Industrien und zur Diversifizierung der Produktionsstrukturen in Entwicklungsländern vor.

An den im Rahmen dieses Programms geschlossenen Rohstoffabkommen

61 Vgl. H. Rudolph, Internationale Rohstoffabkommen und Internationaler Rohstoffonds, Berlin 1983.

sind Erzeuger- und Verbraucherländer beteiligt. Ihre hauptsächliche Zielstellung besteht darin, auf längere Sicht starke Preisschwankungen zu verhindern und einen Ausgleich zwischen Produktion und Konsumtion, Angebot und Nachfrage zu erreichen. Zu diesem Zweck werden in den Abkommen jeweils eine Reihe wirtschaftsregulierender Maßnahmen vereinbart (z. B. Kontingentierungs- und Quotensysteme, Ausgleichs- bzw. Vorratslagerhaltung, Liefer- und Abnahmeverpflichtungen, Höchst- und Mindestpreisregelungen, Produktionsbeschränkungen, Import- und Verbrauchsförderungsmaßnahmen). Das macht deutlich, daß es sich um Rohstoffe handelt, bei denen nicht die Verknappung, sondern der kontinuierliche Absatz und die Preisstabilisierung eine Rolle spielen.

Charakteristisch ist, daß im Rahmen dieser Abkommen zugleich internationale Rohstofforganisationen gebildet werden – die Rohstoffräte. Die Abkommen sind also zugleich organisationsbegründende Verträge.

Internationales Zuckerabkommen

Bereits 1953 und 1958 waren Zuckerabkommen geschlossen worden, die auf Preisstabilisierungsmechanismen, Exportquotenregelungen und nationaler Vorratslagerhaltung basierten. Die Wirksamkeit dieser Abkommen wurde durch die einseitige Auflösung des Präferenzabkommens USA – Kuba seitens der USA empfindlich gestört. Das Zuckerabkommen von 1968 blieb wegen des starken Preisanstiegs für Zucker faktisch unwirksam. Es wurde deshalb eine Überbrückungsregelung in Form des 1974 in Kraft getretenen Zuckerabkommens geschaffen, das hauptsächlich Verwaltungsbestimmungen enthält.

Das neue Zuckerabkommen von 1977 sieht die Festlegung von Exportquoten, Preismaßnahmen und die Bildung nationaler Vorratslager vor. Es enthält u. a. Sondervereinbarungen für kubanische Zuckerexporte in sozialistische Länder.

Internationales Kakao-Abkommen

Das Kakao-Abkommen von 1975 setzt im wesentlichen die Konzeption des ersten, 1973 in Kraft getretenen Kakao-Abkommens fort. Zu seinen Regelungsmechanismen gehören Preisfestlegungen, Exportquoten und die Unterhaltung eines internationalen Ausgleichslagers.

Die DDR ist dem Internationalen Zuckerabkommen[62] und dem Internationalen Kakao-Abkommen beigetreten.[63]

Abkommen zur Internationalisierung von Schutzmaßnahmen und technischen Vorschriften

Auch multilaterale Abkommen, die sich mit Fragen des Umwelt-, des Gesundheits- und Pflanzenschutzes, der technischen Sicherheit u. ä. befassen, können Auswirkungen auf Inhalt und Realisierung von AKV haben.

Die DDR ist z. B. dem Abkommen vom 20. 3. 1958 über die Annahme einheitlicher Bedingungen für die Genehmigung der Ausrüstungsgegenstände und Teile von Kraftfahrzeugen und über die gegenseitige Anerkennung der Genehmigung beigetreten.[64]

Die DDR hat sich auch der Internationalen Pflanzenschutzkonvention der FAO angeschlossen.[65] Diese Konvention verpflichtet die Staaten u. a. zur

62 Vgl. Bkm. über den Erwerb der Mitgliedschaft der DDR im Internationalen Zuckerabkommen, 1973, GBl. II 1974 Nr. 28 S. 515, sowie Bkm. über den Beitritt der Regierung der DDR zum Internationalen Zukkerabkommen, 1977, GBl. II 1979 Nr. 4 S. 72.

63 Vgl. Bkm. über das vorläufige Inkrafttreten des Internationalen Kakao-Abkommens, 1975, für die Regierung der DDR, GBl. II 1977 Nr. 95 S. 149; sowie Bkm. zum endgültigen Inkrafttreten des Internationalen Kakao-Abkommens, 1975, GBl. II 1979 Nr. 2 S. 40.

64 GBl. II 1976 Nr. 15 S. 307.

65 Bkm. über den Beitritt der DDR zur Internationalen Pflanzenschutzkonvention vom 6. 12. 1951, GBl. II 1975 Nr. 7 S. 149.

Überwachung des Versandes von Pflanzen und pflanzlichen Erzeugnissen im internationalen Handel und zur Ausstellung von Pflanzengesundheitszeugnissen. Es berechtigt die Staaten, für die Einfuhr von Pflanzen unter den im Abkommen geregelten Voraussetzungen Überwachungs- und Beschränkungsmaßnahmen durchzuführen, um die Verbreitung von Pflanzenkrankheiten und -schädlingen über die Grenzen hinweg zu verhindern. Diese Internationalisierung von Schutzmaßnahmen und technischen Vorschriften kann ihre Anwendung und Berücksichtigung in den internationalen Handelsbeziehungen erleichtern.

2. Die rechtliche Regelung des Außenhandelskaufvertrages

2.1. Die kollisionsrechtliche Regelung

2.1.1. Vorbemerkungen

2.1.1.1. Die Notwendigkeit des Kollisionsrechts

AKV und Rechtsordnungen mehrerer Länder

Eine juristische Eigentümlichkeit der AKV besteht darin, daß sie die Rechtsordnungen zweier oder sogar mehrerer Länder berühren. Die Vertragspartner haben ihren Sitz in verschiedenen Staaten. Waren- und Geldbewegung vollziehen sich über Ländergrenzen hinweg. In diesen Fällen entsteht die Frage, welche der berührten Rechtsordnungen für die Regelung der Rechtsbeziehungen zwischen den Vertragspartnern gelten soll. Auf einen Kaufvertrag zwischen einem DDR-Betrieb und einem französischen Unternehmen können nicht gleichzeitig das GIW der DDR und der Code civil Frankreichs (mit einander widersprechenden Ergebnissen) angewandt werden. Hier ist deshalb eine Auswahl zu treffen. Solch eine Auswahl ist allerdings in bezug auf jene Fragen, für die es bereits international einheitliche materielle Rechtsnormen gibt, im Verhältnis der Vertragsstaaten derartiger Regelungen zueinander (s. S. 90ff.) nicht erforderlich.

Indirekte Regelungsmethode

Vor der Anwendung materieller Rechtsnormen muß zunächst mit Hilfe der indirekten Regelungsmethode entschieden werden, welche von mehreren in Frage kommenden Rechtsordnungen angewendet werden soll. Diese indirekte Methode bezeichnet man auch als kollisionsrechtliche Methode. Es wird davon ausgegangen, daß ein Verhältnis gegeben ist, auf das gleichzeitig mehrere Rechtsordnungen Anwendung finden können, hier also eine Kollision mehrerer Rechtsordnungen vorliegt. Über diese Kollision wird durch das Internationale Privatrecht (IPR) oder Kollisionsrecht entschieden.[1] Da es um die Anwendung eines bestimmten Rechts geht, wird auch vom Rechtsanwendungsrecht gesprochen.

Die Begriffe „Internationales Privatrecht" und „Kollisionsrecht" werden hier gleichgesetzt. Der Begriff Kollisionsrecht drückt allerdings klarer aus, worum es sich handelt. Denn das IPR ist weder internationales noch privates Recht. Es ist genauso nationales Recht wie das Staatsrecht, das Zivilrecht, das Prozeßrecht usw. Jedes Land hat also sein eigenes Kollisionsrecht; der Begriff „international" bezieht sich auf den Regelungsgegenstand.

1 Umfassende Darstellungen zum IPR sind: L. A. Lunz, Internationales Privatrecht, Bd. I, Berlin 1961; L. A. Lunz, Internationales Privatrecht, Bd. II, Berlin 1964; L. Reczei, Internationales Privatrecht, Budapest 1960; M. M. Boguslawski, Internationales Privatrecht, Bd. I und II, in: Aktuelle Beiträge der Staats- und Rechtswissenschaft, H. 141, Potsdam-Babelsberg 1976.
Vgl. auch H. Fincke, Entwicklungstendenzen im Internationalen Privatrecht, Aktuelle Beiträge der Staats- und Rechtswissenschaft, H. 187, Potsdam-Babelsberg 1978; G.-A. Lübchen/M. Posch, Zivilrechtsverhältnisse mit Auslandsberührung, Grundriß Zivilrecht Heft 10, Berlin 1979.

Platz des Kollisionsrechts im System der Regelung des AKV

Betrachtet man das System der rechtlichen Regelung der internationalen Wirtschaftsbeziehungen, so nimmt das Kollisionsrecht einen bestimmten Platz ein. Internationale Wirtschaftsbeziehungen werden durch Normen verschiedener Rechtszweige geregelt.[2] Während die Staaten grundsätzlich nur ihr eigenes Staats-, Verwaltungs- und Prozeßrecht anwenden und außenwirtschaftsverwaltungsrechtliche Vorschriften allenfalls kumulativ, wird hinsichtlich der internationalen Wirtschaftsverträge (im folgenden IWV) entweder das eigene nationale Zivil- und Handelsrecht (bzw. Spezialvorschriften für IWV) oder ausländisches angewandt. Das erfolgt jedoch regelmäßig nicht kumulativ, sondern es gelangt stets entweder das eigene oder das ausländische zur Anwendung. Die Entscheidung über das jeweils anzuwendende nationale Recht wird durch Kollisionsnormen getroffen.

2.1.1.2. Die kollisionsrechtliche Regelungsmethode

Verweisung auf anwendbares Recht

Wie bereits erwähnt, geht es bei der kollisionsrechtlichen Regelung um die Entscheidung darüber, welches nationale Recht anzuwenden ist, also um die Verweisung auf ein bestimmtes Recht.

Mehrere Verweisungen für ein Rechtsverhältnis

Für ein Rechtsverhältnis gibt es nicht stets nur eine Verweisung, vielmehr kann es für verschiedene Seiten eines Rechtsverhältnisses durchaus unterschiedliche Verweisungen geben. Die erste Frage ist deshalb jeweils, um welchen Aspekt eines Rechtsverhältnisses es sich handelt.

So gibt es, wenn z. B. bei einem Kaufvertrag zweifelhaft ist, wer Eigentümer einer Sache ist, für diese sachenrechtliche Frage eine andere Verweisung als für Fragen der Verantwortlichkeit und des Schadenersatzes aus einer Verletzung des Kaufvertrages; und wieder eine andere Verweisung kann in Frage kommen, wenn zweifelhaft ist, ob eine Vollmacht zum Vertragsabschluß überschritten wurde oder nicht. Wir unterscheiden demnach eine ganze Reihe verschiedener Arten der Verweisung.

Personalstatut

Handelt es sich um die persönlichen Voraussetzungen für Rechtsgeschäfte, so geht es um die Lex personalis oder das Personalstatut. Dieses Personalstatut kann bei natürlichen Personen entweder das Recht der Staatsangehörigkeit, die Lex patriae, oder das Recht des Wohnsitzes, die Lex domicilii, sein.

Schuldstatut

Für Schuldverhältnisse gilt die Lex obligationis oder das Schuldstatut. Hierbei wird zwischen schuldrechtlichen Verträgen und außervertraglichen Ansprüchen differenziert. Bei schuldrechtlichen Verträgen kommt das Vertragsstatut zur Anwendung. In den meisten Ländern steht es den Partnern frei, selbst über das Recht zu entscheiden, dem sie ihr Vertragsverhältnis unterwerfen wollen. Diese Befugnis der Rechtswahl wird als Parteiautonomie oder als Lex voluntatis bezeichnet.

Vertragsstatut

Handlungsstatut

Wieder eine andere Verweisung gibt es für Formerfordernisse eines Vertrages. Hier gilt im allgemeinen der Satz „locus regit actum“, d. h., der Ort der Vornahme einer Handlung ist maßgebend dafür, in welcher Art und

2 Vgl. Die rechtliche Regelung der internationalen Wirtschaftsbeziehungen der DDR zu Partnern im nichtsozialistischen Wirtschaftsgebiet. Grundriß, Berlin 1982, S. 41 ff.

Weise die Handlung vorgenommen werden muß. Dieses Prinzip wird auch als Handlungsstatut oder die Lex loci actus bezeichnet. Unterformen dieser Verweisungsart sind die Anwendung des Rechts des Abschlußortes, die Lex loci contractus, oder die Verweisung auf das Recht des Erfüllungsortes, die Lex loci solutionis.

Lex causae

Manchmal bestimmen sich die Erfordernisse der Form allerdings auch nach dem Gegenstand des Rechtsverhältnisses selbst. Das bedeutet z. B. für die Form eines AKV, daß das auf den AKV anwendbare Recht für seine Form maßgebend ist. Im Kollisionsrecht wird dafür auch der Begriff der Lex causae verwandt. Darunter wird das den Gegenstand des jeweiligen Rechtsverhältnisses beherrschende Recht verstanden.

Sachstatut

Handelt es sich um sachenrechtliche Fragen, so kommt das Sachstatut zur Anwendung, das ist meist das Recht des Lageortes einer Sache, auch als Lex rei sitae bezeichnet.

Deliktstatut

Auf deliktische Sachverhalte schließlich wird das Recht des Begehungsortes, die Lex loci delicti comissii, angewandt.

Prozeßstatut

Eine letzte Regel schließlich, die im Grunde keine Verweisung ist, sondern lediglich ein allgemein übliches Prinzip ausdrückt, betrifft die Lex fori, das Recht des Gerichts. Diese Regel bedeutet, daß auf prozeßrechtliche Fragen stets (und zum Teil auch auf andere Fragen) das Recht des Gerichtsstaates selbst Anwendung findet, daß es also bei prozessualen Fragen keine Verweisung auf das Recht anderer Länder gibt.

2.1.2. International einheitliches Kollisionsrecht

In begrenztem Maße gibt es bereits international vereinheitlichtes Kollisionsrecht. Das ist insbesondere das Verdienst der Haager Konferenz für Internationales Privatrecht[3], in deren Rahmen eine ganze Reihe von Konventionen abgeschlossen wurde.

Diese Konventionen betreffen aber nicht nur die internationalen Wirtschaftsbeziehungen und sind teilweise auch noch nicht in Kraft.

Neben speziellen Kollisonsrechtsabkommen gibt es auch auf andere Materien bezogene internationale Vereinbarungen, die einzelne Kollisionsregeln enthalten, wie z. B. die verschiedenen Allgemeinen Bedingungen des RGW.[4] Das Ausmaß übereinstimmender Kollisionsregeln ist aber viel größer, als die Zahl diesbezüglicher zwischenstaatlicher Abkommen und ihrer Mitglieder vermuten läßt.

Da die Möglichkeiten der Anknüpfung begrenzt sind (z. B. Staatsangehörigkeit oder Wohnsitz, Abschluß- oder Erfüllungsort usw.), haben viele Länder übereinstimmende Kollisionsnormen.
Zum anderen wird einzelstaatliches Kollisionsrecht vielfach auch unter Berücksichtigung internationaler Entwicklungstendenzen und der in anderen Staaten geltenden kollisionsrechtlichen Anknüpfungsregeln geschaffen.

3 Vgl. a. a. O., S. 72f.
4 Vgl. Internationales Wirtschaftsrecht. Rechtliche Regelung der sozialistischen ökonomischen Integration, Berlin 1983, S. 104.

2.1.2.1. Die Haager Konventionen

Von den in Kraft getretenen Haager Konventionen zum Internationalen Privatrecht sind für IWV vor allem die folgenden bedeutsam:

- die Konvention vom 15. 6. 1955 über das auf internationale Käufe beweglicher Sachen anwendbare Recht
- die Konvention vom 2. 10. 1973 über das auf die Produktenhaftung anwendbare Recht.

Bedeutung haben die Konventionen auch für Nichtmitgliedstaaten, weil die Teilnehmer deren Kollisionsnormen universell anwenden. Alle Haager IPR-Konventionen schließen den Renvoi aus und enthalten eine Ordre-public-Klausel.

Teilnehmer der Kauf-IPR-Konvention von 1955 sind: Belgien, Dänemark, Finnland, Frankreich, Italien, Niger, Norwegen, Schweden und die Schweiz (zum Inhalt der Konvention vgl. Handbuch der Außenhandelsverträge Band 1, 2. Auflage 1979, S. 118f.).

Für das Kauf-IPR fand 1985 eine Revisionskonferenz unter Teilnahme von Nichtmitgliedstaaten, darunter auch der DDR und anderer RGW-Staaten statt. Angenommen wurde der Entwurf einer Konvention über das auf internationale Warenkäufe anwendbare Recht vom 30. 10. 1985. Sie soll die Konvention von 1955 ersetzen.

Kauf-IPR Die Konvention vom 30. 10. 1985 weist gegenüber der von 1955 in fast allen Fragen Änderungen und Erweiterungen auf:

a) Die Rechtswahl ist zulässig, sie muß ausdrücklich erfolgen oder sich klar aus den Vertragsbedingungen und dem Verhalten der Parteien ergeben. Eine bereits getroffene Rechtswahl kann geändert werden, oder es kann eine nachträgliche Rechtswahl getroffen werden; Rechte Dritter werden hiervon nicht berührt.

b) Mangels Rechtswahl ist das Recht des Staates maßgeblich, in dem der Verkäufer bei Vertragsabschluß seinen Geschäftssitz hat (Art. 8). Auf das Recht des Staates, in dem der Käufer bei Vertragsabschluß seinen Geschäftssitz hat, wird jedoch verwiesen, soweit:
   - die Vertragsverhandlungen in diesem Staat geführt wurden und der Vertrag unter Anwesenden dort abgeschlossen wurde,
   - gemäß dem Vertrag der Verkäufer seine Lieferpflichten in diesem Staat erfüllen muß oder
   - der Vertrag auf der Grundlage von Tenderaufforderungen abgeschlossen wurde und dadurch die Vertragsbedingungen hauptsächlich vom Käufer bestimmt sind.

   Von der Anwendung des Rechts am Geschäftssitz des Verkäufers/Käufers kann abgewichen werden, soweit der Vertrag unter Berücksichtigung der Gesamtumstände offenkundig enger mit einem anderen Recht verbunden ist. Zu dieser Ausweichklausel kann ein Vorbehalt der Nichtanwendung erklärt werden, außer für jene Fälle, in denen Käufer und Verkäufer ihren Sitz in Staaten haben, von denen keiner den Vorbehalt erklärt hat.

   Darüber hinaus sind in Art. 8 zwei Fälle der Nichtanwendung der Ausweichklausel vorgesehen: Erstens ist sie nicht anzuwenden, wenn es Kaufverträge zwischen

Partnern betrifft, die beide ihren Sitz in Staaten haben, die den Vorbehalt angenommen haben, selbst wenn der Gerichtsstaat keinen Vorbehalt erklärt hat. Zweitens ist sie für solche Frage ausgeschlossen, die durch die Konvention über internationale Kaufverträge vom 11. 4. 1980 geregelt werden, soweit beide Partner ihren Sitz in Staaten haben, die dieser Konvention zum Zeitpunkt des Vertragsabschlusses angehören.

c) Hat eine Partei mehrere Geschäftssitze, so ist maßgeblicher Anknüpfungspunkt derjenige, der die engste Berührung zum Vertrag einschließlich seiner Erfüllung hat.

d) Besondere Anknüpfungen gelten für den Kauf im Wege der Versteigerung oder auf einer Waren- oder anderen Börse; maßgeblich ist das Recht am Ort der Versteigerung bzw. am Sitz der Börse.

e) Das Vertragsstatut (d. h. das von den Partnern gewählte Recht oder das mangels Rechtswahl gemäß Art. 8 bestimmte Recht) regelt insbesondere:
- die Existenz und die materielle Gültigkeit eines Kaufvertrages;
- die Auslegung des Vertrages;
- die Pflichten der Partner und die Erfüllung des Vertrages;
- den Zeitpunkt, von dem an der Käufer einen Rechtsanspruch auf die Produkte, Früchte und die aus der Ware erzielten Einnahmen hat;
- den Zeitpunkt des Gefahrenübergangs in bezug auf die Ware;
- Gültigkeit und Wirkung eines vereinbarten Eigentumsvorbehalts im Verhältnis zwischen den Vertragspartnern;
- die Folgen der Nichterfüllung des Vertrages, einschließlich der Art des Schadens, wobei die Anwendung der als prozeßrechtlich eingestuften Regelungen der Lex fori nicht berührt wird;
- die verschiedenen Arten des Erlöschens von Verbindlichkeiten sowie die Verjährung und den Zeitablauf.

f) Besondere Anknüpfungen sind vorgesehen für:
- die Existenz und die materielle Gültigkeit der Rechtswahl durch die Partner. Sie bestimmen sich nach dem gewählten Recht. Ist jedoch nach diesem Recht die Rechtswahl ungültig, so entscheidet das mangels Rechtswahl maßgebliche Recht;
- die Frage, ob die Zustimmung einer Partei zu einer Rechtswahl, einem Vertrag oder irgendeiner Vertragsbedingung vorliegt. Die betreffende Partei kann sich auf das Recht des Staates berufen, in dem sie ihren Geschäftssitz hat, soweit es gemäß den Umständen nicht gerechtfertigt erscheint, diese Frage nach dem Vertragsstatut zu beurteilen;
- die Form des Vertrages. Maßgeblich ist das Vertragsstatut. Bei Verträgen, die unter Anwesenden geschlossen werden, reicht jedoch auch die Einhaltung der Formvorschriften des Rechts des Abschlußortes aus. Soweit sich die Partner bzw. ihre Vertreter in verschiedenen Staaten aufhalten, genügt die Einhaltung der Formerfordernisse des Rechts eines dieser Staaten;
- die Modalitäten und das Verfahren der Prüfung der Ware. Maßgeblich ist das Recht am Ort der Prüfung, soweit nicht ausdrücklich etwas anderes vereinbart ist.

g) Die Konvention enthält sowohl die übliche Ordre-public-Klausel als auch einen Vorbehalt hinsichtlich des absolut zwingenden Rechts des Gerichtsstaates. Danach berührt die Konvention nicht die Anwendung der Bestimmungen, die nach dem Recht des Staates des angerufenen Gerichts ohne Rücksicht auf das auf den Vertrag anzuwendende Recht den Sachverhalt zwingend regeln.

Produktenhaftungs-IPR

Teilnehmer des Produktenhaftungs-IPR sind Frankreich, die Niederlande, Norwegen und die SFR Jugoslawien.

Inhalt der Konvention

Der Inhalt der Konvention ist, kurz gefaßt, folgender:

a) Die Konvention bezieht sich auf die Verantwortlichkeit der Produzenten, Händler und jeder anderen Person in der kommerziellen Kette von der Herstellung bis zur Verteilung eines Produkts, einschließlich Reparateure und Lagerhalter sowie deren Vertreter und Angestellte.

b) Die Konvention bestimmt das anzuwendende Recht auf die Verantwortlichkeit für Schäden, die durch Produkte hervorgerufen werden, wobei Schäden sowohl Körperverletzungen als auch Vermögensschäden einschließen, jedoch nicht Schäden am Produkt selbst und ebenfalls keinen entgangenen Gewinn. Unter Produkten werden natürliche und industrielle, Roh- und bearbeitete, bewegliche und unbewegliche Produkte verstanden.

c) Anzuwenden ist unter jeweils näher bestimmten Voraussetzungen das Recht des Staates, in dem der Ort des Schadenseintritts liegt oder in dem der Geschädigte seinen gewöhnlichen Aufenthalt hat oder in dem sich der Hauptsitz des Verantwortlichen befindet.

d) Das anzuwendende Recht gilt für:
   - Grundlage und Umfang der Verantwortlichkeit,
   - Gründe für Ausschluß, Beschränkung und Teilung der Verantwortlichkeit,
   - Arten der Schäden, für die Ersatz zu leisten ist,
   - Form und Umfang der Ersatzleistung,
   - Zulässigkeit der Abtretung oder Vererbung von Ersatzansprüchen,
   - Anspruchsberechtigung,
   - Verantwortlichkeit für Vertreter und Angestellte,
   - Beweislast,
   - Verjährung.

Von den noch nicht in Kraft getretenen Haager Konventionen sind vor allem folgende Konventionen von Interesse:

- die Konvention über das auf den Eigentumsübergang in internationalen Kaufverträgen über bewegliche Sachen anwendbare Recht vom 15. 4. 1958,
- die Konvention über das auf die Vertretung anwendbare Recht vom 16. 6. 1977 (im folgenden IPR-Vertretungskonvention),
- die Konvention über die Anerkennung der Rechtspersönlichkeit ausländischer Gesellschaften vom 1. 6. 1956 (vgl. hierzu Handbuch der Außenhandelsverträge Band 4, S. 149).

Kollisionsrechtskonvention über Eigentumsübergang beim Kauf

Inhalt der Konvention über den Eigentumsübergang beim Kauf:

a) Der Geltungsbereich der Konvention erstreckt sich auf internationale Kaufverträge über bewegliche Sachen, einschließlich solcher Verträge, bei denen der Kauf der Sache durch Dokumente vermittelt wird.

b) Das auf den Kaufvertrag anwendbare Recht (das Schuldstatut) regelt zwischen den Partnern *Schuldstatut*
- den Zeitpunkt, bis zu dem der Verkäufer die Erzeugnisse und Früchte des Kaufgegenstandes beanspruchen kann;
- den Zeitpunkt des Gefahrenübergangs;
- den Zeitpunkt, bis zu dem der Verkäufer (im Zusammenhang mit der Gefahrtragung) eventuelle Ersatzansprüche geltend machen kann;
- die Gültigkeit eines Eigentumsvorbehalts zugunsten des Verkäufers.

c) Die Übertragung des Eigentums auf den Käufer im Verhältnis zu Dritten regelt sich nach dem Recht des Landes, in dem sich der Kaufgegenstand im Moment der Geltendmachung eines Rechtsanspruches befindet. Es bleibt jedoch beim Eigentumserwerb durch den Käufer, wenn dieser das Eigentum schon nach dem Recht des Landes erworben hat, in dem sich die Sache vorher befand. Handelt es sich um einen Kauf, der durch Dokumente vermittelt wird, so bleibt es beim Eigentumserwerb durch den Käufer, wenn er bereits nach dem Recht des Landes vor sich gegangen ist, in dem der Käufer die Dokumente erhalten hat (Lex cartae sitae). *Eigentumsübergang im Verhältnis zu Dritten*

d) Gegenüber Gläubigern des Käufers können Rechte an dem Kaufgegenstand, wenn dieser dem Verkäufer noch nicht bezahlt worden ist, ebenso andere Vorrechte und das Recht aus Besitz oder das Eigentumsrecht selbst kraft einer Vertragsaufhebungsklage bzw. ein Eigentumsvorbehalt gemäß dem Recht des Landes eingewandt werden, in dem sich die Kaufsache zum Zeitpunkt der Geltendmachung von Rechten durch die Gläubiger des Käufers befindet. Bei einem durch Dokumente vermittelten Kauf regelt sich die Einwendbarkeit von Rechten an der nicht bezahlten Kaufsache nach dem Recht des Landes, in dem sich die Dokumente zum Zeitpunkt der ersten Geltendmachung oder der Beschlagnahme (Vollstreckungsmaßnahme, Arrest) befinden. *Einwände gegenüber Gläubigern des Käufers*

e) Die Rechte, welche der Käufer Dritten entgegenhalten kann, die ein Eigentums- oder anderes dingliches Recht beanspruchen, regeln sich nach dem Recht des Landes, in dem sich die Sache zum Zeitpunkt der Geltendmachung eines solchen Rechts befindet. Der Käufer behält aber die Rechte, die er nach dem Recht des Landes erworben hat, in dem sich die Sache befand, als er sie in Besitz nahm. Bei einem durch Dokumente vermittelten Kauf behält der Käufer die Rechte, die er gemäß dem Recht des Landes erworben hat, in dem er die Dokumente übernahm. Falls jedoch das Recht des Landes, in dem der Kaufgegenstand selbst liegt, einem Dritten Rechte einräumt, so gehen diese vor. *Rechte des Käufers gegenüber Dritten*

f) Für Res in transitu (Sachen, die sich auf dem Transport befinden) gilt das Recht des Absendeortes. *Res in transitu*

Die IPR-Konvention über das auf die Vertretung anwendbare Recht regelt zwei Komplexe der Rechtsanwendung: *IPR-Vertretungskonvention*
- die Beziehung zwischen Prinzipal (Vertretener) und Vertreter,
- die Beziehungen von Prinzipal und Vertreter zu Drittkontrahenten (sowohl das Verhältnis Prinzipal – Dritter als auch das Verhältnis Vertreter – Dritter, einschließlich der Vertretung ohne Vertretungsmacht).

In diesem Handbuch wird nur auf die Regelung der Verhältnisse zu Dritten eingegangen.

Anwendungsbereich

a) Die Konvention ist prinzipiell auf die Vertretung bei schuldrechtlichen Verträgen beschränkt, einschließlich der Geschäfte, die in Durchführung solcher Verträge getätigt werden.

b) Ausgeschlossen vom sachlichen Geltungsbereich ist die organschaftliche Vertretung in einer weiten Fassung.

Maßgebliches Recht

c) Für die Fragen der Stellvertretung ist das Recht des Staates maßgeblich, in dem der Vertreter seinen Geschäftssitz (Niederlassung) zum Zeitpunkt der Vertretungshandlung hat. Bei mehreren Niederlassungen kommt es auf das Recht der Niederlassung an, mit dem die jeweilige Handlung des Vertreters am engsten verbunden ist. Hat der Vertreter ein Arbeitsverhältnis mit dem Prinzipal und besitzt er keine eigene Niederlassung, so ist das Recht am Geschäftssitz des Prinzipals maßgeblich, mit dem der Vertreter verbunden ist.

d) Die Anknüpfung an den Niederlassungsort wird in bestimmten Fällen durch den Tätigkeitsort des Vertreters ersetzt.

Das geschieht,
- wenn der Vertreter in dem Staat handelt, in dem der Prinzipal seinen Geschäftssitz hat;
- wenn sich der Tätigkeitsort und der Geschäftssitz des Dritten in demselben Staat befinden;
- wenn der Vertreter keinen eigenen Geschäftssitz hat;
- soweit es sich um eine Vertretung auf einer Börse oder Auktion handelt.

e) Eine Rechtswahl wird unter qualifizierten Voraussetzungen anerkannt. Vollmachtgeber oder Drittkontrahent muß das anwendbare Recht schriftlich bestimmen, und der andere Partner muß dem ausdrücklich zustimmen.

Anwendung des Vollmachtsstatuts

f) Das so bestimmte Vollmachtsstatut ist maßgeblich für die Beziehung Prinzipal – Dritter, einschließlich der Regelung über den Gutenglaubenschutz (Existenz und Ausmaß der Vollmacht, die Wirkung der Ausübung einer tatsächlichen oder behaupteten Vollmacht). Es gilt für die Beziehung Vertreter – Dritter sowohl bei Tätigkeit im Rahmen der Vollmacht als auch bei ihrer Überschreitung sowie bei fehlender Vertretungsmacht. Es erstreckt sich nicht auf die Fragen der Handlungsfähigkeit und der Form der Vollmachterteilung als Voraussetzung für ihre Rechtsgültigkeit.

2.1.2.2. Andere internationale Abkommen

Wechsel und Scheck

Nicht unerwähnt bleiben sollen die beiden Genfer Abkommen über Bestimmungen auf dem Gebiet des Internationalen Wechselprivatrechts vom 7. 6. 1930 und über Bestimmungen auf dem Gebiet des Internationalen Scheckprivatrechts vom 19. 3. 1931, denen die DDR und weitere sozialistische Staaten angehören. (Auf den Inhalt des ersteren wird in Kap. 5 eingegangen, s. S. 315.)

Regionale Abkommen

Neben den universell angelegten Haager und Genfer IPR-Konventionen gibt es regionale Abkommen, wie das Übereinkommen über das auf vertragliche Schuldverhältnisse anzuwendende Recht der EG-Staaten vom

19. 6. 1980[5] (im folgenden EG-Übereinkommen) oder den von vielen lateinamerikanischen Staaten ratifizierten Codigo Bustamente aus dem Jahre 1928[6].
Auf den Inhalt dieser Abkommen wird bei der Behandlung ausländischen Kollisionsrechts teilweise mit eingegangen.

2.1.3. Die Regelung der Außenhandelskaufverträge nach dem Kollisionsrecht der DDR

2.1.3.1. Die Quellen des Kollisionsrechts in der DDR

Gesetzliche Regelung

Bis zum Erlaß eines speziellen Rechtsanwendungsgesetzes – des RAG – waren in der DDR die mit dem Kaufvertrag zusammenhängenden Probleme des Kollisionsrechts im Einführungsgesetz zum BGB (EGBGB) geregelt. Diese Regelung war allerdings außerordentlich lückenhaft und enthielt insbesondere für die in den internationalen Wirtschaftsbeziehungen bedeutsamen Fragen (schuldrechtliche Verträge, Eigentumsrecht u. a.) keine Vorschriften.[7]
Infolgedessen war es erforderlich, im Prozeß der Rechtsanwendung für die IWV und die damit zusammenhängenden Fragen kollisionsrechtliche Grundsätze zu entwickeln, die in Übereinstimmung mit den Grundprinzipien des sozialistischen Rechts der DDR stehen und den Aufgaben und Zielen des Rechts der internationalen Wirtschaftsbeziehungen der DDR entsprechen.

RAG

Diese Grundsätze haben daher ihren Niederschlag im Gesetz über die Anwendung des Rechts auf internationale zivil-, familien- und arbeitsrechtliche Beziehungen sowie auf internationale Wirtschaftsverträge – Rechtsanwendungsgesetz – vom 5. 12. 1975[8] (im folgenden RAG) gefunden.

Anwendungsbereich

Das RAG bestimmt demzufolge auch, welches Recht auf Rechtsverhältnisse des internationalen Wirtschaftsverkehrs anzuwenden ist (§ 2 Abs. 1). Dieses Gesetz findet aber dann keine Anwendung, wenn für die DDR in verbindlichen völkerrechtlichen Verträgen etwas anderes festgelegt ist (§ 2 Abs. 2).
International vereinheitlichte Kollisionsrechtsnormen, wie z. B. § 110 ALB/RGW 1968/1975 i. d. F. 1979[9], gehen also dem Gesetz vor.

5 Amtsblatt der EG 1980 Nr. L 266, S. 1 ff. Vgl. dazu auch M. Andrae/H. Fincke, Das Übereinkommen über das auf vertragliche Schuldverhältnisse anwendbare Recht der EG-Staaten und seine Bedeutung für die Vertragsgestaltung im intersystemaren Wirtschaftsverkehr, Aktuelle Beiträge der Staats- und Rechtswissenschaft, H. 227, Potsdam-Babelsberg 1983.
6 Siehe dazu L. A. Lunz, a. a. O., Bd. I, S. 63 f.
7 In der BRD gilt das EGBGB noch immer, jedoch ist ein spezielles Gesetz zur Neuregelung des IPR in Vorbereitung.
8 GBl. I 1975 Nr. 46 S. 748. Siehe dazu ausführlich H. Strohbach, „Das Rechtsanwendungsgesetz der DDR", RiA, 1976/22, S. 1 ff. (13. Beilage).
9 Allgemeine Bedingungen für die Warenlieferungen zwischen den Organisationen der Mitgliedsländer des RGW (ALB/RGW 1968/1975 i. d. F. 1979), GBl. II 1979 Nr. 6 S. 81.

2.1.3.2. Die kollisionsrechtliche Regelung im einzelnen

2.1.3.2.1. Internationale Wirtschaftsverträge

Anwendung des vereinbarten Rechts oder des Rechts des Verkäuferlandes

Gemäß § 12 Abs. 1 RAG findet auf IWV, also auch auf die AKV, das von den Parteien vereinbarte Recht Anwendung. Bei fehlender Parteivereinbarung wird das Recht des Staates angewandt, in dem derjenige Partner seinen Sitz hat, dem die vertragsbestimmende Leistung obliegt. Für die wichtigsten IWV erfolgt in der Vorschrift eine gesetzlich verbindliche Konkretisierung dieses Grundsatzes.

So lautet § 12 Abs. 1 RAG für den AKV:
„Wurde zwischen den Partnern von internationalen Wirtschaftsverträgen eine Vereinbarung über das anzuwendende Recht nicht getroffen, ist auf den Vertrag das Recht anzuwenden, das maßgeblich ist am Sitz des ... Verkäufers bei Kaufverträgen ..." Maßgeblich ist der Sitz des Verkäufers zum Zeitpunkt des Vertragsabschlusses.
Im RAG wurden damit die in Rechtsprechung und Lehre der DDR entwickelten Grundsätze zum Kollisionsrecht der IWV gesetzlich normiert. Das Schiedsgericht bei der KfA der DDR hat seit Inkrafttreten seiner Schiedsgerichtsordnung vom 3. 7. 1957[10] in ständiger Spruchpraxis in Fällen fehlender Parteivereinbarung über das anzuwendende Recht bei AKV an das Recht des Verkäuferlandes angeknüpft.

Parteiautonomie

Die Regelung im RAG orientiert darauf, daß die Parteien selbst das Recht wählen, dem sie ihren Vertrag unterwerfen wollen.

Umfang

Die Rechtswahlmöglichkeit der Partner ist nicht auf bestimmte Länder beschränkt. Ist z. B. mit dem ausländischen Partner eine Vereinbarung über die Anwendung des DDR-Rechts nicht zu erreichen, so kann – wenn dies günstiger ist – nicht nur das Recht des Landes, in dem ein Partner seinen Sitz hat, sondern auch das Recht eines dritten Staates vereinbart werden.

Zwingende Rechtsnormen

Nach dem Kollisionsrecht der DDR erstreckt sich die Rechtswahl nicht nur auf die dispositiven Normen der gewählten Rechtsordnung, sondern auch auf deren zwingende Rechtsvorschriften.

So finden auf das Vertragsverhältnis z. B. auch die zwingenden Verjährungsbestimmungen der gewählten Rechtsordnung Anwendung.
Zu beachten ist jedoch, daß nicht alle materiell-rechtlichen Fragen vom (schuldrechtlichen) Vertragsstatut erfaßt werden, z. B. nicht die Fragen der Geschäftsfähigkeit und der Stellvertretung.

Stillschweigende Rechtswahl

Im RAG sind die Anforderungen an das Vorliegen einer Rechtswahl nicht geregelt. Durch die Spruchpraxis des Schiedsgerichts bei der KfA der DDR wurde der Grundsatz entwickelt, daß die Partner auch eine stillschweigende Rechtswahl treffen können. Die Wahl muß sich jedoch eindeutig aus den vertraglichen Abmachungen oder sonstigen Umständen ergeben. So ist eine Vereinbarung über die Zuständigkeit des Schiedsgerichts bei der KfA der DDR im allgemeinen erst dann als stillschweigende Wahl des Rechts der DDR zu werten, wenn auch aus den sonstigen Vereinbarungen oder dem Verhalten der Partner ein solcher Wille zu schließen ist.

10 Zur Zeit gilt die am 1. 2. 1975 auf der Grundlage der „Einheitlichen Regeln für Schiedsgerichte bei den Handelskammern der Mitgliedsländer des RGW" vom Präsidium der KfA der DDR beschlossene SGO, mit Ergänzungen vom 28. 2. 1979 und 24. 2. 1982, veröffentlicht u. a. als Einzelpublikation der KfA der DDR.

Mitunter kann es zweckmäßig sein, einzelne spezielle Fragen einem anderen Recht als dem Vertragsstatut zu unterwerfen, u. a. weil eine andere Rechtsordnung hierfür internationl gebräuchliche Regelungen enthält bzw. Handelsbräuche an ihnen orientiert sind, oder es zweckmäßig ist, bestimmte Fragen dem Recht des Erfüllungs- oder Prüfungsortes zu unterstellen. Obwohl nicht ausdrücklich geregelt, ist davon auszugehen, daß eine solche Teilrechtswahl im Recht der DDR anerkannt wird.

Teilrechtswahl

Das von den Parteien vereinbarte Recht oder aber – mangels Parteivereinbarung – das Recht des Verkäuferlandes findet grundsätzlich auf alle schuldrechtlichen Aspekte eines AKV Anwendung, d. h. auf den Vertragsabschluß, die Gültigkeit des Vertrages (mit Ausnahme der Rechts- und Handlungsfähigkeit), die Form des Vertrages, die Auslegung und den Inhalt des Vertrages, die Rechte und Pflichten der Vertragspartner, die Vertragserfüllung, die Vertragsverletzung einschließlich der vertraglichen Verantwortlichkeit, die Verjährung von Forderungen aus einem AKV u. a.

Anwendungsbereich des Vertragsstatuts

Im Gegensatz zur herkömmlichen Regelung und auch zur Regelung vieler anderer Staaten ist das auf den Vertrag anzuwendende Recht auch maßgeblich für den Eigentumsübergang an einer beweglichen Sache und für vereinbarte Sicherungsrechte (§ 13 RAG; vgl. S. 74f.).

Sachenrechtliche Aspekte

Ist das anzuwendende Recht ermittelt (entweder weil es die Partner vereinbart haben oder weil in Ermangelung solcher Vereinbarung an das Recht des Verkäuferlandes angeknüpft wird), so gilt es ausschließlich. Das Recht anderer Staaten, das evtl. auch durch den Vertrag berührt wird, hat daneben keinen Platz mehr.

Ausschluß anderer Schuldrechte

Gehören die Vertragspartner z. B. den Ländern A und B an und entscheiden sie sich für das Recht des Landes B, so schließen sie folglich nicht nur die dispositiven Normen des Rechts des Landes A aus, sondern das Recht des Landes A in seiner Gesamtheit, einschließlich seiner zwingenden Normen.

Für Ansprüche, die im Zusammenhang mit einem AKV aus unerlaubter Handlung oder aus ungerechtfertigter Bereicherung geltend gemacht werden, für prozeßrechtliche Fragen, die im Zusammenhang mit einem AKV entstehen, für die rechtliche Stellung der am AKV beteiligten Partner, für verwaltungsrechtliche Vorschriften, die den AKV betreffen, ist hingegen nicht das von den Parteien vereinbarte Recht maßgebend. Diese Probleme werden, soweit sie kollisionsrechtlich relevant sind, durch andere Kollisionsnormen geregelt (s. dazu u. a. §§ 6, 8, 17 RAG).

Bei der Form des AKV ist eine Besonderheit zu berücksichtigen: Die Regelung des § 16 RAG, gemäß der zwar grundsätzlich auch die Form des AKV nach dem auf den AKV insgesamt anzuwendenden Recht beurteilt wird (Lex causae), läßt es genügen, wenn die am Vertragsabschlußort geltenden Formvorschriften beachtet werden. Paragraph 16 RAG gilt nur für zivilrechtliche Formvorschriften. Hiervon sind Regelungen über die Form zu unterscheiden, die außenwirtschaftlichen Zielstellungen dienen und zu den „international zwingenden" Normen eines Staates gehören.

Form des Vertrages

Die Abgrenzung mag im Einzelfall schwierig sein. Ein wichtiges Indiz ist, in welchem Vorschriftenkomplex die Regelung enthalten ist. Ist die Formvorschrift Bestandteil einer allgemeinen zivilvertragsrechtlichen Regelung, so deutet dies auf einen vertragsrechtlichen Charakter, maßgeblich wäre § 16 RAG. Ist die Formvorschrift dagegen Teil einer Regelung über die staatliche Genehmigung von Außenwirtschaftsverträgen (z. B. über Schriftform und Registrierung), so wird von ihrem „international zwingenden" Charakter auszugehen sein. Derartige Vorschriften der DDR, die zur Regelung des Außenwirtschaftsmonopols gehören, sind im Rahmen ihres Geltungsbereiches stets anzuwenden. Für ausländische Normen gelten die Ausführungen zur Berücksichtigung ausländischen international zwingenden Rechts entsprechend.

Begriff des „international zwingenden" Rechts

Von den zwingenden vertragsrechtlichen Regelungen, für die das Vertragsstatut gilt, sind die Rechtsnormen zu unterscheiden, die nach dem Recht des normensetzenden Staates „international zwingenden" Charakter besitzen, d. h. ohne Rücksicht darauf anzuwenden sind, welchem Recht nach dem IPR der Vertrag im übrigen unterliegt. Es handelt sich vorrangig um außenwirtschaftsrechtliche (im weiten Sinne) und verwaltungsrechtliche Regelungen, vielfach als öffentlich-rechtlich qualifiziert, in ihrer Wirkung auf IWV.

Recht der DDR, ausländische Rechtsordnungen

Im Recht der DDR bezieht sich das international zwingende Recht auf derartige Normenkomplexe, während in ausländischen Rechtsordnungen zum Teil die Tendenz besteht, diese Regelungen zuungunsten des Vertragsstatuts zu erweitern und solche Fragen einzubeziehen, die traditionell schuldrechtlichen Charakter tragen.

In ausländischen Rechtsordnungen gehören zu den international zwingenden Regelungen weiterhin Normen, die auf die Regulierung der Wirtschafts- und Marktbeziehungen zielen und Anforderungen an den Inhalt von Verträgen enthalten, zum Teil bestimmte Klauseln verbieten (insbes. als Kartell- und wettbewerbsbeschränkende Klauseln qualifizierte Absprachen, Klauseln über Exportbeschränkungen, aber auch Zinsregelungen). Hierzu zählen aber auch außenwirtschaftsrechtliche Regelungen mit gegen die sozialistischen Staaten gerichteten außenpolitischen Zielstellungen (z. B. Regelungen der USA über den Technologietransfer mit sozialistischen Staaten).

Es handelt sich also im Charakter um sehr unterschiedliche Regelungen, die eine einheitliche kollisionsrechtliche Lösung verbieten.

International zwingende Normen der Lex fori, Recht der DDR

Nach dem Recht der DDR gilt folgendes:

1. International zwingende Normen des Rechts der DDR finden unabhängig vom Vertragsstatut Anwendung, soweit die betreffenden Beziehungen von ihrem Anwendungsbereich erfaßt werden. Für die IWV betrifft das vor allem Regelungen über die Berechtigung zum Abschluß, die Genehmigungs- und Registrierungspflicht sowie die Form von Verträgen.[11] Nicht alle nichtvertragsrechtlichen Bestimmungen, die für innere Wirtschaftsbeziehungen der DDR verbindlich sind, sind vom Geltungsanspruch international zwingend gegenüber IWV.

Das trifft insbesondere für Güte- und Sicherheitsbestimmungen zu. Solche Regelungen sind für IWV nur dann verbindlich, wenn die Partner dies vereinbaren oder sich ihre Anwendung aus dem Vertragsstatut ergibt.

Berücksichtigung ausländischen international zwingenden Rechts durch Rechtsordnung der DDR

2. Die Anwendung bzw. Berücksichtigung ausländischen international zwingenden Rechts durch das Schiedsgericht bei der KfA und Gerichte der DDR in ihrer Wirkung auf IWV ist nicht durch Rechtsnormen generell be-

11 Vgl. VO über die Leitung und Durchführung des Außenhandels vom 9. 9. 1976, GBl. I Nr. 35 S. 421, sowie die 2. DB zur VO über die Leitung und Durchführung des Außenhandels – Genehmigungspflichtige Außenhandelsverträge – vom 30. 12. 1982, GBl. I 1983 Nr. 3 S. 23. Siehe auch Kommentar zum Gesetz über internationale Wirtschaftsverträge – GIW – vom 5. 2. 1976, Anm. zu § 12 und § 38.

stimmt. Bisher hat sich das Schiedsgericht mit dieser Problematik nur selten befaßt (vgl. Verfahren SG 122/64 und 103/74)[12].

Folgende Konturen sind durch diese Entscheidung und die in der Literatur vertretenen Auffassungen sichtbar[13]:

a) Zwingende Regelungen, die nach dem Recht der DDR (schuld)vertragsrechtlichen Charakter haben, werden grundsätzlich dem Vertragsstatut entnommen, andere Rechtsordnungen sind insoweit ausgeschlossen. Das betrifft insbesondere Normen zum sogenannten Schutz der schwächeren Vertragspartei. Wo die Berücksichtigung der unterschiedlichen Stellung der Vertragspartner im Kollisionsrecht angezeigt ist, erfolgt dies durch allgemeine Bestimmung des Vertragsstatuts und nicht durch Sonderverweisung hinsichtlich des zwingenden Rechts.
b) Soweit der Vertrag dem Recht der DDR unterliegt, kommt eine Berücksichtigung ausländischer Leistungsverbote im Rahmen des § 12 GIW (betreffend die tatsächliche Unmöglichkeit der Leistung) in Betracht. Die Kriterien für die Bestimmung des Vorliegens einer Unmöglichkeit bestimmen sich nach dem Recht der DDR. Ob ausländische international zwingende Normen bei ausländischem Vertragsstatut über dessen Bestimmungen über die Unmöglichkeit der Leistung oder über sonstige materiell-rechtliche Regelungen zu berücksichtigen sind, ist nicht eindeutig, sollte zumindest aber dann zutreffen, wenn ein solches Ergebnis bei Anwendung des Rechts der DDR als Vertragsstatut erzielt worden wäre.
c) Ausländisches international zwingendes Recht (z. B. rechtliche Genehmigungserfordernisse) wird dann beachtet, wenn die Partner des Vertrages dies vereinbart haben, es sei denn, seine Anwendung steht im Widerspruch zum Ordre public.
d) Für darüber hinausgehende Fälle ist die Anwendung oder Berücksichtigung z. Z. eine Ermessensentscheidung durch das Gericht. In der Literatur ist die Berücksichtigung durch Ausschließungskriterien negativ abgegrenzt: Die ausländischen Normen dürfen nicht im Widerspruch zu den Prinzipien des demokratischen Völkerrechts stehen, und das Prinzip der Gegenseitigkeit darf nicht verletzt sein. Natürlich bestimmt außerdem die allgemeine Ordre-public-Klausel die Grenzen der Anwendung.

Ohne das dies ausdrücklich genannt wird, ist davon auszugehen, daß ausländisches international zwingendes Recht nur im Rahmen seines eigenen Geltungswillens und nur dann angewandt wird, wenn der Sachverhalt eine ausreichend enge Beziehung zu dieser Rechtsordnung aufweist.

Letzteres Kriterium der Rechtsanwendung gewinnt unter dem Gesichtspunkt besondere Bedeutung, daß kapitalistische Staaten den Geltungsbereich ihrer Wirtschafts- und Außenwirtschaftsgesetzgebung zum Teil auch auf Sachverhalte ausdehnen, die keine oder nur eine sehr geringe Beziehung zu ihrem Staat haben. Beispiele sind die

12 Siehe Aus der Spruchpraxis des Schiedsgerichts bei der Kammer für Außenhandel der Deutschen Demokratischen Republik (1954–1968) Berlin 1979, S. 39, und Aus der Spruchpraxis ... (1969–1976), Berlin 1978, S. 93.

13 Vgl. Kommentar zum Gesetz über internationale Wirtschaftsverträge ..., a. a. O., S. 93; D. Maskow/H. Rudolph, „Regelung der Kollisionsprobleme internationaler Wirtschaftsbeziehungen in der DDR", RiW/AWD, 1980/1, S. 26; F. Enderlein, „Die Anwendung in- und ausländischen öffentlichen Rechts auf Außenhandelsverträge", SuR, 1968/1, S. 71 ff.

Anwendung der Außenwirtschaftsgesetzgebung der USA auf ausländische Tochtergesellschaften von USA-Unternehmen oder die extraterritoriale Anwendung des Kartellrechts unter Berufung auf das sogenannte Wirkungsprinzip. Soweit in diesen Fällen nicht bereits eine Ablehnung der Anwendung wegen Völkerrechtswidrigkeit oder auf der Grundlage des Ordre public erfolgt, z. B. bei Embargo oder bei Überschreitung der Jurisdiktionshoheit, wird sie auf fehlende ausreichend enge Beziehung des Sachverhalts zu der betreffenden Rechtsordnung gestützt werden.

Im Rahmen dieser Eingrenzung, deren weitere Präzisierung im Laufe der Entwicklung der Rechtsauffassungen abzuwarten ist, kommt auch eine kumulative Berücksichtigung des Rechts verschiedener Staaten in Betracht.

Vertragliche Vereinbarung über das anzuwendende Recht

Für die inhaltliche Gestaltung der AKV ergibt sich aus der in der DDR geltenden kollisionsrechtlichen Regelung des AKV die Konsequenz, das anzuwendende Recht im Vertrag zu vereinbaren. Es genügt also nicht, die Zuständigkeit eines Schiedsgerichts oder eines staatlichen Gerichts zu vereinbaren, sondern es ist außerdem erforderlich, eine Vereinbarung über das anzuwendende Recht zu treffen. Da die Gerichte der DDR (und das Schiedsgericht bei der KfA der DDR) bei mangelnder Parteivereinbarung das Recht des Verkäuferlandes anwenden, könnte daraus der Schluß gezogen werden, daß bei Exportverträgen neben der Gerichtsstandvereinbarung keine Vereinbarung über das anzuwendende Recht erforderlich ist. Dieser Schluß wäre nur zutreffend, wenn die Gerichtsstandvereinbarung die ausschließliche Zuständigkeit eines DDR-Gerichts (oder des Schiedsgerichts bei der KfA) vorsähe. Eine solche ausschließliche Zuständigkeitsvereinbarung ist indes nicht immer zu empfehlen.[14]

Gerichtsstandvereinbarung

Wird jedoch in der Gerichtsstandvereinbarung (Schiedsklausel) die Möglichkeit offengelassen, die Zuständigkeit eines ausländischen Gerichts zu begründen, so wird dieses Gericht nicht das Kollisionsrecht der DDR anwenden; demzufolge ist in diesen Fällen die Anwendung des Rechts des Verkäuferlandes nicht sicher (s. S. 80ff.). Aus diesen Erwägungen ist sowohl in Export- als auch in Importverträgen eine Vereinbarung über das anzuwendende Recht anzustreben.

2.1.3.2.2. Eigentumsfragen

Vertragsstatut

Gemäß § 13 RAG ist für den Eigentumsübergang an beweglichen Sachen und für vereinbarte Sicherungsrechte das auf den Vertrag anzuwendende Recht (Vertragsstatut) maßgebend. Die Anwendung des Vertragsstatuts betrifft beim Eigentumsvorbehalt seine Begründung und seine Wirkung im Verhältnis der Vertragspartner zueinander.[15]

Die Regelung des § 13 RAG enthebt den DDR-Exporteur nicht, unter Umständen für die Begründung des Eigentumsvorbehaltes die Bestimmungen des Rechts des voraussichtlichen Lageortes der Ware während der Dauer des Eigentumsvorbehaltes zu beachten. Ausländische Rechtsordnungen fordern vielfach für den Bestand des Eigentumsvorbehaltes die Einhaltung der Regelungen der inländischen Lex rei sitae (z. B. Schweiz, Frankreich, anders BRD, zweifelhaft z. B. Schweden). Das be-

14 Vgl. Die rechtliche Regelung der internationalen Wirtschaftsbeziehungen . . ., a. a. O., S. 162ff.

15 Vgl. im einzelnen H. Fincke, „Die Rechtswahlklausel in Außenhandelsverträgen und das auf den Eigentumsübergang anwendbare Recht“, RiA, 1975/25, S. 11ff. (4. Beilage); Kommentar zum Gesetz über internationale Wirtschaftsverträge . . ., a. a. O., S. 346.

deutet, daß ein nach dem Recht der DDR als Vertragsstatut und ursprüngliche Lex rei sitae begründeter Eigentumsvorbehalt nicht als bestehend anerkannt wird, wenn er nicht den Erfordernissen der neuen Lex rei sitae entspricht (vgl. dazu auch S. 87f.).

Recht des Lageortes

Für alle anderen eigentumsrechtlichen Fragen, wie für den Inhalt des Eigentums und die Wirkung aus dem Eigentumsvorbehalt gegenüber Dritten gilt das Recht des Lageortes (Lex rei sitae); ausdrücklich ist dies nur für die Rechte an Grundstücken und Gebäuden in § 9 RAG geregelt. Bei gesetzlichen und vertraglich vereinbarten anderen Pfand- und Sicherungsrechten ist für die kollisionsrechtliche Anknüpfung eine Differenzierung je nach Qualifikation vorzunehmen (zum Begriff vgl. S. 79). Handelt es sich dem Charakter nach um ein schuldvertragsrechtliches Sicherungsmittel (z. B. Zurückbehaltungsrecht oder Anhalterecht bei Nichtzahlung oder Nichtzahlungsfähigkeit), so gilt das Vertragsstatut. Ist es eine dingliche Sicherung, z. B. bei Begründung eines besitzlosen Pfandrechtes an der Ware, so findet die Lex rei sitae Anwendung. Die Abgrenzung ist nicht immer eindeutig.

Die Rechtslage bei vereinbarten dinglichen Pfandrechten ist nicht zweifelsfrei. Unter gewissen Voraussetzungen wird das Vertragsstatut für die Begründung und für die Wirkung im Verhältnis zu den Vertragspartnern als maßgebend angesehen[16].

Bestimmung der Lex rei sitae

Bei beweglichen Sachen – besonders im internationalen Handel – ergeben sich für die Bestimmung der Lex rei sitae daraus, daß der Lageort wechselt, Schwierigkeiten.
Kollisionsrechtlich sind zwei Fragen zu klären:

Maßgeblicher Zeitpunkt

1. Welcher Zeitpunkt ist für die Bestimmung des anwendbaren Rechts maßgeblich?
Unabhängig vom tatsächlichen Lageort zur Zeit des Rechtsstreites findet das Recht des Landes Anwendung, in dem sich die Sache zum Zeitpunkt des Ereignisses befand, aus dem die dingliche Rechtsfolge hergeleitet wird.

So ist für die Frage, ob durch die Vermischung zweier Waren Miteigentum oder Alleineigentum entstanden ist, das Recht des Staates maßgebend, in dem die Vermischung stattfand, auch wenn die Sachen danach in ein anderes Land verbracht wurden.

Statutenwechsel

2. Welche Konsequenzen hat die Veränderung des Lageortes für die kollisionsrechtliche Anknüpfung?
Es handelt sich um die Frage des Statutenwechsels oder der Wandlung. Hierunter wird die Änderung des maßgeblichen Rechts für eine Rechtsfrage bei einem konkreten Rechtsverhältnis verstanden.

Die Frage des Statutenwechsels tritt immer dann auf, wenn die Berührungspunkte, die für die Anknüpfung maßgeblich sind (Anknüpfungspunkte), sich von einem Land zu einem anderen Land verlagern. Bei einigen Anknüpfungspunkten ist das ausgeschlossen (z. B. bei der Anknüpfung an den Abschlußort), bei anderen möglich oder häufig (z. B. Wohnsitz oder Geschäftssitz einer Partei und Lageort beweglicher Sachen). Ein Statutenwechsel kann Nachteile für die Parteien bringen, weil damit die Existenz der nach einer bestimmten Rechtsordnung rechtswirksam begründeten Rechte und Pflichten in Frage gestellt und damit Rechtsunsicherheit geschaffen wird.

16 Vgl. Kommentar zum Gesetz über internationale Wirtschaftsverträge . . ., a. a. O., S. 68.

Um einen Statutenwechsel zu vermeiden bzw. ihn einzuschränken, wird kollisionsrechtlich vielfach auf einen bestimmten Zeitpunkt abgestellt, z. B. hinsichtlich schuldrechtlicher Verträge auf den Sitz einer Partei zum Zeitpunkt des Vertragsabschlusses oder hinsichtlich der Begründung, Änderung und Beendigung dinglicher Rechte auf den Zeitpunkt, zu dem das Ereignis stattfand, aus dem die dingliche Rechtsfolge hergeleitet wird. Damit wird Stabilität in den Rechtsbeziehungen erreicht. Bei Dauerrechtsverhältnissen, wie Eigentumsrechtsverhältnisse an einer Sache, ist jedoch ein Statutenwechsel nicht generell auszuschließen, wenn das Verhältnis tatsächlich keine Beziehung mehr zum ursprünglichen Ort der Anknüpfung hat. Um dem Bedürfnis nach Stabilität des Rechtsverhältnisses und der tatsächlichen Verbindung zu einer Rechtsordnung Rechnung zu tragen, bietet sich für das Sachstatut folgende Lösung an:

- Ein nach der ursprünglichen Lex rei sitae rechtswirksam begründetes Eigentums-(dingliches) Recht wird bei Änderung des Lageortes als weiterbestehend anerkannt.
- Die Ansprüche aus dem Eigentum bzw. dinglichen Recht bestimmen sich nach der neuen Lex rei sitae.
- Diese ist auch maßgeblich für die Begründung, Änderung und Beendigung des Eigentums-(dinglichen) Rechts, soweit sie sich auf Ereignisse stützen, die nach Änderung des Lageortes eingetreten sind.

Res in transitu

Paragraph 10 RAG enthält eine besondere kollisionsrechtliche Regelung für „Sachen, die sich auf dem Transport befinden“, oder – wie sie auch genannt werden – Res in transitu. Hier gibt es häufig Verwechslungen. Während beim Versendungskauf der Versand erfolgt, weil und nachdem die Sache verkauft worden ist, findet bei den Res in transitu die Veräußerung während des Transports statt.

Wenn z. B. WMW-Export-Import eine Maschine nach Frankreich verkauft hätte und diese sich auf dem Transport zum Käufer befände, würde es sich im kollisionsrechtlichen Sinne also nicht um eine Sache handeln, „die sich auf dem Transport befindet“. Res in transitu sind vielmehr nur solche unterwegs befindlichen Sachen, über die während ihres Transports verfügt wird. Typischer Fall ist die sogenannte schwimmende Partie.

Recht des Absendeortes

Hierfür wurde in der DDR das Recht des Absendeortes normiert (§ 10 RAG), und zwar im Interesse der Klarheit. Denn der Bestimmungsort, der im übrigen aus einer Reihe von Gründen vorzuziehen wäre, könnte ja während des Transports noch verändert werden. Aber auch über den Absendeort sind Zweifel möglich, so z. B., wenn eine solche schwimmende Ladung aus mehreren Ländern zusammengestellt wird. Hier gibt es auch international keine einheitliche Regelung.

2.1.3.2.3. Personalstatut und Vollmachtsstatut

Anerkennung der Rechtspersönlichkeit

Bei der IPR-Regelung der Rechtsstellung von Organisationen[17] geht es um zwei Probleme. Das erste Problem betrifft die Anerkennung der Rechts-

17 Vgl. zum Problem: Kommentar zum Gesetz über internationale Wirtschaftsverträge . . ., a. a. O., S. 51f.; D. Maskow/H. Rudolph, „Regelung der Kollisionsprobleme internationaler Wirtschaftsbeziehungen in der DDR“, a. a. O., S. 24; H. Strohbach, „Das Rechtsanwendungsgesetz der DDR“, a. a. O., S. 4ff.; G.-A. Lübchen/M. Posch, Zivilrechtsverhältnisse mit Auslandsberührung, a. a. O., S. 46ff.

persönlichkeit ausländischer Organisationen, vor allem als juristische Person. Im Grunde handelt es sich hierbei nicht um ein Kollisionsproblem. Jede Organisation (juristische Person) ist einer bestimmten nationalen Rechtsordnung zugeordnet. Dieser Rechtsordnung verdankt sie ihre Existenz, von dieser ist ihr weiteres Schicksal als juristische Person abhängig. Für einen anderen Staat steht lediglich die Frage der Anerkennung.

Gründungsprinzip

Die Anerkennung erfolgt ipso jure, ohne daß es dazu eines besonderen Aktes bedarf. Sie wird jedoch ähnlich der kollisionsrechtlichen Anknüpfung von einem Kriterium abhängig gemacht. Viele Rechtsordnungen, hierzu gehört auch die DDR, erkennen die Rechtspersönlichkeit ausländischer Organisationen als juristische Person an, wenn sie nach dem Recht, das ihrer Gründung zugrunde liegt, wirksam errichtet worden sind.

Dies kommt in § 8 RAG zum Ausdruck, in dem es heißt: „Die Rechtsfähigkeit von Betrieben einschließlich ihrer Anerkennung als juristische Personen richtet sich nach dem Recht des Staates, durch das ihre Rechtsstellung bestimmt wird."

Völkerrechtspraxis

Die gegenseitige Anerkennung von juristischen Personen wurde in einer Reihe völkerrechtlicher Abkommen der DDR geregelt.

In Handelsabkommen heißt es z. B.: „Juristische Personen, die ihren Sitz im Gebiet der einen vertragschließenden Seite haben und nach den Gesetzen dieser Seite zu Recht bestehen, werden auch im Gebiet der anderen vertragschließenden Seite als zu Recht bestehend anerkannt." Angewandt wird hier das Sitzprinzip.

Von der Anerkennung ausländischer Organisationen als Rechtspersönlichkeit ist ihre Zulassung zur Wirtschaftstätigkeit in der DDR zu unterscheiden, letzteres ist eine außenwirtschaftsrechtliche und nicht eine international-privatrechtliche Frage.

Personalstatut

Die zweite Problematik betrifft die Rechtsanwendung in bezug auf die innergesellschaftlichen Beziehungen (wie Aufbau der Gesellschaft, Kompetenzen der Organe, Verhältnisse der Organisation zu ihren Gesellschaftern) und die Rechtsstellung der Organisation im Verhältnis zu Dritten (z. B. Umfang der Rechtsfähigkeit, Vertretung der Organisation durch ihre Organe, Haftung der Organisation und ihrer Teilnehmer für Verbindlichkeiten, Recht der Veräußerung der Gesellschaftsanteile an Dritte). Maßgeblich ist das Personalstatut, das im allgemeinen nach demselben Kriterium bestimmt wird, das auch der Ipso-jure-Anerkennung der Rechtspersönlichkeit zugrunde liegt. Insoweit werden beide Aspekte der Regelung vielfach unter dem Begriff des Personalstatuts zusammengefaßt.

Gründungsprinzip

In der Spruchpraxis des Schiedsgerichts bei der KfA der DDR – gestützt auf die rechtswissenschaftlichen Auffassungen – wird der Grundsatz vertreten, daß das Personalstatut durch die Rechtsordnung des Staates bestimmt wird, von dem die juristische Person ihre Existenz ableitet (Gründungsprinzip). Ausdrücklich ist dies in § 8 RAG für die Rechtsfähigkeit geregelt.

Anwendungsbereich

Daraus ergibt sich, daß eine nach dem Gründungsrecht einer Organisation geltende Einschränkung der Rechtsfähigkeit durch die Ultra-vires-Lehre als Wirksamkeitsvoraussetzung beim Vertragsabschluß zu beachten ist.

Nach dem Personalstatut bestimmt sich, wer zur organschaftlichen Vertretung berechtigt ist, ob bei mehreren Berechtigten Gesamt- oder Einzelvertretungsmacht gegeben ist, welchen Umfang die Vertretungsmacht hat, ob Einschränkungen der Vertretungsmacht durch die Gründungsdokumente zulässig sind und ob bestimmte Geschäfte für ihre Wirksamkeit der Zustimmung eines Gesellschaftsorgans bedürfen. Das Personalstatut ist auch für die gesellschaftsrechtlichen Haftungsfragen maßgebend, z. B., ob ausschließlich die Organisation haftet oder auch die Mitglieder, einschließlich der Art und des Umfangs ihrer Haftung. Es regelt z. B. auch solche Fragen, ob hinsichtlich der Haftung bei einer Einmanngesellschaft unter gewissen Voraussetzungen ein Durchgriff durch die Gesellschaft zulässig ist oder ob bei einer Kommanditgesellschaft die persönliche Haftung des Kommanditisten eintritt, wenn dieser an der Leitung der Gesellschaft beteiligt wird.

Nichtrechtsfähige Organisationen

Die Rechtsstellung nichtrechtsfähiger Organisationen bestimmt sich im selben Umfang wie bei juristischen Personen nach ihrem Personalstatut, d. h. nach dem Recht, nach dem sie errichtet worden sind.

Das gilt für ausländische Handelsgesellschaften, insbesondere für Offene Handelsgesellschaften und Kommanditgesellschaften sowie für die Partnership. Das Personalstatut findet auch Anwendung auf die Rechtsstellung von einfachen Gesellschaften, z. B. auf Kartelle und Konsortien, soweit sie nach dem Gründungsvertrag eine eigene Organisation bilden. Im Einzelfall ist die Abgrenzung zu bloßen schuldvertragsrechtlichen Beziehungen, für die § 12 RAG gilt, schwierig.

Handlungsfähigkeit von Bürgern

Am internationalen Wirtschaftsverkehr nehmen aber nicht nur juristische Personen, sondern auch Bürger teil. Deren Handlungsfähigkeit, d. h. die Fähigkeit, durch eigenes Handeln Rechte und Pflichten begründen zu können, wird nach § 6 RAG durch das Recht des Staates bestimmt, dessen Bürger sie sind (Abs. 1), wobei es allerdings bei Vertragsabschlüssen in der DDR genügt, wenn die Voraussetzungen für die Handlungsfähigkeit nach dem Recht der DDR vorliegen (Abs. 2).

Vollmachtsstatut

Bestand und Umfang einer Vollmacht richten sich gem. § 15 Abs. 1 RAG nach dem Recht des Staates, in dem von der Vollmacht Gebrauch gemacht wird (Handlungsstatut, Wirkungsstatut). Beim Handeln für einen Betrieb der DDR richten sich Bestand und Umfang einer Vollmacht jedoch immer nach dem Recht der DDR (§ 15 Abs. 2 RAG).

2.1.3.3. Probleme des allgemeinen Kollisionsrechts

Allgemeiner Teil des Kollisionsrechts

Die behandelten besonderen Kollisionsnormen werden durch allgemeine ergänzt.

Ordre public

Paragraph 4 RAG enthält die sogenannte Vorbehaltsklausel (Ordre public): „Gesetze und andere Rechtsvorschriften eines anderen Staates werden nicht angewandt, soweit ihre Anwendung mit den Grundprinzipien der Staats- und Rechtsordnung der Deutschen Demokratischen Republik unvereinbar ist. In diesem Falle sind die entsprechenden Rechtsvorschriften der Deutschen Demokratischen Republik anzuwenden."
Es geht also nicht darum, ob ein ausländisches Gesetz allgemein gegen unsere Ordnung verstößt, sondern darum, ob seine Anwendung im konkreten Fall gegen die öffentliche Ordnung der DDR verstößt.

Schutz unseres Volkseigentums

Der Ordre public ist eine Generalklausel, die den Ausschluß eines durch die Kollisionsnorm berufenen Rechts gebietet, wenn die Anwendung z. B. gegen den Grundsatz der Gleichberechtigung der Rassen oder Geschlechter verstoßen oder den Zweck eines Gesetzes zum Schutz unseres Volkseigentums vereiteln würde.

Das bedeutet aber nicht, daß (Schieds-)Gerichte in der DDR häufig davon Gebrauch machen. Im Unterschied zur Spruchpraxis in einigen kapitalistischen Ländern, in denen die Gerichte den Ordre public relativ oft anwenden, ist er in der langjährigen Spruchpraxis des Schiedsgerichts bei der KfA der DDR bisher noch nicht zur Anwendung gelangt.

Qualifikation

Ein weiteres Problem des allgemeinen Teils des Kollisionsrechts ist das der Qualifikation. Ihm liegt zugrunde, daß ein und derselbe Begriff in verschiedenen Ländern unterschiedliche Bedeutung hat oder Sachverhalte unterschiedlich rechtlich eingeordnet werden. Ein Qualifikationsproblem entsteht auch dann, wenn das Recht des Gerichtsortes Rechtsverhältnisse oder Rechtsinstitute, um deren kollisionsrechtliche Einordnung es geht, nicht kennt. Letztere Probleme treten nicht nur, aber doch besonders gravierend bei der Rechtsanwendung im Verhältnis von Staaten mit unterschiedlicher Staats- und Gesellschaftsordnung auf.

Die Qualifikationsfrage entsteht nur, wenn sich die kollisionsrechtliche Einordnung nicht unmittelbar aus dem Gesetz ergibt. So besteht für die für IWV wichtige Frage der Verjährung im IPR der DDR kein Qualifikationsproblem. Da gem. § 28 RAG für die Verjährung die Lex causae maßgebend ist, bleibt eine Einordnung in das Prozeßrecht in anderen Rechtsordnungen außer Betracht.

Die Qualifikation ist im RAG allgemein nicht geregelt, und sie ist auch von der Rechtsprechung nicht eindeutig bestimmt. In der Literatur wird von H. Wiemann für internationale Wirtschaftsbeziehungen und G. A. Lübchen und M. Posch für das IPR allgemein die Qualifikation nach der Lex fori, d. h. nach dem Recht der DDR vertreten, wobei das für das Kollisionsrecht geltende Prinzip der gegenseitigen Achtung der Gesellschafts-, Eigentums-, Wirtschafts- und Rechtsordnung anderer Staaten auch hier gilt und die Qualifikation modifizieren kann.[18]

Renvoi – Begriff

Letztlich sei noch das Problem des Renvoi erwähnt. Dieses hängt mit der Frage zusammen, ob die kollisionsrechtliche Verweisung auf ausländisches Recht lediglich eine Verweisung auf das ausländische materielle (Sach-) Recht oder auch auf dessen Kollisionsrecht beinhaltet. Relevant ist die Frage nur dann, wenn nach dem ausländischen Kollisionsrecht ein anderes Recht als nach dem Recht der DDR maßgeblich wäre. Die Annahme des Renvoi bedeutet, daß die Verweisung des ausländischen Kollisionsrechts für die Zurechnung beachtet wird. Der Renvoi tritt in zwei Formen auf: als Rückverweisung und als Weiterverweisung.

Rückverweisung

Ein Fall der Rückverweisung liegt vor, wenn nach dem Kollisionsrecht der DDR das Recht eines anderen Staates anzuwenden ist und dessen Kollisionsrecht auf das Recht der DDR verweist. Gemäß § 3 RAG findet dann das materielle Recht der DDR Anwendung, die Rückverweisung wird angenommen.

Beispiel: In einem Anlagenexportvertrag zwischen einem AHB der DDR und einer Firma mit Geschäftssitz in Österreich wurde keine Rechtswahl getroffen. Nach § 12 Abs. 1 Buchst. c RAG ist auf den Vertrag österreichisches Recht anzuwenden. Das österreichische IPR-Gesetz verweist auf das Recht der DDR zurück, denn gem. seinem § 36 unterliegen gegenseitige Verträge, nach denen eine Partei der anderen zumindest überwiegend Geld schuldet, dem Recht der anderen Partei.

18 Vgl. G.-A. Lübchen/M. Posch, a. a. O., S. 31 ff.; H. Wiemann, „Allgemeine Aspekte des Kollisionsrechts der Außenhandelsbeziehungen der DDR", RiA, 1965/9, S. 3 f. (9. Beilage).

Bedeutung hat die Rückverweisung auch in den Fällen, in denen das Kollisionsrecht der DDR auf ausländisches Recht verweist, aber das ausländische Kollisionsrecht an den Abschlußort anknüpft und der Vertrag in der DDR abgeschlossen wurde.

Weiterverweisung

Von einer Weiterverweisung wird dann gesprochen, wenn das ausländische Recht, auf das durch die Kollisionsnorm verwiesen wird, seinerseits das Recht eines dritten Staates für maßgebend erklärt. Eine solche Weiterverweisung wird durch das Kollisionsrecht der DDR nicht angenommen, es bleibt bei der Verweisung auf das durch das IPR der DDR für maßgebend erklärte Recht.

Wie bereits bei der Behandlung der Parteiautonomie ausgeführt (vgl. Abschn. 2.1.3.2.1.), gibt es bei einer Rechtswahl durch die Vertragspartner keine kollisionsrechtliche Verweisung auf ein anderes Recht und deshalb auch keinen Renvoi.

2.1.4. Die kollisionsrechtliche Regelung des Außenhandelskaufvertrages in den nichtsozialistischen Staaten

Infolge der grundsätzlich einzelstaatlichen Regelung der AKV wird auch in den nichtsozialistischen Staaten die materiell-rechtliche Regelung der AKV um die kollisionsrechtliche Regelung ergänzt,[19] die die spezifische Aufgabe hat, das auf den AKV anzuwendende Recht zu bestimmen.

Die kollisionsrechtliche Regelung der nichtsozialistischen Staaten ist überwiegend einzelstaatliches Recht (vgl. jedoch Abschn. 2.1.2.1.); es bestehen folglich Unterschiede, die zu berücksichtigen sind.

Gewohnheitsrecht

Viele wichtige Regeln des Kollisionsrechts stellen Gewohnheitsrecht dar; in vielen Ländern wurde auf eine exakte und umfassende Regelung des Kollisionsrechts verzichtet.

Bei einer Beschäftigung mit dem Kollisionsrecht dieser Staaten ist stets davon auszugehen, daß es als Bestandteil des Rechtssystems des jeweiligen Staates in dessen politisches Instrumentarium eingebettet ist und zur Realisierung staatlicher Funktionen eingesetzt wird. Diese Erkenntnis hat auch unmittelbare Bedeutung für die Praxis der Außenhandelsverträge, da sie eine reale Einschätzung der Unsicherheitsfaktoren ermöglicht, die mit der Entscheidung von Streitigkeiten durch Gerichte nichtsozialistischer Staaten und der damit erfolgenden Anwendung des Kollisionsrechts dieser Staaten verbunden sind.[20]

2.1.4.1. Vertragliche Schuldverhältnisse

Parteiautonomie

Nach dem Kollisionsrecht nahezu sämtlicher nichtsozialistischer Staaten ist es zulässig, das auf den AKV anzuwendende Recht zu vereinbaren (soge-

19 Einen pauschalen Überblick über das Kollisionsrecht wichtiger Länder gibt: E. Aleith/G. Ebell, „Die auf internationale Wirtschaftsverträge anwendbaren Kollisionsnormen ausgewählter kapitalistischer Industrieländer und Entwicklungsländer“, RiA, 1979/52, S. 1ff. (44. Beilage).

20 Siehe dazu H. Fincke, Die Rechtsvereinheitlichung im Internationalen Privat- und Zivilprozeßrecht der EWG-Staaten und ihre Bedeutung für die intersystemaren Wirtschaftsbeziehungen, Aktuelle Beiträge der Staats- und Rechtswissenschaft, H. 258, Potsdam-Babelsberg 1982.

nannte Parteiautonomie), vgl. z. B. das österreichische IPR-Gesetz (Art. 35), das EG-Übereinkommen (Art. 3). In bezug auf die Streitentscheidung durch Schiedsgerichte ist die Rechtswahlfreiheit der Parteien in Art. VIII der Europäischen Konvention über die internationale Handelsschiedsgerichtsbarkeit vom 21. 4. 1961[21] anerkannt.

In den kapitalistischen Staaten ist die Parteiautonomie notwendiges Pendant zur Dispositivität des materiellen Kaufrechts. Sie gibt dem ökonomisch stärkeren Partner die Möglichkeit, die Wahl des Rechts durchzusetzen, das für ihn günstiger ist. Er ist in der Regel bestrebt, für sich die Vorzüge auszunutzen, die in der Anwendung des „eigenen Rechts" liegen, indem er in seine Geschäftsbedingungen oder Formularverträge eine Klausel aufnimmt, die die Anwendung dieses Rechts vorsieht.

Entwicklungsländer

Die Rechtslage in den Entwicklungsländern hinsichtlich der Anerkennung der Parteiautonomie ist unterschiedlich, zum Teil wegen fehlender Rechtspraxis und/oder Information nicht bekannt. In gewissem Umfang ist mit einer Einschränkung der Rechtswahlfreiheit zu rechnen. Dies kann auch in der Form erfolgen, daß die Rechtswahlmöglichkeit im Kollisionsrecht anerkannt ist, im Rahmen des staatlichen Genehmigungsverfahrens jedoch gefordert wird, daß die Verträge Rechtswahlklauseln zugunsten des inländischen Rechts enthalten (z. B. in Indien für Lizenzverträge).

Einschränkung der Parteiautonomie

Das Prinzip der Parteiautonomie wird in den einzelnen nichtsozialistischen Staaten in unterschiedlicher Weise und mit unterschiedlichen Methoden eingeschränkt. Zu diesen – von Land zu Land unterschiedlichen – Beschränkungen gehören u. a.:

- die Beschränkung der Parteiautonomie auf ein Recht, das einen bestimmten räumlichen Zusammenhang mit dem Vertragsverhältnis aufweist;

  In neueren Kodifikationen geht die Tendenz dahin, eine umfassende Rechtswahlmöglichkeit zuzulassen, die Partner also nicht auf ein Recht zu beschränken, zu dem eine natürliche Verbindung des Vertrages besteht oder an dessen Maßgeblichkeit ein legitimes Interesse besteht (z. B. Art. 3 EG-Übereinkommen; Art. 35 Abs. 1 österreichisches IPR-Gesetz und geänderte Rechtsauffassung in der Schweiz – Art. 113 Abs. 1 Gesetzentwurf). Dagegen wird z. B. im Kollisionsrecht der USA (New York) ein sachlicher Zusammenhang zwischen dem Rechtsgeschäft und der gewählten Rechtsordnung verlangt.

- die Zulässigkeit der Rechtswahl nur in bezug auf dispositive Normen, d. h., nur die dispositiven Normen des vereinbarten Rechts finden Anwendung, während die zwingenden Normen einem Recht entnommen werden, das nach anderen Kriterien ermittelt wird (sogenannte materiell-rechtliche Parteiautonomie; im Unterschied hierzu erstreckt sich bei der kollisionsrechtlichen Parteiautonomie die Rechtswahl auch auf die zwingenden Normen des vereinbarten Rechts);
- die Nichtanwendung des vereinbarten Rechts im konkreten Einzelfall unter Berufung auf die allgemeinen Grundsätze des Kollisionsrechts (Qualifikation, Ordre public, Renvoi), beispielsweise Nichtanwendung der Verjährungsvorschriften des vereinbarten Rechts unter Berufung auf die Verletzung des Ordre public.

21 Bkm. vom 3. 6. 1971, GBl. II 1976 Nr. 9 S. 213.

Grenzen der Parteiautonomie

Die Parteiautonomie findet im allgemeinen dort ihre Grenzen, wo es um Fragen geht, die über den Rahmen des schuldrechtlichen Vertrages hinausgehen. Mit anderen Worten: Die Zulässigkeit der Rechtswahl ist grundsätzlich auf die schuldrechtlichen Elemente des AKV begrenzt. Außerdem wird der Geltungsbereich des (vertraglichen) Schuldstatuts, das der Rechtswahl zugänglich ist, in den einzelnen Rechtsordnungen unterschiedlich bestimmt. Nach wohl einhelliger Auffassung erstreckt sich die Parteiautonomie auf den Inhalt des AKV. Hingegen wird in verschiedenen Ländern auf Vertragsabschluß, Form des Vertrages, Willensmängel, Vertragswirkungen, Untersuchungs- und Erfüllungsmodalitäten, bestimmte Aspekte der materiellen Verantwortlichkeit, Aufrechnung und Verjährung sowie Währungsfragen nicht oder nicht ohne weiteres das von den Parteien vereinbarte Recht angewandt.

In den Common-law-Ländern wird auf solche Fragen das sogenannte Proper law im objektiven Sinne, d. h. das Recht, das bei fehlender Rechtswahl maßgeblich wäre, angewandt.

Auch die gesetzlichen Schuldverhältnisse (insbesondere die unerlaubten Handlungen) sind einer Rechtswahl nicht zugänglich und unterliegen besonderer kollisionsrechtlicher Anknüpfung.

Stillschweigende Parteivereinbarung

In den meisten nichtsozialistischen Staaten bedarf es keiner ausdrücklichen Vereinbarung über das anzuwendende Recht; es wird vielmehr auch eine sogenannte stillschweigende Vereinbarung anerkannt. Unterschiedlich und schwankend in der Rechtspraxis sind jedoch die Anforderungen, die an das Vorliegen einer solchen stillschweigenden Rechtswahl gestellt werden.

So wird in der schweizerischen Rechtsprechung die Auffassung vertreten, von einer Rechtswahl könne nur dann gesprochen werden, wenn die Parteien in dem Bewußtsein, daß sich die Frage des anzuwendenden Rechts stelle, den Willen äußern, ihre Beziehungen einem bestimmten Recht zu unterwerfen. Eine stillschweigende Rechtswahl außerhalb des Prozesses komme nur ausnahmsweise, nämlich dann in Betracht, wenn sie sich auf entscheidende Umstände stützen könne. Auch die bloße Berufung auf ein bestimmtes Recht bzw. das Stillschweigen der Parteien über das maßgebliche Recht im Prozeß sei nicht als Rechtswahl zu werten, selbst dann nicht, wenn es um die Anwendung schweizerischen Rechts gehe.

Demgegenüber wird in der englischen Rechtsprechung beim Fehlen einer ausdrücklichen Rechtswahl ein Rechtswahlwille aus den Bestimmungen und der Natur des Vertrages sowie aus den allgemeinen Umständen des Falles gefolgert, wobei die Gerichte in der Würdigung einzelner Umstände nicht gebunden sind. Berücksichtigt werden neben einer Schiedsgerichts- bzw. Gerichtsstandvereinbarung z. B. der Hinweis auf bestimmte rechtliche Regelungen, der Gebrauch der in einem Land üblichen Rechtssprache, die Vereinbarung einer bestimmten Währung, die Abfassung des Vertrages in einer bestimmten Sprache, die Verbindung des Vertrages mit anderen Verträgen.

Eine ähnliche Auffassung von der Ermittlung des stillschweigenden Rechtswahlwillens, die sich kaum von der Anknüpfung an den sogenannten hypothetischen Parteiwillen unterscheidet, wird z. B. in der niederländischen, französischen und der Rechtsprechung der BRD vertreten.

In neueren Gesetzen, Gesetzentwürfen und Übereinkommen wird zum Teil die stillschweigende Rechtswahl ausdrücklich geregelt. So läßt § 35 des österreichischen IPR-Gesetzes eine „schlüssige" Bestimmung des maßgeblichen Rechts zu, eine solche wird auch angenommen, wenn sich aus den Umständen ergibt, daß „die Parteien eine bestimmte Rechtswahl als maßgebend angenommen haben".

Gemäß Art. 3 des EG-Übereinkommens muß sich die Rechtswahl „mit hinreichender Sicherheit aus den Bestimmungen des Vertrages oder aus den Umständen des Falles ergeben". (Ähnlich Gesetzentwurf der Schweiz, hier ist der Begriff „eindeutig" verwendet.) Im gewissen Umfang setzen diese Regelungen der Unterstellung einer Rechtswahl Schranken, jedoch werden unterschiedliche Interpretationen hinsichtlich des Vorhandenseins einer stillschweigenden Rechtswahl weiterhin bestehen bleiben, z. B. hinsichtlich der Bedeutung von Schiedsgerichts- und Gerichtsstandsvereinbarungen.

Zu beachten ist, daß die Regel von der Anknüpfung an den stillschweigenden Parteiwillen insbesondere herangezogen wird, um die Anwendung der jeweiligen Lex fori (des am Gerichtsort geltenden Rechts) zu begründen.

Schiedsgerichtsvereinbarung

Die Vereinbarung der Zuständigkeit eines Schiedsgerichts wird in manchen Ländern auch als eine Vereinbarung über das anzuwendende Recht angesehen, so in der schweizerischen, englischen und französischen Rechtsprechung, dagegen überwiegend nicht in der niederländischen und italienischen Rechtsprechung.

Vereinbarung bestimmter Gesetze oder Regelungen

Unsicher ist, ob ein Hinweis auf in der DDR geltende Gesetze bzw. die Vereinbarung solcher Gesetze, wie des Gesetzes über internationale Wirtschaftsverträge – GIW –[22], oder die Bezugnahme auf einzelne gesetzliche Bestimmungen als stillschweigende Wahl des Rechts der DDR gewertet wird. Bei der allgemein vorherrschenden Tendenz, mittels der Anknüpfung an den stillschweigenden Parteiwillen die Anwendung des eigenen Rechts zu sichern, ist mit der Möglichkeit zu rechnen, daß eine solche Vereinbarung als materiell-rechtliche Vereinbarung gewertet wird (sogenannte Inkorporationstheorie). Das gewählte Recht findet dann auf dem von den Partnern festgelegten Gebiet nur im Rahmen der dispositiven Normen des nach dem jeweiligen Kollisionsrecht maßgeblichen Vertragsstatuts Anwendung. Die Rechtspraxis bezüglich der Bedeutung der Vereinbarung von Rechtsnormen bzw. Gesetzen eines bestimmten Staates für die kollisionsrechtliche Beurteilung schwankt oft selbst in den einzelnen Ländern.

Obgleich im allgemeinen eine theoretische Unterscheidung zwischen stillschweigendem und mutmaßlichem Parteiwillen getroffen wird, läuft auch die Feststellung des stillschweigenden Parteiwillens praktisch auf eine Mutmaßung des Gerichts hinaus. Zwar wird der Parteiwille aus bestimmten objektiven Umständen des Vertrages hergeleitet (z. B. aus der Gerichtsstandsvereinbarung, der Sprache des Vertrages, der gemeinsamen Staatsangehörigkeit der Vertragspartner, aus dem dem Vertragstext zugrunde liegenden Recht u. ä.), doch werden vom (Schieds-)Gericht im allgemeinen diejenigen Umstände zur Begründung des stillschweigenden Parteiwillens herangezogen, die schließlich zur Anwendung des eigenen materiellen Rechts führen.

Teilrechtswahl

Das EG-Übereinkommen (Art. 3) läßt eine Teilrechtswahl ausdrücklich zu.

Nachträgliche Rechtswahl

Unterschiedlich in den Rechtsordnungen wird die Möglichkeit einer nachträglichen Rechtswahl beurteilt, was insbesondere für die Rechtswahl im Prozeß von Bedeutung ist. Die Tendenz geht dahin, eine nachträgliche Rechtswahl anzuerkennen (z. B. Art. 3 EG-Übereinkommen), mitunter mit der Einschränkung, daß hiervon die stillschweigende Rechtswahl aus-

22 Vom 5. 2. 1976, GBl. I 1976 Nr. 5 S. 61.

geschlossen ist (z. B. § 11.2. des österreichischen IPR-Gesetzes für das anhängige Verfahren).

Fehlen einer Rechtswahl

Haben die Parteien keine ausdrückliche Vereinbarung über das anzuwendende Recht getroffen und ermittelt das Gericht keinen stillschweigenden Parteiwillen, so wird das anzuwendende Recht nach Kriterien bestimmt, die in den einzelnen Ländern unterschiedlich sind. Selbst innerhalb eines Landes ist die Spruchpraxis der Gerichte nicht immer einheitlich.

Flexibilität der Anknüpfung und Recht der charakteristischen Leistung

Bei fehlender Rechtswahl überwiegt in der Rechtspraxis der entwickelten kapitalistischen Länder die Anknüpfung von IWV auf der Grundlage von Generalklauseln über die Anknüpfung (z. B. Proper law – Großbritannien; hypothetischer Parteiwille und Schwerpunktrecht – BRD, Niederlande; Recht der engsten Verbindung – zum Teil USA). Gleichzeitig besteht die Tendenz, für Schuldverträge bzw. für einzelne Arten von Verträgen feststehende Anknüpfungspunkte festzulegen, wobei an erster Stelle das Recht der charakteristischen Leistung zu nennen ist. Die Rechtsordnungen unterscheiden sich jedoch erheblich dahingehend, in welchem Verhältnis feststehende Anknüpfungskriterien und Generalklauseln für die Bestimmung des maßgeblichen Rechts stehen.

Vielfach erfolgt in den Rechtsordnungen für IWV eine Kombination zwischen feststehenden Anknüpfungspunkten als Regelanknüpfung und Generalklausel, die es dem (Schieds-)Gericht ermöglicht, im Einzelfall hiervon abzuweichen.

Besonders typisch sind hierfür die Regelungen in Art. 4 EG-Übereinkommen und im schweizerischen Gesetzentwurf (Art. 114). Die Regelung erfolgt in drei Stufen. In der ersten wird der Grundsatz der engsten Verbindung festgelegt. Die zweite Stufe beinhaltet eine gesetzliche Vermutung der engsten Verbindung (im allgemeinen das Recht des Partners, der die charakteristische Leistung erbringt). Im schweizerischen Gesetzentwurf ist dabei dieses Kriterium für einzelne Vertragstypen näher bestimmt. Die dritte Stufe führt wieder zur ersten zurück, indem festgelegt wird, daß die Vermutung nicht gilt, wenn eine engere Beziehung zu einer anderen Rechtsordnung gegeben ist. Die Klausel von der engsten Verbindung läßt ähnlich der Anknüpfung an den „Schwerpunkt", den „hypothetischen Parteiwillen" oder das „Proper law" einen sehr weiten Spielraum für die Bestimmung des maßgeblichen Rechts. Auf Grund des internationalen Charakters der Vertragsbeziehungen ist die Feststellung einer engsten Verbindung oft fiktiv.

Nach § 36 österreichisches IPR-Gesetz unterliegen gegenseitige Schuldverträge zwingend dem Recht des Staates, in dem der Unternehmer seine Niederlassung hat, der nicht die Geldleistung erbringt (andere Formulierung für Recht der charakteristischen Leistung).

Demgegenüber ist für das USA-Kollisionsrecht die Vermeidung der Herausbildung feststehender Anknüpfungskriterien typisch, was in der Rechtspraxis zur fast ausschließlichen Anwendung eigenen Rechts führt.

Hypothetischer Parteiwille

Zusammenfassend kann man drei verschiedene Formen der Bestimmung des maßgeblichen Rechts in nichtsozialistischen Ländern unterscheiden. Die erste ist die Bestimmung des anzuwendenden Rechts mangels Parteivereinbarung nach den Umständen des Einzelfalles (nach dem sogenannten hypothetischen Parteiwillen oder „proper law of the contract"). Es handelt sich also um eine individualisierende Anknüpfung, die eine Voraussehbarkeit der Entscheidung nahezu ausschließt.

Charakteristische Leistung des Vertrages

Die zweite Form ist die Anknüpfung an die charakteristische Leistung des Vertrages, beim AKV also an das Recht des Verkäuferlandes. Die poten-

tiellen Vorzüge dieses Anknüpfungsprinzips, die insbesondere in der Voraussehbarkeit der Entscheidung bestehen, werden jedoch dadurch in Frage gestellt, daß im Einzelfall über eine Anknüpfung an den stillschweigenden Parteiwillen oder über sogenannte Ausweichklauseln das anzuwendende Recht nicht nach der charakteristischen Leistung bestimmt wird.
In der Rechtspraxis sind die Übergänge zwischen beiden Formen oftmals fließend.

Vertragsabschlußort, Erfüllungsort

Bei der dritten Form schließlich wird eine Anknüpfung an allgemeine Kriterien des Vertragsrechts (insbesondere Vertragsabschlußort oder Erfüllungsort) vorgenommen.

Die sich aus diesen kollisionsrechtlichen Regelungen ergebende Unsicherheit über das auf den AKV anzuwendende Recht unterstreicht die Dringlichkeit einer ausdrücklichen Rechtsvereinbarung in den AKV. Hinzu kommt, daß das Kollisionsrecht in vielen nichtsozialistischen Staaten überwiegend Gewohnheitsrecht ist, was die Rechtsunsicherheit weiter erhöht.

Grenzen des Vertragsstatuts

Im allgemeinen erstreckt sich das Vertragsstatut auch nach dem Kollisionsrecht der nichtsozialistischen Staaten grundsätzlich auf alle schuldrechtlich geregelten Fragen. Es gibt jedoch in den einzelnen Rechtssystemen Ausnahmen von diesem Grundsatz. Zu diesen Ausnahmen gehören insbesondere:

- Besonderheiten bezüglich der Mängelrüge (z. B. Anwendung bzw. Berücksichtigung des Rechts am Ort der Prüfung der Ware anstelle oder neben dem Vertragsstatut);
- die Anknüpfung der sogenannten Erfüllungsmodalitäten an den Erfüllungsort;
- die Wertung bestimmter Fragen, z. B. der Verjährung und der Bemessung des Schadens, als prozeßrechtliche, mit der Folge, daß sie unabhängig vom Vertragsstatut nach der Lex fori beurteilt werden (diese Rechtspraxis ist insbesondere für den anglo-amerikanischen Rechtskreis charakteristisch);
- die Besonderheiten, die für bestimmte Fragen der Geldleistung, z. B. für die Wertsicherungsklauseln, gelten (s. dazu S. 337ff.);
- die Wirkung des Verhaltens einer Partei in bezug auf das Zustandekommen eines Vertrages.

Neben dem Vertragsstatut kann sich eine Partei mitunter auch auf das Recht ihres gewöhnlichen Aufenthaltsortes für die Behauptung berufen, daß sie einem Vertrag nicht zugestimmt hat (so z. B. Art. 8.2. EG-Übereinkommen und Art. 120 schweizerischer Gesetzentwurf). Für IWV hat diese Frage für die rechtliche Beurteilung der Wirkung des Schweigens einer Partei bei Distanzverträgen Bedeutung.

International zwingendes Recht der Lex fori

Was die Anwendung öffentlichen Rechts betrifft, so gehen ausländische Rechtsordnungen einheitlich vom Vorrang des international zwingenden Rechts der Lex fori vor dem auf Grund IPR-Verweisung maßgeblichen Recht aus (ausdrücklich geregelt in Art. 7.2. EG-Übereinkommen und Art. 17 schweizerischer Gesetzentwurf). Ausländische Gerichte wenden international zwingende Normen des eigenen Staates daher stets an, und ihre rechtliche Wirkung auf die Vertragsbeziehungen wird grundsätzlich nach der Lex fori beurteilt. Daneben ist mit der tatsächlichen Durchsetzung der vorgesehenen Rechtswirkung außerhalb gerichtlicher Verfahren zu rechnen (z. B. Verweigerung einer Transfergenehmigung wegen Nichtgenehmigung des Vertrages).

Ausländisches international zwingendes Recht

Die Entscheidungspraxis ausländischer Gerichte hinsichtlich der Berücksichtigung ausländischen international zwingenden Rechts ist unterschiedlich und Veränderungen unterworfen.[23] Zwar existiert ein Grundsatz der generellen Nichtanwendung ausländischen öffentlichen Rechts in der früher vertretenen Form nicht mehr, andererseits gibt es keine geschriebenen oder durch die Rechtspraxis entwickelten Kollisionsnormen – von der Entwicklung bei Arbeits- und Verbraucherverträgen abgesehen –, die die Anwendung ausländischen international zwingenden Rechts vorschreiben. Die Entscheidung erfolgt auf der Grundlage von Generalklauseln, die den Gerichten für den Einzelfall genügend Spielraum lassen, so daß eine Voraussicht über die Berücksichtigung für den Einzelfall nicht möglich ist.

Methoden der Berücksichtigung

In der Rechtsprechung erfolgt z. Z. die Prüfung der Berücksichtigung ausländischen international zwingenden Rechts überwiegend im Rahmen materiell-rechtlicher Regelungen (insbesondere über sittenwidrige Rechtsgeschäfte oder über die Unmöglichkeit der Leistung oder über sogenannte Hardship-Klauseln für den Einzelfall).

Sonderanknüpfung

Die Regelungen im Gesetzentwurf der Schweiz, in der Haager IPR-Vertretungskonvention (Art. 16) und im EG-Übereinkommen (Art. 7) gehen in die Richtung der Sonderanknüpfung. Sie relativieren jedoch die Unterschiede dermaßen, daß die Frage, ob ausländisches Recht direkt oder über die materiell-rechtliche Regelung Beachtung findet, für die Rechtspraxis von sekundärer Bedeutung wird. Die Berücksichtigung bleibt fakultativ, und in beiden Fällen wird ausländisches Recht nicht angewandt, sondern ihm wird – soweit überhaupt – „Wirkung verliehen".

Wertung ausländischen Rechts

Sowohl die Berücksichtigung über die Generalklausel für sittenwidrige Verträge als auch über die Sonderanknüpfung beinhalten eine Wertung ausländischen Rechts vom Standpunkt der Lex fori. Eine solche Wertung ausländischen Rechts als Voraussetzung für seine Berücksichtigung zielt auf eine Differenzierung zwischen den Staaten je nach ihrer Wirtschafts-, Gesellschafts- und Staatsordnung. Sie dient als Grundlage für eine vorrangige Nichtberücksichtigung des Rechts sozialistischer, aber auch bestimmter Entwicklungsländer. Auf diese Weise wird das Recht anderer Staaten mit gleicher staatsmonopolistischer Gesellschafts- und Wirtschaftsordnung in ihrer Wirkung auf internationale Wirtschaftsvertragsbeziehungen vergleichsweise eher berücksichtigt.

So wird im Zusammenhang mit Art. 7.1. EG-Übereinkommen auf die vorrangige Berücksichtigung des international zwingenden Rechts der EG-Mitgliedstaaten orientiert. Gleichzeitig werden der Anwendung absolut zwingenden Rechts anderer kapitalistischer Staaten in ihrem Geltungsanspruch Schranken gesetzt, soweit diese Regelungen den eigenen politischen und wirtschaftlichen Interessen zuwiderlaufen. Das betrifft z. B. die Wirkung ausländischer Kartellrechtsbestimmungen.

Die Flexibilität bei der Berücksichtigung oder Nichtberücksichtigung aus-

23 Zur Rechtspraxis und zu den Rechtsauffassungen siehe F. Enderlein, „Die Anwendung in- und ausländischen öffentlichen Rechts ...", a. a. O.; und zu der neueren Rechtsentwicklung M. Andrae/H. Fincke, Das Übereinkommen ..., a. a. O., S. 38ff., 60ff.

ländischen international zwingenden Rechts ermöglicht eine Anpassung an die jeweils vorhandenen oder auch vermeintlichen ökonomischen und politischen Interessen des Forum-Staates. Ausländisches international zwingendes Recht, das nicht den „Wertvorstellungen" der Lex fori entspricht, wird lediglich im Rahmen seiner faktischen Macht und so einschränkend wie möglich für die Vertragsbeziehungen berücksichtigt, d. h. über die materiell-rechtlichen Bestimmungen bezüglich der Unmöglichkeit der Leistung oder über Hardship-Klauseln.

Vor allem in diesem Rahmen sind von bürgerlichen Gerichten außenwirtschaftsrechtliche Regelungen sozialistischer Staaten mitunter berücksichtigt worden. Besonderheiten gelten insbesondere für England und andere Common-law-Staaten, in denen vorbehaltlich des Ordre public die Beachtung des international zwingenden Rechts des Erfüllungsortes allgemeine Rechtspraxis ist.

2.1.4.2. Eigentumsverhältnisse

Lex rei sitae

Allgemein anerkannt ist im Kollisionsrecht der verschiedenen Länder die Lex rei sitae. Dieses Prinzip ist sogar im Gegensatz zu vielen anderen Prinzipien in den Gesetzen vieler Länder ausdrücklich fixiert. Wie aber bereits erwähnt, ist der Grundsatz, daß auf Sachenrechte das Recht des Lageortes anzuwenden ist, bezüglich der im Zusammenhang mit IWV auftretenden Probleme nicht hinreichend aussagekräftig. Denn es kommt auf den Zeitpunkt an, von dem man ausgeht, weil im internationalen Wirtschaftsverkehr die Waren eben gerade dazu bestimmt sind, ihre örtliche Lage zu verändern.

Grenzen zwischen Schuld- und Sachenrecht

Hinzu kommt, daß die Grenzen zwischen Schuld- und Sachenrecht in den einzelnen Ländern unterschiedlich gezogen werden. (So werden Miete und Pacht in manchen Ländern zum Sachenrecht gezählt.) Diese Unterschiede und die unterschiedliche Handhabung der Lex rei sitae erschweren es den Vertragspartnern, das rechtliche Schicksal einer Ware in sachenrechtlicher Beziehung mit Sicherheit vorauszubestimmen.

Statutenwechsel

Zur Erläuterung des Statutenwechsels soll ein AKV zwischen einem AHB der DDR und einer französischen Firma dienen, auf den ein französisches Gericht französisches Kollisionsrecht – und auch hier die Lex rei sitae – anwendet.

Fall A: Der DDR-AHB ist Exporteur. Solange sich die Ware noch in der DDR befindet, würde das materielle Recht der DDR angewendet. In der DDR erfolgt der Eigentumsübergang an dem zwischen den Partnern vereinbarten Ort oder mit der Übergabe eines Warenpapiers oder schließlich mit dem Vollzug der Lieferung (§ 54 Abs. 1 GIW; s. dazu im einzelnen S. 182).
Angenommen, im AKV sei die Lieferklausel „geliefert, verzollt Paris" (Incoterms 1980) vereinbart, ohne daß eine spezielle Vereinbarung über den Eigentumsübergang getroffen wurde, so würde nach § 54 Abs. 1 Buchst. c i. V. m. § 51 Abs. 2 und § 43 Abs. 3 GIW das Eigentumsrecht vom Verkäufer an den Käufer in Paris übergehen. Nach französischem Recht hingegen erfolgt – zumindest bei individuell bestimmten Kaufsachen – der Eigentumsübergang mit dem Abschluß des Kaufvertrages. In unserem Fall würde durch den Abschluß des Kaufvertrages kein Eigentümerwechsel eintreten. Sobald jedoch die Ware die Grenze BRD/Frankreich passiert hätte, träte ein Statutenwechsel ein. Es würde nunmehr französisches Recht gelten, und da das französische Recht für den Eigentumsübergang an individuell bestimmten

Kaufsachen keine weiteren Voraussetzungen als einen gültigen Kaufvertrag vorsieht, würde der französische Käufer bei diesem Grenzübertritt das Eigentum an der Ware erwerben.

Fall B: Der DDR-AHB ist Importeur. Bei einem Versendungskauf von Frankreich nach der DDR, in dem als Lieferklausel „geliefert, verzollt Karl-Marx-Stadt" (Incoterms 1980) vereinbart ist, ginge bereits mit dem Abschluß des Kaufvertrages das Eigentumsrecht über, wiederum vorausgesetzt, es handelt sich um eine individuell bestimmte Sache. Sobald die Ware die DDR-Grenze passiert hätte, käme DDR-Recht zur Anwendung. Das hätte jedoch nicht zur Folge, daß der Eigentümerwechsel nun als nicht erfolgt anzusehen wäre und erst nach dem Eintreffen der Ware zustande käme. Das nunmehr zum Zuge kommende Recht der DDR geht vielmehr von der bei Grenzübertritt bestehenden Rechtslage aus. Der DDR-Käufer wäre bereits in Frankreich Eigentümer geworden und bliebe es.

Beim Statutenwechsel wird also zwischen abgeschlossenen und nichtabgeschlossenen Tatbeständen unterschieden. Während beim nichtabgeschlossenen Tatbestand (s. Beispiel Versendungskauf von der DDR nach Frankreich) der Eigentumsübergang zum Zeitpunkt des Statutenwechsels eintritt, wird beim abgeschlossenen Tatbestand (s. Beispiel Versendungskauf von Frankreich nach der DDR) die vorher bereits eingetretene Rechtslage anerkannt.

Schuldstatut und Eigentumsübergang

Die häufig geübte Kritik an der Anwendung der Lex rei sitae hat nicht nur dazu geführt, daß in der Haager IPR-Konvention über den Eigentumsübergang beim Kauf andere Lösungen aufgenommen wurden (vgl. S. 65f.), sondern auch dazu, daß vereinzelt Gerichte und Schiedsgerichte in ihren Entscheidungen das Recht des Lageortes nicht anwandten. Vielmehr wurde wie im Recht der DDR der Geltungsbereich des Schuldstatuts auch auf den Eigentumsübergang ausgedehnt.

Warenpapiere

Besondere Probleme ergeben sich für den internationalen Warenverkehr durch die Anwendung der Lex rei sitae auf die Frage des Eigentumserwerbs, wenn die Waren in Traditionspapieren, wie dem Konnossement, verbrieft sind. Während sich der Eigentumsübergang hinsichtlich des Papiers allgemein nach dem Lageort des Papiers bestimmt (Lex cartae sitae), wird die kollisionsrechtliche Anknüpfung des Eigentumsübergangs der verbrieften Ware unterschiedlich behandelt.

So entscheidet nach dem Recht der BRD das Recht des Lageortes der Ware, ob die Verfügung über die Urkunde die Übergabe der Ware ersetzt. In Schweden dagegen ist die Rechtsauffassung vorherrschend, daß in den Fällen, in denen eine Leistung mit befreiender Wirkung nur an den Inhaber des Papiers bewirkt werden kann, die sachenrechtliche Wirkung des Papiers in bezug auf die Sache sich nach der Lex cartae sitae richtet.[24]

Res in transitu

Zur Problematik der Res in transitu enthalten ausländische Rechtsordnungen meist keine gesetzliche Regelung, und die Rechtsauffassungen sind schwankend.

24 Vgl. Grundriß des schwedischen Handelsrechts, KfA der DDR 1979, S. 169.

2.1.4.3. Personalstatut und Vollmachtsstatut

Das Personalstatut von juristischen Personen wird in ausländischen Rechtsordnungen entweder nach dem Gründungsprinzip oder dem Sitzprinzip entschieden. Andere Anknüpfungen haben daneben grundsätzlich keine Bedeutung erlangt. Für den Umfang der Anwendung des Personalstatuts gelten die Ausführungen zum Kollisionsrecht der DDR entsprechend. *Personalstatut*

Nach der Gründungstheorie untersteht eine Organisation dem Recht des Staates, in dem sie errichtet wurde. Das Recht am Satzungssitz ist regelmäßig mit dem Gründungsrecht identisch und stellt insofern kein eigenständiges Anknüpfungsprinzip dar. Das Gründungsprinzip wird in den Ländern vertreten, die dem anglo-amerikanischen Rechtskreis zugerechnet werden, aber auch in anderen Staaten (z. B. Niederlande, Schweden und Schweiz).
Andere Rechtsordnungen knüpfen an den Sitz der Organisation an, worunter in der Regel der effektive Verwaltungssitz verstanden wird (z. B. Österreich, Frankreich, BRD, Belgien).

Die organschaftliche Vertretung von Organisationen untersteht auch in ausländischen Rechtsordnungen regelmäßig dem Personalstatut. Hiervon wird die rechtsgeschäftliche Vertretung unterschieden, die selbständigen Anknüpfungsregeln unterliegt. *Vertretung von Organisationen*

Meistens ist das Vollmachtsstatut nicht gesetzlich geregelt (so jedoch im österreichischen IPR-Gesetz – § 49). Die Entscheidungspraxis selbst innerhalb eines Landes zeigt oft kein einheitliches Bild, so daß eine generelle Einschätzung der Rechtslage in ausländischen Rechtsordnungen kaum möglich ist. Die unterschiedlichen Rechtsauffassungen hierzu wurden bei der Ausarbeitung der Haager IPR-Vertretungskonvention deutlich und sind als wesentliche Ursache ihres bisherigen Nichtinkrafttretens zu sehen (vgl. S. 67f.). *Vollmachtsstatut*

Folgende Varianten sind u. a. anzutreffen:

- Grundsätzlich wird an das Recht des Hauptgeschäfts angeknüpft (überwiegende Meinung, z. B. England, Italien und zum Teil Frankreich).
- Es wird an das Recht des Wirkungslandes der Vollmacht angeknüpft, worunter entweder der tatsächliche Gebrauchsort oder der Ort verstanden wird, an dem von der Vollmacht für den Dritten erkennbar nach dem Willen des Vollmachtsgebers Gebrauch gemacht werden soll (so ausdrückliche Regelung in Österreich, überwiegende Rechtspraxis der BRD).
- Bei berufsmäßiger Vertretung wird zum Teil an das Recht der Niederlassung des Vertreters, zum Teil an die Niederlassung des Vertretenen, von der aus der Vertreter tätig wird, mitunter an den Gebrauchsort angeknüpft. Es wird aber auch das Recht des Geschäftssitzes des Vertretenen für maßgebend gehalten.
- Mitunter wird auch eine Rechtswahl unter qualifizierten Voraussetzungen für zulässig erachtet (so gem. österreichischem IPR-Gesetz).

2.1.4.4. Allgemeine Fragen

Das Kollisionsrecht wohl der meisten Länder enthält den sogenannten Ordre public. *Ordre public*

Im anglo-amerikanischen Recht wird von der Public policy gesprochen. Im französischen Recht geht man von einem sogenannten positiven Ordre *Public policy*

public aus. Man versteht darunter eine Reihe konkreter Gesetze bzw. Rechtsnormen, die in keinem Fall durch die Anwendung ausländischen Rechts verletzt werden dürfen.
Der Ordre public wird in den verschiedenen kapitalistischen Ländern unterschiedlich häufig in Anspruch genommen, um die Anwendung ausländischen Rechts zu verhindern. Das liegt vielfach nicht daran, daß man in einem Lande der Anwendung ausländischen Rechts wohlgesonnener gegenübersteht als in einem anderen, sondern es ist oft in den unterschiedlichen Methoden des Ausschlusses ausländischen Rechts begründet.

Methoden zur Ausschaltung des ausländischen Rechts

Dem dienen auch bestimmte mitunter einseitige Verweisungsregeln, der Vorrang des international zwingenden Rechts der Lex fori vor der allgemeinen kollisionsrechtlichen Verweisung und nicht zuletzt die Qualifikation.

Wenn beispielsweise in bezug auf die englischen Gerichte gesagt wird, daß dort der Ordre public nur selten Anwendung findet, dann bedeutet das nicht, daß man der Anwendung ausländischen Rechts freundlicher gegenübersteht, sondern lediglich, daß man sich „feinerer" Methoden als des „groben" Ordre public bedient.

Qualifikation

Zur Qualifikation (zum Begriff vgl. S. 79) gibt es unzählige Äußerungen in der Literatur, gesetzlich ist sie selten geregelt.

Vertreten wird die Qualifikation nach der Lex fori und nach der Lex causae, weiterhin die sogenannte autonome oder rechtsvergleichende Qualifikation sowie die Qualifikation entsprechend den Bedingungen des Einzelfalls unter Abwägung sogenannter international privatrechtlicher Interessen.

In der Entscheidungspraxis der Gerichte nichtsozialistischer Staaten überwiegt die Qualifikation nach der Lex fori.[25]

Renvoi

Gesetzliche Regelungen und die Entscheidungspraxis zum Renvoi sind von Land zu Land unterschiedlich, insoweit muß jedes Kollisionsrecht gesondert geprüft werden. Weitgehend einheitlich wird der Renvoi abgelehnt, soweit das anzuwendende Recht durch Parteivereinbarung bestimmt ist. In internationalen Abkommen ist der Renvoi regelmäßig ausgeschlossen.

2.2. Die materiell-rechtliche Regelung des Außenhandelskaufvertrages

2.2.1. Stand und Entwicklungstendenzen international einheitlicher Regelung des Außenhandelskaufvertrages

Nachteile einzelstaatlicher Regelung

Das bestehende System der rechtlichen Regelung der AKV, nach dem über (überwiegend) einzelstaatliches Kollisionsrecht das anzuwendende (ebenfalls einzelstaatliche) materielle Kaufrecht ermittelt wird, dessen Inhalt in der Regel nicht den besonderen Bedingungen und Erfordernissen der internationalen Wirtschaftsbeziehungen Rechnung trägt (da nur ausnahmsweise Spezialgesetze wie in der DDR und ČSSR bestehen und ansonsten

25 Siehe hierzu L. A. Lunz, Internationales Privatrecht, Bd. I, S. 191 ff.

auf die allgemeinen Zivil- und Handelsgesetze verwiesen wird), führt zu zusätzlichen Komplikationen in den internationalen Wirtschaftsbeziehungen.

Vorbild AB/RGW

Die ausgezeichneten Ergebnisse, die die sozialistischen Staaten in relativ kurzer Zeit mit den Allgemeinen Bedingungen des RGW für eine Reihe wichtiger Vertragstypen erzielt haben, trugen wesentlich dazu bei, die Diskussionen und Bemühungen um international einheitliche Regelungen zu beleben, die auch für die intersystemaren Wirtschaftsbeziehungen Geltung haben.

Bestehende multilaterale Regelungen

Zwar bestanden bereits seit längerem auf einzelnen Gebieten multilaterale Regelungen, die auch in den intersystemaren Wirtschaftsbeziehungen Anwendung finden, so insbesondere auf den Gebieten des Scheck- und Wechselrechts, des Transportrechts, des gewerblichen Rechtsschutzes und der Gerichts- und Schiedsgerichtsbarkeit.[26] Aber auf einem so zentralen Gebiet wie dem internationalen Warenkauf ist es erst kürzlich gelungen, eine von Staaten unterschiedlicher Gesellschaftsordnung allgemein anerkannte einheitliche Regelung zu schaffen. Für andere Typen von Wirtschaftsverträgen (z. B. für Montage-, Kundendienst- und Handelsvertreterverträge) steht eine einheitliche Regelung noch aus.

UN-Kommission für Internationales Handelsrecht (UNCITRAL)

Da die bis dahin erzielten Ergebnisse nicht den gegebenen Möglichkeiten und Erfordernissen einer international einheitlichen Regelung entsprachen, wurde 1966 von der XXI. UN-Vollversammlung einstimmig die Bildung einer UN-Kommission für Internationales Handelsrecht (UNCITRAL)[27] beschlossen (Res. 2205/XXI). Die Vollversammlung geht davon aus, daß die internationale Zusammenarbeit der Staaten auf dem Gebiet des Handels ein wichtiger Faktor bei der Entfaltung freundschaftlicher Beziehungen und folglich bei der Erhaltung des Friedens und der Sicherheit ist. Es wird nach der genannten Resolution als wünschenswert betrachtet, den Prozeß der Harmonisierung und Vereinheitlichung des internationalen Handelsrechts zu koordinieren, zu systematisieren und zu beschleunigen und eine umfassende Beteiligung zu sichern.

Stellung und Aufgaben der UNCITRAL

Die UNCITRAL ist ein Organ der Vollversammlung der UNO. Sie arbeitet eng mit anderen Organen und Spezialorganisationen der UNO, die sich mit Problemen des internationalen Handels befassen, zusammen. Mit ihrer Bildung wurden günstigere Bedingungen für die Entwicklung international einheitlicher Regelungen geschaffen, als sie bisher bestanden.

Die UNCITRAL begann ihre Tätigkeit Anfang 1968. Für die Sitzverteilung der jetzt 36 Mitgliedstaaten war maßgeblich, daß die hauptsächlichen Wirtschafts- und Rechtssysteme der Welt sowie die entwickelten und die Entwicklungsländer angemessen vertreten werden. Damit ist es im wesentlichen gelungen, eine gleichberechtigte Teilnahme der sozialistischen Staaten wie auch der Staaten Afrikas, Asiens und Lateinamerikas zu sichern, was bei der Ausarbeitung der Haager Kaufgesetze (vgl. S. 93) nicht gewährleistet war. An den Tagungen der UNCITRAL nehmen nicht nur die Mitglieder der Kommission, sondern auch Vertreter anderer Staaten und internationaler Organisationen (wie RGW, EWG, UNIDROIT, Haager Konferenz, Internationale Handelskammer) teil.

Die sozialistischen Staaten beteiligen sich aktiv und konstruktiv an den Ar-

26 Siehe dazu Die rechtliche Regelung der internationalen Wirtschaftsbeziehungen der DDR zu Partnern im nichtsozialistischen Wirtschaftsgebiet. Grundriß, Berlin 1982, S. 137ff.

27 Vgl. a. a. O., S. 69ff.

Anforderungen an international einheitliche Regelungen

beiten der UNCITRAL. International einheitliche Regelungen können zur Erleichterung und Förderung internationaler Wirtschaftsbeziehungen beitragen, wenn eine angemessene Beteiligung der Staatengruppen unterschiedlicher sozialökonomischer Ordnung an der Ausarbeitung derartiger Entwürfe gewährleistet ist und die unterschiedlichen Interessen im Inhalt der Regelung entsprechend berücksichtigt werden. Die Chancen der Schaffung international einheitlicher Regelungen hängen aufs engste mit der Lösung der Grundfragen in den internationalen Beziehungen zwischen den Staaten der beiden Weltsysteme, insbesondere mit dem Wiederingangsetzen des Entspannungsprozesses, zusammen.

Die UNCITRAL bereitet die Annahme neuer internationaler Konventionen, Muster- und Einheitsgesetze vor und fördert die Kodifikation und breitere Annahme internationaler Lieferbedingungen, Handelsbräuche usw. in Zusammenarbeit mit den auf diesem Gebiet tätigen Organisationen. Sie soll außerdem für eine einheitliche Interpretation und Anwendung internationaler Konventionen und Einheitsgesetze auf dem Gebiet des Internationalen Handelsrechts sorgen sowie Informationen über nationale Gesetzgebungen und moderne Gesetzesentwicklungen auf dem Gebiet des internationalen Handels sammeln und verbreiten.

Rechtscharakter der Arbeitsergebnisse der UNCITRAL

Die UNCITRAL hat – ebenso wie andere Organe und Organisationen der UNO – keine Gesetzgebungsbefugnis. Von ihr ausgearbeitete Konventionsentwürfe werden in der Regel diplomatischen Konferenzen zur Annahme vorgelegt. Die Staaten können sich den entsprechenden Konventionen (die meist der Ratifikation bedürfen) anschließen. Auch Einheits- und Mustergesetze u. ä. können durch innerstaatliche Rechtsakte in Kraft gesetzt werden.

Hauptarbeitsgebiete

Die erste Tagung der UNCITRAL (1968) legte als vorrangig zu behandelnde Problemkreise den internationalen Warenkauf, internationale Zahlungen und die internationale Handelsschiedsgerichtsbarkeit fest. Später wurden als weitere Aufgaben in das Arbeitsprogramm u. a. Fragen der internationalen Seeschiffahrt und der neuen internationalen Wirtschaftsordnung aufgenommen. Zu den herausragenden Ergebnissen der Arbeit der UNCITRAL gehören außer der UN-Konvention über Verträge über den internationalen Warenkauf (CIS) die Konvention über die Verjährung beim internationalen Warenkauf (s. Abschn. 2.2.1.1.), die Konvention über die internationale Güterbeförderung zur See[28], die Konvention über gezogene und Solawechsel (vgl. S. 315f.), die UNCITRAL-Schiedsgerichts- und -Schlichtungsregeln[29] sowie das Mustergesetz über Schiedsgerichtsbarkeit[30].

2.2.1.1. Die Vereinheitlichung des Kaufrechts

Bereits seit Ende der zwanziger Jahre gab es in einigen kapitalistischen (vornehmlich westeuropäischen) Staaten Bemühungen um eine internatio-

28 Vgl. dazu Handbuch der Außenhandelsverträge Band 3, Berlin 1984, S. 178ff.

29 Vgl. dazu Die rechtliche Regelung der internationalen Wirtschaftsbeziehungen ..., a. a. O., S. 165, 175; H. Strohbach, „UNCITRAL und internationale Handelsschiedsgerichtsbarkeit", RiA, 1980/35, S. 13ff. (48. Beilage); ders. „UNCITRAL – Vergleichsordnung 1980", RiA, 1982/33, S. 1ff. (60. Beilage); ders., Die Arbitrage ad hoc und ihre rechtliche Regelung, unter besonderer Berücksichtigung der UNCITRAL-Schiedsgerichtsregeln 1976, Berlin 1977.

30 Vgl. H. Strohbach, „Die Arbeit der UNCITRAL auf dem Gebiet der Schiedsgerichtsbarkeit", RiA, 1984/26, S. IXff. (71. Beilage).

nale Vereinheitlichung des Kaufrechts. Die Erfolge der RGW-Staaten mit den Allgemeinen Bedingungen des RGW gaben diesen Bemühungen, nachdem sie jahrzehntelang praktisch ergebnislos geblieben waren, neuen Auftrieb.

Haager Kaufgesetze

Auf einer diplomatischen Konferenz wurden 1964 die Haager Kaufgesetze verabschiedet, und zwar das Einheitliche Gesetz über den internationalen Kauf beweglicher Sachen (im folgenden als „Einheitliches Kaufgesetz" bezeichnet) und das Einheitliche Gesetz über den Abschluß internationaler Kaufverträge über bewegliche Sachen (im folgenden als „Vertragsabschlußgesetz" bezeichnet). Zu beiden Gesetzesprojekten wurden völkerrechtliche Rahmenkonventionen vorgelegt, die vorsehen, daß diese Gesetze in die nationalen Rechtsordnungen aufzunehmen sind.

Konventionsmitglieder

Diese völkerrechtlichen Konventionen sind 1972 in Kraft getreten und haben nur wenige Teilnehmer gefunden (Belgien, BRD, Gambia, Großbritannien, Italien, Niederlande, San Marino; Israel hat nur das Einheitliche Kaufgesetz ratifiziert).

An der Ausarbeitung der Haager Kaufgesetze waren im wesentlichen Vertreter einiger westeuropäischer kapitalistischer Staaten beteiligt. Auf der Grundlage des unter der Federführung von Ernst Rabel 1935 vorgelegten Entwurfs wurde der sogenannte Römer Entwurf (1939) von Vertretern Englands, Frankreichs, Schwedens und Deutschlands erarbeitet. Dem Kaufrechtsausschuß, der diesen Entwurf überarbeitete, gehörten als Mitglieder Vertreter Italiens, Schwedens, Spaniens, Belgiens, der Schweiz, Frankreichs, der Niederlande, der BRD, Dänemarks und Großbritanniens an. Die Beteiligung einiger weniger sozialistischer Staaten (der VR Bulgarien, der Ungarischen VR und der SFR Jugoslawien) an der 1964er Konferenz, in der Endphase also, ließ eine echte Einflußnahme auf den Inhalt der Haager Kaufgesetze nicht mehr zu.
Auch die rechtsvergleichenden Vorarbeiten, die wesentlichen Einfluß auf den Inhalt der Gesetzesentwürfe hatten, beschränkten sich im wesentlichen auf einen Vergleich der Prototypen der sogenannten Rechtskreise, d. h. auf einen Vergleich zwischen dem englischen und amerikanischen, dem französischen, dem skandinavischen und dem damaligen deutschen Recht.

Weiterführung der Kaufrechtsvereinheitlichung durch die UNCITRAL

Wie aus einer von der UNCITRAL vorgenommenen Umfrage an alle Staaten hervorging, bestand keine Chance einer weltweiten Verbreitung der Haager Kaufgesetze. Deshalb wurden die Arbeiten zur internationalen Kaufrechtsvereinheitlichung in das Arbeitsprogramm der UNCITRAL aufgenommen.

Internationaler Warenkauf

Zunächst hat die UNCITRAL den Entwurf einer Konvention über die Verjährung beim Internationalen Warenkauf erarbeitet, der auf einer diplomatischen Konferenz im Juni 1974 angenommen wurde. Die Konvention ist allerdings bisher noch nicht in Kraft getreten. Danach hat die UNCITRAL den Entwurf einer Konvention über den internationalen Warenkauf ausgearbeitet, der eine in wesentlichen Punkten revidierte Fassung des Haager Einheitlichen Kaufgesetzes darstellt. Dieser Entwurf wurde als Konvention der Vereinten Nationen über Verträge über den internationalen Warenkauf (CIS, auch als Wiener Kaufrechtskonvention bezeichnet) im April 1980 auf einer diplomatischen Konferenz angenommen.[31]

CIS

31 Vgl. dazu F. Enderlein/D. Maskow/M. Stargardt, Kommentar. Konvention der Vereinten Nationen über Verträge über den internationalen Warenkauf. Konvention über die Verjährung beim internationalen Warenkauf. Protokoll zur Änderung der Konvention über die Verjährung beim internationalen Warenkauf, Berlin 1985.

Die CIS wurde bereits von sozialistischen Staaten (Ungarische VR, SFR Jugoslawien) und kapitalistischen Staaten (Frankreich) sowie von Entwicklungsländern (AR Ägypten, Argentinien, Lesotho, Syrische AR) ratifiziert.

Inhalt der CIS Bei der Gesamteinschätzung der CIS[32] ist positiv herauszustellen, daß sie auf die Regelung kommerzieller Käufe internationalen Charakters konzentriert ist (Art. 2 CIS). Sie schließt dabei die im internationalen Handel häufig anzutreffenden Käufe erst herzustellender Ware mit ein (Art. 3 Abs. 1). Für internationale Käufe regelt sie ausschließlich Probleme des Vertragsabschlusses (Teil II) und der schuldrechtlichen Rechte und Pflichten der Partner (Teil III; vgl. auch Art. 4). Die in der CIS getroffene Auswahl der geregelten Fragen (Art. 1 bis 5) ist von den derzeit zwischen Staaten unterschiedlicher Wirtschafts-, Sozial- und Rechtssysteme bestehenden Möglichkeiten für eine Einigung über eine gemeinsame Regelung internationaler Kaufverträge bestimmt.

Die Regelung der CIS bezieht sich im wesentlichen auf den von den Vertragspartnern durch Vereinbarung beeinflußbaren schuldrechtlichen Bereich. Ihn überragende, aber für die Erfüllung des Vertrages unverzichtbare Probleme werden nur als zu erfüllende Pflichten geregelt (z. B. Eigentumsübertragung – Art. 30; Formalitäten der Zahlung – Art. 54), nicht aber inhaltlich ausgestaltet. Der Konzentration auf die schuldrechtlichen Rechte und Pflichten entspricht es, daß die CIS fast ausschließlich dispositive Normen enthält. Den Partnern des internationalen Kaufvertrages ist der Ausschluß der gesamten CIS oder die Abweichung von ihren Bestimmungen gestattet (Art. 6). Das ermöglicht es, die CIS-Regelung flexibel zu handhaben und sie dem konkreten Vertrag anzupassen.

Die CIS-Regelung klärt wesentliche und häufig auftretende Fragen und regelt dadurch den internationalen Warenkaufvertrag in spezifischer und in einer im wesentlichen ausreichenden Weise. Das wird insbesondere bei der Gestaltung des Vertragsabschlusses, der Liefer-, Annahme- und Zahlungsmodalitäten, beim Gefahrenübergang, der Verantwortlichkeitsregelung und den Erhaltungs- und Schadensminderungspflichten für Waren des anderen Partners deutlich. Die Auswahl der Probleme zeigt, daß konzeptionell von den Regelungserfordernissen des internationalen Kaufvertrages ausgegangen worden ist.

Aufbau der Regelung Der Aufbau der Regelung erscheint besonders aus der Sicht des kaufmännischen Anwenders geeignet, die benötigte Regelung rasch aufzufinden. Die CIS regelt die Pflichten der Vertragspartner in separaten Kapiteln (Verkäufer – Art. 30ff., Käufer – Art. 53ff., beider Partner – Art. 71ff.) und die Folgen von Pflichtverletzungen jeweils im Anschluß daran, folgt im Gesamtaufbau der Regelung aber dem typischen Verlauf des internationalen Kaufvertragsverhältnisses (Vertragsabschluß, Pflichten der Partner, Gefahrenübergang). Sie regelt allgemeine Probleme vor spezielleren (z. B. Vertragsverletzungen, besondere Vertragsverletzungen).

Das Aufgreifen typischer Fragen des internationalen Warenkaufs und deren übersichtliche Darstellung zeichnet die CIS gegenüber zahlreichen na-

32 Vgl. dazu F. Enderlein/M. Stargardt, „Zur Anwendung des UN-Kaufrechts auf Außenhandelskauf- und -lieferverträge und sein Verhältnis zum GIW", RiA, 1985/7, S. VIff. (75 Beilage).

tionalen zivil- und handelsrechtlichen Gesetzen aus und erleichtert die Orientierung bei der Lösung der in internationalen Kaufverträgen auftretenden Rechtsprobleme. Das ist sowohl für die Vertragsgestaltung als auch im Verlauf der Vertragserfüllung für die Vertragspartner von Bedeutung. Die inhaltliche Bewältigung der in der CIS geregelten Probleme des internationalen Kaufvertrages wird weitgehend durch Grundsätze bestimmt, die der internationalen kaufvertraglichen Praxis entsprechen.

Das zeigt sich vor allem in
- den Auslegungsgrundsätzen für die CIS (internationaler Charakter der Konvention, ihre einheitliche Anwendung, Wahrung des guten Glaubens im internationalen Handel, Rückgriff auf Grundsätze der CIS – Art. 7),
- der Beachtung von Handelsbräuchen und Gepflogenheiten (Art. 9),
- der häufigen Bezugnahme der Regelung auf die Handelsüblichkeit im Zusammenhang mit der Lösung einzelner Fragen (z. B. verbal ausgedrückt durch die „vernünftige Person“, die „Angemessenheit“, die „üblichen, normalen voraussehbaren“ Umstände oder Handlungsabläufe),
- der Übernahme typischer Lösungen bei der Regelung einzelner Probleme aus der internationalen Vertragspraxis (z. B. bei der Definition der Schriftform, der inhaltlichen Bestimmung der Hauptpflichten der Vertragspartner, der Vertragsgemäßheit der Ware und der Kontrollpflichten des Käufers, der Mängelbeseitigung bei nichtqualitätsgerechter Lieferung, der Bildung allgemeiner Befreiungstatbestände, der Begrenzung des Schadenersatzes).

Insgesamt ist es Anliegen der CIS, den Vertragsabschluß zu erleichtern, auf die Vertragserhaltung zu orientieren und für die Überwindung einer Vertragsstörung Lösungen anzubieten, die geeignet sind, das Vertragsverhältnis weiterzuführen. Diese grundsätzliche konzeptionelle Haltung entspricht Tendenzen der internationalen Vertragspraxis, wie sie auch im GIW zum Ausdruck kommen.

Ergänzende Anwendung nationalen Rechts

Für die in der CIS geregelten Gegenstände scheidet nationales Recht aus, sofern nicht ausdrücklich in der CIS darauf Bezug genommen wird (z. B. Art. 28), das Problem den schuldrechtlichen Bereich überragt (z. B. Art. 30) oder die Auslegungsgrundsätze der CIS (Art. 7) zu nationalem Recht führen. Der letztgenannte Fall tritt nur ein, wenn die Möglichkeiten der CIS einschließlich einer Entscheidung nach den Grundsätzen, auf denen sie beruht, erschöpft sind.

Konzeption autonomer Rechtsanwendung

Die Konzeption einer weitgehend autonomen Rechtsanwendung ist zu befürworten. Das ist sie vom Standpunkt der Schaffung internationalen Einheitsrechts, weil den betreffenden Rechtsverhältnissen damit die Maßstäbe dieses Rechts und nicht die verschiedener nationaler Regelungen zugrunde gelegt werden. Das ist sie vom Standpunkt der Rechtsanwendung, weil so am ehesten eine einheitliche Anwendung und Auslegung der international vereinbarten Normen erwartet werden kann. Und sie ist zu befürworten vom Standpunkt der Vertragspartner in bezug auf die Handhabbarkeit der Normen als grundlegende Vertragsregelung. Außerdem wirken die Maßstäbe der Regelung im weitesten Sinne rechtsbildend und -gestaltend.

Vergleich CIS – GIW

Ein Vergleich zwischen der CIS und dem GIW fördert weitgehend Ähnlichkeiten und teilweise sogar Übereinstimmungen des Regelungsinhaltes zutage.

Dabei muß allerdings der eng auf den internationalen Warenkauf zugeschnittene Geltungsbereich der CIS gegenüber dem grundsätzlich alle IWV umfassenden des

GIW in Rechnung gestellt werden. Außerdem darf nicht übersehen werden, daß einige an sich in den Geltungsbereich der CIS fallenden, für den internationalen Warenkauf relevanten Probleme, die im GIW geregelt werden (z. B. Vertragsabschluß mit Genehmigungserfordernis, Verhältnis von Vertrag und AGB, Gestaltung des Vertragsverhältnisses bei Veränderung der Umstände), infolge nicht überbrückbarer Auffassungsgegensätze, mangelnder Kompromißbereitschaft oder objektiv ungenügender Ausprägung des Regelungsbedürfnisses im Weltmaßstab nicht erfaßt worden sind. Diese Komponente führt zum Teil in der CIS zu abstrakteren Regelungen (z. B. Tatbestände der Vertragsverletzungen) oder zu in der Aussage begrenzteren Regelungen (z. B. fehlen die Folgen nach eingetretener Gläubigerverursachung, die Kriterien für die Bestimmung der Zinshöhe) als im GIW.

Die Ähnlichkeiten und Übereinstimmungen der CIS mit dem GIW beruhen auf dem schon betonten konzeptionell ähnlichen Herangehen bei der Schaffung der Regelungen. Mit der CIS-Schöpfung sollten nicht verschiedene bestehende Regelungen lediglich vereinheitlicht, sondern ein den aktuellen Erfordernissen der internationalen Kaufvertragspraxis entsprechendes Gesetz geschaffen werden. Da für das GIW in bezug auf die Regelung von IWV ein ähnliches Anliegen bestanden hat, gibt es viele aus der Vertragspraxis abgeleitete Grundsätze, die beide Regelungen bestimmen und gleichartig sind. Das spiegelt sich im Inhalt der Normen wider.
Ein zweiter Aspekt besteht in der Orientierung beider Regelungen an modernen Gesetzen (z. B. den Haager Kaufgesetzen, den ALB/RGW, dem Gesetz über den internationalen Handel der ČSSR) und Modellvorschriften für internationale Kauf- bzw. Wirtschaftsbeziehungen sowie in ihrer wechselseitigen Beeinflussung im Erarbeitungsprozeß. Hinsichtlich der im einzelnen ähnlichen oder übereinstimmenden Regelungen in der CIS und dem GIW sei auf bereits vorgenommene wissenschaftliche Einschätzungen verwiesen, in denen gleichzeitig auf teilweise bestehende Regelungsunterschiede hingewiesen wird.[33]

2.2.1.2. Handelsbräuche und nichtrechtliche Regelungsformen

Obgleich in den intersystemaren Wirtschaftsbeziehungen Tendenzen zunehmender einzelstaatlicher und gemeinsamer zwischenstaatlicher Regelung der Vertragsbeziehungen auf der Ebene der Unternehmen zu verzeichnen sind, spielen Verhaltensregeln, die nicht den Charakter von Rechtsnormen haben, eine relativ große Rolle. Das ist im wesentlichen auf die nachfolgenden Gründe zurückzuführen.

Überwiegend einzelstaatliche (kollisionsrechtliche und

Im Unterschied zu den Beziehungen zwischen den RGW-Staaten, die die wichtigsten Verträge international einheitlich geregelt haben,[34] bestehen

33 Vgl. F. Enderlein/D. Maskow/M. Stargardt, Kommentar. Konvention . . ., a. a. O.; sowie F. Enderlein, „Zur Ausarbeitung einer Konvention über den Abschluß internationaler Kaufverträge durch die UNCITRAL“, RiA, 1977/52, S. 1ff. (32. Beilage); F. Enderlein/J. Völter, „Ergebnis der Arbeit der UNCITRAL für ein einheitliches Recht über den internationalen Warenkauf“, RiA, 1977/51, S. 5ff. (31. Beilage); M. Stargardt, Ausgewählte Probleme der rechtlichen Regelung der materiellen Verantwortlichkeit des Verkäufers aus internationalen Kaufverträgen in rechtsvergleichender Sicht – dargestellt an den ALB/RGW 1968/1975 i. d. F. 1979, der UN-Kaufrechtskonvention (KK) und dem GIW. Diss. B, ASR, Potsdam-Babelsberg 1983.

34 Vgl. M. Kemper/L. Rüster, Internationales Wirtschaftsrecht. Rechtliche Regelung der sozialistischen ökonomischen Integration, Berlin 1983, S. 92ff.

im übrigen nur wenige international einheitliche rechtliche Regelungen für IWV, die im Wege zwischenstaatlicher Vereinbarungen zustande gekommen sind. Und soweit sie in den intersystemaren Wirtschaftsbeziehungen existieren, sind ihnen stets nur eine begrenzte Anzahl von Staaten beigetreten. Die daraus resultierenden Probleme – die ungenügende Kenntnis ausländischen Rechts, die mit der kollisionsrechtlichen Regelung verbundenen Schwierigkeiten, der Umstand, daß viele der ausländischen Zivil- und Handelsgesetze veraltet sind und den besonderen Bedingungen intersystemarer Wirtschaftsbeziehungen nicht gerecht werden – haben eine relative Verselbständigung der Vertragspraxis gegenüber diesen Gesetzen und die Herausbildung von Verhaltensregeln, die nicht den Charakter von Rechtsnormen haben, begünstigt. Diese Formen können dazu beitragen, die aus dem bestehenden Regelungssystem resultierenden hemmenden Faktoren auszugleichen und zu mildern.

materiell-rechtliche) Regelung

Konkretisierung und Ergänzung der gesetzlichen Regelung

Die Anwendung von Regelungsformen, die nicht den Charakter von Rechtsnormen haben, verliert ihre Bedeutung jedoch auch dann nicht, wenn international einheitliche Regelungen oder einzelstaatliche Gesetze, die besser den heutigen Bedingungen intersystemarer Wirtschaftsbeziehungen entsprechen, bestehen. Das hängt damit zusammen, daß die gesetzliche Regelung notwendigerweise einen relativ hohen Verallgemeinerungsgrad aufweisen muß und nicht allen durch den jeweiligen Leistungsgegenstand und die Art und Weise der Erbringung der Leistung bedingten Besonderheiten Rechnung tragen kann. Die nichtrechtlichen Regelungsformen können die gesetzliche Regelung insofern konkretisieren und ergänzen.

Dispositiver Charakter der vertragsrechtlichen Regelung

Ein weiterer wesentlicher Grund für die relativ große Bedeutung dieser Formen in den intersystemaren Wirtschaftsbeziehungen hängt mit dem überwiegend dispositiven Charakter der Regelung in den einschlägigen Rechtsvorschriften zusammen, der seinerseits auf ökonomische Ursachen zurückzuführen ist.

Arten nichtrechtlicher Regelungsformen

Zu den Regelungsformen, die nicht den Charakter von Rechtsnormen haben, gehören insbesondere:

a) Handelsbräuche,
b) Gepflogenheiten,
c) Vertragsklauseln,
d) einheitliche Richtlinien und Gebräuche,
e) Allgemeine Lieferbedingungen und Standardverträge,
f) Verhaltenskodizes und Leitfäden,
g) Allgemeine Geschäftsbedingungen (AGB).

Handelsbräuche

zu a) Handelsbräuche

Das sind nach allgemeiner Auffassung Verhaltensregeln, die sich in ständiger Übung (sich über einen längeren Zeitraum erstreckendes wiederholtes Verhalten) im Handel zwischen einer Gruppe von Kaufleuten herausgebildet haben. Sie ergänzen entweder die gesetzliche Regelung, d. h., sie füllen bestimmte Lücken aus, oder sehen von dieser abweichende Verhaltensregeln vor, insbesondere wenn Besonderheiten des Leistungsgegenstandes, der Erbringung der Leistung oder der Geschäftsart bestehen (z. B. im Saatguthandel, im Pelzhandel, bei Börsengeschäften).

Arten von Handelsbräuchen

Die bestehenden Handelsbräuche kann man nach verschiedenen Kriterien differenzieren.

So gibt es örtliche (z. B. in einem Hafen), nationale und internationale Handelsbräuche; Handelsbräuche, die auf einzelne Waren, einzelne Branchen, einzelne Lieferarten bezogen sind oder allgemein unabhängig von Ware, Branche oder Lieferart gelten. Man kann die Handelsbräuche auch danach unterscheiden, auf welche Elemente des Vertrages sie sich beziehen: auf Qualität, Liefertermin, Fristen, Nebenpflichten und anderes.

Die Differenzierung der Handelsbräuche nach ihrem territorialen Geltungsbereich ist wegen der damit verbundenen kollisionsrechtlichen Problematik von Bedeutung. Bei unterschiedlichen nationalen Handelsbräuchen werden nach verbreiteter Auffassung die Handelsbräuche desjenigen Staates angewandt, dessen Recht auf den AKV entsprechend der kollisionsrechtlichen Verweisung insgesamt Anwendung findet.

Rechtscharakter

Die Handelsbräuche unterscheiden sich in ihrem rechtlichen Charakter von den gesetzlichen Bestimmungen. Sie sind keine vom Staat gesetzten Rechtsnormen, jedoch auch Verhaltensregeln, die auf bestimmte gleichartige Vorgänge wiederholt Anwendung finden. Handelsbräuche spielen in der Vertragspraxis vielfach eine Rolle, ohne daß die Parteien sie im Vertrag vereinbart haben.

In einer Untersuchung der Internationalen Handelskammer (IHK)[35] wurden vier verschiedene Einstellungen zu den Handelsbräuchen unterschieden:
- gesetzliche Handelsbräuche, die durch staatlichen Akt Rechtskraft erhalten, wie z. B. die Allgemeinen Deutschen Spediteurbedingungen (ADSp);
- anerkannte Handelsbräuche, die von einem Gericht von Amts wegen beachtet werden, wie z. B. die Incoterms von den Gerichten der BRD (gemäß Entscheidung des Bundesgerichtshofes vom 18. 6. 1975);
- bestätigte Handelsbräuche, die von der Partei zu beweisen sind, die sich auf sie beruft;
- vereinbarte Handelsbräuche, die eine Bezugnahme im Vertrag erfordern.

Verhältnis zur gesetzlichen Regelung

In gesetzlichen Bestimmungen wird oft festgelegt, welche Berücksichtigung Handelsbräuche finden sollen, wie ihr Verhältnis zu den dispositiven und zwingenden gesetzlichen Vorschriften ist.

Nach dem Recht der DDR sind Handelsbräuche, die sich im internationalen Geschäftsverkehr durchgesetzt haben und die zwingenden gesetzlichen Bestimmungen nicht widersprechen, beim Abschluß und bei der Erfüllung von IWV sowie bei deren Auslegung zu berücksichtigen (§§ 5 und 6 Abs. 2 GIW).

Handelsbräuche und zwingende Normen

Soweit die Handelsbräuche die gesetzliche Regelung lediglich ergänzen, vorhandene Lücken ausfüllen, ist ihr Verhältnis zur gesetzlichen Regelung unproblematisch. Wenn sie allerdings von der gesetzlichen Regelung abweichen, bedarf es im Einzelfall einer Entscheidung über die Rangfolge. Nach dem GIW gehen nur die zwingenden Normen den Handelsbräuchen vor. Bei einer Abweichung von dispositiven Normen ist der Handelsbrauch maßgebend.

Das Verhältnis von gesetzlichen Vorschriften und Handelsbräuchen wird

35 Vgl. Interpretation and Application of International Trade Usages, IHK-Broschüre Nr. 374.

nicht in sämtlichen Rechtsordnungen in gleicher Weise bestimmt. Die Rangfolge wird grundsätzlich nach dem Recht beurteilt, das auf Grund der kollisionsrechtlichen Verweisung auf den AKV insgesamt Anwendung findet.

Verhältnis zur Vertragsvereinbarung

Handelsbräuche selbst haben dispositiven Charakter; durch Vertragsvereinbarungen kann grundsätzlich von ihnen abgewichen werden. Im Verhältnis der Vertragsvereinbarungen zu den Handelsbräuchen haben also erstere den Vorrang. Im Einzelfall können jedoch Handelsbräuche, ähnlich wie zwingende Vorschriften, ein Korrektiv gegenüber Vertragsvereinbarungen bilden, die dem im internationalen Handel üblichen Verfahren grob widersprechen.[36] Handelsbräuche spielen vor allem bei der Auslegung von Vertragsvereinbarungen eine Rolle. Ihre hauptsächliche Bedeutung haben sie jedoch für die Auslegung handelsüblicher Vertragsklauseln und Kurzformeln erlangt.

Nach Art. 9 Abs. 2 CIS werden nicht nur die vereinbarten Handelsbräuche angewandt, sondern es wird unterstellt, daß sich die Parteien „stillschweigend auf Handelsbräuche bezogen haben, die sie kannten oder kennen mußten und die im internationalen Handel den Parteien von Verträgen dieser Art in dem betreffenden Geschäftszweig weithin bekannt sind und von ihnen regelmäßig beachtet werden."

Von einigen Entwicklungsländern werden Vorbehalte gegen eine zu starke Einbeziehung von Handelsbräuchen geltend gemacht, weil diese vorwiegend zwischen kapitalistischen Geschäftskreisen entwickelt wurden.

Gepflogenheiten

zu b) Gepflogenheiten

Das sind Verhaltensweisen, die sich in ständiger Übung zwischen bestimmten Vertragspartnern herausgebildet haben, beispielsweise eine zwischen bestimmten Partnern ständig geübte Praxis in bezug auf Art und Umfang von Qualitätskontrollen. Sie unterscheiden sich von den Handelsbräuchen insbesondere darin, daß sie keinen allgemeinen Charakter haben. Auch Gepflogenheiten sind nach dem Recht der DDR bei der Auslegung von Verträgen zu berücksichtigen (§ 6 Abs. 2 GIW). Nach Art. 9 Abs. 1 CIS sind die Parteien an die Gepflogenheiten, die zwischen ihnen entstanden sind, gebunden.

Vertragsklauseln

zu c) Handelsübliche Liefer- und andere Vertragsklauseln

Das sind Klauseln in AKV, die sich im Handel durchgesetzt haben und oft mit einer Kurzbezeichnung bestimmte sich aus Handelsbrauch ergebende Verhaltensregeln zum Ausdruck bringen.

Dazu gehören vor allem die sogenannten Lieferbasisklauseln (wie z. B. CIF, FOB, FAS, ab Werk), aber auch Qualitätsklauseln, Lieferterminklauseln, Wertsicherungsklauseln (s. S. 337ff.) sowie andere Vertragsklauseln (wie Höhere-Gewalt-Klauseln, „Selbstbelieferung vorbehalten" u. ä. – s. S.265f. und 184).

Incoterms

Bei den Incoterms (International Commercial Terms) handelt es sich um einheitliche Auslegungsregeln für handelsübliche Lieferklauseln (die sogenannten Lieferbasisklauseln), die von der 1919 gegründeten IHK mit Sitz in Paris herausgegeben wurden. Die IHK ist eine nichtstaatliche Organisation ohne Rechtsetzungsbefugnisse.

36 Vgl. Kommentar zum Gesetz über internationale Wirtschaftsverträge, Berlin 1983 (Anm. zu §§ 4, 5 und 6).

Entstehung der Incoterms Die Bestrebungen nach einheitlicher Interpretation der im internationalen Handel üblichen Lieferklauseln sind darauf zurückzuführen, daß diese Klauseln in den einzelnen Ländern unterschiedlich ausgelegt wurden. Die Verwendung von Kurzformeln hatte sich im internationalen Handel relativ früh durchgesetzt. Ihre Aufgabe bestand darin, die in Zivil- und Handelsgesetzbüchern nicht, nicht vollständig oder undifferenziert geregelten, aber für die internationalen Lieferungen bedeutsamen Fragen der Liefermodalitäten, der Verteilung der Transportkosten, der Gefahren u. ä. vollständig und differenziert, zugleich aber in knapper Formulierung zu regeln. Einheitliche Auslegungsregeln der Lieferklauseln wurden von der IHK erstmals mit den Incoterms von 1936 herausgegeben. Diese wurden 1953 revidiert und 1967, 1976 und 1980 ergänzt.

Incoterms 1980 Die Incoterms interpretieren folgende Lieferklauseln:

Ab Werk (ab Fabrik, ab Mühle, ab Pflanzung, ab Lagerhaus usw.)
FOR/FOT – frei (franko) Waggon ... (benannter Abgangsort)
FAS – frei längsseits Seeschiff ... (benannter Verschiffungshafen)
FOB – frei an Bord ... (benannter Verschiffungshafen)
C & F – Kosten und Fracht ... (benannter Bestimmungshafen)
CIF – Kosten, Versicherung, Fracht ... (benannter Bestimmungshafen)
Ab Schiff ... (benannter Bestimmungshafen)
Ab Kai (verzollt ... benannter Hafen)
Geliefert Grenze ... (benannter Lieferort an der Grenze)
Geliefert verzollt ... (benannter Bestimmungsort im Einfuhrland)
FOB Flughafen ... (benannter Abgangsflughafen)
Frei Frachtführer ... (benannter Ort)
Frachtfrei ... (benannter Bestimmungsort)
Frachtfrei versichert ... (benannter Bestimmungsort)

Inhalt der Incoterms Die Incoterms enthalten zu jeder der genannten Klauseln Auslegungsregeln, die sich in Rechten und Pflichten der Kaufvertragspartner ausdrücken. Sie beschreiben jeweils unter A die Pflichten des Verkäufers und unter B die Pflichten des Käufers.

Hauptpflichten Im Mittelpunkt der Regeln steht die Lieferung im Sinne aller dem Verkäufer obliegenden Handlungen, um die Kaufsache in Übereinstimmung mit dem Vertrag in die Verfügungsgewalt des Käufers zu bringen. Als korrespondierende Käuferpflichten normieren die Incoterms die Pflicht zur Abnahme der Ware und zur Zahlung des Kaufpreises.

Nebenpflichten Neben diesen Hauptpflichten der Vertragspartner werden die der jeweiligen Lieferart entsprechenden und mit der Lieferung und Abnahme zusammenhängenden weiteren Pflichten der Vertragspartner geregelt. Sie erstrecken sich auf Benachrichtigungen, Beschaffung von Ein- und Ausfuhrgenehmigungen, Ursprungszeugnisse, Konnossemente und andere Verladepapiere, Verpackung, Versicherung u. a.

Kosten und Gefahrtragung Außerdem regeln die Incoterms die Verteilung der Transportkosten und verschiedenen Nebenkosten sowie den Gefahrenübergang vom Verkäufer auf den Käufer. Sie bestimmen jeweils den Zeitpunkt, zu dem „alle Gefahren der Ware“ auf den Käufer übergehen (vgl. S. 253ff.). Im Zusammenhang mit der Regelung des Gefahrenübergangs werden bei den Lieferklauseln sogenannte Einpunktklauseln (Kosten und Gefahr gehen zum gleichen Zeitpunkt über) und sogenannte Zweipunktklauseln (die Gefahr geht zu einem früheren Zeitpunkt als die Kosten auf den Käufer über) unterschieden. Zweipunktklauseln sind C & F, CIF, frachtfrei ... (benannter Bestimmungsort).

Bei der Gefahrenregelung der Incoterms ist zu beachten, daß sie lediglich die Gefahr der Gegenleistung, also die Preisgefahr, betrifft. Von dem in den Incoterms bestimmten Zeitpunkt des Gefahrenübergangs hängt es ab, ob der Käufer bei zufälligem Untergang oder zufälliger Verschlechterung der Ware den Kaufpreis zahlen muß oder nicht (vgl. S. 252). *Preisgefahr*

Hingegen regeln die Incoterms nicht unmittelbar die das Eigentumsrecht an der Kaufsache betreffenden Fragen (auch nicht Ort und Zeitpunkt des Eigentumsübergangs), den Lieferort und die Zahlungsmodalitäten. Auch die Leistungsstörungen, soweit sie nicht mit der Gefahrtragung zusammenhängen, werden von der Regelung der Incoterms nicht erfaßt. Ferner ist zu beachten, daß die Incoterms nur das Verhältnis zwischen Verkäufer und Käufer, nicht das Verhältnis zwischen einem Kaufvertragspartner und dem Beförderer aus dem Transportvertrag betreffen. *Nichterfaßte Fragen*

Das GIW nimmt jedoch bei der Regelung des Leistungsortes auf handelsübliche Lieferklauseln Bezug. Nach § 43 Abs. 3 ist dann, wenn bei Lieferungen eine handelsübliche Lieferklausel vereinbart ist, der darin bestimmte Ort des Gefahrenübergangs der Leistungsort. Insofern erfolgt eine direkte Bestimmung des Leistungsortes durch die Incoterms. Ähnliches gilt auch für den Eigentumsübergang (vgl. § 54 Abs. 1 Buchst. c i. V. m. § 51 Abs. 2 GIW). *Verhältnis von GIW und Incoterms*

Ob die Incoterms nur dann Anwendung finden, wenn im Vertrag darauf Bezug genommen wurde, wird verschieden beantwortet. In einigen Ländern zeichnen sich Tendenzen ab, die Incoterms auch ohne ausdrückliche vertragliche Festlegungen zur Auslegung vereinbarter Lieferklauseln heranzuziehen (meist entweder unter Bezugnahme auf einen entsprechenden stillschweigenden Parteiwillen oder im Wege vertragsergänzender Auslegung). *Rechtscharakter der Incoterms*

Nach dem Recht der DDR kann man aus § 6 Abs. 2 GIW, wonach bei der Auslegung von Verträgen u. a. die Handelsüblichkeit zu berücksichtigen ist, folgern, daß die Incoterms auch zur Interpretation von Lieferklauseln herangezogen werden können, wenn kein ausdrücklicher Verweis erfolgt, da die Interpretation dieser Klauseln nach den Incoterms handelsüblich ist. Wegen der unterschiedlichen Handhabung in den einzelnen Ländern empfiehlt sich jedoch nach wie vor der ausdrückliche Verweis auf die Incoterms (also z. B. CIF ..., Incoterms 1980).

zu d) Die Einheitlichen Richtlinien und Gebräuche für Dokumentenakkreditive *ER Dokumentenakkreditiv*

Hierbei handelt es sich um Regeln, die ebenfalls von der IHK herausgegeben und mehrfach (zuletzt 1983, in Kraft seit 1. 10. 1984) revidiert wurden. Sie haben große Verbreitung gefunden und werden von den meisten Banken angewandt. Auch die DABA legt sie dem Akkreditivverkehr zugrunde (s. ausführlich S. 295ff.).

zu e) Die Allgemeinen Lieferbedingungen und Standardverträge der ECE und der UNIDO *ECE-Bedingungen*

Im Unterschied zu den Incoterms, die nach Lieferarten unterteilt sind, sind es die ECE-Bedingungen und Standardverträge nach Waren oder Warengruppen. So bestehen z. B. Allgemeine Lieferbedingungen für Anlagen und Maschinen, langlebige Gebrauchsgüter, Zitrusfrüchte, Frischobst und Gemüse, Kartoffeln, Trocken- und getrocknete Früchte, Schnittholz. Sie enthalten der jeweiligen Warenspezifik entsprechende Bedingungen, die die Partner (vollständig oder teilweise, aber auch modifiziert) durch Bezugnahme darauf in ihre Verträge integrieren können. Sie haben also ebensowenig wie die Incoterms den Charakter verbindlicher Rechtsnormen.

Neben den genannten Allgemeinen Lieferbedingungen hat die ECE auch Musterverträge für den Verkauf von Getreide erarbeitet.

Musterverträge für verschiedene Arten der Errichtung von Anlagen in der chemischen Industrie und für die Übergabe von technischem Wissen wurden auch von der UNIDO[37] ausgearbeitet und verabschiedet (s. dazu Handbuch der Außenhandelsverträge Band 2, Kap. 3 und 9).

Verhaltenskodizes

zu f) Verhaltenskodizes und Leitfäden

Im Rahmen verschiedener internationaler Organisationen wird an der Formulierung von Anforderungen an das Verhalten von Unternehmen im internationalen Wirtschaftsverkehr gearbeitet. Das erste Ergebnis war der Verhaltenskodex für Linienkonferenzen vom 6. 4. 1974[38], der am 6. 10. 1983 in Kraft trat. Ebenfalls in Kraft ist der Verhaltenskodex für Wettbewerbsverhalten.[39]

Noch nicht beendet sind die Arbeiten am Verhaltenskodex für den Technologietransfer und am Verhaltenskodex für Transnationale Gesellschaften. In diesen Fällen konnten die Gegensätze zwischen den Entwicklungsländern und den hochentwickelten kapitalistischen Staaten noch nicht zu einem Kompromiß geführt werden. Es steht aber bereits fest, daß diese beiden Kodizes im Unterschied zu den vorhergenannten nicht als rechtlich verbindliche Regeln verabschiedet werden, was natürlich einen bestimmten Einfluß auf das Verhalten der Vertragspartner nicht ausschließt.

Leitfäden

Eine erfolgreiche Arbeit bei der Formulierung von Leitfäden für den Vertragsabschluß leistete eine Reihe internationaler Organisationen, so die ECE (Leitfäden für die Gestaltung von Verträgen über die internationale Vergabe von Know-how in der metallverarbeitenden Industrie, für die Gestaltung großer Industrieanlagenverträge, für den Abschluß von Konsortialverträgen, von internationalen Verträgen über industrielle Kooperation, für internationale Verträge über Consulting-Engineering) und die UNIDO (Leitfäden für den Erwerb ausländischer Technologie in Entwicklungsländern, für Verträge über industrielle Projekte in Entwicklungsländern u. a.). (Siehe dazu ausführlicher Handbuch der Außenhandelsverträge Band 2 und 4.)

Auch die IHK hat neben den bereits genannten Einheitlichen Richtlinien für Dokumentenakkreditive eine Reihe von Leitfäden (z. B. zur Gründung von gemischten Gesellschaften, zu Investitionen im Ausland, zur Gestaltung von Vertreterverträgen) und weitere einheitliche Regeln (für Vertragsgarantien, für Vertragsanpassung u. a.) verabschiedet.[40]

37 Vgl. Die rechtliche Regelung der internationalen Wirtschaftsbeziehungen . . ., a. a. O., S. 66f.
38 GBl.-Sdr. Nr. 1151 vom 20. 3. 1984.
39 A/RES./33/153.
40 Siehe z. B. die IHK-Broschüren Nr. 256, 272, 326, 406 und 410.

Von der UNICTRAL wird ein Leitfaden für die Gestaltung von Verträgen über Industrieanlagen ausgearbeitet, wobei es insbesondere um die Berücksichtigung der Interessen der Entwicklungsländer im Rahmen ihrer Forderung nach einer neuen internationalen Wirtschaftsordnung geht.[41]

zu g) Allgemeine Geschäftsbedingungen (AGB) — *AGB*

Die AGB haben unter den Regelungsformen, die nicht den Charakter von Rechtsnormen haben, wohl die größte praktische Bedeutung und Verbreitung erlangt.

Merkmale

Es handelt sich dabei um ausgearbeitete Vertragsbedingungen von AHB, Firmen und Unternehmen. Sie treten in nichtsozialistischen Ländern auch als Branchen-, Verbands- und Konzernbedingungen oder als AGB internationaler Monopolvereinigungen in Erscheinung, aber z. B. auch als Tenderbedingungen bzw. Ausschreibungen staatlicher Organe oder staatlicher Wirtschaftsunternehmen in Entwicklungsländern.

Gegenstand der AGB sind neben Gerichtsstands- und Rechtsanwendungsklauseln vor allem Bestimmungen über Neben- und Mitwirkungspflichten der Vertragspartner, über Voraussetzungen und Rechtsfolgen von Vertragsverletzungen und über die Sicherung der Abhängigkeit von Leistung und Gegenleistung (einschließlich der Zahlungs- und Kreditsicherung). Sie ermöglichen einen bestimmten Rationalisierungseffekt, indem sie – einmal ausgearbeitet – auf eine Vielzahl von Verträgen Anwendung finden. Sie erhalten ihr spezifisches Gepräge jedoch von den gesellschaftlichen Verhältnissen, in denen sie zur Anwendung kommen und ihre Wirksamkeit entfalten.

Die AKV werden zu einem erheblichen Prozentsatz auf der Grundlage von AGB geschlossen. Lediglich in einzelnen Branchen bei bestimmten Warengruppen liegen den Verträgen nur selten AGB zugrunde.

Muster-/ Textverträge

Die Vertragsbedingungen werden dann von den Partnern im einzelnen ausgehandelt, wobei oft Musterverträge die Verhandlungsbasis bilden, wie das insbesondere bei Anlagenverträgen der Fall ist. Solche Textverträge werden häufig auch dann geschlossen, wenn sich die Partner nicht auf die Geschäftsbedingungen des einen oder anderen Parters einigen können. (Zum Problem des Zustandekommens von Verträgen im Zusammenhang mit AGB vgl. S. 161 ff.)

Gemeinsame Geschäftsbedingungen

Von miteinander in ständigen Geschäftsbeziehungen stehenden Partnern werden gelegentlich auch globale gemeinsame Geschäftsbedingungen ausgehandelt, die dann den Inhalt der Folgeverträge bestimmen. Von diesen auf Unternehmensebene ausgehandelten AGB sind die Allgemeinen Lieferbedingungen (ALB) zu unterscheiden, die von den beteiligten Staaten gemeinsam geschaffen werden.

Zwischenstaatliche Allgemeine Lieferbedingungen

Dazu gehören beispielsweise die ALB/RGW – Finnland[42] oder die in Verbindung mit dem Abkommen über ökonomische und technische Zusammenarbeit (Kreditab-

41 Mit der Verabschiedung des Leitfadens wird nicht vor 1987 gerechnet.

42 Allgemeine Bedingungen für die Warenlieferungen aus den Mitgliedsländern des Rates für Gegenseitige Wirtschaftshilfe in die Republik Finnland und aus der Republik Finnland in die Mitgliedsländer des Rates für Gegenseitige Wirtschaftshilfe (ALB/RGW – Finnland), KfA der DDR, Jur. Dienst, Berlin 1980. Diese ALB finden nur Anwendung, wenn das von den Vertragspartnern schriftlich vereinbart ist.

kommen) geschlossenen Allgemeinen Lieferbedingungen DDR – VR Moçambique[43].

Einflußnahme auf die internationale Vertragspraxis

Obgleich der von den sozialistischen Staaten beschrittene Hauptweg in der Entwicklung international einheitlicher rechtlicher Regelungen und nationaler gesetzlicher Regelungen der IWV besteht, ist es von wesentlicher Bedeutung, zugleich den Einfluß der sozialistischen Staaten auf den Inhalt der internationalen Wirtschaftsvertragspraxis zu verstärken, und zwar in Richtung gleichberechtigter und gegenseitig vorteilhafter Vertragsbeziehungen. Es geht darum, in der internationalen Wirtschaftsvertragspraxis die kapitalistischen Unternehmen daran zu hindern, durch einseitiges Diktat den Vertragsinhalt zu ihren Gunsten zu bestimmen. Auch auf Grund der Aktivitäten der sozialistischen Staaten in internationalen Organisationen verstärkt sich ihr Einfluß auf den Inhalt solcher Regelungsformen, wie z. B. der Allgemeinen Bedingungen und Standardverträge der ECE. Das trägt dazu bei, daß diese Formen eine größere Ausgewogenheit hinsichtlich der durch Unterschiede in der Produktions- und Außenhandelsstruktur bedingten unterschiedlichen Interessenlagen erreichen.

2.2.2. Die rechtliche Regelung des Außenhandelskaufvertrages in der DDR durch das Gesetz über internationale Wirtschaftsverträge (GIW) und andere Regelungsformen

2.2.2.1. Notwendigkeit der Schaffung des GIW

Gesetzliche Regelung

Die unmittelbare Regelung des AKV erfolgt in der DDR durch das Gesetz über internationale Wirtschaftsverträge – GIW – vom 5. 2. 1976[44].

GIW als Bestandteil sozialistischer Rechtsentwicklung

Das GIW ist Teil eines umfangreichen Gesetzeswerkes, das außerdem das Zivilgesetzbuch (ZGB), die Zivilprozeßordnung (ZPO), das RAG, das Notariatsgesetz und das Seehandelsschiffahrtsgesetz (SHSG) umfaßt, die sämtlich 1976 in Kraft getreten sind.[45] Mit diesem Gesetzeswerk treten bestimmte, sich bereits seit längerem abzeichnende Charakterzüge sozialistischer Rechtsentwicklung in der DDR noch deutlicher zutage: Diese Rechtsentwicklung ist gekennzeichnet durch eine sich im Gesetzesinhalt zunehmend ausprägende Einheitlichkeit sozialistischer Rechtsgrundsätze und -prinzipien und zugleich durch eine weitere Spezialisierung der Regelung, die die besonderen Bedingungen der jeweils geregelten Verhältnisse in sich aufnimmt und ihren Erfordernissen gemäß gestaltet. Die nach den verschiedenen Rechtsverhältnissen (den Arbeits-, Familien-, Wirtschafts-, Zivil- und anderen Rechtsverhältnissen) differenzierte rechtliche Regelung

43 Allgemeine Bedingungen für Warenlieferungen zwischen den Organisationen oder Betrieben, die zur Durchführung von Außenhandelsoperationen berechtigt sind, der Deutschen Demokratischen Republik und der Volksrepublik Moçambique (Allgemeine Lieferbedingungen), AW, 1985/19, RIA, S. VIIff. (79. Beilage).

44 GBl. I 1976 Nr. 5 S. 61.

45 Zivilgesetzbuch der DDR vom 19. 6. 1975, GBl. I Nr. 27 S. 465.
Gesetz über das gerichtliche Verfahren in Zivil-, Familien- und Arbeitsrechtssachen – Zivilprozeßordnung – vom 19. 6. 1975, GBl. I Nr. 29 S. 533.
Gesetz über das Staatliche Notariat – Notariatsgesetz – vom 5. 2. 1976, GBl. I Nr. 6 S. 93.
Seehandelsschiffahrtsgesetz der DDR – SHSG – vom 5. 2. 1976, GBl. I 1976 Nr. 7 S. 109.

bietet günstige Bedingungen dafür, daß das sozialistische Recht organisierenden und gestaltenden Einfluß auf die geregelten Verhältnisse und die Entwicklung des sozialistischen Rechtsbewußtseins nehmen kann.

Besonderer Regelungsgegenstand

Das GIW weist gegenüber den meisten anderen Gesetzen der DDR eine grundlegende Besonderheit auf: Seinen Regelungsgegenstand bilden nicht ausschließlich und nicht einmal in erster Linie sozialistische gesellschaftliche Verhältnisse, sondern internationale Wirtschaftsbeziehungen im Koexistenzbereich, die ihrem Wesen nach Beziehungen des Klassenkampfes und der friedlichen ökonomischen Zusammenarbeit sind. Hieraus resultieren im Vergleich zu anderen Gesetzen unseres Staates, deren Regelungsgegenstand sozialistische gesellschaftliche Verhältnisse sind, einige Besonderheiten, die im Gesetzesinhalt zum Ausdruck kommen. Der internationale und der spezifische soziale Charakter der vom GIW geregelten Verhältnisse war zugleich der Grund, der diese Spezialgesetzgebung überhaupt erforderlich machte. Im einzelnen waren dafür maßgebend, daß die IWV weder durch das Vertragsgesetz[46] noch durch das ZGB geregelt wurden.

Unterschiede zum nationalen Wirtschaftsrecht

Die wesentlichen Unterschiede zwischen den IWV und den Vertragsbeziehungen im Rahmen des nationalen Wirtschaftsrechts sind darin begründet, daß erstere zu Verbindungen mit anderen Reproduktionsprozessen führen, die – sofern es sich um kapitalistische handelt – einen gegensätzlichen ökonomischen Charakter haben und die in jedem Falle in verschiedene Systeme staatlicher Wirtschaftsleitung oder -lenkung eingebettet sind, während die nationalen Vertragsbeziehungen in der DDR Bestandteil eines einheitlichen, von der sozialistischen Staatsmacht geleiteten Wirtschaftsorganismus sind.

Im nationalen Wirtschaftsrecht der DDR sind deshalb das Wirtschaftsvertragsrecht und die anderen Rechtsformen der Leitung und Planung der Volkswirtschaft eng miteinander verbunden. Das findet besonders im geltenden Vertragsgesetz seinen Ausdruck, das in den Einleitungsbestimmungen das Verhältnis von Plan und Vertrag, einschließlich der Funktion des Wirtschaftsvertrages bei der Leitung und Planung, charakterisiert und das in seinen einzelnen Abschnitten dieses Verhältnis näher bestimmt.[47]

In bezug auf die IWV vollzieht sich eine vergleichbare Entwicklung nicht, da hier der geregelte ökonomische Prozeß nicht innerhalb eines einheitlichen Wirtschaftsorganismus abläuft. Einzelstaatliche Leitungs- und Planungsmaßnahmen sind deshalb überwiegend nicht an beide Partner adressiert (von Ausnahmen wie zollrechtlichen, niederlassungsrechtlichen und ähnlichen Bestimmungen abgesehen), sondern nur an einen Partner gerichtet. Aufgabe des DDR-AHB ist es, die sich aus den staatlichen Leitungs- und Planungsmaßnahmen ergebenden Anforderungen in entsprechende Vertragsvereinbarungen mit dem ausländischen Partner umzusetzen. Eine direkte Verbindung zum Vertrag wird nur insoweit hergestellt, als dessen Wirksamkeit davon abhängig gemacht wird, daß kein Verstoß gegen ein gesetzliches Verbot vorliegt oder eine erforderliche staatliche Genehmigung erteilt worden ist.

46 Gesetz über das Vertragssystem in der sozialistischen Wirtschaft – Vertragsgesetz –, vom 25. 3. 1982, GBl. I Nr. 14 S. 293.

47 Vgl. dazu Wirtschafts- und Außenwirtschaftsrecht für Ökonomen, Berlin 1986; Wirtschaftsrecht. Lehrbuch, Berlin 1985.

Unterschiede zum nationalen Zivilrecht

Die Regelung der IWV konnte auch nicht durch das ZGB erfolgen. Das ZGB regelt Beziehungen, die von den Bürgern zur Befriedigung ihrer materiellen und kulturellen Bedürfnisse mit Betrieben sowie untereinander eingegangen werden.[48] Dementsprechend stehen im ZGB die Verträge des täglichen Lebens, die der Befriedigung der Bedürfnisse der Bürger dienen, im Mittelpunkt.
Mit seinem Regelungsgegenstand und seiner Ziel- und Aufgabenstellung kann das ZGB nicht zugleich den spezifischen Erfordernissen internationaler Wirtschaftsbeziehungen im Koexistenzbereich Rechnung tragen. Aus diesen Gründen war es erforderlich, ein spezielles Gesetz für die Regelung der IWV zu schaffen, das den besonderen Bedingungen der internationalen Wirtschaftsbeziehungen entspricht.

2.2.2.2. Der Geltungsbereich des GIW

Sachlicher Geltungsbereich

Der sachliche Geltungsbereich des GIW erstreckt sich auf IWV und damit zusammenhängende Rechtsverhältnisse.

IWV

Der Begriff IWV kann grundsätzlich nach zwei Gesichtspunkten bestimmt werden: nach dem charakteristischen Vertragsinhalt und nach den Partnern des Vertrages.
Der internationale Charakter des Vertrages ist immer dann gegeben, wenn seine Partner oder ein Begünstigter ihren Sitz in unterschiedlichen Staaten haben und der Vertrag ein grenzüberschreitendes Moment (einschließlich Überschreiten der Währungsgrenze) aufweist.

Damit findet das GIW in erster Linie auf Verträge Anwendung, die AHB der DDR mit ausländischen Partnern abschließen. Aber auch ein Vertrag zwischen ausländischen Partnern untereinander kann ggf. vom GIW geregelt werden, wenn dessen Anwendung im Vertrag vereinbart wurde. Verträge zwischen Partnern, die ihren Sitz in der DDR haben, können dann unter den Geltungsbereich des GIW fallen, wenn ein ausländischer Partner (Begünstigter) aus dem Vertrag Rechte oder Pflichten erwirbt (z. B. aus einem Transport- oder Versicherungsvertrag, vgl. Handbuch der Außenhandelsverträge Band 3, S. 112, 389).
Im Unterschied dazu wird in manchen Ländern der internationale Charakter eines Vertrages nicht nach dem Sitz, sondern nach der Staatszugehörigkeit der Partner bestimmt, so daß z. B. ein Vertrag zwischen zwei US-Firmen, die ihren Sitz in verschiedenen Ländern haben, nicht als internationaler Vertrag angesehen wird.

Der wirtschaftliche Charakter eines Vertrages ist dann gegeben, wenn es sich bei seinen Partnern um Wirtschaftsunternehmen (Betriebe) oder zumindest um Einzelkaufleute handelt, die ihn in Ausübung wirtschaftlicher Tätigkeit schließen und mit ihm wirtschaftliche Verhältnisse (einschließlich wissenschaftlich-technischer Zusammenarbeit) gestalten.

Verträge im Rahmen der individuellen Konsumtion fallen dagegen grundsätzlich nicht unter den Geltungsbereich des GIW. Verträge, die Ausländer in der DDR zur Befriedigung persönlicher Bedürfnisse eingehen, werden vom ZGB geregelt.

Diese Begriffsbestimmung, die im Gesetz selbst nicht vorgenommen wird,

48 Vgl. dazu die Ausführungen in: Zivilrecht. Lehrbuch, Teil 1 und 2, Berlin 1981.

schließt nicht aus, daß in einigen Grenzfällen Zweifel auftauchen können, ob es sich um einen IWV handelt und das GIW folglich Anwendung findet. Grundsätzlich sollte davon ausgegangen werden, daß das GIW in solchen Grenzfällen dann Anwendung findet, wenn die Vertragspartner auf seiten der DDR mit Außenhandelsaufgaben betraute Betriebe und auf seiten des ausländischen Partners juristische Personen oder Einzelkaufleute sind und der Vertragsgegenstand typischerweise Gegenstand eines Wirtschaftsvertrages ist.

Rechtsverhältnisse, die mit IWV zusammenhängen

Das GIW findet ferner Anwendung auf Rechtsverhältnisse, die mit IWV zusammenhängen.

Unmittelbar regelt das GIW folgende mit IWV zusammenhängende Rechtsverhältnisse: die Vertretung durch Bevollmächtigte (§ 18ff.); vorvertragliche Beziehungen (§ 34); die die Ausstellung von Warenpapieren betreffenden Rechtsverhältnisse (§ 313ff.); Ansprüche auf Rückgabe unberechtigt erlangter Leistungen aus nichtigen Verträgen (§ 311) sowie eine Form der Sicherung von Forderungen durch die Vorschriften über Pfand (§ 234).

Ergänzende Anwendung anderer Gesetze

Eine Reihe von Rechtsverhältnissen, die ebenfalls mit IWV zusammenhängen können, wird hingegen nicht unmittelbar von der GIW-Regelung erfaßt.

Dazu gehören beispielsweise die widerrechtliche Schadenszufügung, unberechtigt erlangte Leistungen, der Inhalt des Eigentumsrechts, Eigentümeransprüche und der Eigentumsübergang außerhalb des Vertrages (wie z. B. durch Verbindung, Vermischung und Verarbeitung).

Hier greifen andere Gesetze, insbesondere das ZGB, ergänzend ein. Soweit hierfür jedoch auch allgemeine Bestimmungen des GIW eine Rolle spielen, wie z. B. die über Rechtshandlungen (§ 8ff.) oder über Fristen (§ 24ff.), sind diese maßgebend.

Geschlossene Regelung in bezug auf IWV

Bezüglich der IWV selbst ist das GIW als geschlossene Regelung konzipiert, d. h., es wird hinsichtlich der IWV nicht durch das ZGB ergänzt. Soweit es selbst einzelne IWV oder Elemente von IWV nicht oder nicht erschöpfend regelt, soll kein anderes Gesetz ergänzend eingreifen. Bestehende Lücken sollen vielmehr im Wege der Analogie geschlossen werden, nämlich durch eine entsprechende Anwendung von Vorschriften, die ähnliche Sachverhalte regeln. Soweit das nicht möglich ist, ist eine Regel auf der Grundlage der im GIW zum Ausdruck kommenden Prinzipien aufzustellen (vgl. § 3 GIW).

Bei dieser Regelung sind internationale Trends berücksichtigt und vor allem die mit dem Vertragsgesetz und den Allgemeinen Lieferbedingungen des RGW gesammelten Erfahrungen ausgewertet worden. In der Spruchpraxis hat sich gezeigt, daß eine ergänzende Anwendung konzeptionell anders angelegter Gesetze häufig zu nicht vertretbaren Lösungen führt.

Vorrang nationaler Spezialgesetze

Daß zur Ausfüllung von Lücken im GIW – soweit es um die IWV geht – keine allgemeinen Gesetze heranzuziehen sind, schließt nicht aus, daß dem GIW speziellere Gesetze vorgehen. Für andere Gesetze der DDR, die Spezialregelungen für IWV oder bestimmte Elemente solcher Verträge enthalten (wie z. B. für das SHSG), bildet das GIW die allgemeine vertragsrechtliche Grundlage (§ 2 Abs. 1 GIW).

Vorrang international einheitlicher Regelung

Das GIW findet keine Anwendung, soweit in völkerrechtlichen Verträgen, an denen die DDR beteiligt ist, etwas anderes festgelegt ist.

Nach seinem Geltungsbereich findet das GIW sowohl auf IWV mit Partnern aus anderen sozialistischen Staaten, darunter aus dem RGW, als auch auf IWV mit Partnern aus nichtsozialistischen Staaten Anwendung. Die größere praktische Bedeutung erlangt es für letztere Verträge, da wesentliche Materien der internationalen Wirtschaftsvertragsbeziehungen mit Partnern aus den RGW-Staaten durch völkerrechtliche Verträge geregelt sind.[49]

Im intersystemaren Bereich dagegen gibt es international einheitliche Regelungen aus völkerrechtlichen Verträgen (Konventionen), die IWV und damit zusammenhängende Rechtsverhältnisse, also den Regelungsgegenstand des GIW, betreffen, bisher nur ansatzweise (vgl. dazu S. 96f.).

Ergänzende Anwendung des GIW

Hinsichtlich dieser international einheitlich geregelten Materien findet das GIW nur insoweit ergänzende Anwendung, als einzelne Fragen nicht oder nicht erschöpfend geregelt sind. Das GIW fungiert insoweit als Subsidiärstatut. Hinsichtlich der bisher noch nicht international einheitlich geregelten Vertragstypen sowie der mit IWV verbundenen Rechtsverhältnisse findet das GIW unmittelbar Anwendung, d. h., es fungiert als sogenanntes Primärstatut.

Nicht zum Geltungsbereich des GIW gehörende Rechtsverhältnisse

Nicht zum Geltungsbereich des GIW gehören solche Rechtsverhältnisse, die zwar für die IWV ebenfalls relevant sind, aber nur mittelbar mit diesen zusammenhängen. Das betrifft z. B. die Rechtsstellung der an den IWV beteiligten Partner, denn diese ist nicht nur für IWV, sondern auch für viele andere Rechtsverhältnisse im nationalen Rahmen (wie Wirtschafts-, Arbeits-, Verwaltungs- und andere Rechtsverhältnisse) relevant. Die rechtlichen Formen der Leitung und Planung des Außenhandels und anderer außenwirtschaftlicher Beziehungen (wie z. B. die Genehmigungspflicht für bestimmte IWV, Zoll- und Devisenbestimmungen) sind ebenfalls nicht Gegenstand dieses Gesetzes. Es regelt jedoch bestimmte Konsequenzen, die sich aus derartigen Rechtsvorschriften für das Wirksamwerden und den Bestand von IWV und die Pflichten der Vertragspartner ergeben (vgl. hierzu S. 164ff.; zur Regelung der Rechtsstellung der Vertragspartner vgl. S. 137ff.; zu den Rechtsformen der Leitung und Planung der Außenwirtschaft der DDR vgl. S. 19ff. und zu denen der Außenwirtschaftsregulierung in den nichtsozialistischen Staaten S. 27ff.).

Erfordernis kollisionsrechtlicher Verweisung

Das GIW wird nur angewendet, wenn die Partner das Recht der DDR vereinbart haben oder die Bestimmungen des maßgeblichen Kollisionsrechts (z. B. § 110 ALB/RGW 1968/1975 i. d. F. 1979) darauf verweisen (§ 1 Abs. 1 GIW). (Vgl. dazu S. 69ff., 80ff.)

2.2.2.3. Der Aufbau des GIW

Orientierung am Ablauf eines IWV

Der Aufbau des GIW ist im wesentlichen an der Abwicklung eines IWV orientiert. Es ist nach bestimmten Phasen eines solchen Vertrages, nach

49 Vgl. Internationales Wirtschaftsrecht. Rechtliche Regelung der sozialistischen ökonomischen Integration, Berlin 1983, Kap. 4.

Vertragsabschluß, Vertragsinhalt, Sicherung der Vertragserfüllung, Vertragserfüllung, Vertragsverletzungen sowie Rücktritt und Kündigung (als Formen der Vertragsbeendigung) gegliedert.
Lediglich solche Abschnitte, die den einzelnen Phasen der Vertragsabwicklung nicht zuzuordnen waren, stehen am Anfang und am Ende des Gesetzes (wie Geltungsbereich, Rechtshandlungen, Vertretung und Fristen sowie Warenpapiere und Verjährung). Die Vorschriften über den Vertragsinhalt unterteilen sich in „Allgemeine Bestimmungen über den Vertragsinhalt“, die die für die einzelnen Vertragstypen verallgemeinerungsfähigen Vorschriften enthalten, und in die Regelung der einzelnen Vertragstypen.

Zuordnung der Vertragstypen zu Vertragsklassen

Im GIW werden die Vertragstypen nach folgenden Vertragsklassen geordnet: Kaufverträge, Werkleistungsverträge (darunter Montage und wissenschaftlich-technische Leistungen), Dienstleistungsverträge (darunter Handelsvertretung, Kundendienst, Spedition, Lagerung und Kontrolle) und Nutzungsüberlassungsverträge (Kredit, Miete und Lizenz). Lediglich die im GIW geregelten Versicherungs- und Gesellschaftsverträge lassen sich diesen Vertragsklassen nicht zuordnen. Ähnliches gilt auch für den Anlagenvertrag, der als komplexer Vertrag eine gewisse Sonderstellung einnimmt.

Die allgemeine Regelung der Werk- und Dienstleistungsverträge (§ 61ff., § 98ff. GIW) hat eine Doppelfunktion: Sie soll für Verträge gelten, die nicht von den zugeordneten Vertragstypen erfaßt werden (der Werkleistungsvertrag z. B. für den nicht speziell geregelten Lohnveredlungsvertrag), und sie soll zugleich eine Art Dachregelung für die jeweils zugeordneten Vertragstypen bilden. Die Vorschriften dieser Vertragstypen enthalten jeweils einen Verweis, wonach ergänzend die Bestimmungen über den Werkleistungs- bzw. Dienstleistungsvertrag entsprechende Anwendung finden (vgl. §§ 67, 81, 128, 136, 146, 156, 162 GIW).

Entsprechende Anwendung einzelner Vertragselemente

Im Interesse der Konzentration der Regelung werden bei einzelnen Vertragstypen bestimmte allgemeine Vertragselemente geregelt, die zugleich für andere Verträge, die ein solches Element in Bezug nehmen, Anwendung finden.

Ein charakteristisches Beispiel hierfür ist die „Lieferung“. Sie wird als Hauptpflicht des Verkäufers im Abschnitt Kauf erfaßt. Sie soll jedoch auch auf alle diejenigen Verträge – ob als gesetzliche Vertragstypen geregelt oder nicht – Anwendung finden, in denen ein Partner zur Lieferung verpflichtet ist. Das kann beispielsweise bei Mietverträgen über bewegliche Sachen, bei Werkleistungs-, Projektierungs-, Leasing- und anderen Verträgen der Fall sein (vgl. hierzu § 3 Abs. 2 GIW).

Regelung kombinierter und komplexer Verträge

Weisen Verträge Merkmale verschiedener gesetzlich geregelter Vertragstypen auf (z. B. Kaufvertrag mit gleichzeitiger Montageverpflichtung des Verkäufers), werden auf die entsprechenden Leistungen die Vorschriften der betreffenden Vertragstypen angewandt.
Verpflichten sich die Partner in einem Vertrag in Hinblick auf einen einheitlichen Vertragszweck zu Leistungen, die die charakteristische Leistung mehrerer geregelter Vertragstypen bilden und auf Grund der wirtschaftlichen Zielsetzung eine besondere Qualität bilden, wird häufig von komplexen Verträgen gesprochen.

Ein bloßes nebeneinander Anwenden der verschiedenen Vertragstypen wird der Qualität dieser Verträge oft nicht gerecht. Indem das GIW beispielhaft einen komplexen Vertrag, den Anlagenvertrag (§ 88ff.), regelt, gibt es zugleich Hinweise für die Anwendung und insbesondere Auslegung des Gesetzes in bezug auf andere komplexe Verträge.

Aufbau der Vertragstypenregelung

Auch die Regelung der einzelnen Vertragstypen ist im wesentlichen nach einem einheitlichen Aufbauschema gestaltet. Am Anfang steht jeweils die Definition des betreffenden Vertragstyps. Sie enthält diejenigen Rechte und Pflichten der Vertragspartner, die das Charakteristische des jeweiligen Vertragstyps ausmachen und damit geeignet sind, ihn von allen anderen Vertragstypen abzugrenzen. Haben die Partner diese Rechte und Pflichten vereinbart oder ihren Vertrag entsprechend bezeichnet, so finden die gesetzlichen Vorschriften des betreffenden Typs Anwendung.
Im Anschluß an die Definition des jeweiligen Vertragstyps werden in der Regel die weiteren Pflichten der Vertragspartner geregelt. Soweit sich Besonderheiten bezüglich des Zustandekommens des Vertrages (einschließlich Formvorschriften) ergeben, schließen sich die entsprechenden Vorschriften unmittelbar an die Definition an (vgl. z. B. §§ 138, 89, 107 GIW). Nach den weiteren Pflichten der Vertragspartner folgen – soweit das auf Grund der Besonderheiten des jeweiligen Vertragstyps erforderlich ist – spezielle Vorschriften über Vertragsverletzungen und andere Vertragsstörungen, Auslegungsregeln für typische Partnervereinbarungen (vgl. z. B. § 57) sowie Vorschriften über die Vertragsbeendigung (insbesondere Voraussetzungen und Folgen von Kündigung und Rücktritt – vgl. z. B. § 103).

2.2.2.4. Zu einigen Grundsätzen und Prinzipien des GIW

Ein wesentliches Charakteristikum des GIW besteht darin, daß es sich um ein Gesetz handelt, das im Unterschied zu anderen Gesetzen der DDR nicht ausschließlich sozialistische gesellschaftliche Verhältnisse, sondern im Schwergewicht internationale Wirtschaftsbeziehungen im Koexistenzbereich regelt. Als Bestandteil des sozialistischen Rechts weist es für dieses charakteristische Züge auf, infolge des spezifischen Regelungsgegenstandes zugleich aber auch eine Reihe von Besonderheiten:

Gleichberechtigung der Partner

– Die Regelung des GIW gewährleistet die strikte Gleichberechtigung und juristische Gleichstellung der Partner – der sozialistischen AHB sowie anderer zum Abschluß von IWV befugter Betriebe der DDR und der kapitalistischen Firmen und Unternehmen. Sie geht von der Anerkennung unterschiedlicher Eigentumssysteme und deren rechtlichen Organisationsformen aus.

Berücksichtigung der Erfordernisse der internationalen Vertragspraxis

– Das GIW basiert auf einer gründlichen Auswertung der internationalen Wirtschaftsvertragspraxis und berücksichtigt deren besondere Bedingungen und Erfordernisse, indem es u. a. eine Reihe von Vertragstypen regelt, die in der Außenhandelspraxis eine wesentliche Rolle spielen, aber in den nationalen Zivil- und Handelsgesetzen bisher nicht oder nur vereinzelt eine spezielle Regelung erfahren haben.

  Zu diesen Vertragstypen gehören z. B. Verträge über Montage, wissenschaftlich-technische Leistungen, Errichtung von Anlagen, Kundendienst und Kontrolle.

Die Anpassungsfähigkeit des GIW an die Erfordernisse des internationalen Handels findet auch darin ihren Niederschlag, welche Rolle es den Handelsbräuchen (§ 5) und auch anderen Verhaltensstandards beimißt, die sich in der internationalen Vertragspraxis herausgebildet, sich aber noch nicht so weit wie die Handelsbräuche zu allgemeinen Regeln verdichtet haben (§ 6 Abs. 2, § 41 Abs. 1, § 42 Abs. 2).

- Ein wesentlicher Grundsatz, der die gesamte Regelung des GIW durchzieht, besteht darin, ein ausgewogenes Verhältnis von Stabilität und Flexibilität der IWV zu sichern.

Ausgewogenes Verhältnis von Stabilität und Flexibilität

Das kommt vor allem darin zum Ausdruck, daß die Regelung auf die Erhaltung und reale Erfüllung eines einmal abgeschlossenen Vertrages orientiert, Möglichkeiten für eine Fortschreibung und Anpassung des Vertrages an veränderte Bedingungen vorsieht, die Vielfalt möglicher Störungen berücksichtigt und auch für den Störungsfall zunächst auf eine Stabilisierung des gestörten Vertragsverhältnisses orientiert, sofern der Vertragszweck noch erreichbar ist. Die Vertragsbeendigung ist als Ultima ratio für die Fälle vorgesehen, in denen das Vertragsverhältnis nicht mehr stabilisierbar ist, Aufwand und Dauer der Stabilisierungsmaßnahmen dem Partnerinteresse zuwiderlaufen oder der angestrebte Vertragszweck nicht mehr erreicht werden kann.

- Das GIW ist auf die Erhöhung der Rechtssicherheit in den internationalen Wirtschaftsbeziehungen und auf eine rationelle Vertragsgestaltung gerichtet. Das findet seinen Ausdruck u. a. darin, daß es mit selbständigen und unselbständigen Legaldefinitionen arbeitet (vgl. z. B. §§ 16, 28, 157) und mit der Verwendung vager, d. h. ausfüllungsbedürftiger Begriffe sparsam umgeht.

Rechtssicherheit

Sofern sich derartige Begriffe als unumgänglich erweisen, führt das GIW entweder Faktoren an, die bei der Ausfüllung des Begriffs zu berücksichtigen sind (so werden in § 29 Abs. 3 als Faktoren, die bei der Bestimmung der Bindungsfrist des Anbietenden zu berücksichtigen sind, der handelsübliche Beförderungsweg und eine angemessene Prüfungsfrist angeführt); oder es verwendet bestimmte Standardbegriffe immer wieder (wie „handelsübliche Sorgfalt", „angemessen", „zumutbar" u.a.).

Die erhöhte Rechtssicherheit äußert sich vor allem auch darin, daß eine Reihe allgemeiner Rechtsgrundsätze, die in vielen Ländern in der Spruchpraxis der Gerichte zur Anwendung kommen (aber in den Gesetzen nicht fixiert und deshalb zuweilen unterschiedlich interpretiert werden), im GIW hinsichtlich ihrer Voraussetzungen und rechtlichen Konsequenzen exakt bestimmt ist (vgl. z. B. § 7 Abs. 2, § 11 Abs. 1 Satz 2, § 34, § 295).[50]

Dazu gehören z. B. der Grundsatz, daß bereits bei Vertragsabschluß ein vertragsähnliches Verhältnis besteht, das den Partnern bestimmte Sorgfaltspflichten auferlegt (sogenannte Culpa in contrahendo); daß ein Verhalten unzulässig ist, das in Widerspruch zum eigenen früheren Verhalten steht (sogenanntes Venire contra factum proprium); daß wesentlich veränderte Umstände zu einer Modifizierung oder Aufhebung von Vertragspflichten führen (sogenannte Clausula rebus sic stantibus).

50 Vgl. näher F. Enderlein, „Das Gesetz über internationale Wirtschaftsverträge der DDR vom 5. 2. 1976", ZHR, 1976/5/6, S. 442ff.; H. Rudolph, „Zur Neuregelung der internationalen Wirtschaftsverträge in der DDR", Zeitschrift für Rechtsvergleichung, 1977/1, S. 48ff.; dies., „Zur Differenzierung des Vertragsrechts in der neueren Gesetzgebung der DDR", Rabels Z., 1977/5, S. 669ff.

Vertragsfreiheit – Das GIW normiert in § 4 den Grundsatz, daß die Partner im Vertrag von den Bestimmungen dieses Gesetzes abweichen können, soweit das nach deren Inhalt möglich und eine Abweichung nicht ausdrücklich ausgeschlossen ist.

Zwingende Vorschriften – Bei einer Reihe von Bestimmungen ergibt sich aus ihrem Inhalt, aus dem Sinn der Norm, daß eine abweichende Vereinbarung nicht in Frage kommt. Das betrifft Vorschriften über den Geltungsbereich und die Grundsätze der Gesetzesanwendung. Nicht abdingbar sind auch die im GIW enthaltenen Verbotsvorschriften (wie das Verbot des Rechtsmißbrauchs und des Venire contra factum proprium, § 7 Abs. 1 und 2) oder die Nichtigkeitsfolge für Erklärungen, die gegen ein gesetzliches Verbot verstoßen oder auf eine unmögliche Leistung gerichtet sind (§ 12). Schließlich gehören dazu auch die Regeln über die Anfechtung von Erklärungen (§ 13ff.) sowie solche Bestimmungen, die auf den Schutz oder die Interessenwahrung Dritter abzielen.

Das ist beispielsweise der Fall bei den Rechtswirkungen, die das Handeln eines Vertreters auslöst (§ 18 Abs. 1 GIW), oder auch bei der Wirksamkeit des Erlöschens einer Vollmacht gegenüber Dritten (§ 21 Abs. 2) oder bei einem Vertrag zugunsten Dritter nach § 39 Abs. 1 Satz 2, wonach die Vertragspartner das Recht des Dritten nur mit dessen Zustimmung aufheben oder ändern können. Ähnliches gilt auch für einige Vorschriften, die im 12. Teil des GIW über Warenpapiere und im 7. Teil des GIW über Mehrheit und Wechsel von Vertragspartnern enthalten sind (vgl. z. B. §§ 228, 229 Abs. 2).

Begrenzung von Haftungsbeschränkungen – Bei den angeführten zwingenden Vorschriften handelt es sich nahezu ausschließlich um solche Materien, auf die sich die Parteidisposition üblicherweise ohnehin nicht erstreckt. Das Interesse der Partner, gesetzliche Bestimmungen durch abweichende Vereinbarungen abzudingen, ist auf den Vertragsinhalt, die Rechte und Pflichten der Partner und dabei vor allem auf die Voraussetzungen und Folgen von Pflichtverletzungen gerichtet. Insoweit gewährt das GIW den Partnern Dispositionsfreiheit. Diese findet allerdings dort ihre Grenze, wo ein Partner den Vertrag in der Absicht verletzt, dem anderen Schaden zuzufügen (§ 291). Der zwingende Charakter dieser Vorschrift liegt darin, daß sie der Zulässigkeit von Haftungsbeschränkungen eine Grenze setzt.
Ähnlich ist die Sachlage in einigen anderen Fällen, wo es sich eigentlich nicht um zwingende Vorschriften handelt und folglich ein Modifizieren oder teilweises Abbedingen ohne weiteres zulässig wäre, aber der gänzliche Ausschluß von Rechten des anderen Partners den Grundsätzen und Zielen des Gesetzes zuwiderlaufen würde.

Das betrifft beispielsweise den Ausschluß einer solch grundlegenden Norm wie der des § 259 GIW oder den vollständigen Ausschluß von Käuferrechten bei nichtqualitätsgerechter Leistung, sofern das nicht durch die Eigenart des Geschäfts (wie beim Kauf gebrauchter Waren, beim Tel-quel-Kauf oder bei einem entsprechend niedrigen Preis) zu rechtfertigen ist.
Vertragsvereinbarungen, die gegen grundlegende Ziele und Prinzipien des GIW verstoßen, wie sie insbesondere in der Präambel, den §§ 5, 7 und 259 zum Ausdruck kommen, sind folglich nicht wirksam.

Auslegung der Normen – Die Formulierung der Normen im GIW darf nicht darüber hinwegtäuschen, daß sie überwiegend dispositiven Charakter tragen. In Anbe-

tracht des § 4 GIW wurde auf die individuelle Charakterisierung dispositiver Normen durch Zusätze wie „wenn nichts anderes vereinbart wird“ weitgehend verzichtet.
Der dispositive Charakter ist deshalb aus der sozialen Funktion der Normen und im Wege systematischer Auslegung zu ermitteln. Aus der Regelung des § 291 GIW, wonach Haftungsbeschränkungen nur für die Fälle absichtlicher Schadenszufügung ausgeschlossen sind, folgt, daß im übrigen Haftungsbeschränkungen im Verhältnis zur gesetzlichen Regelung der Vertragsverletzungen grundsätzlich zulässig sind.

2.2.3. Die zivil- und handelsrechtliche Regelung der Kaufverträge in den nichtsozialistischen Staaten

2.2.3.1. Voraussetzungen für die Anwendung des Kaufrechts der nichtsozialistischen Staaten auf die Außenhandelskaufverträge

Anwendung ausländischen Rechts auf Grund von Kollisionsregeln

Auf Grund der kollisionsrechtlichen Methode der Regelung gelangt das materielle Recht der nichtsozialistischen Staaten zur Anwendung, wenn Kollisionsnormen auf dieses Recht verweisen. Die Anwendung des materiellen Rechts eines nichtsozialistischen Staates kann sich sowohl aus den Kollisionsnormen der DDR als auch aus den Kollisionsnormen eines nichtsozialistischen Staates ergeben (je nachdem, welches Gericht oder Schiedsgericht über einen entstehenden Rechtsstreit entscheiden wird, da dieses jeweils die Kollisionsnormen seines Staates anwendet).

Anwendung ausländischen Rechts auf Grund der Rechtswahl im Vertrag

Da sowohl nach dem Kollisionsrecht der DDR (vgl. § 12 Abs. 1 RAG) als auch nach dem der nichtsozialistischen Staaten eine Vereinbarung über das auf den AKV anzuwendende Recht grundsätzlich anerkannt wird, findet das materielle Recht eines nichtsozialistischen Staates insbesondere dann auf einen AKV Anwendung, wenn dieses Recht im AKV vereinbart wurde. Aber selbst bei vertraglicher Vereinbarung des Rechts der DDR kann das materielle Recht der nichtsozialistischen Staaten für bestimmte Seiten des AKV beachtlich sein.

Anwendung ausländischen Rechts auf Grund des maßgeblichen Kollisionsrechts

Nach dem Kollisionsrecht vieler Staaten werden bestimmte Elemente eines AKV oder mit ihm zusammenhängende Rechtsverhältnisse nicht nach dem von den Partnern vereinbarten Recht bestimmt, sondern nach anderen Kriterien (vgl. S. 84ff.).

Berücksichtigung der Auswirkungen ausländischen Rechts

Wird das Recht eines nichtsozialistischen Staates im Vertrag vereinbart, oder ergibt sich seine Anwendung aus anderen kollisionsrechtlichen Bestimmungen, so müssen in jedem Fall die daraus resultierenden Auswirkungen auf den gesamten Vertragsinhalt berücksichtigt werden.

Es kommt in Vertragsverhandlungen zuweilen vor, daß die Vertragspartner, nachdem sie sich über sämtliche Vertragsbedingungen geeinigt haben, ein Recht vereinbaren, das bei den sonstigen Vertragsvereinbarungen überhaupt nicht berücksichtigt wurde. Daraus können erhebliche Schwierigkeiten und Nachteile erwachsen. Denn die einzelnen Vertragsvereinbarungen sind stets auf der Grundlage eines bestimmten Rechts zu beurteilen: Sie sind ungültig, soweit sie gegen zwingende Normen dieses Rechts verstoßen; sie werden nach den Auslegungsgrundsätzen dieses Rechts interpretiert; es greifen jeweils die dispositiven Normen des anzuwendenden Rechts ein, die in den Vertragsbedingungen nicht abbedungen worden sind.

Die Vertragsbedingungen müssen auf der Grundlage eines bestimmten Rechts ausgearbeitet werden, und die Rechtsvereinbarung sollte nicht davon unabhängig am Ende der Vertragsverhandlungen getroffen werden. Da das ausländische Recht aus den dargelegten Gründen die Effektivität eines Außenhandelsgeschäftes wesentlich beeinflussen kann, sind seine Kenntnis und Beachtung von erheblicher Bedeutung.

2.2.3.2. Wesensmerkmale und Unterschiede des Kaufrechts der nichtsozialistischen Staaten

Charakter des Kaufrechts der nichtsozialistischen Staaten

Das Kaufrecht der nichtsozialistischen Staaten unterscheidet sich in seinem Klassencharakter und seinen allgemeinen Funktionen nicht vom Kollisionsrecht und vom Außenwirtschaftsrecht dieser Staaten. Als integrierter Bestandteil des jeweiligen Rechtssystems ist es Ausdruck des in den ökonomischen Verhältnissen begründeten Willens der herrschenden Klasse. Für die Bestimmung des Klassencharakters und der Funktionen des Kaufrechts der nichtsozialistischen Staaten sind die Unterschiede wesentlich, die im Charakter der einzelnen Staaten und in ihren Funktionen bestehen, und nicht etwa die Unterschiede in den juristischen Problemlösungen.

Ob das Kaufrecht vom Grundsatz der Bindung an das Angebot ausgeht oder nicht, ob es auf dem Verursachungs- oder Verschuldensprinzip beruht, ob es eine Erfüllungsklage nur ausnahmsweise oder generell zuläßt u. a. m., hat keinen wesentlichen Einfluß auf die Funktionen des Rechts und auf die Ziele, zu deren Realisierung es vom jeweiligen Staat eingesetzt wird.

Spezifische Funktionen in internationalen Wirtschaftsbeziehungen

Für die spezifischen Funktionen, die mit Hilfe dieses Rechts in den internationalen Wirtschaftsbeziehungen realisiert werden, spielen jedoch noch andere Faktoren eine Rolle, wie insbesondere der Charakter der jeweiligen zwischenstaatlichen Beziehungen, das internationale Kräfteverhältnis insgesamt, aber z. B. auch das Verhalten der unmittelbar am Vertrag beteiligten Partner.

Das geltende Kaufrecht der nichtsozialistischen Staaten ist in Zivil- und Handelsgesetzbüchern oder in Einzelgesetzen enthalten, die vielfach aus dem vorigen Jahrhundert oder den ersten Jahrzehnten dieses Jahrhunderts stammen. Allerdings ist in den letzten Jahrzehnten staatsmonopolistischer Entwicklung in einer Reihe kapitalistischer Staaten eine verstärkte Gesetzgebungstätigkeit auch auf zivil- und handelsrechtlichem Gebiet zu verzeichnen, die teilweise zu Neukodifikationen größeren Umfangs geführt hat.

Die Gesetzesformulierungen bringen Ziele und Funktionen der gesetzlichen Regelung nicht unmittelbar zum Ausdruck. Die von Charakter und Funktionen weitgehend abstrahierenden Gesetzesformulierungen ermöglichen es den hochentwickelten kapitalistischen Staaten, sich auch der nach dem Modell der politisch-ökonomischen Verhältnisse des vormonopolistischen Kapitalismus gestalteten Gesetze – zusammen mit anderen Gesetzen, staatsmonopolistischen Maßnahmen und der Spruchpraxis ihrer Gerichte – zur Durchsetzung ihrer staatsmonopolistischen Ziele und Interessen zu bedienen. Daraus erklärt sich auch, daß im Wortlaut übereinstimmende oder sehr ähnliche Gesetzestexte in fortschrittlichen Entwicklungsländern der Realisierung anderer Ziele und Funktionen zu dienen vermögen.

Wird auf Grund kollisionsrechtlicher Verweisung das Kaufrecht nichtsozialistischer Staaten von (Schieds-)Gerichten der DDR angewandt, werden damit nicht etwa staatsmonopolistische Zielstellungen und Funktionen realisiert, sondern die Anwendung dieser Gesetze erfolgt in Übereinstimmung mit dem demokratischen Völkerrecht und ist auf die Durchsetzung gleichberechtigter und gegenseitig vorteilhafter Wirtschaftsbeziehungen gerichtet.

Auch die AHB der DDR, die auf der Grundlage des staatlichen Außenhandelsmonopols der DDR AKV mit ausländischen Partnern abschließen, auf die das Recht eines nichtsozialistischen Staates zur Anwendung gelangt, können durch ihre Vertragsgestaltung und ein entsprechendes Verhalten bei der Vertragsrealisierung Einfluß auf die Funktionen nehmen, die dieses Recht ausübt. Das setzt jedoch eine genaue Kenntnis der jeweiligen rechtlichen Regelung (einschließlich der Spruchpraxis der Gerichte) voraus.[51] Insoweit sind die Besonderheiten und Unterschiede zwischen den einzelnen Rechtsordnungen hinsichtlich bestimmter Rechtsprinzipien, juristischer Problemlösungen und Begriffsbildungen von wesentlicher Bedeutung.

Will z. B. ein AHB der DDR eine Forderung durch einen Eigentumsvorbehalt sichern, so wird dessen Wirksamkeit nach dem Kollisionsrecht der meisten Staaten nach dem Recht des Lageortes der Kaufsache beurteilt, das in dieser Frage in den einzelnen Ländern erhebliche Unterschiede aufweist. Ob das Recht eines nichtsozialistischen Staates auch dazu dienen wird, Volkseigentum zu schützen, hängt folglich wesentlich davon ab, daß bei der Vereinbarung des Eigentumsvorbehalts oder eines anderen dinglichen Kreditsicherungsmittels die Besonderheiten der rechtlichen Regelung des betreffenden Staates genau beachtet werden (s. dazu S. 225f., 324ff.).

Rechtskreise

Infolge bestimmter historischer Entwicklungen ist das Zivil- und Handelsrecht (einschließlich des Kaufrechts) in einzelnen Ländern in bezug auf die juristische Begriffsbildung, die Rechtsprinzipien sowie die juristischen Problemlösungen ähnlich oder stimmt sogar im Wortlaut weitgehend oder auch völlig überein. Dementsprechend kann man das Zivil- und Handelsrecht der nichtsozialistischen Staaten, insbesondere das Kaufrecht, in bestimmte Rechtskreise einteilen. Da eine völlige Übereinstimmung nur selten vorliegt und es meist mehr oder weniger große Unterschiede gibt, ist die Zuordnung eines Landes zu einem bestimmten Rechtskreis nicht immer eindeutig. Ferner zeichnet sich insbesondere bei neueren Gesetzen eine relativ starke wechselseitige Beeinflussung der verschiedenen Rechtskreise ab. Die funktionellen Unterschiede des Rechts der fortschrittlichen Entwicklungsländer führen selbst bei völliger oder weitgehender Übereinstimmung der Gesetzestexte tendenziell zu einer Herauslösung ihrer Rechtsordnungen aus diesen Rechtskreisen.

51 Vgl. dazu die von der KfA der DDR herausgegebenen Grundrisse zum Handelsrecht Italiens (1972), Österreichs (1973), Mexikos (1975), Frankreichs (1977), Schwedens (1979), der USA (1981), Indiens (1985), Irans (1985), Syriens (1985).
Zum schnelleren Auffinden ausländischer Rechtsvorschriften gibt das Institut für ausländisches Recht und Rechtsvergleichung an der ASR regelmäßig ein Fundstellenverzeichnis ausländischer Gesetze nichtsozialistischer Staaten und Entwicklungsländer heraus (3. Aufl. 1984).

Unter Berücksichtigung dieser Einschränkungen kann man das Kaufrecht der nichtsozialistischen Staaten im wesentlichen in folgende Rechtskreise einteilen: in den romanischen, den westdeutsch-schweizerischen, den skandinavischen und den anglo-amerikanischen Rechtskreis. Daneben wird auch vom islamischen Rechtskreis und von anderen religiös motivierten Rechtssystemen gesprochen, die jedoch für internationale Wirtschaftsbeziehungen keine große Bedeutung erlangt haben.

Romanischer Rechtskreis

Das Kaufrecht der zum romanischen Rechtskreis gehörenden Länder geht im wesentlichen auf die Kaufrechtsregelung des französischen Code civil von 1804 zurück. Sie hatte wesentlichen Einfluß auf das Kaufrecht Belgiens, Luxemburgs, der Niederlande, Portugals, Spaniens, Italiens und anderer Staaten. Auch in vielen inzwischen von der französischen Kolonialmacht befreiten Ländern stimmt das geltende Kaufrecht im Wortlaut völlig oder weitgehend mit dem französischen überein. Das französische Kaufrecht hatte auch auf das Kaufrecht der meisten lateinamerikanischen Staaten Einfluß, zum Teil durch andere zum romanischen Rechtskreis gehörende Rechtsordnungen (insbesondere die Spaniens) vermittelt.

Zivil- und Handelsgesetze

Das Kaufrecht der zum romanischen Rechtskreis gehörenden Rechtsordnungen ist meist Bestandteil umfangreicher Zivilrechtskodifikationen, die überwiegend aus dem vorigen Jahrhundert stammen. In den meisten Ländern gibt es neben den Zivilgesetzbüchern noch besondere Handelsgesetzbücher. Nicht selten enthalten die Handelsgesetzbücher indes keine oder nur einzelne Sonderregelungen für den Handelskauf, so daß für den AKV im wesentlichen das in den Zivilgesetzbüchern enthaltene Kaufrecht relevant ist. In Spanien und Portugal und den von diesen Ländern beeinflußten Rechtsordnungen (insbesondere den lateinamerikanischen) hingegen enthalten die Handelsgesetzbücher weitergehende Regelungen über den Handelskauf.

Neukodifizierung

Da das Zivil- und Handelsrecht in den meisten zum romanischen Rechtskreis gehörenden Ländern sehr veraltet ist, sind in vielen Ländern zu einzelnen kaufvertraglichen Fragen durch Einzelgesetze Veränderungen herbeigeführt worden. Im übrigen erfolgt die Anpassung an die gegenwärtigen Erfordernisse über die Spruchpraxis der Gerichte und über die Vertragspraxis.

Westdeutsch-schweizerischer Rechtskreis

Das im Jahre 1900 in Kraft gesetzte deutsche BGB, das heute noch in der BRD und in Berlin (West) gilt, hatte neben dem französischen Code civil wesentlichen Einfluß auf das schweizerische Obligationenrecht. Dieses wiederum beeinflußte die türkische und griechische Zivilgesetzgebung. Das österreichische Zivilrecht wurde dem BGB nach dessen Inkrafttreten durch Gesetzesnovellen angenähert. Die Schweiz besitzt kein spezielles Handelsgesetz. Das deutsche HGB hatte jedoch Einfluß auf die türkische Handelsgesetzgebung und wurde von Österreich übernommen.

Skandinavischer Rechtskreis

In den meisten skandinavischen Ländern gibt es auf dem Gebiet des Kaufrechts, des allgemeinen Vertragsrechts sowie auf vielen anderen, vor allem handelsrechtlichen Gebieten einheitliche Gesetze, die allenfalls in Einzelfragen geringfügige Abweichungen aufweisen. Diese Kaufgesetze sind ebenso wie die Vertragsgesetze vom deutschen BGB beeinflußt. Das Kaufrecht ist weitgehend auf Handelsbedürfnisse zugeschnitten. Es hatte erheblichen Einfluß auf die Gestaltung der Haager Einheitlichen Kaufgesetze.

Starke Besonderheiten weist das englische Recht auf. Es hat die Gesetzgebung und die Rechtsprechung der meisten nordamerikanischen Staaten, Australiens, Burmas, Ceylons, Ghanas, Indiens, Irlands, Neuseelands, Schottlands und anderer Staaten auf dem Gebiet des Vertragsrechts, einschließlich des Kaufrechts, und auf anderen Rechtsgebieten beeinflußt. In diesen Ländern ist das Zivilrecht nicht in Zivilgesetzbüchern kodifiziert.

Anglo-amerikanischer Rechtskreis

Rechtsquellen sind Einzelgesetze (sogenanntes Statute Law), daneben spielen eine Art Gewohnheitsrecht und Billigkeitsrecht (Common Law und Equity), die durch die Spruchpraxis der Gerichte (Case Law = Fallrecht) weiterentwickelt werden, eine bedeutende Rolle. Im Bereich der Handels- und Wirtschaftsbeziehungen dominiert jedoch heute das Statute Law. In den meisten zum anglo-amerikanischen Rechtskreis gehörenden Ländern bestehen keine gesetzlichen Sonderregelungen für den Handelskauf.

Rechtsquellen

Einige weitere Besonderheiten weist das Kaufrecht der nordamerikanischen Staaten auf. In den USA haben die einzelnen Bundesstaaten die Gesetzgebungskompetenz auf privatrechtlichem Gebiet. Eine gewisse Einheitlichkeit der privatrechtlichen Gesetzgebung wird jedoch über die sogenannten Uniform Acts herbeigeführt, die von einer Gesellschaft ausgearbeitet und den einzelnen Bundesstaaten zur Annahme empfohlen werden. Der auf diese Weise zustande gekommene und 1952 verabschiedete Uniform Commercial Code (UCC) gilt inzwischen in allen Bundesstaaten (mit Ausnahme von Louisiana) und enthält u. a. eine nahezu vollständige handelsrechtliche Spezialregelung für den Handelskauf.

Besonderheiten in den USA

2.2.3.3. Allgemeine Merkmale des kapitalistischen Kaufrechts

In den nichtsozialistischen Ländern erfolgt keine Differenzierung des Vertragsrechts, die mit der vergleichbar wäre, wie sie sich in der DDR – durch die spezielle Regelung des Liefervertrages im Vertragsgesetz einerseits, des Kaufvertrages im ZGB und im GIW andererseits – im Rahmen des sozialistischen Wirtschafts- und Außenwirtschaftsrechts und des Zivilrechts vollzogen hat. Dennoch haben sich – aus anderen sozialen Ursachen – auch in nichtsozialistischen Staaten Tendenzen einer Spezialisierung des Vertragsrechts im zivilen und wirtschaftlichen Bereich und auf dem Gebiet der nationalen und internationalen Wirtschaftsbeziehungen verstärkt.

Tendenzen zur Differenzierung des Vertragsrechts

Dazu gehören z. B. gesetzliche Regelungen, die im Ergebnis sozialer Auseinandersetzungen entstanden sind und einen gewissen Schutz gegenüber der Ausnutzung ökonomischer Machtpositionen der Wirtschaftsunternehmen ermöglichen. Das betrifft beispielsweise die in einer Reihe von Ländern erlassenen Mieterschutzbestimmungen, Schutzbestimmungen bei Abzahlungskäufen, besondere Abbestellungsrechte bei sogenannten Verkäufen an der Haustür, Vorschriften über die Produkten- bzw. Produzentenhaftung, Konsumentenschutzgesetze oder auch Gesetze in bezug auf AGB.

Zugleich hat sich ein Sonderrecht für Wirtschaftsverträge entwickelt. Das bezieht sich zwar auch auf die in einer Reihe von Ländern bestehenden Handelsgesetzbücher, betrifft aber in erster Linie das „Selbstgeschaffene

Sonderrecht für Wirtschaftsverträge

Recht der Wirtschaft", das sich teils neben dem formell weiterbestehenden einheitlichen Schuldvertragsrecht, teils auch dagegen herausgebildet hat. Es wurde jedoch vom Staat anerkannt, denn die Gerichte haben es grundsätzlich akzeptiert und über den staatlichen Vollstreckungsapparat auch zwangsweise durchgesetzt.

Sonderregelung für IWV

Eine entsprechende Entwicklung vollzog sich auch im Hinblick auf die IWV. Unterschiede im Vergleich zur innerstaatlichen Wirtschaftsvertragspraxis bestehen z. B. darin, daß die IWV, einschließlich der AGB, oft spezielle, auf den internationalen Charakter bezogene Klauseln enthalten, die die besonderen Bedingungen des grenzüberschreitenden Waren- und Geldverkehrs, der Zoll- und Währungsgrenzen, der relativ großen Entfernungen, des fehlenden einheitlichen Rechts und der einheitlichen Gerichtsbarkeit sowie andere Faktoren reflektieren. Aber nicht nur in der internationalen Vertragspraxis hat sich eine solche Spezialisierung herausgebildet. Eine Differenzierung zwischen nationalem und internationalem Warenkauf wurde auch durch die im Rahmen der UNCITRAL ausgearbeitete Verjährungskonvention sowie die CIS und zuvor bereits durch die Haager Kaufgesetze herbeigeführt (vgl. S. 93).
Diese Differenzierung vertragsrechtlicher Regelung besteht in den kapitalistischen Ländern allerdings nur ansatzweise. Zwingende Schutzbestimmungen zugunsten sozial schwächer gestellter Partner wurden nur in Einzelfragen im Ergebnis sozialer Auseinandersetzungen erreicht. Das „Selbstgeschaffene Recht der Wirtschaft" ist nicht auf Beziehungen zwischen Wirtschaftsunternehmen beschränkt, sondern wirkt insgesamt als Diktat des ökonomisch Stärkeren. Und die IWV unterliegen – von Ausnahmen abgesehen – grundsätzlich der Regelung durch einzelstaatliches Zivil- und Handelsrecht.

Bedeutungsminderung der gesetzlichen Regelung

Das „Selbstgeschaffene Recht der Wirtschaft" oder das sogenannte autonome Welthandelsrecht (Begriffe, die in der bürgerlichen Literatur für die Praxis der AGB, Formularverträge, Klauseln, Handelsbräuche und ähnliche Erscheinungen entwickelt wurden) ist mit einer relativen Verselbständigung der internationalen Vertragspraxis gegenüber dem überwiegend dispositiven staatlichen Kaufrecht verbunden. Das ist darauf zurückzuführen, daß durch diese Formen die wesentlichen Fragen des Vertragsinhalts, einschließlich der Rechtsfolgen für Pflichtverletzungen, erfaßt werden, während das dispositive Kaufrecht der Zivil- und Handelsgesetzbücher nur ergänzend eingreift.

Einfluß des öffentlichen Rechts

Während so das gesetzliche Kaufrecht trotz der gegenläufigen Tendenzen zumindest bei IWV keine große praktische Bedeutung hat, gehen die hochentwickelten kapitalistischen Staaten jedoch zur Durchsetzung ihrer staatsmonopolistischen Interessen immer mehr dazu über, im Rahmen ihrer Außenwirtschaftsgesetzgebung durch besondere Rechtsvorschriften auf den Inhalt von AKV Einfluß zu nehmen. Diese Außenwirtschaftsgesetze regeln meist auch die Auswirkungen auf den AKV oder sogar auf die Durchsetzbarkeit von Gerichtsentscheidungen für den Fall, daß die in diesen Gesetzen enthaltenen Vorschriften verletzt werden (z. B. Unwirksamkeit eines nach dem Gesetz genehmigungspflichtigen, aber ohne Genehmigung geschlossenen Vertrages; Vollstreckungsverbot für ein Urteil, das zu einer genehmigungspflichtigen, aber nicht genehmigten Leistung verpflichtet).

Bedeutungsminderung des Kaufrechts

Der Prozeß der tendenziellen Bedeutungsminderung des staatlichen Kaufrechts setzte bereits mit dem Übergang zum Monopolkapitalismus und insbesondere zum staatsmonopolistischen Kapitalismus ein. Die Regulierung der von größeren Wirtschaftsunternehmen geschlossenen Verträge erfolgt in zunehmendem Maße nicht durch das Gesetz, sondern durch andere Regelungsformen, hauptsächlich durch AGB (Branchenbedingungen, Verbandsbedingungen) einzelner Firmen, nationaler Firmen-(Monopol-)Verbände und internationaler Monopolverbände. Neben den AGB spielen auch Muster- oder Modellverträge und andere Formen eine Rolle.

AGB

Die AGB setzten sich zunächst in der Praxis der Transportunternehmen, der Versicherungsanstalten, Banken und Sparkassen durch. Sie wurden also in den Wirtschaftsbereichen angewandt, in denen relativ früh ein hoher Monopolisierungsgrad erreicht war und von den betreffenden Unternehmen eine große Anzahl von Verträgen geschlossen wurde. In der weiteren Entwicklung verbreiterte sich ihr Anwendungsfeld, und sie beherrschen heute die gesamte Wirtschaftsvertragspraxis in den kapitalistischen Industriestaaten.

Schutz durch Außenwirtschaftsmonopol

Welche Funktionen mit dieser Praxis der AGB in den Außenwirtschaftsbeziehungen mit der DDR realisiert werden können, hängt entscheidend von einem entsprechenden Gegengewicht ab. Auch in diesem Zusammenhang erweist sich das staatliche sozialistische Außenwirtschaftsmonopol als wichtiges Instrument zur Durchsetzung gleichberechtigter und gegenseitig vorteilhafter Wirtschaftsbeziehungen.

Gesetzgebung und Rechtsprechung

Die kapitalistischen Staaten und ihre Gerichte haben im allgemeinen die Praxis der AGB nicht nur geduldet, sondern sogar gefördert. Das kommt u. a. darin zum Ausdruck, daß die Gerichte AGB auch in solchen Fällen als Vertragsinhalt ansahen, in denen der andere Partner diese Bedingungen gar nicht kannte. Dabei gingen sie im allgemeinen von der Konstruktion aus, daß jemand, der Vertragsbeziehungen mit einem Unternehmen eingeht, von dem allgemein bekannt ist, daß es seine Vertragsbeziehungen auf der Grundlage seiner AGB gestaltet, diese Bedingungen kennen müsse. Andererseits haben die kapitalistischen Staaten und ihre Gerichte jedoch auch bestimmte und im einzelnen unterschiedliche Regulative entwickelt, die ihnen gewisse Kontroll- und Eingriffsmöglichkeiten in die Praxis der AGB geben. (Vgl. auch S. 161ff.)

2.3. Gewerblicher Rechtsschutz und Kartellrecht

2.3.1. Die Bedeutung der Schutzrechtspolitik für den Außenhandelskaufvertrag

Die Schutzrechtspolitik durchdringt alle Phasen des sozialistischen Reproduktionsprozesses, von der Prognostik bis zum Absatz der Erzeugnisse. Sie ist untrennbarer Bestandteil der Wissenschaftspolitik und der Wirtschaftspolitik. Die Arbeit mit den Schutzrechten hat eine besondere Bedeutung für die Erhöhung der Effektivität der Außenwirtschaft, da die Schutzrechte vor allem in der Zirkulationssphäre wirksam sind.

Begriff der Schutzrechte Schutzrechte sind Urheberscheine, Patente, Gebrauchsmuster, geschützte industrielle Muster und geschützte Warenkennzeichen.

Zu den Warenkennzeichen gehören außer den Warenzeichen oder Marken noch Ausstattungen, der Handelsname, Herkunftsangaben und Ursprungsbezeichnungen. Zu beachten sind auch die Bestimmungen gegen den unlauteren Wettbewerb, durch die ein über die Schutzrechte hinausgehender Schutz gegen verwechslungsfähige Nachahmungen erfolgt.
Bei der Verwertung der Schutzrechte sind in den kapitalistischen Industriestaaten außerdem die Vorschriften des Kartell- bzw. Antitrustrechts zu berücksichtigen. Dies ist insbesondere der Fall, wenn die Frage einer möglichen Wettbewerbsbeschränkung aufgeworfen wird.[52]

Die Wirkung eines Schutzrechtes besteht im allgemeinen darin, daß der Schutzrechtsinhaber die Befugnis hat, Dritte von der Benutzung des geschützten Objektes auszuschließen. Dies verleiht ihm gegenüber seinen Konkurrenten eine bessere Marktposition.

Bedeutung der Schutzrechte für AKV Beim Abschluß eines AKV können Schutzrechte sowohl in positiver als auch in negativer Hinsicht Bedeutung erlangen, je nachdem ob sich die Schutzrechte in der eigenen Hand oder in der Hand des Partners oder in der Hand eines nicht am Vertragsabschluß beteiligten Dritten befinden. So können sich aus Schutzrechten für den konkreten Kaufvertrag ökonomische Vor- und Nachteile ergeben, oder es kann sogar der Abschluß des Vertrages selbst in Frage gestellt werden. Es ist zu beachten, daß die kapitalistischen Kunden und Konkurrenten schutzrechtspolitischen Maßnahmen im allgemeinen eine große Aufmerksamkeit schenken. Sie sind in der Regel bemüht, sich mit den Mitteln des Patent-, Muster- und Kennzeichnungswesens ökonomische Vorteile zu verschaffen.
Eine erfolgreiche Schutzrechtspolitik kann nicht von wissenschaftlich-technischer und ökonomischer Aktivität getrennt werden.

So vermag ein juristisch einwandfreies Patent seinem Inhaber keinen Vorteil zu verschaffen, wenn die zugrunde liegende Erfindung nur einen bescheidenen technischen Fortschritt bedeutet oder inzwischen technisch überholt ist. Ebenso wird sich eine auf dem Markt gut eingeführte Marke letztlich nur negativ auswirken, wenn sie auch für Waren minderer Qualität verwendet wird. Sie kann dann sogar den Charakter eines „Warnzeichens" annehmen, indem sie Interessenten vom Kauf abhält, da unter diesem Kennzeichen minderwertige Erzeugnisse erwartet werden.

Komplex schutzrechtspolitischer Maßnahmen Wesentlich ist, daß die zu treffenden schutzrechtspolitischen Maßnahmen einander sinnvoll ergänzen und als ein Komplex zu sehen sind. Unter schutzrechtspolitischen Maßnahmen sind all jene Maßnahmen zu verstehen, die durch den Erwerb, die Sicherung, die Verteidigung und die Nutzung von Schutzrechten charakterisiert werden und der Verwirklichung der wirtschaftspolitischen Strategie dienen, d. h. mithelfen, die politisch-ökonomische Position des Schutzrechtserwerbers bzw. -inhabers auf dem Weltmarkt zu stärken. Eine schutzrechtspolitische Maßnahme ist dabei auch ein Angriff auf bestehende Schutzrechte Dritter.

Erwerb von Schutzrechten Die wichtigste schutzrechtspolitische Maßnahme, die mit der Außenwirtschaft zusammenhängt und der Effektivität der Außenwirtschaftsbezie-

52 Vgl. hierzu Handbuch der Außenhandelsverträge Band 4, Berlin 1982, S. 151ff.

hungen dient, ist der gezielte Erwerb von Schutzrechten im Ausland. Der Schutzrechtserwerb in anderen Staaten ist darauf gerichtet, wirksam zur Realisierung der außenwirtschaftlichen Zielstellungen beizutragen, d. h. über die schutzrechtliche Sicherung von wissenschaftlich-technischen Ergebnissen und Exportwaren mit Spitzenniveau einen Exportzuwachs und eine höhere Außenhandelseffektivität zu erreichen.[53] In diesem Sinne dienen der Erwerb, die Aufrechterhaltung und die Verteidigung von Schutzrechten vor allem der Sicherung von Exporten und Lizenzvergaben.

2.3.2. Internationale Verträge

2.3.2.1. Die Notwendigkeit des Abschlusses internationaler Verträge

Die gewerblichen Schutzrechte sind in ihrer Wirkung von der Hoheitsgewalt des jeweiligen Staates abhängig. So wird die Wirkung eines Patents, einer Marke oder eines Musters durch einen Rechtsakt des Patentamtes eines Staates begründet. Ähnlich ist es bei den ohne Registrierung geschützten Kennzeichen. Sie leiten ihre Wirksamkeit ausschließlich aus der Gesetzgebung und der Rechtsprechung eines bestimmten Staates ab. Aus diesen Gründen sind die Schutzrechte in ihrer Wirkung entsprechend dem völkerrechtlichen Prinzip der staatlichen Souveränität auf das Hoheitsgebiet des betreffenden Staates beschränkt. Daraus folgt, daß sich die Rechtslage bei den Schutzrechten stets nach dem Territorialstatut bestimmt. Die territoriale Beschränkung der Wirkung eines Schutzrechtes kann nur auf dem Wege des Abschlusses internationaler Verträge, d. h. völkerrechtlicher Vereinbarungen zwischen den interessierten Staaten, überwunden werden.

2.3.2.2. Verträge universellen Charakters

2.3.2.2.1. Die Pariser Verbandsübereinkunft

Die Pariser Verbandsübereinkunft zum Schutze des gewerblichen Eigentums vom 20. 3. 1883[54] (PVÜ) ist der umfassendste internationale Vertrag auf dem Gebiet des gewerblichen Rechtsschutzes. *PVÜ*

Der PVÜ gehören mit Stand vom 1. 1. 1985 96 Mitgliedstaaten an, unter ihnen Staaten beider sozialökonomischer Systeme (z. B. DDR, BRD, Österreich, Schweiz) sowie auch zahlreiche Entwicklungsländer. (Eine Übersicht über den Mitgliederstand der internationalen Konventionen wird alljährlich in „La Propriété industrielle" sowie in anderen periodischen Veröffentlichungen, so in den „Bekanntmachungen des Amtes für Erfindungs- und Patentwesen der DDR", gegeben.)

53 Vgl. S. Schröter, „Marktwirksame Schutzrechtsarbeit in anderen Staaten", der neuerer, Ausg. B, 1982/10, S. 132.

54 Pariser Verbandsübereinkunft zum Schutze des gewerblichen Eigentums vom 20. 3. 1883, revidiert in Brüssel am 14. 12. 1900, in Washington am 2. 6. 1911, im Haag am 6. 11. 1925, in London am 2. 6. 1934, in Lissabon am 31. 10. 1958 und in Stockholm am 14. 7. 1967, Bkm. vom 10. 8. 1970, GBl. I Nr. 18 S. 177.

Die PVÜ ist darauf gerichtet, für die Angehörigen ihrer Mitgliedstaaten den Erwerb und die Aufrechterhaltung von nationalen Schutzrechten in den anderen Mitgliedstaaten zu erleichtern.

WIPO Von den Mitgliedstaaten der PVÜ wurde ein internationaler Verband – der Pariser Verband – gebildet, der gemeinsam mit dem Berner Verband (gebildet durch die Berner Übereinkunft vom 9. 9. 1886 zum Schutz von Werken der Literatur und Kunst[55]) und anderen Verbänden der Weltorganisation für geistiges Eigentum[56] (WIPO) angehört.

Die WIPO ist seit dem 17. 12. 1974 eine Spezialorganisation der UNO. Ihre Aufgabe ist es, den Schutz des geistigen Eigentums, das den Schutz der gewerblichen Rechte und der Urheberrechte umfaßt, durch zwischenstaatliche Zusammenarbeit und im Zusammenwirken mit anderen internationalen Organisationen zu fördern sowie die administrative Zusammenarbeit der angeschlossenen Verbände zu sichern. Zu diesem Zweck zentralisiert die WIPO die Verwaltung dieser Verbände in ihrem Internationalen Büro, das seinen Sitz in Genf hat.[57]

Die PVÜ schafft für die Verbandsländer kein international einheitliches Recht. Sie enthält lediglich gegenseitige Verpflichtungen, die von den Verbandsländern in ihrem innerstaatlichen Recht zu verwirklichen sind, sowie besondere Vorteile, die teilweise in den Verbandsländern unmittelbar Rechte für ausländische Schutzrechtsanmelder bzw. -inhaber erzeugen.

Vorteile aus der PVÜ Die wichtigste Festlegung der PVÜ ist, daß die Angehörigen der anderen Verbandsländer in materiell-rechtlicher Hinsicht im gesamten Bereich des gewerblichen Rechtsschutzes den Inländern gleichgestellt werden (Art. 2). Darüber hinaus legt die PVÜ noch besondere Vorteile für die Angehörigen der Verbandsländer fest.

Von diesen seien hier vor allem hervorgehoben:
- das Prioritätsrecht des Art. 4, nach dem innerhalb eines Jahres in allen anderen Verbandsländern mit der Priorität der Erstanmeldung Urheberscheine oder Patente für die gleiche Erfindung angemeldet werden können. Bei Marken und Mustern oder Modellen beträgt die Prioritätsfrist 6 Monate;
- Erleichterungen für die Aufrechterhaltung von Schutzrechten (z. B. Abschwächung eines Ausübungszwanges);
- Zulassung der Marken, so wie sie im Ursprungsland registriert sind, auch zur Registrierung in den anderen Verbandsländern;
- Herausnahme der Fahrzeuge, die sich in Abwicklung des internationalen Verkehrs vorübergehend in einem Verbandsland befinden, aus den Wirkungen des Patents;
- der Schutz notorischer Marken ohne Rücksicht auf ihre Eintragung;
- die Bekämpfung des unlauteren Wettbewerbs.

Berücksichtigt werden muß, daß mit der PVÜ kein wirksamer internationaler Ausstellungsschutz eingeführt worden ist. Daher ist es aus schutzrechtspolitischen Gründen angebracht, auf allen Ausstellungen und Mes-

55 Berner Übereinkunft zum Schutz von Werken der Literatur und Kunst vom 9. 9. 1886, vervollständigt in Paris am 4. 5. 1896, revidiert in Berlin am 13. 11. 1908, vervollständigt in Bern am 20. 3. 1914, revidiert in Rom am 2. 6. 1928, in Brüssel am 26. 6. 1948, in Stockholm am 14. 7. 1967 und in Paris am 24. 7. 1971, Bkm. vom 4. 4. 1978, GBl. II Nr. 4 S. 37.

56 Übereinkommen zur Errichtung der Weltorganisation für geistiges Eigentum, unterzeichnet in Stockholm am 14. 7. 1967, Bkm. vom 10. 8. 1970, GBl. I Nr. 19 S. 257.

57 Nähere Ausführungen dazu in: Die Weltorganisation für geistiges Eigentum. Die Vereinten Nationen und ihre Spezialorganisationen. Dokumente, Bd. 18, Berlin 1982.

sen nur solche Erzeugnisse auszustellen, bei denen bereits die erforderlichen Schutzrechtsanmeldungen vorgenommen worden sind.

2.3.2.2.2. Sonderabkommen der Pariser Verbandsübereinkunft

Die Mitgliedstaaten der PVÜ sind berechtigt, mit ihren Verpflichtungen aus der Hauptübereinkunft in Einklang stehende besondere Übereinkommen zu treffen, die weitergehende Festlegungen als die PVÜ enthalten. Derartige Sonderabkommen der PVÜ stehen allen Mitgliedstaaten der PVÜ offen, und für sie nimmt das Internationale Büro der WIPO die administrative Arbeit wahr.
Bisher wurden dreizehn Sonderabkommen der PVÜ abgeschlossen, von denen sich zwölf in Kraft befinden. Die DDR ist Mitglied von sechs dieser Abkommen, und zwar:

- des Madrider Markenabkommens vom 14. 4. 1891[58],
- des Haager Musterabkommens vom 6. 11. 1925[59],
- des Madrider Herkunftsabkommens vom 14. 4. 1891[60],
- des Nizzaer Klassifikationsabkommens vom 15. 6. 1957[61],
- des Locarnoer Klassifikationsabkommens vom 8. 10. 1968[62] und
- des Straßburger Klassifikationsabkommens vom 24. 3. 1971[63].

Madrider Markenabkommen

Nach dem Madrider Abkommen über die internationale Registrierung von Marken vom 14. 4. 1891 ist es zulässig, im Ursprungsland eingetragene Marken durch Registrierung beim Internationalen Büro der WIPO in allen anderen Mitgliedstaaten des Abkommens schützen zu lassen. Die internationale Registrierung ersetzt damit die sonst erforderlichen nationalen Registrierungen und erzeugt die gleiche Wirkung, wie wenn die Marke in den betreffenden Staaten registriert worden wäre. Rechtlich gesehen erzeugt die internationale Registrierung keine internationale Marke, sondern eher ein „Bündel nationaler Marken“, deren rechtliches Schicksal sich jeweils nach dem Recht des betreffenden Mitgliedstaates richtet.

Dem Abkommen gehören 26 Staaten an, unter ihnen die BRD, Österreich, die Schweiz und die UdSSR.
Eine ähnliche Wirkung wird mittels des Vertrages über die internationale Registrierung von Marken, unterzeichnet am 12. 6. 1973 in Wien[64], erzielt, dem allerdings nur fünf Staaten angehören. Der Hauptunterschied dieses Vertrages zum Madrider Markenabkommen besteht darin, daß die nach ihm vorgenommene Registrierung keine vorherige Eintragung der betreffenden Marken im Ursprungsland voraussetzt.

58 Madrider Abkommen über die internationale Registrierung von Marken vom 14. 4. 1891, revidiert in Brüssel am 14. 12. 1900, in Washington am 2. 6. 1911, im Haag am 6. 11. 1925, in London am 2. 6. 1934, in Nizza am 15. 6. 1957 und in Stockholm am 14. 7. 1967, Bkm. vom 26. 7. 1971, GBl. I Nr. 6 S. 133.
59 Haager Abkommen über die internationale Hinterlegung gewerblicher Muster oder Modelle vom 6. 11. 1925, revidiert in London am 2. 6. 1934, RGBl. II 1937 S. 617. Das Abkommen wurde 1961 durch die Zusatzakte von Monaco sowie 1967 durch das Zusatzabkommen von Stockholm ergänzt und am 28. 11. 1960 in Den Haag revidiert. Die BRD und die Schweiz gehören der revidierten Haager Fassung an.
60 Madrider Abkommen über die Unterdrückung falscher oder irreführender Herkunftsangaben vom 14. 4. 1891, revidiert in Washington am 2. 6. 1911, im Haag am 6. 11. 1925, in London am 2. 6. 1934 und in Lissabon am 31. 10. 1958, GBl. I 1965 Nr. 1 S. 19, Nr. 4 S. 74.
61 Abkommen von Nizza über die internationale Klassifikation von Waren und Dienstleistungen für die Eintragung von Marken vom 15. 6. 1957, Bkm. vom 10. 8. 1970, GBl. I Nr. 18 S. 237.
62 Abkommen von Locarno über die internationale Klassifikation für gewerbliche Muster vom 8, 10. 1968, Bkm. vom 16. 6. 1977, GBl. II Nr. 12 S. 256.
63 Straßburger Abkommen über die internationale Patentklassifikation vom 24. 3. 1971, Bkm. vom 22. 9. 1976, GBl. II Nr. 15 S. 297.
64 WIPO-Publikation Nr. 265(G).

Haager Musterabkommen

Das Haager Musterabkommen vom 6. 11. 1925 sieht ähnlich dem Madrider Markenabkommen eine internationale Registrierung von gewerblichen Mustern und Modellen vor. Es hat aber wegen der geringeren Mitgliederzahl (Stand 1. 1. 1985: 19 Mitgliedstaaten) für die Schutzrechtspraxis geringere Bedeutung.

Die DDR gehört der Londoner Fassung vom 2. 6. 1934 an. Mit Wirkung vom 1. 8. 1984 ist die Haager Fassung vom 28. 11. 1960 in Kraft getreten.

Abkommen zum Schutz von Herkunftsangaben und Ursprungsbezeichnungen

Um einen über die PVÜ hinausgehenden Schutz von Herkunftsangaben zu erreichen, wurde am 14. 4. 1891 das Madrider Herkunftsabkommen abgeschlossen, dem 32 Mitgliedstaaten angehören. Da dieses Abkommen aber den Gerichten der Mitgliedstaaten einen zu großen Spielraum überläßt, wurde im Interesse eines wirksameren Schutzes am 31. 10. 1958 das Lissaboner Ursprungsabkommen[65] abgeschlossen, das eine internationale Registrierung von Ursprungsbezeichnungen vorsieht. (Diesem Abkommen gehören aber nur 16 Staaten an.)

Patent Cooperation Treaty

Ein für den Rechtsschutz von Erfindungen bedeutsames Abkommen ist der Vertrag über die internationale Zusammenarbeit auf dem Gebiet des Patentwesens (Patent Cooperation Treaty – PCT) vom 19. 6. 1970[66]. Dieser Vertrag erleichtert angesichts der wachsenden Zahl der Anmeldung von Erfindungsschutzrechten im Ausland die Arbeit der Anmelder und der nationalen Patentämter. Zu diesem Zweck sieht er obligatorisch eine internationale Anmeldung und einen internationalen Recherchenbericht sowie fakultativ einen internationalen vorläufigen Prüfungsbericht vor. Diese Berichte fertigen die nationalen Patentämter oder die internationalen Organe an, die von der Versammlung der Mitgliedstaaten eingesetzt wurden. Die Erteilung der Erfindungsschutzrechte erfolgt unter Berücksichtigung der internationalen Berichte von den Patentämtern der Mitgliedstaaten, d. h., es werden nationale Schutzrechte erteilt.

Unter den gegenwärtig 39 Mitgliedstaaten des PCT befinden sich die BRD, Frankreich, Großbritannien, Japan, Österreich, die Schweiz, die UdSSR und die USA.

Budapester Vertrag (Mikroorganismen)

Dem weiteren Ausbau des Rechtsschutzes von Erfindungen dient auch der Budapester Vertrag über die internationale Anerkennung der Hinterlegung von Mikroorganismen für die Zwecke von Patentverfahren vom 28. 4. 1977[67]. Nach diesem Vertrag ist es nicht erforderlich, die zum Schutz angemeldeten Stämme von Mikroorganismen in jedem Staat zu hinterlegen, in dem Schutz beansprucht wird. Es genügt eine einzige Hinterlegung bei einer Einrichtung, die als internationale Hinterlegungsstelle anerkannt ist.

Zu den 15 Mitgliedstaaten gehören u. a. die BRD, Frankreich, Großbritannien, Japan, die UdSSR und die USA.

65 Lissaboner Abkommen über den Schutz der Ursprungsbezeichnungen und ihre internationale Registrierung vom 31. 10. 1958, revidiert in Stockholm am 14. 7. 1967, WIPO-Publikation Nr. 264 (G).

66 Vertrag über die internationale Zusammenarbeit auf dem Gebiet des Patentwesens, unterzeichnet in Washington am 19. 6. 1970, in: der neuerer, Ausg. B, 1978/2/3, Beilage „der neuerer"-Informationen; sowie WIPO-Publikationen Nr. 274 (G).

67 Budapester Vertrag über die internationale Anerkennung der Hinterlegung von Mikroorganismen für die Zwecke von Patentverfahren, unterzeichnet in Budapest am 28. 4. 1977, in: der neuerer, Ausg. B, 1979/11, Beilage „der neuerer"-Informationen; sowie WIPO-Publikation Nr. 277 (G).

2.3.2.3. Multilaterale Verträge der Mitgliedstaaten des RGW

In Verwirklichung des auf der XXV. Tagung des RGW am 29. 7. 1971 angenommenen Komplexprogramms der sozialistischen ökonomischen Integration[68] vertiefen die Mitgliedstaaten des RGW auch ihre gegenseitige wissenschaftlich-technische Zusammenarbeit. In diesem Zusammenhang wurden bisher drei Abkommen zu Fragen der schutzrechtlichen Sicherung der erzielten wissenschaftlich-technischen Ergebnisse abgeschlossen.

Rechtsschutzabkommen

Das erste ist das Rechtsschutzabkommen[69] vom 12. 4. 1973. Dieses Abkommen ist das erste bedeutende, unmittelbar praxiswirksame Resultat der Zusammenarbeit in diesem Bereich[70]. Es regelt Fragen, die mit dem Schutz der im Integrationsprozeß entstandenen gemeinsamen Erfindungen zusammenhängen,[71] weiterhin Fragen der Erleichterung des Erwerbs von Erfindungsschutzrechten in den anderen RGW-Staaten sowie der Verwertung und Vergütung von Erfindungen und industriellen Formgestaltungen. Ergänzend wirkt das Abkommen über die Vereinheitlichung der Erfordernisse für die Ausarbeitung und Einreichung von Erfindungsanmeldungen vom 5. 7. 1975[72].

Gegenseitige Anerkennung von Schutzdokumenten

Mit dem Abkommen über die gegenseitige Anerkennung von Urheberscheinen und anderen Schutzdokumenten für Erfindungen vom 18. 12. 1976[73] wurde ein erster Schritt zur Herausbildung eines einheitlichen gemeinsamen Schutzterritoriums der Mitgliedstaaten des RGW auf dem Gebiet des Erfindungswesens getan. Ohne Einschränkung der geltenden nationalen Gesetzgebung der Mitgliedstaaten können auf Antrag die in einem Staat erteilten Schutzdokumente auch in anderen Mitgliedstaaten anerkannt werden, wodurch besondere Schutzrechte internationaler Art entstehen.[74]

2.3.2.4. Multilaterale Verträge nichtsozialistischer Staaten

Afrikanisches Patentamt

In der Zusammenarbeit zwischen den Entwicklungsländern geht es vor allem darum, den Aufbau eines nationalen Schutzsystems zu fördern. Mit dem Abkommen von Libreville (Gabun) vom 13. 9. 1962, revidiert am 2. 3. 1977 in Bangui (Zentralafrikanische Republik),[75] wurde in Jaoundé (Ka-

68 Komplexprogramm für die weitere Vertiefung und Vervollkommnung der Zusammenarbeit und Entwicklung der sozialistischen ökonomischen Integration der Mitgliedsländer des RGW, in: Grunddokumente des RGW, Berlin 1978, S. 47.

69 Bkm. vom 5. 7. 1973 über das Inkrafttreten des Abkommens über den Rechtsschutz von Erfindungen, Geschmacks-, Gebrauchsmustern und Warenzeichen bei der wirtschaftlichen und wissenschaftlich-technischen Zusammenarbeit vom 12. 4. 1973, GBl. II Nr. 10 S. 109.

70 Vgl. J. Hemmerling, „Unterzeichnung des mehrseitigen Abkommens über den Rechtsschutz von Erfindungen, Geschmacksmustern, Gebrauchsmustern und Warenzeichen bei der wirtschaftlichen und wissenschaftlich-technischen Zusammenarbeit", der neuerer, Ausg. B, 1973/9, S. 115.

71 Vgl. M. Müller/G. Schönfeld, „Rechtsschutz gemeinsam geschaffener Erfindungen", der neuerer, Ausg. B, 1981/10, S. 137.

72 Mitteilungsblatt des Amtes für Erfindungs- und Patentwesen der DDR, 1975/9, S. 2.

73 Bkm. vom 15. 9. 1977 über das Inkrafttreten des Abkommens über die gegenseitige Anerkennung von Urheberscheinen und anderen Schutzdokumenten für Erfindungen vom 18. 12. 1976, GBl. II 1977 Nr. 15 S. 327.

74 Vgl. F. Jonkisch/H. Pluskwik, „Gegenseitige Anerkennung von Urheberscheinen und anderen Schutzdokumenten für Erfindungen in den RGW-Staaten", der neuerer, Ausg. B, 1978/5, S. 73.

75 Accord relatif à la création d'une Organisation Africaine de la Propriété Intellectuelle, constituant révision de l'Accord relatif à la création d'un Office Africain et Malgache de la Propriété Industrielle, Bangui, 2. 3. 1977, La Propriété industrielle, 1979/3-4, Dokumentenbeilage.

merun) das Afrikanische Patentamt (OAPI) gegründet, das für 13 ehemals dem französischen Kolonialreich angehörende Staaten Schutzrechte erteilt, die in den Mitgliedstaaten die Wirkungen nationaler Schutzrechte haben.

Auch die ehemals dem britischen Kolonialreich angehörenden Staaten Afrikas haben ihre Zusammenarbeit auf dem Gebiet des gewerblichen Rechtsschutzes verstärkt. Am 7. 12. 1976 wurde in Lusaka das Abkommen über die Organisation für geistiges Eigentum der anglophonen afrikanischen Staaten (ESARIPO)[76] abgeschlossen, dem zwölf Staaten angehören. Gemäß dem Protokoll von Harare werden seit Juli 1985 für sieben dieser Staaten gemeinsame Patente erteilt und Muster eingetragen.

Westeuropa

Wesentliche Schritte in Richtung auf eine Patentrechtsintegration erfolgten in Westeuropa. So wurde im Rahmen des Europarates am 11. 12. 1953 das Übereinkommen über die Formerfordernisse bei Patentanmeldungen[77] und am 27. 11. 1963 in Straßburg das Übereinkommen über die Vereinheitlichung gewisser Begriffe des materiellen Rechts der Erfindungspatente abgeschlossen.

Ein 1954 abgeschlossenes Abkommen über die Patentklassifikation wurde inzwischen im Rahmen der PVÜ vom Straßburger Klassifikationsabkommen konsumiert.[78]

Am 5. 10. 1973 wurde in München das Übereinkommen über die Erteilung europäischer Patente[79] (Europäisches Patentübereinkommen) abgeschlossen (am 7. 10. 1977 in Kraft getreten), dem 11 westeuropäische Staaten angehören. Gemäß Art. 4 Abs. 2 des Übereinkommens ist ein Europäisches Patentamt geschaffen worden, das seinen Sitz in München hat.

Europäisches Patent

Auf der Grundlage des Übereinkommens werden für europäische Patentanmeldungen mit Wirkung für 11 Mitgliedstaaten (darunter die BRD, Österreich und die Schweiz) europäische Patente erteilt, für die einheitliche Schutzvoraussetzungen bestehen. Europäische Patente sind aber ihrem Wesen nach nationale Patente. Sie gewähren ihren Inhabern in jedem Vertragsstaat, für den sie erteilt worden sind, dieselben Rechte, die ihnen in diesem Staat erteilte nationale Patente gewähren würden. Da das nationale Patentrecht beibehalten wird, gibt es in den Vertragsstaaten sowohl vom nationalen Patentamt erteilte Patente als auch Patente, die vom Europäischen Patentamt erteilt worden sind.

Mittels des am 15. 12. 1975 in Luxemburg unterzeichneten (bisher noch nicht in Kraft getretenen) Übereinkommens über das europäische Patent für den Gemeinsamen Markt (Gemeinschaftspatentübereinkommen)[80] soll das europäische Patent für die Staaten des Gemeinsamen Marktes, d. h. der EWG, zu einem einheitlichen supranationalen Patent zusammengefaßt werden, das den im EWG-Vertrag festgelegten Grundsätzen über den freien Warenverkehr dienen soll.

Kartellrecht der EWG

Kartellrechtliche Bestimmungen sind für den Bereich der EWG in Art. 85

76 Agreement on the Creation of an Industrial Property Organization for English-Speaking Africa, Lusaka, 7. 12. 1976, La Propriété industrielle, 1978/7-8, Dokumentenbeilage; deutscher Text in: Blatt für Patent-, Muster- und Zeichenwesen, 1984/7, S. 226ff.

77 Text in: H. Scheer, Internationales Patent-, Muster- und Warenzeichenrecht, Kommentare nebst einbezogenen Gerichtsurteilen, Köln 1971, S. 587.

78 Siehe Fußn. 63.

79 in: der neuerer, Ausg. B, 1978/5/6., Beilage „der neuerer"-Informationen.

80 Amtsblatt der EG vom 26. 1. 1976, S. 1.

des EWG-Vertrages[81] festgelegt worden. Danach sind Unternehmensvereinigungen und aufeinander abgestimmte Verhaltensweisen, die geeignet sind, den Handel zwischen Mitgliedstaaten zu beeinträchtigen, und eine Verhinderung, Einschränkung oder Verfälschung des Wettbewerbs bezwecken oder bewirken, verboten. Diese Bestimmung wird auch auf Lizenzverträge angewandt, ist also von unmittelbarer Bedeutung für die Verwertung gewerblicher Schutzrechte im Bereich der EWG.[82]

2.3.3. Grundsätze der rechtlichen Regelung in der DDR

2.3.3.1. Verantwortung für die Schutzrechtspolitik

Amt für Erfindungs- und Patentwesen

Das zentrale Organ des Ministerrates der DDR für die Leitung des Patent-, Muster- und Kennzeichnungswesens, die Entwicklung der Erfindertätigkeit und des Neuererwesens ist das Amt für Erfindungs- und Patentwesen der DDR (Patentamt).[83] Nach § 2 der Schutzrechtsverordnung[84] ist es verantwortlich für die Weiterentwicklung und ständige Erhöhung der Effektivität der Arbeit mit Schutzrechten, sichert es die Durchsetzung der staatlichen Erfordernisse auf diesem Gebiet sowie die Wahrung der staatlichen Interessen bei der Anmeldung von Schutzrechten in anderen Staaten und unterstützt die Ministerien, Kombinate und wirtschaftsleitenden Organe bei der Entwicklung einer aktiven Arbeit mit Schutzrechten und der Erfindertätigkeit. Die Ministerien und anderen zentralen Staatsorgane sind für eine hohe Wirksamkeit der Arbeit mit den Schutzrechten in ihren Bereichen verantwortlich und leiten die ihnen unterstellten Kombinate und Einrichtungen an.

Unmittelbare Verantwortung des Kombinats

Verantwortlich für die unmittelbare schutzrechtspolitische Arbeit ist das Kombinat. Die Schutzrechtsverordnung schließt sich in diesem Sinne unmittelbar an die Regelungen der Kombinatsverordnung[85] an und präzisiert deren grundsätzliche Festlegungen hinsichtlich der Arbeit mit Schutzrechten.[86] Das Kombinat und auch die Kombinatsbetriebe sind im Rahmen ihrer Aufgabenbereiche für die schutzrechtliche Arbeit verantwortlich, von der Forschung und Entwicklung bis zum Absatz der Erzeugnisse. Sie haben eigene wissenschaftlich-technische Entwicklungen im erforderlichen Maße in der DDR und im Ausland schutzrechtlich zu sichern. Sie sind verpflichtet, effektiv mit den Schutzrechten zu arbeiten und erforderlichenfalls Maßnahmen zur Durchsetzung ihrer Schutzrechte zu treffen.

Wirksamkeit der schutzrechtlichen Arbeit

Die Kombinate haben regelmäßig die volkswirtschaftliche Wirksamkeit ihrer schutzrechtlichen Arbeit zu analysieren. Insbesondere ist einzuschätzen, wie groß der Anteil der Schutzrechte im Verhältnis zum Exportvolumen des Kombinats und zum generellen Schutzrechtsbestand inner-

81 Vertrag zur Gründung der Europäischen Wirtschaftsgemeinschaft vom 25. 3. 1957, Text in: Völkerrecht. Dokumente, Teil 2, Berlin 1980, S. 440.
82 Vgl. G. Schönfeld, „Das Lizenzrecht der EWG und die internationalen Lizenzbeziehungen", der neuerer, Ausg. B, 1983/1, S. 6.
83 Vgl. Statut des Amtes für Erfindungs- und Patentwesen der DDR vom 15. 6. 1978, GBl. I Nr. 18 S. 217.
84 VO über die Arbeit mit Schutzrechten – Schutzrechtsverordnung – vom 31. 1. 1980, GBl. I Nr. 7 S. 49.
85 VO über die volkseigenen Kombinate, Kombinatsbetriebe und volkseigenen Betriebe vom 8. 11. 1979, GBl. I Nr. 38 S. 355.
86 Vgl. F. Jonkisch, „Höhere Anforderungen an die Arbeit mit Schutzrechten", der neuerer, Ausg. B, 1980/7, S. 82.

und außerhalb der DDR ist, wie Schutzrechte den Export von Erzeugnissen und wissenschaftlich-technischen Ergebnissen marktwirksam unterstützen, welche Bedeutung die Schutzrechte für die Lizenzvergabe und die Erhöhung der Erlöse aus Lizenzverträgen haben, in welchem Zeitraum die Schutzrechte vom Zeitpunkt ihrer Anmeldung in anderen Staaten an marktwirksam werden und wie hoch die Anzahl der auf Außenmärkten erworbenen Schutzrechte gegenüber dem Schutzrechtsbestand der Konkurrenz ist. Es kommt vor allem darauf an, solche Schutzrechte zu erwerben und aufrechtzuerhalten, die entscheidend zu einer Steigerung des Exports und der Lizenzvergabe sowie zu höheren Erlösen und zur Verbesserung der Außenhandelsrentabilität beitragen.[87]

Schutzrechtssituation in der DDR

Ausgangspunkt für eine wirksame Schutzrechtspolitik muß in jedem Fall die Schutzrechtssituation innerhalb der DDR sein. Beim Verkauf von Erzeugnissen, die durch Schutzrechte gesichert sind, sichern die in der DDR existierenden Schutzrechte die für den Absatz notwendige Produktion. Handelt es sich um einen Kauf von Erzeugnissen aus dem Ausland, so kann sich eine starke Schutzrechtsposition nur vorteilhaft auf die Vertragsgestaltung auswirken. Wesentlich dabei ist aber, daß sich diese in der DDR bestehenden Schutzrechte nicht in der Hand ausländischer Konkurrenten befinden.

Angesichts der Bedeutung der Schutzrechte innerhalb der DDR dürfen im Ausland Anmeldungen für Schutzrechte grundsätzlich erst dann hinterlegt werden, wenn zuvor die erforderlichen Anmeldungen beim Patentamt der DDR vorgenommen worden sind.

2.3.3.2. Patente

Gemäß dem Patentrecht der DDR werden Patente für Erfindungen, d. h. für technische Lösungen gewährt, die sich durch Neuheit, industrielle Anwendbarkeit und technischen Fortschritt auszeichnen und auf einer erfinderischen Leistung beruhen (§ 5 Abs. 1 Patentgesetz[88]). Es gibt zwei Patentarten: das Wirtschaftspatent und das Ausschließungspatent.

Wirtschaftspatent

Bei einem Wirtschaftspatent steht das Recht auf Benutzung der patentierten Erfindung den sozialistischen Betrieben und den staatlichen Organen zu. Der Erfinder hat das Recht auf moralische und materielle Anerkennung in Abhängigkeit von dem Nutzen, der der Gesellschaft aus der Erfindung erwächst. Ist die Erfindung nicht im Zusammenhang mit der Tätigkeit des Erfinders in einem sozialistischen Betrieb oder einem staatlichen Organ oder mit Unterstützung eines sozialistischen Betriebes oder eines staatlichen Organs entstanden, so hat auch er das Recht auf Benutzung der Erfindung. Ansonsten darf er die patentierte Erfindung mit Erlaubnis des Patentamtes benutzen.

Das Wirtschaftspatent ist eine sozialistische Form des Erfindungsschutzrechts. In ihm werden das Interesse der Gesellschaft an einer optimalen Benutzung der Erfindung und das des Erfinders an der Anerkennung seiner

87 Vgl. hierzu S. Schröter, „Marktwirksame Schutzrechtsarbeit in anderen Staaten", der neuerer, Ausg. B, 1982/10, S. 132f.

88 Gesetz über den Rechtsschutz für Erfindungen – Patentgesetz – vom 27. 10. 1983, GBl. I Nr. 29 S. 284.

erbrachten besonderen Leistung für die Gesellschaft in Einklang gebracht. Das Wirtschaftspatent entspricht dem in der UdSSR und in anderen sozialistischen Staaten bestehenden Rechtsinstitut des Urheberscheins.

Ausschließungspatent

Beim Ausschließungspatent, das in der Regel von ausländischen Patentanmeldern beansprucht wird, steht die Befugnis zur Benutzung der geschützten Erfindung nur dem Patentinhaber zu. Er kann einem Dritten die Benutzung gestatten, und zwar durch Abschluß eines Lizenzvertrages. Ein Ausschließungspatent kann auf Antrag des Patentinhabers jederzeit in ein Wirtschaftspatent umgewandelt werden (§ 11 Patentgesetz).

Wirkungen des Patents

Das Patent, sowohl das Wirtschafts- wie auch das Ausschließungspatent, hat die Wirkung, daß nur der dazu Befugte die patentierte Erfindung herstellen, anwenden, anbieten und vertreiben darf (§ 12 Patentgesetz). Jeder, der ohne Berechtigung die patentierte Erfindung in einer dieser Arten benutzt, begeht eine Patentverletzung. Im konkreten Fall können mehrere als Patentverletzer in Frage kommen. Der Patentinhaber kann dann auswählen, gegen wen er einen Patentverletzungsprozeß anstrengen will.

So macht sich z. B. nicht nur der Produktionsbetrieb, in dem eine importierte Maschine ihren Platz erhält, sondern auch der AHB, der diese Maschine in die DDR einführt, einer Patentverletzung schuldig, wenn in dieser Maschine eine in der DDR patentierte Erfindung verwertet worden ist.

2.3.3.3. Industrielle Muster

Industrielle Muster (gewerbliche Muster oder Modelle, Geschmacksmuster) dienen dem Schutz industrieller Formgestaltungen, d. h. der äußeren Form der Erzeugnisse. Der Schutz von Formgestaltungen gewinnt immer mehr an Bedeutung, weil der Absatz eines Erzeugnisses in wachsendem Maße nicht nur von seiner technischen Qualität, sondern auch von einer gefälligen äußeren Form abhängt.

In der DDR werden Muster und Modelle der industriellen Formgestaltung (industrielle Muster) durch Urheberscheine oder Patente gesichert.[89] Wird ein Urheberschein erteilt, haben der sozialistische Staat und alle Betriebe der DDR das Recht zur Benutzung des geschützten industriellen Musters. Bei einem Patent hat der Inhaber das ausschließliche Recht zur Benutzung des Musters. Einem Dritten kann über einen Lizenzvertrag die Benutzung gestattet werden.

2.3.3.4. Marken

Funktion der Marke

Eine Marke (oder ein Warenzeichen) dient zur Unterscheidung, d. h. zur Individualisierung von Waren oder Dienstleistungen. Sie kann sowohl für die Kennzeichnung einzelner Waren eines Betriebes als auch für den Betrieb und damit für alle Waren eines Betriebes (oder mehrerer Betriebe) verwendet werden. Als Marken können insbesondere einzelne oder meh-

89 VO über den Rechtsschutz für Muster und Modelle der industriellen Formgestaltung – VO über industrielle Muster – vom 17. 1. 1974, GBl. I Nr. 15 S. 140; vgl. auch H.-J. Irrling, „Allgemeine sachliche Voraussetzungen des Rechtsschutzes industrieller Formgestaltungen“, der neuerer, Ausg. B, 1983/9, S. 104.

rere Worte, Verbindungen von Wort und Bild, die besondere Ausstattung oder Verpackung einer Ware sowie Kennfäden geschützt werden (§ 9 Gesetz über Warenkennzeichen[90]).

Für die Herstellung stabiler Außenhandelsbeziehungen ist es wichtig, Marken so rechtzeitig zu entwickeln und im In- und Ausland schutzrechtlich zu sichern, daß bereits bei der Aufnahme der Produktion ein rechtsbeständiges Kennzeichen zur Verfügung steht. Es ist notwendig, Marken so zu gestalten, daß sie für den Kunden einprägsam sind und sich von anderen Kennzeichen für gleichartige Waren unterscheiden, so daß sie mit diesen nicht verwechselt werden können.[91]

Wirkung der Marke

Die Eintragung einer Marke beim Amt für Erfindungs- und Patentwesen der DDR hat die Wirkung, daß nur der Inhaber oder derjenige, dem es der Inhaber erlaubt hat, diese Marke benutzen darf.

Verkehrsdurchsetzung der Marke

Der praktische Wert einer Marke hängt in hohem Maße von seiner Verkehrsdurchsetzung ab. Je bekannter eine Marke ist, desto höher ist ihr ökonomischer Wert. Einen besonders hohen Wert verkörpert eine Marke, die nach allgemeiner Kenntnis der beteiligten Verkehrskreise zur Kennzeichnung bestimmter Waren eines bekannten Betriebes oder für einen bestimmten Betrieb verwendet wird. Ein solches Zeichen wird als „notorische Marke" bezeichnet und genießt einen besonderen Schutz.

So darf z. B. in der DDR keine Marke eingetragen werden, wenn sie mit einer notorischen Marke verwechslungsfähig ist, die für gleiche oder gleichartige Waren oder Dienstleistungen benutzt wird. Notorische Marken sind in der DDR z. B. „Dederon" für Chemiefasern, „Florena" für Kosmetika und „Trabant" für PKW.

Verbandskennzeichen

Eine besondere Art von Marken sind die Kollektivmarken (Verbandskennzeichen). Sie werden für einen Verband, ein staatliches Organ oder eine internationale Wirtschaftsorganisation eingetragen und können von allen dem Verband angehörenden Betrieben für die vorgesehenen Waren verwendet werden, sofern die festgesetzten Qualitätsvorschriften eingehalten werden. (Bekannte Verbandskennzeichen in der DDR sind z. B. „Dederon", „Grisuten", „Wolpryla" und „Germed".)

Die praktische Bedeutung der Verbandskennzeichen wächst infolge des im Zusammenhang mit der wissenschaftlich-technischen Revolution verlaufenden Konzentrationsprozesses der Produktion. Für die DDR haben sie in den Außenwirtschaftsbeziehungen eine besonders große praktische Bedeutung, weil über ein Verbandskennzeichen, das von mehreren Betrieben benutzt wird, leichter eine Verkehrsdurchsetzung und damit Notorität erlangt werden kann.

2.3.3.5. Andere Warenkennzeichnungen und unlauterer Wettbewerb

Neben der Marke gibt es noch andere Warenkennzeichnungen, die die Herkunft der Waren aus einem bestimmten Betrieb zum Ausdruck bringen.

Handelsname, Firma

Zu derartigen Kennzeichnungen zählt die Kennzeichnung der Waren mit dem Handelsnamen oder der Firmenbezeichnung des Betriebes. Der

90 Gesetz über Warenkennzeichen vom 30. 11. 1984, GBl. I Nr. 33 S. 397.

91 Vgl. hierzu S. Schröter/G. Mühlke, Die Arbeit mit den Warenzeichen. Grundsätze für die schutzrechtspolitische Arbeit im Zeichenwesen, Berlin 1967.

Name des Betriebes ist ohne Eintragung im patentamtlichen Markenregister gegen eine widerrechtliche Benutzung gemäß den Vorschriften des Gesetzes über Warenkennzeichen und der Kombinatsverordnung sowie den Regelungen gegen den unlauteren Wettbewerb geschützt.[92] Praktisch bedeutet der Schutz des Handelsnamens, daß das Markenregister allein nicht ausreicht, um feststellen zu können, ob für einen Dritten ein Schutz für ein Warenkennzeichen besteht.

Geographische Herkunftsangaben

Darüber hinaus ist es auch zulässig, bestimmte Waren mit Bezeichnungen zu versehen, die im allgemeinen über den Rahmen eines einzelnen Betriebes hinausgehen. Es handelt sich hierbei um geographische Herkunftsangaben, die die Herkunft der Ware aus einem für die gute Qualität dieser Ware bekannten Territorium kenntlich machen. Solche Bezeichnungen können von allen in dem betreffenden Territorium ansässigen Betrieben, die diese Waren herstellen, verwendet werden. Herkunftsangaben werden in der DDR durch Eintragung gemäß dem Gesetz über Warenkennzeichen und auch durch die Bestimmungen gegen den unlauteren Wettbewerb geschützt.[93]

Herkunftsangaben sind z. B. „Thüringer Spielwaren“, „Zeitzer Lederwaren“ und „Meißener Porzellan“. Infolge des Konzentrationsprozesses der volkseigenen Wirtschaft konzentriert sich die Berechtigung zur Führung einer Herkunftsangabe oft auf ein Kombinat. Zur Führung der Bezeichnung „Meißener Porzellan“ ist allein die Staatliche Porzellanmanufaktur in Meißen berechtigt.

Um die Kennzeichnungswirkung für in der DDR hergestellte Erzeugnisse zu verstärken, wurde festgelegt, daß für den Export vorgesehene Erzeugnisse zusätzlich den Vermerk „Hergestellt in der Deutschen Demokratischen Republik“ in der jeweiligen Handelssprache erhalten müssen (§ 5 Abs. 1 Gesetz über Warenkennzeichen). Über Ausnahmen von der Kennzeichnungspflicht der Exporterzeugnisse entscheidet der Minister für Außenhandel. Auch Importwaren müssen mit dem Herkunftsland gekennzeichnet sein. Einzelheiten haben der AHB und der Importbetrieb im Einfuhrvertrag festzulegen (§ 5 Abs. 2).

Gesetz gegen den unlauteren Wettbewerb

Generell gegen eine mißbräuchliche Benutzung von Warenkennzeichnungen richten sich die Vorschriften gegen den unlauteren Wettbewerb. Diese Vorschriften ergänzen die speziellen gesetzlichen Regelungen zum Schutz von Erfindungen, industriellen Mustern und Marken. Nach dem in der DDR noch geltenden Gesetz gegen den unlauteren Wettbewerb (UWG) vom 7. 6. 1909[94] macht sich jeder schadenersatzpflichtig, „der im geschäftlichen Verkehr zum Zwecke des Wettbewerbs Handlungen vornimmt, die gegen die guten Sitten verstoßen“.

Solche Handlungen sind z. B. die Verwendung von Kennzeichnungen, die eine Verwechslungsgefahr mit einem Wettbewerber begründen, falsche Behauptungen über einen Wettbewerber und auch falsche Angaben über die eigenen zum Verkauf angebotenen Waren, um den Anschein eines besonders günstigen Angebots hervorzurufen. Fälle unlauteren Wettbewerbs treten vor allem bei der Werbung für abzusetzende Waren und bei deren Kennzeichnung auf.

92 Vgl. J. Woltz, Namen der Wirtschaftseinheiten. Funktionen – Gestaltung – rechtliche Konsequenzen, Berlin 1982, S. 36ff.
93 Vgl. K.-J. Eckner/G. Mühlke, „Geographische Herkunftsangaben im geltenden Recht der Deutschen Demokratischen Republik“, der neuerer, 1967/10/11/12, S. 458, 561 und 609.
94 RGBl. S. 499.

2.3.4. Grundsätze der rechtlichen Regelung in nichtsozialistischen Staaten

2.3.4.1. Patente

Der Patentschutz für Erfindungen ist über die ganze Welt verbreitet. Die Notwendigkeit für die Einrichtung eines Patentschutzes ist dann herangereift, wenn in einem Land die erzielten wissenschaftlich-technischen Ergebnisse im Interesse seiner wirtschaftlichen Entwicklung, insbesondere auch im Hinblick auf die internationalen Wirtschaftsbeziehungen, vor dem Zugriff Dritter schutzrechtlich gesichert werden müssen. Gegenwärtig gibt es in rd. 140 der ca. 170 Staaten der Welt einen Patentschutz.[95]

Ausschließungspatent

In den kapitalistischen Industriestaaten dominiert das Ausschließungspatent. Dennoch gibt es in einigen Staaten Möglichkeiten, die Ausschlußwirkung eines Patents auf Antrag des Inhabers einzuschränken.

So kann beispielsweise nach dem Patentrecht der BRD und Großbritanniens der Patentinhaber Lizenzbereitschaft erklären. Jeder Dritte ist dann berechtigt, durch einseitige Erklärung – gegen eine angemessene Entschädigung des Patentinhabers – die Benutzung der Erfindung einzuleiten. Die Erklärung einer Lizenzbereitschaft hat für die Praxis der DDR nur geringe Bedeutung, da mit Hilfe eines Patents, das durch eine Lizenzbereitschaftserklärung in seiner Wirkung eingeschränkt ist, nur unvollkommen die mit einer Patentanmeldung verbundenen außenwirtschaftlichen Interessen der DDR gewahrt werden können.

Gebrauchsmuster

In einer Reihe kapitalistischer Industrieländer (z. B. BRD, Italien und Japan) ist ein Rechtsschutz für Erfindungen auch durch ein Gebrauchsmuster möglich, das im allgemeinen als „kleines Patent" bezeichnet wird.

Schutz von Erfindungen in Entwicklungsländern

In den Entwicklungsländern überwiegt der Schutz von Erfindungen durch Ausschließungspatente. Gegenwärtig wird in den meisten dieser Staaten der Patentschutz vor allem von ausländischen Anmeldern, vorrangig aus kapitalistischen Industrieländern, genutzt. In den Entwicklungsländern bildet sich aber auch ein Erfindungsschutz mittels eines Schutzrechtes heraus, das für den Inhaber keine Ausschlußwirkung erzielt. So werden in Algerien und Mexiko neben Patenten mit voller Ausschlußwirkung auch Erfindungsscheine erteilt, die den Staat zur Benutzung der Erfindung und den Erfinder zu einer materiellen Anerkennung berechtigen.

2.3.4.2. Industrielle Muster

Der Rechtsschutz für industrielle Formgestaltungen ist der Bereich des gewerblichen Rechtsschutzes, der die meisten Unterschiede aufweist und im allgemeinen auch recht schwach entwickelt ist. Es gibt drei Möglichkeiten des Rechtsschutzes, die sich teilweise überschneiden.

Musterschutz

Einige Staaten haben spezielle gesetzliche Bestimmungen zum Schutz von gewerblichen Mustern und Modellen erlassen (z. B. die BRD, Japan, Österreich und die Schweiz). Wie gering dieser Rechtsschutz jedoch zum

95 Vgl. A. Bogsch, „Les cent premiéres années de la Convention de Paris pour la protection de la propriété industrielle", La Propriété industrielle, 1983/7/8, S. 210.

Teil herausgebildet ist, zeigt sich am Beispiel der BRD, in der trotz wiederholter Reformbestrebungen gegenwärtig immer noch das Geschmacksmustergesetz[96] vom 11. 1. 1876 in Kraft ist, das nicht einmal eine zentrale Hinterlegungsstelle für die Muster vorsieht.[97] Der Schutz von Formgestaltungen kann auch mittels des Patentrechts erfolgen (so werden in den USA spezielle Musterpatente erteilt).

Musterpatente

Es gibt Staaten, in denen Formgestaltungen ausschließlich urheberrechtlich geschützt werden oder wo neben einem speziellen Musterschutz auch ein urheberrechtlicher Schutz erfolgt.

Urheberrecht

So ist z. B. in der BRD ein Musterschutz in Ausnahmefällen auch nach dem Urheberrecht möglich, und zwar, wenn es sich bei dem Muster um eine persönliche geistige Schöpfung handelt.

2.3.4.3. Marken und unlauterer Wettbewerb

In den meisten nichtsozialistischen Staaten werden – abgesehen von der internationalen Registrierung nach dem Madrider Markenabkommen – Marken nur auf dem Wege ihrer Registrierung beim Patentamt des betreffenden Staates geschützt. Es gibt allerdings einige Staaten, in denen ein Markenschutz auch durch Erstbenutzung entsteht.

Registrierung und Erstbenutzung

Dies ist z. B. in den USA der Fall, wo die Übersicht über die bestehenden Markenrechte noch dadurch erschwert wird, daß neben der zentralen Registrierung beim US-Patentamt auch in jedem der 50 Staaten der USA eine eigene Registrierung möglich ist. Die in den USA durch Erstbenutzung entstehenden Markenrechte werden als Common-law-Rechte bezeichnet.

In einer Reihe von Staaten ist eine spezielle Registrierung von Dienstleistungsmarken vorgesehen (z. B. in Spanien und Brasilien).

Angesichts der in den einzelnen Staaten vorgenommenen außerordentlichen Vielzahl von Markenregistrierungen gehen immer mehr Staaten dazu über, vom Markeninhaber innerhalb eines bestimmten Zeitraumes eine Benutzung der registrierten Marke zu verlangen. In einem solchen Fall wird die weitere Aufrechterhaltung des Warenzeichenschutzes von der Benutzung des Zeichens abhängig gemacht (Benutzungszwang).

Benutzungszwang

Große Aufmerksamkeit wird im allgemeinen dem Schutz notorischer Marken gewährt. Diese Marken genießen einen besonders hohen Schutz und werden oft ohne Rücksicht auf ihre Registrierung im allgemeinen auch gegen verwechslungsfähige Marken anderer Warenarten geschützt. Da die Notorietät einer Marke von ihrer massenhaften Benutzung auf dem Markt und in der Werbung abhängt, liegt dieser Schutz praktisch im Interesse der multinationalen Monopole, die gegenwärtig auch über die meisten notorischen Marken verfügen.

Notorische Marken

In den kapitalistischen Industrieländern ist der Schutz gegen unlauteren Wettbewerb recht unterschiedlich ausgestaltet. Dies gilt nicht nur für die

Unlauterer Wettbewerb

96 Gesetz betreffend das Urheberrecht an Mustern und Modellen vom 11. 1. 1876, RGBl. S. 11.

97 Vgl. die kritische Darstellung bei B. Englert, Grundzüge des Rechtsschutzes der industriellen Formgebung, ein Beitrag zur Reform des deutschen Geschmacksmusterrechts, Köln/Berlin (West)/Bonn/München 1978, S. 21 ff.

Methode der Regelung, sondern auch für die Ausgestaltung der einzelnen Tatbestände. So erfolgt der Schutz teils auf der Grundlage des Zivilrechts, teils mit Hilfe von Spezialgesetzen, teils durch eine Kombination beider Arten des Schutzes.[98] In der BRD gilt das Gesetz gegen den unlauteren Wettbewerb (UWG) vom 7. 6. 1909[99]. Einbezogen wird im allgemeinen auch der Schutz von Herkunftsangaben und Handelsnamen.

Verwechslungsgefahr

Der wichtigste Tatbestand des unlauteren Wettbewerbs ist das Hervorrufen einer Verwechslungsgefahr. So wird es als unlauter angesehen, wenn jemand eine Verwechslungsgefahr mit den Waren eines Konkurrenten bewirkt, um von dessen guten Ruf Vorteile beim Absatz der eigenen Waren zu erzielen. Eine besondere Art des Hervorrufens einer Verwechslungsgefahr ist die „sklavische Nachahmung". Sie ist dann gegeben, wenn ein Erfindungsschutzrecht nicht mehr besteht, das Erzeugnis aber in einer solchen Weise nachgeahmt wird, daß eine Verwechslungsgefahr entsteht. Unstreitig ist aber der Nachbau technisch oder funktionell bedingter Elemente eines nicht mehr schutzrechtlich gesicherten Erzeugnisses erlaubt. Aus diesem Grunde ist ein Nachbau nur dann unlauter, wenn der Nachahmer das Erzeugnis so nachgestaltet, daß er eine Verwechslungsgefahr hervorruft.[100]

Sklavische Nachahmung

In den USA ist in diesem Zusammenhang durch den Supreme Court klargestellt worden, daß mittels des Wettbewerbsrechts keine Verlängerung der Schutzdauer eines Patents erreicht werden darf.

2.3.4.4. Kartellrecht

Kartellrechtliche Regelungen gibt es in den meisten kapitalistischen Industrieländern wie auch in einigen Entwicklungsländern, die den kapitalistischen Entwicklungsweg beschreiten. Aufgabe dieser Regelungen ist es, das Gesamtinteresse der Monopolbourgeoisie an der Aufrechterhaltung eines Minimums an Konkurrenz auf dem inneren Markt gegen marktbeherrschende Aktionen einzelner Unternehmer durchzusetzen und zu diesem Zweck gewisse Erscheinungen einer Marktbeherrschung abzubauen bzw. einzuschränken. Mit Hilfe des Kartellrechts versucht der kapitalistische Staat, das Konkurrenzprinzip vor weiteren Deformierungen zu bewahren und gegen bestimmte Wettbewerbsbeschränkungen vorzugehen.[101]

In den USA existiert das Kartellrecht in Gestalt der Antitrustgesetzgebung seit der Herausbildung des Monopolkapitalismus, als 1890 mit dem Sherman Act das erste Antitrustgesetz erlassen wurde. In den anderen kapitalistischen Industriestaaten wurden derartige gesetzliche Bestimmungen erst nach dem zweiten Weltkrieg erlassen. In der BRD besteht das Gesetz gegen Wettbewerbsbeschränkungen (GWB)[102], das wiederholt geändert und neu gefaßt worden ist (zuletzt am 24. 9. 1980).

98 Vgl. M. Müller/J. Woltz, „Wettbewerbsrechtliche Sicherung von Vermögensinteressen unserer Kombinate und Betriebe im NSW", der neuerer, Ausg. B, 1983/4, S. 55ff.; dies., „Inanspruchnahme von Rechtsbehelfen des kapitalistischen Wettbewerbsrechts", der neuerer, Ausg. B, 1983/7/8, S. 90ff.

99 RGBl. S. 499 mit zahlreichen Änderungen, abgedruckt bei: A. Baumbach/W. Hefermehl, Wettbewerbsrecht, München 1981, S. 1ff.

100 Vgl. M. Müller, „‚Sklavische Nachahmung' in den kapitalistischen Industrieländern", der neuerer, Ausg. B, 1979/11, S. 156; ders., „Schutz gegen sklavische Nachahmung nach BRD-Recht", der neuerer, Ausg. B, 1984/5/6, S. 74ff.; ders., „Schutz gegen sklavische Nachahmung nach französischem Recht", der neuerer, Ausg. B, 1984/8, S. 105ff.

101 Vgl. Handbuch der Außenhandelsverträge Band 4, a. a. O., S. 151ff.

102 Gesetz gegen Wettbewerbsbeschränkungen (GWB) in der Neufassung vom 24. 9. 1980, BGBl. I Nr. 60 S. 1761.

Die gewerblichen Schutzrechte werden als unter bestimmten Voraussetzungen erteilte begrenzte Monopolrechte angesehen, die nach dem Kartellrecht erlaubt sind. Das Kartellrecht wird aber dann berührt, wenn der Inhaber eines Schutzrechts versucht, seine sich aus dem Schutzrecht ergebende bevorzugte Stellung auf dem Markt über die gesetzlich festgelegten Wirkungen des Schutzrechts hinaus auszubauen. Aus diesem Grunde ist bei der Verwertung von Schutzrechten, vor allem mittels Lizenzverträgen, auch das Kartellrecht zu berücksichtigen.[103]

Schutzrechte als erlaubte Monopolrechte

Zu beachten ist auch, daß die USA zunehmend versuchen, ihr nationales Antitrustrecht auf Vorgänge außerhalb ihres Territoriums auszudehnen. So bejahen die Gerichte der USA im allgemeinen die Anwendung des Antitrustrechts, wenn sich aus im Ausland vorgenommenen Tätigkeiten unmittelbare und beabsichtigte wesentliche Auswirkungen auf die Wettbewerbssituation in den USA ergeben.

103 Vgl. Handbuch der Außenhandelsverträge Band 4, a. a. O., S. 164ff.; vgl. auch G. Freytag, „Kartellrecht fördert Lizenzpolitik der Konzerne", der neuerer, Ausg. B, 1976/12, S. 187ff.

3. Die Partner und der Abschluß des Außenhandelskaufvertrages

3.1. Die Partner von Außenhandelskaufverträgen in der DDR

Die zentrale staatliche Leitung der Durchführung der Außenhandelsgeschäfte ist ein wichtiger Bestandteil des staatlichen Außenhandelsmonopols (vgl. S. 17ff.). Die Leitung und die Planung der Außenwirtschaft in Übereinstimmung mit den gesamtvolkswirtschaftlichen Erfordernissen durch den sozialistischen Staat schließen ein, daß durch zentrale staatliche Festlegungen bestimmt wird, welche Betriebe und Unternehmen der DDR unter welchen Voraussetzungen Außenhandelsverträge abschließen können. Dieser Grundsatz findet seine rechtliche Regelung in der VO über die Leitung und Durchführung des Außenhandels vom 9. 9. 1976[1] (AHVO) sowie in der VO über die Aufgaben, Rechte und Pflichten der volkseigenen Außenhandelsbetriebe vom 10. 1. 1974[2] (AHB-VO). Nach der Rechtsordnung der DDR können Außenhandelsverträge abeschlossen werden von:

Spezielle Außenhandelsbetriebe

A speziellen Außenhandelsbetrieben (die als Volkseigene Außenhandelsbetriebe – VE AHB – oder als Außenhandels-GmbH firmieren).

Auf einer bestimmten Entwicklungsstufe der internationalen Wirtschaftsbeziehungen der DDR wurde eine große Zahl von AHB der DDR als Außenhandels-GmbH organisiert. Das hatte sowohl äußere Gründe (Kampf gegen die offene Diskriminierung des DDR-Volkseigentums seitens kapitalistischer Kreise) als auch innere Ursachen (Intensivierung der Beziehungen zwischen Industrie- und Außenhandelsbetrieben der DDR). Später ging die Bedeutung der Rechtsform der GmbH für die AHB allmählich wieder zurück, da es kaum noch eine offene Diskriminierung der volkseigenen AHB der DDR gab und die Zusammenarbeit zwischen Industrie- und Außenhandelsbetrieben nunmehr ohne diese veraltete Rechtsform besser organisiert werden konnte. Die Zahl der Außenhandels-GmbH ist deshalb von 19 im Jahre 1970 (vgl. 1. Auflage dieses Handbuches, Berlin 1971, S. 142f.) auf 6 im Jahre 1984 zurückgegangen.
Zu den neuen Organisationsformen gehört sowohl die doppelte Unterstellung von AHB, die Unterstellung unter Industrieministerien und andere zentrale Organe sowie die Zuordnung zu Kombinaten.[3]

1 GBl. I Nr. 35 S. 421
2 GBl. I Nr. 9 S. 77
3 Zur Herausbildung neuer Organisationsformen des Außenhandels, deren Ursachen und Vorzüge siehe Internationales Wirtschaftsrecht. Außenwirtschaftsrecht der DDR, Berlin 1985, Kap. 2.

Das sind (Stand vom 1. 1. 1986):

a) Außenhandelsbetriebe, die dem MAH unterstellt sind

Berliner Import-Export-Gesellschaft mbH
Forum
Industrieanlagen-Import
Ingenieur-Technischer Außenhandel
intercoop
Intrac Handelsgesellschaft mbH
Kunst- und Antiquitäten GmbH
Transinter
ZENTRAL – KOMMERZ GmbH
Zimex GmbH

b) Dienstleistungsbetriebe, die dem MAH unterstellt sind

Iberma
Investcommerz
intercontrol (gleichzeitig dem ASMW unterstellt)
Interwerbung
Leipziger Messeamt
Rationalisierungs- und Rechenzentrum Außenhandel
ZIDA

c) Außenhandelsbetriebe, die anderen Ministerien – vorwiegend Industrieministerien – unterstellt sind (vgl. dazu auch S. 19f., 146)

Buchexport (Ministerium für Kultur)
Chemie-Export-Import (Ministerium für Chemische Industrie)
DEFA-Außenhandel (Ministerium für Kultur)
Elektrotechnik Export-Import (Ministerium für Elektrotechnik und Elektronik)
FRUCHTIMEX (Ministerium für Handel und Versorgung)
GENUSSMITTEL IMPORT-EXPORT (Ministerium für Bezirksgeleitete Industrie und Lebensmittelindustrie)
Glas-Keramik (Ministerium für Glas- und Keramikindustrie)
Heim-Electric Export-Import (Ministerium für Elektrotechnik und Elektronik)
Holz und Papier Export-Import (Ministerium für Bezirksgeleitete Industrie und Lebensmittelindustrie)
INTERPELZ (Ministerium für Leichtindustrie)
KOHLE-ENERGIE Export/Import (Ministerium für Kohle und Energie)
Koimpex (Ministerium für Handel und Versorgung)
LIMEX-BAU-EXPORT-IMPORT (Ministerium für Bauwesen)
Metallurgiehandel (Ministerium für Erzbergbau, Metallurgie und Kali)
NAHRUNG export-import (Ministerium für Land-, Forst- und Nahrungsgüterwirtschaft)
Spielwaren und Sportartikel Export-Import (Ministerium für Bezirksgeleitete Industrie und Lebensmittelindustrie)
TechnoCommerz (Ministerium für Schwermaschinen- und Anlagenbau)
TEXTILCOMMERZ (Ministerium für Leichtindustrie)
TRANSPORTMASCHINEN EXPORT-IMPORT (Ministerium für Allgemeinen Maschinen-, Landmaschinen- und Fahrzeugbau)
WMW-Export-Import (Ministerium für Werkzeug- und Verarbeitungsmaschinenbau)
Zentrales Büro für Internationalen Lizenzhandel (Ministerium für Wissenschaft und Technik)

Viele dieser AHB haben – rechtlich unselbständige – Außenhandelsbereiche für Kombinate, die jeweils hauptsächlich Erzeugnisse eines Kombinats exportieren.

d) Außenhandelsbetriebe, die Kombinaten zugeordnet sind (vgl. § 17 Abs. 3 Kombinats-VO[4]; zur Unterstellung s. S. 19f.)

Baukema Export/Import
Chemieanlagen Export/Import
Demusa
Elektronik Export-Import
Fischimpex Rostock
FORTSCHRITT LANDMASCHINEN EXPORT-IMPORT
GERMED-export-import
GISAG Export-Import
KALI BERGBAU
MLW intermed-export-import
ORWO export-import
Pneumant-Bereifung Export-Import
Polygraph-Export/Import
Robotron Export-Import
Schienenfahrzeuge Export/Import
Schiffscommerz
SKET Export/Import
TAKRAF Export/Import
Textima-Export/Import
Union haushaltgeräte export-import
Verpackung und Bürobedarf Export/Import
Wälzlager und Normteile Export-Import
Zellstoff und Papier Export/Import

Beim Export schließen die AHB mit den Produktionsbetrieben (in Rechtsvorschriften als Exportbetriebe bezeichnet) entweder
- Exportkommissionsverträge (dabei schließt der AHB den AKV im eigenen Namen, aber für Rechnung des Exportbetriebes ab) – § 14 ff. der 3. DVO zum VG[5] (das ist die Hauptform) oder
- Ausfuhrverträge – § 27 ff. der 3. DVO zum VG.

Beim Import werden die Beziehungen zwischen AHB und Importbetrieb mit Hilfe von Einfuhrverträgen organisiert – § 32 ff. der 3. DVO zum VG.

Betriebe mit Außenhandelsfunktion

B Kombinaten und VEB sowie anderen staatlichen Unternehmen, denen die Außenhandelsfunktion übertragen worden ist (teilweise nur für Export oder Import, teilweise auf Länder oder Ländergruppen beschränkt).

Das sind (Stand vom 1. 1. 1986):
VEB agro-consult Dresden
VEB Carl Zeiss Jena
VEB Construction-Consult
VEB Elektro-Consult
VEB Kombinat Holzhandel Berlin
VEB Industrie-Consult Berlin
VEB Transport-consult International Berlin

4 VO über die volkseigenen Kombinate, Kombinatsbetriebe und volkseigenen Betriebe vom 8. 11. 1979, GBl. I Nr. 38 S. 355ff.

5 3. DVO zum VG – Wirtschaftsverträge über den Export und den Import – vom 25. 3. 1982, GBl. I Nr. 16 S. 333.

INTERFLUG
isocommerz GmbH
Staatliches Kontor für Maschinen und Materialreserven
VEB Petrolchemisches Kombinat Schwedt
VEB Philatelie Wermsdorf

Durch die Übertragung der Außenhandelsfunktion gem. § 6 AHVO, die vom Minister für Außenhandel in Übereinstimmung mit dem Leiter des jeweils zuständigen zentralen Staatsorgans vorgenommen wird, erhalten die Kombinate und Betriebe die Rechte und Pflichten eines AHB.

Zur Eigengeschäftstätigkeit beim Export bevollmächtigte Betriebe

C Kombinaten und VEB, soweit ihnen von den zuständigen AHB die entsprechende Befugnis zur Durchführung von Eigengeschäften im Export erteilt worden ist (vgl. § 20 Abs. 1 AHVO sowie 1. DB zur AHVO[6]).

Kombinate und Betriebe, denen die Befugnis zur Durchführung von Eigengeschäften übertragen wurde, schließen Exportverträge mit ausländischen Partnern im eigenen Namen, müssen aber im Exportvertrag vereinbaren, daß die Kaufpreisforderung mit ihrem Entstehen auf den AHB übergeht (§ 6 der 1. DB zur AHVO).

D Kombinaten, soweit ihnen die Befugnis zur Durchführung von Eigengeschäften beim Import erteilt wurde.

Diese Eigengeschäfte haben die Form von Auftragsgeschäften für den AHB. Das Kombinat gibt Erklärungen gegenüber ausländischen Partnern im Namen des AHB ab, der demzufolge Partner des AKV bleibt (§ 13 der 1. DB zur AHVO). Trotz des gleichen Namens – Eigengeschäftstätigkeit – handelt es sich also um eine völlig andere rechtliche Konstruktion.

Allen diesen Betrieben ist gemeinsam, daß sie juristische Personen sind.

Der Begriff der juristischen Person wurde in der wirtschaftsrechtlichen Literatur der DDR verschiedentlich als mit der Rechtsfähigkeit eines Wirtschaftsrechtssubjekts identisch und damit als überflüssig angesehen. In den relevanten Rechtsvorschriften wird aber nicht auf die Kennzeichnung der Kombinate und Betriebe als juristische Personen verzichtet (§ 3 Abs. 4, § 6 Abs. 2, § 31 Abs. 2 Kombinats-VO; § 1 Abs. 1 AHB-VO).[7]

Im Zusammenhang mit dem Abschluß von Außenhandelsverträgen interessiert hinsichtlich der Rechtsstellung dieser Betriebe vor allem ihre Fähigkeit, vermögensrechtliche Rechte und Pflichten übernehmen zu können.
Als Rechtsstellung eines Rechtssubjektes wird dabei die Gesamtheit seiner Rechte und Pflichten bezeichnet, die ihm der sozialistische Staat zur Wahrnehmung von Funktionen im volkswirtschaftlichen Reproduktionsprozeß übertragen hat. Dazu gehört also insbesondere auch seine Stellung im Prozeß der Leitung und Planung der Volkswirtschaft.
Die Rechts- und Handlungsfähigkeit ist Attribut ihrer Stellung als juristische Personen (vgl. Abschn. 3.1.4.).

6 1. DB zur VO über die Leitung und Durchführung des Außenhandels – Eigengeschäftstätigkeit – vom 17. 11. 1978, GBl. I Nr. 41 S. 443.
7 Vgl. dazu Wirtschaftsrecht. Lehrbuch, Berlin 1985, S. 80ff.

3.1.1. Die Merkmale der juristischen Person

Folgende Merkmale kennzeichnen die juristische Person:
- Anerkennung als juristische Person durch den Staat,
- Auftreten im Rechtsverkehr im eigenen Namen,
- Vermögensabsonderung,
- selbständige Vermögenshaftung.

Anerkennung durch den Staat

Nicht alle nach bestimmten Organisationsprinzipien gebildeten Personenvereinigungen oder Einrichtungen sind juristische Personen, sondern nur die durch Entscheidung der zuständigen staatlichen Organe anerkannten. Auf Grund dieser Anerkennung sind juristische Personen in der Lage, zur Erfüllung bestimmter Aufgaben als selbständige Einheiten zu handeln.
Die Organisationsprinzipien (Organisationsformen) und die Aufgabenstellung der juristischen Personen sind in den betreffenden Rechtsvorschriften (z. B. Gründungsanweisung, Statut) festgelegt. Aus diesen Vorschriften ergeben sich u. a. die Bestimmung der Organe (die Festlegung, wer für die juristische Person handelt, also deren Organ ist), die Bildung der Organe, der Name und der Sitz der juristischen Person. Die juristische Person tritt im Rechtsverkehr im eigenen Namen auf.

Auftreten im eigenen Namen

Ein wesentlicher Grund für die Verselbständigung der Betriebe als juristische Personen besteht darin, daß die Prinzipien der wirtschaftlichen Rechnungsführung und der kollektiven und individuellen materiellen Interessiertheit, die der Entfaltung der größtmöglichen Initiative der Werktätigen im Rahmen der zentralen Leitung durch den Staat dienen, diese rechtliche Selbständigkeit erfordern. Aufgabe der Betriebe ist es, mit Hilfe ihrer Fonds die ihnen gestellten Aufgaben selbständig zu lösen. Hierzu gehören neben der Gestaltung des Produktionsprozesses (im weitesten Sinne) innerhalb des Betriebes vor allem die Organisierung der dazu erforderlichen wechselseitigen Beziehungen zu anderen Betrieben.

Vermögensabsonderung

Das Vermögen der juristischen Person muß von dem der Gründer oder Mitglieder abgesondert sein. Diese Trennung ist erforderlich, damit die juristische Person im Rechtsverkehr selbständig als Träger von Rechten und Pflichten auftreten kann.
Dabei handelt es sich in der Hauptsache um den Abschluß und die Erfüllung von Verträgen. Hierzu bedarf es der Verfügungsmöglichkeit über das abgesonderte Vermögen, zumindest aber über die am Äquivalentenaustausch beteiligten Waren und Geldmittel. Bei den staatlichen juristischen Personen werden aus dem einheitlichen staatlichen Volkseigentum bestimmte Grund- und Umlaufmittel abgesondert und den juristischen Personen als Fonds zur selbständigen Verfügung im Rahmen des Planes und anderer gesetzlicher Bestimmungen übergeben.
Das einer rechtlich selbständigen staatlichen Wirtschaftsorganisation zugeteilte Vermögen bleibt Volkseigentum. Es wird aber wie Organisationsvermögen behandelt, d. h., die Betriebe können über die ihnen zugeteilten Fonds im Rahmen der gesetzlichen Bestimmungen auf der Grundlage des Planes selbständig verfügen.

„Der Betrieb ... ist berechtigt, die Fonds im Rahmen der Rechtsvorschriften und des Planes zu bilden, zu besitzen und zu nutzen sowie über sie zu verfügen" (§ 31 Abs. 4 Kombinats-VO).

Dieses Vermögen bildet die Grundlage für die Haftung der staatlichen juristischen Person.

Selbständige Vermögenshaftung

Die juristische Person ist für die Erfüllung der von ihr eingegangenen Verbindlichkeiten verantwortlich, sie haftet für diese mit dem ihr gehörenden bzw. ihr zugeteilten Vermögen. Dieses Merkmal, das in engem Zusammenhang mit dem der Vermögensabsonderung steht, ist für die Teilnahme am Rechtsverkehr von wesentlicher Bedeutung.

Die selbständige Vermögenshaftung ist ein sichtbarer Ausdruck der materiellen Sicherheit, der Wahrung der Vermögensrechte und Interessen der Gläubiger staatlicher juristischer Personen. Die staatlichen juristischen Personen haften ausschließlich mit diesem abgesonderten Vermögen. Weder der Staat noch eine andere staatliche Organisation, noch Vertretungen der DDR im Ausland haften für Verbindlichkeiten, die eine staatliche juristische Person eingegangen ist; es haftet allein die verpflichtete juristische Person.

Das dem AHB zugeteilte Stammvermögen wird in den Statuten veröffentlicht. Es beträgt zwischen 500 000 (z. B. DEFA Außenhandel; Pneumant-Bereifung Export-Import) und 35 Millionen Mark (z. B. Chemie-Export-Import; Fortschritt Landmaschinen Export-Import; Metallurgiehandel).

3.1.2. Die Entstehung juristischer Personen

Staatlicher Gründungsakt

In der DDR entstehen staatliche juristische Personen durch staatlichen Akt. Mit dem Gründungsakt (VO, AO, Verfügung) bestimmt der Staat, daß die betreffende Einrichtung juristische Person, also rechtsfähig sein soll.

Nach § 6 Abs. 1 AHVO ist die Entscheidung über die Gründung, Zusammenlegung, Trennung oder Auflösung von AHB dem Minister für Außenhandel vorbehalten. Das betrifft auch solche AHB, die einem Kombinat angehören oder einem anderen Ministerium unterstellt sind. In diesen Fällen trifft der Minister für Außenhandel seine Entscheidung in Übereinstimmung mit dem zuständigen Minister (§ 36 Abs. 4 und 6 Kombinats-VO).

Volkseigene Kombinate, Kombinatsbetriebe und volkseigene Betriebe entstehen durch Erlaß einer Gründungsanweisung (§ 35 ff. Kombinats-VO). Die Anweisung wird vom Leiter des staatlichen oder wirtschaftsleitenden Organs oder vom örtlichen Rat erlassen, dem das Kombinat oder der Betrieb unterstellt werden soll.

Register der volkseigenen Wirtschaft

Alle Wirtschaftseinheiten der volkseigenen Wirtschaft, d. h. Kombinate, Kombinatsbetriebe, volkseigene Betriebe, die keinem Kombinat angehören, wirtschaftsleitende Organe und Einrichtungen im Bereich der volkseigenen Wirtschaft, die nach dem Prinzip der wirtschaftlichen Rechnungsführung arbeiten und juristische Personen sind – also auch die volkseigenen AHB –, müssen gem. § 1 der VO über die Führung des Registers der volkseigenen Wirtschaft vom 10. 4. 1980[8] (Register-VO) in das Register der volkseigenen Wirtschaft eingetragen werden (vgl. S. 149 f.).

8 GBl. I Nr. 14 S. 115.

Diese Registrierung ist aber keine Voraussetzung für die Erlangung der Rechtspersönlichkeit. Gemäß § 37 Kombinats-VO wird der neugebildete Betrieb zu dem in der Anweisung über die Gründung genannten Zeitpunkt rechtsfähig. Die Verleihung der Rechtspersönlichkeit fällt also mit dem Gründungsakt zusammen. Die Registrierung hat lediglich deklaratorischen Charakter.

Deklaratorischer Charakter der Registrierung

Diese Regelung gilt für die Außenhandels-GmbH entsprechend. Die Vorschrift des § 11 GmbH-Gesetz[9], nach der die GmbH erst mit der Eintragung in das Register Rechtspersönlichkeit erlangt, hat in der DDR für staatliche juristische Personen keine Bedeutung mehr. Somit entstehen die Außenhandels-GmbH in der DDR wie alle anderen staatlichen Betriebe bereits durch den Gründungsakt als juristische Personen.

3.1.3. Die Beendigung juristischer Personen

Die Art der Beendigung richtet sich nach der Art der Errichtung. Wurde eine juristische Person durch einen staatlichen Gründungsakt gebildet, so kann sie auch nur durch einen entsprechenden Auflösungsakt beendet werden.

Staatlicher Auflösungsakt

Veränderungen der Organisationsstruktur von AHB erfolgen ebenso wie die Errichtung durch einen normativen Akt des Ministers für Außenhandel der DDR.

Für die Außenhandels-GmbH gilt für den Fall der Beendigung das GmbH-Gesetz. Allerdings erfolgt die Beendigung ebenso wie die Errichtung durch Normativakt des Ministers. Die Vorschriften des GmbH-Gesetzes (§ 60 ff.), die die Auflösung der Gesellschaft regeln, werden also praktisch nicht bedeutsam. Die Auflösung der Gesellschaft ist in das Handelsregister einzutragen (§ 65 Abs. 1). Für die Zeit der Liquidation sind Liquidatoren zu bestellen, die die Gesellschaft vertreten. Sie haben die laufenden Geschäfte zu beenden, die Verpflichtungen der aufgelösten Gesellschaft zu erfüllen und deren Forderungen einzuziehen. Zur Beendigung schwebender Geschäfte können sie auch neue Geschäfte eingehen. Im übrigen kommen die Grundsätze der Erfüllung noch laufender Verpflichtungen und der Sicherung noch bestehender Forderungen zur Anwendung.

Gemäß § 39 Kombinats-VO ist bei Veränderungen der Organisationsstruktur der volkseigenen Wirtschaft über die Einstellung der Tätigkeit von Kombinaten, Kombinatsbetrieben oder Betrieben eine Anweisung zu erlassen, und zwar vom gleichen Organ, das auch für die Gründungsanweisung zuständig war.

Mit Beendigung einer juristischen Person geht deren Vermögen auf andere Rechtssubjekte über. Dieser Übergang vollzieht sich in der Weise, daß die Rechte und Pflichten insgesamt auf eine andere juristische Person übergehen (Gesamtrechtsnachfolge) oder daß ein Abwicklungsverfahren (Liquidation) durchgeführt wird.

Rechtsnachfolge

Wird ein Abwicklungsverfahren angewiesen, so ist die Befriedigung der Gläubiger des Betriebes und die Realisierung ausstehender Forderungen zu sichern. Die Rechtsfähigkeit des Betriebes endet erst mit dem Abschluß

Abwicklungsverfahren

9 Gesetz, betreffend die Gesellschaften mit beschränkter Haftung vom 20. 4. 1892, RGBl. S. 477, abgedruckt in: Handelsrechtliche Gesetze und Haftpflichtbestimmungen, Berlin 1967, S. 110 ff.

des Abwicklungsverfahrens. Verbleibende Mittel und Verbindlichkeiten, die während des Abwicklungsverfahrens nicht beglichen werden können, gehen an das übergeordnete staatliche oder wirtschaftsleitende Organ oder an das Kombinat über. Dabei sind insbesondere Forderungen aus langfristigen Garantieleistungen zu befriedigen.

3.1.4. Die Rechts- und Handlungsfähigkeit der juristischen Person

Inhalt der Rechtsfähigkeit

Jede juristische Person ist rechtsfähig. Diese Rechtsfähigkeit bedeutet die Fähigkeit, Träger solcher Rechte und Pflichten zu sein, die mit den im Gesetz bzw. Statut bestimmten Aufgaben übereinstimmen. Der Umfang der Rechtsfähigkeit ist bei den nach dem Prinzip der wirtschaftlichen Rechnungsführung arbeitenden juristischen Personen (AHB, volkseigene Kombinate und VEB) relativ weit.

Der juristischen Person stehen auch einige Rechte zu, die mit der Persönlichkeit verbunden sind, so das Recht auf Schutz des Namens und des Ansehens, einschließlich des Schutzes gegen unlauteren Wettbewerb durch Schmälerung des Ansehens. Die juristische Person nimmt am Rechtsverkehr unter ihrem eigenen Namen teil.

Der Name eines Kombinats muß einen Hinweis auf das Volkseigentum enthalten. Der Name eines Kombinatsbetriebes oder eines volkseigenen Betriebes muß die Bezeichnung „VEB" enthalten. Dem Kombinatsbetrieb kann ein Hinweis auf die Zugehörigkeit zum Kombinat hinzugefügt werden (§§ 3 Abs. 4, 6 Abs. 2, 31 Abs. 3 Kombinats-VO).

Firma

Der Name einer juristischen Person wird als Firma bezeichnet (s. dazu § 17 ff. HGB; § 4 Aktiengesetz; § 4 GmbH-Gesetz). Die Firma muß sich von allen an demselben Orte bereits bestehenden und im Register eingetragenen Firmen deutlich unterscheiden (§ 30 Abs. 1 HGB). Sie hat auch insofern Bedeutung, als nach § 1 des Gesetzes über Warenkennzeichen[10] alle industriellen Erzeugnisse so gekennzeichnet sein müssen, daß der Hersteller, und zwar möglichst auch während des Gebrauchs, eindeutig festgestellt werden kann. Diese Forderung ist erfüllt, wenn das Erzeugnis die Firmenbezeichnung oder eine eingetragene Handels- bzw. Fabrikmarke aufweist. Schließlich hat der Name des Betriebes (vor allem im Außenhandel) auch insofern Bedeutung, als ein eingetragenes und dadurch besonders geschütztes Warenzeichen an den Namen des Betriebes anknüpfen kann (vgl. S. 130 f.).

Besondere Rechtsfähigkeit

Hinsichtlich des Umfangs der Rechtsfähigkeit juristischer Personen in der DDR ist festzustellen, daß den juristischen Personen aus dem volkseigenen Bereich eine besondere Rechtsfähigkeit eigen ist, die vor allem durch die betreffenden Statuten bestimmt wird. Zwar enthalten die Statuten keine vollständige Aufzählung aller Arten von Rechtsgeschäften, die der Betrieb vornehmen oder nicht vornehmen kann (das ist wegen der Vielzahl von Aufgaben, die die Betriebe bei der Planung, Leitung und Durchführung des Reproduktionsprozesses zu erfüllen haben, unmöglich), aber die Fixie-

10 vom 30. 11. 1984, GBl. I Nr. 33 S. 397.

rung der Hauptaufgaben und der typischen Befugnisse ermöglicht es, den Umfang der Rechtsfähigkeit auch für den Einzelfall zu bestimmen.
Die Aufgaben der AHB sind in der AHVO ausführlich geregelt. Gemäß § 16 Abs. 1 sind sie für die Realisierung der staatlichen Aufgaben und Planauflagen für den Export und Import verantwortlich. Dazu haben sie eng mit den VEB, Kombinaten und wirtschaftsleitenden Organen zusammenzuwirken und im Rahmen ihres Waren- und Leistungsprogramms internationale Wirtschaftsverträge (Außenhandelsverträge) mit ihren Partnern außerhalb der DDR abzuschließen (§ 17 Abs. 1).
In den Statuten der AHB wird jeweils detailliert das Waren- und Leistungsprogramm bestimmt. Außerdem heißt es regelmäßig „Gegenstand des ... (Name des AHB) sind ferner alle Geschäftsoperationen, die direkt oder indirekt dem Zweck des Betriebes förderlich sein können."

Zum Aufgabenbereich der Kombinate und Kombinatsbetriebe gehört die rationelle Zusammenarbeit mit dem AHB u. a. bei der Markt- und Preisarbeit, der Neu- und Weiterentwicklung von Erzeugnissen, Verfahren und Technologien, der äußeren Absatz- und Bezugsorganisationen, der Sicherung der Ersatzteilversorgung und der Durchführung des Kundendienstes (§ 17 Abs. 2 Kombinats-VO).

Entsprechend der Fülle von Aufgaben der volkseigenen Wirtschaftseinheiten ist der in den Statuten festgesetzte Rahmen der besonderen Rechtsfähigkeit dieser staatlichen juristischen Personen relativ weit gesteckt.

Zusammenhang von Rechts- und Handlungsfähigkeit

Die Handlungsfähigkeit der juristischen Person, d. h. die Fähigkeit, durch selbständiges, eigenverantwortliches Handeln Rechte und Pflichten zu übernehmen, entsteht mit der Rechtsfähigkeit. Die juristische Person ist ohne Handlungsfähigkeit nicht denkbar, wurde sie doch gerade errichtet, um Rechte und Pflichten ausüben zu können. Die Handlungsfähigkeit der juristischen Person entsteht daher mit deren Rechtsfähigkeit und endet mit deren Auflösung. Ihr Umfang bemißt sich nach dem Umfang der Rechtsfähigkeit.

3.1.5. Das Statut der Außenhandelsbetriebe der DDR

Das Statut der AHB wird vom Minister für Außenhandel erlassen (§ 21 AHB-VO).
Obwohl es für die AHB keine verbindliche Regelung über den Mindestinhalt der Statuten gibt, wird nach dem Grundsatz gehandelt, daß folgende Angaben mindestens enthalten sein müssen:
- Name und Sitz der juristischen Person,
- Aufgabenstellung,
- Organisationsform und Unterstellung,
- die zur Vertretung berechtigten Organe.

Daneben weist das Statut der AHB insbesondere das jeweilige Waren- und Leistungsprogramm und das Stammvermögen aus. Soweit AHB in Außenhandelsbereiche für Kombinate gegliedert sind (vgl. S. 138f.), wird das Waren- und Leistungsprogramm für die Bereiche im einzelnen ausgewiesen.
Die Statuten der AHB werden in der Dokumentenbeilage bzw. in der Rechtsbeilage zur Zeitschrift „AW-Dokumentationen zur Außenwirtschaft" (bis Juni 1983 „DDR-Außenwirtschaft") veröffentlicht.

Volkseigene Kombinate haben ein Statut, in dem ihre Aufgaben, Rechte und Pflichten festgelegt werden. Es muß u. a. enthalten:
- Name und Sitz des Kombinates,
- Name und Sitz der Kombinatsbetriebe,
- Angabe des übergeordneten Organs,
- Angabe seiner wirtschaftlichen Tätigkeit,
- Aufgaben, Rechte und Pflichten bei der Leitung, Planung und Durchführung des Reproduktionsprozesses,
- vom Kombinat wahrzunehmende staatliche Funktionen der Wirtschaftsleitung.

Kombinatsbetriebe haben ein Statut, soweit das in Rechtsvorschriften vorgesehen ist; andere volkseigene Betriebe können ein Statut haben (§ 29 Abs. 1 und 4, § 31 Abs. 5 Kombinats-VO). An diese Statuten werden die gleichen Mindestanforderungen gestellt wie bei den AHB.

3.1.6. Die Unterstellung der AHB

Während nach § 1 Abs. 2 der AHB-VO von 1974 alle AHB grundsätzlich dem Ministerium für Außenhandel (MAH) unterstellt waren, haben inzwischen grundlegende Veränderungen in der Zuordnung und Unterstellung der AHB stattgefunden. Die meisten AHB sind nunmehr den Kombinaten angegliedert, oder sie sind Industrie- und anderen Ministerien zugeordnet (vgl. S. 137ff.). Diesen Veränderungen liegen zentrale Beschlüsse über Maßnahmen zur Erhöhung der Effektivität des Außenhandels der DDR durch Erhöhung der Verantwortung der Kombinate für die Erfüllung ihrer Planauflagen im Außenhandel (wie das auch in § 16 f. Kombinats-VO zum Ausdruck kommt) bei gleichzeitiger Einhaltung des staatlichen sozialistischen Außenhandelsmonopols zugrunde.

Die AHB, die anderen zentralen Organen unterstellt oder Kombinaten zugeordnet wurden, bleiben auch weiterhin dem Minister für Außenhandel insofern unterstellt, indem
- er über Gründung und Auflösung von AHB sowie über Änderungen der Unterstellung entscheidet,
- er das Statut aller AHB erläßt bzw. bestätigt,
- die Struktur- und Stellenpläne der AHB seiner Zustimmung bedürfen,
- Berufungen und Abberufungen der Generaldirektoren der AHB und ihrer Stellvertreter nur nach seiner Zustimmung erfolgen können,
- er Weisungen zur Erfassung, Abrechnung und zum Nachweis in Rechnungsführung und Statistik über den Abschluß und die Erfüllung von Außenhandelsverträgen erläßt.[11]

3.1.7. Die Organe der juristischen Person

Handeln durch Organe

Die juristischen Personen handeln durch ihre Organe, die ihnen die Teilnahme am Rechtsverkehr ermöglichen. Der Gesamtwille der Organisation kann durch ein oder mehrere Organe ausgedrückt werden.

11 Zur sogenannten doppelten Unterstellung von AHB siehe ausführlich Internationales Wirtschaftsrecht. Außenwirtschaftsrecht der DDR, a. a. O., Kap. 2.

Organe können Einzelorgane sein, wie das hauptsächlich bei den staatlichen juristischen Personen der Fall ist, oder Kollektivorgane, wie sie regelmäßig bei den Genossenschaften, gesellschaftlichen Organisationen und Vereinen zu finden sind. Existieren mehrere Organe, so wird deren Zuständigkeit durch Gesetze bzw. Statut abgegrenzt. Ebenso werden dort Art und Funktion der Organe bestimmt.

Das Organ einer juristischen Person ist kein selbständiges, außerhalb der Organisation stehendes Rechtssubjekt. Sein Handeln verpflichtet vielmehr die juristische Person unmittelbar und gilt als Handeln der juristischen Person mit allen rechtlichen Konsequenzen. Daraus ergibt sich, daß auch ein fehlerhaftes Handeln des Organs die juristische Person verpflichtet, so daß ggf. diese und nicht etwa das Organ Schadenersatz zu leisten hat.

Prinzip der Einzelleitung

Die AHB, volkseigenen Kombinate und VEB werden nach dem Prinzip der Einzelleitung geleitet. Sie werden deshalb auch von Einzelorganen im Rechtsverkehr vertreten.

AHB

Die Leitung der AHB der DDR erfolgt nach dem Prinzip der Einzelleitung und persönlichen Verantwortung. Der Leiter (Generaldirektor) als Organ des AHB ist Beauftragter des Staates; er wird vom Minister für Außenhandel berufen und abberufen (§ 19 AHB-VO).

Soweit AHB dem MAH nicht unmittelbar unterstellt sind, erfolgt die Berufung und Abberufung durch den Leiter des zuständigen zentralen Staatsorgans mit Zustimmung des Ministers für Außenhandel (§ 19 Abs. 3 AHB-VO).

Hauptaufgabe des Generaldirektors ist die Führung und Leitung des Betriebskollektivs. Aus dem Prinzip der Einzelleitung und persönlichen Verantwortung des Leiters des AHB folgt dessen Weisungsrecht gegenüber allen Mitarbeitern. Der Generaldirektor ist dem übergeordneten Organ für die Erfüllung seiner Aufgaben rechenschaftspflichtig. Aus seiner Stellung leiten sich die Befugnisse des Generaldirektors bei der Vertretung des Betriebes in den rechtlichen Beziehungen gegenüber anderen Unternehmen des In- und Auslandes unmittelbar ab. Die AHB werden im Rechtsverkehr vom Generaldirektor oder von einem Stellvertreter des Generaldirektors vertreten. Sowohl der Generaldirektor als auch seine Stellvertreter haben das Alleinvertretungsrecht für den Betrieb im Rechtsverkehr.

Das GmbH-Gesetz enthält keine Regelung über die Leitung des Unternehmens, wohl aber über dessen Vertretung durch Organe. Diese Bestimmungen sind jedoch für Außenhandels-GmbH gegenstandslos, für sie gelten ebenfalls die o. g. Grundsätze (§ 22 Abs. 3 AHB-VO).

Kombinate

In der Kombinats-VO ist festgelegt, daß das Kombinat vom Generaldirektor nach dem Prinzip der Einzelleitung bei kollektiver Beratung der Grundfragen und umfassender Mitwirkung der Werktätigen geleitet wird (§ 24 Abs. 1).

Dieser Entscheidungsbefugnis des Leiters des Kombinats entsprechen seine Rechte und Pflichten bei der Vertretung des Kombinats im Rechtsverkehr: „Das Kombinat wird im Rechtsverkehr durch den Generaldirektor, im Falle seiner Verhinderung durch den von ihm bestimmten Stellvertreter, vertreten“ (§ 30 Abs. 1 Kombinats-VO).

Durch seine Handlungen, die er als Leiter des Kombinats vornimmt, wird das Kombinat unmittelbar berechtigt und verpflichtet; seine Handlungen sind Handlungen des Kombinats selbst. Es bedarf demnach für Handlungen, die der Generaldirektor für das Kombinat vornimmt, keiner Vollmacht. Seine Befugnisse sind lediglich durch den Umfang der Rechtsfähigkeit der juristischen Person begrenzt.

Der Generaldirektor des Kombinats bildet Fachbereiche, die durch Fachdirektoren geleitet werden, sowie Stabsorgane und Funktionalbereiche. „Die Fachdirektoren des Kombinats sind berechtigt, das Kombinat im Rahmen ihres Aufgaben- und Verantwortungsbereiches im Rechtsverkehr zu vertreten" (§ 30 Abs. 2 Kombinats-VO).

VEB Diese Regelung gilt auch für die Vertretung der VEB im Rechtsverkehr (§ 31 Abs. 2 Kombinats-VO).

3.1.8. Die Vertretung durch Bevollmächtigte

Handeln durch Bevollmächtigte

Die juristische Person kann nicht nur durch gesetzliche Vertreter, d. h. durch Organe, sondern auch durch bevollmächtigte Vertreter handeln. Diese Vertreter benötigen für rechtsgeschäftliche Handlungen, die sie im Namen der juristischen Person vornehmen, eine Vollmacht.

Unterschied gegenüber Handeln durch Organe

Handelt ein Vertreter auf Grund und im Rahmen einer Vollmacht für den Betrieb, so wird der Betrieb durch dieses Handeln unmittelbar verpflichtet oder berechtigt. Insofern besteht kein Unterschied gegenüber den Handlungen der Organe der juristischen Person. Ein Unterschied besteht aber in den Folgen rechtswidrigen Handelns. Wenn ein Vertreter die ihm in der Vollmacht erteilte Vertretungsbefugnis überschreitet, wird die juristische Person grundsätzlich nicht gebunden.

Handeln ohne Vertretungsbefugnis

Gemäß § 22 Abs. 1 GIW[12] hängt die Wirksamkeit eines Vertrages, den ein Vertreter ohne entsprechende Vollmacht im Namen eines anderen abgeschlossen hat, von dessen Genehmigung ab. Erlangt der andere allerdings von der Vertretung ohne Befugnis Kenntnis, so muß er innerhalb eines Monats widersprechen, weil sonst die Rechtshandlung als genehmigt gilt.

Wäre der Vertreter ohne Befugnis berechtigt gewesen, die ohne Befugnis vorgenommene Handlung auch im eigenen Namen vorzunehmen, so ist der Dritte berechtigt, Aufwendungsersatz zu verlangen.

Hat jedoch der Vertreter wissentlich ohne Befugnis gehandelt, und wird die Genehmigung verweigert, so ist er nach Wahl des Gläubigers zur Erfüllung oder zum Schadenersatz verpflichtet (§ 23 Abs. 1 GIW). Da aber die Gesetzgebung der DDR Warenlieferungen ins Ausland durch Privatpersonen ausschließt und Zahlungen nur in Übereinstimmung mit der Devisengesetzgebung der DDR zuläßt, wäre ein Anspruch auf Erfüllung (z. B. auf eine Warenlieferung) oder ein Anspruch auf Schadenersatzleistung in Geld durch eine Privatperson in jedem Fall ausgeschlossen.

Art und Umfang der Vollmacht

Art und Umfang der Vollmacht werden grundsätzlich durch den Willen des Vollmachtgebers bestimmt, der von den zu lösenden Aufgaben, den Prinzipien der Leitung, der Struktur und Organisation des Unternehmens ausgeht. Die typische Art der Vollmachterteilung ist die Bevollmächtigung ständiger Mitarbeiter des Betriebes (Kontorleiter, Verkäufer, Einkäufer), im Rahmen ihres Funktions- und Tätigkeitsbereiches im Namen des Betrie-

12 Gesetz über internationale Wirtschaftsverträge – GIW – vom 5. 2. 1976, GBl. I Nr. 5 S. 61.

bes rechtsgeschäftliche Handlungen vorzunehmen (Abgabe von Angeboten, Annahmeerklärungen, Kündigung von Verträgen usw.).

Form der Vollmacht

Die Vollmacht setzt nicht die Aushändigung einer als „Vollmacht" gekennzeichneten Urkunde voraus, obgleich mit dieser Form die größte Sicherheit gegeben ist. Sie ist wirksam, wenn ihre Erteilung klar ersichtlich ist und sie von den dazu berechtigten Organen erteilt wurde.

Erteilung der Vollmacht

In den AHB kann der Generaldirektor oder ein Stellvertreter anderen Mitarbeitern oder Personen Vollmacht zur Vertretung des AHB im Rechtsverkehr erteilen. Die Organe des AHB können auch der Erteilung von Untervollmachten zustimmen (§ 19 Abs. 2 GIW).

Für volkseigene Kombinate ist die Vollmachterteilung in der Kombinats-VO geregelt. Es heißt dort: „Anderen Mitarbeitern und Personen kann Vollmacht für die Vertretung des Kombinats im Rechtsverkehr erteilt werden" (§ 30 Abs. 3). Diese Regelung gilt auch für VEB (§ 31 Abs. 2).

Beendigung der Vertretungsbefugnis

Die Vollmacht erlischt in Fällen, in denen sie auf der Grundlage des Funktionsplanes erteilt wurde, für den bisher berechtigten Mitarbeiter mit der Umbesetzung der betreffenden Funktion. Im übrigen erlischt sie mit dem Widerruf oder mit dem Ablauf ihrer Gültigkeitsfrist. Ein Vertrauen auf das Vorhandensein einer Vertretungsmacht, die in Wirklichkeit nicht oder nicht mehr besteht, wird grundsätzlich nicht geschützt. Wurde allerdings eine Bevollmächtigung den Geschäftspartnern mitgeteilt, so muß bei Widerruf der Vollmacht oder bei Neubesetzung der Funktion, mit der die Bevollmächtigung verbunden war, der Widerruf oder die Mitteilung über die Umbesetzung gegenüber diesen Partnern erfolgen, weil einem Dritten gegenüber das Erlöschen der Vollmacht nur wirksam ist, wenn er davon Kenntnis hatte oder haben mußte (§ 21 GIW).

Die im HGB geregelten zwei besonderen Arten der Vollmacht – die Prokura und die Handlungsvollmacht – haben für die Vertretung der AHB der DDR keine Bedeutung mehr, da gem. § 332 GIW die Bestimmungen des HGB auf Rechtsverhältnisse im Geltungsbereich des GIW keine Anwendung finden.

Anscheinsvollmacht

Soweit die Mitarbeiter eines AHB in dessen Geschäftsräumen (dazu zählen z. B. auch Messestände) tätig werden, gelten sie Dritten gegenüber insoweit zur Vertretung des AHB befugt, als das üblicherweise mit der von ihnen ausgeübten Funktion verbunden ist (§ 20 GIW).
Eine solche räumliche Beschränkung der Funktionsvollmacht gilt für volkseigene Kombinate und Betriebe nicht. „Die Mitarbeiter des Kombinats gelten als bevollmächtigt, solche Rechtshandlungen vorzunehmen, die zur Erfüllung der sich aus ihrer Tätigkeit ergebenden Aufgaben üblich sind" (§ 30 Abs. 3, § 31 Abs. 2 Kombinats-VO). Wer das Fehlen der Vertretungsbefugnis kannte oder kennen mußte, kann sich allerdings nicht auf die Funktionsvollmacht berufen (§ 23 Abs. 2 GIW).

3.1.9. Das Register der volkseigenen Wirtschaft der DDR

Eintragungspflicht

Gemäß § 1 Register-VO müssen volkseigene Kombinate, Kombinatsbetriebe, volkseigene Betriebe, wirtschaftsleitende Organe und andere Einrichtungen im Bereich der volkseigenen Wirtschaft, die nach dem Prinzip der wirtschaftlichen Rechnungsführung arbeiten und juristische Personen sind, in das Register der volkseigenen Wirtschaft eingetragen werden. Dazu gehören selbstverständlich auch die AHB.

Registerführung Das Register wird vom Staatlichen Vertragsgericht beim Ministerrat der DDR geführt. Die Registrierung erfolgt bei den Bezirksvertragsgerichten. Die Wirtschaftseinheiten sind in dem Bezirk in das Register einzutragen, in dessen Territorium sie ihren Sitz haben.

Umfang der Eintragung Der Umfang der Eintragung ist in § 4 Register-VO festgelegt. Danach sind u. a. in das Register einzutragen:

- Name und Sitz der Wirtschaftseinheit,
- das übergeordnete Organ,
- die zur Vertretung gesetzlich befugten Personen,
- das Erlöschen von Vertretungsbefugnissen,
- die Beendigung der Rechtsfähigkeit oder die Eröffnung eines Abwicklungsverfahrens und der Name des Abwicklungsbevollmächtigten,
- das Stammvermögen.

Rechtswirkung der Eintragung Hinsichtlich der Rechtswirkung der Eintragung bestimmt § 5 Register-VO, daß Eintragungen im Register zum Zeitpunkt ihrer Eintragung wirksam werden. Veröffentlicht werden die Eintragungen in der DDR nicht. Wer ein berechtigtes Interesse nachweist, kann allerdings Einsicht in das Register nehmen oder schriftlich Auskunft erhalten (§ 12 Abs. 2 Register-VO). Sind gegenüber den im Register enthaltenen Eintragungen eintragungspflichtige Veränderungen eingetreten, so kann sich jemand, der diese Veränderungen kennt, nicht auf die Richtigkeit der Eintragung berufen (§ 5 Abs. 2 Register-VO).

3.2. Die ausländischen Partner von Außenhandelskaufverträgen

Sowohl in den kapitalistischen Industriestaaten als auch in den Entwicklungsländern erfolgt – wenngleich aus unterschiedlichen Motiven und mit unterschiedlicher Zielsetzung – eine relativ weitgehende staatliche Reglementierung der Wirtschaft, vor allem des Außenhandels und anderer außenwirtschaftlicher Beziehungen. Insbesondere erstreckt sich die staatliche Einflußnahme auch darauf, welche Organisationen oder Bürger Partner internationaler Handelsbeziehungen werden können (vgl. S. 27 ff.). Partner von DDR-Betrieben aus nichtsozialistischen Staaten können staatliche Industriebetriebe und staatliche Handelsgesellschaften, Monopolunternehmen und Konzerne, Handelsvereinigungen und selbständige Industrie- oder Handelsunternehmen sowie Genossenschaften und Einzelkaufleute sein.

Für die Wahl der Partner von AKV ist es wichtig, sich Kenntnis von ihrer sozialökonomischen Stellung, ihrer finanziellen Lage, ihren kommerziellen und technischen Möglichkeiten, von den Möglichkeiten ihrer Einflußnahme auf die Erlangung erforderlicher außenwirtschaftlicher Genehmigungen usw. zu verschaffen. Ebenso wichtig ist es aber auch zu wissen, welcher juristischen Organisationsform sie sich bedienen, welcher rechtlichen Regelung ihre Handlungsfähigkeit, ihre Vermögenshaftung u. ä. unterliegen.

Juristische Organisationsformen der Partner aus dem NSW

Die juristischen Organisationsformen der Außenhandelspartner aus dem nichtsozialistischen Wirtschaftsgebiet sind vielfältig. Ihre Einteilung kann nach verschiedenen Kriterien erfolgen. So werden juristische Personen von nichtrechtsfähigen Vereinigungen unterschieden, Kapitalgesellschaften von sogenannten Personengesellschaften, Handelsgesellschaften von Einzelkaufleuten usw.

Aus diesen Unterschieden ergeben sich verschiedene juristische Konsequenzen, wie die Anwendung oder Nichtanwendung von Normen der Handelsgesetzbücher, prozeßrechtlicher Regelungen der sogenannten Partei- und Prozeßfähigkeit, firmen- und registerrechtlicher Bestimmungen u. a. Schließlich haben diese Unterschiede auch Bedeutung für die kollisionsrechtliche Regelung der Rechtsstellung der Partner von AKV aus nichtsozialistischen Ländern.

Die meisten AKV werden mit Handelsgesellschaften geschlossen. Zu den wichtigsten Arten der Handelsgesellschaften, die in gleichen oder ähnlichen Formen in fast allen kapitalistischen Ländern bekannt sind, gehören die Aktiengesellschaften, die Gesellschaften mit beschränkter Haftung und die Offenen Handelsgesellschaften.

Das Handels- und Gesellschaftsrecht der verschiedenen Staaten folgt zwar in vielen Grundzügen durchaus einheitlichen Prinzipien, doch weist die Regelung der Gesellschaften im einzelnen beträchtliche Unterschiede auf.

So sind z. B. Aktiengesellschaften und Gesellschaften mit beschränkter Haftung in allen Ländern juristische Personen, Offene Handelsgesellschaften dagegen nur in Ländern des romanischen Rechtskreises.

Im folgenden können lediglich einige allgemeingültige Aspekte ausländischer juristischer Personen aus nichtsozialistischen Staaten behandelt werden.[13]

Merkmale der juristischen Person

Zu den Merkmalen jeder juristischen Person gehören im allgemeinen (vgl. dazu S. 141 f.):

- die Anerkennung als juristische Person durch den Staat, nach dessen Recht sie gegründet ist;
- das Auftreten im Rechtsverkehr im eigenen Namen;
- die Bildung eines vom Vermögen der Gründer oder Mitglieder abgesonderten Vermögens;
- die selbständige Vermögenshaftung.

3.2.1. Die Rechts- und Handlungsfähigkeit der Einzelkaufleute und juristischen Personen

Im allgemeinen sind alle natürlichen Personen, unabhängig von ihrem Alter und ihren geistigen Fähigkeiten, ebenso wie alle juristischen Personen rechtsfähig. Die Handlungsfähigkeit (auch Geschäftsfähigkeit ge-

13 Zu Besonderheiten einzelner Rechtsordnungen siehe die von der KfA der DDR herausgegebenen Grundrisse zum Handelsrecht Italiens (1972), Österreichs (1973), Mexikos (1975), Frankreichs (1977), Schwedens (1979), der USA (1981), Indiens (1985), Irans (1985), Syriens (1985).

nannt) bezeichnet dagegen die Fähigkeit, selbst handeln zu können, selbst rechtliche Verpflichtungen eingehen zu können.
Die Handlungsfähigkeit der juristischen Personen bildet mit ihrer Rechtsfähigkeit eine Einheit. Im Gegensatz dazu fallen bei natürlichen Personen die Rechts- und die Handlungsfähigkeit nicht notwendig zusammen. Hier wird die Handlungsfähigkeit insbesondere von einem bestimmten Alter und damit von der Möglichkeit, einen selbständigen Willen zu bilden, abhängig gemacht. Die Regelung ist in einzelnen Ländern allerdings unterschiedlich.

Besondere Rechtsfähigkeit juristischer Personen

In vielen Ländern geht man bei juristischen Personen nicht von einer allgemeinen, sondern einer besonderen (eingeschränkten) Rechtsfähigkeit aus. Das bedeutet, daß die juristischen Personen nicht alle möglichen Rechtsgeschäfte vornehmen können, sondern nur einen bestimmten Kreis von Rechtsgeschäften. Der Umfang der besonderen Rechtsfähigkeit der juristischen Personen wird häufig durch Statuten bestimmt. Sie enthalten Vorschriften über die Handlungsfähigkeit, mit denen mittelbar zugleich die Rechtsfähigkeit abgegrenzt wird. Der tatsächliche Umfang der Rechts- und Handlungsfähigkeit wird jedoch nicht nur durch die im Statut bzw. im Gesetz enthaltene Regelung bestimmt, sondern auch durch administrative Maßnahmen verschiedener Art.

Rechte und Pflichten, die im Widerspruch zu ihrer besonderen Rechtsfähigkeit stehen, können von den juristischen Personen nicht erworben werden. Rechtsgeschäfte, die auf den Erwerb solcher Rechte und Pflichten hinzielen, sind unwirksam. Deshalb ist für den Handel mit Ländern, in denen von dieser besonderen Rechtsfähigkeit juristischer Personen ausgegangen wird, zu empfehlen, sich beim Abschluß von Verträgen mit neuen Partnern zunächst zu vergewissern, ob der vorgesehene Partner überhaupt zum Abschluß des jeweiligen Vertrages berechtigt ist oder ob ein solches Rechtsgeschäft für ihn „ultra vires" (d. h. außerhalb seiner Befugnisse) liegt.

Handelsregister

In vielen Ländern besteht für Handelsgesellschaften (in manchen Ländern auch für andere juristische Personen, Vereine und Gesellschaften anderer Art) die Pflicht zur Eintragung in ein Handelsregister. Häufig wird die Entstehung der Handelsgesellschaft bzw. die Begründung ihrer Rechtspersönlichkeit von der Eintragung in das Handelsregister abhängig gemacht. Das trifft insbesondere auf Aktiengesellschaften, GmbH und Kommanditgesellschaften auf Aktien zu. Der Umfang der Eintragungspflicht (der einzutragenden Tatsachen) ist in den einzelnen Ländern unterschiedlich geregelt, ebenso der öffentliche Glaube und die Publizitätswirkung des Registers. In vielen Ländern werden die Registereintragungen in bestimmten Zeitungen veröffentlicht.
Die Registereintragungen haben im Zusammenhang mit den jeweiligen einzelstaatlichen gesetzlichen Bestimmungen über ihre Wirkung für die Wahl der Vertragspartner und den Abschluß der Außenhandelsverträge insofern Bedeutung, als sie Auskunft geben über Personen, die im Namen der Firma ohne besondere Vollmacht handeln können und die das Recht zur Vollmachtserteilung haben, über Prokuristen und in bestimmtem Maße auch über das Vermögen der Handelsgesellschaft.

3.2.2. Das Handeln der juristischen Personen durch Organe und Vertreter

Unterscheidung zwischen Organen und Vertretern

Die juristischen Personen handeln durch ihre Organe. Häufig wird der Unterschied zwischen dem Handeln der Organe und dem Handeln bevollmächtigter Angestellter verkannt (vgl. S. 146 ff.). Selbstverständlich müssen für ein Unternehmen im Rechtsverkehr viele Angehörige des Unternehmens und auch andere Personen handeln. Aber alle, die nicht Organ der juristischen Person sind, können mit Wirkung für und gegen die juristische Person nur als Bevollmächtigte handeln.
Nicht selten bezeichnen gesetzliche Bestimmungen oder Statuten die Organe ebenfalls als Vertreter oder gesetzliche Vertreter. Deshalb wird manchmal auch von „Organvertretung" im Unterschied zur „Stellvertretung" gesprochen.

Rechtmäßiges und rechtswidriges Handeln

Wie bereits dargelegt, sind die Handlungen der Organe Handlungen der juristischen Person selbst, wirken also unmittelbar für und gegen diese. Das gilt nicht nur für rechtmäßiges, sondern auch für rechtswidriges Handeln. Die juristische Person ist daher auch für den Schaden verantwortlich, den ein Organ einem anderen (sofern die betreffende Person als Organ der juristischen Person handelt) zufügt.
Die Vertretung durch Organe der Handelsgesellschaft ist in den einzelnen Ländern für die jeweiligen Formen der Handelsgesellschaften unterschiedlich geregelt. Es ist zu beachten, daß die Rechtsvorschriften häufig dispositiv gestaltet sind. Somit kann im konkreten Fall durch Gesellschaftsvertrag bzw. Satzung eine von der gesetzlichen Regelung abweichende Festlegung getroffen worden sein. Beispielsweise kann durch Gesetz der Grundsatz geregelt sein, daß die Gesellschaft gemeinsam durch alle Mitglieder der Gesellschaft oder durch alle Mitglieder eines Organs der Gesellschaft vertreten wird. Dieser Grundsatz wird nicht selten durch entsprechende Vereinbarungen im Gesellschaftsvertrag dahingehend abgewandelt, daß die Vertretung nur einem Mitglied der Gesellschaft obliegen soll.
Die Kenntnis der rechtlichen Regelung über die Vertretung bei den einzelnen Gesellschaftsformen in den jeweiligen Ländern, der Festlegungen im Gesellschaftsvertrag und der entsprechenden Eintragungen im Handelsregister ist deshalb von besonderer Bedeutung, weil es hierfür grundsätzlich keinen Schutz des guten Glaubens gibt.

Wenn also jemand gutgläubig einen Vertrag mit einem nicht vertretungsbefugten Gesellschafter abschließt oder auf die Willenserklärung eines solchen Gesellschafters vertraut, ist in der Regel die Gesellschaft für das Handeln des nicht vertretungsbefugten Gesellschafters nicht verantwortlich. Maßgeblich ist jedoch in dieser Frage die konkrete rechtliche Regelung im jeweiligen Lande.

Handeln durch Vertreter

Neben den Organen können auch andere Personen ein Unternehmen vertreten und in seinem Namen Willenserklärungen abgeben. Dazu bedürfen sie stets einer Vollmacht. Das Unternehmen wird nur dann gebunden, wenn das Handeln auf einer Vollmacht beruht. Ein Vertrauen (guter Glaube) in eine Vertretungsmacht, die in Wirklichkeit nicht oder nicht mehr besteht, wird grundsätzlich nicht geschützt. Es ist daher im Zweifel stets ratsam, sich die Bevollmächtigung nachweisen zu lassen. Auch bei

Prüfung der Frage, ob Vollmachten wirksam erteilt worden sind, ist die rechtliche Regelung in dem betreffenden Land zu berücksichtigen. Ebenfalls zu beachten sind die gesetzlichen Bestimmungen über die Prokura, über Umfang und Grenzen der Vertretungsbefugnisse eines Prokuristen.

Anscheinsvollmacht

Für Angestellte eines Betriebes, die in den Betriebsräumen tätig werden, gibt es jedoch in einigen Rechtsordnungen eine Anscheinsvollmacht für die Vornahme gewöhnlicher Rechtsgeschäfte (sie ist auch als „Ladenvollmacht" bekannt).

Handeln ohne Vertretungsmacht

Schließt jemand ohne entsprechende Vollmacht (also auch unter Überschreitung einer vorhandenen Vollmacht) im Namen einer juristischen Person einen Vertrag ab, so handelt er als Vertreter ohne Vertretungsmacht. Hier geht es um die für die Praxis wichtige Folge der Unterscheidung zwischen Handlungen der Organe und Handlungen der Bevollmächtigten. Während sich also bei Verhandlungen mit Organen einer juristischen Person die Frage erübrigt, ob diese befugt sind, für das Unternehmen zu handeln, ist bei Verhandlungen mit Bevollmächtigten eine Prüfung der Vollmacht notwendig.

Genehmigung

Bei einem Handeln ohne Vertretungsmacht, z. B. bei der Zustimmung zu einem Vertragsangebot, ist der Vertrag nicht von vornherein nichtig. Seine Wirksamkeit für und gegen den Vertretenen hängt vielmehr von dessen Genehmigung ab. Der Mangel an Vertretungsmacht kann also geheilt werden. Verweigert der Vertretene die Genehmigung, so ist in aller Regel der Vertreter dem anderen gegenüber schadenersatzpflichtig.

Auf der Grundlage eines Entwurfes von UNIDROIT wurde auf einer diplomatischen Konferenz 1983 eine Konvention über die Vertretung beim internationalen Warenkauf angenommen, die einige der genannten Fragen international einheitlich regelt. Diese Konvention ist jedoch noch nicht in Kraft.

3.2.3. Vermögen und Haftung

Personen und Kapitalgesellschaften

Ein Merkmal der juristischen Person ist ein selbständiges, abgesondertes Vermögen, auf das sich die Haftung der juristischen Person beschränkt. Darauf beruht auch der Unterschied zwischen den sogenannten Personen- und Kapitalgesellschaften. Die Frage, ob eine bestimmte Gesellschaft (z. B. eine Offene Handelsgesellschaft) als Personen- oder als Kapitalgesellschaft anzusehen ist, wird allerdings durch die Rechtsordnungen der einzelnen Länder nicht einheitlich geregelt.

Haftung der Kapitalgesellschaften

Der Gesellschaftsanteil hat sich bei den Kapitalgesellschaften im Gegensatz zu den Personengesellschaften gegenüber dem übrigen Vermögen der Gesellschafter oder Aktionäre völlig verselbständigt. Diese Gesellschaften haften deshalb meist nur mit diesem abgetrennten Vermögen, dem Vermögen der Gesellschaft selbst.

Unterschiedliche Haftung

Die Haftung bzw. Haftungsbeschränkung ist bei den verschiedenen Formen der Handelsgesellschaften in den einzelnen Ländern unterschiedlich. Dennoch gibt es – zumindest in den Grundzügen – für die wichtigsten Arten dieser Gesellschaften weitgehend übereinstimmende Regelungen.
Die rechtliche Regelung der Haftung bzw. Haftungsbeschränkung im ausländischen Recht ist insofern besonders bedeutsam, als sie unmittelbar die

Vermögensinteressen der AHB der DDR bzw. das Problem des Schutzes unseres Volkseigentums berührt, wenn die AHB Gläubiger ausländischer Handelsgesellschaften sind. Das betrifft vor allem den Fall eines Konkurses dieser Gesellschaften (vgl. S. 364 ff.).

Haftungsumfang bei Handelsgesellschaften

Unter dem Aspekt der Haftung bzw. Haftungsbeschränkung unterscheidet man:

- Handelsgesellschaften, bei denen alle Mitglieder mit ihrem gesamten Vermögen den Gäubigern der Gesellschaft persönlich haften, bei denen also die Haftung gegenüber den Gesellschaftsgläubigern für keinen Gesellschafter beschränkt ist;
- Handelsgesellschaften, bei denen ein Teil der Gesellschafter persönlich, der andere Teil lediglich mit den Einlagen bzw. den Aktien haftet;
- Handelsgesellschaften, bei denen die Gesellschafter nur mit ihren Einlagen haften und die Haftung auf das Kapital der Gesellschaft beschränkt ist.

Zur ersten Gruppe gehören vielfach die Offenen Handelsgesellschaften, zur zweiten Gruppe die Kommanditgesellschaften, die Kommanditgesellschaften auf Aktien sowie die stillen Gesellschaften und zur dritten Gruppe die Aktiengesellschaften und die Gesellschaften mit beschränkter Haftung.

Bei so grober Unterscheidung sind diese Feststellungen noch für nahezu alle Rechtsordnungen zutreffend. In der konkreten Gestaltung gibt es jedoch in den einzelnen Rechtsordnungen Unterschiede.

Ein-Mann-Gesellschaften

Ein-Mann-Gesellschaften sind in einigen Rechtsordnungen anerkannt, in anderen Ländern durch die Rechtsprechung geduldet oder für unzulässig erklärt. Sinn und Zweck der Bildung von Ein-Mann-Gesellschaften (oder der Reduzierung der Gesellschafter auf eine Person) ist es, die Haftung mit dem gesamten persönlichen Vermögen, wie es gesetzlich für Einzelpersonen vorgeschrieben ist, auszuschließen und auf einen Teil des Vermögens zu beschränken. Häufig ist die Bildung von Ein-Mann-Gesellschaften mit spekulativen oder betrügerischen Absichten verbunden. Auch dies ist bei der Wahl der Vertragspartner bzw. beim Abschluß von Außenhandelsverträgen zu beachten.

Besonders bedeutsam sind die Bestimmungen des jeweils anzuwendenden ausländischen Rechts über die Rechte der Gläubiger im Falle der Auflösung einer Handelsgesellschaft, insbesondere beim Konkurs.

3.3. Der Abschluß und das Inkrafttreten des Außenhandelskaufvertrages

3.3.1. Grundlagen des Vertragsabschlusses

Stellung des AKV im System der Leitung der Außenwirtschaft

Allgemeine Grundlage für den Abschluß von AKV ist das staatliche Außenhandelsmonopol der DDR. Der AKV ist Bestandteil des Systems der Leitung und Planung des Außenhandels durch den sozialistischen Staat. Sein Abschluß und seine Realisierung sind Teil der Ausübung des sozialistischen Außenhandelsmonopols.

Grundlage des AKV wie auch der anderen IWV sind die zwischenstaatli-

chen Wirtschaftsabkommen und das Gesamtsystem staatlicher Leitung der Außenhandelsbeziehungen in der DDR, d. h. insbesondere die Außenhandelsplanung, die Regelung der Rechtsstellung der Subjekte des Außenwirtschaftsrechts und die Regelung der Kontrolle zur Einhaltung des sozialistischen Außenhandelsmonopols. Die Grundsätze der staatlichen Leitung der Außenhandelsbeziehungen sind in der AHVO und den dazu erlassenen DB geregelt. Danach obliegt der Abschluß von AKV grundsätzlich den AHB. (Zur Durchführung von Eigengeschäften vgl. S. 140)
Im Unterschied zur rechtlichen Regelung von Wirtschaftsbeziehungen innerhalb der DDR richten sich diese Regelungen, abgesehen von niederlassungsrechtlichen und ähnlichen Bestimmungen, nicht an beide Vertragspartner, sondern nur an die sozialistischen AHB. Ihre Anforderungen müssen deshalb im Prozeß des Vertragsabschlusses, der Vertragsgestaltung und Realisierung in Konfrontation mit den Konkurrenzbedingungen des kapitalistischen Weltmarktes durchgesetzt werden. Die AKV dienen der Konkretisierung und Spezifizierung der Planaufgaben, und sie werden ihrerseits, insbesondere wenn es sich um langfristige und umfangreiche Vereinbarungen handelt, im Planungsprozeß entsprechend berücksichtigt (vgl. z. B. § 11 Abs. 3 AHVO).
Der sozialistische Staat leitet die einzelnen Außenhandelsoperationen durch eine Reihe aufeinander abgestimmter staatlicher Leitungsformen und -instrumente, unter denen das Recht einen bedeutenden Platz einnimmt.

Dazu gehören u. a. die Plangesetzgebung sowie andere Rechtsformen der Planung, die zwischenstaatlichen Wirtschaftsabkommen, die Festlegung der Außenhandelsbefugnis, die Gestaltung der Rechtsstellung der AHB, aber auch die kollisionsrechtliche und die vertragsrechtliche Regelung der AKV (vgl. S. 69ff. und 104ff.).

Diese Rechtsformen der staatlichen Leitung des Außenhandels, die die Grundlage für das eigenverantwortliche Handeln der AHB bei der Vorbereitung und dem Abschluß der AKV bilden, sind in ihrer Komplexität und ihren wechselseitigen Zusammenhängen bei jedem Vertragsabschluß zu berücksichtigen. Daneben sind sowohl in der Vorbereitungsphase als auch beim Abschluß des Vertrages die Rechtsvorschriften der Partnerländer und ihre Auswirkungen zu beachten.

Darüber hinaus ist beim Abschluß und bei der inhaltlichen Gestaltung jedes einzelnen AKV zu sichern, daß effektive ökonomische und optimale volkswirtschaftliche Ergebnisse erzielt werden, daß unsere Wirtschaft vor den Auswirkungen der kapitalistischen Wirtschaftsweise und der staatsmonopolistischen Regulierung (z. B. Währungsverfall, Zahlungsunfähigkeit des Partners, Nichterteilung staatlicher Genehmigungen) weitestgehend bewahrt und der Austauschprozeß rationell und kostensparend organisiert wird. Eine wichtige Hilfe ist dabei die exakte Kenntnis der rechtlichen Regelung des AKV im Rahmen des eigenen Rechts sowie des Rechts der Partnerländer.

3.3.2. Der Abschluß des Außenhandelskaufvertrages

Eine grundlegende Voraussetzung für das wirksame Zustandekommen eines AKV ist das Vorliegen mindestens zweier übereinstimmender Erklärungen: des Angebots und der Annahme.

3.3.2.1. Das Angebot

Ein Angebot kann sowohl vom Verkäufer als auch vom Käufer ausgehen, denn angeboten wird nicht die Ware, sondern der Abschluß eines Vertrages. Eine Bestellung kann also ebenfalls ein Angebot sein. *Begriff und Inhalt*

Im Zusammenhang mit der Sicherung des staatlichen sozialistischen Außenhandelsmonopols wird häufig vom Angebots- und Nachfragemonopol gesprochen, das von den AHB wahrzunehmen ist. In § 18 Abs. 2 Satz 2 AHVO heißt es: „Nur durch oder über die Außenhandelsbetriebe dürfen Außenhandelsverträge angebahnt sowie Angebote und Nachfragen abgegeben oder eingeholt werden." Es ist deshalb nicht zulässig, daß AHB den Exportbetrieben die Aufgabe übertragen, an ausländische Partner Lieferangebote zu unterbreiten.

Ein Angebot liegt nur vor (§ 28 GIW), wenn es an eine oder mehrere bestimmte Personen gerichtet ist, den Willen des Anbietenden zum Abschluß eines Vertrages zum Ausdruck bringt, alle wesentlichen Vertragsbestandteile enthält und durch bloße Bejahung angenommen werden kann. Werbeprospekte, Kataloge, Inserate u. ä. sind folglich keine Angebote; sie fordern lediglich dazu auf, Angebote zu unterbreiten. Das Angebot ist eine einseitige empfangsbedürftige Willenserklärung, die erst mit ihrem Zugang wirksam wird (§ 9 Abs. 1 GIW; ebenso § 130 Abs. 1 BGB; Art. 15 Abs. 1 CIS).

Nach dem Recht der DDR ist der Anbietende grundsätzlich an sein Angebot gebunden, sofern er diese Bindung nicht ausdrücklich ausgeschlossen hat (§ 29 Abs. 1 und 4 GIW). *Bindung an das Angebot*

Die gleiche Regelung besteht in der BRD (§ 145 BGB) und in Österreich (§ 862 ABGB). Nach Art. 3 OR der Schweiz ist der Anbietende gebunden, wenn er für die Annahme des Angebots eine Frist setzt. Umgekehrt gehen die Common-law-Länder davon aus, daß ein Angebot bis zum Vertragsabschluß widerrufen werden kann. In der CIS wurde eine mittlere Linie zwischen beiden Grundsätzen angestrebt, indem einerseits gem. Art. 16 Abs. 1 ein Angebot widerrufen werden kann, solange der Empfänger noch keine Annahmeerklärung abgesandt hat, andererseits aber in Art. 16 Abs. 2 von diesem Grundsatz praktisch sehr bedeutsame Ausnahmen gemacht werden.[14]

Um eine Bindung auszuschließen, werden Angebote häufig als „unverbindlich" oder „freibleibend" gekennzeichnet. Ein solches „unverbindliches" oder „freibleibendes" Angebot hat grundsätzlich nicht die Rechtswirkungen eines Angebots, sondern stellt ebenfalls nur eine Aufforderung zur Abgabe eines Angebots dar (§ 31 GIW; ebenso Art. 7 OR). *Freibleibendes Angebot*

Es muß jedoch beachtet werden, daß in manchen Rechtsordnungen das „freibleibende" Angebot auch anders interpretiert werden kann, und zwar dahingehend, daß es bis zur Annahme widerrufen werden kann. Enthält ein freibleibendes Angebot eine Annahmefrist, so ist verbreitet mit einer derartigen Auslegung (Widerrufsmöglichkeit bis zur Annahme) zu rechnen.

14 Siehe F. Enderlein/D. Maskow/M. Stargardt, Kommentar: Konvention der Vereinten Nationen über Verträge über den internationalen Warenkauf. Konvention über die Verjährung beim internationalen Warenkauf. Protokoll zur Änderung der Konvention über die Verjährung beim internationalen Warenkauf, Berlin 1985, Anm. 5 zu Art. 16.

Nach der CIS wird die Bestimmung einer Frist für die Annahme dahingehend interpretiert, daß das Angebot nicht widerrufen werden kann.

Wegen der unterschiedlichen Auslegungsmöglichkeiten der Klauseln „freibleibend" oder „unverbindlich" empfiehlt es sich, die gewollten Rechtswirkungen in den AGB, die dem Angebot beigefügt sind, zum Ausdruck zu bringen.

So kann man z. B., je nach den gewollten Rechtswirkungen, formulieren: „Unser Angebot ist freibleibend. Eingehende Aufträge werden für uns erst dann verbindlich, wenn wir sie schriftlich bestätigt haben." „Unser Angebot ist freibleibend. Wir sind bis zum Zugang einer Annahmeerklärung berechtigt, unser Angebot zu widerrufen."

Bindungsfrist

Ist die Bindung an das Angebot nicht ausgeschlossen, so ist der Anbietende stets nur befristet an sein Angebot gebunden. Der Anbietende kann selbst in seinem Angebot bestimmen, bis zu welchem Zeitpunkt er das Angebot aufrechterhält. Äußert sich der Empfänger des Angebots bis zum Ablauf der Frist nicht, so erlischt das Angebot (s. aber S. 160 ff.). Das Angebot erlischt ebenfalls, wenn es bereits vor Ablauf der Frist abgelehnt wird.

Wird keine Frist gesetzt, so ist zu unterscheiden, ob das Angebot unter Anwesenden (dazu zählen auch Telefon- und Fernschreibgespräche) oder unter Abwesenden (darunter fallen alle Formen des Schriftwechsels: Briefe, Telegramme, Fernschreiben) erfolgt.

Angebot unter Anwesenden

Hat der Anbietende keine Annahmefrist gesetzt, so ist er gegenüber einem Anwesenden nur dann an sein Angebot gebunden, wenn der andere Partner es sofort annimmt (§ 29 Abs. 2 GIW; § 147 Abs. 1 BGB; Art. 4 OR; § 862 ABGB).

Angebot unter Abwesenden

Bei einem Angebot unter Abwesenden ist der Anbietende auch ohne Fristsetzung nicht unbefristet an sein Angebot gebunden, sondern nur bis zu dem Zeitpunkt, zu dem der Eingang einer Antwort unter Berücksichtigung des handelsüblichen Beförderungsweges und einer angemessenen Prüfungsfrist erwartet werden kann (§ 29 Abs. 3 GIW; § 147 Abs. 2 BGB; Art. 5 Abs. 1 OR; § 862 ABGB).

Das ist natürlich von Fall zu Fall unterschiedlich. Der Postweg ins Nachbarland ist kürzer als nach Übersee, und bei größeren Objekten muß man dem Partner eine längere Bedenkzeit zubilligen als bei einer einzelnen Maschine. Auch Handelsbräuche spielen dabei eine Rolle. Die angemessene Prüfungsfrist kann demzufolge sowohl wenige Stunden (z. B. bei leichtverderblichen Gütern) als auch mehrere Wochen betragen.

Widerruf

Bindung an das Angebot bedeutet, daß es nur noch vom Willen des Empfängers abhängt, ob ein Vertrag zustande kommt oder nicht. Der Anbietende kann sein Angebot nicht mehr zurückziehen oder widerrufen. Ein Widerruf ist nur wirksam, wenn er vorher oder gleichzeitig mit dem Angebot zugeht (§ 9 Abs. 2 GIW).

Das ist z. B. der Fall, wenn der Empfänger gleichzeitig mit dem Angebotsschreiben einen telegrafischen Widerruf erhält; ebenso § 130 Abs. 2 BGB; Art. 9 OR; Art. 15 Abs. 2 CIS bezeichnet einen solchen Widerruf als „Rücknahme" des Angebots.

Wenn der Vertragsabschluß nicht dem Recht der DDR unterliegt, kann das anzuwendende Recht an das Angebot evtl. andere Rechtswirkungen knüpfen. Es ist besonders darauf zu achten, ob ebenfalls eine Bindung an das Angebot besteht oder ob ein Angebot bis zur Annahme jederzeit widerrufen werden kann.

Bindung nach ausländischem Recht

3.3.2.2. Die Annahme

Mit der Annahme bringt der Annehmende seinen Willen, den Vertrag abzuschließen, zum Ausdruck. Mit der vorbehaltlosen Annahme eines Angebots innerhalb der Annahmefrist kommt der Vertrag zustande (§ 30 Abs. 1 GIW; ebenso § 148 i. V. m. § 150 BGB; Art. 18 Abs. 2 CIS).

Widerruf

Ist der Vertrag geschlossen, so kann der Annehmende seine Annahmeerklärung nicht mehr widerrufen. Wie beim Angebot ist auch bei der Annahmeerklärung ein Widerruf nur möglich, wenn dieser dem Anbietenden gleichzeitig mit der Annahmeerklärung oder vorher zugeht (Art. 9 Abs. 2 GIW; Art. 9 OR; § 130 Abs. 1 BGB; Art. 22 CIS).

Empfangsbedürftigkeit

Die Annahme ist ebenfalls eine empfangsbedürftige Erklärung, d. h., dem Anbietenden muß die Annahmeerklärung zugehen. Hiervon gibt es jedoch gerade auch für die Außenhandelspraxis wichtige Ausnahmen: Die Annahme ist nicht immer identisch mit Annahmeerklärung.

Annahme ohne Erklärung

Anstelle einer ausdrücklichen Erklärung kann der Annehmende auch Handlungen vornehmen, aus denen sein Vertragsabschlußwille eindeutig hervorgeht (sogenanntes schlüssiges Handeln – § 17 GIW).

Solche Handlungen können z. B. das Absenden einer bestellten Ware, die Eröffnung eines Akkreditivs u. ä. sein. Annahme ohne ausdrückliche Erklärung ist auch möglich nach § 151 BGB; §§ 863 Abs. 1, 864 ABGB; Art. 6 OR; Art. 18 Abs. 3 CIS. Wenn der Anbietende innerhalb der Annahmefrist davon Kenntnis erlangt, kommt der Vertrag zustande (§ 30 Abs. 4 GIW). Nach manchen Rechtsordnungen ist Kenntniserlangung des Anbietenden innerhalb der Annahmefrist nicht erforderlich, so nach Art. 18 Abs. 3 CIS.

Handelsbrauch

Ebenfalls ohne Annahmeerklärung kommt ein Vertrag zustande, wenn eine solche Erklärung nach Handelsbrauch nicht zu erwarten ist (§ 5 GIW; ebenso § 151 BGB; § 346 HGB) oder der Anbietende auf Annahmeerklärung verzichtet (§ 151 BGB). Eventuell kommt ein Vertrag zustande, wenn innerhalb angemessener Frist keine Ablehnung erfolgt (Art. 6 OR).

3.3.2.3. Ort und Zeit des Zustandekommens eines Außenhandelskaufvertrages

Über Ort und Zeitpunkt des Zustandekommens eines Vertrages bestehen in den einzelnen Ländern unterschiedliche Auffassungen. Diese betreffen vor allem den Zeitpunkt des Wirksamwerdens der Annahmeerklärung. Danach kann ein Vertrag zustande kommen, wenn

- der Annehmende seine Annahmeerklärung absendet. Unberücksichtigt bleibt hier, ob die Erklärung seinen Empfänger erreicht oder unterwegs verlorengeht (Briefkastentheorie);
- die Annahmeerklärung dem Anbietenden zugeht. Es genügt hier, daß

sie in den Empfangsbereich des Anbietenden gelangt, z. B. daß die Post den Brief zugestellt hat, auch wenn er noch nicht geöffnet worden oder im Hause verlorengegangen ist (Empfangstheorie).

Die praktische Bedeutung dieser verschiedenen Varianten besteht im wesentlichen darin, daß damit entschieden wird, zu wessen Lasten das Risiko der Postbeförderung geht.

Empfangstheorie

Nach dem Recht der DDR kommt der AKV dort und zu dem Zeitpunkt zustande, wo und wann die Annahmeerklärung dem Anbietenden zugeht (§ 30 Abs. 1 GIW; ebenso § 130 Abs. 1 BGB; § 862 a ABGB; Art. 18 Abs. 2 CIS). Das Risiko des Postweges trägt also der Annehmende. Geht die Annahmeerklärung unterwegs verloren, so kommt kein Vertrag zustande. Ist dagegen die Annahmeerklärung dem Anbietenden zugegangen, durch ein Versehen aber in eine falsche Abteilung gelangt und dort verlorengegangen, so ist ein Vertrag zustande gekommen, ohne daß die zuständige Abteilung davon etwas weiß.

Briefkastentheorie

Im Unterschied dazu folgt das Schweizer Recht der o. g. Briefkastentheorie (Art. 18 Abs. 1 OR), ebenso wie die Länder des anglo-amerikanischen Rechtskreises.

3.3.2.4. Die Annahme mit Verspätung oder Veränderung

Der Vertrag kommt zustande, wenn die Annahmeerklärung dem Anbietenden fristgemäß zugeht, d. h. innerhalb der im Angebot genannten oder der den Umständen nach angemessenen Frist.

Verspätete Annahme

Geht die Annahmeerklärung dem Anbietenden verspätet zu, so kommt kein Vertrag zustande. Die Annahme gilt dann als neues Angebot, das wiederum angenommen werden muß (§ 31 GIW; ebenso § 150 Abs. 1 BGB). Nach der CIS hat es der Anbietende in der Hand, ob er die verspätete Annahme als wirksame Annahme gelten lassen will, und er kann den Annehmenden in diesem Sinne unverzüglich unterrichten (Art. 21 Abs. 1).

Rechtzeitige Absendung

Hiervon gibt es eine Ausnahme: Ist der verspätete Zugang durch eine Verzögerung auf dem Postwege verursacht worden (ergibt sich z. B. aus dem Poststempel, daß die Erklärung rechtzeitig abgesandt wurde und den Empfänger normalerweise noch innerhalb der Frist hätte erreichen müssen, so daß der Annehmende auf das wirksame Zustandekommen des Vertrages vertrauen konnte), so kommt der Vertrag trotz verspätetem Zugang zustande, es sei denn, der Anbietende informiert den Annehmenden unverzüglich davon, daß die Annahmeerklärung verspätet eingetroffen und deshalb kein Vertrag zustande gekommen ist (§ 30 Abs. 3 GIW; ebenso § 149 BGB; § 862a ABGB; Art. 5 Abs. 3 OR; Art. 21. Abs. 2 CIS).

Annahme mit Veränderungen

Ein Vertrag kommt nur zustande, wenn der Annehmende das Angebot vorbehaltlos annimmt. Nimmt er gegenüber dem vorgeschlagenen Vertragsinhalt Erweiterungen, Einschränkungen oder sonstige Änderungen vor, so kommt kein Vertrag zustande. Eine solche Annahmeerklärung gilt ebenfalls als neues Angebot, das wiederum fristgemäß und vorbehaltlos angenommen werden muß, wenn ein Vertrag zustande kommen soll (§ 31 GIW; ebenso § 150 Abs. 2 BGB; Art. 19 Abs. 1 CIS).

Unwesentliche Abweichungen

Weicht jedoch die Annahmeerklärung nur unwesentlich von den Bedingungen des Angebots ab, so kommt der Vertrag trotz dieser Abweichung zustande, und zwar zu den in der Annahmeerklärung enthaltenen Bedingungen, es sei denn, der Anbietende widerspricht unverzüglich nach Zugang der Annahmeerklärung (§ 30 Abs. 3 GIW; ebenso Art. 19 Abs. 2 CIS. Eine Erläuterung, was als wesentlich anzusehen ist, enthält Art. 19 Abs. 3 CIS).

Bestätigungsschreiben

In den Fällen, in denen ein Bestätigungsschreiben nicht vollständig mit vorangegangenen Absprachen übereinstimmt, wird man (wenn bis dahin noch kein Vertrag zustande gekommen ist) in der Regel davon ausgehen können, daß der Vertrag zustande kommt, und zwar zu den Bedingungen der Bestätigung, sofern der andere Partner nicht ausdrücklich ablehnt. Das entspricht den Handelsgewohnheiten. Weicht jedoch der Inhalt der Bestätigung in wesentlichen Punkten (etwa Preis, Liefertermin, Qualität) und nicht unerheblich von den vorangegangenen Absprachen ab, ist ein solcher Schluß nicht zulässig.

3.3.2.5. Das Zustandekommen des Außenhandelskaufvertrages und Allgemeine Geschäftsbedingungen

Übersendung unterschiedlicher AGB

Ein spezieller Fall einer Annahmeerklärung mit Veränderungen ist die wechselseitige Übersendung unterschiedlicher AGB. Problematisch ist in solchen Fällen vor allem, wessen Geschäftsbedingungen Vertragsinhalt werden bzw. ob AGB Vertragsinhalt werden. Aber es ist auch fraglich, ob überhaupt ein Vertrag zustande kommt. Das kann nur jeweils nach den konkreten Umständen des Einzelfalles beurteilt werden.

Auf der Grundlage der Erfahrungen der Außenhandelspraxis der DDR und der Spruchpraxis des Schiedsgerichtes bei der KfA der DDR wurde im GIW eine umfassende Regelung des Problems unterschiedlicher AGB angestrebt. Soweit der Vertragsabschluß dem Recht der DDR unterliegt, ergibt sich folgende Lage:

Falls sich nur einer der Partner auf seine Geschäftsbedingungen bezieht, werden diese Vertragsinhalt, wenn sie der andere Partner kannte oder kennen mußte und er ihrer Geltung nicht unverzüglich widerspricht (§ 33 Abs. 1 GIW).

Wenn die Annahmeerklärung mit dem Angebotstext übereinstimmt und lediglich insoweit abweicht, als der Annehmende seine eigenen AGB (die denen des Anbietenden widersprechen) übersendet, werden die zuletzt übersandten Geschäftsbedingungen Vertragsinhalt, sofern der andere Partner dem nicht ausdrücklich widerspricht (§ 33 Abs. 2 GIW).

Wenn jedoch in den zuerst übersandten AGB eindeutig zum Ausdruck gebracht ist, daß der Übersender die AGB des anderen auf keinen Fall anerkennt, oder wenn beide Partner den Geschäftsbedingungen des anderen Partners widersprechen, so gilt der Vertrag bis auf die einander widersprechenden Klauseln der Geschäftsbedingungen als geschlossen, wenn die Partner den Kaufvertrag übereinstimmend als wirksam ansehen.

Auch in den meisten anderen Rechtsordnungen wird der Standpunkt vertreten, daß in einem solchen Fall weder die AGB des einen noch die des anderen Partners Vertragsinhalt werden.

Der Vertrag gilt jedoch gem. § 33 Abs. 3 GIW nicht als zustande gekommen, wenn der Partner, der die Erklärung erhielt, aus der folgt, daß keine Einigung über die Geschäftsbedingungen oder Klauseln erzielt wurde, dem Zustandekommen des Vertrages unverzüglich nach Zugang dieser Erklärung widerspricht.
In den Vertragsbeziehungen der AHB der DDR mit Partnern nichtsozialistischer Staaten müssen diese Probleme sowohl im Vertragsabschlußverfahren als auch bei der inhaltlichen Gestaltung der Ein- und Verkaufsbedingungen berücksichtigt werden. Wegen der möglicherweise entstehenden unsicheren Rechtslage ist auf jeden Fall die Unterzeichnung eines Vertragsdokuments (mit den rückseits abgedruckten oder beigefügten Ein- oder Verkaufsbedingungen des AHB) anzustreben, auf dem auf die Geltung der AGB ausdrücklich hingewiesen wird.

Läßt sich das im Einzelfall nicht realisieren, so sollte in den Fällen, in denen der Partner ebenfalls seine Bedingungen übersandt hat, wenigstens versucht werden, als letztes Dokument im Rahmen des Vertragsabschlußverfahrens eine Annahmeerklärung mit den eigenen Geschäftsbedingungen zu übersenden. In diesem Dokument sollte ausdrücklich abgelehnt werden, daß die Geschäftsbedingungen des anderen Partners Vertragsinhalt werden. Sind jedoch schon im Text der vom Partner vorher übersandten AGB solche Vorbehalte enthalten, die es als zweifelhaft erscheinen lassen, daß die unwidersprochene Entgegennahme der danach übersandten eigenen Bestätigung (mit den eigenen Geschäftsbedingungen) zum Zustandekommen des Vertrages und zur Bestimmung des Vertragsinhalts führt, so muß auf jeden Fall eine eindeutige Klärung mit dem Partner angestrebt werden. Die Nichtbeachtung dieser Forderung hat verschiedentlich zu erheblichen Komplikationen geführt.

Einige AHB sind dazu übergegangen, mit ihren ständigen Geschäftspartnern AGB zu vereinbaren, die dann Bestandteil aller wechselseitigen Verträge werden. Auch mehrere AHB können sich gemeinsam mit ihren Kunden auf AGB einigen, wie das z. B. mit Versand- und Warenhauskonzernen der BRD erfolgte.

In kapitalistischen Ländern bestehen teilweise gesetzliche Regelungen zur inhaltlichen Kontrolle von AGB bzw. von Vertragsklauseln schlechthin. Die einschlägigen Gesetze beziehen sich allerdings nicht in erster Linie auf internationale, sondern auf inländische Wirtschaftsverträge, und da wiederum vorwiegend auf den Konsumentenschutz (vgl. S. 176).
Vereinzelt enthalten die Zivilgesetzbücher unmittelbar Bestimmungen zu Fragen der AGB (z. B. das ZGB Italiens).
Das in der BRD erlassene Gesetz zur Regelung des Rechts der Allgemeinen Geschäftsbedingungen vom 9. 12. 1976[15] (in Kraft seit dem 1. 4. 1977) enthält neben Vorschriften, die die Auslegung von AGB und die Voraussetzungen, unter denen sie Vertragsinhalt werden, betreffen, vor allem Bestimmungen, die die Möglichkeit einer Inhaltskontrolle der AGB und die Unwirksamkeit bestimmter (in AGB vereinbarter) Klauseln vorsehen. Aus der Regelung des sachlichen Geltungsbereichs folgt jedoch, daß das Gesetz für den Handels- und Wirtschaftsverkehr keine einschneidenden Veränderungen herbeiführt.

Grundsätze der Spruchpraxis

In den meisten Staaten wurden in der Spruchpraxis der Gerichte bestimmte Grundsätze zu Fragen der AGB entwickelt; auch die Wettbewerbsgesetzgebung einiger Staaten enthält Bestimmungen, die Eingriffe in die Praxis

15 BGBl. I Nr. 142 S. 3317.

der AGB vorsehen. Diese Fragenkomplexe umfassen im wesentlichen:

- die Voraussetzungen, unter denen AGB Vertragsinhalt werden;

Zustandekommen des Vertrages und AGB

  Müssen die AGB oder einzelne Klauseln dieser Bedingungen von beiden Partnern unterzeichnet werden? Genügt es, wenn auf einem beiderseits unterzeichneten Vertragsformular der Hinweis enthalten ist, daß die AGB auf der Rückseite abgedruckt oder beigefügt sind? Werden die auf einer Annahmeerklärung oder die auf einem Bestätigungsschreiben abgedruckten AGB Vertragsinhalt, wenn der Empfänger diese Erklärung unwidersprochen entgegennimmt? (Vgl. S. 161 f.)

- die Besonderheiten bei der Auslegung von AGB;

Auslegung von AGB

  In vielen Ländern gilt der in der Rechtsprechung entwickelte oder gesetzlich geregelte Grundsatz, daß unklare Formulierungen in AGB zu Lasten desjenigen ausgelegt werden, der diese Bedingungen aufgestellt bzw. verwendet hat. Generell wird wohl angenommen, daß maschinen- oder handgeschriebene Änderungen einzelner Bedingungen dem gedruckten Text vorgehen.

- die Wirksamkeit oder Gültigkeit einzelner Bedingungen in den AGB, insbesondere haftungsbeschränkender und haftungserweiternder (den anderen Partner im Verhältnis zur gesetzlichen Regelung begünstigender) Bedingungen;

Rechtsprechung zum Inhalt

  Was die haftungserweiternden Bedingungen angeht, so ist das jeweilige Wettbewerbsrecht zu beachten, das diese Bedingungen unter Umständen als Wettbewerbsgefährdung wertet und daran bestimmte Rechtsfolgen knüpft. Hinsichtlich solcher Bedingungen, die zu einer weitgehenden Haftungsbeschränkung desjenigen führen, der die Bedingungen aufgestellt hat, oder ihn in anderer Weise besonders begünstigen, gibt es in der Rechtsprechung vieler Staaten Beispiele für eine Nichtanerkennung ihrer Wirksamkeit (Verstoß gegen „Treu und Glauben" oder gegen „gute Sitten").

- die im Fall der Unwirksamkeit einzelner Bedingungen in den AGB zu beachtenden Folgen;

Unwirksamkeit einzelner Bedingungen

  Es kann sich ergeben, daß die AGB insgesamt oder nur einzelne Bedingungen unberücksichtigt bleiben, daß insoweit die dispositive Regelung des Gesetzes eingreift oder eine vertragsergänzende Auslegung vorgenommen wird.

3.3.3. Der Dissens

Begriff

Liegt zwischen Angebot und Annahme keine vollständige Übereinstimmung vor, so handelt es sich um einen Dissens. Es wird zwischen offenem Dissens (bei dem sich die Partner über die fehlende Übereinstimmung im klaren sind) und verstecktem Dissens (bei dem die Partner glauben, sich geeinigt zu haben, aber den verwendeten Begriffen eine unterschiedliche Bedeutung beimessen) unterschieden.

Offener Dissens

Beim offenen Dissens kommt der Vertrag so lange nicht zustande, wie sich die Partner nicht über alle Punkte des Vertrages geeinigt haben, über die nach Erklärung auch nur eines Partners eine Vereinbarung getroffen werden soll (§ 30 Abs. 2 GIW; § 154 Abs. 1 BGB).
Vereinbarungen über einzelne Punkte des Vertrages haben keine selbständige Bedeutung, auch dann nicht, wenn es sich um eine schriftliche Aufzeichnung handelt.

Allerdings kommt der Vertrag nur im Zweifel nicht zustande. Das heißt, wenn sich aus den Erklärungen beider Partner oder aus ihrem Verhalten eindeutig ergibt, daß sie beide den Vertrag als geschlossen ansehen, oder wenn sie vereinbart haben, daß Vertragsabsprachen über einzelne Punkte verbindlich sein sollen, auch wenn eine Vereinbarung über die noch ausstehenden Punkte des Vertrages nicht zustande kommt, gilt der Vertrag als geschlossen. Die bestehenden Lücken sind entweder durch die dispositiven Normen des Gesetzes oder im Wege vertragsergänzender Auslegung (§ 42 Abs. 2 GIW) zu schließen.

Versteckter Dissens

Beim versteckten Dissens nehmen beide Partner an, sie haben sich über alle Punkte des Vertrages geeinigt. In Wirklichkeit liegt eine solche Einigung jedoch nicht vor, da sie im Vertrag einen Begriff verwendet haben, dem sie eine unterschiedliche Bedeutung beimessen. Die Erklärungen können hier äußerlich übereinstimmen. Entscheidend für das Vorliegen eines versteckten Dissens ist, daß die Erklärungen inhaltlich voneinander abweichen, daß eine tatsächliche Willensübereinstimmung zwischen den Partnern nicht erzielt worden ist.

Solche Fälle können bei Begriffen vorkommen, die Maße oder Gewichte bezeichnen (beispielsweise Tonnen: metrische Tonnen oder englische long tons), bei Qualitätsbezeichnungen, bei Währungsangaben u. ä.

Ein versteckter Dissens liegt nur vor, wenn die verwendeten Begriffe mehrdeutig sind. Ist die Erklärung eindeutig und stellt sich ein Partner unter dem verwendeten Begriff nur etwas anderes vor, kommt alllenfalls eine Anfechtung wegen Irrtums in Frage (§ 13 GIW; § 119 BGB; Art. 23 ff. OR; § 871 ff. ABGB).

Gibt es für die verwendeten Begriffe trotz ihrer Mehrdeutigkeit eine im Handel übliche Bedeutung, so ist diese maßgebend. Ist das nicht der Fall, oder führt die Annahme der handelsüblichen Bedeutung zu offenbar unangemessenen Ergebnissen, so hängt die Wirksamkeit des Vertrages davon ab, ob die Partner den Vertrag auch ohne die entsprechende (mehrdeutige) Vereinbarung geschlossen hätten. Wenn ja, so ist der Vertrag ohne diese Vereinbarung zustande gekommen (§ 155 BGB). Andernfalls ist der Vertrag nicht zustande gekommen, ist er nichtig.

3.3.4. Die Wirksamkeitsvoraussetzungen für einen Außenhandelskaufvertrag

3.3.4.1. Allgemeine Wirksamkeitsvoraussetzungen

Die Wirksamkeit des Abschlusses eines AKV – ebenso die einer Veränderung, Ergänzung sowie einer Vertragsaufhebung – hängt nicht nur von übereinstimmenden Willenserklärungen der Vertragspartner, sondern auch von weiteren Voraussetzungen ab, die deshalb auch als Wirksamkeits-(Konstitutiv-)Voraussetzungen bezeichnet werden.

Rechtsfähigkeit, Handlungsfähigkeit

Generelle Wirksamkeitsvoraussetzungen sind die Rechts- und die Handlungsfähigkeit der Vertragspartner. Im Außenhandel ist das im allgemeinen unproblematisch, weil die Partner meist juristische Personen sind (zur Rechts- und Handlungsfähigkeit s. S. 144 f. und 151 ff.).

Gesetzliche Verbote

Ein Vertrag kommt nur dann wirksam zustande, wenn er nicht gegen gesetzliche Verbote verstößt (§ 12 Abs. 1 GIW; § 134 BGB; § 879 ABGB; Art. 19f. OR). Das bedeutet insbesondere, daß der DDR-Partner auf Grund der Außenhandelsmonopolgesetzgebung überhaupt zum Abschluß eines solchen Vertrages befugt sein muß (vgl. S. 137ff.). Wird ein AKV ohne diese Befugnis abgeschlossen, so ist er nichtig.

Genehmigungen

Soweit ein Vertrag (oder einzelne Elemente des Vertrages) nach der Außenhandelsmonopolgesetzgebung der DDR genehmigungsbedürftig ist, bleibt er bis zur Erteilung bzw. bis zur Versagung der Genehmigung schwebend unwirksam. Rechtswirksam wird der Vertrag erst mit der Erteilung der Genehmigung (§ 38 Abs. 1 GIW).

In der 2. DB zur AHVO[16] wird detailliert geregelt, welche IWV der Genehmigung des Ministers für Außenhandel bedürfen.

Das sind nach § 1 Verträge, die zum Gegenstand haben:
1. den Export oder Import wissenschaftlich-technischer Ergebnisse;
2. den Import von Anlagen, soweit eine bestimmte Wertgrenze überschritten wird;
3. den Export von Anlagen oder Schiffen, soweit eine bestimmte Wertgrenze überschritten wird;
4. die Bildung internationaler Konsortien und anderer Gesellschaften;
5. die passive Lohnveredlung;
6. die ökonomische, industrielle oder auch wissenschaftlich-technische Zusammenarbeit mit Firmen aus Entwicklungsländern und kapitalistischen Industrieländern;
7. den Einsatz ausländischer Firmen als Handelsvertreter.

Diese Verträge sind stets von den Generaldirektoren der jeweiligen AHB entweder nach Unterzeichnung (Ziff. 1 bis 3 und 7) oder sogar bereits vor dem Abschluß (Ziff. 4 bis 6) dem MAH zur Genehmigung einzureichen.

Auch bei Kaufverträgen, die als solche keiner ausdrücklichen Genehmigung des MAH bedürfen, ist auf jeden Fall die auf der Grundlage der Verträge erfolgende Warenbewegung genehmigungspflichtig.[17]

Ausländische Genehmigungen

Auch die Außenhandelspartner in kapitalistischen Staaten bedürfen vielfach zum Abschluß von AKV einer (vorhergehenden) Einwilligung oder (nachträglichen) Genehmigung (Ex- oder Importlizenz, Devisengenehmigung u. dgl.). Wurde ein Vertrag entgegen Bestimmungen geschlossen, die eine solche Genehmigung verlangen, so wird er von den Gerichten des betreffenden Staates als ungültig oder zumindest ebenfalls als schwebend unwirksam behandelt. Die Gerichte der DDR dagegen werden zwar in einem solchen Fall nicht ohne weiteres von einem Verstoß gegen ein gesetzliches Verbot, aber zumindest von einer unmöglichen Leistung ausgehen und dadurch zum gleichen Resultat kommen (§ 12 Abs. 1 GIW).

Die Gerichte anderer Länder haben bisher im allgemeinen nur die Verbote des eigenen Rechts berücksichtigt. (Eine Berücksichtigung des einschlägigen ausländischen Rechts erfolgt allerdings manchmal auf der Grundlage völkerrechtlicher Abkommen oder auch mit Rücksicht auf den internationalen Charakter des zu regelnden Sachverhalts.)

16 2. DB zur VO über die Leitung und Durchführung des Außenhandels – Genehmigungspflichtige Außenhandelsverträge – vom 30. 12. 1982, GBl. I 1983 Nr. 3 S. 23.

17 Vgl. 15. DB zum Zollgesetz – Genehmigung und Überwachung der Aus- und Einfuhr von Handelswaren vom 20. 10. 1970, GBl. II Nr. 88 S. 611 i. d. F. der 18. DB vom 19. 1. 1971, GBl. II Nr. 11 S. 77. Vgl. auch bezüglich weiterer Genehmigungserfordernisse Kommentar zum Gesetz über internationale Wirtschaftsverträge – GIW – vom 5. 2. 1976, Berlin 1983, Anm. zu §§ 12 und 38.

Ist der AKV zunächst wirksam zustande gekommen, wird aber seine Erfüllung durch den Widerruf einer Aus- oder Einfuhrgenehmigung verhindert, so kann evtl. ein Fall unabwendbarer Gewalt vorliegen (vgl. S. 267 f.).[18]

Vereinbarung im Vertrag

Es empfiehlt sich, bereits in den Vertragsverhandlungen zu klären, ob und ggf. welche Genehmigungen die Vertragspartner einzuholen haben, und im Vertrag selbst die Erteilung der erforderlichen Genehmigungen als Bedingung für sein Inkrafttreten zu vereinbaren. In diesem Fall bleibt der Vertrag bis zum Eintritt der Bedingung, d. h. bis zur Erteilung aller genannten Genehmigungen, schwebend unwirksam.

Beschaffung von Genehmigungen nach Incoterms

Mit der Vereinbarung der Incoterms (vgl. auch S. 100 f.) wird die Pflicht zur Einholung von Aus-, Ein- und Durchfuhrgenehmigungen teils direkt, teils indirekt mitgeregelt.

Die Klauseln „Ab Werk", „Frei Waggon" und „FAS" gehen davon aus, daß der Käufer für die Beschaffung von Aus-, Ein- und Durchfuhrgenehmigungen selbst verantwortlich ist, verpflichten aber den Verkäufer, dem Käufer auf dessen Verlangen, Gefahr und Kosten dabei jede Hilfe zu gewähren. Bei den Klauseln „FOB", „C&F", „CIF" und „Frachtfrei" hat der Verkäufer auf eigene Kosten und Gefahr die Ausfuhrbewilligung zu beschaffen und dem Käufer auf dessen Verlangen, Gefahr und Kosten bei der Beschaffung von Ein- und Durchfuhrbewilligungen jede Hilfe zu gewähren.

Die Klausel FOB wird vielfach so ausgelegt, daß der Verkäufer damit eine absolute Garantie für die Erteilung der Ausfuhrgenehmigung übernimmt, er sich also bei deren Verweigerung nicht auf Umstände höherer Gewalt berufen kann. Um sich vor einer solchen Auslegung der FOB-Klausel zu schützen, hat der Verkäufer nur die Möglichkeit, die Erteilung der Ausfuhrgenehmigung als aufschiebende bzw. deren Widerruf als auflösende Bedingung im Vertrag zu vereinbaren.

Umstritten ist allerdings bei der Auslegung der FOB-Klausel, ob der Verkäufer lediglich die Erteilung (oder vielmehr Nichterteilung) der Ausfuhrlizenz zu vertreten hat oder auch deren Bestand (bzw. deren Widerruf). Vielfach wird ein Widerruf durchaus als Umstand höherer Gewalt anerkannt.[19]

Die Klauseln „Ab Schiff" und „Ab Kai" regeln nur noch erforderliche Einfuhrbewilligungen. Während bei der Klausel „Ab Schiff" der Verkäufer dem Käufer Hilfe gewähren muß, hat bei der Klausel „Ab Kai" der Verkäufer selbst auf eigene Kosten und Gefahr die Einfuhrbewilligung zu beschaffen. Soweit im AKV die Pflicht zur Beschaffung von Genehmigungen nicht geregelt wurde, ist jeder Partner verpflichtet, die in seinem Lande erforderlichen Genehmigungen zu beschaffen (§ 49 Abs. 1 GIW).

Soweit Genehmigungen in dritten Ländern erforderlich sind, hat sie der Verkäufer bis zum Leistungsort (vgl. S. 182), der Käufer ab Leistungsort zu beschaffen (§ 49 Abs. 2 GIW).

Verpflichtung zur Einholung von Genehmigungen

Um es dem Partner nicht zu ermöglichen, sich später – wenn er kein Interesse am Vertrag mehr hat – auf fehlende Genehmigungen zu berufen, sollte nicht nur vereinbart werden, daß sich jeder Partner verpflichtet, die erforderlichen Genehmigungen bei den Behörden seines Landes zu beschaffen, sondern auch, daß dies innerhalb einer bestimmten Frist zu geschehen hat.

18 Siehe F. Enderlein, „Staatliche Akte – ein Fall höherer Gewalt?", SuR, 1985/1, S. 42 ff.
19 Siehe dazu F. Enderlein, „Juristische Selbständigkeit sozialistischer Außenhandelsbetriebe contra ‚Durchgriff'", SuR, 1984/5, S. 403.

Hält ein Partner diese Verpflichtung nicht ein, so erlangt der andere Partner dadurch ggf. einen Anspruch auf Schaden- oder Aufwendungsersatz. Auch ohne entsprechende vertragliche Vereinbarung ist der betreffende Partner gem. § 38 Abs. 2 GIW verpflichtet, sich unverzüglich und mit handelsüblicher Sorgfalt um die erforderliche Genehmigung zu bemühen und den anderen Partner über den Erhalt oder die Ablehnung der Genehmigung unverzüglich zu informieren. Bei Verletzung dieser Pflicht kann der andere Partner ggf. vom Vertrag zurücktreten (§ 38 Abs. 3) und Aufwendungsersatz gem. § 34 verlangen.

Unmöglichkeit

Eine weitere Wirksamkeitsvoraussetzung für den AKV besteht darin, daß der Vertrag auf eine gegenwärtig oder zukünftig objektiv mögliche Leistung gerichtet sein muß. Ein auf eine unmögliche Leistung (weil z. B. die Aus- oder Einfuhr verboten ist, die Ware weder existiert noch hergestellt werden kann) gerichteter Vertrag ist nichtig (§ 12 Abs. 1 GIW; § 306 BGB; § 878 ABGB; Art. 20 OR. Zu eventuellen Ansprüchen vgl. S. 168 f.).

3.3.4.2. Die Form des Vertrages

Zu den Wirksamkeitsvoraussetzungen für den AKV gehört auch die Einhaltung evtl. bestehender Formvorschriften. Unter der Form des Vertrages ist zu verstehen, ob er schriftlich, mündlich oder in anderer Weise geschlossen (auch geändert oder aufgehoben) wird.

In der Praxis wird der AKV durchaus nicht immer seine Form in einer gemeinsamen Urkunde finden (anders hingegen Verträge über größere Objekte – Textverträge –, die nach mündlichen Verhandlungen gemeinsam unterzeichnet werden; ebenso Messeschlußscheine mit den wesentlichen Vertragsbedingungen). Häufig kommt er durch den Austausch von Briefen, Fernschreiben und Telegrammen zustande oder durch schlüssige Handlungen. Auch mündliche Erklärungen können – insbesondere bei Vertragsänderungen – vorkommen. Es gibt also für den AKV keine alle Fälle erfassende einheitliche Form.

Das Recht der DDR verlangt für den AKV nicht die Schriftform. Soweit daher die Schriftform nicht vereinbart worden ist, sind mündliche Vereinbarungen über die Begründung, Änderung oder Aufhebung von AKV nicht etwa unwirksam. In der Praxis ist es jedoch üblich und auch erforderlich, AKV schriftlich abzuschließen, weil so eine größere Sicherheit und Kontrolle gewährleistet ist und bei Streitigkeiten mit dem Partner Beweisschwierigkeiten vermieden werden können.

(Zum Problem des auf die Form des Vertrages anzuwendenden Rechts vgl. S. 71 f.)

Vereinbarte Schriftform

Die AGB der AHB der DDR enthalten Bestimmungen, die für Änderungen und Ergänzungen des Vertrages sowie für vertragsgestaltende Erklärungen und Vereinbarungen die Schriftform vorsehen. Da eine Verletzung der Schriftform (auch der vereinbarten) die Nichtigkeit des Vertrages zur Folge hat (§ 11 Abs. 1 GIW; ebenso § 125 BGB), dies aber in den meisten Fällen wohl nicht gewollt ist, sollte in den Verträgen auch bestimmt werden, welche Rechtsfolgen eine Verletzung der vereinbarten Schriftform haben soll bzw. wie Formmängel geheilt werden können.

Rechtswirkungen vereinbarter Schriftform

Hingegen sind die Partner nach Art. 16 OR und § 884 ABGB bei Nichteinhaltung einer vereinbarten Form nicht an den Vertrag gebunden.

Findet das Recht der DDR Anwendung, greift § 11 Abs. 1 Satz 2 GIW ein, wonach sich ein Partner nicht auf die Nichtigkeit berufen kann, wenn er durch sein Verhalten zum Ausdruck gebracht hat, daß er die nicht formgerechte Erklärung gelten läßt. Das GIW versteht unter Schriftform nicht nur die Fixierung des Vertragstextes in einem Dokument oder den Briefwechsel, sondern nach § 11 Abs. 2 genügt zur Wahrung der Schriftform jede vom Erklärenden vorgenommene Vergegenständlichung des Erklärungsinhalts, die dem Erklärungsempfänger die Reproduktion des Erklärungsinhalts ermöglicht. Nach Art. 13 CIS umfaßt der Ausdruck „schriftlich" auch Mitteilungen durch Telegramm oder Fernschreiben.

3.3.4.3. Anfechtbare Willenserklärungen

Anfechtung von Verträgen

Nach der Regelung des GIW kann ein Vertragspartner einen zunächst wirksam zustande gekommenen Vertrag unter bestimmten Voraussetzungen anfechten, wodurch der Vertrag als von Anfang an nichtig angesehen wird (§ 15 Abs. 1).

Willenserklärungen (darunter auch Angebot und Annahme) können unter folgenden Voraussetzungen angefochten werden:

a) wenn sich der Erklärende bei Abgabe der Erklärung über deren Inhalt geirrt hat (§ 13 Abs. 1 GIW);

b) wenn sich der Erklärende in Unkenntnis der Sachlage einschließlich wesentlicher Eigenschaften von Personen oder Sachen (unter bestimmten Voraussetzungen z. B. auch der Vermögensverhältnisse oder der Kreditwürdigkeit des Vertragspartners) befand (§ 13 Abs. 2) und bei Kenntnis der Sachlage eine derartige Erklärung nicht abgegeben hätte;

   Dazu zählen insbesondere das Versprechen oder Verschreiben (das Erklärte ist gar nicht gewollt) und der sogenannte Verlautbarungsirrtum (das Erklärte ist gewollt, aber der Erklärende wußte nicht, daß die gewählte Bezeichnung etwas anderes bedeutet).
   Nicht zur Anfechtung berechtigt dagegen ein Motivirrtum, bei dem der Erklärende z. B. durch eine falsche Preiskalkulation, durch falsche Einschätzungen der Marktentwicklung u. ä. zu seiner (gewollten) Erklärung veranlaßt worden ist.

   Die Fälle a) und b) setzen allerdings die Beachtung handelsüblicher Sorgfalt voraus. Leichtfertig und bedenkenlos abgegebene Erklärungen können also nicht angefochten werden;

c) wenn die Erklärung (z. B. durch das Telegrafenamt) fehlerhaft übermittelt wurde (§ 13 Abs. 3 GIW);

d) wenn der Erklärende durch den Erklärungsempfänger oder in dessen Auftrag mittels arglistiger Täuschung oder Drohung zur Abgabe seiner Erklärung veranlaßt worden ist (§ 13 Abs. 4).

Aufwendungsersatz und Schadenersatz

Zu beachen ist allerdings, daß der wegen Irrtums oder unrichtiger Übermittlung Anfechtende dem anderen Partner gegenüber, wenn dieser den Anfechtungsgrund weder kannte noch kennen mußte, zum Ersatz der Aufwendungen verpflichtet ist (§ 15 Abs. 3 GIW). Umgekehrt kann im Falle der Täuschung oder Drohung der Anfechtende vom anderen Partner Schadenersatz verlangen (§ 15 Abs. 2).

Das Recht nichtsozialistischer Staaten enthält ähnliche Vorschriften über die Anfechtung von Willenserklärungen bzw. Mängel beim Vertragsabschluß, so z. B. § 119ff. BGB; § 871f. ABGB; Art. 23ff. OR.
Allerdings wird die Anfechtung in manchen Ländern nicht durch Erklärung, sondern durch Klage geltend gemacht.

3.3.5. Schadensverursachung bei Vertragsabschluß

Begriff

Auch wenn kein Vertrag zustande kommt, weil sich die Partner nicht einigen können oder weil erforderliche Genehmigungen nicht erteilt werden, haben die Verhandlungspartner gegenseitige Rechte und Pflichten. Eine Verletzung dieser Pflichten zieht bestimmte Rechtsfolgen nach sich. Wir sprechen hierbei von der Schadensverursachung bei Vertragsabschluß oder von der Culpa in contrahendo.

Grundsatz

Als allgemeiner Grundsatz läßt sich formulieren, daß beide Partner während der Vertragsverhandlungen und im Vertragsabschlußverfahren die im Handel erforderliche Sorgfalt aufbringen müssen. Dieser Grundsatz ist in § 34 GIW normiert.

Typische Fälle

Für den Außenhandel besonders bedeutsam sind die Fälle, bei denen die Pflicht, die für das Wirksamwerden des Vertrages erforderlichen Genehmigungen einzuholen, verletzt wird oder Informationspflichten beim Vertragsabschluß nicht eingehalten werden. Um Fälle der Culpa in contrahendo handelt es sich unter Umständen auch, wenn der Anschein eines baldigen Vertragsabschlusses erweckt wird und der andere im Vertrauen auf entsprechende Erklärungen Aufwendungen macht oder wenn falsche Informationen während des Vertragsabschlußverfahrens bzw. der Vertragsverhandlungen gegeben werden.

Aufwendungsersatz

In diesen Fällen gewährt das Gesetz ausdrücklich einen Anspruch auf Aufwendungsersatz.

Im Einzelfall kann es durchaus schwierig sein, zu unterscheiden, ob eine Verletzung der handelsüblichen Sorgfaltspflichten vorliegt oder ob sich der Partner im Rahmen des üblichen um die Einholung von Konkurrenzangeboten bemüht hat, um die Effektivität eines bestimmten Geschäfts besser einschätzen zu können.[20] Vorschriften über die Culpa in contrahendo enthalten auch Gesetzbücher nichtsozialistischer Staaten, so § 307ff. BGB; § 878 ABGB; Art. 28 OR; Art. 1599 Code civil.

3.3.6. Anwendbares Recht

Prüfung des anwendbaren Rechts

Bekanntlich gehen dem Abschluß eines Vertrages verschiedene Aktivitäten voraus, wie Werbung, Marktbearbeitung, Einholung von Auskünften usw. In diesem Zusammenhang ist die Prüfung, welches Recht auf den Vertrag und dabei speziell auf den Abschluß, auf das Zustandekommen des Vertrages Anwendung findet, eine wichtige Frage.

20 Vgl. dazu Kommentar zum Gesetz über internationale Wirtschaftsverträge, a. a. O., Anm. 4. 2. zu § 34.

Unterschiede in verschiedenen Rechtsordnungen

Die einzelnen Rechtsordnungen regeln nämlich die Anforderungen, die an ein Vertragsangebot oder eine Annahmeerklärung gestellt werden, sowie auch die generellen Bedingungen für das wirksame Zustandekommen eines Vertrages recht unterschiedlich.

Im allgemeinen wird die Frage des anzuwendenden Rechts erst praktisch, wenn sich die Vertragspartner nicht darüber einig sind, ob überhaupt ein Vertrag zustande gekommen ist oder nicht, und wenn sie sich zur Lösung ihres Streites an ein Gericht oder Schiedsgericht wenden. Wir haben bereits dargelegt (S. 61ff. und S. 80ff.), daß jedes Gericht von seinen eigenen Kollisionsnormen ausgeht und je nach deren Anknüpfung das eine oder das andere Recht anwenden wird. Obwohl es zum Zeitpunkt der Vertragsverhandlungen nicht feststeht, ob es je zu Streitigkeiten kommen wird, und noch weniger, welcher Vertragspartner sich an ein Gericht wenden und in welchem Land das sein wird, ist es also erforderlich, sich vor Eintritt in die Verhandlungen zumindest die rechtliche Regelung der beiden Partnerländer zu vergegenwärtigen.

Auf Vertragsabschluß anzuwendendes Recht

Nach dem Kollisionsrecht der DDR findet auf den Abschluß eines Vertrages das gleiche Recht Anwendung wie auf den Inhalt des Vertrages. Das ist jedoch nicht in allen Ländern so.

So wird z. B. von manchen Rechtsordnungen das von den Parteien vereinbarte Recht nur auf den (schuldrechtlichen) Inhalt des Vertrages bezogen, nicht aber auf dessen Zustandekommen und evtl. auch nicht auf dessen Form (S. 71f.). Zur rechtlichen Regelung, die bei Aufnahme von Vertragsverhandlungen bekannt sein sollte, gehören also nicht nur die Normen des materiellen Rechts, sondern auch die des Kollisionsrechts der Partnerländer.

4. Die Pflichten der Partner des Außenhandelskaufvertrages und die Rechtsfolgen ihrer Verletzung

4.1. Begriff, Vertragsgestaltung und Pflichtenstruktur

4.1.1. Der Außenhandelskaufvertrag und sein Verhältnis zu anderen Vertragstypen

Gesetzliche Definition

Das GIW[1] definiert den Kaufvertrag in § 50.[2] Es werden diejenigen Hauptpflichten der Vertragspartner festgelegt, die die Spezifik des Kaufvertrages ausmachen. Diese Hauptpflichten bestehen
- in der Pflicht des Verkäufers, die Kaufsache zu liefern und dem Käufer daran das Eigentumsrecht zu übertragen sowie
- in der Pflicht des Käufers, den Kaufpreis zu zahlen und die Kaufsache anzunehmen.

Um einen Kaufvertrag handelt es sich nicht nur, wenn der Vertragsgegenstand eine (Kauf-)Sache ist (sogenannter Sachkauf), sondern vom Kaufvertragsbegriff wird auch der sogenannte Rechtskauf erfaßt. Bei ihm ist der Verkäufer verpflichtet, dem Käufer ein Recht zu übertragen.

Liegen diese definitorischen Merkmale nicht sämtlich vor (geht z. B. aus dem Vertrag nicht hervor, daß der andere Partner Eigentümer der Sache werden soll oder daß er einen Preis zu bezahlen hat), so handelt es sich grundsätzlich nicht um einen Kaufvertrag, gegebenenfalls aber um einen anderen Vertrag. Ausnahmen können Verträge bilden, die dem Kaufvertrag sehr ähnlich sind und keinem anderen im Gesetz geregelten Vertragstyp zugeordnet werden können. Für solche Verträge kann eine analoge Anwendung von § 50ff. GIW in Frage kommen (z. B. für Tauschverträge).

Abgrenzung vom Werkleistungsvertrag

Die gesetzliche Definition ermöglicht es, den AKV von solchen Vertragstypen abzugrenzen, die Ähnlichkeiten mit dem Kaufvertrag, zugleich aber spezifische Besonderheiten aufweisen. Ähnlichkeiten zwischen Kaufverträgen und Werkleistungsverträgen bestehen darin, daß sich beide auf

1 Gesetz über internationale Wirtschaftsverträge – GIW – vom 5. 2. 1976, GBl. I Nr. 5 S. 61.

2 An allgemeiner Literatur zu den Pflichten der Kaufvertragspartner und den Rechtsfolgen von Pflichtverletzungen nach dem GIW vgl. Kommentar zum Gesetz über internationale Wirtschaftsverträge, Berlin 1983 (insbes. Anm. zu §§ 43 bis 60, 230 bis 233, 259 bis 277, 278 bis 312); vgl. auch die entsprechenden Abschnitte in den „Erläuterungen zum Gesetz über internationale Wirtschaftsverträge (GIW)" Bd. 1 und 2, zusammengestellt und bearbeitet von J. Völter, Berlin 1978 (Schriftenreihe der KfA der DDR); vgl. ferner A. Köhler/G. Neumann/H. Rudolph, Außenhandelskaufverträge mit Partnern aus nichtsozialistischen Staaten, Programmierte Unterweisung, Berlin 1980 (Schriftenreihe der KfA der DDR); M. Kemper/H. Rudolph, Störungen und Stabilisierung von Außenhandelsliefer- und Kaufverträgen, Berlin 1982 (Schriftenreihe der KfA der DDR); Die rechtliche Regelung der internationalen Wirtschaftsbeziehungen der DDR zu Partnern im nichtsozialistischen Wirtschaftsgebiet. Grundriß, Berlin 1982 oder Heidelberg/Karlsruhe 1982, S. 203ff.; D. Maskow/H. Rudolph, „Die Regelung der Vertragsverletzungen nach dem Gesetz über internationale Wirtschaftsverträge der DDR", RIW/AWD, 1978/11, S. 701ff.

Sachen beziehen und Käufer sowie Besteller ein Entgelt für die Leistung zu zahlen und die Kaufsache bzw. das Werk anzunehmen haben. Außerdem kann es auch beim Werkleistungsvertrag unter Umständen erforderlich sein, ebenso wie beim Kaufvertrag eine Lieferung vorzunehmen und das Eigentumsrecht zu übertragen. Entscheidend für den Unterschied zwischen Kauf- und Werkleistungsverträgen ist die Herstellung des Werkes. Während es beim Werkleistungsvertrag auf die Herstellung des Werkes ankommt, ist beim Kaufvertrag – auch wenn dieser sich auf noch nicht hergestellte Sachen bezieht und dem Käufer Mitwirkungspflichten bei der Herstellung der Kaufsache obliegen – der Herstellungsprozeß für die Rechte- und Pflichtenstruktur der Vertragspartner unmaßgeblich.

Diese Unterscheidung schließt nicht aus, daß sich ein konkreter Vertrag nicht eindeutig dem Kauf- oder dem Werkleistungsvertrag zuordnen läßt. Die Bedeutung einer Unterscheidung zwischen diesen beiden Vertragstypen hat sich allerdings gegenüber dem früheren Rechtszustand gemindert, da nach dem GIW die Rechtsfolgen für die Verletzung von Kauf- und Werkleistungsverträgen nur geringfügige Unterschiede aufweisen. Größere Unterschiede bestehen hingegen in der Ausgestaltung der weiteren Pflichten der Vertragspartner von Kauf- und Werkleistungsverträgen, vor allem aber im Recht des Bestellers, den Werkleistungsvertrag bis zur Fertigstellung des Werkes ohne Einhaltung einer Frist ordentlich kündigen zu können (§ 73 Abs. 1 GIW).
Die Partner können durch eine entsprechende Vertragsgestaltung Zweifel über die Zuordnung eines Vertrages ausräumen, wobei es nicht auf die von ihnen gewählte Bezeichnung, sondern auf den Inhalt und Zweck des Vertrages ankommt. Obliegen einem Partner bei der Herstellung des Vertragsgegenstandes Mitwirkungspflichten, wird man bei serienmäßig gefertigten Erzeugnissen im allgemeinen davon ausgehen können, daß es sich um einen Kaufvertrag handelt, bei Einzelanfertigungen nach Angaben des Bestellers hingegen um einen Werkleistungsvertrag, da hier der Herstellungsprozeß entscheidend für den Vertragszweck ist.

In anderen Rechtsordnungen werden zum Teil andere Unterscheidungskriterien herangezogen. Überwiegend werden jedoch auf serienmäßig gefertigte, aber bei Vertragsabschluß noch nicht hergestellte Waren die Kaufvertragsregelungen angewandt.

Abgrenzung vom Handelsvertretervertrag auf Selbstkäuferbasis

Der Handelsvertretervertrag auf Selbstkäuferbasis unterscheidet sich vom Kaufvertrag durch die andersartige Rechte- und Pflichtenstruktur. So hat der Selbstkäufer die Pflicht, für den Absatz der vereinbarten Waren des Auftraggebers zu sorgen (§ 106 Abs. 1 GIW). Der Zusammenhang zwischen beiden Vertragstypen besteht darin, daß auf der Grundlage des Vertretervertrages auf Selbstkäuferbasis zwischen dem Auftraggeber (Verkäufer) und dem Selbstkäufer (Käufer) Kaufverträge geschlossen werden. Diese unterscheiden sich aber nicht grundsätzlich von anderen Kaufverträgen. Das schließt nicht aus, daß in derartigen Vertreterverträgen Vereinbarungen enthalten sein können, die bestimmte Rahmenbedingungen für den Inhalt der abzuschließenden Kaufverträge festlegen.

Abgrenzung vom Lizenzvertrag

Ebenso wie beim Rechtskauf ist auch beim Lizenzvertrag der Vertragsgegenstand ein Recht. Der grundlegende Unterschied zwischen beiden Vertragstypen besteht darin, daß beim Lizenzvertrag dem anderen Partner nur ein Recht zur Nutzung überlassen wird (§ 179 GIW), während beim Rechtskauf das Recht auf den Käufer übertragen wird.

Gegengeschäfte

Auch bei den sogenannten Kompensations- oder Gegengeschäften erfüllen die export- und importseitigen Verträge (sofern es sich bei den Importverträgen nicht um Anlagen- oder kombinierte Verträge handelt) die definitorischen Merkmale des Kaufvertrages. Besonderheiten können sich aus dem wirtschaftlichen Zusammenhang ergeben, sofern in den Verträgen ein wechselseitiger Bezug zum Ausdruck gebracht wird.[3]

Sukzessivlieferverträge

Bei Kaufverträgen handelt es sich meist um Einzelschuldverhältnisse. Sie können unter bestimmten Voraussetzungen aber auch den Charakter eines Dauerschuldverhältnisses haben (sogenannte Sukzessivlieferverträge). Diese sind dadurch charakterisiert, daß die Vertragspartner einen langfristigen Vertrag schließen, nach dem periodisch relativ selbständige gleichartige Teillieferungen zu erbringen sind. Dafür können von vornherein feste Liefertermine vereinbart werden (Lieferparallelogramm), oder es kann z. B. vereinbart werden, daß die Lieferungen auf Abruf erfolgen. Bei derartigen Vertragsverhältnissen werden auch verbreitet Rahmenvereinbarungen getroffen, die dann für die Einzellieferungen maßgebend sind. Liegt bei Kaufverträgen ein Dauerschuldverhältnis vor, finden die §§ 305, 306 und 308 GIW Anwendung (vgl. S. 194f.).

Kombinierte und komplexe Verträge

Durch den zunehmenden Anteil technischer Erzeugnisse am internationalen Handel, aber auch durch einige andere Faktoren, wie den wissenschaftlich-technischen Fortschritt überhaupt, verstärkt sich die Tendenz, Kaufverträge mit anderen Verträgen zu kombinieren (z. B. mit Montageverträgen, Lizenzverträgen, Mietverträgen). In diesen Fällen findet die gesetzliche Regelung der jeweiligen Vertragstypen auf die entsprechenden Vertragselemente Anwendung. Eine besondere Regelung trifft das GIW für die Auswirkung der Verletzung bestimmter Hauptpflichten auf andere Hauptpflichten (§ 287), die bei Verträgen, bei denen ein Partner auf Grund der Vertragskombination mehrere Hauptpflichten zu erfüllen hat, eine Rolle spielen kann. Paragraph 287 GIW findet Anwendung, wenn zwischen mehreren Hauptpflichten der Partner eines Vertrages ein derartiger wirtschaftlicher Zusammenhang besteht, daß dem Gläubiger die Verwertung einer Leistung nicht möglich oder nicht zumutbar ist, falls die anderen Leistungen nicht erbracht werden.

Wurde z. B. ein kombinierter Kauf- und Montagevertrag geschlossen und kann der Verkäufer die Lieferpflicht nicht erfüllen, dann ist dem Käufer (Auftraggeber) nicht zuzumuten, daß er eine anderweitig beschaffte Maschine vom Verkäufer (Auftragnehmer) montieren läßt.

Ist der Gläubiger berechtigt, wegen Verletzung einer dieser Hauptpflichten zurückzutreten oder zu kündigen (im vorstehenden Beispiel wegen Verletzung der Lieferpflicht nach § 278 Abs. 2 GIW), so ist der Gläubiger dazu auch hinsichtlich der anderen mit dieser Hauptpflicht zusammenhängenden Hauptpflichten berechtigt (im Beispiel also hinsichtlich der Montage). Diese Vorschrift hat vor allem auch Bedeutung für komplexe Verträge, bei denen im Unterschied zu einfachen Vertragskombinationen Elemente unterschiedlicher Vertragstypen kombiniert sind, die auf einen einheitlichen wirtschaftlichen Zweck gerichtet sind, wie das z. B. bei Anlagenverträgen oder Kooperationsverträgen der Fall ist.

3 Zu Rechtsproblemen des Kompensationsgeschäfts vgl. Handbuch der Außenhandelsverträge Band 4, Berlin 1982, S. 252ff.; M. Petzow, Die rechtliche Regelung intersystemarer Kompensationsgeschäfte, Forschungsinformationen der HfÖ, Berlin 1982.

Die komplexen Verträge enthalten zumeist auch Kaufvertragselemente. Wegen der einheitlichen wirtschaftlichen Zwecksetzung entsteht jedoch in der Verbindung der Elemente unterschiedlicher Vertragstypen bei komplexen Verträgen eine neue Qualität, die eine unmodifizierte Anwendung der gesetzlichen Regelung auf die im Komplexvertrag miteinander verbundenen Elemente unterschiedlicher Vertragstypen verbietet. Hier ist nur eine entsprechende Anwendung möglich, die von dem mit dem Komplexvertrag verfolgten wirtschaftlichen Zweck ausgeht. Als wichtigsten Komplexvertrag, und damit gewissermaßen als Modell für andere komplexe Verträge, regelt das GIW den Anlagenvertrag, der in einer Reihe von Bestimmungen die besondere Qualität eines solchen Vertrages zum Ausdruck bringt (vgl. § 88ff., insbesondere § 96 GIW).

4.1.2. Vertragsgestaltung

Bedeutung und Aufgaben

In den Außenhandelsbeziehungen mit dem nichtsozialistischen Wirtschaftsgebiet kommt der Vertragsgestaltung besondere Bedeutung zu, was aus dem spezifischen Charakter der Beziehungen und den Besonderheiten ihrer rechtlichen Regelung resultiert. Mit Hilfe des Vertrages muß das erforderliche Zusammenwirken der Vertragspartner zur Erreichung des Vertragszwecks organisiert werden. Das geschieht durch die Bestimmung der Rechte und Pflichten der Vertragspartner, wobei es insbesondere darauf ankommt, den zeitlichen Ablauf der Vertragsrealisierung, das Ineinandergreifen der zur Erreichung des Vertragszwecks notwendigen Handlungen der Vertragspartner und die gegenseitige Abhängigkeit von Leistung und Gegenleistung zu gewährleisten. Zugleich muß bei der Vertragsgestaltung ein ausgewogenes Verhältnis von Stabilität und Flexibilität des Vertrages angestrebt werden (vgl. S. 111f.).
Die Vertragsbeziehungen sind – insbesondere bei langfristigen Verträgen und komplizierten technischen Erzeugnissen – vielfältigen Störungen ausgesetzt, die vor allem in der krisenhaften Entwicklung der kapitalistischen Wirtschaft begründet sind, aber auch andere Ursachen (bis hin zu wissenschaftlich-technischen Weiterentwicklungen) haben können. Deshalb kann die erforderliche Stabilität der Beziehungen nur gewährleistet werden, wenn der Vertrag geeignete Formen vorsieht, die seine Anpassung an veränderte Bedingungen und seine Stabilisierung beim Eintritt von Vertragsstörungen ermöglichen. Ein besonderer Vorzug des GIW besteht darin, daß es ebenfalls ein vielfältiges Instrumentarium zur Bewältigung dieser Probleme bereithält (vgl. S. 111f.). Dabei geht es sowohl um die Bewältigung von Störungen, die in der Phase der Vertragsrealisierung eintreten und nicht auf Pflichtverletzungen der beteiligten Partner zurückzuführen sind, als auch um solche, die ihre Ursache in Pflichtverletzungen eines Partners haben.
Im Vertrag sind Vereinbarungen zu treffen, die geeignet sind, Pflichtverletzungen vorzubeugen und aus Pflichtverletzungen entstehende materielle Nachteile auszugleichen. Auch bei den Reaktionen auf Vertragsverletzungen ist es in der Vertragspraxis üblich, in erster Linie solche zu vereinbaren, die auf eine Stabilisierung des Vertragsverhältnisses orientieren. Kann je-

doch der Vertragszweck auf Grund der Vertragsverletzung nicht mehr erreicht werden, ist es erforderlich, eine Beendigung des Vertragsverhältnisses zu ermöglichen.

Vereinbarung optimaler Vertragsbedingungen

In Hinblick auf die inhaltliche Gestaltung des Vertrages besteht das Ziel der oft komplizierten Vertragsverhandlungen mit dem ausländischen Partner darin, volkswirtschaftlich optimale Vertragsbedingungen zu vereinbaren. Da viele Faktoren die Gestaltungsmöglichkeiten beeinflussen und zu berücksichtigen sind (z. B. die volkswirtschaftlichen Erfordernisse und Möglichkeiten, die jeweilige Markt- und Konkurrenzsituation, die Waren-, Branchen- und Lieferbesonderheiten), geht es darum, den Vertragsinhalt unter den gegebenen Bedingungen so günstig wie möglich zu gestalten. Außer den ökonomischen und handelspolitischen sind bei der Vertragsgestaltung eine Reihe weiterer Faktoren zu berücksichtigen.

Dazu gehören
- das Verhältnis der Vertragsvereinbarungen zu den gesetzlichen Bestimmungen,
- die Eindeutigkeit und Widerspruchsfreiheit der Vertragsvereinbarungen,
- die Zusammenhänge zwischen den einzelnen Vertragsbedingungen.

Verhältnis Vertrag – Gesetz

Was das Verhältnis der inhaltlichen Gestaltung des Vertrages zu den gesetzlichen Bestimmungen des anwendbaren Rechts anbelangt, sind zwei Problemkreise zu beachten. Der erste betrifft die Zulässigkeit oder auch Wirksamkeit der von den gesetzlichen Bestimmungen abweichenden Vertragsvereinbarungen, der zweite die Beachtung der ergänzend eingreifenden gesetzlichen Bestimmungen des anwendbaren Rechts bei der inhaltlichen Gestaltung des Vertrages.

Wirksamkeit abweichender Vereinbarungen

Hinsichtlich der Wirksamkeit der vom Gesetz abweichenden Vereinbarungen gilt als Grundsatz: Vereinbarungen, die von zwingenden Normen abweichen, sind nicht wirksam. Die zwingenden Normen gelten ungeachtet der von den Partnern getroffenen Vereinbarungen, sie begrenzen die Dispositionsfreiheit der Vertragspartner.

Von dispositiven Vorschriften kann hingegen grundsätzlich durch Vereinbarungen abgewichen werden. Da das Kaufrecht sowohl des GIW als auch der Partnerstaaten ganz überwiegend dispositiven Charakter hat, haben die Partner eine relativ weitgehende Gestaltungsfreiheit. Sie können unter Berücksichtigung der sich aus den zwingenden Rechtsvorschriften ergebenden Grenzen den Vertragsinhalt den jeweiligen konkreten Bedingungen (wie der Waren- und Lieferbesonderheiten, der Markt- und Konkurrenzbedingungen) entsprechend gestalten. Das betrifft sowohl die Rechte und Pflichten, die unmittelbar der Organisierung des Warenaustauschs dienen (wie Pflichten in bezug auf den Liefergegenstand, den Kaufpreis, die Qualität, den Liefertermin), als auch die sich bei Vertragsstörungen verändernde Rechte- und Pflichten-Lage (z. B. Ansprüche bei Verletzung von Vertragspflichten). Gerade in bezug auf letztere ist jedoch zu beachten, daß trotz der überwiegenden Dispositivität nicht unwesentliche Unterschiede im Verhältnis zwingende/dispositive Normen zwischen den einzelnen Rechtsordnungen bestehen.

Ein solcher Unterschied besteht z. B. darin, daß nach bestimmten Rechtsordnungen ein vertraglicher Schadenersatzausschluß unwirksam ist, wenn der verursachte Schaden auf eine vorsätzliche Vertragsverletzung zurückzuführen ist; nach anderen

Rechtsordnungen wird die Unwirksamkeit bereits bei grob fahrlässigem Verhalten begründet (z. B. Schweiz, Italien, Österreich – vgl. auch S. 200).

Zwingenden Charakter haben auch bestimmte allgemeine Rechtsgrundsätze, die in vielen Rechtsordnungen, wenn auch wiederum mit gewissen Unterschieden in der Ausgestaltung und Interpretation, ob nun ausdrücklich gesetzlich geregelt oder in der Spruchpraxis der Gerichte entwickelt – wie das Verbot des Rechtsmißbrauchs, die Vertragserfüllung entsprechend dem Grundsatz von Treu und Glauben, das Verbot sittenwidriger oder den Ordre public (öffentliche Ordnung) verletzender Rechtsgeschäfte –, eine Rolle spielen.

Abweichungen vom dispositiven Recht bei AGB

Darüber hinaus ist zu beachten, daß der oben aufgestellte Grundsatz, wonach von dispositiven Rechtsvorschriften abweichende Vereinbarungen zulässig sind, in einigen Rechtsordnungen Einschränkungen erfahren hat. Diese Einschränkungen betreffen überwiegend nur Klauseln in Allgemeinen Geschäftsbedingungen (AGB), meist jedoch nicht sogenannte individuell ausgehandelte Vertragsklauseln. Aber auch insoweit bestehen Unterschiede zwischen den einzelnen Rechtsordnungen.

Beispielsweise sind nach englischem Recht (nach dem Unfair Contract Terms Act 1977) diese Einschränkungen nicht auf AGB beschränkt, allerdings finden die Bestimmungen dieses Gesetzes keine Anwendung auf internationale Warenlieferungsverträge (wohl aber z. B. auf Dienstleistungsverträge).

In Rechtsordnungen, in denen solche Einschränkungen für AGB bestehen, ist verschiedentlich von einer Leitbildfunktion dispositiven Rechts die Rede, d. h., die AGB-Klauseln dürfen nicht in Widerspruch zu Grundgedanken des dispositiven Gesetzesrechts geraten. Der Wirtschafts- oder kaufmännische Verkehr ist zwar in der Regel von diesen Einschränkungen weniger betroffen als der zivile, dennoch werden der Vertragsfreiheit dadurch auch hier Grenzen gesetzt.

Diese Einschränkungen ergeben sich in einigen Ländern aus neueren Gesetzen, z. B. in der BRD aus dem AGBG (vgl. insbes. §§ 9 und 24), in Österreich aus dem Konsumentenschutzgesetz, das zu einigen Novellierungen des ABGB geführt hat, so z. B. zu dem neu eingefügten § 879 Abs. 3 (vgl. dazu näher S. 213). In anderen Ländern wurden sie in der Spruchpraxis der Gerichte entwickelt.

Diese Einschränkungen sind dann zu beachten, wenn es sich um einen Vertrag handelt, für den das Recht eines solchen Landes maßgebend ist, und zwar hinsichtlich der in diesen Vertrag integrierten AGB.
Nach anderen Rechtsordnungen findet eine solche spezielle, am Leitbild dispositiven Rechts orientierte, Inhaltskontrolle von AGB nicht statt (z. B. nach dem GIW, nach dem schweizerischen Recht).
Was den zweiten Problemkreis des Verhältnisses der inhaltlichen Gestaltung des Vertrages zu den gesetzlichen Bestimmungen des anwendbaren Rechts – die notwendige Beachtung der ergänzend eingreifenden rechtlichen Regelungen bei der Vertragsgestaltung – anbelangt, so ist insbesondere zu sichern, daß der Vertragsinhalt in Kenntnis des ergänzend eingreifenden Rechts und in Abstimmung damit gestaltet wird. Das bedeutet insbesondere, auf der Grundlage dieses Rechts zu entscheiden, hinsichtlich

welcher Fragen überhaupt eine (abweichende) Vereinbarung im Vertrag angestrebt werden sollte sowie vor allem, hinsichtlich welcher Bestimmungen Modifikationen oder bestimmte gesetzliche Vorschriften ausschließende Vereinbarungen anzustreben sind. Das hat dann besondere Bedeutung, wenn dem Vertrag ein Recht zugrunde liegt, das sich nicht nur hinsichtlich des sozialökonomischen Charakters, sondern auch in der formalen Gestaltung wesentlich vom eigenen unterscheidet. (Das betrifft vor allem die zum anglo-amerikanischen Rechtskreis gehörenden Rechtsordnungen, aber auch andere).

Stehen für die Gestaltung eines Vertrages (insbesondere eines solchen, auf den ausländisches Recht Anwendung findet) keine geeigneteren Hilfsmittel zur Verfügung, so können aus den AGB von Firmen des betreffenden Landes, die regelmäßig die Besonderheiten des jeweiligen Landesrechts berücksichtigen, bestimmte Anregungen zur Lösung dieser Probleme gewonnen werden. Ähnliches gilt auch für die ECE-Bedingungen, bei denen versucht wurde, die einzelnen Klauseln so zu gestalten, daß den wichtigsten Unterschieden der einzelnen Rechtsordnungen hinreichend Rechnung getragen wird. Aus alledem folgt, daß es sich nicht empfiehlt, bei Textverträgen die Verhandlungen über die zu vereinbarende Rechtsanwendungsklausel erst dann auf die Tagesordnung zu setzen, wenn alle anderen Punkte des Vertrages bereits ausgehandelt sind.

Eindeutigkeit und Widerspruchsfreiheit der Vertragsvereinbarungen

Die Qualität des Vertrages wird auch durch seine formale Gestaltung beeinflußt. Mehrdeutige oder widersprüchliche Klauseln können eine Quelle vermeidbarer Streitigkeiten bilden und das Prozeßrisiko erhöhen, wenn es zu einem Rechtsstreit vor einem (Schieds-)Gericht kommt.

Auslegungsprobleme treten häufig dann auf, wenn von der dispositiven gesetzlichen Regelung abweichende Vertragsvereinbarungen getroffen werden und im Vertrag nicht eindeutig geklärt wird, ob die dispositive Regelung ergänzend eingreifen oder ausgeschlossen sein soll.

Wird z. B. als Folge einer nichttermingerechten Lieferung eine Vertragsstrafe vereinbart, so ist im Vertrag klarzustellen, ob der Käufer unter den in § 278 GIW bestimmten Voraussetzungen das Recht haben soll, vom Vertrag zurückzutreten, und ob er auch neben dem Rücktritt berechtigt sein soll, Konventionalstrafe zu verlangen, und ob er Anspruch auf Ersatz des über die Konventionalstrafe hinausgehenden Schadens haben soll.

Um Auslegungsprobleme zu vermeiden, empfiehlt es sich auch, eine Übereinstimmung der im Vertrag verwandten Begriffe mit den im Gesetz enthaltenen herbeizuführen bzw. davon abweichende und mehrdeutige Begriffe zu definieren.

Das GIW enthält in § 6 Regeln für die Auslegung von Erklärungen und Verträgen. Dieser Regelung liegt das Prinzip zugrunde, daß weniger auf die subjektiven Vorstellungen eines Partners, sondern darauf abgestellt wird, was im Handelsverkehr allgemein unter den jeweiligen einseitigen oder mehrseitigen Erklärungen zu verstehen ist und was dem gemeinsamen Willen der Vertragspartner am ehesten entspricht.

So ist nach § 6 Abs. 1 GIW der erkennbare Wille des Erklärenden maßgebend, und nach § 6 Abs. 2 sind bei der Auslegung von Verträgen der Vertragszweck, der übrige Vertragsinhalt, die Gepflogenheiten, die sich in den gegenseitigen Beziehungen der

Partner herausgebildet haben, und die Handelsüblichkeit, insbesondere die Handelsbräuche, zu berücksichtigen.

Ferner orientiert das GIW bei der Auslegung auf die Erhaltung des Vertrages, indem es in § 6 Abs. 3 bestimmt, daß die einzelnen Teile eines Vertrages so ausgelegt werden sollen, daß sie einander nicht widersprechen. Das betrifft insbesondere solche Verträge, zu denen Anlagen, Vertragsergänzungen u. ä. vereinbart wurden.

Ähnlich wie das GIW orientieren auch andere Rechtsordnungen stärker auf die Wirkung, auf die Erkennbarkeit des Willens (z. B. skandinavische Rechte), andere stellen dagegen auf die Erforschung des wirklichen Willens des Erklärenden ab (vgl. § 133 BGB). Die CIS[4] versucht in Art. 8 eine Synthese zwischen beiden.

Weitere allgemeine, gesetzlich nicht ausdrücklich erfaßte Auslegungsgrundsätze für Verträge sind z. B., daß der Inhalt von Nachträgen zum Vertrag dem ursprünglichen Vertragsinhalt vorgeht, daß handgeschriebene Bemerkungen auf dem Vertragsdokument maschinengeschriebenen und diese gedruckten vorgehen (wobei es sich allerdings aus Beweisgründen empfiehlt, daß solche Klauseln von beiden Partnern besonders abgezeichnet werden). Weichen haftungsbeschränkende Vereinbarungen von der gesetzlichen Regelung ab und werden dispositive gesetzliche Vorschriften nicht eindeutig ausgeschlossen, tendiert die Rechtsprechung zu einer restriktiven (einengenden) Auslegung haftungsbeschränkender Vereinbarungen bzw. zu einer Anwendung der dispositiven gesetzlichen Bestimmungen zugunsten des anderen Partners.

Beachtung der Zusammenhänge zwischen den Vertragsbedingungen

Bei der Vertragsgestaltung ist besonderes Augenmerk auf die Zusammenhänge zwischen den einzelnen Vertragsbedingungen zu richten. Vor allem hat der Zusammenhang zwischen dem Preis und den einzelnen Vertragsbedingungen Bedeutung. Die sich aus den einzelnen Vertragsbedingungen ergebenden durchschnittlichen Kosten und Risiken sollten bei der Preiskalkulation berücksichtigt werden. Das betrifft nicht nur die Vertragsvereinbarungen, bei denen die entstehenden Kosten von vornherein bekannt sind und bei denen das üblicherweise geschieht (z. B. Fracht- oder Verpakkungskosten), sondern auch solche Bedingungen, bei denen hinsichtlich der entstehenden Kosten oder Risiken nur Erfahrungswerte vorliegen (Garantievereinbarung, Schadenersatzbegrenzung auf einen bestimmten Prozentsatz des Wertes des Vertragsgegenstandes, Gerichtsstandsvereinbarung u. ä.).

Die einzelnen Vertragsbedingungen müssen aufeinander abgestimmt werden. Vor allem ist die für Vertragsstörungen vorgesehene Rechte-Pflichten-Lage der Partner mit den Rechten und Pflichten abzustimmen, die die Organisierung des normal ablaufenden Austauschprozesses betreffen.

So müssen z. B. Garantieklauseln mit der Qualitätsvereinbarung abgestimmt werden, und die Verantwortlichkeit des Verkäufers für nichttermingerechte Lieferung ist im Zusammenhang mit den Vereinbarungen über Lieferort und Lieferzeit zu gestalten.

4 Deutscher Text in: F. Enderlein/D. Maskow/M. Stargardt, Kommentar. Konvention der Vereinten Nationen über Verträge über den internationalen Warenkauf, Konvention über die Verjährung beim internationalen Warenkauf, Protokoll zur Änderung der Konvention über die Verjährung beim internationalen Warenkauf, Berlin 1985.

Ist beispielsweise der vereinbarte Garantieumfang enger als die vertragliche Qualitätsbeschreibung, stehen dem Käufer bei Qualitätsmängeln, die nicht vom Garantieumfang erfaßt werden, die gesetzlichen Gewährleistungsansprüche zu, soweit dies nicht ausdrücklich ausgeschlossen ist.

Wesentliche Bedeutung haben ferner die Zusammenhänge, die zwischen den Vertragspflichten des Verkäufers und denen des Käufers bestehen. Außer der richtigen zeitlichen Synchronisation dieser Pflichten muß der Vertrag auch für den Fall von Pflichtverletzungen durch den einen Partner entsprechende Veränderungen der Pflichten des anderen Partners vorsehen (vgl. hierzu S. 248ff.).

4.1.3. Die Struktur der Vertragspflichten

Die im Vertrag vereinbarten wie auch die sich aus dem GIW ergebenden Pflichten der Vertragspartner kann man nach verschiedenen Kriterien unterteilen. Das hat insbesondere Bedeutung für die Rechtsfolgen von Pflichtverletzungen.

Haupt- und Nebenpflichten

Nach ihrer Bedeutung für die Erreichung des Vertragszwecks können die Pflichten der Vertragspartner in Haupt- und Nebenpflichten unterteilt werden.

Die Hauptpflichten haben die vertraglichen Hauptleistungen zum Gegenstand. Das sind beim Kaufvertrag die Pflicht des Verkäufers, die Kaufsache zu liefern und dem Käufer daran das Eigentumsrecht zu übertragen (bzw. beim Rechtskauf die Pflicht des Verkäufers, dem Käufer ein Recht zu übertragen), sowie die Pflicht des Käufers, die Kaufsache anzunehmen und den Kaufpreis zu zahlen. Die anderen Pflichten der Kaufvertragspartner haben den Charakter von Nebenpflichten (vgl. auch § 51 Abs. 4), es sei denn, die Partner haben eine andere Pflicht im Vertrag als Hauptpflicht besonders gekennzeichnet oder es handelt sich um einen kombinierten Vertrag (z. B. um einen Vertrag, in dem sich der Verkäufer außerdem verpflichtet, die Kaufsache zu montieren, bei dem neben die Hauptpflichten aus dem Kaufvertrag die aus dem Montagevertrag treten).

Im Unterschied zur Verletzung einer Hauptpflicht, die je nach Art der Pflichtverletzung unterschiedliche Rechtsfolgen nach sich zieht (§ 278ff. GIW), kann bei Verletzung einer Nebenpflicht grundsätzlich nur Ersatz des direkten Schadens verlangt werden (§ 289 GIW). Dieser Unterschied in den Rechtsfolgen wird allerdings dadurch relativiert, daß der Gläubiger berechtigt ist, bei Verletzung einer Nebenpflicht die Rechte wie bei Verletzung einer Hauptpflicht geltend zu machen, wenn die wirtschaftlichen Folgen der Verletzung der Nebenpflicht die gleichen sind wie bei der Verletzung einer Hauptpflicht.

Pflichten und Mitwirkungspflichten

Die Haupt- oder Nebenpflichten eines Partners können auch den Charakter von Mitwirkungspflichten haben, wenn sie auf eine Mitwirkung bei der Pflichterfüllung des anderen Partners gerichtet sind.

So ist z. B. die Annahmepflicht eine Hauptpflicht des Käufers und die Mitteilung der Versanddisposition eine seiner Nebenpflichten. Beide Pflichten stellen jedoch in der Regel zugleich Mitwirkungspflichten bei der Erfüllung der Lieferpflicht des Verkäufers dar. Bei der Annahme ist das dann der Fall, wenn sie sich nicht auf eine bloße

Entgegennahme der Kaufsache am Bestimmungsort beschränkt, sondern der Käufer die Kaufsache z. B. am Leistungsort abzuholen oder ein Schiff zu stellen hat.

Auch diese Differenzierung der Pflichten hat Konsequenzen für die Rechtsfolgen bei Pflichtverletzungen. Ihr Doppelcharakter als Haupt- oder Nebenpflicht einerseits und als Mitwirkungspflicht andererseits bewirkt, daß der andere Partner im Verletzungsfalle berechtigt ist, sowohl die Rechtsfolgen wegen Verletzung einer Haupt- bzw. Nebenpflicht geltend zu machen – sofern kein Befreiungsgrund nach § 293 GIW gegeben ist – als auch die wegen Verletzung einer Mitwirkungspflicht (vgl. insbesondere § 294). Von den sich daraus ergebenden Konsequenzen kann er sich allerdings auch dann nicht befreien, wenn er durch Umstände unabwendbarer Gewalt an der Erfüllung der Mitwirkungspflicht gehindert wurde.

Differenzierung nach dem Inhalt der Pflicht

Die Pflichten der Kaufvertragspartner können weiterhin nach ihrem spezifischen Inhalt unterteilt werden. Die wesentlichen Hauptpflichten der Vertragspartner sind auf die Erbringung von Sach- oder Geldleistungen gerichtet (Lieferung der Kaufsache oder Zahlung des Kaufpreises). Andere Pflichten haben die Vornahme bestimmter Handlungen, die Erteilung von Informationen oder Auskünften, die Beschaffung von Dokumenten, die Verwahrung von Sachen u. a. zum Inhalt. Da es sich bei diesen Pflichten ebenfalls entweder um Haupt- oder Nebenpflichten bzw. unter Umständen auch um Mitwirkungspflichten handelt, ergeben sich bei ihrer Verletzung nicht generell Besonderheiten. Sie bestehen lediglich insofern, als das Gesetz an die Verletzung solcher Pflichten zuweilen spezifische Rechtsfolgen knüpft, die oft neben die Rechtsfolgen der Verletzung einer Haupt-, Neben- oder auch Mitwirkungspflicht treten.

So kann der Verkäufer z. B. – verletzt der Käufer seine Pflicht zur Erteilung der Versanddisposition – unbeschadet der ihm zustehenden Rechte wegen Verletzung einer Nebenpflicht nach § 289 GIW die Kaufsache an die Adresse des Käufers versenden oder sie einlagern (vgl. § 53 Buchst. b und § 267). Für die Verletzung von Informationspflichten sieht das GIW in einigen Fällen den Rechtsverlust vor (vgl. z. B. § 283 Abs. 3 Buchst. b, § 286 Abs. 1). In anderen Fällen ist der Partner bei Verletzung von Informationspflichten weiterhin berechtigt, sein Recht auszuüben, und der andere Partner kann nur die Rechtsfolgen wegen Verletzung einer Nebenpflicht geltend machen (vgl. § 293 Abs. 6).

Als weitere Besonderheit ist zu beachten, daß das GIW bestimmte Mitteilungen, Informationen u. ä. nicht als Pflicht eines Partners ausgestaltet, deren Nichtbeachtung die Rechtsfolgen einer Vertragsverletzung nach sich zieht, sondern lediglich einen Rechtsverlust zeitigt.

Dazu gehören z. B. die Mängelanzeige nach § 285 GIW oder die Nachfristsetzung nach § 278. Zeigt der Käufer beispielsweise einen Qualitätsmangel nicht an, oder unterläßt er es, beim Lieferverzug dem Verkäufer eine angemessene Nachfrist zu setzen, ist er nicht berechtigt, Ansprüche wegen nichtqualitätsgerechter Lieferung geltend zu machen bzw. im Falle des Lieferverzuges vom Vertrag zurückzutreten.

Unterlassungspflichten

Schließlich können die Vertragspflichten der Partner danach unterteilt werden, ob sie auf ein Tun oder ein Unterlassen gerichtet sind. Auch diese Unterteilung ist wiederum hinsichtlich der Rechtsfolgen für Pflichtverletzungen von Bedeutung. Während die auf ein Tun gerichteten Pflichten nach Haupt- und Nebenpflichten und die Verletzung der Hauptpflichten nach Arten der Pflichtverletzungen unterteilt werden (§ 278ff. GIW), wird für Unterlassungspflichten ein einheitlicher Verletzungstatbestand geregelt (§ 290).

Gesetzliche und vertragliche Pflichten

Die Pflichten der Vertragspartner ergeben sich aus Gesetz oder Vertrag. Das GIW zeichnet sich dadurch aus, daß es außer den den jeweiligen Vertragstyp charakterisierenden Hauptpflichten eine relativ breite Palette der für die meisten Verträge typischen weiteren Pflichten der Vertragspartner ausdrücklich regelt. Die Partner können jedoch im Vertrag – je nach den Erfordernissen des konkreten Geschäfts – weitere Pflichten vereinbaren, die gesetzlich festgelegten Pflichten präzisieren oder davon abweichende Vereinbarungen treffen und sie auch ganz ausschließen. Auch durch die Inbezugnahme allgemeiner Regeln (z. B. der Incoterms, ECE-Bedingungen, AGB) im Vertrag kann der gesetzliche Pflichtenkatalog erweitert oder modifiziert bzw. ausgeschlossen werden. Schließlich können sich weitere Pflichten der Vertragspartner aus § 259 GIW ergeben, wonach die Partner verpflichtet sind, bei der Erfüllung des Vertrages zweckdienlich zusammenzuwirken, und jeder Partner seine Vertragspflichten so zu erfüllen hat, daß der Vertragszweck in bestmöglicher Weise erreicht und dem anderen Partner die Erfüllung seiner Pflichten möglich wird. Damit wird zugleich die Art und Weise bstimmt, in der die Vertragspartner ihre sich aus Vertrag oder Gesetz ergebenden Pflichten zu erfüllen haben.

4.2. Die Pflichten des Verkäufers und die Rechtsfolgen ihrer Verletzung

4.2.1. Die Pflicht des Verkäufers zur Lieferung

4.2.1.1. Die Lieferpflicht als Hauptpflicht des Verkäufers

In den AKV wird üblicherweise vereinbart, daß sich der Verkäufer zur „Lieferung" einer bestimmten Ware verpflichtet (gelegentlich findet man auch die Formulierung: „Der Verkäufer verkauft ..." oder „Der Käufer kauft ...").

Definition der Lieferung

Nach dem GIW ist die Lieferpflicht des Verkäufers eine seiner Hauptpflichten (§ 50). Lieferung bedeutet, daß der Verkäufer verpflichtet ist, alle erforderlichen Handlungen vorzunehmen, damit die Kaufsache in den Verfügungsbereich des Käufers gelangt. Der Käufer hat dabei in der erforderlichen Weise mitzuwirken (§ 51 Abs. 1).[5]

Welche Handlungen und Mitwirkungshandlungen im einzelnen erforderlich sind, muß sich aus den Vereinbarungen oder den Umständen des Vertrages ergeben (vgl. dazu auch § 259 Abs. 1 GIW).

Werden die Incoterms im Vertrag vereinbart, so ergeben sich aus den Aus-

5 Die Ausgestaltung dieser Hauptpflicht des Verkäufers (der Liefer- und Übergabepflicht) weist in den einzelnen Rechtsordnungen bestimmte Unterschiede auf; vgl. dazu die Übersicht in: Die rechtliche Regelung der internationalen Wirtschaftsbeziehungen der DDR ..., a. a. O., S. 204ff.

legungsregeln für die einzelnen Klauseln die dem Verkäufer zur Übergabe obliegenden Handlungen.

Die Lieferung ist nach § 51 Abs. 2 GIW vollzogen, wenn der Verkäufer die zu liefernde Sache dem Käufer am Leistungsort übergeben oder an ihn ab Leistungsort versandt hat.

Vollzug der Lieferung

Die Lieferung ist ferner vollzogen, wenn der Verkäufer die zu liefernde Sache eingelagert, hinterlegt oder im Wege des Selbsthilfeverkaufs veräußert hat, sofern die entsprechenden Voraussetzungen vorliegen. Diese sind in den §§ 267 bis 274 GIW geregelt (vgl. S. 239ff.).

Die wesentliche Konsequenz des Vollzugs der Lieferung besteht darin, daß der Verkäufer damit seine Lieferpflicht erfüllt hat. Geht die Kaufsache nach Vollzug der Lieferung unter, ist der Verkäufer nicht verpflichtet, noch einmal zu liefern. (Hat allerdings der Verkäufer seine Lieferpflicht nicht ordnungsgemäß erfüllt, so stehen dem Käufer Ansprüche aus Vertragsverletzungen zu.)

4.2.1.2. Leistungsort

Vertraglicher und gesetzlicher Leistungsort

Der Leistungsort (Lieferort, Erfüllungsort der Lieferung) ist der Ort, an dem der Verkäufer seine Leistung zu erbringen, die Lieferpflicht zu erfüllen hat. Die rechtliche Bedeutung des Leistungsortes liegt ferner darin, daß

- die Lieferzeit an diesem Ort einzuhalten ist, wenn sich aus dem Vertrag oder aus Handelsbrauch nichts anderes ergibt;
- die bis zu diesem Ort in die Vertragserfüllung eingeschalteten Dritten Erfüllungsgehilfen des Verkäufers sind, für deren Verhalten dieser nach den meisten Rechtsordnungen wie für eigenes einzustehen hat;
- mit diesem Ort eine Reihe weiterer Rechtswirkungen verbunden sind (wie Beschaffung von Genehmigungen in Drittländern – § 49 Abs. 2 GIW; Kostenteilung – § 53 Buchst. a; Eigentumsübergang – § 54 Abs. 1 Buchst. c i. V. m. § 51 Abs. 2; vgl. auch §§ 55 und 268 Abs. 2);
- dieser Ort nach einigen Rechtsordnungen auch maßgebend sein kann für die Begründung eines Gerichtsstandes oder für die Bestimmung des anwendbaren Rechts.

Zuweilen wird jedoch in Verträgen ein „Erfüllungsort" lediglich in Hinblick auf die zuletzt genannten Rechtswirkungen vereinbart, ohne daß nach den übrigen Bestimmungen des Vertrages an diesem Ort Leistungshandlungen vorzunehmen sind, wo also die Kaufsache mit diesem Ort überhaupt nicht in Berührung kommt. In solchen Fällen ist der Leistungsort hinsichtlich der anderen genannten Rechtswirkungen den dispositiven Rechtsvorschriften des anwendbaren Rechts zu entnehmen. Das wird auch in verschiedenen anderen Rechtsordnungen so gehandhabt.

Die Partner können den Leistungsort im Vertrag vereinbaren. Liegt keine ausdrückliche Vereinbarung über den Leistungsort vor, wurde aber eine handelsübliche Lieferklausel vereinbart (CIF, FOB, FAS gemäß Incoterms 1980 u. ä.), so ist der darin bestimmte Ort des Gefahrenübergangs der Leistungsort (§ 43 Abs. 3 GIW). Die Vereinbarung einer Lieferklausel ist für die meisten AKV typisch. Wurde eine solche Klausel jedoch nicht vereinbart, so ist Leistungsort der Herstellungs- oder Lageort der Kaufsache, vorausgesetzt, er ist dem Käufer bei Vertragsabschluß bekannt (§ 43

Abs. 2). Liegt auch diese Voraussetzung nicht vor, ist Leistungsort der Sitz des Verkäufers (vgl. § 43 Abs. 1).

Übergabe- und Versendungspflicht

Die Maßnahmen, die erforderlich sind, um die Sache am Leistungsort bereitzustellen und zu übergeben bzw. ab Leistungsort (an den Bestimmungsort) zu versenden, sind unmittelbarer Bestandteil der Hauptpflicht Lieferung.

Die Versendungspflicht hat der Verkäufer nicht nur, wenn sie ausdrücklich im Vertrag vereinbart ist, sondern auch, wenn sich aus dem Vertrag ergibt, daß Leistungs- und Bestimmungsort nicht übereinstimmen und der Käufer nicht verpflichtet ist, die Versendung der Kaufsache ab Leistungsort selbst vorzunehmen.

Im Unterschied zur Versendungs- und Übergabepflicht, die unmittelbar Bestandteil der Hauptpflicht Lieferung sind, handelt es sich bei den Modalitäten (der Art und Weise) der Versendung oder Übergabe um Nebenpflichten des Verkäufers (§ 52 i. V. m. § 51 Abs. 4 GIW). Das hat Konsequenzen für die Rechtsfolgen von Vertragsverletzungen (vgl. S. 179).

4.2.1.3. Leistungszeit

Vereinbarte und gesetzliche Leistungszeit

Die Leistungszeit (Lieferzeit) wird in aller Regel im AKV vereinbart.

Sie wird entweder durch Vereinbarung eines Leistungstermins oder einer Leistungsfrist bestimmt. Ist eine Leistungsfrist vereinbart, so kann der Verkäufer im Verlaufe der gesamten Frist leisten, der Käufer jedoch die Leistung nicht vor deren Ablauf verlangen.

Ist die Leistungszeit ausnahmsweise nicht dem Vertrag zu entnehmen (z. B. hinsichtlich einzelner Leistungen, bei Ersatzteilbestellungen), ist der Verkäufer berechtigt, sofort zu liefern, wobei er den Käufer davon in handelsüblicher Weise zu informieren hat. Der Käufer ist berechtigt, die Lieferung innerhalb einer von ihm gesetzten angemessenen Frist zu verlangen (§ 44 Abs. 1 GIW).

Haben die Partner die Lieferzeit nicht vereinbart und auch nicht bestimmt, ob der Käufer oder Verkäufer zuerst zu leisten hat (vorleistungspflichtig ist), kann jeder Partner die Leistung bis zur Erbringung der Gegenleistung aussetzen (vgl. § 260 sowie § 232).

Dissens

Die Bestimmung der Leistungszeit nach § 44 Abs. 1 GIW setzt jedoch grundsätzlich voraus, daß keiner der Partner eine Einigung über die Lieferzeit treffen wollte. Andernfalls ist im Zweifel der Vertrag nicht zustande gekommen (vgl. § 30 Abs. 2). Das gilt auch dann, wenn die Partner verabreden, zu einem späteren Zeitpunkt eine Einigung über die Lieferzeit herbeiführen zu wollen und diese Einigung nicht zustande kommt.

Eine solche Abrede hat allenfalls vorvertraglichen Charakter. Die sich daraus ergebende Unsicherheit kann z. B. dadurch vermieden werden, daß in den Fällen, in denen bei Vertragsabschluß eine Vereinbarung der Lieferzeit noch nicht möglich ist, diese Bestimmung einem Partner, einem Dritten oder auch einem Schiedsgericht überlassen wird (vgl. dazu auch § 41f. GIW).

Vertragsklauseln In der Vertragspraxis werden im Zusammenhang mit der Vereinbarung der Lieferzeit häufig Klauseln aufgenommen, die eine Lieferzeitveränderung bewirken sollen, wenn der Käufer seinen Verpflichtungen (insbesondere seinen Zahlungsverpflichtungen oder Mitwirkungspflichten) nicht oder nicht rechtzeitig nachkommt. Das Recht des Verkäufers, in solchen Fällen seine Lieferungen aufzuschieben, ergibt sich aber auch aus dem Gesetz, insbesondere aus § 294 Abs. 1 GIW (vgl. S. 271).

Lieferterminklauseln Im Zusammenhang mit dem Liefertermin enthalten die AGB der kapitalistischen Firmen verschiedentlich Klauseln wie: „Selbstbelieferung vorbehalten", „Die angegebenen Liefertermine sind unverbindlich", „Wir übernehmen keine Gewähr für die Einhaltung der angegebenen Lieferfristen" u. ä. Ist es bei einem Importvertrag unumgänglich, die Geschäftsbedingungen des ausländischen Partners zugrunde zu legen, so sollte unbedingt angestrebt werden, derartige Klauseln durch Vereinbarung zu streichen. Zumindest muß dem Käufer bei Überschreiten „unverbindlicher" Liefertermine die Möglichkeit bleiben, nach einer von ihm gesetzten angemessenen Nachfrist vom Vertrag zurückzutreten, um die geplanten Importe anderweitig realisieren zu können. Zu beachten ist auch, daß solche AGB-Klauseln nach dem Recht einiger Länder nicht wirksam sind.[6]

Vorfristige Leistung Zu einer vorfristigen Leistung ist der Verkäufer nach der GIW-Regelung nur berechtigt, wenn der Käufer ihr zugestimmt hat (§ 44 Abs. 2), wobei dem Verkäufer ein gewisser Toleranzbereich, eine unwesentliche Vorziehung der Lieferung, die sich aus den Umständen des Vertrages, insbesondere aus der gewählten Transportart ergeben kann, zugebilligt werden muß.

Die Zustimmung kann in den Formen der Einwilligung und der Genehmigung erfolgen (§ 16 GIW), d. h. bereits bei Vertragsabschluß oder während des Realisierungszeitraumes (Einwilligung) oder auch durch Annahme der vorfristigen Leistung (Genehmigung – vgl. auch § 44 Abs. 3).

Hat der Käufer die Zustimmung erteilt, hat er seinerseits seine Pflichten entsprechend früher zu erfüllen (§ 44 Abs. 2 GIW). Das betrifft sowohl seine Mitwirkungspflichten (insofern wird die Regelung nur im Falle der Einwilligung praktisch) als auch seine sonstigen Pflichten, vor allem die Pflicht zur Zahlung des Kaufpreises.

Allerdings kann der Käufer seine Zustimmung auch bedingt erteilen, insbesondere unter der Bedingung, daß es hinsichtlich seiner Pflichten bei der ursprünglich vereinbarten Leistungszeit bleibt. Hat er das nicht getan, ist unter einer entsprechend früheren Erfüllung seiner Zahlungspflicht zu verstehen, daß sie um so viel früher zu erfüllen ist, wie die Lieferung früher erbracht wird. Das ist auch insofern gerechtfertigt, als die Zahlung in den Verträgen meist in direkte Abhängigkeit von der Lieferung gebracht wird.

Aus den Umständen des Vertrages kann sich auch ergeben, daß die vorfristige Lieferung nur ein Recht des Verkäufers sein soll, er sich aber nicht dazu verpflichtet.

Davon wird man insbesondere dann ausgehen müssen, wenn Klauseln wie „vorfristi-

6 Vgl. z. B. für die BRD W. Löwe/F. v. Westphalen/R. Trinkner, Kommentar zum Gesetz zur Regelung des Rechts der Allgemeinen Geschäftsbedingungen, Heidelberg 1977, S. 227 ff.

ge Lieferung zugelassen“ u. ä. vereinbart worden sind oder der Verkäufer nur das Bemühen um vorfristige Erbringung zusichert, ohne sich dazu zu verpflichten.

Liefert der Verkäufer ohne Zustimmung des Käufers vorfristig, so kann dieser die Lieferung zurückweisen. Er muß das aber unverzüglich tun, weil sonst die vorfristige Leistung als genehmigt gilt (§ 44 Abs. 3 GIW). Das Gesetz sieht also die mangelnde Zurückweisung als eine Art stillschweigende Zustimmung des Käufers an.
Die Zurückweisungspflicht beginnt zu dem Zeitpunkt, zu dem dem Käufer die vorfristige Leistung zur Kenntnis gelangt, ihm die Leistung also tatsächlich oder in Form der Dokumente angedient worden ist, weil ihm vorher die Zurückweisung gar nicht möglich ist.
Der Käufer muß jedoch für die Werterhaltung der Kaufsache sorgen, allerdings auf Kosten und Gefahr des Verkäufers (§ 59 GIW).

In der Frage, ob die vorfristige Lieferung grundsätzlich zulässig ist oder der Zustimmung des Käufers bedarf, sind Unterschiede in den einzelnen Rechtsordnungen zu beachten. Nach § 271 Abs. 2 BGB z. B. ist der Verkäufer im Zweifel zur vorfristigen Lieferung berechtigt (vgl. auch § 299 BGB).

Fixgeschäft

Kommt der exakten Einhaltung der Lieferzeit besondere Bedeutung zu, so kann ein sogenanntes Fixgeschäft vereinbart werden. Um ein Fixgeschäft handelt es sich, wenn der Fixcharakter des Liefertermins ausdrücklich vereinbart bzw. dem Liefertermin eine Klausel beigefügt wird, aus der der Fixcharakter ersichtlich ist (z. B. fix, genau).

Nicht jeder kalendermäßig bestimmte Termin ist ein Fixtermin. Der Fixcharakter kann sich aber auch aus den Umständen des Vertrages ergeben, z. B. bei Saisonartikeln (wie Weihnachtsbaumschmuck). Um Auslegungsprobleme zu vermeiden, sollte der Fixcharakter eindeutig zum Ausdruck gebracht werden.

Die Besonderheit des Fixgeschäfts besteht darin, daß bei Verletzung der Lieferzeit die Rechtsfolgen von anderen Voraussetzungen abhängen als bei einer anderen Lieferung. Deshalb kann der mit dem Fixgeschäft beabsichtigte Effekt auch durch Vereinbarung anderer Voraussetzungen (Eintritt der Rechtsfolgen, ohne daß es einer Nachfristsetzung bedarf) erreicht werden. Es sind jedoch sowohl was den Begriff des Fixgeschäfts als auch was die mit ihm verbundenen Konsequenzen anbelangt, Unterschiede in den einzelnen Rechtsordnungen zu berücksichtigen.

Teils wird der Begriff des Fixgeschäfts (insbesondere im Handelsverkehr) extensiv interpretiert (z. B. in der Schweiz, in Österreich), teils macht die betreffende Rechtsordnung bei Handelsgeschäften die Verzugsfolgen generell nicht von einer gesetzten Nachfrist abhängig (z. B. Schweden). Nach anderen Rechtsordnungen entfällt beim Fixgeschäft der Erfüllungsanspruch des Käufers, wenn dieser nicht unverzüglich bei Verzugseintritt mitteilt, daß er auf Erfüllung besteht. Zu den Rechtsfolgen des Verzugs beim Fixgeschäft vgl. S. 198.

4.2.1.4. Liefergegenstand, Liefermenge, Lieferumfang

Liefergegenstand

Liefergegenstand ist nach § 50 GIW die Kaufsache. Er ist im Vertrag möglichst exakt zu vereinbaren und muß mindestens bestimmbar sein. Die Ver-

einbarung des Liefergegenstandes ist beim Kauf notwendiger Vertragsinhalt.
Im Unterschied zu einer Reihe anderer Rechtsordnungen unterscheidet das GIW bezüglich des Liefergegenstandes nicht zwischen Gattungs- und Speziesschulden.

In anderen Rechtsordnungen werden an diese Differenzierung unterschiedliche Rechtsfolgen geknüpft. Um einen Gattungskauf handelt es sich, wenn der geschuldete Gegenstand nur nach allgemeinen Merkmalen bestimmt ist, um einen Specieskauf, wenn er individuell bestimmt ist. Beim Spezieskauf ist die Lieferpflicht des Verkäufers auf die individuell bestimmte Sache beschränkt. Bei der Abwicklung des Vertragsverhältnisses nimmt jede Gattungsschuld zu einem bestimmten Zeitpunkt quasi die Gestalt einer Speziesschuld an, und zwar mit der sogenannten Konkretisierung der Gattungsschuld. Von diesem Zeitpunkt an beschränkt sich die Leistungspflicht auf die konkretisierte Kaufsache.
Auch die Incoterms verwenden den Begriff der Konkretisierung. Diese tritt nach den Auslegungsregeln grundsätzlich dann ein, wenn der Verkäufer die ihm obliegenden Handlungen vorgenommen hat, um die Kaufsache in die Verfügungsgewalt des Käufers zu bringen. Erfüllt jedoch der Käufer bestimmte, in den Auslegungsregeln der Incoterms näher bezeichnete Pflichten nicht, so genügt für die Konkretisierung, daß der für den Käufer bestimmte Gegenstand abgesondert oder auf irgendeine andere Art kenntlich gemacht wird, um zu bewirken, daß die Gefahr auf den Käufer übergeht und dieser die entstehenden Mehrkosten tragen muß (vgl. hierzu z. B. die Auslegung der Klauseln „Ab Werk" B 4; „FAS" B 4; „FOB" B 4; „CIF" B 4).

Insbesondere differenziert das GIW grundsätzlich nicht die Rechtsfolgen für Pflichtverletzungen nach Gattungs- und Spezieskäufen. Dennoch gibt es einige Vorschriften im GIW, die der Natur der Sache nach nur bereits von vornherein individuell bestimmte oder inzwischen konkretisierte Leistungsgegenstände betreffen können (vgl. z. B. § 293 Abs. 3). Die Aussonderung der Kaufsache für den Käufer spielt nach dem GIW auch für den Übergang des Eigentumsrechts eine Rolle (vgl. § 54 Abs. 1 Buchst. a).
Da dem Verkäufer beim Gattungskauf nach vielen Rechtsordnungen eine relativ weitgehende Beschaffungspflicht auferlegt wird, hat eine detaillierte Beschreibung des Liefergegenstandes (z. B. durch Typenbezeichnung, Herkunftsangaben, Bezeichnung des Herstellerbetriebes oder des Landes, in dem die Ware hergestellt wird) den Vorzug, daß die Beschaffungspflicht auf die so begrenzte Gattung eingeengt wird. Das Erfordernis, das Herstellerland zu vereinbaren, kann sich auch aus öffentlich-rechtlichen Vorschriften ergeben (insbesondere im Zusammenhang mit der Erteilung von Importgenehmigungen oder von bestimmten Zoll- oder Steuervergünstigungen).

Liefermenge

Der Verkäufer hat den Liefergegenstand in der vertraglich vereinbarten Menge zu liefern.

Mengentoleranzen

Aus dem Vertrag oder aus Handelsbräuchen kann sich die Zulässigkeit von Mengentoleranzen ergeben. Ist im Vertrag die zu liefernde Menge mit einer ca.-(oder einer ähnlichen)Klausel versehen, ohne daß der Umfang der zulässigen Mengenabweichung näher bestimmt ist, und ergibt sich dieser auch nicht aus Handelsbräuchen, so ist eine Mengenabweichung von 5 Prozent zulässig. Das gilt auch, wenn Mengenabweichungen handelsüblich sind, ohne daß der Vertrag eine ausdrückliche Toleranzvereinbarung enthält (§ 55 GIW). Bei ganzen Schiffsladungen beträgt die zulässige Mengenabweichung 10 Prozent.

Zur Ausnutzung der Toleranz ist der Partner berechtigt, der das Transportmittel ab Leistungsort stellt, sofern sich aus dem Vertrag nichts anderes ergibt. Diese in § 55 GIW enthaltene Regelung führt bei den meisten Incoterms-Klauseln zu sinnvollen Lösungen.

So ist beispielsweise der Käufer bei der Ab Werk- und der FOB-Klausel, der Verkäufer bei der CIF- und C&F-Klausel zur Toleranzausnutzung berechtigt. Diese Regelung erweist sich jedoch dann als problematisch, wenn Versendungs- und Leistungsort auseinanderfallen und vom Versendungs- bis zum Bestimmungsort dasselbe Transportmittel verwendet wird, also am Leistungsort keine Umladung auf ein anderes Transportmittel erfolgt. Das ist z. B. meist der Fall bei LKW- oder Eisenbahntransporten auf Basis der Klausel „geliefert Grenze" (Incoterms 1980). Am sichersten ist es, wenn in solchen Fällen vertraglich vereinbart wird, daß der Verkäufer zur Toleranzausnutzung berechtigt sein soll.[7]

Ist der Käufer zur Toleranzausnutzung berechtigt, braucht der Verkäufer nicht mehr als die vereinbarte Menge zu liefern.
Handelt es sich nicht um Mengentoleranzen, so findet § 55 GIW grundsätzlich keine Anwendung.

Zum Beispiel sind für Toleranzen bezüglich der Stofflänge auf Stoffballen produktionstechnische Gründe maßgebend. Da diese in der Regel beim Verkäufer bestehen, muß in diesen Fällen – ausgehend von den jeweiligen Umständen des Vertrages – dem Verkäufer das Recht zur Bestimmung der Mengenabweichungen zustehen. Paragraph 55 ist also nur auf echte Mengentoleranzen, hingegen grundsätzlich nicht auf Abweichungen in bezug auf Abmessungen u. ä. anwendbar. Für diese Fälle kann auf Grund der Warenunterschiede durch Gesetz auch kein allgemeingültiger Prozentsatz bestimmt werden.

Lieferumfang

Je nach Ware ist anstelle oder neben der Liefermenge auch der Lieferumfang zu vereinbaren. Seine Bestimmung hat besonders für solche Verträge Bedeutung, bei denen es gilt, die Lieferungen des Verkäufers von bestimmten Beistellungen oder Mitwirkungen des Käufers abzugrenzen und zugleich zu präzisieren, auf welche Lieferungen/Leistungen des Verkäufers sich der vereinbarte Kaufpreis bezieht.

Dabei ist auch zu klären, ob Ersatz-, Verschleißteile, Werkzeuge, Verpackungsmaterial u. ä. zum Lieferumfang gehören. Um etwaige Zweifelsfragen auszuschließen, kann es unter Umständen empfehlenswert sein, sowohl eine positive als auch eine negative Bestimmung des Lieferumfangs vorzunehmen (indem die dazu gehörenden Leistungen nicht nur aufgezählt, sondern bestimmte Leistungen vom Lieferumfang ausgeschlossen werden).

4.2.1.5. Qualität des Liefergegenstandes

Der Verkäufer hat die Kaufsache in der vertraglich vereinbarten Qualität und Beschaffenheit, entsprechend dem vereinbarten Sortiment und den sonstigen vereinbarten Merkmalen und Eigenschaften zu liefern.

Inhalt der Qualitätsvereinbarungen

Die Qualitätsvereinbarungen enthalten im allgemeinen eine Beschreibung bestimmter, die Beschaffenheit der Kaufsache charakterisierender Eigen-

7 Vgl. hierzu auch Kommentar zum Gesetz über internationale Wirtschaftsverträge, Berlin 1983, Anm. 4.1. zu § 55.

schaften, wie z. B. Materialbeschaffenheit, Formgestaltung, Maßgenauigkeit. Bei bestimmten Erzeugnissen ist es auch üblich, Vereinbarungen über das Herkunftsland, das Produktionsjahr u. ä. zu treffen. Auch die Handelsverpackung kann Bestandteil der Qualitätsvereinbarung sein.

Bei technischen Erzeugnissen kann es ferner erforderlich sein, bestimmte Parameter (technisch-ökonomische Kennziffern) zu vereinbaren, z. B. die Menge der herzustellenden Erzeugnisse in einer bestimmten Zeiteinheit, die Menge der erforderlichen Roh- und Hilfsstoffe, die Lebensdauer der Erzeugnisse oder auch einzelner Teile (Verschleißteile).

Kann der Käufer die Qualität des zu liefernden Erzeugnisses auf Grund der Beschreibung einzelner Eigenschaften nicht ausreichend beurteilen, so ist er oft daran interessiert, daß diese Beschreibung durch eine Charakterisierung des vorgesehenen Verwendungszweckes ergänzt oder ersetzt wird.

Schließlich kann die Qualitätsvereinbarung auch auf innerstaatliche Standards, Gütezeichen, Arbeits- und Umweltschutzbestimmungen, auf die Wartungs- und Pflegeintensität u. ä. Bezug nehmen, oder es kann ein Kauf nach Muster oder nach Probe (z. B. Analysen) vereinbart oder aber auf Qualitätsbeschreibungen in Prospekten, technischen Dokumentationen u. ä. verwiesen werden.

Qualitätsbestimmung bei fehlender oder unvollständiger Vereinbarung

Die die Qualität betreffende Regelung des GIW (§ 45) macht Vertragsvereinbarungen über die Qualität nicht entbehrlich. Andererseits können auch ausführliche Qualitätsbeschreibungen oft nicht sämtliche möglichen Qualitätsmerkmale erfassen. Ist die Qualitätsvereinbarung nicht vollständig oder ausnahmsweise ganz unterblieben, greift die Regelung des § 45 ein. Danach ist die Leistung so zu erbringen, daß sie dem Bestimmungszweck entspricht, der im Vertrag vereinbart wurde oder der sich aus den Umständen des Vertrages ergibt und für den Verkäufer erkennbar ist. Fehlt ein solcher Bestimmungszweck im Vertrag und ist er für den Verkäufer auch nicht erkennbar, hat er die Leistung so zu erbringen, wie es in seinem Lande üblich ist.

Für die Bestimmung dessen, was in dem betreffenden Land üblich ist, können nationale Qualitätsvorschriften staatlichen oder auch nichtstaatlichen Charakters eine Rolle spielen. (Dazu gehören technische Standards, aber auch Vorschriften, die den Gesundheits-, Umwelt-, Arbeits- und Brandschutz, die technische Sicherheit u. ä. betreffen.)

Sofern es sich nicht um international-einheitliche Vorschriften handelt (wie z. B. die RGW-Standards), gelten sie grundsätzlich nur in dem Staat, der sie erlassen hat. (In den NSW-Staaten haben technische Standards oft nicht den Charakter von Rechtsnormen, sondern sie werden auch von Monopolverbänden entwickelt.) Demzufolge sind sie für den jeweils ausländischen Partner nicht bindend, d. h., sie bestimmen nicht ohne weiteres den Inhalt des Vertrages, sondern grundsätzlich nur insoweit, als die Partner im Vertrag darauf Bezug nehmen. (Ausnahmen bilden Verbotsvorschriften in Hygiene-, Arzneimittel-, Nahrungsmittel- und ähnlichen Gesetzen.) Ohne Bezugnahme im Vertrag können sie jedoch über § 45 GIW mittelbar herangezogen werden.

Soweit das GIW auf die Üblichkeit im Verkäuferland verweist, ist davon auszugehen, daß die Anwendung solcher Vorschriften in dem betreffenden Land üblich ist. Auch die Realisierung des Bestimmungszwecks kann davon abhängen, daß solche Vorschriften (dann allerdings die im Käufer- oder einem anderen dem Verkäufer bekannten Bestimmungsland) eingehalten werden. Hierbei können jedoch an den Verkäufer keine überspitzten Anforderungen gestellt werden. Es kommt auf die bei Anwendung handelsüblicher Sorgfalt mögliche Erkennbarkeit solcher Regelungen für den Verkäufer an. Besser ist es jedoch, diese Probleme durch Vertragsvereinbarungen zu lösen. Oft ist Voraussetzung für die Nutzung einer Kaufsache, daß die bestehenden Vorschriften über Gebrauchseigenschaften eingehalten werden.

Der Verkäufer wird sich in der Regel nicht pauschal auf ausländische Vorschriften verpflichten lassen, sondern die genaue Angabe der Bestimmungen fordern, die er zu berücksichtigen hat, da dem Käufer ihre Ermittlung im allgemeinen leichter fallen wird als ihm.

Haben die Partner einen Kauf nach Probe oder Muster vereinbart, gelten die Eigenschaften der Probe oder des Musters als vereinbarte Qualitätsmerkmale (§ 56 GIW).

Qualitätsvereinbarung und Kaufpreis

Besondere Aufmerksamkeit ist dem Verhältnis zwischen Qualitätsvereinbarung (einschließlich der Rechtsfolgen bei nichtqualitätsgerechter Lieferung und der Garantievereinbarung) und Kaufpreisvereinbarung zuzuwenden. Da die Qualität für den Gebrauchswert der Erzeugnisse bestimmend ist, müssen Qualitätsunterschiede ihren wertmäßigen Ausdruck in entsprechenden Preisunterschieden finden.

Stellt z. B. ein ausländischer Käufer von branchen- und warenüblichen Qualitäts- und Garantiebedingungen abweichende Anforderungen, so müssen sie grundsätzlich über einen entsprechenden Preis kompensiert werden.

Qualitätsbestimmung durch Handelsbräuche

Bestehen bei einzelnen Waren hinsichtlich der Qualität Handelsbräuche, so haben diese gegenüber der genannten dispositiven Regelung des Gesetzes, nicht aber gegenüber Vertragsvereinbarungen den Vorrang. Werden im Vertrag sogenannte Qualitätsklauseln vereinbart (z. B. „wie besehen"), so sind für deren Auslegung ebenfalls Handelsbräuche maßgebend (vgl. hierzu auch S. 97ff.).

Qualitätsgarantie

Der Verkäufer ist nach dem GIW nur verpflichtet, zu sichern, daß die Kaufsache zum Zeitpunkt des Gefahrenübergangs qualitätsgerecht ist (§ 284). Es wird also keine allgemeine Pflicht des Verkäufers statuiert, die Funktionstüchtigkeit und/oder Gebrauchsfähigkeit der Kaufsache während eines bestimmten Zeitraumes zu sichern (zu garantieren). In der Außenhandelspraxis ist es jedoch in vielen Branchen üblich, Qualitätsgarantien zu übernehmen. Ihr Umfang und Inhalt ist entsprechend den jeweiligen Waren-, Branchen- und Marktbedingungen von den Vertragspartnern zu vereinbaren. Lediglich für den Fall, daß die Vertragspartner zwar eine Qualitätsgarantie und ihre absolute Dauer vereinbart, aber die weiteren Bedingungen nicht oder nicht erschöpfend geregelt haben, enthält das GIW eine ergänzend eingreifende Regelung (§ 57). Zur Garantie vgl. näher S. 217ff.

4.2.1.6. Lieferung frei von Rechten Dritter

Pflicht zur rechtsmängelfreien Lieferung

Nach dem GIW hat der Verkäufer die Kaufsache frei von Rechten Dritter zu liefern, die im vereinbarten Bestimmungsland oder – wenn ein solches nicht vereinbart ist – im Lande des Käufers geltend gemacht werden und die vertragsgemäße Verwendung der Leistung beeinträchtigen können (§ 46).

Begriff des Rechts Dritter

Rechte Dritter, auf die sich § 46 GIW bezieht, sind in erster Linie gewerbliche Schutzrechte. Dazu zählen insbesondere Patente, Warenzeichen, Gebrauchsmuster, Geschmacksmuster. Es kann sich dabei aber auch um andere Rechte, insbesondere um dingliche Rechte, wie Eigentums-, Pfandrechte oder andere dingliche Sicherungsrechte, handeln.

Bei Importverträgen aus dem nichtsozialistischen Wirtschaftsgebiet kann es vorkommen, daß ein Dritter dingliche Rechte an der Kaufsache hat. Das ist z. B. der Fall, wenn der Verkäufer eine unter Eigentumsvorbehalt erworbene Sache oder eine mit einem besitzlosen Pfandrecht belastete Sache exportiert. Das Eigentumsrecht eines Dritten hindert aber nicht in jedem Fall den Eigentumserwerb durch den Käufer; beim gutgläubigen Erwerb wird er Eigentümer (§ 54 Abs. 2 GIW).

Territoriale Beschränkung

Die in § 46 GIW vorgesehene territoriale Beschränkung der Pflicht, rechtsmängelfrei zu leisten, hat vor allem für gewerbliche Schutzrechte Bedeutung. Es ist unter den heutigen Bedingungen für den Verkäufer praktisch nicht möglich, weltweite Schutzrechtsrecherchen anzustellen. Auch werden die Schutzrechte durchweg territorial begrenzt – wenn auch nicht unbedingt auf das Gebiet eines Staates – erteilt. Für dingliche Rechte ist diese Beschränkung gegenstandslos.

Die territoriale Beschränkung nach § 46 GIW berücksichtigt zunächst den Fall, daß ein anderes Land als das des Gläubigers als Bestimmungsland vereinbart worden ist. Dafür ist Rechtsmängelfreiheit zu gewähren. Die Partner können aber auch vereinbaren, daß sich die Rechtsmängelfreiheit nur auf Teile eines Landes erstrecken soll oder auch auf mehrere Länder. Da die Lieferung typischerweise für das Land des Käufers bestimmt ist, muß bei fehlender anderweitiger Vereinbarung die Rechtsmängelfreiheit kraft Gesetzes für dieses Land gewährt werden.

Beeinträchtigung der vertragsgemäßen Verwendung

Der Verkäufer ist nach § 46 GIW nur verpflichtet, die Kaufsache frei von solchen Rechten Dritter zu liefern, die geeignet sind, ihre vertragsgemäße Verwendung zu beeinträchtigen. Es kommt also nicht darauf an, daß bereits eine tatsächliche Beeinträchtigung vorliegt.

Bei Rechten Dritter, die die vertragsgemäße Verwendung der Kaufsache nicht beeinträchtigen können, liegt kein Rechtsmangel vor. Ein solcher Fall kann z. B. bei gutgläubigem Eigentumserwerb durch den Käufer vorliegen, wenn ein Dritter die Kaufsache an den Verkäufer unter Eigentumsvorbehalt verkauft hat.

Maßgeblicher Zeitpunkt

Ähnlich wie bei der Sachmängelfreiheit hat der Verkäufer auch die Rechtsmängelfreiheit zu einem bestimmten Zeitpunkt zu gewährleisten, und zwar ebenfalls zum Zeitpunkt des Gefahrenübergangs (§ 284 GIW). Damit trägt der Verkäufer das Risiko dafür, daß zwischen Vertragsabschluß und Lieferung entgegenstehende Rechte Dritter begründet werden.

Die CIS, die ähnliche Beschränkungen wie das GIW vorsieht – bei stärkerer Differenzierung der Regelung für gewerbliche Schutzrechte und andere Rechte (vgl. Art. 41 und 42 CIS) – stellt demgegenüber auf den verkäufergünstigen Zeitpunkt des Vertragsabschlusses ab.

4.2.2. Voraussetzungen und Rechtsfolgen der Verletzung der Lieferpflicht des Verkäufers

4.2.2.1. Grundsätze

Vertragserhaltung

Der Verkäufer hat für seine Lieferpflicht einzustehen. Verletzt er sie, ist er dem Käufer grundsätzlich dafür verantwortlich. Das GIW orientiert im Interesse der Erhaltung des Vertrages in erster Linie auf eine nachträgliche oder annähernde Erfüllung, wenn die Lieferpflicht nicht in der vertraglich oder gesetzlich vorgeschriebenen Art und Weise erfüllt wird.
Auf eine nachträgliche oder annähernde Erfüllung sind insbesondere die nachträglichen Erfüllungs- und die Mängelbeseitigungsansprüche gerichtet. Neben diesen Ansprüchen kann der Käufer in der Regel weitere Ansprüche geltend machen, die eine Kompensation der ihm infolge der Verletzung der Lieferpflicht entstandenen Vermögensnachteile ermöglichen.

Möglichkeit der Vertragsbeendigung

Die Orientierung des GIW auf die Erhaltung des Vertrages findet dort ihre Grenze, wo der Verkäufer auch die nachträgliche oder annähernde Erfüllung nicht vornimmt oder dem Käufer eine solche nicht zumutbar ist. Unter diesen Voraussetzungen besteht die Möglichkeit einer Vertragsbeendigung durch Kündigung oder Rücktritt, wobei auch in diesen Fällen der Käufer zumeist berechtigt ist, eine Kompensation der erlittenen Vermögensnachteile zu verlangen.

Objektiver Tatbestand der Vertragsverletzung

Eine Verletzung der Lieferpflicht liegt grundsätzlich dann vor, wenn der Verkäufer die vertraglichen oder gesetzlichen Festlegungen bezüglich der Lieferpflicht nicht eingehalten hat.
Dafür treffen ihn bestimmte Rechtsfolgen. Das GIW geht demnach zwar vom objektiven Tatbestand der Vertragsverletzung aus, ohne jedoch eine strikte Vertragshaftung des Verkäufers zu begründen.

Denn in den Fällen, in denen nicht das Verhalten des Verkäufers, sondern andere Umstände dafür ursächlich sind, daß er seine Lieferpflicht nicht wie festgelegt erfüllt, tritt grundsätzlich keine materielle Verantwortlichkeit des Verkäufers ein. Kann der Verkäufer beweisen, daß die Nicht- oder nicht ordnungsgemäße Erfüllung seiner Lieferpflicht auf unabwendbare Gewalt zurückzuführen ist oder vom Käufer herbeigeführt wurde (vgl. §§ 293, 294 GIW), wird seine Lieferpflicht modifiziert, in der Regel zeitlich aufgeschoben. Unter spezifischen Voraussetzungen wird sie auch hinfällig. Damit entstehen auch keine anderen Verzugsansprüche des Käufers, wie Schadenersatz oder Vertragsstrafe. (Ausführlich dazu vgl. S. 278ff.)

Dispositive Regelung und deren Grenzen

Der im GIW festgelegte Grundsatz der Vertragsfreiheit (§ 4) ermöglicht es den Vertragspartnern, durch Vereinbarung von den gesetzlichen Voraussetzungen und Rechtsfolgen der Verletzung der Lieferpflicht des Verkäufers abzuweichen oder diese sogar auszuschließen (vgl. S. 112f.). Diese Dispositionsfreiheit findet jedoch dort ihre Grenze, wo der Verkäufer den Vertrag in der Absicht verletzt, dem Käufer einen Schaden zuzufügen (§ 291 GIW).
In diesem Falle kann sich der Verkäufer weder auf gesetzliche noch auf vertragliche Haftungsbeschränkungen berufen, und der Käufer kann Schadenersatz verlangen, auch wenn das Gesetz für die betreffende Art der Verletzung der Lieferpflicht (z. B. für eine nichtqualitätsgerechte Liefe-

rung) überhaupt keinen Schadenersatzanspruch vorsieht, und zwar neben den sonstigen dafür vorgesehenen Ansprüchen.

Anspruchskonkurrenz

Nach § 292 GIW kann der Käufer bei Verletzung der Lieferpflicht des Verkäufers keine Ansprüche aus anderen Rechtsvorschriften der DDR herleiten, da das GIW dem Käufer in diesem Falle Ansprüche gegen den Verkäufer gewährt.

Ist bei Verletzung der Lieferpflicht z. B. gleichzeitig ein Tatbestand erfüllt, an den die Vorschriften des ZGB über den Schutz des Lebens, der Gesundheit oder des Eigentums vor Schadenszufügung (§ 323ff.) bestimmte Ansprüche knüpfen (wenn z. B. eine mit Mängeln behaftete Maschine geliefert wird, die eine Körperverletzung verursacht), so ist der Käufer dem Verkäufer gegenüber nicht berechtigt, seine Ansprüche aus diesen Vorschriften herzuleiten. Das schließt jedoch nicht aus, daß die Partner im Vertrag weitergehende Ansprüche des Käufers vereinbaren können, als sie das GIW vorsieht (vgl. S. 214ff.).

Einteilung der Rechtsfolgen bei Verletzung der Lieferpflicht

Wenn der Verkäufer seine Lieferpflicht nicht zur Leistungszeit am Leistungsort, nicht in der festgelegten Art, Menge und Qualität, nicht entsprechend der vereinbarten Qualitätsgarantie oder nicht frei von Rechten Dritter erfüllt, räumt das Gesetz dem Käufer bestimmte Rechte ein. Es differenziert dabei die eintretenden Rechtsfolgen vor allem nach der Art und Weise der Verletzung der Lieferpflicht, nach der Art der Vertragsverletzung also.

Erfüllt der Verkäufer seine Lieferpflicht
- nicht zur Lieferzeit am Lieferort, so treten die Rechtsfolgen wegen Verzugs ein, der unter bestimmten Voraussetzungen in die Nichterfüllung übergehen kann. Das gilt auch, wenn der Verkäufer eine andere als die vereinbarte Kaufsache liefert (es sei denn, diese wurde vom Käufer an Erfüllungs Statt angenommen, vgl. S. 246f.);
- nicht in der vereinbarten Menge, so treten die Rechtsfolgen wegen nichtquantitätsgerechter Lieferung (Mehrlieferung und Mengendifferenz) ein;
- nicht in der festgelegten Qualität, so treten die Rechtsfolgen wegen nichtqualitätsgerechter Leistung ein;
- nicht frei von Rechten Dritter, so treten die Rechtsfolgen wegen fehlender Freiheit von Rechten Dritter ein.

Voraussetzungen für Rechtsfolgen

Die bei den genannten Arten der Verletzung der Lieferpflicht eintretenden Rechtsfolgen werden oft noch von bestimmten weiteren Voraussetzungen abhängig gemacht (wie z. B. Nachfristsetzung, Mängelrüge), die ebenfalls nach der Art der Verletzung differieren.

Tabelle 1
Ansprüche des Käufers bei Verzug und Nichtlieferung (ohne Fixgeschäft)

Tatbestand		*Ansprüche*
Nichtlieferung zur Lieferzeit am Lieferort	→	Erfüllung *und* Schadenersatz (§ 278 Abs. 1 GIW)
↓		
Ergebnisloses Verstreichen angemessener Nachfrist	→	Rücktritt oder Kündigung *und* Schadenersatz (§ 278 Abs. 2 GIW)

4.2.2.2. Verzug und Nichterfüllung der Lieferpflicht

Verzugsbegriff

Liefert der Verkäufer nicht zur Leistungszeit am Leistungsort, so gerät er nach § 278 Abs. 1 GIW in Lieferverzug. Es bedarf keiner weiteren Voraussetzungen, um den Verkäufer in Verzug zu setzen (wie z. B. einer Mahnung, die nach einigen Rechtsordnungen erforderlich ist – vgl. z. B. § 284 BGB). Der Verzugsbegriff setzt auch nicht voraus, daß der Verkäufer die verspätete Lieferung verschuldet hat. Allerdings kann bei Vorliegen von Befreiungsgründen (§ 293f. GIW; vgl. auch S. 264ff.) eine Modifizierung der Lieferzeit (ein Hinausschieben) eintreten, womit auch die für Lieferverzug vorgesehenen finanziellen Sanktionen entfallen. Der Verkäufer kommt auch dann nicht in Lieferverzug, wenn er

- berechtigterweise nach § 230f. GIW ein Zurückhalte- oder Anhalterecht ausübt (vgl. näher S. 248ff.);
- nach dem Vertrag nicht vorleistungspflichtig und folglich nach § 260 berechtigt ist, die Lieferung bis zur Zahlung des Kaufpreises (oder bis zu einer vom Käufer zu leistenden Anzahlung, der Stellung eines Akkreditivs, einer Bankgarantie oder Bürgschaft) auszusetzen (vgl. näher S. 250);
- die Kaufsache eingelagert, hinterlegt oder im Wege des Selbsthilfeverkaufs veräußert hat, sofern dafür die in §§ 267 bis 273 geregelten Voraussetzungen vorliegen, da mit Vornahme dieser Handlungen die Lieferung als vollzogen gilt (§ 51 Abs. 2).

Nach einigen anderen Rechtsordnungen (z. B. BRD, Österreich, Schweiz) treten bestimmte Verzugsfolgen (Schadenersatz, Vertragsstrafe) nicht ein, wenn der Verkäufer beweisen kann, daß ihn kein Verschulden trifft oder daß er die nicht termingerechte oder Nichtlieferung auch sonst nicht zu vertreten hat. Nach dem Recht der BRD hat der Verkäufer z. B. insbesondere das Verschulden beim Spezieskauf (§ 276 BGB; § 347 HGB), auch das seiner Erfüllungsgehilfen (§ 278 BGB) und die Beschaffung der Ware beim Gattungskauf nach § 279 BGB zu vertreten. Ähnlich ist auch die Regelung im schwedischen Kaufgesetz.

Rechtsfolgen

Gerät der Verkäufer in Lieferverzug, so bleibt er nach § 278 GIW nach wie vor zur Lieferung verpflichtet. Der Käufer hat gegen den Verkäufer einen Anspruch auf Erfüllung der Lieferpflicht.

Erfüllungsanspruch

Diesen Erfüllungsanspruch kann der Käufer auch klageweise geltend machen, und der Verkäufer kann zur Vornahme der Lieferung verurteilt werden. Ein solches Urteil kann jedoch real nicht vollstreckt werden, obwohl in Zivilprozeß- oder Vollstreckungsgesetzen oft bestimmte Maßnahmen vorgesehen sind, die die Erfüllung eines solchen Urteils unterstützen sollen (z. B. nach § 130 ZPO[8] die Verhängung eines Zwangsgeldes oder die Ersatzvornahme).
Wegen der mit der Vollstreckung zusammenhängenden Probleme wird es der Käufer meist vorziehen, nicht auf Erfüllung zu klagen, sondern nach § 278 Abs. 2 GIW vorzugehen. Das BGB sieht für derartige Fälle die Möglichkeit vor, daß der Käufer – falls der Verkäufer ein auf Erfüllung der Lieferpflicht lautendes Urteil nicht erfüllt – eine angemessene Frist mit der Erklärung bestimmen kann, daß er die Annahme der Lieferung nach Fristablauf ablehne. Nach ergebnislosem Verstreichen der Frist kann er Schadenersatz wegen Nichterfüllung verlangen oder vom Vertrag zurücktreten

8 Gesetz über das gerichtliche Verfahren in Zivil-, Familien- und Arbeitsrechtssachen – Zivilprozeßordnung – vom 19. 6. 1975, GBl. I Nr. 29 S. 533 i. d. F. des Gesetzes über die gesellschaftlichen Gerichte der DDR – GGG – vom 25. 3. 1982, GBl. I Nr. 13 S. 269.

(§ 325 Abs. 2 i. V. m. § 283 BGB). Der Nachteil besteht indes darin, daß der Käufer unter Umständen nochmals klagen muß.

Schadenersatzanspruch

Solange die Lieferpflicht des Verkäufers besteht, bleibt der Käufer zur Annahme verpflichtet. Neben dem Erfüllungsanspruch hat der Käufer Anspruch auf Ersatz des Verzugsschadens (§ 278 Abs. 1 GIW).

Der Verzugsschaden kann z. B. in Produktionsausfällen bestehen, wenn die Kaufsache für die produktive Konsumtion beim Käufer bestimmt war, oder in Ansprüchen, die ein Dritter gegen den Käufer geltend macht, wenn die Kaufsache zum Weiterverkauf bestimmt war. Er kann in diesem Falle auch darin bestehen, daß der Käufer die Kaufsache auf Grund von Preisentwicklungen zu ungünstigeren Bedingungen weiterverkaufen muß.
Der Verzug wird mit der (nachträglichen) Erbringung der Lieferung am Leistungsort beendet.

Das Vertragsverhältnis bleibt beim Lieferverzug grundsätzlich bestehen. Das Gesetz sieht jedoch die Möglichkeit vor, die Bindung der Partner an den Vertrag zu beenden, da dem Käufer nicht zugemutet werden kann, zeitlich unbegrenzt am Vertrag festzuhalten.

Nachfristsetzung

Voraussetzung für die Beendigung des Vertragsverhältnisses ist jedoch, daß der Käufer dem Verkäufer eine angemessene Nachfrist setzt. Erbringt der Verkäufer die Lieferung innerhalb dieser Nachfrist (liefert er also innerhalb dieser Frist am Lieferort), so beschränkt sich der Anspruch des Käufers auf den Ersatz des bis dahin durch den Verzug eingetretenen Schadens.

Verzugsfolgen nach Ablauf der Nachfrist

Liefert der Verkäufer nicht innerhalb der vom Käufer gesetzten angemessenen Nachfrist, so kann der Käufer vom Vertrag zurücktreten oder ihn kündigen und daneben Schadenersatz verlangen (§ 278 Abs. 2 GIW).
Der Verkäufer kann dagegen den Vertrag nicht beenden, wenn er seine Lieferpflicht nicht oder nicht termingerecht erfüllen kann, es sei denn, es liegen Befreiungsgründe vor (vgl. § 293 Abs. 3 und 5 sowie § 294 Abs. 2 GIW).

In der Praxis kommt es nicht selten vor, daß Verkäufer z. B. bei vorhandenen Lieferschwierigkeiten dem Partner mitteilen, daß sie den Vertrag „annullieren". Einigen sich die Partner daraufhin nicht über eine Vertragsaufhebung, befreit eine solche Erklärung den Verkäufer nicht von den Ansprüchen des Käufers auf Erfüllung und Schadenersatz.

Der Erfüllungsanspruch des Käufers entfällt allerdings in dem im GIW nicht ausdrücklich geregelten Fall, daß dem Verkäufer die Lieferung der Kaufsache objektiv unmöglich wird, ohne daß Befreiungsgründe vorliegen. Ein Beispiel dafür ist die Zerstörung einer individuell bestimmten Kaufsache durch nachlässiges Verhalten des Verkäufers oder seiner Erfüllungsgehilfen. In solchen Fällen hat der Käufer Anspruch auf Ersatz des durch die Nichterfüllung entstandenen Schadens.[9]

Die Regelung in anderen Rechtsordnungen ist der des GIW in mancher Hinsicht ähnlich, dennoch sind bestehende Unterschiede zu beachten. Nach dem Recht der BRD, der Schweiz und Österreichs kann der Käufer bei Lieferverzug Erfüllung und

9 Vgl. hierzu näher Kommentar zum Gesetz über internationale . . ., a. a. O., Anm. 4.2. zu § 278.

daneben Ersatz des Verzugsschadens verlangen. Der Erfüllungsanspruch entfällt – abgesehen vom Fixgeschäft – auch bei objektiver Unmöglichkeit. Der Verkäufer einer nur der Gattung nach bestimmten Kaufsache muß hingegen liefern, solange die Lieferung aus der Gattung möglich ist (§ 279 BGB). Nach der Rechtsprechung in der BRD haftet der Gattungsschuldner indes nicht für Leistungshindernisse, die mit der Eigenart der Gattungsschuld nichts zu tun haben (bei völligen Verkehrssperren, Beschlagnahmen, behördlichen Verboten, bestimmten Fällen wirtschaftlicher Unmöglichkeit). Der Ersatz des Verzugsschadens ist nach allen drei Rechtsordnungen verschuldensabhängig.
Will der Käufer wegen des Verzugs den Vertrag beenden, bedarf es ebenfalls grundsätzlich der Setzung einer angemessenen Nachfrist, die aber unter bestimmten Voraussetzungen verzichtbar ist. Außer beim Fixgeschäft, das in einigen Ländern (z. B. in der Schweiz und in Österreich) extensiv interpretiert wird, ist sie z. B. nach dem Recht der BRD entbehrlich bei Interessewegfall (§ 326 Abs. 2 BGB) sowie dann, wenn der Verkäufer eine (dauernde) Nichtlieferung zu vertreten hat (§ 325 BGB). Nach schwedischem Recht hingegen bedarf es bei Handelsgeschäften generell keiner Nachfristsetzung, wenn der Käufer den Vertrag wegen des Verzugs beenden will. Nach der CIS bedarf es der Nachfristsetzung nicht, wenn es sich um eine wesentliche Vertragsverletzung handelt; ansonsten ist auch hier die Nachfristsetzung erforderlich.

Rücktritts- und Kündigungsrecht

Übt der Käufer das Rücktritts- oder Kündigungsrecht nach § 278 Abs. 2 GIW aus, wird das Vertragsverhältnis beendet. Damit entfallen der Erfüllungsanspruch des Käufers und die Lieferpflicht des Verkäufers, ebenso kann der Verkäufer den Kaufpreis nicht verlangen, und der Käufer braucht ihn nicht zu bezahlen. Der Käufer hat die Wahl, ob er vom Vertrag zurücktritt oder ihn kündigt. Zwar kommt bei Kaufverträgen, bei denen es sich zumeist um Einzelschuldverhältnisse handelt, in erster Linie das Rücktrittsrecht in Frage, während das Kündigungsrecht vorrangig für Dauerschuldverhältnisse gedacht ist, doch liegt bei Kaufverträgen mit selbständigen Teillieferungen oder bei Sukzessivlieferungsverträgen ein zumindest dauerschuldähnliches Verhältnis vor.
Tritt der Käufer vom Vertrag zurück, sind bereits erbrachte Leistungen zurückzugewähren, wobei hinsichtlich der Rückgewährpflicht des Verkäufers die Sonderregelungen des § 311 GIW, die den Rücktritt bei einer Vertragsverletzung betreffen, zu beachten sind (vgl. näher S. 277 f.).
Kündigt der Käufer, sind die bereits erbrachten Lieferungen nicht zurückzugewähren, sondern – falls noch nicht erfolgt – zu bezahlen (§ 308 GIW). Bei der Kündigung nach § 278 Abs. 2 GIW handelt es sich um eine fristlose Kündigung, d. h., das Vertragsverhältnis wird mit Zugang der Kündigung beim Verkäufer beendet (§ 9 GIW).
Mit der Ausübung des Rücktritts- oder Kündigungsrechts nimmt der Verzug den Charakter einer Nichterfüllung an. Verzug und Nichterfüllung sind im Gesetz nicht als selbständige Tatbestände geregelt, sondern der Dauerverzug wird faktisch der Nichterfüllung gleichgestellt.

Schadenersatz wegen Nichterfüllung

Bei dem neben dem Rücktritt und der Kündigung bestehenden Schadenersatzanspruch handelt es sich im Unterschied zum Verzugsschaden nach § 278 Abs. 1 GIW um einen durch die Nichterfüllung entstandenen Schaden nach § 278 Abs. 2. Das GIW verwendet dafür keine unterschiedlichen Begriffe, und es erfolgt auch bei der Schadensbemessung eine weitgehende Gleichbehandlung. Es sind aber auch einige Sonderregelungen für den Schadenersatz, der neben dem Rücktritt oder der Kündigung geltend gemacht wird, zu beachten (vgl. § 298 Abs. 2 und § 300 Abs. 1).

Folgen des Lieferverzuges nach anderen Rechtsordnungen

Ein Rücktrittsrecht hat der Käufer bei Lieferverzug des Verkäufers wohl nach sämtlichen Rechtsordnungen. Dabei sind allerdings die bereits erwähnten Unterschiede zu beachten, die die Voraussetzungen für die Ausübung dieses Rechts betreffen (insbesondere ob eine Nachfristsetzung erforderlich oder entbehrlich ist). Weitere Unterschiede bestehen vor allem darin, ob neben oder anstelle dieses Rücktrittsrechts ein Schadenersatzanspruch besteht und wie dieser Schadenersatzanspruch ausgestaltet ist.

Zahlreiche Rechtsordnungen gewähren – ähnlich wie das GIW – einen neben dem Rücktrittsrecht stehenden Schadenersatzanspruch (z. B. das englische, das französische Recht, auch die CIS-Regelung). Dieser Anspruch kann jedoch bei Vorliegen bestimmter Voraussetzungen (insbesondere bei mangelndem Verschulden oder bei Vorliegen von Befreiungsgründen) entfallen. Nach anderen Rechtsordnungen stehen Rücktritt und Schadenersatz (wegen Nichterfüllung) nicht nebeneinander, sondern der Käufer kann nur entweder vom Vertrag zurücktreten oder Schadenersatz wegen Nichterfüllung verlangen (z. B. in der BRD, der Schweiz, in Österreich). Das schließt nicht aus, daß neben dem Rücktrittsrecht dennoch ein Schadenersatzanspruch bestehen kann, der aber z. B. nach schweizerischem Recht auf den Ersatz des Vertrauensinteresses begrenzt ist. Dabei ist wiederum zu beachten, daß der Schadenersatz – im Unterschied zum Rücktrittsrecht – oft verschuldensabhängig ist oder daß er bei Vorliegen von Befreiungsgründen entfällt. Schließlich sind die Unterschiede zu beachten, die in einigen Rechtsordnungen zwischen Verzug und Nichterfüllung (nachträglicher objektiver Unmöglichkeit) bestehen. Bei letzterer entfällt der Erfüllungsanspruch. Eine Nachfristsetzung ist nicht erforderlich. Ein Rücktrittsrecht besteht regelmäßig. Der Schadenersatz wegen Nichterfüllung (anstelle des Rücktrittsrechts) ist ebenfalls oft verschuldensabhängig.

Länderbeispiele

Wegen der vielfältigen Unterschiede in den einzelnen Rechtsordnungen (einschließlich der CIS) seien nachstehend die Folgen des Lieferverzugs anhand einiger Länderbeispiele und der CIS-Regelung in den Grundzügen skizziert:

Verzugsfolgen Schweden

Nach dem schwedischen Kaufgesetz hat der Käufer im Falle des Lieferverzugs (bei nicht termingerechter Lieferung, soweit sie nicht der Käufer verursacht hat) die Wahl zwischen Erfüllung und Vertragsaufhebung. Eine Nachfrist braucht er bei Handelsgeschäften nicht zu setzen. Bei Teilverzug ist das Aufhebungsrecht allerdings eingeschränkt (vgl. § 21f.). Grundsätzlich hat der Käufer neben dem Erfüllungsanspruch und neben dem Recht auf Aufhebung einen Schadenersatzanspruch. Von letzterem kann er sich jedoch beim Spezieskauf durch den Nachweis befreien, daß ihn kein Verschulden trifft; beim Gattungskauf nur dann, wenn im Vertrag ein entsprechender Vorbehalt vereinbart wurde (z. B. Höhere-Gewalt-Klausel) oder wenn der Tatbestand des § 24 erfüllt ist (wenn „die Möglichkeit, den Vertrag zu erfüllen, als ausgeschlossen angesehen werden muß infolge von Umständen, die der Verkäufer nicht beim Abschluß des Kaufs hätte in Betracht ziehen müssen, wie Zerstörung aller Güter von der Art oder der Partie, auf die sich der Kauf bezieht, oder durch Krieg, Einfuhrverbot oder ein dem gleichzusetzendes Ereignis.“).
Zur Wahrung seiner Ansprüche hat der Käufer die im schwedischen Kaufgesetz (§ 26f.) vorgesehenen Informationspflichten zu erfüllen. Will der Käufer die (nachträgliche) Erfüllung der Lieferpflicht, so muß er – sofern die Lieferung noch nicht erfolgt ist – das dem Verkäufer in einer angemessenen Frist mitteilen und auf eine entsprechende Anfrage des Verkäufers unverzüglich reagieren. Unterläßt er diese Information, verliert er den Erfüllungsanspruch. Nachdem die Lieferung erfolgt ist, muß der Käufer den Verzug sogleich reklamieren, sonst verliert er Schadenersatzansprüche und das Recht auf Vertragsaufhebung. (Vgl. im einzelnen §§ 21 bis 27 des schwedischen Kaufgesetzes.)

Verzugsfolgen BRD

Erfüllt der Verkäufer nach dem Recht der BRD seine sich aus § 433 BGB ergebenden Hauptpflichten nicht oder nicht termingerecht, so kann der Käufer grundsätzlich die Erfüllung dieser Pflichten nach § 241 BGB verlangen. Der Erfüllungsanspruch entfällt beim Fixgeschäft, sofern der Käufer nicht sofort mitteilt, daß er auf Erfüllung

besteht (§ 276 Abs. 1 HGB), und er entfällt bei einer nach Vertragsabschluß eintretenden objektiven Unmöglichkeit. Bei der nachträglichen subjektiven Unmöglichkeit (Unvermögen) muß der Gattungsverkäufer hingegen grundsätzlich leisten, solange die Leistung aus der Gattung möglich ist (§ 279 BGB).
Hat der Verkäufer eine dauernde Nichtlieferung zu vertreten (zu vertreten hat er insbesondere das Verschulden beim Spezieskauf nach § 276 BGB; § 347 HGB und das Unvermögen beim Gattungskauf, einschließlich des Handelns seiner Erfüllungsgehilfen nach § 278 BGB), so kann der Käufer nach § 325 BGB vom Vertrag zurücktreten oder Schadenersatz wegen Nichterfüllung verlangen, ohne daß es einer Nachfrist bedarf. Erfolgt die Lieferung nicht rechtzeitig, ohne daß dauernde Unmöglichkeit gegeben ist, so kann der Käufer neben der Erfüllung Ersatz des Verzugsschadens verlangen, sofern der Verkäufer den Lieferverzug zu vertreten hat (§ 285 BGB).
Nach ergebnislosem Verstreichen einer gesetzten angemessenen Nachfrist kann der Käufer nach § 326 BGB vom Vertrag zurücktreten oder Schadenersatz wegen Nichterfüllung verlangen, wobei die Nachfrist beim Fixgeschäft und bei nachgewiesenem Interessewegfall (§ 326 Abs. 2) entbehrlich ist. Schadenersatz wegen Nichterfüllung kann der Käufer aber auch beim Fixgeschäft nur verlangen, wenn der Verkäufer den Verzug zu vertreten hat. (Vgl. im einzelnen §§ 320 bis 327, 269, 271, 275 bis 287 BGB; § 376 HGB.)
Die Regelung der Verzugsfolgen in der Schweiz und in Österreich ist der in der BRD sehr ähnlich.

Verzugsfolgen Schweiz

Auch nach schweizerischem Recht kann der Käufer im Falle des Lieferverzugs Erfüllung und Ersatz des Verzugsschadens verlangen. Von diesem kann sich der Verkäufer durch den Nachweis mangelnden Verschuldens befreien (Art. 103, 107 OR). Verzichtet der Käufer auf die Erfüllung, was er unverzüglich nach Ablauf einer gesetzten angemessenen Nachfrist oder nach Verzugseintritt mitteilen muß (Art. 107 Abs. 2, 108), so kann er entweder Schadenersatz wegen Nichterfüllung verlangen oder vom Vertrag zurücktreten.
Neben dem Rücktrittsrecht hat der Käufer einen auf den Ersatz des Vertrauensinteresses begrenzten Schadenersatzanspruch. Sowohl diesen als auch den Schadenersatzanspruch wegen Nichterfüllung kann der Verkäufer durch den Nachweis mangelnden Verschuldens abwenden. Das Rücktrittsrecht steht dem Käufer hingegen unabhängig vom Verschulden des Verkäufers zu.
Die Regelung der Unmöglichkeit wie auch die Vermutung des Verzichts auf den Erfüllungsanspruch beim Fixgeschäft stimmt im wesentlichen mit der BGB-/HGB-Regelung der BRD überein. (Vgl. Art. 97 bis 109, 190, 191 OR.)

Verzugsfolgen Österreich

Auch nach österreichischem Recht kann der Käufer beim Lieferverzug des Verkäufers Erfüllung und Ersatz des Verzugsschadens verlangen und nach ergebnislosem Verstreichen einer angemessenen Nachfrist vom Vertrag zurücktreten. Der Rücktritt schließt Schadenersatz nicht aus (§ 920f. ABGB). Das Rücktrittsrecht ist nicht verschuldensabhängig, wohl aber der Schadenersatz. Der Verkäufer ist dafür beweispflichtig, daß ihn kein Verschulden trifft (§ 1298). Liegt Nichterfüllung vor, die auf Verschulden des Verkäufers oder auf einen von ihm zu vertretenden Zufall zurückzuführen ist, kann der Käufer Schadenersatz wegen Nichterfüllung verlangen oder vom Vertrag zurücktreten.
Beim Fixgeschäft wird der Verzicht auf den Erfüllungsanspruch vermutet, wenn der Käufer nicht sofort mitteilt, daß er auf Erfüllung besteht. (Vgl. §§ 918 bis 921, 1294ff., 1311, 1313a, 1447 ABGB; 376 HGB.)

Verzugsfolgen CIS

Liefert der Verkäufer nicht zur Lieferzeit am Lieferort (Art. 31, 33 CIS), hat der Käufer nach der CIS grundsätzlich einen Erfüllungsanspruch (vgl. aber Art. 28!). Handelt es sich um eine wesentliche Vertragsverletzung, so kann der Käufer ohne weiteres anstelle der Erfüllung die Aufhebung des Vertrages erklären. Nach Art. 25 liegt eine wesentliche Vertragsverletzung dann vor, „wenn sie für die andere Partei einen solchen Nachteil zur Folge hat, daß ihr im wesentlichen entgeht, was sie nach dem Vertrag hätte erwarten dürfen, es sei denn, daß die vertragsbrüchige Partei diese Folge nicht vorausgesehen hat und eine vernünftige Partei der gleichen Art diese Folge unter den gleichen Umständen auch nicht vorausgesehen hätte.“ Da diese Definition einen breiten Auslegungsspielraum gewährt, wird insbesondere der Verkäufer daran interessiert sein, wenn er den Ausschluß des sofortigen Rücktrittsrechts in den Vertragsverhandlungen nicht durchsetzen kann, die Umstände zu präzisieren,

unter denen es ausgeübt werden kann. Das ist auf Grund der generellen Dispositivität der CIS-Regelung zulässig.
Liegt eine nicht wesentliche Vertragsverletzung vor, so steht dem Käufer das Aufhebungsrecht erst nach ergebnislosem Verstreichen einer von ihm gesetzten angemessenen Nachfrist zu. Dieses Recht ist jedoch eingeschränkt, wenn der Verkäufer die (verspätete) Lieferung inzwischen erbracht hat (Art. 49 Abs. 2).
Neben dem Erfüllungsanspruch und neben dem Aufhebungsrecht hat der Käufer einen Schadenersatzanspruch (Art. 74 bis 77). Dieser Anspruch entfällt bei Vorliegen von Befreiungsgründen (vgl. insbes. Art. 79).

Teilverzug nach dem GIW

Kommt der Verkäufer mit Teillieferungen in Verzug, so kann der Käufer nach § 278 GIW die noch ausstehenden Teillieferungen verlangen und daneben Schadenersatz fordern. Sind die Teillieferungen nicht selbständig verwertbar, so erstreckt sich der Ersatzanspruch ggf. auch auf den Ersatz von Lagerkosten für die erbrachten und nicht selbständig verwertbaren Teillieferungen.
Der Käufer hat auch beim Teilverzug die Möglichkeit, das Vertragsverhältnis zu beenden, indem er dem Verkäufer eine angemessene Nachfrist setzt. Nach ergebnislosem Ablauf kann er entweder den Vertrag kündigen oder zurücktreten. Er kann jedoch nur bei unselbständigen Teillieferungen vom gesamten Vertrag zurücktreten, wenn ihm eine dem Vertragszweck entsprechende Verwertung der erbrachten Leistungen nicht möglich oder nicht zumutbar ist. Andernfalls ist er nur zu einem Teilrücktritt hinsichtlich der noch ausstehenden Teillieferungen berechtigt (§ 278 Abs. 2 Satz 2).

In diesem Fall wird eine kündigungsähnliche Situation insofern herbeigeführt, als die bereits erbrachten Teillieferungen nicht zurückzugewähren sind und in entsprechender Anwendung des § 308 GIW nur ein Ausgleich hinsichtlich übersteigender Leistungen erforderlich ist (z. B. Rückzahlung eines für die nicht erbrachten Leistungen bereits gezahlten Kaufpreises).

Ausgangspunkt für die Schadenersatzbemessung sind beim Teilrücktritt und bei der Kündigung die nicht erbrachten Teilleistungen, beim Rücktritt vom gesamten Vertrag die Gesamtlieferung (vgl. aber § 298 Abs. 2 und § 300 Abs. 1 GIW).

Verzugsfolgen beim Fixgeschäft

Wird die Lieferzeit beim Fixgeschäft (vgl. S. 185) überschritten, so kann der Käufer den Vertrag kündigen oder zurücktreten, ohne daß es einer Nachfristsetzung bedarf. Der Käufer kann diese Rechte sofort mit Eintritt des Verzugs geltend machen. Solange der Käufer diese Rechte nicht ausübt, ist der Verkäufer nach der GIW-Regelung auch beim Fixgeschäft weiterhin zur Lieferung berechtigt, und er ist zur Lieferung verpflichtet, wenn der Käufer noch daran interessiert ist. Aus Handelsbrauch kann sich ergeben, daß der Käufer den Verkäufer davon informieren muß, will er den Erfüllungsanspruch nicht verlieren.
Auch beim Fixgeschäft kann der Käufer im Falle des Rücktritts oder der Kündigung Schadenersatz verlangen.

Wird der Verkäufer beim Fixgeschäft durch Umstände unabwendbarer Gewalt an der pünktlichen Erfüllung seiner Lieferpflicht gehindert, ist aus dem Charakter des Fixgeschäfts zu schließen, daß der Käufer nach § 293 Abs. 5 GIW zum sofortigen Rücktritt (Kündigung) berechtigt ist. Diese Konsequenz ergibt sich auch aus Handelsbräuchen, die nach §§ 5 und 6 Abs. 2 GIW zu berücksichtigen sind. Allerdings hat der Käufer in diesem Fall keinen Schadenersatzanspruch.

Bei einer mitgeteilten Vertragsverletzung (§ 288 GIW) ist es für die Ausübung eines Rücktritts- oder Kündigungsrechts nicht erforderlich, eine Nachfrist zu setzen, wenn aus der Mitteilung eindeutig hervorgeht, daß der Verkäufer seine Vertragspflicht nicht erfüllen wird. Entsprechendes gilt, wenn der Käufer das auf andere Weise mit Sicherheit erfährt. Geht hingegen aus der Mitteilung hervor, daß der Verkäufer den Liefertermin nur um eine bestimmte Zeit überschreiten wird, so kann der Käufer ein Rücktritts- oder Kündigungsrecht erst nach ergebnislosem Ablauf einer angemessenen Nachfrist ausüben.

Rücktritt und Kündigung bei mitgeteilter Vertragsverletzung

Liefert der Verkäufer nicht den vereinbarten Liefergegenstand, sondern eine andere Kaufsache (aliud), so ist der Käufer ebenfalls berechtigt, Ansprüche aus § 278 GIW geltend zu machen. Das setzt aber nach § 264 voraus, daß er die Kaufsache unverzüglich, spätestens aber innerhalb von 3 Monaten nach ihrem Eintreffen am vertraglichen Bestimmungsort zurückweist. Tut er das nicht, so tritt die erbrachte Leistung an die Stelle der vereinbarten (vgl. S. 246ff.).

Aliud-Lieferung

Weist der Käufer jedoch die gelieferte Sache innerhalb der genannten Frist zurück, so kann er die vereinbarte Kaufsache und Schadenersatz wegen Lieferverzugs verlangen oder nach § 278 Abs. 2 GIW vorgehen. Es ist allerdings erforderlich abzugrenzen, in welchen Fällen es sich um die Lieferung einer anderen als der vereinbarten Kaufsache und in welchen es sich um eine nichtqualitätsgerechte Lieferung nach § 281 Abs. 1 handelt.

Diese Vorschrift faßt den Begriff der nichtqualitätsgerechten Leistung relativ weit (es ist eine Leistung, die nicht den festgelegten Merkmalen entspricht – vgl. auch S. 204). Soweit sich die Lieferung im Rahmen der im Vertrag bestimmten Gattung bewegt und sich die Abweichungen auf die Sorte oder auf bestimmte Arteigenschaften beschränken, handelt es sich um einen Fall nichtqualitätsgerechter Leistung. Der Käufer ist dann nicht berechtigt, Ansprüche wegen Nichterfüllung geltend zu machen, sondern er ist auf Ansprüche wegen nichtqualitätsgerechter Leistung beschränkt.

Ein wesentlicher Unterschied in den Ansprüchen besteht darin, daß bei der nichtqualitätsgerechten Lieferung Schadenersatz nur unter den qualifizierten Voraussetzungen des § 281 Abs. 5 verlangt werden kann.

Dem Käufer muß auch zugebilligt werden, daß er Ansprüche wegen nichtqualitätsgerechter Leistung nach § 281 GIW dann geltend machen kann, wenn der Verkäufer eine völlig andere als die vereinbarte Kaufsache geliefert hat (eine andere Gattung), vorausgesetzt, er hat die in § 285 festgelegten Voraussetzungen für die Mängelanzeige beachtet. Die bereits erwähnte Vorschrift des § 264, wonach spätestens mit Ablauf von 3 Monaten die erbrachte Leistung an die Stelle der vereinbarten tritt, schließt nicht aus, daß der Käufer bis zum Ablauf der Mängelrügefrist (6 Monate gem. § 285 Abs. 3) Ansprüche wegen nichtqualitätsgerechter Lieferung geltend machen kann.

Da die Vorschriften des GIW über Verzug und Nichterfüllung grundsätzlich dispositiven Charakter haben, können die Partner im Vertrag hinsichtlich der Voraussetzungen und Rechtsfolgen von der gesetzlichen Regelung abweichende Vereinbarungen treffen. Soweit sie das nicht tun, greifen die behandelten dispositiven gesetzlichen Bestimmungen ein.

Abweichende Vereinbarungen und deren Grenzen

Das GIW setzt der Möglichkeit abweichender Vertragsvereinbarungen bestimmte Grenzen. Im Falle absichtlicher Schadenszufügung kann sich der Verkäufer nicht auf festgelegte Haftungsbeschränkungen berufen (§ 291); auch den vollständigen Ausschluß von Käuferrechten bei Verzug oder Nichterfüllung durch den Verkäufer wird man als unzulässig ansehen, da er den im GIW zum Ausdruck kommenden Grundprinzipien widerspricht (vgl. hierzu auch S. 112).

Ähnlich weitreichende Dispositionsmöglichkeiten haben die Partner auch nach der Regelung der CIS, da sie ebenso wie das GIW auf internationale Wirtschaftsbeziehungen zugeschnitten ist und von der Modellvorstellung ausgeht, daß die an IWV beteiligten Unternehmen bei der Vertragsgestaltung ihre Interessen zu wahren wissen. Stärkere Einschränkungen der Vertragsfreiheit bestehen oft dann, wenn nationale Zivilgesetze zur Anwendung gelangen, die gleichzeitig der Regelung ziviler Bürgerbeziehungen dienen. So darf nach dem Recht der Schweiz (Art. 100, 101 OR) die Haftung nicht im voraus für Vorsatz und grobe Fahrlässigkeit abbedungen werden; demzufolge ist grundsätzlich nur eine vertragliche Freizeichnung für leichte Fahrlässigkeit zulässig.
Nach dem Recht der BRD (§ 276 Abs. 2 BGB) darf nur die Haftung für Vorsatz nicht im voraus ausgeschlossen werden. Dabei ist zu beachten, daß in einer Reihe von Ländern für Haftungsbeschränkungen in AGB-Klauseln strengere Maßstäbe gelten (vgl. S. 203). Das gilt auch für die BRD und Österreich. Nach § 9 i. V. m. § 11 Nr. 7 AGBG der BRD soll für AGB-Klauseln (auch im kaufmännischen Verkehr) nicht nur ein Haftungsausschluß für Vorsatz sondern auch für grobe Fahrlässigkeit (auch für die von Erfüllungsgehilfen) unwirksam sein.[10] Deshalb müssen bei der vertraglichen Gestaltung der mit dem Lieferverzug und der Nichterfüllung der Lieferpflicht zusammenhängenden Probleme sowohl die ergänzend eingreifenden dispositiven Regelungen des anzuwendenden Rechts als auch die die Grenzen der Parteidisposition bestimmenden zwingenden Vorschriften Berücksichtigung finden.

Wichtige Weichen für die Konsequenzen, die mit dem Lieferverzug verbunden sind, werden bereits mit der Vereinbarung des Lieferortes und der Lieferzeit einschließlich bestimmter Lieferzeitklauseln und mit der Vereinbarung des Liefergegenstandes gestellt. Mit der Entfernung des Lieferortes vom Herstellungs- bzw. Lageort der Ware erhöht sich für den Verkäufer das Risiko, die festgelegte Lieferzeit nicht einhalten zu können. Das gleiche gilt für kurze Lieferfristen, die jedoch gleichzeitig ein wichtiger Konkurrenzfaktor sind.
Die üblichen Vertragsvereinbarungen in bezug auf den Verzug und die Nichterfüllung der Lieferpflicht des Verkäufers betreffen vor allem folgende Aspekte:

a) die Voraussetzungen, unter denen bestimmte Rechtsfolgen eintreten bzw. nicht eintreten sollen;

Dazu können gehören:
- die Beschreibung des Tatbestandes des Verzugs und der Nichterfüllung, auch die Festlegung bestimmter Beweislastanforderungen;
- die Umstände, die den Verkäufer von seiner Lieferpflicht oder auch von eintretenden Rechtsfolgen (z. B. von Vertragsstrafe, Schadenersatz) befreien (vgl. S. 191), oder das Abhängigmachen der Rechtsfolgen vom Verschulden;
- bestimmte Handlungen (einschließlich Form und Fristen) des Käufers, deren frist- und formgerechte Vornahme der Erhebung der Ansprüche vorausgehen muß (z. B. Rüge der Vertragsverletzung, Setzen einer angemessenen Nachfrist, Mahnung u. ä.).

10 Vgl. W. Löwe/F. v. Westphalen/R. Trinkner, a. a. O., S. 304.

b) die Bestimmung der Rechtsfolgen, wobei klargestellt werden sollte, ob die vereinbarten Ansprüche (auch im Verhältnis zu den gesetzlich vorgesehenen) nebeneinander oder alternativ geltend gemacht werden können;

So kann beispielsweise anstelle des Schadenersatzes eine Verzugsvertragsstrafe vereinbart werden. In diesem Falle kann der Käufer jedoch Ersatz des über die Vertragsstrafe hinausgehenden Schadens verlangen, wenn das nicht ausdrücklich ausgeschlossen wird (§ 304 Abs. 2 GIW). Geht nicht eindeutig aus dem Vertrag hervor, daß die Vertragsstrafe an die Stelle der Lieferung tritt, so kann sie der Käufer neben dem Anspruch auf Lieferung verlangen (§ 304 Abs. 1).
Ähnlich ist auch die Regelung in zahlreichen anderen Rechtsordnungen. So kann mangels anderweitiger Vereinbarung der Ersatz des über die Vertragsstrafe hinausgehenden Schadens nach dem Recht der BRD (§ 340 Abs. 2, § 341 Abs. 2 BGB) und der Schweiz (Art. 161 Abs. 2 OR) verlangt werden. Nach anderen Rechtsordnungen tritt die Vertragsstrafe mangels abweichender Vereinbarung an die Stelle des Schadensersatzes (z. B. nach spanischem Recht – vgl. S. 288).

c) die Kriterien zur Bestimmung des Umfangs der Ansprüche, ggf. einschließlich ihrer Bezugsbasis;

Dazu gehören beispielsweise die Vereinbarung eines bestimmten Vertragsstrafensatzes, bezogen auf die gesamte Lieferung oder auf den vom Verzug betroffenen Teil (zur gesetzlichen Regelung vgl. § 304 Abs. 3 GIW), die Vereinbarung einer Höchstgrenze für den Schadenersatzanspruch, die Festlegung eines Rücktrittsrechts des Käufers vom gesamten Vertrag auch bei Teilverzug.

d) die Auswirkungen von Pflichtverletzungen des Käufers auf die Lieferpflicht des Verkäufers sowie die Auswirkungen der Verletzung der Lieferpflicht des Verkäufers auf die Käuferpflichten.

Welche Vereinbarungen im konkreten Vertrag anzustreben und zu treffen sind, hängt insbesondere vom Charakter der Ware oder auch der Lieferung, von den Wettbewerbs- und Marktbedingungen, der Käufer- oder Verkäuferstellung u. ä. ab.

4.2.2.3. Nichtmengengerechte Lieferung

Begriff

Eine nichtmengengerechte Lieferung liegt vor, wenn die erbrachte Lieferung nicht mit der vereinbarten Menge übereinstimmt.

Abweichungen, die sich im Rahmen vereinbarter oder durch Handelsbrauch bestimmter Mengentoleranzen bewegen, bedeuten keine Vertragsverletzung (vgl. S. 186f.).

Mehrlieferung

Nichtmengengerechte Lieferungen können als Mehr- oder Minderlieferung auftreten.
Liefert der Verkäufer mehr als vereinbart, kann der Käufer die Mehrleistung (ganz oder teilweise) zurückweisen oder annehmen (§ 279 GIW), sofern sich nicht aus dem Vertrag oder auch aus Handelsbräuchen, die hierfür insbesondere im Handel mit Rohstoffen eine Rolle spielen, etwas anderes ergibt.
Weist der Käufer die Mehrlieferung zurück, hat er für ihre Werterhaltung

nach § 59 GIW zu sorgen. Nimmt er sie an, hat er sie entsprechend dem vereinbarten Preis zu bezahlen. Die Mehrleistung gilt auch dann als angenommen, wenn der Käufer darüber verfügt oder sie nutzt oder wenn er sie nicht unverzüglich, spätestens innerhalb von 3 Monaten nach Gefahrenübergang (§ 284 GIW), zurückweist.

Liegt zwischen dem Ort des Gefahrenübergangs und dem vertraglichen Bestimmungsort eine größere Beförderungsstrecke, wird der Käufer unter Umständen an einer Vereinbarung interessiert sein, wonach die Dreimonatsfrist erst vom Eintreffen der Kaufsache am vertraglichen Bestimmungsort zu laufen beginnt. Das gilt insbesondere dann, wenn die Kaufsache unmittelbar an andere Käufer weitergeleitet wird.

Minderlieferung

Liefert der Verkäufer weniger als vereinbart, so handelt es sich meist um Teilverzug (vgl. S. 198). Das ist der Fall, wenn nach dem Vertrag keine Teillieferung vorgesehen ist, aber der Verkäufer weniger als vereinbart liefert und das auch in den Rechnungen und Transportdokumenten ausweist.
Da es sich hier um Teilverzug handelt, bedarf es keiner Mängelrüge. Es steht den Partnern jedoch frei, im Vertrag als Voraussetzung für Käuferansprüche eine Rügepflicht zu vereinbaren. Ebenso können sie für diesen Fall auch andere Ansprüche als die in § 278 GIW vorgesehenen vereinbaren.

Um eine nichtmengengerechte Lieferung handelt es sich dann nicht, wenn ein Bestandteil eines Vertragsgegenstandes (unselbständiger Teil, wie Teil einer Maschine oder Ausrüstung) nicht mitgeliefert wird oder Abweichungen vom vereinbarten Sortiment vorliegen oder vereinbarte Mengen/Gewichte innerhalb der Innenverpakkung unterschritten wurden. In diesen Fällen handelt es sich um eine nichtqualitätsgerechte Lieferung, für die zur Erhaltung der Ansprüche eine Rüge erforderlich ist.

Mengendifferenzen

Eine besondere Regelung trifft das GIW jedoch für den Fall, daß der Verkäufer tatsächlich weniger liefert als in den Dokumenten (Rechnungen, Transportdokumenten) ausgewiesen ist (§ 280). Der maßgebliche Zeitpunkt für die tatsächlich gelieferte Menge ist der des Gefahrenübergangs (§ 284; vgl. auch S. 253f.). Diesen Tatbestand bezeichnet das GIW als „Mengendifferenzen“. Der Käufer hat die Wahl, entweder

a) die Rechte wegen Teilverzugs nach § 278 geltend zu machen (vgl. S. 198) oder
b) auf den Anspruch auf Nachlieferung zu verzichten und den Kaufpreis nur entsprechend der tatsächlich gelieferten Menge zu bezahlen.

Der Käufer kann Ansprüche wegen Mengendifferenzen nur geltend machen, wenn er sie form- und fristgerecht angezeigt hat (vgl. S. 205ff.). Er muß das unverzüglich, spätestens innerhalb von 3 Monaten nach Eintreffen der Kaufsache am vertraglichen Bestimmungsort tun (§ 285 Abs. 1 und 3 GIW).
Zur Geltendmachung von Ansprüchen gegenüber Transportorganisationen vgl. S. 207f.

4.2.2.4. Nichtqualitätsgerechte Lieferung

4.2.2.4.1. Formen der Verantwortlichkeit des Verkäufers für nichtqualitätsgerechte Lieferung

Grundformen der Sachmängelhaftung

In der Vertragspraxis, aber auch in den verschiedenen nationalen Rechtsordnungen, kommen drei Grundformen vor, in denen die Probleme der nichtqualitätsgerechten Lieferung und der sich daraus ergebenden rechtlichen Konsequenzen (der sogenannten Sachmängelhaftung) erfaßt werden:

Gewährleistung

- die Gewährleistung oder schlechthin die gesetzlich festgelegte Verantwortlichkeit des Verkäufers für eine nichtqualitätsgerechte, mit Sachmängeln behaftete Lieferung;

  Für diese Form ist charakteristisch, daß der Mangel zu einem bestimmten Zeitpunkt, in der Regel zu dem des Gefahrenübergangs, vorliegen muß, um die Sachmängelhaftung zu begründen.

Garantie

- die (Qualitäts-)Garantie. Sie stellt (im Unterschied z. B. zu den Allgemeinen Lieferbedingungen des RGW oder auch zum Vertragsgesetz der DDR) keine gesetzliche Gewährleistungspflicht dar, sondern setzt eine (vertragliche) Garantieübernahme durch den Verkäufer voraus;

  Für diese Form, insbesondere soweit es sich um eine mechanische oder technisch/technologische Garantie handelt, ist charakteristisch, daß es der Verkäufer übernimmt, für die Qualität der Kaufsache in dem vertraglich bestimmten Umfang und während des vereinbarten Garantiezeitraums einzustehen. (Zur Leistungsgarantie vgl. S. 217ff.)

Zusicherung

- die Haftung für zugesicherte Eigenschaften, die nur in einigen Rechtsordnungen (z. B. in Österreich, der Schweiz, der BRD, Schweden) eine Rolle spielt und in der Vertragspraxis insbesondere dann, wenn der Vertrag auf einer solchen Rechtsordnung basiert.

  Bei dieser Form sehen die das Fehlen zugesicherter Eigenschaften betreffenden gesetzlichen Bestimmungen, die verbreitet in die Gewährleistungsregelung integriert sind, dafür regelmäßig eine schärfere Haftung als bei der allgemeinen gesetzlichen Gewährleistung vor (z. B. nach BRD-Recht verschuldensunabhängiger Schadenersatz wegen Nichterfüllung – §§ 463, 480 Abs. 2 BGB). Deshalb zielen die diesbezüglichen Vertragsklauseln (insbesondere in den Verkäufer-AGB) oft darauf ab, diese Haftungsverschärfung auszuschließen oder einzuschränken.
  Eine Ähnlichkeit dieser Form mit der Garantie besteht darin, daß der Verkäufer eine bestimmte Zusicherung (für das Vorhandensein oder das Fehlen einer bestimmten Eigenschaft) gegeben haben muß. Anders als bei der Garantie verpflichtet sich der Verkäufer jedoch hier nicht, für das Vorhandensein (oder auch das Fehlen) einer Eigenschaft während eines bestimmten Zeitraums einzustehen. Wie bei der gesetzlichen Gewährleistung kommt es auch hier auf einen bestimmten Zeitpunkt an (auf den des Gefahrenübergangs, zum Teil auch auf den des Vertragsabschlusses beim Spezieskauf – vgl. z. B. § 463 BGB).
  Nach der Spruchpraxis der Gerichte der betreffenden Länder (die nicht einheitlich ist!) wird eine Zusicherung insbesondere aus vertraglichen Qualitätsbeschreibungen, zum Teil sogar aus Prospekten abgeleitet. Unterschiedliche Auffassungen werden dazu vertreten, ob die Wertung einer Eigenschaft durch die Vertragspartner für die Qualifizierung als zugesicherte Eigenschaft eine Rolle spielt, ob eine Zusicherung auch stillschweigend gegeben werden kann, ob sie

auch durch Gesetz (insbesondere durch sogenannte Schutzgesetze für Nahrungs-, Arzneimittel u. ä.) begründet werden kann. Wegen der Unsicherheiten, die mit der Interpretation des Begriffs der Zusicherung verbunden sind, ist der Verkäufer angesichts der weitgehenden Haftung gut beraten, die damit zusammenhängenden Probleme bei der Gestaltung von Verträgen, die auf der Grundlage von Rechtsordnungen abgeschlossen werden, die diese besondere Form der Sachmängelhaftung kennen, zu berücksichtigen.

Verhältnis der Formen zueinander

Diese drei genannten Grundformen der Verantwortlichkeit des Verkäufers für nichtqualitätsgerechte Lieferung kommen in der Vertragspraxis nicht immer „rein" vor, sondern werden oft miteinander kombiniert und gehen ineinander über. In der Rechtsanwendung der Gerichte spielt das Verhältnis dieser drei Grundformen zueinander eine besondere Rolle.

Dazu gehört z. B. die Frage, ob die gesetzliche Gewährleistung durch eine gewährte Garantie ganz oder nur im Umfang der Garantie ausgeschlossen wird oder ob der Käufer generell zwischen Ansprüchen aus Garantie und Gewährleistung wählen kann; ob die gesetzlichen Gewährleistungsansprüche oder ggf. die Ansprüche wegen Fehlens zugesicherter Eigenschaften bei lückenhaften Garantieklauseln ergänzend heranzuziehen sind oder auch ob Garantieklauseln, die wesentlich von den gesetzlichen Gewährleistungsregeln zu ungunsten des Käufers abweichen, überhaupt zulässig sind.

Rechtsanwendungsprobleme ergeben sich auch daraus, daß solche Fragen in den meisten Rechtsordnungen nicht ausdrücklich gesetzlich geregelt sind. Sie bedürfen deshalb bei der Vertragsgestaltung besonderer Aufmerksamkeit.

Weitere Formen

Außer den genannten Grundformen stehen weitere Formen in einem engen Zusammenhang mit der Verantwortlichkeit des Verkäufers für nichtqualitätsgerechte Lieferung, die ebenfalls in der Vertragspraxis wie auch in der Gesetzgebung vieler Länder eine bedeutende Rolle spielen: die Haftung des Verkäufers für Mängelfolgeschäden sowie die in ihrer Wirkung darüber hinausgehende Produktenhaftung (vgl. dazu S. 216).

4.2.2.4.2. Nichtqualitätsgerechte Lieferung – Gewährleistung und Mängelrüge

Begriff

Nach dem GIW liegt eine nichtqualitätsgerechte Lieferung vor, wenn die gelieferte Kaufsache nicht den (durch Vertrag oder Gesetz – § 45 GIW) festgelegten Merkmalen entspricht. Sind die Abweichungen allerdings nur unerheblich, und zwar in Hinblick auf die Erreichung des Vertragszwecks, der sich aus einer entsprechenden Vereinbarung oder aus den Umständen des Vertrages ergeben kann, gilt die Lieferung als qualitätsgerecht.

Der durch „festgelegte Merkmale" relativ weit gefaßte Begriff der nichtqualitätsgerechten Lieferung erstreckt sich nicht nur auf Qualitätsvereinbarungen im engeren Sinne, sondern z. B. auch auf die Schutzgüte, Leistungsparameter, besonders zugesagte Eigenschaften, Beschaffenheit, Innenverpackung u. ä. Auch die die Kaufsache betreffenden Arbeits-, Umwelt- oder sonstigen Schutzvorschriften, die für die Bestimmung der Qualität maßgebend sind (vgl. S. 188), das Sortiment und die Arteigenschaften im Rahmen der vereinbarten Gattung werden von diesem Begriff erfaßt. Nur wenn eine völlig andere Art (Gegenstände einer anderen Gattung) geliefert wird, handelt es sich um eine Nichterfüllung (vgl. S. 199).

Nach dem GIW wird durch eine nichtqualitätsgerechte Lieferung der Vollzug der Lieferung, der die Erfüllung dieser Verkäuferpflicht bewirkt, nicht verhindert. Der Käufer kann bei nichtqualitätsgerechter Lieferung keine Ansprüche wegen Nichterfüllung geltend machen. Die nichtqualitätsgerechte Lieferung begründet kein Zahlungsverweigerungsrecht des Käufers, und er ist nach Vollzug der Lieferung und nach dem Übergang der Gefahr auch nicht berechtigt, die Annahme zu verweigern. Nach Gefahrenübergang ist er nur berechtigt, die in § 281 GIW vorgesehenen Ansprüche wegen nichtqualitätsgerechter Lieferung geltend zu machen.

Verhältnis von Nichterfüllung und nichtqualitätsgerechter Lieferung

Die festgelegten Qualitätsmerkmale müssen zum Zeitpunkt des Gefahrenübergangs vorhanden sein (§ 284 GIW). Der Käufer kann bei später auftretenden Mängeln keine Ansprüche wegen nichtqualitätsgerechter Lieferung geltend machen. Der Käufer hat zu beweisen, daß der Mangel bereits zum Zeitpunkt des Gefahrenübergangs vorhanden war. Es genügt jedoch, wenn er beweisen kann, daß der Mangel zu diesem Zeitpunkt bereits im Keim vorhanden war (z. B. Fäulnisherd) oder auf Grund seiner Beschaffenheit nur vom Verkäufer verursacht worden sein kann.

Maßgeblicher Zeitpunkt

Entsteht ein Mangel erst nach Gefahrenübergang, kann der Käufer unter Umständen Ansprüche aus einem anderen Rechtsgrund geltend machen, z. B. aus Verletzung einer Nebenpflicht, wenn der Qualitätsmangel auf die Verletzung der Verpackungspflicht des Verkäufers zurückzuführen ist. Falls die Partner eine Qualitätsgarantie vereinbart haben, kommt es ebenfalls nicht auf den Gefahrenübergang an – es sei denn, die Partner haben das vereinbart –, sondern die Beweispflicht des Käufers beschränkt sich darauf, das Vorhandensein des Mangels während des Garantiezeitraumes im Rahmen des festgelegten Garantieumfangs nachzuweisen (vgl. dazu S. 218). Da durch die Bestimmung des Garantieumfangs aber die Garantiehaftung des Verkäufers zumeist auf die Mängel begrenzt wird, die er verursacht hat, relativieren sich diese Unterschiede.

Der Käufer ist nur berechtigt, Ansprüche wegen nichtqualitätsgerechter Lieferung geltend zu machen, wenn er den Mangel anzeigt (§ 285 GIW). Das Unterlassen der Mängelrüge führt zum Anspruchsverlust.

Mängelanzeige

Bezüglich der Rügefristen unterscheidet das GIW zwischen offenen und verdeckten Mängeln. Offene Mängel (Mängel, die bei einer in einem handelsüblichen Umfang durchgeführten Kontrolle festgestellt werden können) hat der Käufer unverzüglich zu rügen. Die Kontrolle hat zu einem handelsüblichen Zeitpunkt zu erfolgen (§ 285 Abs. 1).

Kontrolle und Anzeigefristen

Welcher Zeitpunkt handelsüblich ist, hängt sowohl von der Art der Kaufsache (z. B. ist bei leichtverderblichen Waren ein früherer Zeitpunkt handelsüblich als bei anderen) als auch vom Charakter des Geschäfts ab. Wird die Kaufsache z. B. im Streckengeschäft unmittelbar an andere Käufer weitergeleitet, ist ein späterer Zeitpunkt als handelsüblich anzunehmen.

Um Streitigkeiten bezüglich der Auslegung des Begriffs „handelsüblicher Zeitpunkt" zu vermeiden, empfiehlt es sich, diesen entsprechend den konkreten Umständen des Vertrages und dem Vertragszweck durch Vereinbarung genauer zu bestimmen (z. B. innerhalb von 2 Wochen nach Eintreffen der Kaufsache am vertraglichen Bestimmungsort). Entsprechendes gilt auch für die Bestimmung des handelsüblichen Umfangs der Kontrolle.

Handelsüblicher Zeitpunkt und handelsübliche Kontrolle

Es sollte z. B. vereinbart werden, ob Stichproben genügen und in welchem Umfang diese erforderlich sind. Auch bestimmte Prüfmethoden können vereinbart werden. Bei der Bestimmung des „handelsüblichen Umfangs“ sind auch bestehende Handelsbräuche und Gepflogenheiten zwischen den Vertragspartnern zu berücksichtigen.

Konsequenzen unterlassener Kontrolle und Mängelanzeige

Kontrolle und Mängelanzeige sind keine Nebenpflichten des Käufers, deren Verletzung etwa die Folgen des § 289 GIW nach sich zögen. Es handelt sich vielmehr um Obliegenheiten, deren Nichteinhaltung das GIW mit einem Rechtsverlust für den Käufer verbindet. Kontrolliert er die Kaufsache nicht oder nicht ordnungsgemäß und zeigt er die dabei feststellbaren Mängel nicht an, so kann er keine Ansprüche wegen nichtqualitätsgerechter Leistung durchsetzen.

Verdeckte Mängel

Mängel, die der Käufer bei einer ordnungsgemäßen Kontrolle nicht feststellen konnte (verdeckte Mängel), kann er noch später rügen, und zwar unverzüglich nach Feststellung, jedoch nicht später als 6 Monate nach Eintreffen der Kaufsache am vertraglichen Bestimmungsort (an dem Ort, an den der Verkäufer die Kaufsache laut Vertrag zu versenden hat). Die Partner können jedoch im Vertrag auch einen anderen Ort bestimmen, der für den Beginn des Laufs der 6-Monats-Frist maßgebend ist (z. B. Ort des Gefahrenübergangs, Ort des Endempfängers).

Mängelanzeige bei vereinbarter Abnahme

Haben die Vertragspartner eine Abnahme vereinbart (im Sinne einer Abnahmeprüfung, wie sie z. B. in § 71 GIW geregelt ist, der dann auf Kaufverträge entsprechend anzuwenden wäre), können offene Mängel, die bei der Abnahmeprüfung feststellbar sind, später nicht mehr gerügt werden, es sei denn, die Partner haben im Vertrag etwas anderes vereinbart. Verdeckte Mängel können noch später angezeigt werden, und zwar unverzüglich nach Feststellung, spätestens jedoch innerhalb von 6 Monaten nach der Abnahme.

Wiederholung der Mängelrüge

Bei verdeckten Mängeln genügt es für die Erhaltung der Ansprüche, wenn die Mängelanzeige noch vor Ablauf der 6-Monats-Frist der Post übergeben wird (§ 10 GIW). Da die Mängelrüge aber erst mit Zugang beim Verkäufer wirksam wird (§ 9 Abs. 1), entsteht das Problem, ob der Käufer seine Ansprüche wegen nichtqualitätsgerechter Lieferung verliert, wenn die Mängelanzeige zwar rechtzeitig abgesandt wurde, aber unterwegs verlorengegangen ist. Diesen Fall regelt § 285 Abs. 7 GIW in der Weise, daß der Käufer die Rüge innerhalb von 3 Monaten nach Absendung der ersten Mängelrüge wiederholen bzw. den Verkäufer mahnen kann, die erhobene Mängelrüge zu erledigen. Der Käufer muß beweisen können, daß er die erste Mängelrüge tatsächlich fristgemäß abgesandt hat. Da unter Umständen ein entsprechender Vermerk im Postausgangsbuch nicht als hinreichender Beweis anerkannt wird, empfiehlt es sich, die Mängelanzeige als Einschreiben zu schicken.

Form und Inhalt der Mängelanzeige

Das GIW selbst stellt keine besonderen Anforderungen an Form und Inhalt der Mängelanzeige. Sie kann demnach auch mündlich oder sogar durch schlüssiges Handeln (z. B. durch Einschicken beschädigter Teile) erfolgen. Aus Beweisgründen empfiehlt sich jedoch stets eine schriftliche Mängelrüge oder zumindest die schriftliche Bestätigung einer mündlichen Mängelrüge.

Was den Inhalt der Mängelrüge anbelangt, so wird den gesetzlichen Anforderungen Genüge getan, wenn die Art des Mangels und der davon betroffene Teil der Lieferung angegeben wird. Für den Käufer ist es jedoch unbedingt empfehlenswert, in die Mängelrüge auch die Art des Anspruchs, den er erhebt, aufzunehmen, da sonst das Wahlrecht zwischen Mängelbeseitigung und Minderung an den Verkäufer fällt (§ 281 Abs. 8 GIW). Auf Verlangen des Verkäufers muß der Käufer dem Verkäufer geeignete Beweisunterlagen für das Vorhandensein des Mangels zur Verfügung stellen oder dem Verkäufer die Möglichkeit geben, sich direkt davon zu überzeugen. Es empfiehlt sich, in den Vertrag Vereinbarungen aufzunehmen, die die Anforderungen an den Inhalt der Mängelanzeige näher bestimmen.

Der Mängelanzeige gleichgestellte Dokumente

Der Mängelanzeige gegenüber dem Verkäufer gleichgestellt werden nach § 285 Abs. 6 GIW die Feststellung des Mangels in gemeinsamen Dokumenten (z. B. Protokollen) der Vertragspartner sowie die Mängelanzeige gegenüber einem Betrieb, den der Verkäufer als für die Beseitigung der Mängel verantwortlich benannt hat (z. B. eine Kundendienstwerkstatt).

Aus der Gleichstellung der gemeinsamen Dokumente (bzw. der Erklärung gegenüber einem solchen Betrieb) mit der Mängelanzeige ist jedoch nicht zu schließen, daß darin zugleich eine Anerkennung von Ansprüchen wegen nichtqualitätsgerechter Lieferung liegt. Das hängt vielmehr vom Inhalt der Dokumente und von den Vollmachten ab, die der Unterzeichner des Dokuments oder die Kundendienstwerkstatt hat.

Ausschlußfrist

Im Unterschied zur Verjährungsfrist handelt es sich bei den Rügefristen um Ausschlußfristen. Das bedeutet, daß die in § 326ff. GIW für die Verjährungsfrist normierten Hemmungs- und Unterbrechungsgründe nicht auf die Rügefristen anzuwenden sind und daß die Einhaltung der Rügefrist von Amts wegen zu berücksichtigen ist (im Unterschied zur Verjährung, die als Einrede ausgestaltet ist – § 322 GIW).

Der Zusammenhang zwischen Mängelrüge- und Verjährungsfrist besteht darin, daß die Mängelansprüche innerhalb einer einjährigen Verjährungsfrist (§ 324 Abs. 2 GIW) klageweise geltend zu machen sind und daß diese Frist am ersten Tag des auf die Mängelrüge folgenden Monats zu laufen beginnt (§ 325 Abs. 3). Die Partner können jedoch im Vertrag in bezug auf die Mängelrüge- und Verjährungsfristen auch andere Vereinbarungen treffen, die allerdings der Schriftform bedürfen, wenn sie zu einer Verkürzung oder Verlängerung der Verjährungsfrist führen sollen (§ 324 Abs. 4).

Die Partner können z. B. auch eine Ausschlußfrist vereinbaren, innerhalb derer sowohl die Mängelanzeige erhoben als auch Ansprüche wegen nichtqualitätsgerechter Leistung (schieds-)gerichtlich geltend gemacht sein müssen. Eine solche Vereinbarung ist deshalb verkäufergünstig, weil dann die in § 327 Abs. 1 Buchst. e und f des GIW geregelten Hemmungsgründe, die eine erhebliche Verlängerung der Verjährungsfrist bewirken können, entfallen.

Mängelanzeige gegenüber der Transportorganisation

Nach § 286 GIW hat der Käufer Mängel, die vermuten lassen, daß sie während des Transports entstanden sind und für die die Transportorganisation verantwortlich ist (z. B. Beschädigung der Verpackung, Bruch bei zerbrechlichen Kaufsachen), der Transportorganisation anzuzeigen. Unterläßt er diese Anzeige, oder nimmt er sie nicht ordnungsgemäß vor, verliert er seine Ansprüche gegen den Verkäufer insoweit, als die Transportorganisation für den Mangel verantwortlich ist und folglich Ansprüche gegen sie bei ordnungsgemäßer Rüge durchsetzbar gewesen wären (§ 286 Abs. 2).

Der Begriff der Transportorganisation erstreckt sich auf alle nicht mit den Vertragspartnern identischen Unternehmen, die mit der Beförderung der Kaufsache vom Absender bis zum vertraglichen Bestimmungsort beauftragt sind.

Das Motiv dieser Regelung besteht vor allem darin, daß für die Geltendmachung von Ansprüchen gegenüber Transportorganisationen meist sehr kurze Fristen bestehen, die sich aus verkehrsrechtlichen Spezialvorschriften oder aus den AGB dieser Unternehmen ergeben. Wird der Verkäufer erst vom Käufer über das Vorhandensein eines Mangels informiert, der eine Verantwortlichkeit der Transportorganisation vermuten läßt, ist die Frist oft schon verstrichen. Deshalb wird dem Käufer vom Gesetz eine Art Interessenwahrnehmungspflicht für den Verkäufer auferlegt, deren Nichteinhaltung zum Verlust der Mängelansprüche führt. Es ist aber auch möglich, daß der Verkäufer ohnehin nicht mehr für den Mangel verantwortlich ist, weil ihn die Transportorganisation erst nach Gefahrenübergang verursacht hat. In diesem Fall nimmt der Käufer mit der Mängelanzeige gegenüber der Transportorganisation seine eigenen Interessen wahr.

Hemmung der Rügefrist

Zeigt der Käufer den Mangel gegenüber der Transportorganisation an und informiert er den Verkäufer darüber innerhalb von 2 Wochen nach Absendung der Mängelanzeige, so ist die Mängelanzeigefrist gegenüber dem Verkäufer gehemmt, und zwar vom Zeitpunkt der Erhebung der Mängelrüge bei der Transportorganisation bis zu ihrer Erledigung, längstens jedoch 1 Jahr.

Stellt sich innerhalb der Fristen heraus, daß die Transportorganisation für den Mangel nicht verantwortlich ist, hat der Käufer noch die Möglichkeit, den Mangel gegenüber dem Verkäufer unverzüglich nach der Entscheidung zu rügen und Mängelansprüche geltend zu machen, sofern die Voraussetzungen dafür vorliegen, insbesondere wenn der Mangel bereits zum Zeitpunkt des Gefahrenübergangs vorhanden war. Die Hemmung tritt nicht ein, wenn es der Käufer unterläßt, den Verkäufer über die Mängelanzeige gegenüber der Transportorganisation zu informieren. Durch die Information soll dem Verkäufer die Möglichkeit gegeben werden, eventuell erforderliche Beweisunterlagen sicherzustellen oder ggf. auch selbst oder gemeinsam mit dem Käufer gegen die Transportorganisation vorzugehen.

Haftungsumfang und Fristen nach ausländischem Recht

In bezug auf den Umfang der Sachmangelhaftung des Verkäufers sind bei Anwendung ausländischen Rechts einige Besonderheiten zu beachten. Größere Unterschiede bestehen hinsichtlich der Rügefristen, insbesondere im Verhältnis von Rüge- und Verjährungsfristen. Was den maßgeblichen Zeitpunkt für das Vorhandensein des Mangels anbelangt, so wird er nach zahlreichen Rechtsordnungen durch den Gefahrenübergang bestimmt.

Österreich

Nach österreichischem Recht hat der Verkäufer eine der Natur des Geschäfts und den vertraglichen Vereinbarungen entsprechende Nutzung und Verwendbarkeit der Kaufsache zu gewährleisten. Er haftet auch für ausdrücklich bedungene, zugesicherte oder gewöhnlich vorausgesetzte Eigenschaften (vgl. § 922f. ABGB). Maßgeblicher Zeitpunkt für das Vorhandensein des Mangels ist der des Gefahrenübergangs. Offene Mängel sind unverzüglich nach Kontrolle, verdeckte unverzüglich nach Entdeckung zu rügen, sonst tritt Rechtsverlust ein, d. h., die Kaufsache gilt als genehmigt (§ 377 HGB). Die Gewährleistungsansprüche verjähren – soweit keine Unterbrechung eintritt, wie z. B. bei der Nachbesserung – in 6 Monaten seit Ablieferung der Kaufsache. Damit wird zugleich eine Höchstfrist für die Rüge gesetzt.

BRD Nach dem Recht der BRD hat der Verkäufer nach § 459 BGB zu gewährleisten, daß die Kaufsache „nicht mit Fehlern behaftet ist, die den Wert oder die Tauglichkeit zu dem gewöhnlichen oder dem nach dem Vertrage vorausgesetzten Gebrauch aufheben oder mindern". Er haftet auch für die zugesicherten Eigenschaften. Maßgeblicher Zeitpunkt ist der des Gefahrenübergangs. Beim Handelskauf ist wie im österreichischen Recht die Mängelrüge erforderlich (§ 377 HGB). Ebenso wie nach österreichischem Recht existieren keine gesonderten Mängelrüge- und Verjährungsfristen. Die Ansprüche müssen auch hier – sollen sie nicht verjähren – innerhalb von 6 Monaten seit Ablieferung klageweise geltend gemacht werden (§ 477 BGB).

Schweiz Die schweizerische Regelung ist der der BRD und Österreichs sehr ähnlich. Die Verjährungsfrist beträgt indes 1 Jahr seit Ablieferung der Kaufsache.[11]

CIS Während das österreichische und das BRD-Recht sehr kurze Verjährungsfristen vorsehen, die zugleich die Obergrenze für die Rügefrist setzen und die nicht (wie z. B. im GIW) mit der Mängelrüge, sondern mit der Ablieferung beginnen, stehen dem Käufer nach der Wiener Kaufrechtskonvention relativ lange Rügefristen zur Verfügung. Nach Art. 39 CIS hat der Käufer bei Gefahr des Rechtsverlusts einen Mangel innerhalb einer angemessenen Zeit, nachdem er den Mangel festgestellt hat oder (bei ordnungsgemäßer Kontrolle) hätte feststellen müssen, spätestens innerhalb von 2 Jahren anzuzeigen. Hierbei handelt es sich allerdings um eine Ausschlußfrist, die nicht durch Hemmung oder Unterbrechung verlängert wird. In zwei Ausnahmefällen stellen jedoch auch diese 2 Jahre noch keine absolute Höchstgrenze dar: Erstens, wenn diese Frist mit einer vertraglichen Garantiefrist nicht vereinbar ist (also z. B. wenn eine Garantie von 3 Jahren gewährt wird), und zweitens, wenn der Käufer „eine vernünftige Entschuldigung dafür hat, daß er die erforderliche Anzeige unterlassen hat" (Art. 44 CIS). Im letzteren Fall sind jedoch die Mängelansprüche des Käufers auf Minderung oder Schadenersatz (ohne entgangenen Gewinn) begrenzt. Diese ungewöhnlich käufergünstige Regelung hat wie auch die anderen Bestimmungen der CIS dispositiven Charakter, schließt also anderweitige Vereinbarungen nicht aus.
Zum Haftungsumfang des Verkäufers in bezug auf die Qualität der Kaufsache vgl. Art. 35 CIS. Der maßgebliche Zeitpunkt für das Vorhandensein des Mangels ist grundsätzlich der des Gefahrenübergangs, auch wenn er „erst nach diesem Zeitpunkt offenbar wird" (Art. 36 Abs. 1). Zur Haftung des Verkäufers für Mängel, die nach dem Gefahrenübergang eintreten (insbesondere im Garantiefall) vgl. Art. 36 Abs. 2.

Tabelle 2
Ansprüche des Käufers wegen nichtqualitätsgerechter Lieferung nach dem GIW

Nichtqualitätsgerechte Lieferung:

Nach Wahl des Käufers bei der Mängelanzeige (§ 281 Abs. 8)	– Mängelbeseitigung oder	Nachbesserung oder Ersatzlieferung	nach Wahl des Verkäufers
	– Minderung oder		
	– Mängelselbstbeseitigung (unter den Voraussetzungen des § 281 Abs. 7)		

11 Vgl. z. B. E. Schneeberger, Kommerzielles Vertragsrecht, Zürich 1976; J. Schmidt, Rechtsfolgen nichtqualitätsgerechter Erfüllung von Außenhandelskaufverträgen nach österreichischem und schweizerischem Kaufrecht sowie Folgerungen für die Vertragsgestaltung, jur. Diss. A, Potsdam-Babelsberg 1977.

Nicht erfolgte Mängelbeseitigung nach Ablauf angemessener Frist:

Nach Wahl des Käufers	– Minderung oder – Rücktritt (zum Schadenersatz neben dem Rücktritt vgl. S. 194) oder	
	– Mängelselbstbeseitigung oder – Mängelbeseitigung	und Schadenersatz vom Ablauf der angemessenen Frist bis zur Beseitigung des Mangels (Befreiung nach §§ 293, 294 möglich)

Mängelfolgeschäden:

Schadenersatz für den durch die mangelhafte Lieferung direkt an Personen oder Sachen verursachten Schaden	nur bei grober Verletzung fachmännischer Sorgfalt

4.2.2.4.3. Ansprüche des Käufers wegen nichtqualitätsgerechter Lieferung

Voraussetzungen

Der Käufer kann nach dem GIW Ansprüche wegen nichtqualitätsgerechter Lieferung geltend machen, wenn

- die Kaufsache zum Zeitpunkt des Gefahrenübergangs nicht die (vertraglich oder gesetzlich) festgelegten Merkmale aufweist,
- die Abweichungen für die Erreichung des Vertragszwecks nicht unerheblich sind,
- er zum Zeitpunkt des Vertragsabschlusses keine Kenntnis von dem Mangel hatte oder er sich trotz Kenntnis Mängelansprüche vorbehalten hat und
- er den Mangel frist- und formgerecht rügt.

Ansprüche

Liegen diese Voraussetzungen vor, so ist der Käufer berechtigt, die in § 281 GIW vorgesehenen Ansprüche geltend zu machen, wobei er zwischen Mängelbeseitigung, Minderung und Mängelselbstbeseitigung wählen kann. Übt der Käufer sein Wahlrecht jedoch nicht bereits mit Erhebung der Mängelrüge aus, so fällt es an den Verkäufer, der dann zwischen Mängelbeseitigung und Minderung wählen kann (§ 281 Abs. 8).

Vertragsvereinbarungen

Da sowohl die in § 281 GIW enthaltene Regelung der Ansprüche als auch des Wahlrechts dispositiver Natur ist, haben die Partner die Möglichkeit, im Vertrag davon abweichende Vereinbarungen zu treffen.

Sie können z. B. neben diesen Ansprüchen eine Qualitätsvertragsstrafe oder einen Schadenersatzanspruch (ggf. der Höhe nach begrenzt) oder auch ein Rücktrittsrecht vereinbaren. Sie können aber auch den einen oder anderen Anspruch durch Vereinbarung ausschließen. Ein völliger Ausschluß von Käuferrechten für den Fall einer nichtqualitätsgerechten Lieferung ist u. E. jedoch nur dann als wirksam anzuerkennen, wenn das durch die Eigenart des Geschäfts (z. B. Tel-quel-Kauf, Gebrauchtwaren, besonders niedriger Preis) gerechtfertigt ist. Andernfalls würde ein vollständiger Ausschluß von Käuferansprüchen grundlegenden Prinzipien des Gesetzes widersprechen, wie sie insbesondere in den §§ 7 und 259 GIW zum Ausdruck kommen.

Findet nicht das GIW, sondern ausländisches Recht Anwendung, muß nach einzelnen Rechtsordnungen mit weitergehenden Beschränkungen der Vertragsfreiheit gerechnet werden (vgl. S. 200).

Mängelbeseitigung

Wählt der Käufer Beseitigung des Mangels, so kann der Verkäufer nach § 281 Abs. 3 GIW entscheiden, ob er den Mangel beheben (also nachbessern) oder die mangelhafte Leistung durch eine mangelfreie ersetzen will (Ersatzlieferung).

Minderung

Wählt der Käufer Minderung, so kann er Herabsetzung des Kaufpreises im Verhältnis des Wertes der mangelfreien zu dem der mangelhaften Lieferung verlangen (§ 281 Abs. 2 GIW).

Demnach ist die Minderung keine spezielle Form des Schadenersatzes. Es geht nicht um den Ersatz erlittener Vermögensnachteile, sondern um die Wiederherstellung des durch den Vertrag begründeten Äquivalenzverhältnisses von Leistung und Gegenleistung.

Um Streitigkeiten über die Höhe der Minderung vorzubeugen, können insbesondere im Zusammenhang mit Leistungsparametern feste Minderungssätze vereinbart werden.
Können sich die Vertragspartner über den Umfang der Minderung nicht einigen, kann der Käufer durch Klage vor dem zuständigen (Schieds-)Gericht darüber eine gerichtliche Entscheidung herbeiführen.

Die ZPO der DDR (§ 52 Abs. 2) sieht vor, daß das Gericht die Höhe eines Anspruchs unter Würdigung aller Umstände schätzen kann, wenn sie sich nicht oder nur mit einem nicht vertretbaren Aufwand feststellen läßt. Aus der allgemeinen Formulierung dieser Vorschrift ist zu schließen, daß eine gerichtliche Anspruchsschätzung auch bei der Minderung erfolgen kann, während das GIW eine entsprechende Möglichkeit ausdrücklich nur für den Schaden- und Aufwendungsersatz (§§ 299, 303) vorsieht. Bei Entscheidung eines Rechtsstreits durch DDR-(Schieds-)Gerichte kann die weitergehende Regelung des § 52 Abs. 2 ZPO Anwendung finden.

Mängelselbstbeseitigung

Eine Mängelselbstbeseitigung (anstelle der Mängelbeseitigung oder der Minderung) kann der Käufer unter folgenden Voraussetzungen vornehmen (§ 281 Abs. 7 GIW):
- Es muß sich um einen kleineren Mangel handeln oder
- um einen Mangel, dessen Beseitigung keinen Aufschub zuläßt, und
- die Teilnahme des Verkäufers an der Beseitigung des Mangels darf nicht erforderlich sein.

Ist der Käufer demnach zur Mängelselbstbeseitigung berechtigt, so kann er vom Verkäufer die Erstattung der Kosten fordern, soweit diese angemessen sind. Diese Kosten dürfen diejenigen, die der Verkäufer für eine Reparatur hätte aufwenden müssen, nicht wesentlich übersteigen. Nimmt der Käufer eine Mängelselbstbeseitigung vor, ohne daß die genannten Voraussetzungen gegeben sind, so kann er keine Kostenrückerstattung verlangen. Das Recht, wegen anderer Mängel erneut Ansprüche gegen den Verkäufer geltend zu machen, verliert er bei unberechtigter Mängelselbstbeseitigung jedoch nur, wenn eine entsprechende Klausel im Vertrag enthalten ist oder er diesen Mangel (z. B. durch eine unsachgemäße Reparatur) selbst verursacht hat (§ 294 Abs. 3 GIW).

Fristüberschreitung bei Mängelbeseitigung Hat der Käufer Mängelbeseitigung gewählt, beseitigt aber der Verkäufer den Mangel nicht innerhalb einer angemessenen Frist, so ist der Käufer berechtigt, zwischen Minderung, Rücktritt oder Mängelselbstbeseitigung zu wählen oder weiterhin Mängelbeseitigung vom Verkäufer zu verlangen (§ 281 Abs. 4 GIW).

Mitgeteilte Verletzung Dem Käufer stehen diese Rechte auch zu, wenn der Verkäufer erklärt, daß er den Mangel nicht innerhalb einer angemessenen Frist beseitigen werde. Der Käufer kann sie unverzüglich nach Zugang der Erklärung ausüben (§ 281 Abs. 6 GIW). Es handelt sich dabei um einen Spezialfall der in § 288 geregelten „Mitgeteilten Vertragsverletzung" (vgl. S. 199).

Rücktritt Das Rücktrittsrecht des Käufers erstreckt sich – ähnlich wie beim Lieferverzug (vgl. S. 193) – nur dann auf die gesamte Lieferung, wenn ihm eine dem Vertragszweck entsprechende Verwendung der mangelfreien Teile nicht möglich oder nicht zumutbar ist. Ansonsten, insbesondere bei selbständig verwertbaren Teillieferungen, erstreckt sich sein Rücktrittsrecht nur auf die mangelhaften Sachen. Die Ausübung des Rücktrittsrechts bestimmt sich nach § 309 ff. GIW (vgl. auch S. 276).

Mängelselbstbeseitigung Das Recht des Käufers auf Mängelselbstbeseitigung bei Verzug des Verkäufers mit der Mängelbeseitigung ist nicht von den Voraussetzungen des § 291 Abs. 7 abhängig. Er ist dazu ohne weitere Voraussetzungen berechtigt.

Schadenersatz Der Käufer kann nach § 281 Abs. 5 GIW Schadenersatz wie bei Verzug (vgl. S. 194) verlangen, wenn er weiterhin auf Mängelbeseitigung durch den Verkäufer besteht oder wenn er den Mangel selbst beseitigt, und zwar für den Zeitraum vom Ablauf der angemessenen Frist bis zur Beseitigung des Mangels. Bei Selbstreparatur hat der Käufer nur insoweit Anspruch auf Schadenersatz, wie er sie in einer angemessenen Frist ausführt.

Schadenersatz neben Rücktritt Da § 281 Abs. 5 GIW den Schadenersatzanspruch ausdrücklich nur neben einer Mängelbeseitigung und einer Selbstnachbesserung vorsieht, bleibt unklar, ob ein solcher Anspruch auch neben der Minderung und neben dem Rücktritt besteht. Während das GIW neben der Minderung grundsätzlich keinen Schadenersatzanspruch vorsieht (vgl. z. B. § 283 Abs. 2), wird er neben dem Rücktritt, sofern dieser als Rechtsfolge einer Vertragsverletzung normiert ist, grundsätzlich gewährt (vgl. § 278 Abs. 2 und § 283 Abs. 2).

Es bleibt abzuwarten, ob die Spruchpraxis in analoger Anwendung dieser Bestimmungen auch neben dem Rücktritt im Falle verspäteter Mängelbeseitigung einen Schadenersatzanspruch zuerkennen wird. Diese Möglichkeit wird durch § 281 Abs. 5 nicht ausgeschlossen.
Für einen Schadenersatzanspruch neben dem Rücktrittsrecht spricht, daß der Käufer in den Fällen, in denen der Verkäufer zur Beseitigung des Mangels nicht imstande ist oder wenn das für ihn mit unverhältnismäßig hohen Aufwendungen verbunden ist, nicht zum Rücktritt stimuliert wird, wenn er daneben keinen Schadenersatz erhält. Er wird vielmehr auf der Mängelbeseitigung beharren, neben der er Anspruch auf Schadenersatz hat. Zwar gibt das GIW bestimmte Handhaben, die den Verkäufer schützen. Der Käufer ist nach § 298 zur Schadensabwendung und -minderung verpflichtet. Er darf Rechte nicht ausüben, wenn deren Ausübung darauf gerichtet ist, dem Verkäufer Schaden zuzufügen (§ 7 Abs. 1), und der Verkäufer wird von seiner Schadenersatzpflicht befreit, wenn die Mängelbeseitigung aus Gründen unabwendbarer Gewalt oder Gläubigerverursachung (§ 293 f.) verzögert oder unmöglich wird. Dennoch ist damit nicht für jeden Fall ausgeschlossen, daß der Käufer statt vom Vertrag zurückzutreten auf der Mängelbeseitigung beharrt und daneben Schadenersatz

beanspruchen kann, auch wenn der Verkäufer zur Mängelbeseitigung nicht imstande ist.

Käuferansprüche nach ausländischen Rechtsordnungen

Hinsichtlich der Ansprüche des Käufers wegen nichtqualitätsgerechter Lieferung (Gewährleistungsrechte) weisen ausländische Rechtsordnungen im Vergleich zur GIW-Regelung zum Teil erhebliche Unterschiede auf. Für die praktische Außenhandelstätigkeit bedeutsame kritische Punkte sind dabei vor allem: Wird dem Käufer im Gewährleistungsfall ein Annahme- und Zahlungsverweigerungsrecht eingeräumt? Kann der Käufer im Gewährleistungsfall ohne weiteres vom Vertrag zurücktreten (wandeln)? Stehen ihm generell Schadenersatzansprüche zu oder sind sie von bestimmten zusätzlichen Voraussetzungen abhängig? Je nachdem, wie die jeweilige Rechtsordnung diese Fragen beantwortet, wird insbesondere der Verkäufer bestrebt sein, durch geeignete Vertragsvereinbarungen die für ihn besonders nachteiligen Konsequenzen zu modifizieren.

Das geschieht nicht selten in Gestalt einer Qualitätsgarantie, die selbst dann, wenn sie unter einigen Gesichtspunkten die Haftung erweitert (z. B. durch eine längere Frist), in aller Regel die Ansprüche des Käufers zugunsten des Verkäufers modifiziert (durch Beschränkung auf Nachbesserung, Ersatzlieferung, evtl. noch Minderung). Rücktritt (Wandlung) und Schadenersatz werden weitgehend ausgeschlossen. Auch das Wahlrecht, das nach den Gesetzen überwiegend dem Käufer zusteht, wird in der Vertragspraxis oft dem Verkäufer eingeräumt (insbesondere zwischen Nachbesserung und Ersatzlieferung).

Bezüglich der Frage, inwieweit ein gänzlicher oder teilweiser Ausschluß oder eine vertragliche Modifizierung der gesetzlichen Gewährleistungsrechte des Käufers zulässig bzw. wirksam ist, sind außer einigen allgemeinen zwingenden Rechtsvorschriften (z. B. Schadenersatz bei arglistigem Verschweigen eines Mangels) Unterschiede zu beachten, je nachdem, ob es sich um individuell ausgehandelte oder um Verträge auf der Grundlage von AGB handelt.

Nach dem Recht der BRD und Österreichs erstreckt sich die Inhaltskontrolle der AGB in vielfältiger Hinsicht auf die Ansprüche des Käufers wegen nichtqualitätsgerechter Lieferung. Werden also z. B. AGB zum Inhalt von Verträgen, die dem Recht der BRD oder Österreichs unterliegen, und schließen die AGB die gesetzlichen Gewährleistungsrechte des Käufers gänzlich aus, oder werden diese wesentlich beschränkt, so kann das die Unwirksamkeit solcher Klauseln zur Folge haben (vgl. für Österreich § 879 Abs. 3 ABGB; für die BRD § 9 AGBG i. V. m. §§ 24 und 11 Nr. 10a und 10b).[12]

Die rechtliche Regelung der Gewährleistungsansprüche des Käufers ist in Österreich, der Schweiz und der BRD in den Grundzügen sehr ähnlich.

Obgleich alle drei Rechtsordnungen auf dem sogenannten Verschuldensprinzip basieren, sind die Gewährleistungsrechte verschuldensunabhängig, d. h., der Verkäufer haftet für die zum Zeitpunkt des Gefahrenübergangs vorhandenen Sachmängel und fehlenden zugesicherten Eigenschaften (§ 459 BGB; § 922 ABGB; Art. 197 OR). Liegt indes eine schuldhafte Schlechterfüllung vor, gewähren alle drei Rechtsordnungen über die Gewährleistungsrechte hinausgehende Ansprüche, insbesondere den Schadenersatz. Bei den Gewährleistungsrechten steht das Recht auf Wandlung (Rückgängigmachung des Kaufs) und Minderung im Mittelpunkt. Dabei beste-

12 Vgl. dazu auch W. Löwe/F. v. Westphalen/R. Trinkner, a. a. O., insbes. S. 325f., 336f.

hen in Einzelfragen einige Unterschiede. So unterliegt z. B. das Wandlungsrecht nach Art. 205 OR bestimmten Einschränkungen: Die Umstände müssen die Rückgängigmachung des Kaufs rechtfertigen. Ähnlich ist die österreichische Regelung, nach der die Wandlung auf nicht behebbare Hauptmängel beschränkt ist. Vergleichbare Beschränkungen kennt das BRD-Kaufrecht nicht.
Die Nachbesserung als allgemeines gesetzliches Gewährleistungsrecht des Käufers kennt von den drei genannten Rechtsordnungen nur das österreichische Recht. Sie steht dem Käufer bei behebbaren Haupt- und Nebenmängeln zu, wobei dieser das Wahlrecht zwischen Nachbesserung und Minderung hat. Demgegenüber sieht das BRD- und Schweizer Recht beim Gattungskauf ein Wahlrecht des Käufers zwischen Wandlung, Minderung und Ersatzlieferung (vgl. § 480 BGB; Art. 205 bis 208 OR) vor.
Besonderheiten bestehen, wenn es sich um das Fehlen zugesicherter Eigenschaften handelt. Nach österreichischem Recht wird unter dieser Voraussetzung die Wandlung erleichtert, da dieses Fehlen stets als Hauptmangel gilt. Nach BRD-Recht entsteht in diesem Fall ein verschuldensunabhängiger Schadenersatzanspruch (wegen Nichterfüllung), wenn beim Spezieskauf die zugesicherte Eigenschaft bei Vertragsabschluß und bei Gefahrenübergang fehlt; beim Gattungskauf kommt es nur auf den Gefahrenübergang an. Dieser Anspruch steht dem Käufer wahlweise anstelle der anderen Gewährleistungsrechte zu. Das schweizerische Recht sieht generell einen verschuldensunabhängigen Schadenersatzanspruch neben der Wandlung (begrenzt auf den direkten Schaden) vor (Art. 195 OR).
Der erwähnte, vom Verschulden abhängige Schadenersatzanspruch wegen Schlechtlieferung gehört zwar nicht zu den Gewährleistungsrechten, sondern basiert auf allgemeinen vertragsrechtlichen Grundlagen. Dennoch tendiert die Spruchpraxis dazu, ihn von einer ordnungsgemäßen Mängelrüge abhängig zu machen und ihn den kurzen, für die Gewährleistung geltenden Verjährungsfristen zu unterwerfen.

Stärkere Unterschiede im konzeptionellen Herangehen weist im Vergleich zu diesen Rechtsordnungen die CIS bei der Ausgestaltung der Käuferrechte wegen nichtqualitätsgerechter Lieferung auf.[13]

4.2.2.4.4. Mängelfolgeschäden

Begriff

Eine nichtqualitätsgerechte Lieferung kann bestimmte Folgeschäden verursachen. Diese können in Produktionsausfällen oder in allgemeinen Vermögensnachteilen bestehen (z. B. wenn der Käufer beim Weiterverkauf durch den bei einer Mängelbeseitigung verursachten Zeitverlust einen geringeren Preis erzielt), es können aber auch Schäden sein, die direkt an anderen Sachen oder an Personen verursacht werden.

Zum Beispiel können mangelhafte Arznei- oder Lebensmittel Schäden an Personen, mangelhafte Dünge- oder Futtermittel Schäden an Pflanzen oder Tieren verursachen.
Mängel an technischen Erzeugnissen können Schäden am eingesetzten Werkstoff oder an Werkhallen, Mängel an Arbeitsschutzvorrichtungen können Personenschäden bewirken.

Schadenersatzanspruch

Das GIW gewährt dem Käufer einen Schadenersatzanspruch nur für bestimmte Mängelfolgeschäden (§ 282). Allgemeine Vermögensnachteile,

13 Vgl. dazu näher F. Enderlein/D. Maskow/M. Stargardt, Kommentar. Konvention der Vereinten Nationen über Verträge über den internationalen Warenkauf . . ., a. a. O., Anm. zu Art. 45 bis 50 CIS.
Zu Fragen der Vertragsgestaltung bezüglich der Rechte des Käufers bei nichtqualitätsgerechter Lieferung auf der Grundlage der CIS vgl. H.-J. Moecke, „Gewährleistungsbedingungen und Allgemeine Lieferbedingungen nach dem UNCITRAL-Übereinkommen über den Warenkauf", RIW/AWD, 1983/12, S. 885 ff.

die z. B. durch Produktionsausfall oder Gewinnverluste beim Weiterverkauf entstehen, werden davon nicht erfaßt. In diesen Fällen hat der Käufer nur Schadenersatzansprüche, wenn die Voraussetzungen des § 281 Abs. 5 erfüllt sind. Soweit es um den Mangel am Leistungsgegenstand selbst geht, greift ebenfalls die Regelung des § 281 ein. Zu ersetzen ist nach § 282 nur der durch die mangelhafte Lieferung direkt an Personen oder Sachen verursachte Schaden unter folgenden Voraussetzungen:

Voraussetzungen

- Der durch den Qualitätsmangel verursachte Schaden muß innerhalb von 6 Monaten nach Vollzug der Lieferung (vgl. S. 181 f.) verursacht worden (nicht unbedingt aufgetreten!) sein oder – wenn eine Garantie vereinbart wurde – innerhalb der Garantiefrist. Der Mangel muß zum Zeitpunkt des Gefahrenübergangs vorhanden gewesen sein bzw. – wenn eine Garantie vereinbart wurde – vom Garantieumfang erfaßt werden.
- Der Schaden muß auf eine grobe Verletzung der fachmännischen Sorgfalt des Verkäufers zurückzuführen sein. Ist der Verkäufer ein Handelsbetrieb, so hat er auch für die fachmännische Sorgfalt seines Lieferbetriebes einzustehen. Das folgt aus einer entsprechenden Anwendung des § 301 Abs. 1 GIW. Die Beachtung fachmännischer Sorgfalt ist am bekannten Stand wissenschaftlich-technischer Erkenntnisse und an den in der jeweiligen Branche, Berufsgruppe u. ä. üblichen Kenntnissen, Fähigkeiten und Fertigkeiten zu messen.

Die Kausalität zwischen Qualitätsmangel und Folgeschaden hat der Käufer zu beweisen.

Aus § 282 GIW kann nur der Käufer gegen den Verkäufer Schadenersatzansprüche geltend machen, nicht der Käufer gegen den Hersteller oder ein nicht mit dem Käufer identischer Geschädigter gegen den Verkäufer oder den Hersteller. Mit dieser Vorschrift wird also keine allgemeine Produkten-(oder Produzenten-)Haftpflicht begründet (vgl. auch zum Ausschluß der Anspruchskonkurrenz S. 192).

Von § 282 GIW nicht erfaßte Tatbestände

Der nach § 282 GIW zu ersetzende Schaden erstreckt sich auf den durch Verletzung oder Tötung von Personen oder auf den durch Zerstörung oder Beschädigung von Sachen verursachten Schaden. Ist der Geschädigte nicht mit dem Käufer identisch, müssen die Ansprüche beim Käufer geltend gemacht werden, und dieser kann dann den Schaden in Form von Regreßansprüchen gegen den Verkäufer durchsetzen (vgl. S. 224 f.).

Ob und inwieweit der ausländische (mit dem Käufer nicht identische) Endabnehmer gegen den AHB oder den Hersteller in der DDR oder der Käufer gegen den Hersteller in der DDR Ansprüche geltend machen kann, unterliegt nicht der GIW-Regelung. Derartige Ansprüche sind – soweit das DDR-Recht dafür maßgebend ist – nach dem ZGB[14] zu beurteilen, wobei zu beachten ist, daß in solchen Fällen das anwendbare Recht nicht nach dem Vertragsstatut, sondern nach anderen kollisionsrechtlichen Grundsätzen beurteilt wird (vgl. z. B. § 17 RAG[15]).[16]

14 Zivilgesetzbuch der Deutschen Demokratischen Republik vom 19. 6. 1975, GBl. I Nr. 27 S. 465.

15 Gesetz über die Anwendung des Rechts auf internationale zivil-, familien- und arbeitsrechtliche Beziehungen sowie auf internationale Wirtschaftsverträge – Rechtsanwendungsgesetz – vom 5. 12. 1975, GBl. I Nr. 46 S. 748.

16 Vgl. hierzu näher J. Göhring/H. Liebold, „Zur Regelung des Ersatzes von Mängelfolgeschäden im ZGB“, NJ, 1981/1, S. 28 ff.; H. Liebold, „Der Ersatz von Mängelfolgeschäden nach dem Gesetz über internationale Wirtschaftsverträge (GIW)“, RiA, 1980/24, S. 6 ff. (47. Beilage); Zivilrecht. Lehrbuch, T. 1, Berlin 1981, S. 392; H. Liebold, „Kollisionsrechtliche Fragen bei Produktenhaftungsfällen mit Auslandsberührung“, RiA, 1980/52, S. 1 ff. (50. Beilage); ders., „Die Regelung der Produkthaftung bei Auslandslieferungen nach dem Recht der DDR“, RIW/AWD, 1981/9, S. 588 ff.

Analog, wenngleich im einzelnen differenziert, verhält es sich, wenn ein Endabnehmer in der DDR gegen den ausländischen Verkäufer oder Hersteller oder ein Import-AHB der DDR gegen einen ausländischen Hersteller (der nicht Vertragspartner des AHB ist) vorgehen will. Die Ähnlichkeit besteht darin, daß diese Ansprüche nicht aus einem bestehenden Vertragsverhältnis hergeleitet werden können und daß demzufolge auch das anwendbare Recht nicht nach dem Vertragsstatut bestimmt wird. Ob und unter welchen Voraussetzungen in solchen Fällen Ansprüche entstehen, hängt von den im einzelnen unterschiedlichen Regelungen des auf Grund kollisionsrechtlicher Verweisung maßgeblichen materiellen Rechts ab.

Ansprüche wegen Mängelfolgeschäden nach ausländischem Recht

Was die Regelung in ausländischen Rechtsordnungen anbelangt, ist zunächst festzuhalten, daß wohl sämtliche Rechtsordnungen Ansprüche aus Vertrag (des Käufers gegen den Verkäufer) wegen Mängelfolgeschäden vorsehen. Dabei ist es nicht erforderlich, daß der Schaden beim Käufer selbst entstanden ist, denn er kann grundsätzlich die ihm gegenüber geltend gemachten Ansprüche im Regreßweg gegen den Verkäufer erheben. In Rechtsordnungen, die generell einen Schadenersatzanspruch bei nichtqualitätsgerechter Lieferung vorsehen, sind diese Ansprüche wegen Mängelfolgeschäden oft gar nicht als selbständiger Tatbestand ausgewiesen. Wichtige Unterscheidungskriterien bestehen darin, ob die Schadenersatzansprüche wegen Mängelfolgeschäden vom Verschulden abhängig sind, wer die Beweislast dafür trägt und ob sämtliche oder nur bestimmte Folgeschäden zu ersetzen sind. Soweit sie verschuldensabhängig sind, ist der Verkäufer nicht generell für die von einem Hersteller verursachten und verschuldeten Folgeschäden verantwortlich, da die Lieferfirmen (Hersteller) oft nicht als Erfüllungsgehilfen des Verkäufers gelten.

Ein solcher verschuldensabhängiger Anspruch auf Ersatz von Mängelfolgeschäden in den Vertragsbeziehungen zwischen Käufer und Verkäufer wird in der BRD aus dem Institut der positiven Vertragsverletzung abgeleitet. Ein verschuldensunabhängiger vertraglicher Ersatzanspruch besteht dann, wenn der Folgeschaden auf eine fehlende zugesicherte Eigenschaft zurückzuführen ist (§§ 463, 480 Abs. 2 BGB). Nach österreichischem Recht z. B. besteht ein vom Verschulden abhängiger Ersatzanspruch nach § 932 ABGB.

Produkthaftung nach ausländischem Recht

In letzter Zeit wurde in einer Reihe von Ländern eine über diese sich auf den Vertrag zwischen Käufer und Verkäufer gründende Ersatzpflicht für Mängelfolgeschäden hinausgehende Haftung für derartige Schäden begründet, teils durch Gesetz, teils durch die Rechtsprechung, die unter dem Stichwort „Produkthaftung“ (auch Produktenhaftung) bekannt geworden ist. Die rechtlichen Grundlagen dieser erweiterten, nicht auf die Rechtsbeziehungen zwischen Verkäufer und Käufer beschränkten, sondern die Beziehungen vom Hersteller (z. T. sogar vom Lizenzgeber) bis zum Endverbraucher einschließenden Haftung sind in den einzelnen Rechtsordnungen ebenso unterschiedlich wie die Voraussetzungen und der Umfang dieser Haftung. Teils wird eine vertragsähnliche, quasikontraktliche Haftungsgrundlage konstruiert, auch ein Vertrag (zwischen Hersteller und dessen unmittelbarem Abnehmer) mit Schutzwirkung für Dritte (für die Käufer in der Vertragskette bis zum Endabnehmer). Teils wird daneben oder ausschließlich eine deliktische Haftungsgrundlage angenommen, wobei verschiedentlich die gesetzlichen Haftungsvoraussetzungen zuungunsten des

Herstellers durch die Rechtsprechung erweitert wurden (u. a. durch Umkehr der Beweislast).
Bedeutsame Unterschiede bestehen zwischen den einzelnen Rechtsordnungen auch darin, inwieweit die Produkthaftung durch Vertrag (durch Verträge in der Vertragskette) ausgeschlossen, eingeschränkt oder modifiziert werden kann. Die mit der Entwicklung der Produkthaftung verbundene tendenzielle Haftungsverschärfung führte dazu, daß die damit zusammenhängenden Risiken zunehmend versichert und die Versicherungsprämien über den Preis kompensiert werden.

Die mit der Produkthaftung verbundenen Probleme haben in Gesetzgebung und Rechtsprechung der USA eine besondere Rolle gespielt. Dabei scheint sich nach einer durch zunehmende Haftungsverschärfung gekennzeichneten Entwicklung in letzter Zeit eine gewisse Tendenzwende abzuzeichnen, was sich im Entwurf des „Product Liability Act" vom 26. 1. 1983 widerspiegelt. So soll die verschuldensunabhängige Haftung eingeschränkt werden, die Haftung für Konstruktions- und Informationsmängel soll vom Verschulden abhängig sein. Die Rechtslage ist jedoch – auch bedingt durch die fehlende Rechtseinheit infolge der bundesstaatlichen Gesetzgebungskompetenzen – insgesamt unübersichtlich und kompliziert.[17]
In der BRD ist die Produkthaftung auf der Grundlage des Deliktrechts ausgebaut worden (seit etwa 1968). Die rechtliche Grundlage bildet § 823 BGB (z. T. auch § 826 BGB), aus dem eine Verkehrssicherungspflicht abgeleitet wird, wobei die Haftungsverschärfung vor allem durch die Umkehr der Beweislast herbeigeführt wird. Das Verschulden bleibt zwar grundsätzlich als Voraussetzung bestehen, dennoch werden – in Verbindung mit der Umkehr der Beweislast – relativ strenge Anforderungen an den Nachweis mangelnden Verschuldens gestellt.
Nach österreichischem Recht spielt die deliktische Haftung im Zusammenhang mit der Produkthaftung eine geringere Rolle. Die Rechtsprechung mißt dem Vertrag eine Schutzwirkung für Dritte bei.[18]

4.2.2.4.5. Qualitätsgarantie

Keine gesetzliche Garantiepflicht

Im Außenhandel ist es in vielen Branchen üblich, daß der Verkäufer im Vertrag eine Qualitätsgarantie übernimmt. Im Unterschied zum Vertragsgesetz[19] der DDR, dem ZGB und den Allgemeinen Lieferbedingungen des RGW sieht jedoch das GIW keine Pflicht des Verkäufers vor, eine Garantie zu gewähren, bzw. kein Recht des Käufers, vom Verkäufer die Übernahme einer Qualitätsgarantie zu verlangen. Die Entscheidung über eine Garantiegewährung überläßt das GIW den Vertragspartnern, ebenso wie die Ausgestaltung des Inhalts einer Garantieklausel.

Auslegungsregeln

Allerdings enthält das GIW Auslegungsregeln für den Fall, daß die Partner

17 Vgl. dazu die in der Fußn. 18 angegebene Literatur zur Produkthaftung in den USA.
18 Zur Produkthaftung in den einzelnen Rechtsordnungen existiert inzwischen eine so umfangreiche Literatur, daß nur eine kleine Auswahl angeführt werden kann (mit jeweils weiteren Literaturverweisen): H. Liebold, „Zum Problem der Produktenhaftung in den kapitalistischen Industrieländern", RiA, 1980/16, S. 1 ff. (46. Beilage); J. Schmidt-Salzer, Produkthaftung (Bd. II: Freizeichnungsklauseln), Heidelberg 1984; H. H. Hollmann, „Zur Produkthaftung des Konstrukteurs, des Franchisegebers und des Lizenzgebers im amerikanischen Recht", RIW/AWD, 1980/11, S. 752 ff.; H.-V. v. Hülsen, „Produkthaftpflicht USA 1981", RIW/AWD, 1982/1, S. 1 ff.; ders., „Neue Entwicklung zur Produzentenhaftung in den USA", RIW/AWD, 1981/1, S. 1 ff.; S.-M. Tiessen, „Produzentenhaftung und Unternehmenserwerb in den USA", RIW/AWD, 1983/6, S. 401 ff.; H.-V. v. Hülsen/H. H. Hollmann, „Produkthaftung und Werbung in rechtsvergleichender Sicht", RIW/AWD, 1984/2, S. 85 ff.; O. de Lousanoff, „‚Market Share' Liability – Die neueste Entwicklung im amerikanischen Recht der Produzentenhaftung", RIW/AWD, 1983/3, S. 145 ff.; H.-G. Landfermann, „Der geänderte Richtlinienvorschlag der EG-Kommission zur Produkthaftung", RIW/AWD, 1980/3, S. 161 ff.; W. Posch, Produzentenhaftung in Österreich de lege lata et de lege ferenda (Gutachten), Bd. 1, T. 3 der Verhandlungen der 8. österreichischen Juristentage, Graz 1982.
19 Gesetz über das Vertragssystem in der sozialistischen Wirtschaft vom 25. 3. 1982, GBl. I Nr. 14 S. 293.

für vereinbarte Garantie

eine Qualitätsgarantie vereinbart, aber diese inhaltlich unvollständig ausgestaltet haben (§ 57). Voraussetzung für die Anwendung des § 57 ist ferner, daß die Partner eine Garantiefrist vereinbart haben.

Garantiert der Verkäufer z. B. bestimmte qualitative Eigenschaften einer Kaufsache (wie „garantiert echt", „garantiert rostfrei" u. ä.) oder bestimmte Leistungsparameter oder Verbrauchsnormen (z. B. x Umdrehungen pro Stunde, einen bestimmten Strom- oder Benzinverbrauch u. ä.), ohne daß dafür eine Garantiefrist bestimmt wurde, gelangen die Vorschriften über die nichtqualitätsgerechte Leistung zur Anwendung, soweit die Partner dazu keine weiteren Vereinbarungen getroffen haben.

Besondere Regelungen für das Fehlen zugesicherter Eigenschaften, wie das in einigen Rechtsordnungen der Fall ist, enthält das GIW nicht. Auf eine in einem Kaufvertrag vereinbarte Leistungsgarantie kann – wenn im Vertrag gleichzeitig eine Abnahme oder ein Leistungsnachweis vereinbart wurde – § 95 Abs. 1 GIW (Leistungsgarantie beim Anlagenvertrag) entsprechend angewandt werden.
Das GIW (§ 57) enthält Auslegungsregeln zu folgenden Aspekten der Qualitätsgarantie:

Garantieumfang

a) Zum Garantieumfang
- Dieser wird einmal positiv bestimmt, indem die Verantwortlichkeit des Verkäufers für Material- und Konstruktionsfehler sowie eine unsachgemäße Herstellung geregelt wurde;
- zum anderen negativ bestimmt, indem der Verkäufer nach dem Gesetz für Mängel keine Verantwortung trägt, die vom Käufer selbst oder von Dritten verursacht worden sind, für deren Handlung der Verkäufer nicht verantwortlich ist, und indem Verschleißteile von der Garantie ausgenommen werden.

Vereinbarter Garantieumfang

Vorstehende Regelung greift nur ein, wenn die Partner zum Garantieumfang keine anderen Vereinbarungen getroffen haben. Bei der vertraglichen Bestimmung des Garantieumfangs ist stets sein Zusammenhang mit der Qualitätsbeschreibung zu beachten. Ist diese weiter als der Garantieumfang, finden hinsichtlich der nicht erfaßten Aspekte im Falle einer nichtqualitätsgerechten Leistung die Vorschriften des § 281ff. GIW Anwendung.

Es ist generell empfehlenswert, sowohl eine positive als auch eine negative Bestimmung des Garantieumfangs vorzunehmen. Bei der positiven Bestimmung empfiehlt sich eine präzise Angabe der Eigenschaften und Merkmale, die garantiert werden sollen. Die Garantie einer generellen Fehler- oder Mängelfreiheit führt für den Verkäufer zu einer unübersichtlichen Ausdehnung der Garantie. Werden gleichzeitig bestimmte Leistungsparameter oder Verbrauchsnormative garantiert, so ist der Verkäufer hierfür regelmäßig an besonderen Vereinbarungen interessiert (keine Garantiefrist). Es ist verbreitet üblich, für Ersatz- und Verschleißteile besondere Garantiefristen zu vereinbaren oder die Garantie für Verschleißteile gänzlich auszuschließen. Verschiedentlich wird auch vereinbart, daß der Verkäufer nur für solche Garantiemängel verantwortlich ist, die er verursacht hat oder die zum Zeitpunkt des Gefahrenübergangs vorliegen.
In diesem Zusammenhang kann in die Garantieklausel auch eine Beweislastregel aufgenommen werden. Liegt hierüber keine Vereinbarung vor, hat grundsätzlich der Käufer zu beweisen, daß innerhalb der Garantiefrist ein Mangel aufgetreten ist, während der Verkäufer – will er sich entlasten – beweisen muß, daß der Mangel nicht von ihm (oder einem Dritten, für den er verantwortlich ist) verursacht worden ist.

b) Zum Beginn der Garantiefrist

Nach § 57 Buchst. d GIW beginnt die Garantiefrist mit Vollzug der Lieferung der Kaufsache (§ 51 Abs. 2 GIW); ist der Verkäufer gleichzeitig zur Montage verpflichtet, beginnt sie erst mit Montageende, jedoch nicht später als 6 Monate nach Vollzug der Lieferung.

Vereinbarte Garantiefrist

Diese Regelung setzt also voraus, daß die Partner im Vertrag eine Garantiefrist vereinbart haben. Ihre Dauer wird von den in der jeweiligen Branche üblichen Fristen und insbesondere von den Markt- und Konkurrenzbedingungen beeinflußt. Sie ist neben dem Preis und den Zahlungsbedingungen von wesentlicher Bedeutung für die Wettbewerbsfähigkeit der Exporterzeugnisse. Die Höhe der durchschnittlichen Garantiekosten wird wesentlich von der Betriebsdauer oder auch von der Intensität der Benutzung der Kaufsache beeinflußt. Aus diesem Grunde findet man relativ häufig Garantievereinbarungen, in denen die Betriebsdauer oder auch die Intensität der Benutzung der Kaufsache für die Bestimmung des Garantiezeitraumes maßgebend ist. Allgemein kann der Garantiezeitraum bestimmt werden durch die Vereinbarung

- eines kalendermäßigen Zeitabschnittes (z. B. Jahre, Monate),
- der Betriebsdauer oder des Nutzungsumfanges (Fahrtkilometer, Brennstunden u. ä.),
- eines kalendermäßigen Zeitabschnittes, kombiniert mit der Betriebsdauer oder dem Nutzungsumfang (z. B. „Zwölf Monate Garantie bei Einschichtbetrieb mit entsprechender Verkürzung bei Mehrschichtbetrieb").

Es empfiehlt sich auch, eindeutig festzulegen, ob bei einer vom Verkäufer vorzunehmenden Nachbesserung bzw. Ersatzlieferung erneut eine Garantiefrist von gleicher oder kürzerer Dauer beginnen soll oder ob mit dem Ablauf der ursprünglich vereinbarten Garantiefrist auch bei Ersatzlieferungen bzw. Nachbesserungen im Rahmen der Garantie keine weiteren Garantieansprüche des Käufers mehr gegeben sein sollen.

Vereinbarter Beginn der Garantiefrist

Der Beginn der Garantiefrist wird in den Verträgen häufig durch eine Kombination von Inbetriebnahme und Vollzug der Lieferung bestimmt.

So wird beispielsweise vereinbart: „Sechs Monate ab Inbetriebnahme, aber nicht länger als neun Monate seit Vollzug der Lieferung".

Verschiedentlich wird der Beginn der Garantiefrist auch an den Gefahrenübergang, das Eintreffen der Kaufsache am vertraglichen Bestimmungsort, eine vereinbarte Abnahme u. a. geknüpft.

Garantie- und Verjährungsfrist

Die rechtliche Bedeutung der Garantiefrist besteht darin, daß der Verkäufer für die während dieser Zeit auftretenden Mängel im Rahmen des festgelegten Garantieumfangs verantwortlich ist. Sie ist folglich von der Verjährungsfrist zu unterscheiden, deren Bedeutung für die Garantie darin besteht, daß nur innerhalb dieser Frist Ansprüche, hier also Garantieansprüche, gerichtlich geltend gemacht werden können (vgl. S. 354). Die Verjährungsfrist für Garantieansprüche beträgt nach § 324 Abs. 2 GIW 1 Jahr und beginnt am ersten Tag des auf die Mängelrüge folgenden Monats zu laufen (§ 325 Abs. 3). Bei einer sehr langen Garantiedauer (z. B. 18 Monate) kann also unter Umständen ein Garantieanspruch bereits vor Ablauf der Garantiezeit verjährt sein. Hat der Verkäufer eine Garantie übernommen, ohne daß im Vertrag eine Garantiefrist vereinbart wurde, sind die für die nichtqualitätsgerechte Leistung geltenden Zeitpunkte und Fristen maßgeblich (vgl. S. 354).

c) Zu den Garantieansprüchen

Garantieansprüche

Darauf finden nach dem GIW (§ 57 Buchst. e) die Vorschriften über die Rechte des Käufers bei nichtqualitätsgerechter Lieferung (§ 281 f.) Anwendung.

Es ist zulässig und üblich, im Vertrag andere Garantierechte zu vereinbaren und die Voraussetzungen zu präzisieren, von denen sie abhängen. Als Voraussetzungen für die Entstehung von Garantieansprüchen werden häufig vereinbart:

- der Eintritt eines Garantiefalls, der im Vertrag definiert wird,
- das Überschreiten bestimmter Toleranzen bei Abweichungen von Leistungsparametern oder Verbrauchsnormativen,
- die Einhaltung bestimmter Mitwirkungspflichten des Käufers,
- die vertragsgemäße Bezahlung des Kaufpreises.

Vereinbarte Garantieansprüche

In der internationalen Vertragspraxis werden als Garantierechte üblicherweise Nachbesserung und Ersatzlieferung, häufig auch Minderung vereinbart. Soll das Wahlrecht abweichend von § 281 GIW ausgeübt werden, muß das ausdrücklich vereinbart werden.

Entsprechend den Bedingungen des jeweiligen Vertragsverhältnisses können jedoch auch andere Vereinbarungen getroffen werden.

Wenn der Verkäufer im Käuferland über kein Kundendienstnetz verfügt und die Warenart es zuläßt, kann z. B. von vornherein eine sogenannte Garantiepauschale vereinbart werden: Der Verkäufer verpflichtet sich, dem Käufer auf der Grundlage durchschnittlich anfallender Garantiekosten einen bestimmten pauschalen Geldbetrag (Preisrabatt) zu gewähren oder bestimmte Zusatzerzeugnisse (auch Ersatzteile, Verschleißteile u. ä.) unentgeltlich zu liefern.

Dem Käufer kann auch ein Selbstnachbesserungsrecht mit Kostenerstattung eingeräumt werden, ohne daß die in § 281 Abs. 7 GIW bestimmten Voraussetzungen dafür vorliegen müssen.

Besondere Beachtung ist bei der Gestaltung einer Garantieklausel dem Problem einzuräumen, welche Rechte der Käufer haben soll, wenn der Verkäufer den Mangel nicht innerhalb einer angemessenen Frist beseitigt. Werden hierüber keine Vereinbarungen getroffen, greift die gesetzliche Regelung ein, d. h., der Käufer kann nach seiner Wahl gem. § 281 Abs. 4 (vgl. auch S. 211) mindern, vom Vertrag zurücktreten, den Mangel selbst beseitigen oder weiter auf Mängelbeseitigung durch den Verkäufer bestehen; ferner kann er unter den in § 281 Abs. 5 geregelten Voraussetzungen Schadenersatz verlangen. Sind diese Konsequenzen von den Vertragspartnern nicht gewollt, müssen in der Garantieklausel anderweitige Vereinbarungen getroffen werden. Gegebenenfalls kann vereinbart werden, daß der Verkäufer zur mehrmaligen Nachbesserung berechtigt ist, und es können einzelne Ansprüche, wie z. B. der Schadenersatzanspruch oder auch das Rücktrittsrecht, ausgeschlossen werden. Einen gänzlichen Ausschluß von Käuferrechten für den Fall, daß der Verkäufer den Mangel nicht in einer vertretbaren Frist beseitigt, wird man jedoch auf Grund der im GIW zum Ausdruck kommenden Prinzipien (vgl. insbesondere § 259) nicht akzeptieren können.

Mängelfolgeschäden und Gdrantie

Wird durch einen Qualitätsmangel innerhalb der Garantiefrist direkt ein Schaden an Personen oder Sachen verursacht, hat der Käufer unter den in § 282 GIW festgelegten Voraussetzungen Anspruch auf Schadenersatz (vgl. S. 214f.).

d) Zur Geltendmachung von Garantieansprüchen

Nach § 57 Buchst. f GIW findet auf die Geltendmachung von Garantieansprüchen § 285 GIW Anwendung. Danach ist auch bei gewährter Garantie der Käufer nicht davon entbunden, die Kaufsache zu einem handelsüblichen Zeitpunkt und in handelsüblichem Umfang zu kontrollieren und dabei feststellbare Mängel unverzüglich zu rügen (§ 285 Abs. 1). Mängel, die bei derartigen Kontrollen nicht feststellbar sind, aber im Garantiezeitraum auftreten, können nur unverzüglich nach Entdeckung, spätestens jedoch bis einen Monat nach Ablauf der Garantiefrist, gerügt werden (§ 285 Abs. 4; vgl. im übrigen zur Mängelrüge S. 205ff.). Auch hierzu können die Partner ergänzende und abweichende Vereinbarungen treffen, so über Form und Inhalt der Mängelanzeige oder darüber, daß der Käufer den Mangel innerhalb der Garantiefrist angezeigt haben muß.

Geltendmachung von Garantieansprüchen

Wesentliche Unterschiede zwischen der Qualitätsgarantie und der Regelung des GIW über die nichtqualitätsgerechte Leistung bestehen also darin, daß

Unterschiede zwischen Qualitätsgarantie und nichtqualitätsgerechter Leistung

- Garantieansprüche nur bei Vereinbarung einer Garantie geltend gemacht werden können, während Ansprüche wegen nichtqualitätsgerechter Leistung kraft Gesetzes entstehen;
- bei der Garantie (mit Ausnahme der Leistungsgarantie beim Anlagenvertrag – § 95 Abs. 1 GIW) der Verkäufer während eines bestimmten Zeitraumes für die Mängelfreiheit einzustehen hat, während es bei der nichtqualitätsgerechten Leistung auf den Zeitpunkt des Gefahrenübergangs ankommt;
- der Käufer bei der Garantie nur das Vorhandensein des Mangels innerhalb der Garantiefrist, bei der nichtqualitätsgerechten Lieferung sein Vorhandensein zum maßgeblichen Zeitpunkt beweisen muß;
- der Umfang der Qualitätsmerkmale, für die der Verkäufer einzustehen hat, bei der Garantie in aller Regel enger ist als bei der nichtqualitätsgerechten Leistung.

Wurde eine Garantie gewährt, ergibt sich die Frage nach dem Verhältnis von Garantieansprüchen und Ansprüchen aus nichtqualitätsgerechter Lieferung.

Verhältnis von Garantieansprüchen und Ansprüchen wegen nichtqualitätsgerechter Leistung

Generell ist nicht davon auszugehen, daß der Käufer bei gewährter Garantie (wenn der Mangel vom Garantieumfang erfaßt wird und innerhalb der Garantiefrist auftritt, aber auch bereits zum Zeitpunkt des Gefahrenübergangs vorliegt) wahlweise Ansprüche aus Garantie und nichtqualitätsgerechter Lieferung geltend machen kann, weil im Außenhandel Garantievereinbarungen häufig gerade darauf abzielen, die gesetzlich bestimmten Voraussetzungen und Rechtsfolgen zu modifizieren oder abzubedingen. Ein generelles Nebeneinander der Garantieansprüche und der Ansprüche wegen nichtqualitätsgerechter Leistung würde insoweit dem Partnerwillen widersprechen. Es empfiehlt sich jedoch, im Rahmen der Garantievereinbarung das Verhältnis der Garantieansprüche zu denen wegen nichtqualitätsgerechter Leistung klarzustellen.

Der Käufer hat trotz vereinbarter Garantie Ansprüche aus nichtqualitätsgerechter Leistung, wenn der festgelegte Garantieumfang enger ist als die nach § 281 Abs. 1 GIW „festgelegten Merkmale“ und wenn ein Mangel auftritt, der nicht unter den Garantieumfang fällt, sofern aus dem Vertrag nichts anderes hervorgeht.

Wenn also z. B. im Vertrag mehrere Leistungsparameter oder Verbrauchsnormative vereinbart worden sind oder nur für einige davon eine Garantie übernommen wurde, kann der Käufer – wenn die anderen nicht erreicht bzw. überschritten wurden – bei Vorliegen der sonstigen Voraussetzungen Ansprüche wegen nichtqualitätsgerechter Leistung geltend machen. Das gilt auch, wenn zwar im Vertrag bestimmte Leistungsparameter garantiert werden, aber die Kaufsache nicht aus dem vereinbarten (und nicht garantierten) Material hergestellt wurde.

Garantie nach ausländischem Recht

Die (Qualitäts-)Garantie ist in den meisten Rechtsordnungen der nichtsozialistischen Staaten nicht gesetzlich geregelt, aber ungeachtet dessen in der Vertragspraxis weit verbreitet. Die fehlende gesetzliche Regelung macht bei den auf der Grundlage ausländischen Rechts geschlossenen Verträgen eine besonders sorgfältige Gestaltung der Garantieklausel erforderlich, da zahlreiche Probleme, wie insbesondere das Verhältnis von Garantie und Gewährleistung (darunter das von Garantie und zugesicherten Eigenschaften), teils umstritten sind, teils nicht einheitlich gelöst werden. Deshalb sollte dieses Verhältnis in seinen verschiedenen Aspekten vertraglich geklärt werden.

Außer der Frage, ob neben oder anstelle von Garantieansprüchen die gesetzlichen Gewährleistungsrechte (einschließlich der Ansprüche wegen Fehlens zugesicherter Eigenschaften) vom Käufer geltend gemacht werden können oder ob sie ausgeschlossen sind, kommt der Klärung der Fristen besondere Bedeutung zu. Angesichts der oft kurzen Verjährungsfristen für Sachmängelansprüche und der fehlenden Regelung der Verjährung von Garantieansprüchen können sich Unklarheiten ergeben, wann die Verjährungsfrist von Garantieansprüchen beginnt, in welchem Verhältnis sie zur Garantiefrist steht und innerhalb welcher Fristen ein Garantiefall angezeigt werden muß.

Auch wenn die betreffende Rechtsordnung dem Käufer kein generelles Wahlrecht zwischen Garantie und Gewährleistung einräumt, ist generell damit zu rechnen, daß zumindest dann, wenn dessen Garantierechte auf Mängelbeseitigung beschränkt sind, ihm bei fehlgeschlagener (auch erheblich verzögerter oder unmöglich gewordener) Mängelbeseitigung innerhalb der Gewährleistungsfrist die Gewährleistungsansprüche oder auch allgemeine vertragsrechtliche Ansprüche zugestanden werden, sofern dieses Problem nicht vertraglich geregelt ist.

4.2.2.5. Fehlende Freiheit von Rechten Dritter

Tatbestand

Wenn der Verkäufer die Lieferung nicht im festgelegten Umfang frei von Rechten Dritter erbringt, hat der Käufer die in § 283 GIW bestimmten Rechte. (Zum Begriff „Rechte Dritter" vgl. S. 190)

Voraussetzungen für Rechtsmängelansprüche

Voraussetzung dafür, daß der Käufer die in § 283 GIW festgelegten Ansprüche geltend machen kann, ist, daß

- Rechte Dritter bestehen, die die vertragsgemäße Verwendung der Kaufsache beeinträchtigen können (§ 46);
- diese Rechte Dritter zum Zeitpunkt des Gefahrenübergangs bestehen (§ 284);
- die Rechte Dritter im vereinbarten Bestimmungsland oder mangels ei-

ner solchen Vereinbarung im Land des Käufers geltend gemacht werden (§ 46);
- der Käufer den Rechtsmangel fristgemäß angezeigt hat, und zwar unverzüglich nach Feststellung desselben, spätestens aber innerhalb eines Jahres nach Gefahrenübergang (§ 285 Abs. 2; zur Mängelanzeige vgl. im übrigen S. 205ff.).

Trotz Vorliegens dieser Voraussetzungen entfallen jedoch die Ansprüche aus § 283 GIW, wenn
- der Verkäufer trotz Anwendung handelsüblicher Sorgfalt keine Kenntnis von bestehenden Rechten Dritter hatte (§ 283 Abs. 4);
- der Käufer eine vereinbarte Pflicht, den Verkäufer über bestehende Schutzrechte zu informieren, nicht einhält (§ 283 Abs. 5). (Ist eine solche Käuferpflicht vereinbart, braucht der Verkäufer nicht nachzuweisen, daß er Recherchen angestellt hat.);
- der Käufer zum Zeitpunkt des Vertragsabschlusses Kenntnis von dem Rechtsmangel hatte, es sei denn, er hat sich die Ansprüche bei Vertragsabschluß vorbehalten (§ 285 Abs. 8).

Das GIW schränkt also die Ansprüche des Käufers wegen fehlender Freiheit von Rechten Dritter (wegen Rechtsmängeln) unter verschiedenen Gesichtspunkten ein. Das entspricht internationalen Entwicklungstendenzen.

Neuere Regelungen, wie z. B. die CIS oder der UCC, sehen vergleichbare Beschränkungen vor. Nach Art. 42 CIS gelten diese Beschränkungen indes nur in bezug auf gewerbliche Schutzrechte (auf Rechte oder Ansprüche Dritter, die „auf gewerblichem oder anderem geistigen Eigentum" beruhen), nicht hingegen für andere Rechte oder Ansprüche Dritter. Demgegenüber sehen die in zahlreichen Staaten geltenden älteren Zivilgesetzbücher zumeist auch für gewerbliche Schutzrechte eine sehr weitgehende Rechtsmängelhaftung des Verkäufers vor (vgl. z. B. §§ 434, 439 bis 442 BGB).

Der wesentliche Grund für die Beschränkung der Rechtsmängelhaftung besteht darin, daß es heute insbesondere bei technischen Erzeugnissen immer schwieriger wird, sich über bestehende gewerbliche Schutzrechte Dritter, die den Hauptanwendungsfall der Rechtsmängelhaftung bilden, zu informieren.

Auf Grundlage des GIW können die Partner im Vertrag von der gesetzlichen Regelung abweichende oder ergänzende Vereinbarungen treffen.

So kann z. B. im Interesse des Importeurs die Bestimmung des § 283 Abs. 4 GIW, wonach die Rechtsmängelhaftung entfällt, wenn der Verkäufer trotz Anwendung handelsüblicher Sorgfalt keine Kenntnis von bestehenden Rechten Dritter hatte, auf gewerbliche Schutzrechte beschränkt oder gänzlich ausgeschlossen werden.
Bezüglich des Umfangs der Rechtsmängelfreiheit kann z. B. vereinbart werden, daß er sich auf mehrere Länder erstrecken soll.

Rechtsmängelansprüche

Liegen die genannten Voraussetzungen vor, und sind die Ansprüche nicht durch Vertrag modifiziert oder ausgeschlossen worden, so kann der Käufer verlangen, daß der Verkäufer den Rechtsmangel beseitigt (§ 283 Abs. 1 GIW). Diesem ist es überlassen, in welcher Art und Weise er die Mängelbeseitigung vornimmt.

Handelt es sich um eine Verletzung gewerblicher Schutzrechte, so kann der Verkäufer den Mangel z. B. dadurch beseitigen, daß er mit dem Dritten einen Lizenzvertrag zugunsten des Käufers abschließt. Handelt es sich um die Verletzung dinglicher Sicherungsrechte eines Dritten, so kann der Verkäufer z. B. dem Dritten den entsprechenden Geldbetrag zahlen, zu dessen Sicherung dem Dritten das dingliche Recht eingeräumt wurde, um auf diese Weise den Mangel zu beseitigen.

Beseitigt der Verkäufer den Mangel nicht innerhalb einer angemessenen Frist, so kann der Käufer Minderung verlangen. Erklärt der Verkäufer, daß er den Mangel nicht oder nicht innerhalb einer angemessenen Frist beseitigen werde, so kann der Käufer sofort nach Zugang dieser Erklärung Minderung verlangen (§ 283 Abs. 2 Satz 1 GIW). Der Umfang der Minderung bestimmt sich nach den gleichen Grundsätzen wie bei der Minderung wegen nichtqualitätsgerechter Leistung.

Eine Minderung wird nur in Ausnahmefällen praktisch werden; z. B. dann, wenn sich bei gewerblichen Schutzrechten der vereinbarte Umfang der Freiheit von Rechten Dritter auf mehrere Länder erstreckt und nur in einem Land eine Verletzung eintritt.

Rücktritt, Kündigung

Ist dem Käufer eine Minderung nicht zumutbar – was insbesondere dann der Fall ist, wenn der Käufer die Kaufsache nicht bestimmungsgemäß verwenden kann und ihm ein zusätzlicher Schaden entstanden ist –, so kann er vom Vertrag zurücktreten oder ihn fristlos kündigen sowie daneben Ersatz des direkten Schadens verlangen.

Der Käufer kann weder Ersatz des entgangenen Gewinns fordern noch Ersatz von Folgeschäden, die durch den Rechtsmangel verursacht wurden (§ 296 Abs. 2 GIW). Muß er jedoch z. B. entsprechende Kaufsachen zu höheren Preisen woanders kaufen, so kann er Ersatz des durch den Deckungskauf entstandenen Schadens verlangen.

Beschränkung des Rücktrittsrechts

Das Rücktrittsrecht des Käufers ist ausgeschlossen, soweit ihm eine dem Vertragszweck entsprechende Verwertung bereits erbrachter Leistungen möglich und zumutbar ist. Außer den genannten Ansprüchen (Mängelbeseitigung, Minderung, Kündigung oder Rücktritt sowie Ersatz des direkten Schadens) räumt das Gesetz dem Käufer die Möglichkeit ein, gegen den Verkäufer Regreßansprüche geltend zu machen.

Regreßansprüche

Hat ein Dritter, dessen Rechte verletzt wurden, gegen den Käufer Ansprüche geltend gemacht, kann dieser den Verkäufer in Regreß nehmen. Da solche Ansprüche Dritter gegen den Käufer unter Umständen selbst dann geltend gemacht werden können, wenn der Verkäufer den Mangel beseitigt oder Minderung gewährt oder wenn es zum Rücktritt vom Vertrag oder zur Kündigung kommt, können die Regreßansprüche des Käufers gegen den Verkäufer ggf. neben den anderen genannten Ansprüchen geltend gemacht werden. Im GIW werden jedoch bestimmte Voraussetzungen normiert, von deren Vorliegen die Regreßansprüche abhängig sind:

- Will der Käufer mit dem Dritten einen außergerichtlichen Vergleich schließen, so muß er dazu die Zustimmung des Verkäufers einholen. Unterläßt er das, so kann er den ihm entstehenden Schaden auch nicht als direkten Schaden nach § 283 Abs. 2 verlangen.
- Macht der Dritte seinen Anspruch gegen den Käufer in einem (schieds-)gerichtlichen Verfahren geltend, so muß der Käufer den Verkäufer über die geltend gemachten Ansprüche unverzüglich informieren und

ihm Gelegenheit geben, in dem Verfahren mitzuwirken. Für (schieds-) gerichtliche Vergleiche bedarf es ebenfalls der Zustimmung des Verkäufers.

4.2.3. Die Pflicht des Verkäufers zur Übertragung des Eigentumsrechts

Selbständige Hauptpflicht

Neben der Lieferpflicht bildet die Pflicht zur Übertragung des Eigentumsrechts an der Kaufsache eine weitere Hauptpflicht des Verkäufers. Da der Eigentumsübergang unmittelbar mit der Lieferung verbunden ist, bedarf es bei der praktischen Abwicklung der AKV keiner besonderen Aktivitäten, um diese Pflicht zu erfüllen. Es kommen auch nur selten Fälle vor, wo eine Verletzung dieser Pflicht als selbständiger Tatbestand in Erscheinung tritt. Vielmehr liegt in aller Regel zugleich eine Verletzung der Lieferpflicht vor, oder aber die Verletzung der Lieferpflicht ist in einer Reihe von Fällen zugleich eine Verletzung der Pflicht zur Übertragung des Eigentumsrechts.

Vereinbarung über den Eigentumsübergang

Die Partner können – sofern über die Kaufsache kein Warenpapier ausgestellt worden ist – nach § 54 Abs. 1 GIW vereinbaren, an welchem Ort bzw. zu welchem Zeitpunkt das Eigentumsrecht an den Käufer übergehen soll. Bei nicht von vornherein individuell bestimmten Kaufsachen oder bei Kaufsachen, die noch nicht für den Käufer ausgesondert sind, geht das Eigentumsrecht erst mit der Aussonderung auf den Käufer über, auch wenn die Partner einen früheren Zeitpunkt vereinbart haben (§ 54 Abs. 1 Buchst. a).

Die Kaufvertragspartner können durch Vereinbarung den Übergang des Eigentumsrechts z. B. an den Vertragsabschluß (bei individuell bestimmten Sachen), an den Gefahrenübergang, an den Vollzug der Lieferung, an den Grenzübergang des Verkäufer- oder Käuferlandes, an die Übergabe der Kaufsache an den Käufer oder an die vollständige Zahlung des Kaufpreises binden.

Eigentumsvorbehalt

Die Bindung des Eigentumsübergangs an die vollständige Zahlung des Kaufpreises erfährt im GIW eine spezielle Regelung in Gestalt des Kaufvertrages unter Eigentumsvorbehalt (vgl. § 54 Abs. 1, § 233; s. auch S. 321). Der Vorbehaltskauf stellt eine Form der Sicherung eines gewährten kommerziellen Kredits dar.

Für die Vereinbarung des Zeitpunktes für den Eigentumsübergang können verschiedene Motive eine Rolle spielen.

Sofern die Zahlung des Kaufpreises nicht durch geeignete Zahlungsvereinbarungen hinreichend gesichert ist (wie z. B. durch Akkreditiv oder Bankgarantie), wird der Exporteur in aller Regel an einem relativ späten Übergang des Eigentumsrechts auf den Käufer interessiert sein.

Der Importeur wird z. B. dann an einem relativ frühen Eigentumsübergang interessiert sein, wenn die Gefahr besteht, daß Gläubiger des Verkäufers zur Realisierung ihrer Forderungen eine Zwangsvollstreckung betreiben. Aber auch hier ist der Zusammenhang mit den Zahlungsbedingungen zu beachten.

Ob eine Vereinbarung über den Übergang des Eigentumsrechts im Vertrag anzustreben ist und wie diese auszugestalten ist, hängt von den konkreten Umständen des jeweiligen Vertrages ab.

Eigentumsübergang bei Warenpapieren

Wurde ein Warenpapier (z. B. ein Konnossement) ausgestellt, so geht das Eigentumsrecht an der Kaufsache mit der Übergabe des ordnungsgemäßen Warenpapiers auf den Käufer über (§ 54 Abs. 1 Buchst. b GIW), auch wenn er noch nicht im Besitz der Kaufsache ist. Dadurch wird aber nicht die Möglichkeit ausgeschlossen, einen Eigentumsvorbehalt zu vereinbaren.

Eigentumsübergang mit Vollzug der Lieferung

Wurde weder ein Warenpapier ausgestellt noch eine Vereinbarung über den Übergang des Eigentumsrechts getroffen, so geht dieses gem. § 54 Abs. 1 Buchst. c GIW mit Vollzug der Lieferung auf den Käufer über (zum Vollzug der Lieferung vgl. S. 182).

Eigentumsübergang nach ausländischem Recht

Ähnlich wie nach dem GIW bedarf es auch nach zahlreichen ausländischen Rechtsordnungen für den Eigentumsübergang keines besonderen dinglichen Rechtsgeschäfts (z. B. nach englischem und französischem Recht). Andere Rechtsordnungen (z. B. die BRD) trennen das sogenannte Verpflichtungs- vom Verfügungsgeschäft. Die Pflicht des Verkäufers zur Übertragung des Eigentumsrechts ist hier als schuldrechtliche Verpflichtung ausgestaltet, der Eigentumsübergang selbst dagegen als abstraktes dingliches Verfügungsgeschäft (sogenannte Abstraktion von der Causa).

Nach der Regelung des BGB z. B. folgt die obligatorische Verpflichtung zur Übertragung des Eigentumsrechts vom Verkäufer auf den Käufer aus § 433. Für den Eigentumsübergang selbst ist außer der Übergabe der Sache noch die Einigung über den Eigentumsübergang erforderlich (vgl. § 929 BGB; vgl. auch § 929 Satz 2 bis § 931 BGB).

Rückerwerb des Eigentumsrechts bei Nichtigkeit und Erfüllungssurrogaten

Wird auf Grund der Regelung des GIW ein Kaufvertrag unwirksam (z. B. wegen Verstoßes gegen ein gesetzliches Verbot oder wegen einer erfolgreichen Anfechtung), so fällt das Eigentumsrecht, wenn es bereits auf den Käufer übergegangen war, wieder auf den Verkäufer zurück.

Eigentumserwerb von Nichtberechtigten

Unter bestimmten Voraussetzungen sieht das GIW auch die Möglichkeit vor, das Eigentumsrecht von einem Nichtberechtigten zu erwerben, d. h. von einem Verkäufer, der nicht Eigentümer ist oder nicht berechtigt ist, über die Kaufsache zu verfügen (§ 54 Abs. 2 und 3).

Der Käufer erwirbt das Eigentumsrecht von einem Nichtberechtigten nur unter der Voraussetzung, daß er sich in gutem Glauben über das Eigentumsrecht oder die Verfügungsbefugnis des Verkäufers befindet. Er ist nicht gutgläubig, wenn er ihr Fehlen kannte oder kennen mußte. Im Interesse der Verkehrssicherheit wird der Gutglaubensschutz nicht gegenständlich beschränkt (wie das z. B. nach § 27 ZGB oder nach § 935 BGB der Fall ist).

Die Kenntnis des Käufers über bestehende dingliche Kreditsicherungen bedeutet allein noch nicht, daß ein gutgläubiger Erwerb damit generell ausgeschlossen ist, da häufig die Verfügungsberechtigung durch die Kreditsicherung nicht beeinträchtigt wird.

Der Käufer ist beweispflichtig. Maßstab für das Kennenmüssen ist die handelsübliche Sorgfalt, die in den einzelnen Branchen unterschiedlich ist (z. B. sind im Antiquitäten- oder Kunsthandel andere Anforderungen zu stellen als bei Massengütern).

4.2.4. Weitere Pflichten des Verkäufers

Außer den Hauptpflichten (Lieferung und Übertragung des Eigentumsrechts) obliegen dem Verkäufer eine Reihe weiterer Pflichten.

Vereinbarte weitere Pflichten

In der Vertragspraxis ist es üblich und erforderlich, derartige Pflichten entsprechend den konkreten Umständen des jeweiligen Vertrages zu vereinbaren.

Als weitere Pflichten des Verkäufers können im Vertrag bestimmte Nebenleistungspflichten (z. B. Übergabe technischer Dokumentationen), Informations-, Beschaffungs-, Unterlassungs- und andere Pflichten vereinbart werden. Diese Pflichten können eng mit den Hauptpflichten des Verkäufers verbunden sein (wie z. B. die Verpackung und Markierung der Kaufsache mit der Lieferpflicht) oder einen relativ selbständigen Charakter haben. Weitere Verkäuferpflichten ergeben sich auch aus den Auslegungsregeln der Incoterms, falls diese Vertragsinhalt sind.

Gesetzliche Pflichten

Im GIW werden lediglich solche weiteren Pflichten des Verkäufers normiert, wie sie für die meisten Kaufverträge charakteristisch sind. Der Verkäufer hat die in § 52 bestimmten Pflichten jedoch nur dann, wenn sich nach dem Vertrag nichts anderes ergibt. Dabei muß es sich nicht unbedingt um ausdrücklich davon abweichende Vereinbarungen handeln. Es kann sich vielmehr auch aus den Umständen des Vertrages ergeben, daß bestimmte in § 52 normierte Pflichten gegenstandslos sind (z. B. die Verpackungspflicht bei bestimmten Waren; die Markierungspflicht, wenn der Käufer die Ware selbst abholt).

Nebenpflichten

Bei den in § 52 GIW geregelten Verkäuferpflichten handelt es sich nach § 51 Abs. 4 um Nebenpflichten.

Die Bedeutung der Unterscheidung zwischen Haupt- und Nebenpflichten hängt mit den rechtlichen Konsequenzen zusammen, die bei einer Pflichtverletzung eintreten. Während bei Verletzung einer Hauptpflicht der Käufer je nach Art der Verletzung verschiedene Ansprüche hat, die eine nachträgliche Erfüllung, eine Kompensation erlittener Vermögensnachteile und eine Beendigung des Vertrages umfassen (§ 278ff. GIW), hat der Käufer gem. § 289 bei Verletzung einer Nebenpflicht grundsätzlich nur einen Anspruch auf Ersatz des direkten Schadens. Allerdings wird dieser Unterschied dadurch wieder relativiert, daß der Käufer Ansprüche wie bei Verletzung einer Hauptpflicht geltend machen kann, wenn die wirtschaftlichen Folgen der Verletzung einer Nebenpflicht die gleichen sind, wie bei der Verletzung einer Hauptpflicht. Das wird bei Verletzung einiger der in § 52 geregelten Nebenpflichten des Verkäufers häufig der Fall sein (vgl. S. 241ff.).

Rechtsfolgen bei Verletzung von Nebenpflichten

Der Verkäufer hat gem. § 52 GIW folgende weitere Pflichten:

Versendungspflicht

a) Er hat die Kaufsache ab Leistungsort in handelsüblicher Weise an die vom Käufer genannte Adresse zu versenden und die Versendung dem Käufer rechtzeitig anzuzeigen.

Die Versendungspflicht selbst ist Bestandteil der Lieferpflicht des Verkäufers, seiner Hauptpflicht also.
Nur die Modalitäten der Versendung ab Leistungsort (die Wahl eines der Warenart entsprechenden Transportmittels, die Bestimmung des Transportweges, die Gestaltung des Transportvertrages) sind als Nebenpflicht ausgestaltet.
Die Partner können die Modalitäten der Versendung im Vertag vereinbaren und

damit den Begriff, in „handelsüblicher Weise" zu versenden, präzisieren. Hat der Käufer keine Adresse benannt, ist der Verkäufer berechtigt, die Kaufsache an die Adresse des Käufers zu versenden. Rechtzeitiges Anzeigen der Versendung bedeutet, daß der Verkäufer das Versandavis zu einem Zeitpunkt und in einer Form übermitteln muß, die es dem Käufer ermöglicht, die für die Inempfangnahme der Kaufsache erforderlichen Vorbereitungen zu treffen. Da der Verkäufer den Versand erst avisieren kann, wenn er selbst über die dafür notwendigen Angaben verfügt, muß er ggf. für verpflichtet gehalten werden, die Versendung telegraphisch oder per Telex zu avisieren. Soweit das möglich ist, sollten die Partner den Zeitpunkt für das Versandavis im Vertrag präzisieren.

Verpackungs- und Markierungspflicht

b) Der Verkäufer hat die Kaufsache zu verpacken und zu markieren, und zwar in einer handelsüblichen Weise und entsprechend der Transportdauer vom Liefer- zum Bestimmungsort sowie entsprechend der Waren- und Transportart. Dabei sind auch Zoll-, Hygiene- und ähnliche Vorschriften der Import- und Transitländer zu berücksichtigen. Die Kosten der Verpackung und Markierung hat der Verkäufer zu tragen (er wird sie bei der Preiskalkulation berücksichtigen).

Auch bezüglich dieser Pflicht sind unter Berücksichtigung der angegebenen Faktoren (Transportart und -dauer sowie Warenart) präzisierende Vereinbarungen im Vertrag empfehlenswert. Die Verpackungs- und Markierungspflicht sind Nebenpflichten des Verkäufers, und ihre Verletzung begründet Ansprüche aus § 289 GIW. Führt indes eine Verletzung der Verpackungspflicht bereits zum Zeitpunkt des Gefahrenübergangs (§ 284) zu Qualitätsmängeln, so stehen dem Käufer wahlweise Ansprüche aus §§ 281 und 289 zur Verfügung.
Weitere negative Konsequenzen von Verpackungsmängeln können darin bestehen, daß das Konnossement nicht rein gezeichnet wird und demzufolge z. B. ein Akkreditiv nicht in Anspruch genommen werden kann oder daß Ansprüche aus der Versicherung nicht geltend gemacht werden können.
Die in § 52 geregelte Verpackungspflicht betrifft grundsätzlich nur die Außenverpackung. Die Innenverpackung ist bei vielen Erzeugnissen (Lebens- und Genußmittel, Kosmetik u. ä.) unmittelbar Bestandteil der Pflicht des Verkäufers zur qualitätsgerechten Lieferung.

Informationspflicht über Gebrauch und Wartung

c) Der Verkäufer ist verpflichtet, den Käufer über den Gebrauch und die Wartung der Kaufsache zu informieren, und zwar auf dessen Verlangen und in einem handelsüblichen Umfang.

Ohne besondere Aufforderung ist der Verkäufer dazu nicht generell verpflichtet, es sei denn, eine solche Verpflichtung ergibt sich aus dem Vertrag, aus Handelsbrauch oder aus ständigen Gepflogenheiten zwischen den Vertragspartnern. Auch aus § 259 GIW kann sich eine solche Verpflichtung ergeben, insbesondere dann, wenn eine Beratung erforderlich ist, um Gefahren oder Schäden vom Käufer abzuwenden. In solchen Fällen kann der Verkäufer z. B. Ansprüche aus § 282 nicht unter Berufung darauf abwehren, daß ihn der Käufer nicht zu einer Information aufgefordert habe. In einem handelsüblichen Umfang hat der Verkäufer die Information auf seine Kosten zu geben. Ist der Käufer an einer weitergehenden Beratung über Gebrauch und Wartung der Kaufsache interessiert, so sollte darüber eine Vereinbarung getroffen werden, die auch eine Entscheidung über die Kosten einschließt.

Pflicht zur Übermittlung von Dokumenten und Angaben

d) Der Verkäufer hat dem Käufer auf dessen Verlangen rechtzeitig die Dokumente oder Angaben zu übermitteln, die für den Abschluß einer Transportversicherung oder für die Geltendmachung von Ansprüchen des Käufers gegen den Frachtführer erforderlich sind.

Aus dem Vertrag kann sich ergeben, daß der Verkäufer diese und auch andere Dokumente ohne besondere Aufforderung dem Käufer zu übergeben hat oder daß er selbst zum Abschluß der Transportversicherung verpflichtet ist.
Bestandteil der Lieferpflicht sind generell die die Ware unmittelbar betreffenden Dokumente, die dem Käufer unabhängig von dessen Verlangen zu übergeben sind. Nach § 51 Abs. 1 GIW schließt die Lieferpflicht die Vornahme aller erforderlichen Handlungen ein, damit die Kaufsache in den Verfügungsbereich des Käufers gelangt. Dazu gehört auch die Übergabe der Dokumente, die den Käufer in die Lage versetzen, in den Besitz der Kaufsache zu gelangen.
In Art. 30 CIS ist die Pflicht zur Übergabe der die Ware betreffenden Dokumente als selbständige Pflicht neben der Pflicht zur Lieferung und zur Verschaffung des Eigentumsrechts geregelt.
Die Auslegungsregeln der Incoterms differenzieren ebenfalls danach, welche Dokumente der Verkäufer dem Käufer unbedingt zu übergeben und welche er nur auf dessen Verlangen zu beschaffen hat.

Weitere Verkäuferpflichten in allgemeinen Bestimmungen des GIW

Weitere Verkäuferpflichten ergeben sich aus allgemeinen Bestimmungen des GIW. So ist der Verkäufer nach § 49 verpflichtet, auf seine Kosten die in seinem Staat anfallenden Genehmigungen zu beschaffen, ggf. auch die in einem Drittland erforderlichen (bis zum Leistungsort), sofern sich aus dem Vertrag oder auch aus den vereinbarten Incoterms nichts anderes ergibt. Auch aus § 259 GIW, der die Partner verpflichtet, bei der Erfüllung des Vertrages zweckdienlich zusammenzuwirken, und wonach jeder Partner seine Vertragspflichten so zu erfüllen hat, daß der Vertragszweck in bestmöglicher Weise erreicht und dem anderen Partner die Erfüllung seiner Pflichten möglich wird, lassen sich – entsprechend den Bedingungen des jeweiligen Vertrages – weitere Verkäuferpflichten wie auch die Art und Weise ihrer Erfüllung ableiten.

4.2.5. Die Pflichten des Verkäufers beim Kauf auf Probe

Begriff und Bedeutung

Beim Kauf auf Probe handelt es sich um eine besondere Art des Kaufvertrages, dessen charakteristisches Merkmal darin besteht, daß er unter der aufschiebenden Bedingung geschlossen wird, daß der Käufer die Kaufsache billigt (§ 58 GIW). Die Billigung ist in das Belieben des Käufers gestellt. Ist nach dem Vertrag diese Voraussetzung nicht gegeben, so handelt es sich nicht um einen Kauf auf Probe.
Praktische Bedeutung hat der Kauf auf Probe insbesondere für die Erschließung eines neuen Marktes. Die wesentlichen Unterschiede gegenüber den anderen Kaufverträgen bestehen nicht in der Pflichtenstruktur des Verkäufers, sondern in der Rechte- und Pflichtenlage des Käufers. Der Verkäufer ist zur Lieferung und Übertragung des Eigentumsrechts (einschließlich der Liefermodalitäten und Nebenpflichten) wie generell bei Kaufverträgen verpflichtet, und ihn treffen bei Verletzung seiner Pflichten die gleichen Rechtsfolgen wie bei jedem anderen Kaufvertrag. (Das heißt z. B., daß der Verkäufer vor Eintritt der aufschiebenden Bedingung verpflichtet ist, die Kaufsache zur Lieferzeit am Lieferort entsprechend den festgelegten Merkmalen zu liefern.) Die Billigung der Kaufsache durch den Käufer schließt grundsätzlich keinen Verzicht auf die Geltendmachung von Ansprüchen wegen nichtqualitätsgerechter Lieferung ein; allerdings muß

der Käufer spätestens mit der Billigung offene Mängel anzeigen. Billigt der Käufer die Kaufsache nicht oder reagiert er überhaupt nicht (in diesem Fall wird eine Ablehnung fingiert), so kann der Verkäufer verlangen, daß der Käufer die Kaufsache an den ursprünglichen Leistungsort zurückliefert (vgl. hierzu auch S. 244).

4.2.6. Die Pflichten des Verkäufers beim Rechtskauf

Begriff und Bedeutung

Obgleich Gegenstand von Kaufverträgen weitaus überwiegend Sachen sind (Sachkauf), können jedoch auch Rechte Gegenstand von Kaufverträgen sein (Rechtskauf). Praktische Bedeutung hat der Rechtskauf im Außenhandel insbesondere beim Kauf von Forderungen, die auch in Wertpapieren verbrieft sein können (z. B. in Wechseln). Allerdings können auch andere Formen des Rechtskaufs vorkommen, z. B. Verkauf von Schutzrechten (Patent- und Warenzeichen), von Gesellschaftsanteilen (Aktien, GmbH-Anteilen), für die meist Spezialvorschriften bestehen.

Übertragung eines Rechts

Die Hauptpflicht des Verkäufers besteht beim Rechtskauf darin, dem Käufer das Recht zu übertragen (§ 60 GIW). Handelt es sich um einen Wertpapierkauf, ist die Übergabe des Wertpapiers Bestandteil dieser Pflicht. Hinsichtlich der Art und Weise der Übertragung verweist das Gesetz auf eine entsprechende Anwendung der Vorschriften über die Forderungsabtretung (§ 223f. GIW), die das Verhältnis zwischen dem bisherigen und dem neuen Gläubiger sowie die Rechte des Schuldners gegen den neuen Gläubiger betreffen.

Termingerechte und rechtsmängelfreie Übertragung des Rechts

Die Pflicht zur termingerechten und rechtsmängelfreien Leistung besteht auch für den Verkäufer eines Rechts, und die Verletzung dieser Pflichten zieht die in § 278ff. GIW vorgesehenen Rechtsfolgen nach sich. Durch § 224 werden evtl. bestehende Ansprüche des Forderungskäufers gegen den Verkäufer wegen fehlender Freiheit von Rechten Dritter nicht berührt.

Eine besondere Regelung zur Haftung des Verkäufers für den Bestand einer Forderung oder eines sonstigen Rechts, wie z. B. in § 437 BGB vorgesehen, enthält das GIW nicht. Verkauft der Verkäufer ein nicht bestehendes Recht, so ergeben sich die Rechtsfolgen, je nachdem welche gesetzlichen Voraussetzungen im konkreten Fall erfüllt sind, aus § 12 oder aus § 278 GIW.

Haftung für die Zahlungsfähigkeit des Schuldners

Übernimmt der Verkäufer einer Forderung die Haftung für die Zahlungsfähigkeit des Schuldners, so bezieht sich die Haftung nur auf die Zahlungsfähigkeit zur Zeit der Abtretung (§ 60 Abs. 3 GIW); übernimmt er sie auch für den „Eingang der Forderung“, so ist anzunehmen, daß er auch zur Zeit der Fälligkeit der Forderung für die Zahlungsfähigkeit des Schuldners einzustehen hat.

4.3. Die Pflichten des Käufers und die Rechtsfolgen ihrer Verletzung

4.3.1. Die Pflicht zur Kaufpreiszahlung und die Preisvereinbarung

Hauptpflicht

Der Sachleistung des Verkäufers steht beim Kaufvertrag die stets in einer Geldzahlung bestehende Gegenleistung des Käufers gegenüber. Die Pflicht zur Zahlung des Kaufpreises ist eine Hauptpflicht des Käufers.

Preisvereinbarung

Der Kaufpreis ist zwischen den Partnern zu vereinbaren. Die Preisvereinbarung gehört nach den meisten Rechtsordnungen zum wesentlichen Vertragsinhalt. Ist der Preis weder bestimmt noch nach dem Vertrag bestimmbar, so kommt nach zahlreichen Rechtsordnungen ein Kaufvertrag nicht zustande. In den Verhandlungen müssen die auf die Erzielung eines möglichst hohen Preises gerichteten Interessen des Verkäufers mit den entgegengesetzt tendierenden des Käufers in Übereinstimmung gebracht werden. Allerdings ist der Spielraum meist durch das Bestehen von Marktpreisen, das Vorliegen von Angeboten der Konkurrenz u. a. eingeengt.

Beim AKV sind mit der Kaufpreisvereinbarung und -zahlung viele Probleme verbunden, die insbesondere die Währung des Kaufpreises, die Sicherung gegen Währungsverfall, die Zahlungsart sowie die Zahlungs- und Kreditsicherung betreffen. Das findet seinen Ausdruck in Preis- und Währungsklauseln, in Vereinbarungen über die Art und Weise der Kaufpreiszahlung und über bestimmte Formen der Zahlungs- und Kreditsicherung. Wegen seiner besonderen Bedeutung und relativen Selbständigkeit wird dieser Komplex in einem besonderen Abschnitt behandelt (vgl. S. 289ff.).

Die Höhe des Kaufpreises kann von den Partnern – sieht man von den sich aus den ökonomischen Verhältnissen ergebenden Zwängen ab – im Verhältnis zu zahlreichen Ländern frei, d. h. ohne richterliche oder andere staatliche Kontrolle ausgehandelt werden.

Staatliche Vorschriften

In manchen Ländern bestehen indes staatliche Vorschriften, mit denen Höchst-, Mindest- oder unabdingbare Festpreise festgelegt werden. Das muß bei der Preisvereinbarung beachtet werden. Geschieht das nicht und hält sich der Kaufpreis nicht innerhalb der gesetzlich festgelegten Grenzen, kann die Realisierung des vereinbarten Preises, ja die Wirksamkeit des Vertrages überhaupt, in Frage gestellt sein (vgl. S. 32ff.).

Einführungspreis

Zuweilen wird zur Einführung eines Erzeugnisses bzw. zur Markterschließung dem Käufer ein Einführungspreis gewährt, der unter dem sonst üblichen Verkaufspreis liegt, oder es wird nach einem Testkauf der bisherige Preis bei Bestellung einer größeren Menge herabgesetzt.

Hierbei müssen die Wettbewerbsgesetze und andere außenwirtschaftsrechtliche Vorschriften (insbesondere die Importregelung) im Käuferland beachtet werden. So ist es z. B. möglich, daß keine Importlizenzen für Waren erteilt werden, die – nachdem ein Einführungspreis gewährt wurde – zu einem höheren Preis verkauft werden sollen. Oft ist es günstiger, in solchen Fällen einen Einführungsrabatt zu gewähren.

Festpreis

Bei vielen Verträgen, insbesondere bei kurzfristigen, empfiehlt sich die Vereinbarung eines Festpreises. Sie schafft zwischen den Partnern Klarheit über die Höhe des zu zahlenden Preises und trägt wesentlich zur Vermeidung von Auseinandersetzungen über die Höhe des Kaufpreises bei. Bei Waren, die starken Preisschwankungen unterliegen (wie z. B. bei Rohstoffen) oder bei denen größere Preissteigerungen oder Preissenkungen zu erwarten sind, erweist sich jedoch der Festpreis oft für einen Partner als nachteilig, sofern er sich nicht durch andere Formen gegen Preisveränderungen absichert.

Insbesondere ist die Vereinbarung fixer Preise für eine Serie von Lieferungen über einen längeren Zeitraum mit erheblichen Risiken behaftet. Die steigende Tendenz der Preise in den kapitalistischen Ländern kann zu Verlusten auf der Verkäuferseite führen, wenn trotz Erhöhung des Marktpreises weiter zum ursprünglich ausgehandelten Vertragspreis geliefert werden muß. Langfristige Festpreisvereinbarungen setzen deshalb eine sorgfältige prognostische Einschätzung der künftigen Entwicklung voraus, bei der aber Fehleinschätzungen oft nicht vermeidbar sind. Die Möglichkeit, den Preis im Rahmen eines langfristigen Vertrages anzupassen, ist zwar nach § 295 GIW z. B. bei einer sehr erheblichen Erhöhung oder Senkung der international üblichen Preise gegeben, sie ist aber angesichts der strengen gesetzlichen Voraussetzungen auf seltene Ausnahmefälle beschränkt.

Preisklauseln In der internationalen Vertragspraxis haben sich zahlreiche verschiedenartige Formen von Preisklauseln entwickelt, die den sich aus Preisschwankungen ergebenden Risiken entgegenwirken sollen. Sie laufen trotz ihrer Vielfalt entweder darauf hinaus, daß zwar ein bestimmter Preis vereinbart wird, der sich aber bei Vorliegen vereinbarter Faktoren verändert, oder daß von vornherein kein fester Preis vereinbart wird, aber eine Vereinbarung getroffen wird, die eine spätere Preisbestimmung ermöglicht.

Dissens Bei derartigen Preisklauseln ist außer der Frage, ob sie nach dem anwendbaren Recht zulässig sind, besonders zu beachten, daß sie so gestaltet sein müssen, daß eine gültige Preisvereinbarung (eine Einigung über den Kaufpreis) tatsächlich vorliegt. Andernfalls besteht die Gefahr, daß der Kaufvertrag wegen Dissenses nicht wirksam zustande gekommen ist.

Haben die Partner z. B. in einem langfristigen Vertrag vereinbart, daß sie für die Folgejahre zu Beginn jeden Jahres die Preise neu verhandeln wollen und die auf dieser Grundlage vereinbarten Preise jeweils maßgebend sein sollen, und einigen sie sich über diese Preise nicht, so bedeutet das nach vielen Rechtsordnungen, daß für diese Zeit (Folgejahre) im Zweifel der Vertrag nicht wirksam zustande gekommen ist (z. B. § 30 Abs. 2 GIW; § 150 BGB).

Um ein solches Ergebnis zu vermeiden, empfiehlt es sich bei diesen Neuverhandlungsklauseln, für den Fall einer Nichteinigung eine Methode vorzusehen, die dennoch eine Bestimmung des Kaufpreises ermöglicht, die also den Kaufpreis bestimmbar macht, vorausgesetzt es besteht ein Interesse an der wirksamen Existenz des betreffenden langfristigen Vertrages.

Eine solche Methode kann je nach Ware und sonstigen Umständen des Vertrages z. B. darin bestehen, daß ein Verweis auf Markt- oder Börsenpreise erfolgt, auf Durchschnittspreise bestimmter Firmen, auf eine Preisbestimmung durch einen Dritten oder einen der Vertragspartner u. a.

Das Gemeinsame dieser Formen besteht darin, daß der Preis gewissermaßen automatisch, ohne das Erfordernis einer (erneuten) Preiseinigung durch die Partner bestimmt werden kann, also bestimmbar wird.
Im Zusammenhang mit Neuverhandlungs- oder Preisänderungsklauseln ist

auch zu beachten, daß die in nationalen Gesetzen vorgesehenen Möglichkeiten einer einseitigen Preisbestimmung (vgl. z. B. § 47 GIW) grundsätzlich nur dann gegeben sind, wenn die Formulierung der betreffenden Vertragsklausel diese Möglichkeit zuläßt. Beschränken sich die Klauseln auf die Aussage, daß zu einem späteren Zeitpunkt eine (erneute) Preiseinigung erforderlich ist, und einigen sich die Partner nicht, so ist § 47 GIW nicht anwendbar, da in der Regel ein Dissens vorliegt.

Schätzpreise, unverbindliche Preise

Ähnliche Probleme wie bei den Neuverhandlungs- oder Preisänderungsklauseln können sich ergeben, wenn freibleibende, ca.- oder Schätzpreise, unverbindliche Preise u. ä. angeboten werden, ohne daß gleichzeitig festgelegt wird, wer den zu zahlenden Preis bestimmen soll (und ggf. nach welchen Methoden das geschehen soll) und sich die Partner darüber nicht (noch) einigen.

Die Interpretation dieser Klauseln ist nicht einheitlich, woraus zusätzliche Unsicherheitsfaktoren resultieren. Preisklauseln dieser Art sollten deshalb besser vermieden werden. Sind derartige Klauseln allerdings so gestaltet, daß im Falle einer Nichteinigung eine Methode vorgesehen wird, die – ähnlich wie schon bei den Neuverhandlungsklauseln erwähnt – eine automatische Preisbestimmung ermöglicht, können sie vor allem im Verkäuferinteresse eine akzeptable Variante zur Anpassung der Preise an sich verändernde Bedingungen bieten.

Börsen- oder Marktpreis

Sowohl im Zusammenhang mit den bereits erwähnten Klauseln als auch unabhängig davon, kann bei bestimmten Waren eine Methode zur Anpassung an schwankende Marktpreise darin bestehen, als Kaufpreis den jeweiligen Markt- oder Börsenpreis zu vereinbaren. Ist bei solchen Klauseln der Ort (des Marktes oder der Börse) nicht vereinbart, so bestimmt er sich – sofern er sich nicht aus Handelsbräuchen oder handelsüblichen Gepflogenheiten ergibt – verbreitet nach den zur Leistungszeit am Leistungsort gültigen Preisen (vgl. z. B. § 453 BGB).

Preisfestsetzung durch einen Dritten

Die Partner können auch übereinkommen, einem Dritten die Aufgabe zu übertragen, den Kaufpreis verbindlich zu bestimmen (festzulegen oder unter bestimmten Voraussetzungen zu ändern).

In der Praxis kommt das z. B. auch vor, wenn bei der Abnahme der Ware durch den Käufer Mängel festgestellt werden, die eine Minderung des Kaufpreises, also ein Abweichen vom ursprünglich festgelegten Preis, rechtfertigen. Zur Vermeidung langwieriger (schieds-)gerichtlicher Auseinandersetzungen kann in solchen Fällen ein Schiedsgutachter im Auftrag der Partner die Preisfestsetzung vornehmen. Sie ist verbindlich, wenn sie unter Berücksichtigung des Vertragszwecks, des übrigen Vertragsinhalts und der Handelsüblichkeit getroffen worden ist. Bestreitet ein Partner die Verbindlichkeit oder nimmt der Dritte die Bestimmung nicht vor, so kann jeder Partner verlangen, daß die Kaufpreisbestimmung vom zuständigen (Schieds-)Gericht vorgenommen wird (§ 41 GIW).

Bestimmte Maßstäbe, die der Dritte bei der Preisfestsetzung zu beachten hat, werden auch in anderen Rechtsordnungen gesetzt (wie Billigkeit, Angemessenheit u. ä. – vgl. z. B. § 316 BGB; Art. 1 349 Codice civile; § 1–203, § 2–305 UCC).

Einseitige Preisbestimmung

In der Vertragspraxis kommen auch Preisklauseln vor, die einem der Vertragspartner (überwiegend dem Verkäufer) eine einseitige Bestimmung oder Änderung des Kaufpreises überlassen, z. B. Klauseln, die auf die am

Tag der Lieferung gültigen Preise Bezug nehmen. Nach den meisten Rechtsordnungen sind solche einseitigen Preisbestimmungen nicht unzulässig. Es werden jedoch – ähnlich wie bei der Preisbestimmung durch Dritte – bestimmte Maßstäbe gesetzt, die bei der einseitigen Preisbestimmung oder Preisänderung zu beachten sind (Billigkeit, Angemessenheit, Treu und Glauben), andernfalls ist die Preisbestimmung für den Partner nicht verbindlich und unterliegt einer richterlichen Korrektur (vgl. z. B. § 315 BGB; nach dem Recht der DDR könnte § 41 GIW, der sich auf die Bestimmung von Vertragsbedingungen durch Dritte bezieht, entsprechend angewandt werden).

Das GIW sieht außerdem die Möglichkeit einer einseitigen Preisbestimmung durch den Verkäufer als dispositive Regelung in § 47 vor.

Wie bereits erwähnt, setzt die Anwendung dieser Vorschrift jedoch voraus, daß die Partner einen Kaufvertrag geschlossen haben und keiner der Partner eine Einigung über die Höhe des Kaufpreises herbeiführen wollte. Diese Vorschrift hat keine große praktische Bedeutung, mit gelegentlicher Ausnahme bei Ersatzteillieferungen, Nebenleistungen u. ä.

Preisänderungsklauseln

Die in der internationalen Vertragspraxis bedeutsamste Methode der Anpassung der Vertragspreise an Preisschwankungen oder an sich verändernde Weltmarktpreise sind Preisänderungsklauseln, die eine automatische Anpassung ermöglichen und damit Streitigkeiten über die Höhe des zu zahlenden Kaufpreises vermindern. Die Hauptform, in der diese Methode realisiert wird, ist die der Preisgleitklauseln, die darauf gerichtet sind, daß sich der vereinbarte Preis verändert, wenn sich die Preise für die (vereinbarten) Kostenfaktoren der Kaufsache verändern (wie Materialkosten, Lohnkosten u. a.). Andere Klauseln, wie insbesondere die verschiedenen Formen von Währungsklauseln, haben zum Teil ähnliche Funktionen, sind aber in erster Linie auf den Schutz gegen Währungsverfall gerichtet (vgl. zu diesen sowie zu den Preisgleitklauseln näher S. 339ff.).[20]

Tarifpreis

Bietet ein Partner seine Leistungen zu veröffentlichten Tarifen an, so darf er die Gegenleistung nur in der tariflich festgelegten Höhe verlangen (§ 47 Abs. 2 GIW).

Mengenabweichungen

Ist im Rahmen zulässiger Mengentoleranzen geliefert worden, so hat der Käufer einen der gelieferten Menge entsprechenden Kaufpreis zu zahlen (§ 55 Abs. 2 GIW).

Kaufpreiswährung

Der Kaufpreis ist (wie alle vertraglichen Geldleistungen) in der vereinbarten Währung zu zahlen. Sollte es ausnahmsweise an einer gültigen Vereinbarung darüber fehlen, so ist die handelsübliche Währung maßgebend (§ 48 GIW).

Zahlungsort

Zahlungsort und Zahlungsmodalitäten des Kaufpreises werden üblicherweise vereinbart. Fehlt es daran, so ist nach § 43 Abs. 4 GIW Zahlungsort nach Wahl des Käufers eine der vom Verkäufer angegebenen Banken. Hat der Verkäufer keine Bank bestimmt, so kann der Käufer nach seiner Wahl am Sitz des Verkäufers leisten oder den Kaufpreis hinterlegen. Leistungsort ist also entweder der Sitz der Bank, der Sitz des Gläubigers oder der Hinterlegungsort. Der Zahlungstermin ist mangels anderweitiger Verein-

20 Vgl. W. Dürkes, Wertsicherungsklauseln, Heidelberg 1982.

barung allerdings eingehalten, wenn der Käufer die Zahlung zum festgelegten Termin veranlaßt hat. Da der Käufer jedoch das Risiko der Übersendung trägt (d. h., eine Beschlagnahme des Geldes, ein Bankkonkurs bis zur Verkäuferbank oder auch ein anderweitiger Verlust geht zu seinen Lasten), wird er von der Zahlungsverpflichtung erst frei, wenn das Geld in die Verfügungsgewalt des Verkäufers gelangt, z. B. auf dessen Konto gutgeschrieben wird. Erst zu diesem Zeitpunkt erlischt die Kaufpreisschuld.

Nach der GIW-Regelung trägt demnach der Käufer das Transferrisiko und der Verkäufer das Verspätungsrisiko. Zu diesem Ergebnis führt auch die Regelung des ABGB und des BGB, wenngleich mit einer anderen rechtlichen Konstruktion. Anders als nach dem GIW ist der Zahlungsort hier der Sitz des Käufers. Der Käufer leistet demnach rechtzeitig, wenn er zur Zahlungszeit am Zahlungsort (an seinem Sitz also) leistet. Das Risiko einer Verzögerung der Geldübermittlung durch die eingeschalteten Banken trägt damit der Verkäufer. Nach § 270 BGB hat der Käufer jedoch das Geld auf seine Gefahr und seine Kosten dem Verkäufer zu übermitteln. Damit trägt der Käufer das Transferrisiko, obgleich sich der Zahlungsort an seinem Sitz befindet (vgl. auch § 905 ABGB).
Nach anderen Rechtsordnungen (z. B. nach schweizerischem und schwedischem Recht) trägt der Käufer sowohl das Verspätungs- als auch das Transferrisiko. So ist nach Art. 74 OR Zahlungsort der Sitz des Verkäufers, und der Käufer hat zur Zahlungszeit seine Zahlungspflicht an diesem Ort zu erfüllen. Ähnlich auch die CIS-Regelung (vgl. Art. 57 Abs. 1a).

Fälligkeit

Der Zeitpunkt für die Zahlung des Kaufpreises wird regelmäßig im Vertrag vereinbart. Zu diesem Termin kann der Verkäufer Zahlung verlangen; der Käufer ist verpflichtet zu zahlen, d. h., der Kaufpreis ist fällig. Veranlaßt der Käufer die Zahlung nicht zur vereinbarten Zahlungszeit, so gerät er nach dem GIW in Verzug. Das gilt auch, wenn er laut Vertrag bestimmte Sicherheiten zu stellen hat (wie Akkreditiv oder Bankgarantie) und den dafür bestimmten Termin nicht einhält. Ist keine gültige Vereinbarung über die Fälligkeit des Kaufpreises getroffen worden, so ist davon auszugehen, daß die Zahlung Zug um Zug gegen Übergabe der Ware zu erfolgen hat (§ 260 GIW).

Vorleistungspflicht des Käufers

Zur Sicherung der Rechte des Verkäufers kann im Vertrag eine Vorleistungspflicht des Käufers vereinbart werden (z. B. Vorauszahlung, Anzahlung, Akkreditiv, Bankgarantie). Solange der Käufer seine Vorleistungspflicht nicht erfüllt, braucht der Verkäufer nicht zu liefern. Häufig wird zwischen den Partnern im Vertrag eine Beziehung zwischen Lieferung und Kaufpreiszahlung hergestellt, und zwar z. B. derart, daß innerhalb einer bestimmten Frist nach Stellung der Sicherheit (z. B. Akkreditiveröffnung) oder nach Leistung der Voraus- bzw. Anzahlung die Lieferung zu erfolgen hat. Für die Vorleistung wird also ein bestimmter Termin gesetzt, nach dem sich die anderen Leistungspflichten richten.

Preisstellung

Die Vereinbarung über die Verteilung der im Zusammenhang mit der Vertragserfüllung stehenden Kosten (wie z. B. für Verpackung, Transport, Versicherung, Beschaffung von Ursprungserzeugnissen, Warenprüfung, Zollgebühren, Abgaben u. a. m.) wird als Preisstellung bezeichnet. Sie ist integrierender Bestandteil jeder Preisvereinbarung. Es sind deshalb hier diejenigen Lieferungen und Leistungen des Verkäufers genau zu bezeichnen, die mit dem Kaufpreis abgegolten sein sollen. Darüber hinausgehende Leistungen muß entweder der Käufer selbst erbringen, oder der Verkäufer kann sie für ihn vornehmen und zusätzlich berechnen.

Wird im Vertrag auf handelsübliche Lieferklauseln Bezug genommen, so ist die Preisstellung meist darin enthalten. Beabsichtigte Abweichungen müssen ausdrücklich vereinbart werden.

Preisberechnung bei Verkauf nach Gewicht

Bestimmte Waren werden üblicherweise nach Gewicht verkauft. Bei solchen Warenlieferungen wird zwischen Bruttogewicht (Ware und Verpackung), Nettogewicht (Ware ohne Verpackung) und Taragewicht (Gewicht der Verpackung) unterschieden. Grundsätzlich ist es Sache der Vertragspartner, eine Vereinbarung darüber zu treffen, ob der Preis mit oder ohne Verpackung zu verstehen ist. Das geschieht z. B. mit der Klausel „brutto für netto". Sie bedeutet, daß der Preis nach dem Gesamtgewicht von Ware und Verpackung berechnet wird. Treffen die Partner keine Vereinbarung, so erfolgt die Berechnung nach dem Handelsbrauch des Ortes, an welchem der Verkäufer zu erfüllen hat. Existiert ein solcher nicht, so ist die Preisberechnung beim Verkauf nach Gewicht auf der Grundlage des Nettogewichts am Leistungsort vorzunehmen (§ 55 Abs. 3 GIW).

Brutto für netto

Verpackungskosten

Bei verschiedenen Waren sind die Verpackungskosten bereits im Verkaufspreis einkalkuliert, insbesondere wenn die Verpackung zur Ware gehört. Ein besonderer Verpackungspreis besteht in diesen Fällen nicht. Das gleiche gilt, wenn Waren in Behältern (Containern) versandt werden, die dem Verkäufer nach dem Vertrag zurückzuliefern sind.

Bei anderen Handelsgütern sind die Verpackungskosten vertraglich dem einen oder dem anderen Partner aufzuerlegen. Mit der Klausel „Preis ausschließlich Verpackung" oder „unverpackt" werden sie dem Käufer übertragen. Soweit sich aus dem Vertrag oder aus Handelsbrauch nichts anderes ergibt, trägt grundsätzlich der Verkäufer die Verpackungskosten, d. h., sie sind mit dem Kaufpreis abgegolten.

Ist die Ware zur Weiterveräußerung bestimmt, so kann es im Interesse des Verkäufers liegen, auf den Preis, zu dem weiterverkauft werden soll, Einfluß zu nehmen. Das geschieht mit Hilfe einer Preisbindungsklausel, die Bestandteil des Vertrages wird. Sie verpflichtet den Käufer, die gelieferte Ware nur zu einem bestimmten Preis oder innerhalb bestimmter Preisgrenzen (Höchst- bzw. Mindestpreise) weiterzuverkaufen.

Zu beachten ist, daß in einer Reihe von Staaten derartige Preisbindungen unzulässig (u. U. auch strafbar) oder aber genehmigungspflichtig sind. Soll eine Preisbindung also ihren Zweck erfüllen, so muß vorweg geprüft werden, ob sie in dem Lande, in dem sie wirksam werden soll (meistens im Käuferland), rechtlich zulässig ist bzw. welche Bedingungen erfüllt sein müssen, um ihre Gültigkeit zu erreichen.

Da es dem Verkäufer obliegt, den ihm infolge einer Nichtbeachtung der Preisbindungsklausel entstandenen Schaden der Höhe nach zu beweisen, was oft erhebliche Schwierigkeiten bereitet, ist die Vereinbarung eines normierten Schadenersatzes in Form einer Vertragsstrafe angebracht, die den Verkäufer der Beweisführungspflicht für einen eingetretenen Schaden und die Schadenshöhe enthebt.

4.3.2. Die Rechtsfolgen einer Verletzung der Zahlungspflicht

Erfüllt der Käufer seine Zahlungspflicht nicht rechtzeitig (§ 43 Abs. 4 Satz 3 GIW), oder erbringt er sie nicht am Leistungsort, so gerät er in Verzug. Er begeht also eine Vertragsverletzung, und der Verkäufer kann – wenn nichts anderes vereinbart ist – nach dem GIW folgende Rechte geltend machen:

Fälligkeitszinsen

a) Er kann vom Fälligkeitstermin ab bis zur Erfüllung des Anspruchs Zinsen in Höhe von 6 Prozent fordern (§ 278 Abs. 4).

Schadenersatz/ Beweislast

b) Er kann neben der Leistung Schadenersatz verlangen, auf den die Verzugszinsen anzurechnen sind.
Deckt sich der eingetretene Schaden mit der Höhe der Zinsen, so hat es damit sein Bewenden. Wird der Verkäufer infolge des Zahlungsverzuges aber gezwungen, einen „teureren" Kredit, d. h. einen Kredit zu einem höheren Zinssatz als 6 Prozent, aufzunehmen, oder entsteht ihm anderweitig ein Schaden, der seine Ursache im Verzug des Käufers hat, so kann er vom Käufer Ersatz verlangen. Er muß aber den Beweis für die Schadenshöhe führen, die über die 6 Prozent hinausgeht, und damit den gesamten Schaden nachweisen.

Kündigung oder Rücktritt und Schadenersatz

c) Befindet sich der Käufer in Zahlungsverzug, kann ihm der Verkäufer auch eine angemessene Nachfrist setzen und nach deren fruchtlosem Ablauf wegen Nichterfüllung vom Vertrag zurücktreten oder diesen fristlos kündigen und in beiden Fällen Schadenersatz verlangen (§ 278 Abs. 2). Praktische Bedeutung hat das vor allem dann, wenn sich der Käufer zur Vorauskasse oder zur Akkreditivstellung vor Auslieferung der Ware verpflichtet hat und damit in Verzug kommt.

Zahlungsverzug nach ausländischem Recht

Zahlreiche Rechtsordnungen sehen bei Zahlungsverzug ähnliche Rechtsfolgen vor und machen seinen Eintritt von ähnlichen Voraussetzungen abhängig.

Einige Rechtsordnungen (z. B. BRD und Schweiz) verlangen für die Inverzugsetzung eine Mahnung, die aber bei kalendermäßiger Bestimmung der Zahlungszeit entbehrlich ist (§ 284 Abs. 2 BGB; Art. 102 Abs. 2 OR). Nach BRD-, österreichischem und schweizerischem Recht kann der Verkäufer im Falle des Zahlungsverzugs Erfüllung und Verzugszinsen sowie Ersatz des darüber hinausgehenden Schadens verlangen.
Rücktritt oder Schadenersatz wegen Nichterfüllung können grundsätzlich unter den gleichen Voraussetzungen verlangt werden wie beim Lieferverzug (vgl. S. 193 ff.). Dabei sind allerdings bestimmte Einschränkungen nach erfolgter Übergabe der Kaufsache zu beachten. So steht z. B. nach § 454 BGB dem Verkäufer das Rücktrittsrecht aus §§ 325 Abs. 2 und 326 BGB nicht mehr zu, wenn er den Vertrag erfüllt und den Kaufpreis gestundet hat. Ein vereinbarter Eigentumsvorbehalt erhält indes dem Verkäufer das Rücktrittsrecht auch nach der Übergabe (vgl. § 455 BGB).
Besonderheiten sind auch hinsichtlich des Schadenersatzanspruchs beim Zahlungsverzug im Vergleich zum Lieferverzug zu beachten. Auch bei den auf dem Verschuldensprinzip basierenden Rechtsordnungen hat der Käufer Geldmangel generell zu vertreten. Bei nicht verschuldeter rechtlicher Unmöglichkeit oder bei Zahlungsverzug, der auf zeitweilige staatliche Zahlungsverbote zurückzuführen ist, sind dagegen Käufer verschiedentlich vom Schadenersatz befreit worden.

4.3.3. Die Annahmepflicht des Käufers

Die zweite dem Käufer obliegende Hauptpflicht ist seine Annahmepflicht. Annahme im Sinne des § 50 GIW bedeutet (endgültige) körperliche Entgegennahme der Ware einschließlich der dazu erforderlichen Handlungen des Käufers (z. B. Stellung eines Schiffes, Auslösung der Kaufsache aus einem Zollager).

Mit der Annahme erlangt der Käufer den Besitz der Ware, nicht dagegen ohne weiteres das Eigentum, da z. B. ein Eigentumsvorbehalt vereinbart worden sein kann.
Nicht zu verwechseln damit ist die Annahme als Erfüllung (§ 263 GIW) und die Abnahme beim Werkleistungsvertrag (§ 71 GIW) und beim Anlagenvertrag (§ 94 GIW). Bei diesen ist die körperliche Entgegennahme mit der ausdrücklichen oder stillschweigenden Erklärung des Käufers bzw. Bestellers verbunden, daß er die Leistung als vertragsgemäße Erfüllung anerkennt. Mit der Annahme der Ware nach § 50 GIW behält der Käufer dagegen seine Rechte auf Prüfung der Ware innerhalb der gesetzlichen oder vereinbarten Frist, auf Erhebung von Mängelrügen usw.
Ebenso wie die Pflicht zur Kaufpreiszahlung ist die Pflicht zur Annahme der Ware für den Kaufvertrag charakteristisch. Säumnisse bei der Verletzung dieser Pflichten wirken sich beim Verkäufer unmittelbar nachteilig aus. Regelmäßig hat der Verkäufer ein besonderes Interesse an der schnellen, reibungslosen Abwicklung der Übergabe der Ware, nicht zuletzt deshalb, weil die Annahme der Ware oft mit der Entladung von Beförderungsmitteln wie Schiffen, Eisenbahnwaggons und Lastkraftwagen verbunden ist und jede unnötige Verzögerung nachteilige materielle Folgen nach sich ziehen kann.
Die grundsätzliche Einordnung der Annahme als (schuldnerische) Hauptpflicht schließt nicht aus, daß sie in vielen Fällen zugleich mit Mitwirkungspflichten des Käufers bezüglich der Lieferpflicht des Verkäufers verknüpft ist. Dieser Doppelcharakter als Haupt- und Mitwirkungspflicht kann Einfluß auf die Rechtsfolgen bei ihrer Verletzung haben.

So kann der Käufer in ein und demselben Fall Ansprüche wegen Nichterfüllung der Annahmepflicht aus Gründen des Vorliegens von Umständen unabwendbarer Gewalt abwehren, er hat aber unter Umständen wegen Gläubigerverursachung die Folgen zu tragen, die die Unterlassung der Annahme in bezug auf die Leistungsverpflichtung des Verkäufers verursacht (§ 294 GIW).

Der Käufer ist annahmepflichtig, wenn der Verkäufer die Kaufsache liefert und die ihm obliegenden, den konkreten Umständen entsprechenden Handlungen vornimmt, die dem Käufer die Annahme möglich machen. Das sind die Bereitstellung der Ware, die rechtzeitige Anzeige der Versendung, die Mitteilung über die Versandbereitschaft, die Übermittlung von Dokumenten usw.

Annahme bei Aliud-Lieferung

Bei Lieferung einer anderen Sache (aliud) entfällt die Annahmepflicht, sofern die Sache nicht an Erfüllungs Statt angenommen wird (§ 264 GIW); hinsichtlich der Werterhaltungspflicht vgl. S. 243.
Die Annahme durch den Käufer kann auf verschiedene Weise geschehen. Die einfachste Art ist die Entgegennahme der zugesandten Ware. Häufig sind jedoch Mitwirkungshandlungen des Käufers vereinbart, oder sie ergeben sich aus der Art der Lieferung wie auch aus den üblicherweise vereinbarten Auslegungsregeln der Incoterms. Sie können z. B. in der Bereitstellung von Transportmitteln für die Versendung bestehen. Der Käufer kann sich aber auch verpflichtet haben, die Ware beim Verkäufer oder an einem anderen Ort abzuholen.
Der Käufer gerät in (Schuldner-)Verzug, wenn er seine Annahmepflicht

verletzt. Die damit verbundenen Rechtsfolgen treten nicht ein, wenn die Annahme durch unabwendbare Gewalt unmöglich geworden oder verzögert worden ist (§ 293 GIW) oder wenn der Verkäufer seinerseits den Annahmeverzug des Käufers verursacht hat (§ 294 GIW).

Für den Verkäufer ergeben sich folgende Rechte:

a) Dem Interesse des Verkäufers, die Ware „loszuwerden", sie aber trotzdem in sicherer Obhut zu wissen, wird dadurch Rechnung getragen, daß der Verkäufer bei Annahmeverzug die Ware auf Gefahr und Kosten des Käufers in einem Lagerhaus oder sonst in sicherer Weise einlagern (§ 267 GIW) oder – wenn es sich um Wertpapiere, sonstige Urkunden oder Wertsachen handelt – hinterlegen kann (§ 269 GIW). Die Wahl über den Ort der Einlagerung kann der Verkäufer nach Zweckmäßigkeitserwägungen treffen. Die Hinterlegung muß dagegen am Leistungsort erfolgen, sofern sich dieser im Lande des Verkäufers befindet. Ist das nicht der Fall, kann der Verkäufer die Hinterlegung an der für seinen Sitz zuständigen Hinterlegungsstelle vornehmen. (In der DDR ist gem. § 39 Notariatsgesetz[21] das Staatliche Notariat als Hinterlegungsstelle zuständig.) Die Art und Weise der Einlagerung richtet sich nach den Gegebenheiten des Ortes. Man wird aber den Verkäufer für verpflichtet halten müssen, bei der Auswahl auch berechtigte Interessen des Käufers wahrzunehmen und z. B. die eingelagerte Ware für Rechnung des Käufers zu versichern, wenn dies in Hinblick auf die Art und Weise den kaufmännischen Gepflogenheiten entspricht. *Einlagerung/ Hinterlegung*

Zeigt der Verkäufer dem Käufer die Einlagerung an und übergibt er ihm die über die Einlagerung ausgestellte Bestätigung (Lagerschein oder Lagerempfangsschein – § 148 Buchst. d GIW), so gilt die Lieferung als vollzogen. Sollte dem Verkäufer die Person oder der Sitz des Käufers unbekannt sein, so entfällt die Verpflichtung zur Anzeige und Übergabe. Erfolgt die Einlagerung nicht am Leistungsort, so kann der Käufer die Kosten für den Transport bis zum Leistungsort, die der Verkäufer gespart hat, erstattet verlangen (§ 268 GIW). *Wirkung der Einlagerung*

Für die Hinterlegung gilt im Prinzip das gleiche wie für die Einlagerung. Mit der Hinterlegung und der Erfüllung der Anzeigepflicht gilt die Leistung entweder unbeschränkt oder – falls der Verkäufer nicht auf die Rücknahme verzichtet hat – für die Dauer der Hinterlegung als vollzogen. *Wirkung der Hinterlegung*

Trotz Verzichts auf das Rücknahmerecht kann der Verkäufer bei Vorliegen folgender Voraussetzungen die Ware aus der Hinterlegung zurücknehmen:

- wenn er die Gegenleistung nicht erhalten hat und von dem der Hinterlegung zugrunde liegenden Rechtsverhältnis zurückgetreten ist oder es gekündigt hat,
- wenn die hinterlegte Ware nicht innerhalb von 2 Jahren nach Hinterlegung in Anspruch genommen worden und kein Rechtsstreit darüber anhängig ist.

b) Nicht in jedem Fall ist die Einlagerung bzw. Hinterlegung möglich oder dem Verkäufer zumutbar und unter Berücksichtigung der beiderseiti- *Selbsthilfeverkauf*

21 vom 5. 2. 1976, GBl. I Nr. 6 S. 93.

gen Interessen die am besten geeignete Maßnahme. Die Interessenlage des anderen Partners darf auch hier nicht außer acht gelassen werden. Die in § 259 GIW festgelegte Pflicht zur Zusammenarbeit und zur Abwendung und Minderung von Schäden, die dem anderen Partner entstehen können, gilt auch hier. Unter Beachtung dieser Aspekte kann es als ratsam erscheinen, z. B. wegen Fehlens geeigneten Lagerraumes, wegen Substanz- und Qualitätsverlustes der Ware durch Lagerung, wegen zu erwartendem Preisrückgang oder ähnlichen Faktoren, die Ware alsbald durch Verkauf zu verwerten. Der Verkäufer hat deshalb das Recht, bei Vorliegen der genannten Voraussetzungen die Ware im Wege des Selbsthilfeverkaufs zu veräußern. Eine solche Absicht hat er dem Käufer vorher anzuzeigen, sofern das den Umständen nach angemessen ist.

Die Mitteilung an den Käufer ist nicht an eine bestimmte Form gebunden. Zur Vermeidung von Beweisschwierigkeiten erfolgt sie am besten durch Einschreibbrief. Sie muß die beabsichtigte Maßnahme zweifelsfrei erkennen lassen und dem Käufer rechtzeitig zugehen, um ihm eine letzte Gelegenheit zu geben, eigene Maßnahmen zur Verhütung von Schäden zu treffen. Es genügt also z. B. nicht, lediglich mitzuteilen, „man werde nach Handelsrecht verfahren".

Ort und Zeit

Ort und Zeitpunkt des Selbsthilfeverkaufs sind vom Verkäufer zu bestimmen. Die Bedingungen werden unabhängig vom ursprünglichen Kaufvertrag festgesetzt. Läßt sich der vereinbarte oder der handelsübliche Preis nicht erzielen, kann davon abgewichen werden.

Abrechnung

Der Selbsthilfeverkauf erfolgt für Rechnung des säumigen Käufers. Mit dem Verkauf gilt die betreffende Lieferung als vollzogen. Erreicht der erzielte Preis nicht die dem ursprünglichen Vertrag zugrunde liegende Kaufsumme, so muß der Käufer den Differenzbetrag zahlen.

Verzugsschaden

c) Nimmt der Verkäufer das Recht des Selbsthilfeverkaufs in Anspruch, oder verlangt er die Annahme der Ware, so kann er – sofern die Voraussetzungen des Verzugs vorliegen – außerdem den Ersatz des Schadens verlangen, der ihm durch das Säumnis des Käufers entstanden ist (§ 278 Abs. 1 GIW).

Aufwendungsersatz

Er kann Ersatz der Mehraufwendungen verlangen, die er für das erfolglose Angebot sowie für die Aufbewahrung und Erhaltung der Ware machen mußte (§ 294 Abs. 5 Buchst. a GIW).

Rücktritt oder fristlose Kündigung und Schadenersatz

d) Da die Annahmepflicht des Käufers grundsätzlich den Charakter einer schuldnerischen Haftpflicht hat, begründet ihre Verletzung auch das Recht des Verkäufers, unter den Voraussetzungen des § 278 Abs. 2 vom Vertrag zurückzutreten oder ihn zu kündigen und Schadenersatz wegen Nichterfüllung der Annahmepflicht zu verlangen. Das ist deshalb gerechtfertigt, weil der Verkäufer bei Verletzung der Annahmepflicht in aller Regel auch den Kaufpreis nicht erhält. Kann er bei Verletzung der Annahmepflicht den Kaufpreis dennoch erhalten, hat er von sich aus kein Interesse, nach § 278 Abs. 2 vorzugehen.

Haftung des Verkäufers während des Käuferverzugs

Der Annahmeverzug des Käufers hat zur Folge, daß die Haftung des Verkäufers für die Ware erheblich eingeschränkt wird. Mit der Einlagerung und der Hinterlegung geht die Gefahr für die Ware auf den Käufer über.

Wird dem Verkäufer infolge des Annahmeverzugs des Käufers seine eigene Leistung unmöglich oder unzumutbar, so erlischt seine Leistungspflicht, er behält aber den Anspruch auf den Kaufpreis unter Anrechnung der Aufwendungen, die er durch die Befreiung von der Leistung erspart hat (§ 294 Abs. 2 GIW).

Dispositivität

Die Partner sind bezüglich der Verletzung der Annahmepflicht nicht an die vom GIW vorgesehenen Folgen gebunden, da die Regelung dispositiver Natur ist. Sie können z. B. das Recht des Verkäufers, nach § 278 Abs. 2 vom Vertrag zurücktreten und Schadenersatz zu verlangen, ausschließen oder einschränken.

4.3.4. Sonstige Käuferpflichten

Mitwirkungshandlungen des Käufers

Sowohl bei der Herstellung als auch bei der Lieferung der Ware sind häufig Mitwirkungshandlungen des Käufers erforderlich.

Mitwirkungshandlungen bei der Herstellung können z. B. in der Lieferung bestimmter Rohstoffe oder Halbfabrikate, der Übergabe bzw. Gegenzeichnung technischer Zeichnungen oder Projekte, der Erprobung eines Produktionsmusters bestehen. Mitwirkungshandlungen bei der Lieferung sind z. B. der Abruf der Ware, die Mitteilung der Versanddisposition oder die Bereitstellung von Verpackungsmaterial.

Das Charakteristische der sich daraus ergebenden Pflichten besteht darin, daß sie eine Mitwirkung des Käufers an der Erfüllung der Verkäuferpflichten zum Gegenstand haben. Diese in der Regel zugleich Nebenpflichten darstellenden Pflichten haben folglich einen Doppelcharakter, der dem Verkäufer bei Pflichtverletzungen die Möglichkeit gibt, Rechte oder Ansprüche aus § 289 GIW wegen Verletzung einer Nebenpflicht (von denen sich der Käufer bei Vorliegen von Umständen unabwendbarer Gewalt befreien kann) oder aus § 294 (wegen Gläubigerverursachung) geltend zu machen.

Andere (Haupt- und Neben-)Pflichten

Andere (sonstige) Pflichten des Käufers bestehen z. B. darin, ein Akkreditiv oder eine Bankgarantie zu stellen, die gelieferte Ware nicht zu reexportieren oder Verpackungsmaterial zurückzusenden. Diese Pflichten haben entweder wegen ihrer unmittelbaren Verbindung mit einer Hauptpflicht des Käufers selbst den Charakter einer Hauptpflicht (Pflicht zur Stellung eines Akkreditivs oder einer Bankgarantie) oder den Charakter einer Nebenpflicht (z. B. die Verpflichtung zur Rücksendung von Verpackungsmaterial).

Bei Verletzung derartiger Pflichten kann der Verkäufer die weitgehenden Rechtsfolgen aus § 278 GIW nur geltend machen, wenn die verletzte Pflicht den Charakter einer Hauptpflicht hat oder wenn sie zwar als Nebenpflicht zu qualifizieren ist, die wirtschaftlichen Folgen ihrer Verletzung jedoch die gleichen sind wie bei der Verletzung einer Hauptpflicht (§ 289). Sonst hat er nur Anspruch auf Ersatz des direkten Schadens.

Für die Nichteinhaltung bestimmter (sonstiger) Pflichten sieht das GIW spezifische Folgen vor – die Fiktion von Erklärungen und die Ersatzvornahme von Handlungen –, die auf eine Stabilisierung des Vertragsverhältnisses und eine Weiterführung der Vertragserfüllung gerichtet sind.

Fiktion von Erklärungen

Hat der Käufer nach dem Vertrag eine Erklärung abzugeben, die entweder die Präzisierung von Vertragsbedingungen oder die Ausübung eines Wahlrechts zum Inhalt hat, so kann eine solche Erklärung unter bestimmten Voraussetzungen fingiert werden, d. h., der Verkäufer kann so verfahren, als sei die Erklärung vom verpflichteten Partner abgegeben worden (§ 261 GIW).

Die Verpflichtung des Käufers, eine der Präzisierung von Vertragsbedingungen dienende Erklärung abzugeben, kann z. B. das Sortiment, die Leistungszeit, die Farb- oder Formgestaltung, die Transportart oder den Transportweg betreffen. Praktische Bedeutung hat das insbesondere beim sogenannten Spezifikationskauf. Die Verpflichtung des Käufers, eine die Ausübung eines Wahlrechts betreffende Erklärung abzugeben, kann sich z. B. auf die Wahl zwischen mehreren Transportmitteln, zwischen mehreren individuell bestimmten Sachen, zwischen verschiedenen Währungen beziehen.

Gibt der zur Abgabe der Erklärung verpflichtete Käufer diese nicht zum festgelegten Zeitpunkt ab, so kann ihm der Verkäufer einen Vorschlag zur Präzisierung der Vertragsbedingungen oder zur Ausübung des Wahlrechts unterbreiten. Dieser Vorschlag muß schriftlich erfolgen, und dem Käufer muß eine angemessene Nachfrist eingeräumt werden, in der er eine von diesem Vorschlag abweichende Erklärung abgeben kann. Läßt dieser jedoch die Nachfrist ungenutzt verstreichen, kann der Verkäufer so verfahren, als sei sein Vorschlag vom säumigen Partner mit Ablauf der Nachfrist als eigene Erklärung abgegeben worden.

Ersatzvornahme von Handlungen

Ist der Käufer verpflichtet, eine tatsächliche Handlung vorzunehmen, also nicht nur eine Erklärung abzugeben, so ist der Verkäufer unter bestimmten Voraussetzungen berechtigt, die Handlung selbst auf Kosten des verpflichteten Käufers vorzunehmen, wenn dieser seine entsprechende Verpflichtung nicht einhält (§ 262 GIW).

Der Käufer muß zu einer Handlung verpflichtet sein, die Voraussetzung für die Erfüllung einer Verkäuferpflicht ist. (Das betrifft z. B. Mitwirkungshandlungen des Käufers bei der Herstellung oder Lieferung der Kaufsache.)

Nimmt der Käufer die Handlung nicht zur festgelegten Zeit vor, so kann ihm der Verkäufer zur Vornahme dieser Handlung eine angemessene Nachfrist setzen und androhen, die Handlung auf Kosten des Käufers selbst vorzunehmen. Innerhalb der Nachfrist kann dieser die Handlung noch nachholen. Läßt er jedoch die Nachfrist ungenutzt verstreichen, so kann der Verkäufer die Handlung auf Kosten des Käufers selbst vornehmen oder ggf. auch einen Dritten damit beauftragen.

Die dem Verkäufer durch die Regelung der Fiktion von Erklärungen und der Ersatzvornahme von Handlungen eingeräumten Rechte schließen nicht aus, daß er gegen den Käufer Ansprüche auf Ersatz des direkten Schadens nach § 289 GIW geltend machen kann.

Die neben den Hauptpflichten bestehenden sonstigen Pflichten des Käufers können auf Vereinbarungen der Partner beruhen oder sich aus den Incoterms ergeben.

Gesetzliche Regelung sonstiger Pflichten

Ergänzend greifen die gesetzlich geregelten Käuferpflichten ein. Nach § 51 Abs. 4 GIW handelt es sich bei den in § 53 GIW geregelten Käuferpflichten um Nebenpflichten, deren Verletzung die in § 289 festgelegten Rechtsfolgen nach sich zieht. Nach dem GIW hat der Käufer, wenn die Partner nichts Abweichendes vereinbart haben,

- die Kosten für den Versand ab Leistungsort zu tragen (§ 53 Buchst. a);
- rechtzeitig vor Versand die erforderliche Versanddisposition zu erteilen (§ 53 Buchst. b);

  Um Auslegungsprobleme des Begriffs „rechtzeitig" zu vermeiden, ist es empfehlenswert, den Termin für die Erteilung der Versanddisposition im Vertrag festzulegen. Enthält der Vertrag bereits exakte Bestimmungen über den Zeitpunkt, die Transportmittel und den Bestimmungsort der Versendung, so erübrigt sich die Erteilung einer Versanddisposition.
  Erteilt der Käufer die Versanddisposition nicht rechtzeitig, so kann der Verkäufer die Ware an die Adresse des Käufers versenden (§ 53 Buchst. b) oder die Ware einlagern (§ 267f.; vgl. auch S. 239);

- auf seine Kosten die Genehmigungen zu beschaffen, die in seinem Lande oder ab Leistungsort in dritten Ländern erforderlich werden (§ 49);
- bei vereinbartem Eigentumsvorbehalt die im Bestimmungsland für die Wirksamkeit zwingend vorgeschriebenen Voraussetzungen oder Formvorschriften rechtzeitig zu erfüllen und dem Verkäufer nachzuweisen (§ 233 Abs. 2);
- für die Werterhaltung der Kaufsache zu sorgen (§ 59).

Werterhaltung der Ware

Gelangt die Ware im Fall einer Vertragsverletzung des Verkäufers vorübergehend in den Verfügungsbereich des Käufers, so ist dieser verpflichtet, auf Kosten und Gefahr des Verkäufers für ihre Werterhaltung zu sorgen und sie auf dessen Verlangen in handelsüblicher Weise zurückzuliefern.

Das kann z. B. bei berechtigter Verweigerung der Annahme oder bei Mängeln, die den Verkäufer zu einer Ersatzlieferung verpflichten, oder bei einem Rücktritt vom Vertrag der Fall sein.

Für den Käufer, in dessen Land sich die Ware dann meist befindet, ist es naturgemäß mit wesentlich geringeren Schwierigkeiten verbunden, Maßnahmen zur Werterhaltung zu treffen, als für den Verkäufer. Die Aufbewahrung der Ware kann der Käufer einem Dritten überlassen (Lagerhaus), bei dessen Auswahl er die handelsübliche Sorgfalt aufwenden muß. Bis zur Zahlung der für die Werterhaltung und der für die Rücklieferung der Ware erforderlichen Kosten hat der Käufer ein Zurückbehaltungsrecht. Verweigert der Verkäufer die Begleichung der Kosten, oder verzögert er sie unangemessen, so hat der Käufer die Stellung eines Pfandgläubigers (§ 241 GIW) und das Recht, einen Selbsthilfeverkauf durchzuführen. Verlangt der Verkäufer nicht innerhalb von 2 Monaten nach entsprechender Aufforderung durch den Käufer die Rücklieferung der Ware, so erlischt sein Anspruch darauf (§ 59).

Recht zum Verkauf

Ist die Ware, für die der Käufer werterhaltungspflichtig ist, vom Verderb bedroht, so ist er berechtigt, sie zu handelsüblichen Preisen zu verkaufen. Der Verkauf ist dem Verkäufer vorher anzuzeigen, soweit das den Umständen nach angemessen ist. Der Erlös abzüglich der mit dem Verkauf verbundenen Aufwendungen ist dem Verkäufer herauszugeben (§ 274 GIW). Voraussetzung für das Recht zum Verkauf ist die Werterhaltungspflicht und der drohende Verderb bzw. die Gefahr einer erheblichen Verschlechterung der Ware.

4.3.5. Die Pflichten des Käufers beim Kauf auf Probe

Zum Begriff und zur Bedeutung des Kaufs auf Probe vgl. S. 229.
Die charakteristische Besonderheit des Kaufs auf Probe besteht darin, daß der Kaufvertrag unter der aufschiebenden Bedingung der Billigung der Kaufsache durch den Käufer geschlossen wird, wobei diese Billigung in das Belieben des Käufers gestellt ist.
Der Käufer ist bei dieser Form des Kaufs zunächst zur körperlichen Entgegennahme der Kaufsache, zu ihrer Aufbewahrung und Werterhaltung verpflichtet. Die Kosten für die Werterhaltung hat der Käufer zu tragen – es sei denn, die Partner haben etwas anderes vereinbart. Dafür kann der Käufer die Kaufsache bis zur Billigung dem Vertragszweck entsprechend nutzen (§ 58 Abs. 3 GIW). Die Regelung des § 59 GIW über die Werterhaltungspflicht des Käufers findet keine Anwendung, da sie eine Vertragsverletzung des Verkäufers voraussetzt.
Geht die Kaufsache vor der Billigung oder im Falle der Ablehnung vor der Rücklieferung durch Zufall unter, hat der Verkäufer dennoch Anspruch auf Zahlung des Kaufpreises, da auch beim Kauf auf Probe die Gefahr mangels anderweitiger Vereinbarung mit Vollzug der Lieferung vom Verkäufer auf den Käufer übergeht.
Je nach Ausgestaltung des Vertrages kann der Käufer zur Mitwirkung bei der Lieferung der Kaufsache verpflichtet sein (z. B. zur Erteilung von Versandinstruktionen).
Billigt der Käufer die Kaufsache, so ist er zur Zahlung des Kaufpreises verpflichtet.
Billigt er sie nicht innerhalb der vereinbarten oder einer ihm vom Verkäufer gesetzten angemessenen Frist, so hat er die Kaufsache dem Verkäufer an den ursprünglichen Leistungsort zurückzuliefern (§ 58 Abs. 2 GIW). Unter „ursprünglicher Leistungsort" ist der im Vertrag für die Lieferung vereinbarte oder der sich aus dem Gesetz für die Lieferung des Verkäufers ergebende Leistungsort zu verstehen (§ 43 GIW). Auf die Pflicht zur Zurücklieferung finden die Vorschriften über die Lieferung entsprechend Anwendung.

4.4. Vertragserfüllung und wechselseitige Abhängigkeit von Verkäufer- und Käuferpflichten

4.4.1. Vertragserfüllung

Erfüllungsanspruch

Nach dem GIW haben die Vertragspartner die ihnen obliegenden Vertragspflichten so zu erfüllen, wie das im Vertrag oder auch im Gesetz festgelegt ist. Jeder Partner kann deshalb vom anderen grundsätzlich eine dementsprechende Erfüllung der Vertragspflichten verlangen (Erfüllungsanspruch). Dieser Erfüllungsanspruch entfällt nur in einigen wenigen im Gesetz vorgesehenen Ausnahmefällen (vgl. hierzu insbesondere S. 264ff.).

Anforderungen an das Partnerverhalten bei der Vertragserfüllung

In § 259 GIW werden die allgemeinen Anforderungen an das Verhalten der Vertragspartner im Prozeß der Vertragserfüllung normiert. Danach sind sie verpflichtet, zweckdienlich zusammenzuwirken (§ 259 Abs. 1).

Mit dieser Regelung werden die Vertragspartner darauf orientiert, im Vertrag die Pflichten zu vereinbaren, die zur Erreichung des Vertragszwecks erforderlich sind. Zugleich können daraus die für die Erreichung des Vertragszwecks erforderlichen Pflichten (Neben- und Mitwirkungspflichten) abgeleitet werden, die im Gesetz oder Vertrag nicht ausdrücklich geregelt sind.

Aus § 259 Abs. 1 GIW kann auch eine Modifikation der ursprünglich im Vertrag festgelegten Pflichten abgeleitet werden, wenn sich die Umstände, von denen die Partner bei Vertragsabschluß ausgegangen sind, wesentlich verändert haben oder sonstige Störungen den normalen Ablauf des Vertragsverhältnisses beeinträchtigen. Schließlich ist daraus für die Auslegung von Vertragsvereinbarungen abzuleiten, daß sie ein zweckdienliches, d. h. ein der Erreichung des Vertragszwecks dienliches Partnerverhalten fördern muß.

Die Art und Weise, wie die Partner ihre durch Gesetz oder Vertrag festgelegten Pflichten zu erfüllen haben, ist in § 259 Abs. 2 GIW bestimmt. Danach hat jeder Partner seine Vertragspflichten so zu erfüllen, daß der Vertragszweck in bestmöglicher Weise erreicht und dem anderen Partner die Erfüllung seiner Pflichten möglich wird. Auch diese Vorschrift orientiert die Partner darauf, über die Art und Weise der Vertragserfüllung konkrete Vereinbarungen zu treffen. Sie ergänzt die vertraglichen Vereinbarungen ebenso wie die gesetzlichen Bestimmungen, die die Art und Weise der Erfüllung von Vertragspflichten betreffen und die in den allgemeinen Bestimmungen über den Vertragsinhalt sowie in den Vorschriften über die einzelnen Vertragstypen enthalten sind.

Paragraph 259 Abs. 2 GIW ist auch bei Vertragsstörungen anzuwenden, bei denen die Partner verpflichtet sind, Anstrengungen zu unternehmen, um den Vertrag auf einem Niveau zu stabilisieren, das dem ursprünglich beabsichtigten möglichst nahekommt. Aus dieser Vorschrift können ferner die Handlungen abgeleitet werden, die zur Erfüllung einer bestimmten Vertragspflicht erforderlich sind, wie z. B. die Aktivitäten, die der Käufer nach den Umständen des jeweiligen Vertrages bei der Erfüllung seiner Annahmepflicht zu ergreifen hat.

Schadensabwendungs- und -minderungspflicht

Im Prozeß der Vertragsrealisierung ist jeder Partner verpflichtet, die ihm möglichen und zumutbaren Anstrengungen zu unternehmen, um vom anderen Partner Schäden abzuwenden bzw. entstandene Schäden zu mindern (§ 259 Abs. 3 GIW). Diese Vorschrift stellt im Verhältnis zu § 298 GIW eine allgemeine Regelung dar. Im Unterschied zu § 298 bezieht sich die Schadensabwendungs- und -minderungspflicht des § 259 Abs. 3 nicht auf Schäden, die der andere Partner durch eine Vertragsverletzung verursacht hat, sondern auf solche, die diesem drohen oder entstanden sind, vorausgesetzt, der verpflichtete Partner hat die Möglichkeit, darauf schadensmindernd oder -verhütend Einfluß zu nehmen.

Bei dieser Abwendungs- und Minderungspflicht kann es sich z. B. um einen Schaden handeln, der an Gegenständen entstanden ist oder zu entstehen droht, die zwar dem einen Partner gehören, sich aber in der Obhut des anderen befinden, oder für diesen anderen Partner kann sich die Verpflichtung ergeben, seinen Partner über drohende Gefahren zu informieren oder in dessen Interesse Ansprüche gegenüber einem Dritten (z. B. einer Transportorganisation) anzumelden.

Für entstandene Aufwendungen kann der verpflichtete Partner vom anderen Ersatz verlangen.

Formen der Vertragserfüllung

Normalerweise wird eine Vertragspflicht dadurch erfüllt, daß ein Partner die im Vertrag oder Gesetz dafür vorgesehenen Handlungen in der festgelegten Art und Weise vornimmt. Das GIW stellt jedoch einige Formen, die eine modifizierte Vornahme der Handlungen oder des Vollzugs von Leistungen bedeuten, der Vertragserfüllung gleich (sogenannte Erfüllungssurrogate).

Erfüllungssurrogate

Unter bestimmten Voraussetzungen kann der Schuldner seine Vertragspflicht durch eine andere als die vereinbarte Leistung erfüllen – durch die Leistung erfüllungshalber und die Leistung an Erfüllungs Statt (§ 263ff. GIW).

Leistung erfüllungshalber und Leistung an Erfüllungs Statt

Bei beiden Formen wird nicht die geschuldete Leistung, sondern eine andere erbracht. Der andere Partner (der Leistungsempfänger) ist nicht verpflichtet, diese anzunehmen, er kann die andere Leistung ablehnen. Nimmt er die andere Leistung jedoch an, so kann dadurch die Erfüllung ersetzt oder ermöglicht werden.

Der Unterschied zwischen der Leistung erfüllungshalber und der Leistung an Erfüllungs Statt besteht darin, daß bei ersterer die tatsächlich erbrachte (andere) Leistung die geschuldete nicht ersetzen, sondern ermöglichen soll, mit ihrer Hilfe in den Besitz der geschuldeten Leistung zu gelangen. Im Unterschied dazu tritt bei der Leistung an Erfüllungs Statt die andere Leistung (die tatsächlich erbrachte) an die Stelle der vereinbarten Leistung. In beiden Fällen bedarf es der Annahme der anderen Leistung durch den Gläubiger. Während bei der Leistung erfüllungshalber die ursprüngliche Pflicht erst mit der Realisierung der anderen Leistung erlischt, tritt die andere Leistung bei der Leistung an Erfüllungs Statt in dem Moment an die Stelle der vereinbarten Leistung, in dem sie der Gläubiger nutzt oder über sie verfügt, spätestens jedoch nach 3 Monaten, wenn er sie bis dahin nicht abgelehnt hat (§ 264 GIW).

Leistung erfüllungshalber

Die Leistung erfüllungshalber (§ 263 GIW) bezieht sich in aller Regel auf eine Geldleistung. Beispiele für Leistungen erfüllungshalber sind die Hingabe eines Schecks oder Wechsels, die erst eingelöst werden müssen, oder die Abtretung einer Forderung gegen einen Dritten, die erst eingezogen werden muß. Der Gläubiger braucht die andere Leistung grundsätzlich nicht anzunehmen, sondern kann sie zurückweisen. Nimmt der Gläubiger aber die andere Leistung an, so hat er auch die Pflicht, sich aus dieser anderen Leistung zu befriedigen, beispielsweise die abgetretene Forderung einzuziehen. Kann er die andere Leistung nur teilweise verwerten, so erlischt auch die ursprüngliche Pflicht nur teilweise. Von der Fälligkeit der vereinbarten Leistung bis zur Realisierung bzw. Verwertung der anderen Leistung ist eine Geldleistung zu verzinsen (§ 278 Abs. 4 GIW).

Leistung an Erfüllungs Statt

Bei der Leistung an Erfüllungs Statt handelt es sich in aller Regel sowohl bei der vereinbarten als auch bei der anderen Leistung um eine Sachleistung. Der Gläubiger kann eine andere als die vereinbarte Leistung (sogenanntes Aliud) zurückweisen. Dabei muß es sich beim Kaufvertrag um die Lieferung einer Ware anderer Gattung handeln. Andere Ware innerhalb der vereinbarten Gattung gilt als nichtqualitätsgerechte Lieferung und berechtigt zumindest nach Gefahrenübergang nicht zur Zurückweisung. Dem

Gläubiger stehen hier die in § 281 GIW bestimmten Rechte zu (vgl. auch S. 204f.).[22] Unterbleibt im Falle eines Aliuds die rechtzeitige Zurückweisung, so gilt die andere Leistung als angenommen. Die Annahme braucht also nicht ausdrücklich erklärt zu werden, vielmehr bedeutet hier Schweigen Zustimmung (§ 264 GIW).

Dadurch, daß der Schuldner eine andere Leistung als die vereinbarte erbringt (also anbietet) und der Gläubiger diese nicht zurückweist (also annimmt), kommt praktisch eine Vertragsänderung zustande. Deshalb tritt die andere Leistung an die Stelle der vereinbarten. Die Pflicht zur Erbringung der vereinbarten Leistung erlischt mit der Annahme der anderen Leistung.

Wenn der Gläubiger die erbrachte (andere) Leistung nutzt oder über sie verfügt, so verliert er sein Recht auf Zurückweisung. Der Gläubiger muß aber wohl für berechtigt gehalten werden, in einem solchen Fall innerhalb der 6-monatigen Frist Ansprüche aus § 281 GIW geltend zu machen (vgl. S. 215).

Prüfungspflicht

Um Rechtsverluste zu vermeiden, hat der Gläubiger generell die erhaltene Leistung zu prüfen (§ 285 Abs. 1 GIW). Bei einer derartigen Prüfung wird er zumeist feststellen können, ob es sich bei der erbrachten Leistung überhaupt um die vereinbarte handelt. Will er eine andere Leistung zurückweisen, so muß er das gem. § 264 unverzüglich nach Entdeckung tun, spätestens aber innerhalb von 3 Monaten; d. h., er hat für die Feststellung, daß es sich um eine andere als die vereinbarte Leistung handelt, die gleiche Zeitspanne zur Verfügung wie für die Feststellung von Mengendifferenzen (§ 285 Abs. 3).

Zweifelsfälle

Bei der Annahme einer anderen als der vereinbarten Leistung kann es zweifelhaft sein, ob dies erfüllungshalber oder an Erfüllungs Statt geschieht, beispielsweise wenn eine Geldleistung statt in der vereinbarten Währung in einer anderen Währung erfolgt, also erst ein Umtausch (mit dem Risiko eines Kursverlustes, aber auch der Möglichkeit eines Kursgewinnes) vorgenommen werden muß. Um solche Zweifel auszuschließen, kann sich der Gläubiger bei Annahme einer anderen Leistung seine eigentliche Forderung vorbehalten.

Leistung durch einen Dritten

Eine Vertragspflicht kann auch erfüllt werden, indem die geschuldete Leistung nicht durch vom dazu verpflichteten Vertragspartner, sondern von einem Dritten erbracht wird. Der Gläubiger ist nach § 266 Abs. 1 GIW nur dann zur Annahme einer ihm von einem Dritten angebotenen Leistung verpflichtet, wenn der Schuldner dem zugestimmt hat und wenn der Gläubiger kein berechtigtes Interesse daran hat, daß der Schuldner die Leistung selbst erbringt. Die letzte Voraussetzung spielt bei Kaufverträgen kaum eine Rolle, sie ist vor allem bei bestimmten Dienstleistungsverträgen, evtl. auch bei Verträgen über wissenschaftlich-technische Leistungen und Lohnveredlungen von Bedeutung.

Der Zustimmung des Schuldners bedarf es dann nicht, wenn der Dritte für den Schuldner haftet oder in anderer Weise die Erfüllung der schuldnerischen Verpflichtung sichert (§ 266 Abs. 2 GIW).

22 Vgl. Kommentar zum Gesetz über internationale Wirtschaftsverträge, Berlin 1983, Anm. 6. 3. zu § 50, Anm. 4 zu § 51, Anm. 1.3. zu § 281.

Das betrifft z. B. eine Bank, die für den Schuldner eine Bankgarantie übernommen hat, oder auch eine andere Firma, die für den Schuldner bürgt.

Wird die Leistung unter den Voraussetzungen des § 266 Abs. 1 oder 2 GIW erbracht, so geht mit der Erfüllung der Leistungspflicht durch den Dritten die Forderung des Gläubigers gegen den Schuldner auf den Dritten über. Es handelt sich dabei um eine Art gesetzlicher Forderungsabtretung, und die Vorschriften über die Forderungsabtretung (§ 223f. GIW) finden entsprechende Anwendung.
Nimmt der Gläubiger eine ihm von einem Dritten angebotene Leistung an, die nicht vertragsgemäß ist und aus der dem Gläubiger Ansprüche wegen einer Vertragsverletzung zustehen, so sind der Schuldner und der Dritte dafür gesamtschuldnerisch verantwortlich (§ 266 Abs. 4 GIW i. V. m. §§ 219 bis 221). Das gilt allerdings nur, wenn der Schuldner – sofern nicht die Voraussetzungen des § 266 Abs. 2 vorliegen – der Leistungserbringung durch den Dritten zugestimmt hat. Ist das nicht der Fall, kann sich der Gläubiger mit seinen Ansprüchen wegen der Vertragsverletzung lediglich an den Dritten halten, oder er muß die ihm von dem Dritten angebotene Leistung ablehnen.

Aufrechnung

Ein weiteres im GIW vorgesehenes Erfüllungssurrogat ist die Aufrechnung mit einer Gegenforderung. Gegeneinander aufgerechnet werden können gegenseitige, gleichartige und fällige Forderungen. Die Aufrechnung erfolgt durch Erklärung gegenüber dem anderen Partner (§ 275, ausführlich dazu vgl. S. 351ff.).

4.4.2. Die gegenseitige Abhängigkeit der Leistungs- und Gegenleistungspflichten

Beim AKV stehen die Leistungspflichten des Käufers und des Verkäufers in einem gegenseitigen Abhängigkeitsverhältnis. Die gesetzliche Regelung gewährleistet, daß das mit Vertragsabschluß begründete Verhältnis von Leistung und Gegenleistung während der Vertragserfüllung und beim Eintritt von Vertragsverletzungen grundsätzlich aufrechterhalten wird, und zwar sowohl hinsichtlich der zeitlichen Reihenfolge als auch hinsichtlich des Äquivalenzverhältnisses. Dieses Erfordernis ist im ökonomischen Verhältnis selbst begründet, da beim Kaufvertrag – ebenso wie bei anderen gegenseitigen Verträgen – die Leistung um der Gegenleistung willen erbracht wird. Im allgemeinen ist durch gesetzliche Bestimmung oder durch vertragliche Vereinbarung eine zeitliche Reihenfolge für Leistung und Gegenleistung festgelegt.

Leistungsverweigerungsrechte

Unter bestimmten Voraussetzungen ist der Schuldner jedoch berechtigt, seine Leistung trotz Fälligkeit vorübergehend zurückzuhalten. Zurückbehaltungsrechte sind Leistungsverweigerungsrechte. Sie berechtigen den Schuldner, die geschuldete Leistung so lange zu verweigern, bis eine ihm zustehende (Gegen-)Leistung bewirkt oder dafür Sicherheit geleistet wird. Sie haben Sicherungscharakter und dienen dazu, den Partner zur Erbringung seiner Leistung zu zwingen.
Für den AKV bedeutsam sind nach dem Recht der DDR das Zurückhalte-

recht (§ 230 GIW), das Anhalterecht (§ 231) und das Recht zur Leistung Zug-um-Zug (§ 260). Die Unterschiede zwischen diesen Rechten bestehen in ihren Voraussetzungen, nicht aber in ihren Folgen.

Zurückhalterecht

Die Ausübung des Zurückhalterechts setzt nach § 230 GIW voraus, daß die Gegenleistung gefährdet ist. In dieser Situation braucht der Schuldner einen Schutz seiner berechtigten Interessen, was die beträchtliche Anzahl von Konkursen in den kapitalistischen Industrieländern nachdrücklich unterstreicht. Stellt sich nach Vertragsabschluß heraus, daß die wirtschaftliche Lage des anderen Partners so schwierig geworden ist, daß die Gegenleistung gefährdet ist, so kann der Schuldner seine Leistung zurückhalten. Es ist dabei gleichgültig, ob die Verschlechterung der wirtschaftlichen Lage erst nach Vertragsabschluß eingetreten ist oder bereits davor. Das Zurückhalterecht ist aber ausgeschlossen, wenn der Schuldner den Vertrag in Kenntnis der schwierigen wirtschaftlichen Lage des Partners geschlossen hat.

Die (geforderte) Gegenleistung wird meist die Geldleistung, kann aber auch die Kaufsache sein.

Wesen und Wirkung

Das Zurückhalterecht des Schuldners schränkt den Anspruch des Gläubigers auf die Leistung nicht ein, sondern verzögert lediglich deren Erfüllung. Die Geltendmachung dieses Rechts ist davon abhängig, daß die Leistung noch zurückgehalten werden kann, also noch nicht bewirkt ist.

Der Schuldner, der die Leistung berechtigt zurückhält, begeht keine Vertragsverletzung, so daß die Rechtsfolgen des Verzugs nicht eintreten, solange der Gläubiger nicht zu seiner Leistung bereit oder imstande ist und auch keine Sicherheit leistet.

Sicherheitsleistung

Wer ein Zurückhalterecht ausübt, muß seinen Partner sofort darüber informieren (§ 232 Abs. 1 GIW), um diesem die Möglichkeit zu geben, die Ausübung dieses Rechts durch Sicherheitsleistung abzuwenden. Dabei bedarf allerdings die Art der Sicherheitsleistung der Zustimmung desjenigen, der das Zurückhalterecht ausübt (§ 232 Abs. 2).

Hat der Partner Sicherheit geleistet, so muß die Leistung erbracht werden. Lehnt der Partner eine Sicherheitsleistung ab, kann vom Vertrag zurückgetreten oder dieser fristlos gekündigt werden (§ 232 Abs. 3, vgl. auch S. 276ff.).

Beweislast

Der Partner wird unter Umständen eine Sicherheitsleistung ablehnen, weil er eine Verschlechterung seiner wirtschaftlichen Lage bestreitet. Hier muß grundsätzlich derjenige, der das Zurückhalterecht ausüben will, beweisen, daß die gesetzlich bestimmten Voraussetzungen vorliegen. Kann er das nicht, so ist er wegen Vertragsverletzung verantwortlich. Die Ausübung des Zurückhalterechts muß also mit der nötigen Sorgfalt geschehen.

Ein Zurückhalterecht kann auch ausgeübt werden, wenn die im Vertrag vereinbarte und auch vom Partner beigebrachte Sicherheit, z. B. eine Bürgschaft, ihren Wert dadurch verliert, daß der Bürge in wirtschaftliche Schwierigkeiten gerät. Hier kann eine andere Sicherheitsleistung verlangt werden, die der vereinbarten gleichwertig ist (§ 230 Abs. 2 GIW).

Anhalterecht

Hat der vorleistungspflichtige Verkäufer seine Lieferung bereits vorgenommen oder der vorleistungspflichtige Käufer den Kaufpreis bereits überwiesen, und erhält er nunmehr Kenntnis von der Verschlechterung der wirtschaftlichen Lage seines Partners oder eines von diesem gestellten Bürgen oder Garantiegebers, so ist er berechtigt, ein Anhalterecht auszuüben (§ 231 GIW), solange der jeweilige Partner Ware oder Geld noch nicht in Empfang genommen hat.

In ähnlicher Weise regelt auch Art. 71 CIS ein Anhalterecht, und es ist auch in einigen anderen Rechtsordnungen bekannt. Dennoch ist seine Ausübung mit Unsicherheitsfaktoren verbunden, wenn sich die Ware bereits im Ausland befindet und die dort geltenden Bestimmungen ein solches Recht nicht vorsehen. Auch steht nach erfolgter Lieferung bis zur Aushändigung der Ware nur ein relativ kurzer Zeitraum zum Handeln zur Verfügung.

Im übrigen treffen die Vorschriften bezüglich der Sicherungsrechte, die beim Zurückhalterecht beschrieben wurden, auch auf das Anhalterecht zu (vgl. § 232 GIW).

Leistung Zug um Zug

Während das Zurückhalte- und Anhalterecht nur dem vorleistungspflichtigen Partner zustehen und seinem Schutz dienen, bezieht sich § 260 GIW in erster Linie auf die Fälle, in denen keiner der Partner (nach dem Gesetz oder dem Vertrag) vorleistungspflichtig ist. Da diese Vorschrift dem nicht vorleistungspflichtigen Partner ein Recht einräumt, kann sie außerdem Anwendung finden, wenn der andere Partner vorleistungspflichtig ist, obgleich in diesem Fall der nicht vorleistungspflichtige Partner zumeist auch die für ihn günstigeren Rechte aus § 294 in Anspruch nehmen kann. Außerdem hat § 260 für die Abwicklung eines Rücktrittsrechts Bedeutung (vgl. S. 276f.).

Aussetzungsrecht

Nach § 260 GIW ist der *nicht* zur Vorleistung Verpflichtete berechtigt, die Leistung bis zur Erbringung der Gegenleistung auszusetzen.

Der Begriff der Gegenleistung wird oft im Sinne der Bezahlung oder Vergütung einer Leistung, also einer Geldleistung, gebraucht. In § 260 werden die Begriffe Leistung und Gegenleistung in einem anderen Sinne verwendet. Leistung ist hier auf den nicht vorleistungspflichtigen Partner bezogen, dessen Leistung sowohl Geld als auch eine andere Leistung sein kann, und Gegenleistung ist demgemäß die Leistung des anderen Partners, die ebenfalls eine Geld- oder eine andere Leistung sein kann. Der Verkäufer ist z. B. auch dann nicht vorleistungspflichtig, wenn der Käufer vor dem Liefertermin ein Akkreditiv, eine Bankgarantie oder eine Bürgschaft zu stellen hat.

Ist der andere Partner vorleistungspflichtig, so kann der nicht vorleistungspflichtige Partner warten, bis die Gegenleistung erbracht wurde und evtl. sogar noch darüber hinaus (vgl. § 294 GIW). Ist keiner vorleistungspflichtig, so kann dem Partner, der die Leistung verlangt, ohne gleichzeitig die Gegenleistung zu erbringen oder zumindest anzubieten, die Einrede des nichterfüllten Vertrages entgegengehalten werden. Grundsätzlich ist unter dieser Voraussetzung Leistung und Gegenleistung gleichzeitig, d. h. Zug-um-Zug, zu erbringen. Typisch dafür ist beispielsweise die Zahlungsbedingung Kasse gegen Dokumente (C/D).

Wirkung

Das Recht, die Leistung auszusetzen, verhindert, daß der nicht vorleistungspflichtige Partner in Verzug (§ 278 GIW) kommt. Daneben kann er aber seinerseits evtl. Sanktionen gegen einen vorleistungspflichtigen Partner geltend machen. Das Aussetzungsrecht besteht unabhängig von den Gründen, die dazu führten, daß der andere Partner die Gegenleistung nicht erbracht hat.

Der Partner, der vom Recht zur Aussetzung seiner Leistung Gebrauch macht, hat den anderen Partner sofort darüber zu informieren (§ 232 Abs. 1). Von diesem kann das Aussetzungsrecht durch Sicherheitsleistung, deren Art der Zustimmung des aussetzungsberechtigten Partners bedarf, abgewendet werden (§ 232 Abs. 2 und 3).
Wird vom anderen Partner innerhalb angemessener Frist nach erfolgter Information keine Sicherheit geleistet, so kann der zur Aussetzung der Leistung berechtigte Partner vom Vertrag zurücktreten oder ihn fristlos kündigen (§ 260 Abs. 2 i. V. m. § 232 Abs. 3).

Abhängigkeit von Leistung und Gegenleistung bei Vertragsverletzungen

Die gegenseitige Abhängigkeit von Leistung und Gegenleistung wird auch bei Vertragsverletzungen gewahrt. So sind bestimmte Folgen von Vertragsverletzungen darauf gerichtet, das vertraglich begründete Äquivalenzverhältnis von Gebrauchswert und Kaufpreis wiederherzustellen (z. B. durch die Minderung), wenn nichtqualitätsgerecht geleistet wurde. Beim Rücktritt vom Vertrag sind bereits erbrachte Leistungen gegenseitig zurückzugewähren (vgl. § 311 Abs. 1 GIW). Bei unabwendbarer Gewalt ruhen die Gegenleistungspflichten, solange die Leistungspflichten ruhen (§ 293 Abs. 2), und die Gegenleistungspflichten erlöschen, wenn die Leistungspflichten erlöschen, weil der Leistungsgegenstand infolge der Einwirkung der unabwendbaren Gewalt untergeht oder so stark beschädigt wird, daß seine Instandsetzung wirtschaftlich nicht vertretbar ist (§ 293 Abs. 3).

Pflicht zur Gegenleistung bei Wegfall der Leistung

In bestimmten Fällen wird jedoch das gegenseitige Abhängigkeitsverhältnis von Leistung und Gegenleistung gelöst, indem ein Partner die Gegenleistung zu erbringen hat, ohne die Leistung zu erhalten. Das ist der Fall bei der Gläubigerverursachung nach § 294 Abs. 2 GIW. Danach erlischt die Leistungspflicht des Schuldners, wenn eine Handlung des Gläubigers dazu führt, daß die Leistung für den Schuldner unmöglich oder unzumutbar wird. Dieser behält jedoch den Anspruch auf die Gegenleistung, wobei er sich allerdings die durch die Befreiung von der Leistung ersparten Aufwendungen anrechnen lassen muß.
Auch in einem weiteren Fall hat der Käufer die Gegenleistung zu erbringen, ohne die Leistung erhalten zu haben, nämlich dann, wenn die Leistung nach Übergang der Gefahr vom Verkäufer auf den Käufer durch Zufall untergeht.

4.5. Die Gefahrtragung

4.5.1. Der Begriff der Gefahrtragung

Der Begriff der Gefahr oder der Gefahrtragung wird in der Vertragspraxis nicht einheitlich verwendet. Auch bestehen über diesen Begriff unterschiedliche Auffassungen in den einzelnen Rechtsordnungen. Die Unterschiede in der Verwendung des Begriffs betreffen insbesondere den Umfang der Gefahr, deren Abgrenzung von der materiellen Verantwortlichkeit (einschließlich der von der Verantwortlichkeit befreienden Umstände) sowie ihr Verhältnis zum Eigentumsübergang.[23]

23 Vgl. G. Hager, Die Gefahrtragung beim Kauf – eine rechtsvergleichende Untersuchung, Frankfurt/Main 1982.

Gefahr der Gegenleistung

In der Praxis der AKV taucht der Begriff der Gefahrtragung vorwiegend im Zusammenhang mit der Frage auf, ob der Käufer den Kaufpreis zahlen muß oder nicht, wenn die Ware auf dem Wege vom Verkäufer zum Käufer durch ein zufälliges Ereignis, für das keiner der beiden Kaufvertragspartner verantwortlich ist, zerstört, beschädigt oder anderweitig beeinträchtigt wird. Dieser Begriff wird hier also im Zusammenhang mit dem Schicksal der Gegenleistung, im Sinne der Preisgefahr, verwandt. Die Beschränkung des Begriffs der Gefahrtragung auf die Gefahr der Gegenleistung ist deshalb sinnvoll, weil er nur in diesem Zusammenhang eine selbständige Bedeutung hat und eine klare Abgrenzung zur Verantwortlichkeit (einschließlich der Befreiung von den Folgen einer Vertragsverletzung) zuläßt. Die Ausdehnung des Begriffs der Gefahrtragung auf jegliches zufällige Ereignis, das auf die Leistungen der Partner eines AKV einwirkt, ermöglicht keine klare Abgrenzung von der Verantwortlichkeit für Vertragsverletzungen sowie von den Umständen, die zu ihrer Befreiung führen (vgl. hierzu S. 259ff.).

Abgrenzung von der Verantwortlichkeit

Von der Verantwortlichkeit (einschließlich der Befreiungsgründe) wird erfaßt, ob der Verkäufer bei Verletzung seiner Lieferpflicht zur Lieferung verpflichtet bleibt, ob er Schadenersatz leisten muß oder ob andere Rechtsfolgen eintreten oder aber, ob er auf Grund des Vorliegens bestimmter Umstände von seiner Verantwortlichkeit befreit wird (von der Lieferpflicht, der Schadenersatzleistung oder anderen Sanktionen).

In vielen Fällen hat der Verkäufer seine Lieferpflicht bereits erfüllt, wenn er die zu liefernde Sache ab Leistungsort versandt hat (§ 51 Abs. 2 GIW), während der Käufer in diesem Zeitpunkt noch nicht im Besitz der Kaufsache ist. Wirkt während des Transports ein zufälliges, weder vom Verkäufer noch vom Käufer verursachtes Ereignis auf den Kaufgegenstand ein, so werden die sich daraus ergebenden Auswirkungen auf die Zahlungspflicht des Käufers nicht von den Bestimmungen über die Verantwortlichkeit erfaßt. Hierfür bedarf es einer besonderen Regelung, und insofern hat die Gefahrtragung selbständige Bedeutung.

Rechtswirkungen des Gefahrenübergangs

Mit der Bestimmung des Gefahrenübergangs wird also eine Entscheidung darüber herbeigeführt, ob der Verkäufer den Kaufpreis verlangen kann, wenn ein zufälliges, auf den Leistungsgegenstand einwirkendes Ereignis dazu führt, daß der Käufer den Kaufgegenstand nicht oder nicht in der vertraglich vorgesehenen Weise oder Beschaffenheit erhält.

Der Verkäufer kann vom Zeitpunkt des Gefahrenübergangs an den vollen Kaufpreis vom Käufer verlangen, auch wenn die Kaufsache infolge eines zufälligen, nach diesem Zeitpunkt auf sie einwirkenden Ereignisses untergeht oder sich verschlechtert. Wird der Untergang oder die Verschlechterung der Kaufsache nicht durch ein zufälliges Ereignis, sondern durch einen Umstand herbeigeführt, für den der Verkäufer verantwortlich ist, so handelt es sich nicht um ein Problem der Gefahrtragung, auch wenn die Auswirkungen auf die Beschaffenheit des Liefergegenstandes erst nach dem Gefahrenübergang eintreten.

Hat z. B. der Verkäufer die Ware nicht vertragsgemäß verpackt, markiert oder versandt, so handelt es sich nicht um ein Problem der Gefahrtragung, sondern um eine Vertragsverletzung. Ob der Käufer in diesem Fall zur Kaufpreiszahlung verpflichtet ist oder nicht, hängt hier nicht vom Gefahrenübergang, sondern davon ab, welche

Ansprüche er wegen dieser Vertragsverletzung geltend macht. Übt er z. B. berechtigt (nach § 289 i. V. m. § 278 Abs. 2 oder i. V. m. 281 Abs. 4 GIW) ein Rücktrittsrecht aus, so ist er nicht verpflichtet, den Kaufpreis zu zahlen, oder er hat Anspruch auf Rückzahlung eines bereits gezahlten Kaufpreises. Ähnlich ist es, wenn der Käufer den Umstand verursacht hat. Auch dann handelt es sich nicht um ein Problem der Gefahrtragung. Der Käufer ist in diesem Fall zur Zahlung des Kaufpreises verpflichtet, auch wenn der Verkäufer noch die Gefahr trägt (§ 294 Abs. 2).

Leistungsgefahr

Verschiedene Rechtsordnungen und gelegentlich auch die Vertragspraxis verwenden den Begriff der Gefahr nicht nur im Sinne der Gefahr der Gegenleistung, sondern auch im Sinne der Leistungsgefahr. Bei der Leistungsgefahr geht es im Unterschied zur Preisgefahr um die Frage, ob der Schuldner weiterhin zur Leistung verpflichtet bleibt, wenn die Leistung infolge eines zufälligen Ereignisses beeinträchtigt oder unmöglich geworden ist.
Das GIW verwendet – wie bereits erwähnt – dafür nicht den Begriff der (Leistungs-)Gefahr, da dieses Problem aufs engste mit der Vertragserfüllung und den Vertragsverletzungen zusammenhängt und folglich keiner Regelung im Rahmen eines selbständigen Rechtsinstituts bedarf.
Das GIW löst dieses Problem zunächst durch die Regelung des Vollzugs der Lieferung (§ 51 Abs. 2). Mit dem Vollzug der Lieferung hat der Verkäufer seine Lieferpflicht erfüllt. Geht die Kaufsache nach diesem Zeitpunkt durch ein zufälliges Ereignis unter, so ist er nicht zu einer nochmaligen Lieferung verpflichtet. Geht hingegen die Kaufsache vor Vollzug der Lieferung unter, wird der Verkäufer nach den in § 293 bestimmten Voraussetzungen von seiner Lieferpflicht (dauernd oder zeitweilig, vollständig oder teilweise) befreit. Unter dem Aspekt der Risikoverteilung gesehen, trägt demnach bei unabwendbarer Gewalt grundsätzlich der Käufer die sogenannte Leistungsgefahr. Wird die Kaufsache durch ein zufälliges Ereignis allerdings nur beschädigt oder in sonstiger Weise qualitätsgemindert, so ergeben sich durch die Regelung des § 281 f. demgegenüber bestimmte Modifikationen (vgl. S. 203).

Der Begriff der „Gefahr", wie er in den Incoterms oder in Art. 66 CIS verwendet wird, betrifft ebenfalls nur die Preisgefahr. Nach dem BGB z. B. wird die Preisgefahr respektive die Gefahr der Gegenleistung in § 323 ff. und § 446 f., die Leistungsgefahr dagegen in den §§ 275, 279 erfaßt.

4.5.2. Gefahrenübergang

Gefahrenübergang bei vereinbarter Lieferbasis

Der Gefahrenübergang kann vertraglich vereinbart werden. Wird im Vertrag die Lieferbasis unter Bezugnahme auf die Incoterms vereinbart, so ergibt sich der Gefahrenübergang aus diesen Auslegungsregeln (vgl. hierzu Tabelle 3 – S. 256 ff.). Da die Incoterms dispositiver Natur sind, ist es auch möglich, im Vertrag einen von diesen Auslegungsregeln abweichenden Gefahrenübergang zu vereinbaren. Solche Vereinbarungen sollten jedoch eindeutig sein, um Fehlinterpretationen zu vermeiden. Außerdem empfiehlt es sich, bei beabsichtigten Abweichungen die in der Einleitung zu den Incoterms (insbesondere Ziff. 7) gegebenen Hinweise zu beachten.
Der Exporteur ist im allgemeinen daran interessiert, die Gefahr zu einem möglichst frühen Zeitpunkt auf den Käufer übergehen zu lassen (z. B. mit

Vertragsabschluß, was jedoch selten und allenfalls beim Spezieskauf realisierbar ist, oder mit Übergabe der Kaufsache an den Spediteur oder sonstigen Frachtführer am Sitz des Lieferwerkes). Dem Käufer hingegen ist daran gelegen, den Gefahrenübergang möglichst weit hinauszuschieben (z. B. auf den Eigentumsübergang beim Eigentumsvorbehaltskauf, auf die Ablieferung der Ware am Bestimmungsort oder die Übergabe der Konnossemente). Da aber die Gefahr- und Kostentragung oft gekoppelt wird und auch die Nutzung eigener oder auch devisensparender Transportkapazität damit im Zusammenhang stehen kann, können sich auch andere Interessenkonstellationen ergeben. Unter ähnlichen Gesichtspunkten ist auch die von der Gefahrtragung abhängige Transportversicherung zu werten.

Gefahrenübergang bei fehlender Vertragsvereinbarung

Enthält der Vertrag weder direkt noch indirekt (durch Verweisung auf Incoterms, durch Handelsbräuche) einen Hinweis auf den Gefahrenübergang, so geht die Gefahr nach § 51 Abs. 3 GIW mit Vollzug der Lieferung über. Der Begriff des Vollzugs der Lieferung ergibt sich aus § 51 Abs. 2 (vgl. auch S. 181f.).

Da es jedoch zulässig ist, den durch Gesetz begründeten Zusammenhang von Gefahrenübergang und Vollzug der Leistung zu lösen, können sich unter bestimmten Voraussetzungen Modifikationen hinsichtlich einzelner gesetzlicher Vorschriften oder hinsichtlich des vereinbarten Gefahrenübergangs ergeben:

Modifikation der Regelung des § 293 Abs. 3

- Fallen nach dem Vertrag Vollzug der Lieferung und Gefahrenübergang zeitlich so auseinander, daß die Lieferung zum Zeitpunkt des Gefahrenübergangs noch nicht vollzogen ist, und geht die Kaufsache infolge des Einwirkens unabwendbarer Gewalt nach Gefahrenübergang auf den Käufer, aber vor Vollzug der Lieferung unter, so erlischt die Leistungspflicht des Verkäufers nach § 293 Abs. 3 GIW; die Gegenleistungspflicht des Käufers bleibt jedoch im Unterschied zur Regelung des § 293 Abs. 3 bestehen.

Gefahrenübergang und Gläubigerverursachung

- Führt eine Handlung des Käufers dazu, daß dem Verkäufer die Lieferung unmöglich oder unzumutbar wird, so erlischt die Lieferpflicht des Verkäufers. Der Käufer ist jedoch in diesem Fall – unabhängig davon, ob die Gefahr nach dem Vertrag bereits auf ihn übergegangen ist – zur Zahlung des Kaufpreises verpflichtet, allerdings unter Anrechnung der Aufwendungen, die der Verkäufer durch die Befreiung von der Leistung erspart hat (§ 294 Abs. 2 GIW).

Gefahrenübergang bei der Einlagerung

- Eine Modifikation des Gefahrenübergangs gegenüber dem vertraglich vereinbarten kann – falls dieser nicht den Vollzug der Leistung als den für den Gefahrenübergang maßgeblichen Zeitpunkt bestimmt – eintreten, wenn der Verkäufer die Lieferung dadurch vollzieht, daß er die Kaufsache einlagert. Mit der Einlagerung geht die Gefahr auf den Käufer über, vorausgesetzt, der Verkäufer ist nach § 267 GIW zur Einlagerung berechtigt. Entsprechendes gilt für den Fall des Selbsthilfeverkaufs und der Hinterlegung (vgl. §§ 269 bis 273).

4.5.3. Der Umfang des Gefahrenübergangs

Bestimmung des Umfangs

Der Umfang des Gefahrenübergangs ist nicht eindeutig und nicht einheitlich bestimmt. Die Incoterms sprechen im allgemeinen von „Gefahren der

Ware", ohne den Begriff näher zu definieren. Auch das GIW verzichtet auf eine nähere Bestimmung des Umfangs des Gefahrenübergangs.

Vernichtung oder Verschlechterung der Kaufsache

Soweit der Begriff der Gefahr im Sinne der Preisgefahr verwandt wird, besteht im wesentlichen Einhelligkeit darüber, daß er sich auf die physische Vernichtung, Beschädigung oder Verschlechterung der Kaufsache durch Naturereignisse (z. B. Brand, Überschwemmung, Sturm) oder durch dritte Personen (z. B. bei unsachgemäßer Löschung, Umladung) erstreckt, sofern Verkäufer oder Käufer nicht für deren Handlungen verantwortlich sind. Auch die in der spezifischen Eigenart der Ware begründeten Veränderungen des Gewichts oder anderer Eigenschaften der Ware (z. B. Veränderungen des Feuchtigkeitsgehalts) werden im allgemeinen vom Gefahrenbegriff erfaßt.

Zusätzliche Transportkosten

Problematischer ist es, ob sich der Gefahrenübergang auch auf zusätzliche Kosten erstreckt, die durch Transportunterbrechungen oder -verzögerungen entstehen, die aber weder der Verkäufer noch seine Erfüllungsgehilfen zu vertreten haben. Die in diesen Fällen möglicherweise eintretenden Verschlechterungen der Ware werden wohl einhellig dem Gefahrenbegriff zugeordnet. Bei den zusätzlichen Kosten (Hafen- und Lagergebühren u. ä.) ist dies indessen weniger eindeutig. Diese Problematik tritt insbesondere bei den sogenannten Zweipunktklauseln auf, nach denen Kosten- und Gefahrtragung auseinanderfallen.

Wenn z. B. bei Vereinbarung der Frachtfrei-Klausel (Incoterms 1980), nach der die Gefahr mit der Übergabe an den ersten Frachtführer auf den Käufer übergeht, der Verkäufer aber die Kosten bis zum Bestimmungsort trägt, in einem Transitland unvorhergesehene, weder vom Verkäufer noch vom Käufer (einschließlich ihrer Erfüllungsgehilfen) verursachte zusätzliche Kosten entstehen, so hängt die Frage, ob der Käufer oder der Verkäufer diese Kosten zu tragen hat, davon ab, ob diese Fälle vom Gefahrenbegriff erfaßt werden.
Soweit derartige Fälle nicht von der Versicherung gedeckt werden, empfehlen sich hierzu entsprechende Vertragsvereinbarungen.

Auswirkungen staatlicher Maßnahmen

Was die Auswirkungen von staatlichen Maßnahmen betrifft, die nach Vertragsabschluß ergehen, so handelt es sich in der Regel nicht um ein Problem der Gefahrtragung (wenngleich auch hierüber unterschiedliche Auffassungen bestehen). Die Auswirkungen staatlicher Maßnahmen werden überwiegend von der Regelung der Verantwortlichkeit erfaßt, sofern sie nicht zur Nichtigkeit des Vertrages führen. Unter bestimmten Voraussetzungen jedoch können sie auch im Zusammenhang mit der Gefahrtragung relevant werden. Das betrifft vor allem Fälle, in denen staatliche Maßnahmen nach Vollzug der Lieferung und nach Gefahrenübergang getroffen werden.

Ein Beispiel dafür ist die Beschlagnahme von Maschinen in einem Transitland oder auch im Verkäufer- oder Käuferland nach vollzogener Lieferung und nach Gefahrenübergang auf den Käufer, aber vor Inbesitznahme durch den Käufer und vor dem Eigentumsübergang (z. B. bei vereinbartem Eigentumsvorbehalt).

Diese Fälle werden nicht von § 293 GIW und in der Regel auch nicht von den vertraglichen Höhere-Gewalt-Klauseln erfaßt, die sich lediglich auf die Lieferpflicht des Verkäufers beziehen. Hier geht es jedoch darum, ob der Käufer zur Kaufpreiszahlung verpflichtet ist oder nicht. Das Berliner Schiedsgericht hat in der Sache SG 382/81, bei der es sich um einen so gelagerten Fall handelte, entschieden, daß die Beschlagnahme vom Gefahrenbegriff erfaßt wird, und hat den Käufer folglich zur Zahlung des Kaufpreises verpflichtet.

4.5.4. Die Bedeutung der Gefahrtragung

Gefahrtragung und Transportversicherung

Die praktische Bedeutung der Gefahrtragung wird durch den allgemein üblichen Abschluß von Versicherungen, insbesondere von Transportversicherungen, erheblich gemindert. Dennoch wäre es verfehlt, dem Problem der Gefahrtragung keine oder nur wenig Bedeutung beizumessen.
Die abgeschlossene Versicherung entspricht in vielen Fällen nicht dem Umfang der Gefahrtragung. Bestimmte Gefahren, die auf den Käufer übergehen, sind häufig nicht durch die abgeschlossene Versicherung gedeckt.

Das betrifft meist natürliche Gewichtsveränderungen oder auch Veränderungen bestimmter Eigenschaften der Ware, aber auch andere Fälle. Oft erstreckt sich die Versicherung nicht auf Diebstahl, Plünderung, Bruch u. a.
Ferner kann es vorkommen, daß die Versicherung nicht den vollen Schaden deckt oder daß im Einzelfall keine Transportversicherung abgeschlossen wird.

Schließlich ist die Gefahrtragung auch für die Frage bedeutsam, welcher Vertragspartner die Transportversicherung für welche Beförderungsstrecke abschließen sollte. Im Verhältnis zwischen Verkäufer und Käufer besteht keine allgemeine Rechtspflicht zum Abschluß einer Versicherung. Eine solche Verpflichtung gegenüber dem anderen Kaufvertragspartner kann sich jedoch aus Handelsbräuchen, aus den Incoterms (vgl. z. B. die Auslegungsregeln zur CIF-Klausel) oder aus direkten vertraglichen Vereinbarungen ergeben. Ansonsten ist jeder Partner in seinem Interesse gehalten, eine Transportversicherung für die Beförderungsstrecke abzuschließen, für die er die Gefahr trägt.

Tabelle 3
Gefahrenübergang nach den Auslegungsregeln der Incoterms 1980

Klausel	*Gefahrenübergang*
Ab Werk	
(ab Fabrik, ab Mühle, ab Pflanzung, ab Lagerhaus usw.)	Mit Zurverfügungstellung der Ware ab Werk, frühestens mit Konkretisierung
1953 in Kraft getreten	(A 6, B 2)

Klausel	*Gefahrenübergang*
FOR/FOT	
Frei (Franko) Waggon . . . (benannter Abgangsort)	Mit Aushändigung der Ware oder des beladenen Waggons an die Eisenbahn
1953 in Kraft getreten	(A 4, B 3)
FAS	
Frei längsseits Seeschiff . . . (benannter Verschiffungshafen)	Mit tatsächlicher Lieferung längsseits Schiff im benannten Verschiffungshafen
1953 in Kraft getreten	(A 4, B 2, B 3, B 4)
FOB	
Frei an Bord . . . (benannter Verschiffungshafen)	Mit Überschreiten der Reling des Schiffes im Verschiffungshafen durch die Ware
1953 in Kraft getreten	(A 4, B 2, B 3, B 4)
C & F	
Kosten und Fracht . . . (benannter Bestimmungshafen)	Mit Überschreiten der Reling des Schiffes im Verschiffungshafen durch die Ware
1953 in Kraft getreten	(A 5, B 3, B 4)
CIF	
Kosten, Versicherung, Fracht . . . (benannter Bestimmungshafen)	Mit Überschreiten der Reling des Schiffes im Verschiffungshafen durch die Ware
1953 in Kraft getreten	(A 6, B 3, B 4)
Ab Schiff	
. . . (benannter Bestimmungshafen)	Mit Zurverfügungstellung der Ware im Bestimmungshafen, frühestens mit Konkretisierung
1953 in Kraft getreten	(A 3, B 2)

Klausel	*Gefahrenübergang*
Ab Kai	
(verzollt . . . benannter Hafen)	Mit Zurverfügungstellung der Ware am Kai, frühestens mit Konkretisierung
1953 in Kraft getreten	(A 6, B 2)
Geliefert Grenze	
. . . (benannter Lieferort an der Grenze)	Mit Zurverfügungstellung der Ware am benannten Lieferort an der Grenze
1967 in Kraft getreten	(A 2, A 3, B 4, B 5)
Geliefert verzollt	
. . . (benannter Bestimmungsort im Einfuhrland)	Mit Zurverfügungstellung der Ware am benannten Bestimmungsort
1967 in Kraft getreten	(A 3, A 5, B 3, B 4)
FOB Flughafen	
. . . (benannter Abgangsflughafen)	Mit Übergabe der Ware an den Luftfrachtführer oder dessen Agenten
1976 in Kraft getreten	(A 7, B 5, B 6)
Frei Frachtführer	
. . . (benannter Ort)	Mit Übergabe der Ware an den benannten Frachtführer an dem benannten Ort oder mit Konkretisierung
1980 in Kraft getreten	(A 6, B 4, B 5)
Frachtfrei	
. . . (benannter Bestimmungsort)	Mit Übergabe der Ware an den 1. Frachtführer oder mit Konkretisierung
1980 in Kraft getreten (revidierte Fassung der 53er Klausel)	(A 3, B 2, B 3)

Klausel	Gefahrenübergang
Frachtfrei versichert	
... (benannter Bestimmungsort)	Mit Übergabe der Ware an den 1. Frachtführer oder mit Konkretisierung
1980 in Kraft getreten	(A 3, B 2, B 3)

4.6. Die materielle Verantwortlichkeit

4.6.1. Funktionen und allgemeine Voraussetzungen

Begriff

Jeder Vertragspartner ist grundsätzlich für die Einhaltung der sich aus dem Gesetz bzw. dem Vertrag ergebenden Pflichten verantwortlich. Wird eine Vertragspflicht verletzt, so resultieren daraus Störungen des jeweiligen Vertragsverhältnisses und in der Regel auch Vermögensverluste beim anderen Partner. Deshalb zieht die Verletzung einer Vertragspflicht grundsätzlich bestimmte Rechtsfolgen nach sich (vgl. hierzu insbesondere S. 186ff. und S. 231ff.), die sich aus Gesetz oder Vertrag ergeben. Materielle Verantwortlichkeit bedeutet das materielle Einstehenmüssen für eine Vertragsverletzung.

Dieser Begriff, der ebenso wie der verschiedentlich als Synonym dafür verwendete Begriff der Haftung im einzelnen unterschiedlich interpretiert wird, wird im folgenden – auch angesichts der in den einzelnen Rechtsordnungen bestehenden Unterschiede – in einem relativ weitgefaßten Sinn verwendet: Er erstreckt sich auf den objektiven Tatbestand der Vertragsverletzung (der Nichterfüllung oder der nicht vertragsgemäßen Erfüllung einer Vertragspflicht) und auf die daraus resultierenden Rechtsfolgen (auf Schadenersatz und andere Schadensausgleichsrechte, aber auch auf den Anspruch auf nachträgliche Erfüllung, auf Wiederherstellung gestörter, vertraglich begründeter Äquivalenzbeziehungen als schließlich auch auf Rechte zur Vertragsbeendigung). Er umfaßt ferner die Kriterien, die die subjektive Zurechenbarkeit einer Vertragsverletzung betreffen (wie Verschulden oder bestimmte Befreiungsgründe), sowie weitere gesetzliche oder vertraglich begründete Voraussetzungen, von deren Vorliegen die jeweiligen Rechtsfolgen abhängen.

Funktionen

Indem die gesetzlichen oder vertraglichen Regelungen bestimmte Rechtsfolgen für eine Vertragsverletzung vorsehen und damit der den Vertrag verletzende Partner materiell verantwortlich gemacht wird, üben sie eine stimulierende Wirkung auf ein vertragstreues Verhalten der Vertragspartner aus. Sie tragen durch das Androhen bestimmter Rechtsfolgen dazu bei, daß die übernommenen Vertragspflichten eingehalten und damit Vertragsverletzungen vermieden oder zumindest reduziert werden. Kommt es dennoch zu einer Vertragsverletzung, zielt die materielle Verantwortlichkeit darauf ab, das gestörte Vertragsverhältnis entweder zu stabilisieren oder zu beenden, das durch die Vertragsverletzung gestörte Äquivalenzverhältnis zwischen Leistung und Gegenleistung auf der Grundlage des abgeschlossenen Vertrages wiederherzustellen oder auch einen Schadensausgleich herbeizuführen.

Regelungsunterschiede

Die gesetzliche Regelung der materiellen Verantwortlichkeit weist in den einzelnen Rechtsordnungen, die auf AKV Anwendung finden können, zum Teil erhebliche Unterschiede auf. Dabei bedarf es jedoch einer differenzierten Wertung, inwieweit diese Unterschiede nur auf verschiedenen rechtlichen Konstruktionen basieren und inwieweit sich in der Anwendung der betreffenden Rechtsvorschriften auf den konkreten Einzelfall tatsächlich unterschiedliche Lösungen ergeben. Der letztgenannte Aspekt ist für die Außenhandelspraxis ohne Zweifel der bedeutsamere. Bei der Vertragsgestaltung müssen jedoch beide Aspekte berücksichtigt werden, da sich aus unterschiedlichen juristischen Konstruktionen unterschiedliche Anforderungen an die inhaltliche Gestaltung von Vertragsklauseln ergeben können.

Wesentliche Unterschiede in der Regelung der materiellen Verantwortlichkeit, in der auch unterschiedliche rechtspolitische Zielsetzungen zum Ausdruck kommen, bestehen zwischen den einzelnen Rechtsordnungen insbesondere in folgenden Fragen: Für welche Arten von Vertragsverletzungen und unter welchen Voraussetzungen jeweils dem anderen Partner ein Rücktrittsrecht oder ein anderes einseitiges Recht zur Vertragsbeendigung eingeräumt wird, für welche Arten von Vertragsverletzungen und in welchem Umfang Schadenersatz zu leisten ist und wie die Auswirkungen von Vertragsstörungen, die keiner der Vertragspartner verursacht hat, auf den einen und den anderen Partner verteilt werden.

Wesentliche rechtspolitische Zielstellungen in der Verantwortlichkeitsregelung des GIW bestehen darin, auch bei Vertragsverletzungen den Vertrag so weit wie möglich zu erhalten und darauf Einfluß zu nehmen, daß der Vertrag noch annähernd erfüllt wird. Die Möglichkeit der einseitigen Vertragsbeendigung ist eingeschränkt und oft von qualifizierten Voraussetzungen abhängig. Auch für die Schadensausgleichsrechte sind bestimmte Begrenzungen vorgesehen. Unter der Voraussetzung, daß nicht der Schuldner die Ursachen für die Nichteinhaltung einer übernommenen Vertragspflicht gesetzt hat, sondern äußere Umstände die Erfüllung verhindert haben (Befreiungsgründe), entfallen bestimmte Rechtsfolgen, oder sie bzw. die Vertragspflichten selbst werden kraft Gesetzes modifiziert.

Nach einigen anderen Rechtsordnungen sind dagegen Rechte auf einseitige Vertragsbeendigung (wie Rücktritt oder auch Wandlung) bei zahlreichen Arten von Vertragsverletzungen ohne weiteres gegeben (vgl. z. B. S. 194 und S. 237). Ähnliches gilt auch für Schadensausgleichsrechte. Was die subjektive Zurechnung anbelangt, so gehen einige Rechtsordnungen – anders als das GIW – nicht vom Verursachungs- sondern vom Verschuldensprinzip aus. Danach treffen die für eine Vertragsverletzung festgelegten Rechtsfolgen grundsätzlich nur den Partner, der die Vertragsverletzung zu vertreten, insbesondere verschuldet hat.

Von diesem Verschuldensprinzip, das sich insbesondere auf finanzielle Sanktionen wie Schadenersatz und Vertragsstrafe bezieht, werden jedoch regelmäßig wichtige Ausnahmen statuiert, bei denen eine verschuldensunabhängige Haftung begründet wird.

Auch die gesetzlichen Bestimmungen zur materiellen Verantwortlichkeit sind in den einzelnen Rechtsordnungen, die für AKV maßgebend sein können, überwiegend dispositiver Natur. Sie erlauben es folglich den Vertragspartnern, in ihren Verträgen davon abweichende Vereinbarungen zu treffen. Regelmäßig enthalten die einzelnen Rechtsordnungen zu bestimmten Aspekten der materiellen Verantwortlichkeit jedoch auch einige zwingende Rechtsvorschriften, die insbesondere die Zulässigkeit von Schadenersatzausschlüssen, aber auch von anderen Freizeichnungsklauseln beschränken (besonders bei Vorsatz, grober Fahrlässigkeit, absichtlicher Schadenszufügung, arglistigem Verschweigen eines Mangels u. ä.).

Vertragsfreiheit

Nach § 291 GIW z. B. kann sich ein Schuldner bei absichtlicher Schadenszufügung nicht auf eine im Vertrag oder im Gesetz festgelegte Haftungsbeschränkung berufen. Der Gläubiger kann unter dieser Voraussetzung in jedem Fall Schadenersatz verlangen, auch wenn ein solcher Anspruch für die betreffende Vertragsverletzung gar nicht vorgesehen ist, und zwar neben ggf. bestehenden anderen Ansprüchen.

Außer den sich aus den zwingenden Normen ergebenden Beschränkungen können sich in einigen Ländern weitere ergeben, wenn die Haftungsbeschränkungen in AGB enthalten sind. In Rechtsordnungen, die AGB einer besonderen Inhaltskontrolle unterziehen, wird diese besonders auf dem Gebiet der materiellen Verantwortlichkeit ausgeübt (vgl. näher S. 263).
Innerhalb der so gesteckten Grenzen sind abweichende Vereinbarungen in der internationalen Vertragspraxis verbreitet und üblich. Insbesondere sind die Verkäufer bestrebt, ihre sich aus dem Gesetz ergebende Verantwortlichkeit bzw. Haftung zu beschränken. Das ist vermittels verschiedener Vertragskonstruktionen, die auch miteinander kombiniert werden können, erreichbar.

So werden insbesondere
- andere als im Gesetz vorgesehene Voraussetzungen für den Eintritt von Rechtsfolgen festgelegt, oder solche Voraussetzungen werden vertraglich ausgeschlossen;
- andere als sich aus dem Gesetz ergebende Rechtsfolgen vereinbart oder auch gesetzlich festgelegte Rechtsfolgen ausgeschlossen;
- (andere) Gründe vereinbart, unter denen ein Partner (meist nur auf den Verkäufer bezogen) trotz Nichteinhaltung einer übernommenen Vertragspflicht von für ihn nachteiligen Rechtsfolgen befreit wird.

4.6.2. Verantwortlichkeit für Dritte und mitgeteilte Vertragsverletzung

Die hochgradige Spezialisierung in den modernen Produktions- und Verteilungssystemen bringt es mit sich, daß an der Erfüllung eines AKV in der Regel mehrere Betriebe und viele Einzelpersonen kooperativ beteiligt sind. So wirken an der Vertragserfüllung viele Arbeiter und Angestellte beider Vertragspartner, eine oder mehrere Banken, die der Käufer mit der Erfüllung seiner Zahlungspflicht beauftragt, Monteure des Verkäufers, Transportunternehmen u. a. mit.

Verantwortlichkeit für Dritte

Auf das Handeln dieser Personen und Betriebe haben die Vertragspartner unterschiedliche Einflußmöglichkeiten. Ein reibungsloser Geschäftsverkehr erfordert jedoch, daß sich jeder Vertragspartner auf die vertragsgerechte Erfüllung der Verpflichtungen des anderen Partners verlassen kann, unabhängig davon, ob dieser seine Verpflichtungen selbst oder mit Hilfe eines Dritten (Erfüllungsgehilfe) erfüllt. Der Schuldner haftet für das ordnungsgemäße Verhalten der von ihm zur Vorbereitung oder Ausführung der geschuldeten Leistung hinzugezogenen Personen. Die Verantwortlichkeit des Schuldners für die in die Vertragserfüllung einbezogenen Dritten ist ein wichtiger Grundsatz der materiellen Verantwortlichkeit. Dieser Grundsatz, wonach der Schuldner für Pflichtverletzungen, die von ihm zur Erfüllung seiner Vertragspflichten herangezogene Dritte verursacht haben, wie für eigene Pflichtverletzungen verantwortlich ist, gilt – wenn auch einzelne Aspekte unterschiedlich ausgestaltet sind – wohl in fast allen Rechtsordnungen.

Regelung nach dem GIW

Nach dem GIW richtet sich die Verantwortlichkeit des Schuldners für die in die Vertragserfüllung einbezogenen Dritten nach den gleichen Maßstäben, wie sie für das eigene Handeln gelten (§ 301 Abs. 1). Dabei muß der Dritte in Erfüllung eines zwischen Käufer und Verkäufer geschlossenen Vertrages und mit Willen des Schuldners gehandelt haben. Welche Rechtsbeziehungen zwischen dem Schuldner und dem Dritten bzw. dem Erfüllungsgehilfen bestehen (ob es sich z. B. um ein Arbeitsrechts- oder Vertreterverhältnis handelt), ist für die Haftung des Schuldners gegenüber seinem Kaufvertragspartner ohne Belang. Entscheidend ist, daß der Erfüllungsgehilfe für den Schuldner bei der Vertragserfüllung tätig geworden ist. Nach § 301 Abs. 1 kann sich der Schuldner von den Folgen einer Vertragsverletzung, die ein von ihm herangezogener Dritter verursacht hat, unter den gleichen Umständen befreien, die ihn auch für eine von ihm selbst begangene Vertragsverletzung befreien würden.

In ähnlicher Weise wie das GIW bestimmt auch die CIS den Grundsatz der Verantwortlichkeit für Dritte (Art. 79 Abs. 2). In der Formulierung unterscheidet sich diese Bestimmung von der des § 301 Abs. 1 GIW insbesondere darin, daß sich eine Partei von ihrer Verantwortlichkeit für Dritte nicht nur befreien kann, wenn für den Dritten ein Befreiungsgrund gegeben ist, sondern dieser Befreiungsgrund muß auch für die Partei selbst vorliegen. Auch wenn das GIW das nicht ausdrücklich so formuliert, gilt auch hier der Grundsatz, daß sich der Schuldner nicht von seiner Verantwortlichkeit befreien kann, wenn zwar ein eingeschalteter Erfüllungsgehilfe durch unabwendbare Gewalt an der Erfüllung einer Vertragspflicht des Schuldners gehindert ist, aber der Schuldner unter Mißachtung handelsüblicher Sorgfaltspflichten nichts unternommen hat, um die Vertragspflicht dennoch – ggf. unter Einschaltung eines anderen Dritten – zu erfüllen.

Auch nach den auf dem Verschuldensprinzip basierenden Rechtsordnungen haftet der Schuldner für das Verhalten der in die Vertragserfüllung eingeschalteten Dritten grundsätzlich wie für eigenes Verhalten. So bestimmt beispielsweise § 278 BGB, daß der Schuldner ein Verschulden seines gesetzlichen Vertreters und der Personen, deren er sich zur Erfüllung seiner Verbindlichkeit bedient, im gleichen Umfang zu vertreten hat, wie eigenes Verschulden.[24]

Paragraph 301 Abs. 1 GIW findet Anwendung, wenn der Schuldner zur Erfüllung seiner eigenen Leistungspflichten einen Dritten eingeschaltet hat. Transportunternehmen, Speditionsfirmen, Banken u. a., die bei der Ab-

24 Zur Regelung des Erfüllungsgehilfen nach Schweizer Recht vgl. A. Keller, Die Haftung für den Erfüllungsgehilfen nach Art. 101 OR, Zürich 1981.

wicklung des Vertrages nach Vollzug der Leistung tätig werden, sind keine Erfüllungsgehilfen des Schuldners, da dieser seine Leistungspflichten mit Vollzug der Leistungen erfüllt hat. Hat der Schuldner nur einen Vertrag mit einem Dritten zu schließen, nach dem dieser eine Leistung erbringen soll, die nicht zu den Leistungspflichten des Schuldners gehört, so beurteilt sich die Verantwortlichkeit des Schuldners nicht nach § 301 sondern nach § 40 GIW.

Haben die Partner z. B. eine „Ab-Werk“-Klausel und außerdem vereinbart, daß der Verkäufer eine Firma beauftragen soll, die die Kaufsache per LKW zum Käufer befördert, so ist der Verkäufer für eine Pflichtverletzung dieser Firma nicht wie für sein eigenes Verhalten verantwortlich. Seine Verantwortlichkeit ist nach § 40 GIW vielmehr darauf beschränkt, daß er die Firma mit handelsüblicher Sorgfalt auswählt und mit ihr einen Vertrag zu handelsüblichen Bedingungen schließt.

Haftungsbegrenzung

Die generelle Verantwortlichkeit des Schuldners für das Verhalten eines in die Erfüllung seiner Vertragspflichten einbezogenen Dritten wird nicht immer der gesellschaftlichen Arbeitsteilung und den Erfordernissen des internationalen Handels gerecht. Das ist insbesondere dann der Fall, wenn große selbständige Unternehmen (z. B. Post, Eisenbahn, Banken, Reedereien u. ä.) in die Vertragserfüllung eingeschaltet werden. Ihr Handeln kann der Schuldner vielfach kaum oder sogar überhaupt nicht beeinflussen; ihre Haftung ist häufig durch Rechtsvorschriften oder durch AGB begrenzt. Für solche Dritte beschränkt das GIW in § 301 Abs. 2 die Verantwortlichkeit des Schuldners, vorausgesetzt, er hat den Vertrag mit ihnen unter Anwendung handelsüblicher Sorgfalt geschlossen. Die Haftung des Schuldners gegenüber dem Gläubiger ist dann auf das begrenzt, was er im Falle einer Pflichtverletzung des eingeschalteten Dritten von diesem oder einem anderen Ersatzpflichtigen erlangt hat oder bei Anwendung handelsüblicher Sorgfalt hätte erlangen können.

Wurde z. B. in einem AKV, der dem Recht der DDR unterliegt, als Lieferbasis CIF Rotterdam vereinbart, und hält der Verfrachter den vereinbarten Liefertermin nicht ein, ohne daß dafür ein triftiger Grund (ein Befreiungsgrund) vorliegt, so ist seine Ersatzpflicht gegenüber dem Befrachter aus dem Seefrachtvertrag, der gleichzeitig Verkäufer im Kaufvertragsverhältnis ist, nach § 59 des Seehandelsschifffahrtsgesetzes[25] der DDR auf den Betrag der Fracht beschränkt. Obgleich der Verfrachter in diesem Fall Erfüllungsgehilfe des Verkäufers ist, hat der Käufer nach § 301 Abs. 2 GIW gegenüber dem Verkäufer ebenfalls nur Anspruch auf den Betrag der Fracht, weil die Haftung des eingeschalteten Dritten, der die Voraussetzungen des in § 301 Abs. 2 beschriebenen Personenkreises erfüllt, durch Rechtsvorschrift begrenzt ist. Dabei ist vorausgesetzt, daß der Verkäufer den Seehandelsschiffahrtsvertrag unter Anwendung handelsüblicher Sorgfalt geschlossen hat.

Soweit überschaubar, sind ähnliche Beschränkungen in anderen Rechtsordnungen nicht bekannt. Verschiedentlich lassen Gesetze eine weitergehende vertragliche Haftungsbeschränkung für das Verhalten eingeschalteter Dritter zu, als das für das eigene Verhalten des Schuldners akzeptiert wird (vgl. z. B. § 278 Satz 2 BGB). In der Vertragspraxis ist es üblich, die Haftung für eingeschaltete Dritte, insbesondere für solche zu beschränken,

25 Seehandelsschiffahrtsgesetz der Deutschen Demokratischen Republik – SHSG – vom 5. 2. 1976, GBl. I Nr. 7 S. 109.

auf deren Handeln die betreffenden Kaufvertragspartner keinen oder nur geringen Einfluß haben. Findet auf einen AKV nicht das Recht der DDR Anwendung, kann es vor allem im Interesse des Verkäufers liegen, eine der Regelung des § 301 Abs. 2 GIW ähnliche Klausel in den Vertrag aufzunehmen. Außerdem ist im Vertrag unter Umständen eine Klarstellung darüber angebracht, welche Konsequenzen eine nicht vertragsgemäße oder Nichterfüllung durch Zulieferbetriebe haben soll. Zulieferbetriebe werden in der Regel nicht als Erfüllungsgehilfen angesehen, insbesondere dann nicht, wenn sie nicht unmittelbar in die Erfüllung von Leistungspflichten gegenüber dem Käufer eingeschaltet sind, sondern nur im Verhältnis zum Verkäufer tätig werden.

Mitgeteilte Vertragsverletzung

Normalerweise kann ein Partner aus einem AKV Rechtsfolgen wegen einer Vertragsverletzung des anderen erst dann geltend machen, wenn der jeweilige Tatbestand tatsächlich erfüllt ist, wenn also z. B. der Verkäufer nicht zur Lieferzeit am Lieferort geliefert oder der Käufer nicht zur Zahlungszeit die Kaufpreiszahlung veranlaßt hat.
Unter folgenden Voraussetzungen kann jedoch der Gläubiger seine sich aus einer Vertragsverletzung des anderen Partners ergebenden Ansprüche bereits vor Fälligkeit geltend machen: Wenn der Schuldner vor Eintritt des Liefertermins mitteilt, daß er den Vertrag verletzen wird oder wenn das in sonstiger Weise außer Zweifel steht.[26]

4.6.3. Befreiungsgründe

Befreiungsgründe nach der GIW-Regelung

Die GIW-Regelung geht von dem Grundsatz aus, daß einen Partner, der seine sich aus Vertrag oder Gesetz ergebenden Pflichten nicht oder nicht in der vorgesehenen Weise erfüllt, die dafür vorgesehenen Rechtsfolgen treffen. Für die Fälle jedoch, bei denen nicht das Verhalten des Schuldners, sondern andere Gründe für die Nichteinhaltung von Vertragspflichten ursächlich sind, sind „Befreiungsgründe" vorgesehen. Insofern geht das GIW vom Verursachungsprinzip aus. Befreiungsgründe sind danach (außer einigen speziell geregelten Gründen – vgl. z. B. § 283 Abs. 4) die unabwendbare Gewalt und die Gläubigerverursachung. Kann der Schuldner beweisen, daß solche Gründe für die Nichteinhaltung von Vertragspflichten ursächlich sind, so treten bestimmte, dafür vorgesehene Rechtsfolgen nicht ein, und die Vertragspflichten werden modifiziert oder entfallen unter bestimmten Voraussetzungen.

Man kann darüber streiten, ob in solchen Fällen überhaupt eine Vertragsverletzung vorliegt. Da das GIW sowohl bei der unabwendbaren Gewalt als auch bei der Gläubigerverursachung als hauptsächliche Konsequenz das Recht des Schuldners vorsieht, den Zeitpunkt der Leistung hinauszuschieben, liegt im Grunde gar keine Vertragsverletzung vor. Die Terminologie des GIW ist insofern nicht ganz konsequent. Es verwendet diesen Begriff für die Nichteinhaltung von Pflichten, wie sie sich zunächst aus dem Gesetz oder dem Vertrag ergeben, ohne die Ursachen für diese Nichteinhaltung zu werten und ohne zu berücksichtigen, ob sich diese Pflichten bei Vorliegen von Befreiungsgründen verändern. In diesem Sinne wird der Begriff

26 Vgl. dazu näher Kommentar zum Gesetz über internationale Wirtschaftsverträge, a. a. O., Anm. zu § 288; vgl. auch § 281 Abs. 6 GIW.

„Vertragsverletzung“ unter Inkaufnahme einer gewissen Inkonsequenz auch von uns verwendet.

Handelt es sich um eine Gläubigerverursachung, so liegt es auf der Hand, daß nicht der Schuldner, sondern der Gläubiger die Ursachen für die Nichteinhaltung der Vertragspflicht gesetzt hat.
Bei der unabwendbaren Gewalt liegt das Problem komplizierter. Zwar handelt es sich hierbei auch um „äußere“, nicht durch das Verhalten des Schuldners verursachte Umstände, aber deren Auswirkungen unterliegen bis zu einem gewissen Grade der Einflußmöglichkeit des Schuldners. Denn die Wirkungen, die solche äußeren Umstände auf das Vertragsverhältnis ausüben, und das Ausmaß der durch sie verursachten Störungen hängen wesentlich von der betrieblichen Organisation und den Anstrengungen ab, die der Schuldner unternimmt, um sie abzuwenden oder unter Kontrolle zu bekommen. Das Problem, welche Auswirkungen in Fällen, in denen äußere Umstände zu Störungen des Vertragsverhältnisses führen, dem einen oder dem anderen Partner zuzurechnen sind, steht letztlich im Mittelpunkt nicht nur der Gesetzgebung und der Theorien zu Vertragsverletzungen oder zur materiellen Verantwortlichkeit, sondern auch der Vertragspraxis. Dieses Zurechnungsproblem wird mit den unterschiedlichsten Methoden zu lösen versucht, die für eine Reihe praktischer Fälle auch zu unterschiedlichen Ergebnissen führen. Dennoch weisen die konkreten Lösungen für den Einzelfall weniger gravierende Unterschiede auf – zumindest was die Gesetze anbelangt –, als es angesichts der erheblichen Unterschiede im methodischen Herangehen zu vermuten wäre. In der Vertragspraxis ist die Lage insofern differenzierter, als in den Verträgen, die auf der Grundlage von AGB geschlossen werden, der jeweilige AGB-Verwender das Zurechnungsproblem weitgehend zu seinen Gunsten löst.
Die ähnlichen Ergebnisse, zu denen die gesetzlichen Regelungen führen, hängen vor allem damit zusammen, daß nicht nur die vom Verursachungsprinzip ausgehenden Gesetze Befreiungsgründe vorsehen. Auch die vom Verschuldensprinzip ausgehenden Gesetze regeln zahlreiche Ausnahmen, für die eine verschuldensunabhängige Haftung begründet wird.
Hinzu kommt, daß das Verschulden oft so interpretiert wird, daß das Verhalten des Schuldners an einem objektivierten Maßstab gemessen wird (vgl. z. B. die Definitionen der Fahrlässigkeit in § 276 Abs. 1 BGB und § 347 Abs. 1 HGB). Auch die häufig statuierte Vermutung des Verschuldens (vgl. z. B. § 282 BGB) trägt zu dieser Relativierung bei.
Anpassungsklauseln
Den in § 293f. GIW geregelten Befreiungsgründen ähnlich – aber dennoch in verschiedener Hinsicht spezifisch – ist die in § 295 geregelte Veränderung der Umstände.
Die Regelung der von dieser Vorschrift erfaßten und ähnlichen Tatbestände spielt auch in der Vertragspraxis, insbesondere bei langfristigen Verträgen, eine relativ große Rolle. Es handelt sich dabei um Vertragsklauseln, die darauf abzielen, den Vertrag bei einer (wesentlichen) Veränderung der bei Vertragsabschluß vorausgesetzten Umstände an die veränderten Bedingungen anzupassen oder ihn zu beenden, wenn sich eine Anpassung als unmöglich oder nicht akzeptabel erweist. Auf ein solches oder ähnliches Anliegen zielen zahlreiche (oft auch unterschiedliche) Klauseln und Klau-

selarten ab, wie sogenannte Anpassungsklauseln, Klauseln veränderter Umstände, Härteklauseln, Hardship-Klauseln, zuweilen auch Klauseln über die Unmöglichkeit der Lieferung oder über den Wegfall der Geschäftsgrundlage.[27]

Diese Klauseln unterscheiden sich auch im Allgemeinheitsgrad. Sehr konkrete Anpassungsklauseln werden insbesondere im Zusammenhang mit dem Kaufpreis vereinbart, z. B. in Gestalt der Preisgleitklauseln (vgl. S. 234, 340). In der Vertragspraxis werden Klauseln dieser Art nicht selten mit Höhere-Gewalt-Klauseln kombiniert.[28]

4.6.3.1. Unabwendbare Gewalt

Begriff und Merkmale

Unabwendbare Gewalt liegt nach der Definition des GIW in § 293 nicht nur bei außergewöhnlichen oder außerordentlichen Umständen vor, worauf zahlreiche Rechtsordnungen den Begriff der höheren Gewalt beschränken. Folgende Merkmale müssen nach der Begriffsbestimmung des § 293 erfüllt sein:
Es muß sich um Umstände handeln,

- die die Erfüllung von Leistungspflichten verhindern und
- die bei Vertragsabschluß nicht voraussehbar waren und
- die bei Beachtung der im internationalen Handel üblichen Sorgfalt nicht abgewendet werden konnten.

Das GIW stellt nicht nur auf eine Behinderung, sondern auf eine Verhinderung der Leistungspflichten ab. Dieses Merkmal schließt ein, daß der Schuldner den ursächlichen Zusammenhang zwischen dem eingetretenen Umstand und der Verhinderung der Leistung beweisen muß.

Wegen dieses erforderlichen Kausalzusammenhangs ist auch die Möglichkeit des Schuldners, sich während seines Verzugs erfolgreich auf unabwendbare Gewalt berufen zu können, stark eingeschränkt (vgl. § 293 Abs. 4 GIW).[29]

Um das Merkmal der Nichtvorhersehbarkeit zu erfüllen, genügt es nicht, daß der Schuldner die Umstände im konkreten Fall nicht vorhergesehen hat. Er muß vielmehr nachweisen, daß er sie trotz Anwendung handelsüblicher Sorgfalt nicht vorhersehen konnte. Das kann den Nachweis darüber einschließen, welche vorbeugenden Maßnahmen er ergriffen hat, um bestimmte öfter auftretende oder wiederkehrende Störfaktoren nicht zum Erfüllungshindernis werden zu lassen.

So können zwar Epedemien, Schneeverwehungen, Rohstoffverknappungen oder Hochwasser im Einzelfall ein nicht vorhersehbares Ereignis darstellen. Handelt es sich dabei jedoch um Umstände, die zum Lieferzeitpunkt mit einer bestimmten Regelmäßigkeit auftreten, und hat der Schuldner keine vorbeugenden Maßnahmen ergriffen, so kann er sich nicht auf unabwendbare Gewalt berufen.

27 Vgl. dazu näher D. Maskow, „Die Bewältigung von Vertragsstörungen, insbesondere durch die Klausel der veränderten Umstände (Hardship-Klausel) in Wirtschaftsverträgen mit Partnern aus nichtsozialistischen Ländern", RiA, 1982/33, S. 5 (60. Beilage) und 1982/43, S. 16ff. (61. Beilage), sowie K.-H. Böckstiegel, „Vertragsklauseln über nicht zu vertretende Risiken im internationalen Wirtschaftsverkehr", RIW/AWD, 1984/1, S. 1ff.

28 Zu den Voraussetzungen und Folgen der in § 295 GIW geregelten Veränderung der Umstände vgl. näher Kommentar zum Gesetz über internationale . . ., a. a. O., Anm. zu § 295.

29 Vgl. auch a. a. O., Anm. 14 und 15 zu § 293.

Dabei ist das Merkmal der Nichtvorhersehbarkeit stets im Zusammenhang mit den anderen Merkmalen der unabwendbaren Gewalt zu sehen. Generell setzt das Merkmal der Nichtvorhersehbarkeit voraus, daß die Vertragserfüllung durch Umstände verhindert wird, die vom normalen Verlauf der Dinge, wie er sich nach den Erfahrungen darstellt, abweicht.
Nicht vorhersehbar können im Einzelfall auch bestimmte staatliche Akte sein, die eine Leistungsverhinderung bewirken.[30] Ähnliches gilt auch für Streiks.[31] In beiden Fällen sind jedoch besonders strenge Anforderungen zu stellen.
Mit dem letzten Merkmal, wonach es darauf ankommt, daß der Schuldner die Umstände trotz der im internationalen Handel üblichen Sorgfalt nicht abwenden konnte, wird das Verhalten des Schuldners bewertet, das er bei Eintreten leistungsverhindernder Umstände an den Tag legt. Dieses subjektive Verhalten wird an der im internationalen Handel üblichen Sorgfalt gemessen. Der Schuldner muß nachweisen, daß er die Anstrengungen unternommen hat, die international in vergleichbaren Fällen in der betreffenden Branche unternommen werden, um von bestimmten Ereignissen ausgehende störende Auswirkungen auf das Vertragsverhältnis abzuwenden.

Er kann sich also z. B. nicht mit Erfolg auf Rohstoff- oder Transportraumverknappung berufen, wenn er nicht gleichzeitig nachweist, daß er das in der Branche international übliche unternommen hat, um dennoch die Rohstoffe oder den (anderen) Transportraum zu beschaffen.

Vertragliche Bestimmung

Da die Begriffsbestimmung der unabwendbaren Gewalt nach dem GIW dispositiver Natur ist, können die Partner davon abweichen. Grundsätzlich sollten im Vertrag bei der begrifflichen Bestimmung leistungsbefreiender Umstände folgende Elemente berücksichtigt werden:
- die Charakterisierung der leistungsverhindernden Umstände (wobei in Verträgen oft auch nur auf die Behinderung der Leistung abgestellt wird),
- der Kausalzusammenhang zwischen diesen Umständen und den betroffenen Vertragspflichten,
- die Art der betroffenen Vertragspflichten und
- die an das Verhalten des Schuldners zu stellenden Anforderungen.

Bei der Charakterisierung der Umstände empfiehlt es sich in der Regel, eine beispielhafte Aufzählung mit einer abstrakten Definition zu kombinieren. In der Vertragspraxis wird dabei wohl zunehmend auf die Verwendung des Begriffs der höheren oder der unabwendbaren Gewalt verzichtet, und es werden lediglich die leistungshindernden Umstände beschrieben (so übrigens auch die CIS in Art. 79). Das hat den Vorteil, daß die vertragliche Begriffsbestimmung nicht in Widerspruch zu dem unterschiedlichen Verständnis der Begriffe höhere Gewalt, force majeure, vis major, unabwendbare Gewalt u. a. in den einzelnen nationalen Rechtsordnungen gerät.
Wird der Vertrag auf der Grundlage von AGB geschlossen, so zeigt sich in den AGB der Verkäufer die Tendenz, die leistungsbefreienden Umstände auf solche auszudehnen, die seiner Einflußsphäre unterliegen (wie Um-

30 Vgl. F. Enderlein, „Staatliche Akte – ein Fall höherer Gewalt?", SuR, 1985/1, S. 42ff.; vgl. auch Kommentar zum Gesetz über internationale . . ., a. a. O., Anm. 3.2. zu § 293.
31 Vgl. dazu a. a. O., Anm. 3.3. zu § 293.

stände des betrieblichen Geschehens, Störungen bei Zulieferungen u. ä.), womit die Risiken der Betriebsorganisation oder der betreffenden (Volks-)Wirtschaftsorganisation auf den anderen Partner abgewälzt werden.

Ausländisches Recht Obgleich es in der Vertragspraxis verbreitet üblich ist, die Verantwortlichkeit des Schuldners, insbesondere die des Verkäufers, mit Hilfe von Höhere-Gewalt-Klauseln zu beschränken, gibt es nur relativ wenige nationale Gesetze, die die höhere Gewalt als allgemeinen Befreiungsgrund kennen. Das gilt besonders für die auf dem Verschuldensprinzip basierenden Rechtsordnungen. Denn soweit das Verschulden Voraussetzung für die Haftung des Schuldners ist, führt dieses zu einer weitergehenden Befreiung als die höhere Gewalt. Aber auch Rechtsordnungen mit einer strikten Vertragshaftung befreien nicht generell bei höherer Gewalt (wie z. B. das englische Recht), weshalb den vertraglichen Höhere-Gewalt-Klauseln auf der Grundlage solcher Rechtsordnungen besondere Bedeutung zukommt. Da die auf dem Verschuldensprinzip basierenden Rechtsordnungen in der Regel für wichtige Fallgruppen eine verschuldensunabhängige Haftung kennen, haben vertragliche Höhere-Gewalt-Klauseln dafür gleichermaßen Bedeutung.

Diese Aussagen seien an zwei Länderbeispielen verdeutlicht[32]: an dem auf der strengen Vertragshaftung basierenden englischen Recht und dem auf dem Verschuldensprinzip basierenden Recht der BRD.

Großbritannien Die höhere Gewalt ist kein im englischen Recht verankerter Begriff. Mangels entsprechender Vereinbarung wird der Schuldner weder bei höherer Gewalt befreit, noch ist das Verschulden Voraussetzung für eintretende Rechtsfolgen. Dennoch kennt auch das englische Recht (gesetzliche) Befreiungsgründe, wie insbesondere Frustration of contract (grundlegende Veränderung der Umstände, so daß die Vertragsgrundlagen hinfällig werden und der Vertrag, würde man ihn aufrechterhalten, den Charakter eines anderen als des ursprünglich abgeschlossenen annehmen würde). Als Beispiele, bei denen Frustration angenommen wurde, werden genannt: Grundlegende Veränderung der Umstände, Ex- und Importverbote, Verstoß gegen ein gesetzliches Verbot, Untergang des Vertragsgegenstandes beim Spezieskauf. Der im Vertrag ohne nähere Definition verwendete Höhere-Gewalt-Begriff wird restriktiv interpretiert, noch enger soll der des Vis major ausgelegt werden.

BRD Das Verschulden, das nach dem Recht der BRD grundlegende Voraussetzung für die Haftung des Schuldners ist (vgl. §§ 276 BGB; 347 HGB), bezieht sich nicht auf den im Außenhandel vor allem bedeutsamen Gattungskauf. Bei diesem ist der Schuldner nach § 279 BGB zur Leistung verpflichtet, solange „diese aus der Gattung möglich ist". Nach der gesetzlichen Formulierung tritt auch bei höherer Gewalt keine Befreiung ein, es sei denn, bestimmte Ereignisse führen zum Untergang der ganzen Gattung oder machen in sonstiger Weise eine Lieferung aus der Gattung objektiv unmöglich. Die Rechtsprechung hat diese Vorschrift so interpretiert, daß der Gattungsschuldner nicht für Leistungshindernisse haften muß, die mit der Eigenart der Gattungsschuld nichts zu tun haben (z. B. bei völligen Verkehrssperren, Beschlagnahmen, behördlichen Verboten, bestimmten Fällen wirtschaftlicher Unmöglichkeit). Der im Vertrag verwendete, nicht näher definierte Höhere-Gewalt-Begriff wird restriktiv interpretiert (als unvermeidbares, nicht vorhersehbares, außergewöhnliches Ereignis, als qualifizierter Zufall – der einfache Zufall gilt nicht als höhere Gewalt).

CIS Wie bereits erwähnt, verzichtet die CIS auf die Verwendung des Begriffs der unab-

32 Vgl. dazu J. Gesang, Force-majeure und ähnliche Entlastungsgründe im Rahmen der Lieferungsverträge von Gattungsware, Frankfurt/Main 1977; M. Fontaine, Les clauses de force majeure dans les contrats internationaux, Droit et Pratique du Commerce International, 1979, S. 469; M. Stargardt, „Aspekte der Klausel ‚unabwendbare Gewalt' in den intersystemaren Wirtschaftsverträgen", RiA, 1979/14, S. 1 ff. (39. Beilage); K.-H. Böckstiegel, „Vertragsklauseln über nicht zu vertretende Risiken . . .", a. a. O.

wendbaren oder höheren Gewalt. Die Definition der leistungsbefreienden Umstände in Art. 79 Abs. 1 ist jedoch der Begriffsbestimmung der unabwendbaren Gewalt in § 293 Abs. 1 GIW ähnlich.

Folgen unabwendbarer Gewalt

Entsprechend der generellen Tendenz des GIW, so weit wie möglich den Vertrag zu erhalten, ist die unmittelbare Folge des Wirkens von Umständen unabwendbarer Gewalt nicht das Erlöschen der betroffenen Leistungspflichten, sondern ihr Ruhen. Auch die mit ihnen zusammenhängenden Gegenleistungs- und Nebenpflichten ruhen entsprechend (§ 293 Abs. 2 GIW).

Das entspricht auch der vorherrschenden Tendenz in der internationalen Vertragspraxis. Es können jedoch Umstände eintreten, die zu einer lang andauernden Verhinderung der Leistung führen. Für diesen Fall ist es zweckmäßig, in den Vertrag Maximalfristen für die Befreiung aufzunehmen. Die Länge dieser Fristen ist von der Art der Ware und von der Lieferzeit abhängig.

Nach dem GIW kann der Gläubiger zurücktreten oder auch den Vertrag ohne Einhaltung einer Frist ordentlich kündigen (vgl. S. 278), wenn die Leistung für ihn nicht mehr von Interesse ist; der Schuldner kann sich vom Vertrag lösen, wenn ihm die Erfüllung der Leistungspflicht nicht mehr zumutbar ist (§ 293 Abs. 5).

Erlöschen der Leistungspflichten

Zu einem sofortigen Erlöschen der von den Umständen unabwendbarer Gewalt betroffenen Leistungspflichten sowie der entsprechenden Gegenleistungs- und Nebenpflichten kommt es, wenn der Leistungsgegenstand infolge des Einwirkens der Umstände untergegangen ist oder so stark beschädigt wurde, daß seine Instandsetzung wirtschaftlich nicht vertretbar ist (§ 293 Abs. 3 GIW). Bereits erbrachte Gegenleistungen sind unverzüglich zurückzugewähren.[33]

Fallen Leistungsort und Ort des Gefahrenübergangs infolge entsprechender vertraglicher Vereinbarungen auseinander, so kann es vorkommen, daß die Lieferpflicht wegen unabwendbarer Gewalt erlischt, die Pflicht zur Kaufpreiszahlung jedoch nicht (vgl. S. 214).

Prorata-Lieferung

Sollten aus einem teilweise untergegangenen Leistungsgegenstand mehrere Gläubiger befriedigt werden, so erlöschen nach § 293 Abs. 3 GIW die betreffenden Pflichten verhältnismäßig (sofern das möglich ist, sonst entscheidet darüber der Schuldner).

Vertragliche Gestaltung der Folgen

Auch bei vertraglichen Höhere-Gewalt-Klauseln ist der Ausgestaltung der Folgen entsprechende Aufmerksamkeit zuzuwenden. Das gilt insbesondere dann, wenn den Vertrag auf der Grundlage ausländischen Rechts geschlossen wird, da die meisten Rechtsordnungen hierzu keine gesetzlichen Festlegungen enthalten. Am ehesten besteht Übereinstimmung darin, daß höhere Gewalt den Wegfall von Schadenersatzansprüchen und Vertragsstrafen bewirkt. Ob und wann die von höherer Gewalt betroffene Pflicht noch zu erfüllen ist, ob und wann der Gläubiger zum Rücktritt berechtigt ist, ob auch demjenigen Partner, bei dem das Leistungshindernis eingetreten ist, ein solches Recht zusteht, ist oft nicht klar und sollte deshalb besser

33 Zu den Folgen unabwendbarer Gewalt vgl. näher Kommentar zum Gesetz über internationale Wirtschaftsverträge, a. a. O., Anm. 5 bis 20 zu § 293.

durch Vertrag geklärt werden. Ähnliches gilt auch für die Frage, welche Konsequenzen die höhere Gewalt für die Pflichten des anderen Partners hat und welche Wirkungen eintreten sollen, wenn sich die höhere Gewalt nur auf einen Teil der Lieferung erstreckt.

Nach der CIS beispielsweise, die die Folgen zumindest teilweise regelt, befreit das in Art. 79 Abs. 1 definierte Leistungshindernis ausdrücklich nur vom Schadenersatz. Ein Rücktrittsrecht für den Partner, bei dem das Leistungshindernis eintritt, ist – anders als nach dem GIW – nicht vorgesehen. Die Rücktrittsmöglichkeiten des anderen Partners werden von dem befreienden Umstand nicht berührt, d. h., sie bestehen unter den gleichen Voraussetzungen wie in den Fällen, in denen ein solcher Umstand nicht eingetreten ist. Der Erfüllungsanspruch bzw. die Leistungspflicht bleibt grundsätzlich bestehen (vgl. Art. 79 Abs. 3 und 5).

Geldmangel

Wie unterschiedlich die einzelnen nationalen Regelungen auch sein mögen, stimmen sie jedoch darin überein, daß Geldmangel (ob verschuldet oder nicht, durch welche Umstände auch immer hervorgerufen) nicht von der Verantwortlichkeit befreit. Das wird in § 293 Abs. 7 GIW ausdrücklich statuiert. Differenzierter ist die Lage, wenn der Schuldner durch staatliche Maßnahmen gehindert wird, rechtzeitig oder in der festgelegten Weise zu zahlen.[34]

Beweislast

Erkennt ein Partner eine Befreiung des anderen Partners von seiner Verantwortlichkeit nicht an, und klagt er auf Erfüllung, oder macht er Ansprüche wegen Nichterfüllung geltend, so hat der Partner, der sich auf Umstände unabwendbarer Gewalt beruft, seine Befreiung nachzuweisen. Er muß – soweit sich aus dem Vertrag nichts anderes ergibt – beweisen, daß

– ihm die Leistung zum vertraglich festgelegten Zeitpunkt nicht möglich gewesen ist;
– für die Nichteinhaltung der Leistungszeit ein Ereignis ursächlich gewesen ist, das nach Gesetz oder Vertrag als leistungsbefreiender Umstand gilt;
– der Eintritt dieses Ereignisses vom Verpflichteten trotz Aufwendung der handelsüblichen Sorgfalt nicht hat abgewendet werden können.

In den AKV wird oft vereinbart, daß zur Führung des Nachweises von Umständen unabwendbarer Gewalt Bescheinigungen autorisierter Organe des Inlands (z. B. der betreffenden Handelskammer) beigebracht werden müssen.

Abwendung der Folgen

Derjenige, der sich auf unabwendbare Gewalt beruft, muß nachweisen, welche Anstrengungen er unternommen hat, um den Eintritt des jeweiligen Ereignisses zu verhindern bzw. seine Folgen abzuwenden oder zu begrenzen. Ein besonderes Problem besteht in diesem Zusammenhang darin, die Wirkung von Hindernissen zu beurteilen, die nicht zur Unmöglichkeit führen, sondern nur die Leistung erheblich erschweren. Um Auslegungsschwierigkeiten zu vermeiden, sollte im Vertrag eindeutig geregelt werden, ob und inwieweit in diesen Fällen ebenfalls eine Befreiung des Schuldners erfolgt.

Mitteilungspflicht

Wer durch Umstände unabwendbarer Gewalt am Erbringen seiner Leistung gehindert wird, hat den anderen Partner unverzüglich vom Eintritt des jeweiligen Umstandes und der voraussichtlichen Dauer seines Wirkens

34 Vgl. dazu a. a. O., Anm. 22 zu § 293.

zu benachrichtigen (§ 293 Abs. 6 GIW). In Vertragsklauseln wird zuweilen bestimmt, daß der betreffende Partner das Recht verliert, sich auf derartige Umstände zu berufen, wenn er seiner Benachrichtigungspflicht nicht nachkommt. Aus dem GIW ist allerdings eine solche Rechtsfolge nicht abzuleiten. Hier ist die Informationspflicht als Nebenpflicht ausgestaltet, deren Verletzung zwar die Pflicht zum Ersatz des direkten Schadens (§ 289), nicht aber einen Rechtsverlust hinsichtlich der Berufung auf die Umstände unabwendbarer Gewalt nach sich zieht.

4.6.3.2. Gläubigerverursachung

Der Schuldner ist nicht für Vertragsverletzungen verantwortlich, die der Gläubiger verursacht hat. Ist das Verhalten des Gläubigers ursächlich dafür, daß der Schuldner bestimmten Vertragspflichten nicht nachkommen kann, so tritt keine materielle Verantwortlichkeit des Schuldners ein (§ 294 GIW).

Fälle der Gläubigerverursachung

Das GIW unterscheidet dabei drei Fälle:
- Der Schuldner gerät durch das Verhalten des Gläubigers in Verzug.
- Eine Handlung des Gläubigers führt dazu, daß dem Schuldner die Leistung unmöglich oder unzumutbar wird.
- Eine Handlung des Gläubigers verursacht eine sonstige (von den beiden genannten Fällen nicht erfaßte) Vertragsverletzung (z. B. einen Sachmangel).

Ansprüche des Schuldners

Im ersten Fall braucht der Schuldner seine Leistung erst nach Wegfall der bei ihm eingetretenen Behinderung zu erbringen (§ 294 Abs. 1 GIW). Im zweiten Falle erlischt die Leistungspflicht des Schuldners, aber er behält den Anspruch auf die Gegenleistung unter Abzug der ersparten Aufwendung (§ 294 Abs. 2). Im dritten Fall tritt ein Rechtsverlust ein, d. h., der Gläubiger kann gegen den Schuldner keine Ansprüche (z. B. wegen nichtqualitätsgerechter Lieferung) geltend machen (§ 294 Abs. 3). Das Verhalten des Gläubigers, das hier ursächlich für eine Vertragsverletzung des Schuldners ist, stellt meist gleichzeitig eine Verletzung von Haupt- oder Nebenpflichten dar. Die Gläubigerverursachung führt deshalb für den Schuldner nicht nur zur Befreiung von Rechtsfolgen wegen Vertragsverletzungen, sondern ihm stehen evtl. außerdem Ansprüche gegen den Gläubiger zu (§ 294 Abs. 4 GIW). Zumindest hat er Anspruch auf Aufwendungsersatz für ein erfolgloses Angebot oder für die Aufbewahrung und Erhaltung des Leistungsgegenstandes. Im Falle einer Geldschuld braucht er diese nicht zu verzinsen (§ 294 Abs. 5).

Der Gläubiger kann die sich aus § 294 GIW ergebenden Folgen nicht dadurch abwenden, daß er sich auf Umstände unabwendbarer Gewalt, die ihn an der Erfüllung seiner Pflichten gehindert haben, beruft.

Unterlassene Schadensabwendung und Schadensminderung

Neben diesen Fällen, in denen die Nichteinhaltung einer Vertragspflicht des Schuldners ausschließlich auf das Verhalten des Gläubigers zurückzuführen ist, kann es vorkommen, daß der Gläubiger durch sein Verhalten zur Vergrößerung eines Schadens beigetragen hat. Hat er es unterlassen, die erforderlichen und ihm zumutbaren Maßnahmen zur Schadensabwendung oder Schadensminderung zu ergreifen, so ist der Schuldner insoweit nicht zum Schadenersatz verpflichtet (§ 298 GIW). Das gleiche gilt, wenn der Gläubiger es unterlassen hat, den Schuldner auf die Gefahr eines ungewöhnlich hohen Schadens, den der Schuldner weder kannte noch kennen mußte, aufmerksam zu machen (§ 297).

Gläubigerverursachung nach ausländischem Recht

Eine geschlossene Regelung der Gläubigerverursachung wie in § 294 GIW findet man in anderen Rechtsordnungen kaum, wenngleich ähnliche Ergebnisse mit sehr unterschiedlichen rechtlichen Konstruktionen erreicht werden (über den Gefahrenübergang beim Annahmeverzug, über den Gläubigerverzug, über die Regelung des Verhältnisses von Leistung und Gegenleistung beim Annahmeverzug u. a.). Soweit das Verschulden als Haftungsvoraussetzung geregelt ist, reduziert sich diese Problematik ohnehin, da kein Verschulden vorliegt, wenn der andere Partner durch sein Verhalten die Nichteinhaltung der Vertragspflicht verursacht hat.

Das CIS enthält in Art. 80 eine sehr knappe, nicht sämtliche in § 294 GIW geregelten Fallgruppen erfassende Bestimmung zur Gläubigerverursachung. Danach kann sich eine Partei auf die Nichterfüllung von Pflichten durch die andere Partei nicht berufen, soweit diese Nichterfüllung durch ihre Handlung oder Unterlassung verursacht wurde.

4.7. Rechtsbehelfe und Sanktionen

4.7.1. Die Arten der Rechtsfolgen

Das GIW stellt den Vertragspartnern verschiedene Rechtsbehelfe und Sanktionen zur Verfügung, um die Vertragserfüllung zu sichern und zur Durchsetzung der Funktionen der materiellen Verantwortlichkeit bei eingetretenen Leistungsstörungen beizutragen.

Neben dem Erfüllungsanspruch oder an seiner Stelle stehen den Partnern je nach Art der Vertragsstörung weitere Rechtsbehelfe und Sanktionen zur Verfügung. Entsprechend ihren spezifischen Funktionen handelt es sich um Rechtsfolgen,

- die auf eine Weiterführung der Vertragserfüllung gerichtet sind (Selbstvornahme von Handlungen, Einlagerung u. a.);
- mit denen der Austauschprozeß verzögert wird (Zurückbehaltung, Leistung Zug-um-Zug u. a.);
- die die gestörte Äquivalenz zwischen Leistung und Gegenleistung wiederherstellen (Minderung, Ersatzlieferung, Nachbesserung);
- mit denen der Austauschprozeß beendet oder rückgängig gemacht wird (Rücktritt, Kündigung);
- die zum Ausgleich von Schäden (Schadenersatz, Aufwendungsersatz, Vertragsstrafe) führen.

Diese Rechtsfolgen können einzeln oder kombiniert zur Anwendung kommen. Einige stehen nur bei Vertragsverletzungen zur Verfügung (Sanktionen), andere auch bei anderen Vertragsstörungen oder zur Anpassung des Vertrages an veränderte Umstände (Rechtsbehelfe). Schließlich können Rechtsfolgen sowohl eine Reaktion auf Vertragsverletzungen sein und damit Sanktionscharakter tragen, in anderen Zusammenhängen aber als Rechtsbehelfe ohne Sanktionscharakter modifiziert angewandt werden, wie z. B. Kündigung und Rücktritt.

Im internationalen Handel ist es durchaus üblich, einzelne Sanktionen für Vertragsverletzungen auszuschließen, im Gesetz vorgesehene Sanktionen durch andere zu ersetzen oder auch Sanktionen ihrer Höhe nach zu begrenzen (z. B. Schadenersatz).

Vertraglicher Haftungsausschluß

Derartige Freizeichnungen oder Haftungsbeschränkungen sind – soweit sie nicht gegen zwingende Rechtsvorschriften verstoßen – grundsätzlich zulässig (vgl. dazu näher S. 261). An die Beurteilung von Freizeichnungs- und Haftungsbeschränkungsklauseln, die in AGB enthalten sind, werden in einer Reihe von Rechtsordnungen strengere Maßstäbe angelegt, als bei individuell ausgehandelten Vertragsklauseln (vgl. S. 263f.). Generell ist bei der Ausgestaltung solcher Klauseln außerdem zu beachten, daß die dispositiven Vorschriften des anwendbaren Rechts ergänzend eingreifen.

Sieht z. B. das anwendbare Recht für eine bestimmte Vertragsverletzung Rücktritt und Schadenersatz vor und wird vertraglich nur der Rücktritt ausgeschlossen, so kann der andere Partner bei Vorliegen der gesetzlichen Voraussetzungen Schadenersatz verlangen (vgl. dazu näher S. 276).

4.7.2. Die Minderung

Funktion

Minderung bedeutet Herabsetzung des Kaufpreises. Sie ist auf die Wiederherstellung des durch eine Vertragsverletzung gestörten Äquivalenzverhältnisses auf der Grundlage des abgeschlossenen Vertrages gerichtet.

Die Minderung ist im GIW als Anspruch des Gläubigers (Käufers) wegen nichtqualitätsgerechter und wegen nicht rechtsmangelfreier Leistung vorgesehen (§ 281 Abs. 2 und § 283 Abs. 2).

In der Vertragspraxis wird sie verbreitet als Garantierecht (auch bei der Leistungsgarantie), aber auch als Rechtsfolge bei nicht vollständiger, nicht sortimentsgerechter und sonstiger Schlechtlieferung vereinbart.

Erklärt sich der Verkäufer mit der Minderung einverstanden, so kann der Käufer nicht mehr auf einen anderen Anspruch übergehen. Erklärt sich der Verkäufer nicht mit der Minderung einverstanden, so kann der Käufer auf Minderung klagen oder auch auf einen anderen Anspruch übergehen. Mit der Minderung ist der Mängelanspruch des Käufers befriedigt, das durch den Mangel gestörte Äquivalenzverhältnis ist wiederhergestellt.

Abgrenzung vom Schadenersatz

Die Minderung ist keine besondere Art des Schadenersatzes. Die Herabsetzung des Kaufpreises erfolgt nach objektiven Gesichtspunkten, unabhängig von besonderen Verlusten, die dem Käufer durch die nichtqualitätsgerechte Lieferung entstanden sein mögen. Es wird eine Lage herbeigeführt, als sei von Anfang an die mangelhafte Leistung – aber zu einem niedrigeren Preis – vereinbart gewesen. Neben der Minderung gewährt das GIW keinen Schadenersatzanspruch.

Berechnung der Minderung

Bei der Minderung ist der Kaufpreis in dem Verhältnis herabzusetzen, in welchem der Wert der Sache in mangelfreiem Zustand zu dem wirklichen Wert der mangelhaften Sache steht. Der Sinn dieser Regelung besteht darin, zu sichern, daß eine verhältnismäßige Herabsetzung des Kaufpreises erfolgt, die den Besonderheiten der Preisbildung für den jeweiligen Vertrag Rechnung trägt (sogenannte relative Methode). Unter dem Wertbegriff im Sinne des § 281 Abs. 2 GIW ist der allgemeine Verkaufspreis zu verstehen (insbesondere der Marktpreis). Hat die Kaufsache keinen Marktpreis (z. B. bei Einzelfertigung), und einigen sich die Partner nicht, so bleibt es letztlich dem Gericht überlassen, die Höhe der Minderung zu bestimmen. Wird die Kaufsache infolge des Mangels völlig wertlos, so ist u. E. eine 100prozentige Kaufpreisminderung möglich. Diese Auffassung ist allerdings nicht unbestritten.

Vereinbarter Umfang der Minderung

Um Schwierigkeiten bei der Ermittlung von Minderungssätzen zu vermeiden, können die Vertragspartner entsprechende Vereinbarungen treffen. Dabei helfen allerdings solche allgemeinen Formulierungen in Verträgen wie „. . . eine angemessene Kaufpreisminderung . . .“ nicht weiter.

In manchen Branchen ist es deshalb üblich, Höchstsätze zur Begrenzung der Minderung zu vereinbaren, und im übrigen die Minderungssätze zu bestimmten Leistungsparametern (z. B. bei Maschinen) ins Verhältnis zu setzen. Das bedingt eine exakte Vereinbarung der geforderten Leistungsparameter im Vertrag. Ebenso kann die Kaufpreisminderung mit bestimmten Verbrauchs-, Ausnutzungs- und anderen Kennziffern in Verbindung gebracht werden.

Insbesondere wegen der Schwierigkeiten, die mit der Bestimmung der Höhe des Minderungssatzes verbunden sind, ist bei bestimmten Warengruppen (bei denen die Minderung nicht an Parameter gebunden werden kann) eine Kaufpreisminderung oft ungünstig. In solchen Fällen sollte sie daher mit anderen Ansprüchen kombiniert oder durch andere Ansprüche ersetzt werden.

Andere Korrekturen der Gegenleistung

Das GIW enthält eine Reihe weiterer Vorschriften zur Korrektur des Umfangs bzw. des Wertes der Gegenleistung. Dazu gehört die Bestimmung der Höhe des Kaufpreises

- bei der Ausnutzung von Mengentoleranzen (§ 55 Abs. 2, vgl. S. 234),
- bei der Annahme einer Mehrleistung (§ 279 Abs. 3, vgl. S. 201 f.),
- bei einer Minderleistung (§ 278, vgl. S. 202),
- bei einer Mengendifferenz (§ 280, vgl. S. 202).

Auch das Erlöschen des Kaufpreises im gleichen Verhältnis wie das Erlöschen der Leistungspflicht bei unabwendbarer Gewalt (§ 293 Abs. 3 GIW) dient einer solchen Korrektur.

4.7.3. Nachbesserung, Ersatzlieferung und Mängelselbstbeseitigung

Dem Käufer steht für den Fall nichtqualitätsgerechter Lieferung wahlweise neben der Minderung der Anspruch auf Beseitigung des Mangels zu. (Zu den Voraussetzungen für die Inanspruchnahme dieser Rechte vgl. S. 210 ff.)

Wahlrecht des Verkäufers

Fordert der Käufer die Beseitigung des Mangels, so entscheidet der Verkäufer, auf welche Weise er den Mangel beseitigen will. Unter Berücksichtigung technischer und ökonomischer Gesichtspunkte kann der Verkäufer im Fall der nichtqualitätsgerechten Leistung zwischen Nachbesserung, also Behebung des Mangels durch Reparatur, und Ersatzlieferung wählen. In der Praxis spielen in vielen Branchen die Nachbesserung und die Ersatzlieferung gegenüber der Minderung eine dominierende Rolle. In Anbetracht dessen, daß viele technische Erzeugnisse immer komplizierter und damit

störanfälliger werden, liegt es sowohl im Interesse des Käufers, der die Kaufsache nutzen will, als auch im Interesse des Verkäufers, der seine Erzeugnisse absetzen und den Kaufpreis realisieren will, daß auftretende Mängel behoben werden.
Wirkt der Käufer bei einer Nachbesserung, die der Verkäufer vornimmt, mit, so hat dieser ihm dafür angemessene Kosten zu erstatten – wie bei einer Mängelselbstbeseitigung nach § 281 GIW. (Das Bestehen einer solchen Verpflichtung hat das Berliner Schiedsgericht in seiner Entscheidung in der Sache SG 92/82 bestätigt.)

Ersatzleistung

Bei der Ersatzleistung kann der Verkäufer je nach Art der Kaufsache und nach Art des Mangels sowohl die Sache insgesamt durch eine mangelfreie ersetzen als auch einzelne Teile auswechseln. Der Transport erfolgt dabei unabhängig von der im Vertrag vereinbarten ursprünglichen Lieferbasis auf Kosten und Gefahr des Verkäufers.
Der Käufer ist nicht automatisch zur Rücklieferung der ersetzten Kaufsache oder der ersetzten Teile verpflichtet, wohl aber für eine gewisse Zeit zu deren Werterhaltung (§ 59 GIW) und auf Verlangen des Verkäufers auf dessen Gefahr und Kosten auch zu ihrer Rücklieferung (vgl. S. 241).

Mängelselbstbeseitigung

Zur Mängelselbstbeseitigung ist der Käufer ohne weiteres berechtigt, wenn der Verkäufer den Mangel nicht innerhalb einer angemessenen Frist beseitigt (§ 281 Abs. 4 GIW). Sonst steht ihm dieses Recht aus § 281 Abs. 2 nur unter der Voraussetzung zu, daß die Teilnahme des Verkäufers an der Mängelbeseitigung nicht erforderlich ist und es sich dabei um einen Mangel handelt, dessen Beseitigung keinen Aufschub zuläßt, oder es sich nur um einen kleineren Mangel handelt (§ 281 Abs. 7).
Die Mängelselbstbeseitigung durch den Käufer oder durch einen von ihm beauftragten Dritten erfolgt auf Kosten des Verkäufers. Der Käufer hat Anspruch auf Ersatz angemessener Kosten. Angemessen sind diese auf jeden Fall dann, wenn die Kosten, die der Verkäufer für die Mängelbeseitigung hätte aufwenden müssen, nicht wesentlich überschritten werden.
Auslegungsprobleme können sich insbesondere dann ergeben, wenn das Lohn- und Materialkostenniveau erheblich über dem des Verkäuferlandes liegt. Lassen sich international übliche Preise für derartige Reparaturleistungen ermitteln, so können diese eine Orientierungshilfe für „angemessene Kosten" bilden. Solchen Problemen kann der Verkäufer entgehen, wenn im Vertrag das Mängelselbstbeseitigungsrecht des Käufers davon abhängig gemacht wird, daß der Käufer einen Kostenvoranschlag übergibt und eine vorherige Einigung über die Höhe der Kosten erfolgt.

Mängelbeseitigung bei Rechtsmängeln

Die Mängelbeseitigung spielt nicht nur bei Sachmängeln, sondern auch bei Rechtsmängeln eine Rolle (§ 283 Abs. 1 GIW). Dabei kann sie z. B. in der Weise erfolgen, daß der Verkäufer einen Patentkauf vornimmt oder einen Lizenzvertrag abschließt. Die in § 283 Abs. 3 vorgesehenen Rechte schließen eine Art Mängelbeseitigung bei fehlender Freiheit von Rechten Dritter ein.

Hemmung der Verjährung

Prüft der Verkäufer das Vorhandensein eines Mangels, oder beginnt er, den Mangel zu beseitigen, so ist die Verjährung solange gehemmt, bis der Verkäufer dem Käufer das Ergebnis der Prüfung mitteilt oder den Mangel beseitigt (§ 327 Abs. 2 Buchst. f GIW).

4.7.4. Beendigung des Vertrages

4.7.4.1. Der Rücktritt

Begriff und Arten Das Rücktrittsrecht ist das Recht, unter bestimmten Voraussetzungen durch einseitige Erklärung den Vertrag zu beenden. Man unterscheidet folgende zwei Arten:

- das Rücktrittsrecht beim Vorliegen bestimmter Umstände, ohne daß eine Vertragsverletzung vorliegt;
- das Rücktrittsrecht als Sanktion für Vertragsverletzungen.

Das Rücktrittsrecht kann sich aus Gesetz oder Vertrag ergeben. Je nachdem, ob es als Sanktion für eine Vertragsverletzung oder als Rechtsfolge anderer Umstände ausgestaltet ist, unterscheidet es sich in seinen Voraussetzungen und in seinem Vollzug; seine Ausübung und seine Wirkungen sind aber in beiden Fällen gleich. Ein Rücktritt ist nur entsprechend einer vertraglichen Vereinbarung oder bei Erfüllung eines Tatbestandes zulässig, für den im Gesetz ein Rücktrittsrecht vorgesehen ist. Übt ein Partner ein Rücktrittsrecht aus, ohne daß diese Voraussetzungen gegeben sind, und erfüllt er daraufhin seine Vertragspflichten nicht, so treffen ihn die Rechtsfolgen des Verzugs (§ 278 GIW). Ist zwischen den Parteien strittig, ob die Ausübung eines Rücktrittsrechts zulässig oder ob ein erklärter Rücktritt wirksam ist, so kann hierüber eine (schieds)gerichtliche Entscheidung beantragt werden.

Rücktritt als Sanktion Als gesetzliche Sanktion ist das Rücktrittsrecht z. B. vorgesehen als Folge des Verzugs (§ 278 Abs. 2 und 3 GIW; vgl. S. 195), der verspäteten Beseitigung eines Sachmangels (§ 281 Abs. 4; vgl. S. 212) und bei der fehlenden Freiheit von Rechten Dritter (§ 283 Abs. 2; vgl. S. 224).

Rücktrittsrechte, die ausgeübt werden können, ohne daß eine Vertragsverletzung vorliegt, ergeben sich z. B. aus § 293 Abs. 5 und § 232 Abs. 3 GIW.

Erklärung des Rücktritts Das Rücktrittsrecht wird durch einseitige Erklärung gegenüber dem anderen Partner ausgeübt. Die Erklärung ist empfangsbedürftig (§ 9 Abs. 1 GIW) und unwiderruflich. Sie ist beim AKV an keine Form gebunden. Ist jedoch für die Änderung und Aufhebung des Vertrages die Schriftform vereinbart, so bedarf die Erklärung des Rücktritts dieser Form (§ 35).

Ausübungsfrist Für die Ausübung des Rücktrittsrechts kann im Vertrag eine Frist vereinbart werden. Die Rücktrittserklärung muß dann innerhalb dieser Frist der Post übergeben werden (§ 10 GIW).

Wurde eine solche Frist nicht vereinbart, und steht einem Partner ein Rücktrittsrecht zu, ist der andere oft daran interessiert, möglichst bald Klarheit darüber zu gewinnen, ob der Rücktrittsberechtigte von seinem Rücktrittsrecht Gebrauch machen wird oder nicht. Er kann diese ungewisse Situation dadurch beenden, daß er dem Rücktrittsberechtigten für die Ausübung des Rücktrittsrechts eine angemessene Frist setzt. Erklärt dieser den Rücktritt nicht innerhalb dieser Frist, so erlischt das Rücktrittsrecht (§ 309 GIW).

Erlöschen des Rücktrittsrechts Auch unter bestimmten weiteren Voraussetzungen wird das Rücktrittsrecht hinfällig. In diesen Fällen bringt das Vorliegen bestimmter Umstände vor Erklärung des Rücktritts das Rücktrittsrecht zum Erlöschen. So ist der

Rücktritt ausgeschlossen, wenn die zur Ausübung des Rücktrittsrechts berechtigenden Umstände weggefallen sind, bevor das Rücktrittsrecht ausgeübt wird (§ 310 Abs. 1 GIW), wenn also z. B. der eine Vertragsverletzung darstellende Mangel einer Sache inzwischen beseitigt wurde. Das gleiche gilt, wenn im Falle eines Lieferverzugs die Lieferung inzwischen erbracht wurde; denn der Lieferverzug wird mit Vollzug der Lieferung beendet, und der Käufer kann demzufolge nicht mehr zurücktreten.
Ebenfalls ausgeschlossen ist der Rücktritt, wenn die Rückgabe der Kaufsache in ihrem ursprünglichen Zustand wegen des Verhaltens des Käufers oder wegen des Einwirkens unabwendbarer Gewalt unmöglich geworden ist (§ 310 Abs. 2).

Die Gründe, die zum Erlöschen des Rücktrittsrechts führen, müssen vor der Ausübung des Rücktrittsrechts eingetreten sein. Wird die Rückgewähr nach Erklärung des Rücktritts, aber vor dessen Vollzug unmöglich, so findet nicht § 310, sondern § 311 GIW Anwendung.

Dagegen ist der Rücktritt nicht ausgeschlossen, wenn der Käufer die Sache dem Vertragszweck entsprechend verbraucht oder genutzt hat, bevor die zum Rücktritt berechtigenden Umstände festgestellt wurden oder entstanden sind (§ 310 Abs. 2 GIW). Die Ausübung des Rücktrittsrechts verpflichtet die Partner, einander die bereits empfangenen Leistungen zurückzugewähren, während die noch nicht erfüllten Leistungspflichten erlöschen (§ 311 Abs. 1 GIW). Die Rückleistung hat grundsätzlich auf demselben Wege und in derselben Weise wie die Leistung zu erfolgen (§ 311 Abs. 2). Rücktritt bedeutet also rückwirkende Abwicklung des Vertrages; es wird eine Lage herbeigeführt, als ob der Vertrag nicht bestanden hätte.

Wirkungen des Rücktritts

Die sich aus dem Rücktritt ergebenden Verpflichtungen der Partner sind Zug um Zug zu erfüllen, d. h., auf die Reihenfolge der zurückzugewährenden Leistungen, wie der Lieferung und der Kaufpreiszahlung, findet § 260 GIW Anwendung (vgl. S. 250). Im übrigen werden auf die Rückgewähr die für die Leistung geltenden Vorschriften entsprechend angewandt (§ 311 Abs. 2 Satz 1).

Rückabwicklung

Das bedeutet z. B. in Hinblick auf die Lieferung, daß die Kaufsache zurückzuliefern ist und der Empfänger der zurückzuliefernden Kaufsache Transportkosten und Gefahr ab Leistungsort zu tragen hat (§ 53 Buchst. a GIW). Der Leistungsort bestimmt sich dabei nach § 43. Zurückzugewährende Geldleistungen sind nach § 164 zu verzinsen, und der Gegenwert der aus der Leistung gezogenen Nutzungen ist zu erstatten. Das Eigentumsrecht geht nach § 54 wieder auf den Verkäufer über.

Ist der Rücktritt indes die Folge einer Vertragsverletzung, so ergeben sich demgegenüber wesentliche Ausnahmen. Der den Vertrag verletzende Partner ist hinsichtlich seiner Leistungen und auch hinsichtlich der Kosten für die vom anderen Partner zurückzugewährenden Leistungen (z. B. Kosten für Demontage und Verpackung der Kaufsache, Versendungskosten für die gesamte Transportstrecke) vorleistungspflichtig. Außerdem trägt er auch die Gefahr für die vom anderen Partner zurückzugewährenden Leistungen. Er kann weder die Zahlung von Zinsen noch die Herausgabe des Gegenwertes der gezogenen Nutzungen verlangen (§ 311 Abs. 3 GIW). Er erhält auch den Wert einer erbrachten Leistung, deren Rückgewähr un-

möglich geworden ist, nicht erstattet, sondern nur das von Dritten als Ersatz Erlangte bzw. die erworbenen Ersatzansprüche (§ 311 Abs. 4).
Die Ausübung des Rücktrittsrechts schließt im allgemeinen die Geltendmachung weiterer Sanktionen (insbesondere den Schadenersatz) nicht aus (vgl. z. B. § 278 Abs. 2 GIW sowie S. 195).

4.7.4.2. Die Kündigung

Funktion Ebenso wie der Rücktritt dient auch die Kündigung der Beendigung des Vertrages. Sie führt aber im Unterschied zum Rücktritt nicht zu einer Rückabwicklung bereits erbrachter Leistungen, sondern zur Wiederherstellung der Äquivalenz durch die Herbeiführung eines Ausgleichs, wenn die erbrachten Leistungen des einen Partners die des anderen übersteigen (§ 308 GIW).

Arten der Kündigung Das GIW unterscheidet drei Arten der Kündigung:

- die ordentliche Kündigung, mit oder ohne Einhaltung einer Frist (§ 305),
- die (fristlose) Kündigung aus wichtigem Grund (§ 306),
- die (fristlose) Kündigung wegen Vertragsverletzung (§ 307).

Für den AKV haben alle drei Arten keine große praktische Bedeutung, obgleich sie auch bei ihm vorkommen können.

Ordentliche Kündigung Die ordentliche Kündigung ohne Einhaltung einer Frist ist in § 293 Abs. 5 GIW für den Fall vorgesehen, daß Umstände unabwendbarer Gewalt lange andauern und damit die Leistung verhindern, so daß diese für den Käufer nicht mehr von Interesse oder dem Verkäufer nicht mehr zumutbar ist (vgl. S. 269).

Eine ordentliche Kündigung mit Einhaltung einer Frist kann z. B. in einem Rahmenvertrag, auf dessen Grundlage einzelne Kaufverträge abgeschlossen werden, vorgesehen sein.

Fristlose Kündigung Eine fristlose Kündigung aus wichtigem Grund ist in § 232 Abs. 3 GIW für den Fall vorgesehen, daß der Partner, dessen wirtschaftliche Lage sich verschlechtert hat, keine Sicherheit leistet.

Kündigung als Sanktion Als Sanktion schließlich ist die Kündigung sowohl beim Verzug (§ 278 Abs. 2 und 3 GIW, vgl. S. 195) als auch bei fehlender Freiheit von Rechten Dritter (§ 283 Abs. 2, vgl. S. 224) vorgesehen; das praktische Ergebnis läuft auf das gleiche wie beim Teilrücktritt (vgl. S. 198) hinaus.
Auch die Ausübung des Kündigungsrechts schließt die Geltendmachung anderer Sanktionen, wie insbesondere den Schadenersatz, nicht aus.

4.7.5. Der Ausgleich von Schäden

4.7.5.1. Schadensausgleichsrechte

Überblick An Ansprüchen, die auf einen Geldausgleich erlittener materieller Nachteile gerichtet sind, sieht das GIW den Schadenersatz, den Aufwendungsersatz und die Vertragsstrafe vor. Letztere hat allerdings nicht den Charakter einer Sanktion kraft Gesetzes, sondern setzt eine entsprechende vertragliche Vereinbarung voraus. Diese auf einen Schadensausgleich gerichteten Sanktionen können oft neben anderen Ansprüchen oder Rechten geltend gemacht werden (z. B. neben dem Erfüllungsanspruch, neben dem Rücktrittsrecht oder neben der Kündigung).

4.7.5.2. Schadenersatz

Anspruchsgrundlage

Das GIW sieht bei zahlreichen Arten von Vertragsverletzungen Schadenersatzansprüche vor: so beim Verzug (§ 278), bei der verzögerten Mängelbeseitigung und Mängelselbstbeseitigung (§ 281 Abs. 5), bei Mängelfolgeschäden (§ 282), bei der nicht rechtsmangelfreien Lieferung (§ 283 Abs. 2), bei der Verletzung von Nebenpflichten (§ 289), bei der Verletzung von Unterlassungspflichten (§ 290) sowie bei einigen weiteren Pflichtverletzungen (vgl. z. B. § 15 Abs. 2, § 23 Abs. 1, § 36 Abs. 2). Diese Vorschriften bilden die Anspruchsgrundlage. Aus ihnen ergibt sich, ob bei einem bestimmten Sachverhalt ein Schadenersatzanspruch begründet ist. Liegen auch die weiteren Voraussetzungen der materiellen Verantwortlichkeit vor, dann sind nach § 296ff. GIW solche Fragen wie Art, Umfang und Berechnung des Schadenersatzes zu ermitteln.

Begriff und Arten des Schadens

Das GIW geht vom Grundsatz des vollen Schadenersatzes aus (§ 296 Abs. 1). Unter dem Begriff „Schaden" ist jeder Vermögensnachteil zu verstehen, der durch ein vertragswidriges Verhalten eingetreten ist. Hier sind die tatsächliche Vermögensminderung, Folgeschäden und entgangener Gewinn eingeschlossen. Zum ersatzpflichtigen Schaden gehören z. B. auch die Kosten, die bei Verringerung oder Beseitigung des Schadens entstehen. Der Gläubiger soll also im Prinzip so gestellt werden, wie er gestanden hätte, wenn der Vertrag ordnungsgemäß erfüllt worden wäre.

Obgleich das GIW beim Schadenersatz nicht ausdrücklich zwischen dem Ersatz des Vertrauens- und des Erfüllungsinteresses unterscheidet, wie z. B. das BGB, entspricht der Schadenersatz nach § 296 Abs. 1 im wesentlichen dem sogenannten Erfüllungsinteresse.

Direkter (unmittelbarer) Schaden

Ist bei den einzelnen Pflichtverletzungen nur vom Ersatz des Schadens die Rede, so ist stets der volle Schadenersatz gemeint. Für bestimmte Tatbestände sieht das GIW jedoch nur den Ersatz des direkten oder unmittelbaren Schadens vor (vgl. z. B. § 283 Abs. 2, § 289). Eine Beschränkung auf den Ersatz des direkten Schadens kann aber auch für andere Tatbestände vereinbart werden. Zum direkten Schaden gehört weder der entgangene Gewinn noch ein Folgeschaden (§ 296 Abs. 2). Um einen direkten Schaden handelt es sich insbesondere, wenn der Vermögensnachteil durch eine Veränderung des betroffenen Rechts oder der Kaufsache hervorgerufen wurde. Der Ersatz dafür umfaßt z. B. bei Untergang oder Zerstörung der Ware die Kosten für die Neubeschaffung und bei Beschädigung die Kosten für die Reparatur.[35]

Kausalität

Ein Schadenersatzanspruch ist die Folge der Verletzung einer Rechtspflicht, die sich aus dem Vertragsverhältnis ergibt. Zwischen dem vertrags-

35 Vgl. näher a. a. O., Anm. 6.2. zu § 296.

widrigen Verhalten des Schädigers (der Nicht- oder nicht gehörigen Erfüllung der Vertragspflichten) und dem Vermögensschaden muß ein ursächlicher Zusammenhang bestehen. Der Nachweis der Kausalität ist folglich stets Voraussetzung für einen Schadenersatzanspruch.

Ersatz in Geld

Im internationalen Handel erfolgt der Schadenersatz grundsätzlich in Geld (§ 296 Abs. 1 GIW).

Währung des Schadenersatzes

Nach dem GIW ist Schadenersatz in der Vertragswährung zu leisten (§ 48). Sind Schäden in anderen Währungen entstanden, so erfolgt – wenn nichts anderes vereinbart ist – eine Umrechnung in die Vertragswährung. Wenn das GIW keine Anwendung findet, muß damit gerechnet werden, daß der Schaden in der Währung zu ersetzen ist, in der er entstanden ist.

Höhe des Ersatzanspruchs

Der Schadenersatz kann nach der konkreten und der abstrakten Methode berechnet werden.

Das GIW geht von der konkreten Methode der Schadensberechnung aus. Dabei ist nachzuweisen, wie hoch der durch die Leistungsstörung entstandene Schaden tatsächlich ist.

Konkrete Berechnung

Deckungskauf

Mögliche Formen der konkreten Schadensberechnung, die auch die Beweisführung erleichtern, sind der Deckungskauf und -verkauf. Steht dem Käufer neben einem Rücktritts- oder Kündigungsrecht ein Schadenersatzanspruch gegenüber dem Verkäufer zu, so kann er einen Deckungskauf vornehmen. Der Käufer kann dann vom Verkäufer die Differenz zwischen dem Vertragspreis und dem nunmehr notwendig gewordenen höheren Anschaffungspreis als Schadenersatz verlangen. Nimmt der Käufer den Deckungskauf vor, so ist er gehalten, den Interessen des Verkäufers Rechnung zu tragen. Das heißt, daß der Deckungskauf so bald wie möglich und unter verhältnismäßig niedrigen Aufwendungen erfolgen muß. Das gebietet seine sich aus § 298 Abs. 1 GIW ergebende Schadensminderungspflicht. Verletzt er diese, so mindert sich der Schadenersatz auf den Betrag, den er bei Einhaltung der Pflicht erhalten hätte.

Deckungsverkauf

Der Verkäufer ist berechtigt, bei Nichterfüllung der Zahlungspflicht des Käufers einen Deckungsverkauf vorzunehmen. Auch in diesem Fall kann bei einem niedrigeren Erlös die Differenz zum ursprünglichen Vertragspreis als Schadenersatz geltend gemacht werden (unter Beachtung der Schadensminderungspflicht).

Gegenstand des Deckungsverkaufs ist die Kaufsache. Daher ist es auch erforderlich, daß der Verkäufer bei Geltendmachung des Differenzschadens nachweist, daß die verkaufte Ware vertragsgemäß gewesen ist. Die Bedingungen des Deckungsverkaufs sollen grundsätzlich nicht von denen des ursprünglichen Kaufvertrages abweichen. (Zu den Voraussetzungen und Folgen des Selbsthilfeverkaufs vgl. S. 239f.)

Selbst wenn beim Deckungskauf (oder -verkauf) der gleiche Preis wie im ursprünglichen Vertrag erreicht wird, hat der Deckungskäufer (oder -verkäufer) immer noch einen Anspruch gegen seinen ursprünglichen Vertragspartner auf Erstattung der Kosten, die durch die Vornahme des Ersatzgeschäfts entstanden sind.

Die Kaufvertragspartner sind auch bei Rücktritt oder Kündigung nicht generell zur Vornahme von Deckungsgeschäften verpflichtet. Die Regelung des § 298 Abs. 2 GIW stimuliert die Partner jedoch dazu. Denn nach dieser Vorschrift kann ein Partner neben einem Rücktritts- oder Kündigungsrecht nicht den Ersatz des Schadens verlangen, der dadurch entstanden ist, daß er ein ihm mögliches und zumutbares Deckungsgeschäft nicht durchgeführt hat.[36]

Abstrakte Berechnung

Unter bestimmten Voraussetzungen kann der Schadenersatz auch nach einer abstrakten Methode berechnet werden. Danach wird die Differenz zwischen dem vereinbarten Kaufpreis der Ware (der nicht gelieferten beim Schadenersatzanspruch des Käufers, der nicht abgenommenen beim Schadenersatzanspruch des Verkäufers) und ihrem Börsen- oder Marktpreis als Schaden gewertet (§ 300 Abs. 1 GIW). Maßgeblich ist dabei der Zeitpunkt, zu dem das Recht des Partners zur Beendigung des Vertrages (Kündigung oder Rücktritt) entstanden ist, und der Ort, an dem der Deckungskauf oder -verkauf normalerweise erfolgt wäre (§ 300 Abs. 2). Es ist also nicht erforderlich, daß der Käufer tatsächlich einen Deckungskauf (oder der Verkäufer einen Deckungsverkauf) vornimmt. Entscheidend ist lediglich, daß ein Börsen- oder Marktpreis ermittelt werden kann.

Damit sind zugleich die Grenzen der abstrakten Methode der Schadensberechnung gezeigt. Für viele Waren, speziell wenn es sich um Einzel- oder Sonderanfertigungen handelt, läßt sich ein Marktpreis entweder schwer oder gar nicht ermitteln. Der Vorzug dieser Methode bei Waren, für die sich ein solcher Preis ermitteln läßt, besteht darin, daß weder nachgewiesen werden muß, daß ein Schaden entstanden ist noch in welcher Höhe er besteht. Zugleich erfolgt eine Begrenzung auf sich aus Preisschwankungen ergebende Schäden.

Voraussehbarer Schaden

Das GIW enthält verschiedene Formen der Schadenersatzbegrenzung, darunter auch diejenige, die den Ersatz solcher Schäden ausschließt, die für den verpflichteten Partner beim Vertragsabschluß auch bei Anwendung handelsüblicher Sorgfalt nicht vorhersehbar waren (§ 297 GIW). Schäden, die aus besonderen Bedingungen des jeweiligen Vertragsverhältnisses resultieren (etwa eine hohe Vertragsstrafe, die der Käufer gegenüber seinen Abnehmern übernommen hat) und die dem anderen Partner nicht bekannt sind, fallen somit nicht unter die Ersatzpflicht. Der Nachteil dieser Begrenzung liegt allerdings in dem relativ großen Auslegungsspielraum.

Eine solche Begrenzung ist in verschiedenen anderen Rechtsordnungen ebenfalls bekannt. Auch nach Art. 74 CIS ist die Ersatzpflicht auf den Schaden begrenzt, der bei Vertragsabschluß als mögliche Folge der Vertragsverletzung voraussehbar war. Obgleich im BGB dazu eine ausdrückliche Regelung fehlt, wird in der BRD ein ähnliches Ergebnis über die sogenannte Adäquanztheorie erreicht.

Begrenzung der Haftung für Dritte

Eine weitere Möglichkeit der Schadenersatzbegrenzung enthält das GIW für den Fall einer Schadensverursachung durch Dritte, die vom verpflichteten Partner zur Vertragserfüllung herangezogen werden (vgl. dazu S. 261ff.).

Regreßforderungen

Für Regreßforderungen (d. h. für Forderungen, die darauf beruhen, daß einem Partner dadurch ein Schaden entstanden ist, daß er einen berechtigten Anspruch eines Dritten, der auf eine Vertragsverletzung des anderen Partners zurückzuführen ist, befriedigt hat) sieht § 302 GIW ebenfalls eine Schadenersatzbegrenzung vor. Danach kann der Partner, der eine begründete Regreßforderung hat, vom anderen den Ersatz dieses Schadens nur in

36 Vgl. näher a. a. O., Anm. zu § 298.

dem Umfang verlangen, in dem der Anspruch des Dritten nach den Vorschriften des GIW ebenfalls begründet war.

Das bedeutet beispielsweise, daß im Regreßwege nicht Ansprüche auf vollen Schadenersatz durchgesetzt werden können, wenn das GIW nur den Ersatz des direkten Schadens (z. B. bei der Verletzung von Nebenpflichten nach § 289) vorsieht.

Schadensabwendungs- und -minderungspflicht

Für den Geschädigten besteht eine Schadensabwendungs- und -minderungspflicht. Er ist verpflichtet, den Schädiger auf die Gefahr eines ungewöhnlich hohen Schadens aufmerksam zu machen, den Schaden abzuwenden oder zu mindern. Kommt er dieser Verpflichtung nicht nach, so verliert er seinen Schadenersatzanspruch ganz oder teilweise (§ 298 Abs. 1 GIW).

Schadensschätzung durch Gericht oder Schiedsgericht

Für den Fall, daß der geschädigte Partner nicht oder nur mit unverhältnismäßig hohem Aufwand beweisen kann, in welcher Höhe ein Schaden entstanden ist, enthält § 299 Abs. 1 GIW den Grundsatz der Schadensschätzung durch das Gericht oder Schiedsgericht, das unter Würdigung aller Umstände entscheiden kann. Einen ähnlichen Grundsatz normiert § 52 Abs. 2 ZPO, der keine Beschränkung auf Schadenersatzansprüche vornimmt, sondern sich z. B. auch auf eine Minderung beziehen kann.

Herabsetzung des Schadenersatzes durch Gericht oder Schiedsgericht

Der als Folge einer Vertragsverletzung eingetretene Schaden kann sowohl im Verhältnis zur Vertragsverletzung selbst als auch im Verhältnis zum Wert der von der Vertragsverletzung betroffenen Leistung ungewöhnlich hoch sein. Insbesondere bei modernen hochproduktiven Maschinen können bereits geringfügige Leistungsstörungen enorme Schäden hervorrufen. Für solche Fälle gibt das GIW dem Gericht oder Schiedsgericht die Möglichkeit, den Schadenersatz unter Würdigung aller Umstände herabzusetzen (§ 299 Abs. 2). Dabei sind jedoch strenge Maßstäbe anzulegen, so daß eine solche Herabsetzung auf Ausnahmefälle beschränkt bleiben wird.

Vertragsgestaltung

Die praktisch bedeutsamen Fragen der vertraglichen Gestaltung des Schadenersatzes betreffen vor allem die Begrenzung oder den Ausschluß von Schadenersatzansprüchen.

Ersatz durch Vertragsstrafe

Zur Begrenzung von Schadenersatzansprüchen haben sich in der Außenhandelspraxis verschiedene Methoden herausgebildet. In einigen Branchen – insbesondere des Maschinenbaus – werden Schadenersatzansprüche aus Lieferverzug und Nichterfüllung weitgehend ausgeschlossen und durch Ansprüche auf Vertragsstrafe ersetzt (vgl. S. 284ff.). Diese Begrenzung auf einen normierten Schadenersatz – eben die Vertragsstrafe – ist der Ersatzpflicht des Käufers bei Nichtzahlung des Kaufpreises ähnlich. Hier hat der Verkäufer nach dem Vertrag in der Regel ebenfalls nur Anspruch auf eine normierte Summe, nämlich den vertraglich vereinbarten oder gesetzlich fixierten Zinssatz. Nach der gesetzlichen Regelung ist jedoch bei Zahlungsverzug die Geltendmachung eines darüber hinausgehenden Schadens möglich (§ 278 Abs. 4 GIW); entsprechendes gilt auch für die Vertragsstrafe (§ 304 Abs. 2). Diese Vorschriften finden Anwendung, wenn sie im Vertrag nicht ausdrücklich ausgeschlossen werden.

Höchstsummen

Eine andere Methode der vertraglichen Schadenersatzbegrenzung besteht darin, eventuelle Schadenersatzansprüche summenmäßig zu beschränken, also für den gesamten Vertrag oder für einzelne Leistungen Höchstsummen festzulegen, über die hinaus keine Schadenersatzansprüche mehr geltend gemacht werden können. Diese Höchstsummen können sowohl absolut als auch in bestimmten Prozentsätzen vom Vertragswert festgelegt werden. Im Unterschied zur Vertragsstrafe muß allerdings hier auch der sich unterhalb der Grenze bewegende Schaden nachgewiesen werden.[37]

Ausschluß des indirekten Schadens

Anstelle oder neben diesen Formen der Begrenzung können andere, bereits erwähnte Begrenzungsformen, die an die Art der Vermögensnachteile anknüpfen, vereinbart werden.

Dazu zählt z. B. die Begrenzung des Schadenersatzes auf die direkten Schäden unter Ausschluß der indirekten Schäden, die definiert oder auch beispielhaft aufgezählt werden (z. B. entgangener Gewinn, Produktionsausfall, Lohn- und Materialkosten).

Zulässigkeit von Schadenersatzausschlüssen

Der Ausschluß von Schadenersatzansprüchen und die verschiedenen Formen ihrer Begrenzung sind in der internationalen Vertragspraxis üblich und nach den verschiedenen Rechtsordnungen, die für diese Verträge maßgebend sein können, auch nicht generell unzulässig. Dennoch ist zu berücksichtigen, daß nach den meisten Rechtsordnungen Klauseln, die den Schadenersatz völlig ausschließen, verschiedentlich auch solche, die ihn nur begrenzen, nicht in jedem Fall wirksam sind. Das gilt – mit Unterschieden in den einzelnen Rechtsordnungen – insbesondere dann, wenn der Schaden vorsätzlich, grob fahrlässig oder absichtlich verursacht wurde (vgl. S. 213f.). Sind solche Klauseln in AGB enthalten, die nach dem Recht solcher Länder beurteilt werden, die die AGB einer besonderen Inhaltskontrolle unterziehen, so ist mit weitgehenden Einschränkungen hinsichtlich der Zulässigkeit oder Wirksamkeit solcher Klauseln zu rechnen (vgl. S. 261).

4.7.5.3. Aufwendungsersatz

Definition

Das GIW definiert den Aufwendungsersatz als Ersatz der tatsächlich entstandenen Kosten, soweit diese den Umständen nach gerechtfertigt waren (§ 303). Zu ersetzen sind also nicht schlechthin entstandene Vermögensnachteile oder gar entgangener Gewinn und andere Folgeschäden, sondern die den Umständen nach gerechtfertigten Kosten, soweit diese tatsächlich angefallen sind und nachgewiesen werden können.

Analoge Anwendung von Bestimmungen zum Schadenersatz

Unter den Voraussetzungen des § 299 GIW kann auch ein Gericht oder Schiedsgericht unter Würdigung aller Umstände die Höhe des Aufwendungsersatzes festlegen.
Weitere Vorschriften aus dem Schadenersatzrecht, die auf den Aufwendungsersatz analog anzuwenden sind, betreffen die Vorhersehbarkeit (vgl. S. 281), die Abwendungs- und Minderungspflicht (vgl. S. 282), die Verhältnismäßigkeit (vgl. S. 282) und die Haftung für Dritte (vgl. S. 261ff.).
Trotz dieses Verweises auf einige Vorschriften über den Schadenersatz, nimmt das GIW eine deutliche Differenzierung zwischen Aufwendungs- und Schadenersatz vor. Daraus folgt, daß bei einem vertraglichen Ausschluß von Schadenersatzansprüchen die sich aus dem Gesetz ergebenden Ansprüche auf Aufwendungs- oder Kostenersatz grundsätzlich nicht mit

37 Vgl. u. a. D. Fischer, Vertragsstrafe und vertragliche Schadenersatzpauschalierung – eine rechtsvergleichende Darstellung der neuen deutschen und französischen Rechtsentwicklung, Frankfurt/Main 1981.

erfaßt sind. Das wurde in einer Entscheidung des Berliner Schiedsgerichts in der Sache SG 92/82 ausdrücklich hervorgehoben.

Fallgruppen Bei den Tatbeständen, bei denen das GIW einen Aufwendungs- oder auch Kostenersatz vorsieht, lassen sich verschiedene Fallgruppen unterscheiden. Zum einen sieht das GIW den Aufwendungsersatz als Folge bei einigen Arten vorvertraglicher Pflichtverletzungen vor (vgl. § 12 Abs. 2, § 23 Abs. 1, § 34). In diesen Fällen ähnelt der Aufwendungsersatz noch am ehesten dem Schadenersatz. Auch bestehen gewisse Ähnlichkeiten mit dem sogenannten Ersatz des Vertrauensinteresses, der in einigen Rechtsordnungen in analogen Fällen geltend gemacht werden kann.

Zum anderen gewährt das GIW im Zusammenhang mit bestimmten Vertragsverletzungen Ansprüche auf Kosten- oder Aufwendungsersatz, welcher ein Äquivalent für erbrachte Leistungen darstellt, die der andere Partner auf Grund der Vertragsverletzung vorzunehmen berechtigt oder verpflichtet ist.

Hierzu gehört z. B. der Kostenersatz bei der Mängelselbstbeseitigung nach § 281, bei der Werterhaltung der Kaufsache nach § 59, bei der Gläubigerverursachung nach § 294 Abs. 5 Buchst. a, beim Selbsthilfeverkauf nach § 273 Abs. 3.

Eine dritte Gruppe bilden schließlich Ansprüche auf Kostenerstattung, bei denen es sich um ein Entgelt für erbrachte Leistungen bzw. um die Erstattung von Auslagen handelt, ohne daß ein Zusammenhang mit einer Vertragsverletzung besteht (z. B. § 139, § 149 Buchst. b GIW).

Die Vorschrift des § 303 GIW über die Bemessung des Aufwendungsersatzes bezieht sich vor allem auf die zuerst genannte Gruppe. Auch der in § 303 enthaltene Verweis auf die analoge Anwendung von Vorschriften über den Schadenersatz erstreckt sich grundsätzlich nicht auf die Fälle der zweiten und dritten Gruppe.

4.7.5.4. Vertragsstrafe

Begriff Die Vertragsstrafe ist in der Regel ein im voraus berechneter Geldbetrag. Sie wird zumeist als Prozentsatz, bezogen auf den Wert (Preis) des von der Vertragsverletzung betroffenen Teils des Vertragsgegenstandes, vereinbart. Häufig wird eine Höchstgrenze im Vertrag festgelegt.

Beispiele:
„Erfüllt der Verkäufer seine Lieferpflicht nicht oder nicht termingerecht, so kann der Käufer, wenn auch innerhalb einer angemessenen, vom Käufer gesetzten Nachfrist nicht geliefert worden ist, eine Vertragsstrafe in Höhe von 0,5 % für jeden vollendeten Monat des Verzugs, jedoch nicht mehr als 5 % vom Wert der verspätet erbrachten Lieferung verlangen."
„Wenn dem Käufer wegen einer Verspätung, die infolge des eigenen Verschuldens des Verkäufers entstanden ist, ein Schaden erwächst, so ist er unter Ausschluß jeden weiteren Anspruchs nach Ablauf einer zweimonatigen Karenzzeit berechtigt, eine Vertragsstrafe für jede vollendete Woche der Verspätung von höchstens ½ %, und zwar im ganzen bis zu 5 % desjenigen Teils der Gesamtlieferung zu beanspruchen, der allein wegen dieser Verzögerung nicht in Betrieb genommen werden konnte."

Die Vertragsstrafe kann aber – in Ausnahmefällen – auch als fixer Geldbetrag vereinbart werden, insbesondere wenn es sich um eine Vertragsstrafe wegen Nichterfüllung handelt.

Beispiel:
„Liefert der Verkäufer nicht zum festgelegten Termin und auch nicht innerhalb einer vom Käufer gesetzten angemessenen Nachfrist von mindestens 4 Wochen, so hat der Verkäufer eine Vertragsstrafe in Höhe von ... US-Dollar zu zahlen. Damit sind sämtliche Ansprüche, die dem Käufer nach dem Gesetz zustehen, abgegolten".

Vereinbarungscharakter

Im Unterschied zum Schadenersatz handelt es sich bei der Vertragsstrafe nach der Regelung des GIW nicht um eine gesetzliche, sondern um eine vereinbarte Sanktion. Während Schadenersatz, Rücktritt, Minderung und andere Sanktionen als gesetzliche Rechtsfolgen für bestimmte Arten von Vertragsverletzungen vorgesehen sind, ist eine Vertragsstrafe nur dann zu leisten, wenn sie im Vertrag vereinbart wird. Und sie wird auch nur für die Arten von Vertragsverletzungen wirksam, für die sie jeweils vereinbart wird. Das GIW enthält in § 304 lediglich Auslegungsregeln für eine vereinbarte, aber nicht alle Aspekte erfassende Vertragsstrafenklausel. Auch nach den einschlägigen Gesetzen der nichtsozialistischen Staaten, die auf AKV Anwendung finden können, handelt es sich bei der Vertragsstrafe nicht um eine gesetzliche Sanktion.

Funktion

Wie der Schadenersatz ist die Vertragsstrafe auf einen Ausgleich entstandener Schäden gerichtet. Sie ist aber ein normierter Schadenersatz, d. h., es wird von vornherein festgelegt, daß bei einer bestimmten Vertragsverletzung eine Ersatzpflicht in einem bestimmten Umfang entsteht. Sie ist im Unterschied zum Schadenersatz nicht von der tatsächlichen Entstehung und dem Nachweis eines in Geld auszudrückenden Vermögensschadens abhängig, da ihre Höhe im voraus bestimmt wird. Der Käufer braucht hier nicht zu beweisen, daß ihm ein Schaden entstanden ist. Er ist folglich auch der Beweisschwierigkeiten hinsichtlich der Höhe des Schadens enthoben.

Höchst- und Mindestschadenersatz

Soll die Vertragsstrafe die Funktion eines Höchstschadenersatzes haben, also darüber hinausgehende Schadenersatzansprüche ausschließen, so muß dies ausdrücklich vereinbart werden, weil sie nach dem GIW sonst als Mindestschadenersatz behandelt wird und ein darüber hinausgehender Schaden geltend gemacht werden kann. Die Vertragsstrafe wird dann auf den Schadenersatz angerechnet (§ 304 Abs. 2).

Befreiungsgründe

Der Schuldner wird mangels anderweitiger Vereinbarungen im Vertrag von der Zahlung einer vereinbarten Vertragsstrafe befreit, wenn er nachweisen kann, daß die Nichteinhaltung der betreffenden Vertragspflicht die Folge unabwendbarer Gewalt war oder durch den Gläubiger verursacht worden ist (vgl. S. 266ff., 271ff.).

Vertragsstrafe neben Erfüllung

Der Gläubiger kann die Vertragsstrafe neben der Erfüllung verlangen (§ 304 Abs. 1 GIW). Der Anspruch des Gläubigers auf Erfüllung wird, da mit der Erhebung der Vertragsstrafe ja kein Rücktritt ausgesprochen wird, nicht berührt. Soll die Vertragsstrafe an die Stelle der Erfüllung treten, so muß dies ausdrücklich vereinbart werden.

Vorbehalt bei Annahme

Der Anspruch auf Vertragsstrafe beim Verzug hängt nach der Regelung des GIW nicht davon ab, ob sich der Gläubiger seine Rechte bei Annahme der Kaufsache vorbehält. Doch kann ein solcher Vorbehalt im Vertrag vereinbart werden.

In einigen anderen Rechtsordnungen ist hingegen ein solcher Vorbehalt Voraussetzung für die Geltendmachung eines Vertragsstrafenanspruchs, sofern dieses Erfordernis nicht vertraglich ausgeschlossen ist (vgl. z. B. § 341 Abs. 3 BGB).

Unabhängig davon ist der Vorbehalt der Vertragsstrafe auf jeden Fall zu empfehlen, wenn nach Verzugseintritt eine Lieferterminänderung vereinbart wird. Andernfalls ist damit zu rechnen, daß die vereinbarte Terminänderung als Verzicht auf die Vertragsstrafe gewertet wird.
Ist die Vertragsstrafe als Sanktion für eine nichtqualitätsgerechte Leistung vereinbart, so ist für ihre Geltendmachung die fristgerechte Mängelrüge (vgl. S. 205ff.) Voraussetzung.

Vertragsstrafe bei Rücktritt

Erklärt der Gläubiger den Rücktritt vom Vertrag, so verliert er weder den Anspruch auf Schadenersatz noch den Vertragsstrafenanspruch, sofern im Vertrag nichts anderes vereinbart ist.

Höhe der Vertragsstrafe

Die Höhe der Vertragsstrafe ist der Parteivereinbarung überlassen. Meist wird sie als ein Prozentsatz vereinbart, wobei die Bezugsbasis für ihre Berechnung der Wert des von der Vertragsverletzung betroffenen Teils der Leistung ist (§ 304 Abs. 3 GIW).

Gerät der Verkäufer bei vereinbarten Teillieferungen nur mit einer dieser Lieferungen in Verzug, so ist deren Wert die Bezugsbasis für die Vertragsstrafe. Sind jedoch die anderen Teillieferungen durch den Verzug mit einer Sendung nicht dem Vertragszweck entsprechend zu verwerten, dann bilden alle Lieferungen gemeinsam die Bezugsbasis der Berechnung.

Herabsetzung der Vertragsstrafe

Ist eine verwirkte Vertragsstrafe im Vergleich zum eingetretenen Schaden unverhältnismäßig hoch, so kann der Schuldner ihre Herabsetzung verlangen (§ 304 Abs. 5 GIW). Dabei sind an den Begriff „unverhältnismäßig hoch" strenge Anforderungen zu stellen.

Eine Herabsetzung wird nur in seltenen Ausnahmefällen in Frage kommen (z. B. wenn keine Höchstgrenze vereinbart wurde und die Vertragsstrafe die Kaufpreissumme übersteigt). Eine Reduzierung der Vertragsstrafe erfolgt auch, wenn der Berechtigte durch sein Verhalten zu der mit Vertragsstrafe bedrohten Vertragsverletzung beigetragen hat oder wenn er seiner Schadensminderungspflicht nach § 298 Abs. 1 nicht nachgekommen ist. Kommt es zu einer Herabsetzung, so muß die zu zahlende Vertragsstrafe nicht der Höhe des tatsächlich entstandenen Schadens entsprechen.

Verjährung des Vertragsstrafenanspruchs

Was die Verjährung des Vertragsstrafenanspruchs betrifft, so ist dessen Zusammenhang mit der Hauptforderung zu beachten; denn die Vertragsstrafe dient in der Regel der Sicherung der Hauptforderung.

Im Unterschied z. B. zu den Allgemeinen Lieferbedingungen des RGW sieht das GIW für Vertragsstrafen keine besonderen Geltendmachungsfristen vor. Sie können also grundsätzlich noch bis zum Ablauf der zweijährigen Verjährungsfrist nach § 324 Abs. 1 geltend gemacht werden. Dennoch empfiehlt es sich, die Vertragsstrafe früher geltend zu machen. Ein solches Erfordernis können (Schieds-)Gerichte unter Umständen aus allgemeinen Rechtsgrundsätzen (z. B. aus § 259 oder § 7 Abs. 2 GIW) herleiten.

Beweislast bei Klageerhebung

Sieht sich der Gläubiger gezwungen, seinen Anspruch auf Vertragsstrafe auf dem Klagewege durchzusetzen, so hat er lediglich die Verletzung des Vertrages durch den Schuldner nachzuweisen. Der Schuldner muß zu sei-

ner Entlastung entweder beweisen, daß seine Nicht- oder nichtvertragsgemäße Erfüllung in einem Umstand begründet ist, der ihn von seiner Verantwortlichkeit befreit, oder auch, daß er vertragsgemäß geliefert hat.
Wenn im Vertrag eine Vertragsstrafe für die Verletzung von Unterlassungspflichten vereinbart worden ist, muß der Gläubiger die Zuwiderhandlung des Schuldners beweisen.

Vertragsstrafenvereinbarungen

Trotz der im GIW (§ 304) enthaltenen Auslegungsregeln für vereinbarte Vertragsstrafen empfiehlt es sich, die wichtigsten Elemente, ggf. auch abweichend von den gesetzlichen Auslegungsregeln unter Berücksichtigung der ergänzend eingreifenden Rechtsvorschriften, in der vertraglichen Vertragsstrafenklausel zu erfassen. Das gilt um so mehr, wenn auf den Vertrag ausländisches Recht zur Anwendung gelangt.
Zu folgenden Aspekten sollte eine Vertragsstrafenklausel Festlegungen enthalten:
- zur Höhe der Vertragsstrafe (z. B. als Prozentsatz pro Zeiteinheit, wie Woche oder Monat, wobei der Verkäufer außerdem an einer Höchstgrenze interessiert ist, oder als Festbetrag);
- zur Bezugsbasis (ob sie auf den gesamten Kaufpreis oder nur auf den Preis des von der Vertragsverletzung unmittelbar betroffenen Teils der Lieferung bezogen sein soll);
- zu Form und Frist der Geltendmachung.

Außerdem ist es erforderlich, in der Vertragsstrafenklausel festzulegen, bei welchen Vertragsverletzungen der andere Partner Vertragsstrafe verlangen kann (für Verzug, für Nichterfüllung, für nichtqualitätsgerechte Leistung). Dabei ist – je nachdem worauf sich die Vertragsstrafe bezieht – klarzustellen, wie sich die Vertragsstrafe zu den durch Gesetz (unter Berücksichtigung des anwendbaren Rechts!) bestimmten Ansprüchen für die betreffende Art der Vertragsverletzung verhalten soll: ob sie neben den oder an die Stelle des Erfüllungsanspruchs treten soll, ob eine Qualitätsvertragsstrafe neben oder an Stelle von Gewährleistungsrechten oder Garantieansprüchen geltend gemacht werden kann, ob die Vertragsstrafe neben einem Rücktritts- oder Aufhebungsrecht stehen soll.
Besondere Bedeutung kommt in diesem Zusammenhang der Klärung des Verhältnisses der vereinbarten Vertragsstrafe zu gesetzlichen Schadenersatzansprüchen zu, da nach einer Reihe von Rechtsordnungen mangels anderweitiger Vereinbarung der die Vertragsstrafe übersteigende Schaden zu ersetzen ist, nach anderen jedoch nicht.
Ferner sollte die Vertragsstrafenklausel unter Berücksichtigung des anwendbaren Rechts klarstellen,
- ob ein Vorbehalt der Vertragsstrafe bei Annahme der Lieferung erforderlich ist (er ist es z. B. nach § 341 Abs. 3 BGB, nach dem GIW hingegen nicht);
- unter welchen Voraussetzungen die Vertragsstrafe ggf. entfallen soll (z. B. bei mangelndem Verschulden oder bei höherer Gewalt) oder ob es genügen soll, daß der objektive Tatbestand der Vertragsverletzung (Verzug, nichtqualitätsgerechte Leistung o. a.) erfüllt ist;
- ob eine Inverzugsetzung, eine Mahnung oder auch eine Nachfristsetzung erforderlich oder entbehrlich ist;

– ob die zu zahlende Vertragsstrafe von der Höhe des entstandenen und nachgewiesenen Schadens abhängig sein soll;

Obgleich eine solche Schadensnachweispflicht eigentlich dem Charakter der Vertragsstrafe widerspricht, wird nicht selten in AGB der Verkäufer aus Gründen der Haftungsbeschränkung eine solche Schadensnachweispflicht statuiert.

– in welcher Währung die Vertragsstrafe zu zahlen ist (nach dem GIW ist das die Vertragswährung – § 48 GIW).

Ausländisches Recht

Unterliegt der Vertrag ausländischem Recht, so ist zu berücksichtigen, daß eine Reihe der genannten Fragen oft anders als nach dem GIW beantwortet wird.[38]

Unterschiede bestehen z. B. in der Frage, ob die Vertragsstrafe neben die oder an die Stelle der Erfüllung tritt, wenn die Partner dazu nichts vereinbart haben. Während sie nach der GIW-Regelung grundsätzlich neben die Erfüllung tritt, führt nach Art. 56 des spanischen Handelsgesetzbuches die Geltendmachung des einen Anspruchs – mangels anderweitiger Vereinbarung – jeweils zum Erlöschen des anderen. Nach österreichischem und BRD-Recht sind von vornherein beide Möglichkeiten (Nichterfüllungsvertragsstrafe und Vertragsstrafe neben der Erfüllung) vorgesehen, wobei es mangels vertraglicher Vereinbarung eine Frage der Auslegung ist, um welche Form es sich handelt (vgl. § 340f. BGB; § 1336 ABGB).
Wie bereits erwähnt, hat das Verhältnis von Vertragsstrafe und Ersatz des darüber hinausgehenden Schadens besondere Bedeutung. Nach zahlreichen Rechtsordnungen wird die Vertragsstrafe ebenso wie nach dem GIW als Mindestschadenersatz verstanden (so in der Schweiz – Art. 161 Abs. 2 OR; in der BRD – § 340 Abs. 2, § 341 Abs. 2 BGB), d. h., ein die Vertragsstrafe übersteigender Schaden ist zu ersetzen. Nach anderen Rechtsordnungen tritt die Vertragsstrafe – mangels abweichender Vereinbarung – an die Stelle des Schadenersatzes (so z. B. nach Art. 1152 Código civil Spaniens).

38 Vgl. G. Bucksch, „Rechtsvergleich zu Vertragsstrafe und/oder pauschaliertem Schadenersatz", RIW/AWD, 1984/10, S. 778ff.

5. Zahlungs-, Kredit- und Wertsicherung in den intersystemaren Wirtschaftsbeziehungen der DDR

5.1. Zahlung und Zahlungssicherung

5.1.1. Die Bestandteile der Zahlungsbedingungen

Die Pflicht zur Zahlung des Kaufpreises ist beim AKV eine Hauptpflicht des Käufers. Regelmäßig erfolgt daher im AKV eine konkrete Ausgestaltung der Zahlungsbedingungen. Sie hat außerordentliche Bedeutung für die Sicherheit der Valutaeingänge und die Geschwindigkeit des Valutaumschlags, denn die Zahlungsbedingungen bestimmen, wann, auf welche Weise, in welcher Währung und an welchem Ort der Zahlungsschuldner aus einem abgeschlossenen Außenhandelsgeschäft Zahlung zu leisten hat.

Damit sind auch bereits die wichtigsten Bestandteile der Zahlungsbedingungen genannt, nämlich der Zahlungstermin, die Zahlungsarten, die Valuta der Zahlung und der Zahlungsort. Mit dem Zahlungstermin wird der Zeitpunkt der Fälligkeit der Zahlung festgelegt.

Zahlungstermin

Die Möglichkeiten hierfür sind außerordentlich mannigfaltig, und ihre Realisierung im einzelnen Außenhandelsgeschäft hängt von einer ganzen Palette von Ausgangsfaktoren auf seiten der Vertragspartner ab. Je nachdem, ob Zahlung vor der Warenlieferung, bei Aufnahme der Dokumente, bei Eingang der Ware oder zu einem späteren Zeitpunkt zu leisten ist, unterscheidet man in der Außenhandelspraxis Kassa- bzw. Kreditgeschäfte. Häufig sind diese jedoch im einzelnen Außenhandelsgeschäft kombiniert anzutreffen.

Fälligkeit nach dem Gesetz

Ist in einem AKV die Fälligkeit der Zahlung ausnahmsweise nicht bestimmt, so entscheidet darüber das auf den Vertrag anwendbare Recht. Nach dem Recht der DDR gilt für den Fall, daß der Zeitpunkt für die Leistung weder vereinbart noch aus dem Zweck der Leistung zu entnehmen ist, daß der Schuldner berechtigt ist, sofort zu leisten, der Gläubiger seinerseits berechtigt ist, die Leistung innerhalb einer von ihm gesetzten angemessenen Frist zu verlangen (§ 44 GIW). Berücksichtigt werden muß dabei aber auch das zeitliche Verhältnis von Leistung und Gegenleistung (vgl. S. 248).

Nach österreichischem Recht gilt für die Zahlungszeit die gleiche Regelung wie für die Lieferzeit. Gemäß § 904 ABGB kann die Erfüllung ohne unnötigen Aufschub gefordert werden. Nach schweizerischem Recht wird für den Fall, daß kein anderer Zeitpunkt bestimmt ist, der Kaufpreis mit dem Übergang des Kaufgegenstandes in den Besitz des Käufers fällig (Art. 213 OR).

Nach dem Recht der BRD gilt für den Fall, daß eine Zeit für eine Leistung weder bestimmt noch aus den Umständen zu entnehmen ist, daß der Gläubiger die Leistung sofort verlangen, der Schuldner sie sofort bewirken kann (§ 271 BGB).
Nach der CIS hat der Käufer für den Fall, daß er nicht verpflichtet ist, den Kaufpreis zu einer bestimmten Zeit zu zahlen, diesen zu zahlen, sobald ihm der Verkäufer entweder die Ware oder die Dokumente, die zur Verfügung über die Ware berechtigen, zur Verfügung gestellt hat. Der Verkäufer kann die Aushändigung der Ware oder der Dokumente von der Zahlung abhängig machen (Art. 58 Abs. 1).

Zahlungsort

Der im AKV vereinbarte Zahlungsort ist der Ort, wo die Zahlung fällig wird. Er ist der Leistungsort für die Bezahlung der gelieferten Ware. Geht man davon aus, daß nicht die Warenbewegung schlechthin, sondern die im Ergebnis der Warenbewegung erlangte Verfügung über die Valuta das Ziel des einzelnen Exportgeschäfts ist, so wird deutlich, welche Funktion die Vereinbarung des Leistungsortes für die Zahlung im AKV hat. Wo es sich mit den Modalitäten der jeweils zur Anwendung kommenden Zahlungsart vereinbaren läßt, sollte als Zahlungsort Berlin-Mitte vereinbart werden.

Zahlungsort nach dem Gesetz

Soweit sich aus dem Vertrag oder den Umständen des Vertrages nichts anderes ergibt, ist der Zahlungsort nach § 43 Abs. 4 GIW nach Wahl des Käufers eine der vom Verkäufer angegebenen Banken. Hat der Verkäufer keine Bank angegeben, dann kann der Käufer entweder am Sitz des Verkäufers leisten oder das Geld hinterlegen. Die Zahlung erfolgt rechtzeitig, wenn der Käufer die zur Bewirkung der Zahlung erforderlichen Handlungen zur vereinbarten oder gesetzlich vorgeschriebenen Zahlungszeit an seinem Sitz (Niederlassung) vornimmt. Die Zahlung braucht zu diesem Zeitpunkt noch nicht beim Verkäufer oder bei dessen Bank eingegangen zu sein, es sei denn, dies wurde im Vertrag vereinbart. Der Käufer trägt aber die Leistungsgefahr (im Sinne der Transportgefahr) und die Kosten der Geldübermittlung bis zum Zahlungsort.
Zu beachten ist in diesem Zusammenhang, daß beim Zahlungsverkehr auf der Grundlage von Clearingabkommen der Zahlungsort in jedem Fall auf dem Gebiet der Staaten liegen muß, die das Abkommen über die gegenseitige Regelung des Zahlungsverkehrs abgeschlossen haben.

Nach österreichischem Recht hat der Käufer mangels vertraglicher Vereinbarung am Sitz des Verkäufers („Ort der Niederlassung") seine Zahlungsverpflichtung zu erfüllen (§ 905 Abs. 2 ABGB). Kosten und Gefahr der Geldübermittlung trägt der Käufer; das schließt die Gefahr einer eventuellen Geldentwertung während der Zeit der Versendung ein.
Nach schweizerischem Recht sind, wenn nichts anderes bestimmt ist, Geldschulden an dem Ort zu zahlen, wo der Gläubiger zur Zeit der Erfüllung seinen Wohnsitz hat (Art. 74 Ziff. 1 OR).
Nach dem Recht der BRD ist, soweit sich aus dem Vertrag oder den Umständen des Vertrages nichts anderes ergibt, der Zahlungsort nach §§ 269, 270 Abs. 4 BGB der Wohnsitz bzw. die Niederlassung des Käufers. Dieser muß die zur Bewirkung der Zahlung erforderlichen Handlungen zur vereinbarten oder gesetzlich vorgeschriebenen Zahlungszeit an seinem Sitz (Niederlassung) vornehmen.
Nach der CIS hat der Käufer, wenn nichts anderes bestimmt ist, den Kaufpreis am Ort der Niederlassung des Verkäufers, oder wenn die Zahlung gegen Übergabe der Ware oder von Dokumenten zu leisten ist, an dem Ort, an dem die Übergabe stattfindet, zu zahlen (Art. 57 Abs. 1).

Valuta der Zahlung

Die Valuta der Zahlung bezeichnet die Währung, in der der Kaufpreis tatsächlich gezahlt werden muß. Die Valuta der Zahlung kann im Außenhandel mit Partnern aus nichtsozialistischen Ländern von der Währung des Preises abweichen. Die Möglichkeit, den Warenpreis in der einen Valuta und die Bezahlung in einer anderen Valuta im AKV festzusetzen, kann als Sicherung gegen das Valutarisiko ausgenutzt werden (vgl. S. 339). Haben die Partner keine Währung – weder Valuta des Preises noch Valuta der Zahlung – vereinbart, so ist nach § 48 Abs. 2 GIW in der handelsüblichen Währung zu leisten. Die Mark der DDR fällt nicht darunter, da gem. § 12 Devisengesetz der DDR[1] die Ein- und Ausfuhr von Zahlungsmitteln der DDR aus dem oder in das Gebiet der DDR – ausgenommen insbesondere im Rahmen des Reiseverkehrs – verboten sind.

Zahlungsarten

Vielfach wird hervorgehoben, daß die Zahlungsarten die Technik der Zahlung bestimmen. Das ist zweifellos richtig, aber ihre Funktion erschöpft sich keineswegs darin. Die Vereinbarung bestimmter Zahlungsarten übt zugleich bestimmenden Einfluß auf den Zeitpunkt (Verteilung der Finanzierung des Außenhandelsgeschäfts und Umschlagsgeschwindigkeit der Valuta), den Ort (u. a. Transferrisiko) sowie die Art und Weise der Zahlung (technische Abwicklung und Dokumentendurchlauf) und damit insgesamt auf die Sicherung der Zahlung (Inkassorisiko) aus.

Die gebräuchlichsten Zahlungsarten in den intersystemaren Wirtschaftsbeziehungen der DDR sind, abgestuft nach der Zahlungssicherung und dem geringeren oder größeren Währungsrisiko, die Voraus- bzw. Anzahlung, das Dokumentenakkreditiv, das Dokumenteninkasso (Kasse gegen Dokumente und Dokumente gegen Akzept), die Zahlung nach Erhalt der Ware und das offene Ziel. Welche dieser Zahlungsarten im jeweiligen Außenhandelsgeschäft zur Anwendung gelangt, hängt von verschiedenen Umständen ab, und zwar insbesondere

- von der Bonität des Käufers und der bisherigen Geschäftsabwicklung,
- vom ökonomischen Kräfteverhältnis zwischen Verkäufer und Käufer (Konjunkturlage, Verkäufer- oder Käufermonopol),
- von markt- und warenbedingten Usancen und
- vom Charakter der gehandelten Waren.

Die Realisierung der einen oder anderen Zahlungsart erfolgt in der Regel durch Einschaltung Dritter (von Banken im Lande des Verkäufers bzw. Käufers oder dritter Länder, Spediteuren u. a.), die mit der Übergabe der Dokumente, z. B. bei der Auslieferung der Ware gegen Bezahlung, tätig werden. Ihre richtige, seitens des Verkäufers durch entsprechende Vertragsvereinbarung o. ä. beeinflußte Auswahl und Einschaltung ist ein weiterer bedeutsamer Faktor für den sicheren Zahlungseingang.

Sonstige Bestandteile der Zahlungsbedingungen

Neben den genannten kann es weitere Fragen geben, die in den Zahlungsbedingungen zu regeln sind. Das sind insbesondere Preismodifizierung durch Vereinbarung eines Skontos (Preisnachlaß vom Zielpreis, der dem Käufer auf den Rechnungsbetrag gewährt wird, wenn er den Kaufpreis vorzeitig begleicht), Wertsicherungsklausel, Form und Inhalt der Zahlungs- und Kreditsicherung (soweit sich ihre Regelung nicht schon durch die Vereinbarung einer bestimmten Zahlungsart erübrigt), Zeitpunkt der Stellung der Sicherheit, Inhalt und Zeitpunkt der Stellung einer sogenann-

1 GBl. I 1973 Nr. 58 S. 574.

ten Rückzahlungsgarantie bei Voraus- bzw. Anzahlung, Höhe der Zinsen bei Gewährung kommerzieller Kredite usw.

5.1.2. Die Notwendigkeit der Zahlungssicherung

Gefahrenquelle Währungskrise

Die chronische kapitalistische Währungskrise (vgl. S. 335) bildet eine wesentliche Gefahrenquelle für den realen Bestand der Geldforderungen unserer AHB. Ihrem Umfang nach noch erheblicher sind jedoch die Gefahren, die sich aus den ständig drohenden Zahlungsschwierigkeiten (der drohenden Zahlungsunfähigkeit) und damit der Zuspitzung der Bonitätsprobleme von Firmen in kapitalistischen Industrieländern sowie aus der Verschärfung der Liquiditätsprobleme zahlreicher Entwicklungsländer ergeben.

Zahlungsschwierigkeiten

Die zunehmend krisenhafte Entwicklung der kapitalistischen Wirtschaft führt dazu, daß jeder, auch der bei Vertragsabschluß als völlig sicherer Schuldner erscheinende kapitalistische Geschäftspartner am Zahlungstermin Zahlungsschwierigkeiten haben oder sogar illiquid sein kann.
Die konkreten Ursachen derartiger Zahlungsschwierigkeiten sind mannigfaltig. Fehlspekulationen, rapide Konjunkturverschlechterungen, Zahlungsschwierigkeiten von Drittschuldnern usw. können die Geschäftslage des kapitalistischen Schuldners über Nacht verschlechtern. Hinzu kommt unter den Bedingungen des staatsmonopolistischen Kapitalismus die Beeinträchtigung der Zahlungsfähigkeit des Schuldners durch staatliche Devisenbewirtschaftungsmaßnahmen, die dessen Geschäftslage insgesamt verschlechtern oder ihm zumindest die Begleichung bestimmter Verbindlichkeiten erschweren oder völlig unmöglich machen.
Die Auswirkungen all dieser Umstände auf den Bestand der Geldforderungen unserer AHB werden durch Manipulationen verschärft, mit denen jeder Kapitalist versucht, sein Vermögen zu schützen. Aus der unübersehbaren Zahl der Manipulationen sei hier nur eine Gruppe hervorgehoben: die Einschränkung des Vermögensrisikos durch Haftungsbeschränkung, insbesondere durch die Wahl solcher Unternehmensformen, die nur Bruchteile des Gesamtvermögens des Kapitalisten aufnehmen und einen Zugriff auf sein restliches Vermögen nicht oder nur in einem geringen Umfang zulassen (vgl. S. 150ff.).

Anwendung sicherer Zahlungsarten

Es ist deshalb erforderlich, in den Vertragsverhandlungen mit Partnern aus nichtsozialistischen Ländern um die Anwendung solcher Zahlungsarten zu ringen, die die AHB der DDR vor den genannten Gefahren weitestgehend schützen. Das kann selbstverständlich nur im Einklang mit vergleichbaren Angeboten auf dem entsprechenden Markt hinsichtlich der Ware, der Warenqualität, der Lieferbedingungen, des Preises und der Zahlungsbedingungen geschehen. Hierbei kommt es darauf an, die jeweilige wirtschaftliche Situation und die Widersprüche, vor allem zwischen den kapitalistischen Industrieländern, auszunutzen.

5.1.3. Die einzelnen Zahlungsarten

5.1.3.1. Die Voraus- oder Anzahlung

Bei dieser Zahlungsart erhält der Verkäufer den Kaufpreis vollständig oder teilweise schon vor Lieferung der Ware. Als Zahlungsinstrumente fungieren vor allem der Überweisungsauftrag und der Scheck. Das Zahlungsrisiko wird bei dieser Zahlungsart völlig (Vorauszahlung) oder teilweise (in Höhe der Anzahlung) ausgeschaltet. Zugleich erfolgt ein schneller Valutaumschlag.

Die Nachteile dieser Zahlungsart liegen auf seiten des Käufers, der zumindest über die Bezahlung keine Garantie dafür hat, daß die Ware tatsächlich geliefert wird. Auch muß er entweder eigene Mittel vorschießen oder – was die Regel ist – Kredit aufnehmen und die Kreditkosten tragen. Diese einseitige Berücksichtigung der Partnerinteressen übt natürlich den entscheidenden Einfluß auf die praktische Anwendung dieser Zahlungsart aus.

Teilvorauszahlung

In der Außenwirtschaftspraxis ist diese Zahlungsart vornehmlich im Handel mit Investitionsgütern (größeren Maschinen, kompletten Industrieanlagen, Schiffen usw.) als Vorauszahlung eines Teils des Auftragswertes anzutreffen. Der Zeitpunkt für die Vorauszahlung richtet sich regelmäßig nach der Fertigungszeit der Ware und liegt frühestens bei Vertragsabschluß.

Neben der Zahlungssicherung gibt die Anzahlung dem Verkäufer eine gewisse Garantie dafür, daß der Käufer die anderweitig eventuell schwer absetzbare – z. B. individuell gefertigte – Ware abnehmen und bezahlen wird. (Im Vertrag sollte daher auch ausdrücklich festgelegt werden, daß die geleistete Anzahlung bei Rücktritt des Käufers vom Vertrag oder bei Nichtabnahme der Ware zugunsten des Verkäufers verfällt.) Darüber hinaus kann der Verkäufer mit diesen Mitteln die Produktionsvorbereitung (Konstruktions- und Entwicklungsarbeiten, Rohstoffbeschaffung, Zahlungen an Unterlieferanten usw.) zumindest teilweise finanzieren. Das ist vor allem dann bedeutsam, wenn zur Produktion der Ware Importe erforderlich sind.

Zwischenzahlungen

Die gleichen Gründe sprechen auch für die Vereinbarung von Zwischenzahlungen, die der Anzahlung folgen.
Die Anwendung der hier beschriebenen Anzahlung ist regelmäßig an die Stellung einer Bankgarantie (der sogenannten Rückzahlungsgarantie) durch den Verkäufer gebunden. Sie bietet dem Käufer die Sicherheit, daß er den Vorschußbetrag zurückerhält, falls der Verkäufer die Ware nicht oder nicht rechtzeitig liefert. (Auf die Rechtsfragen der Rückzahlungsgarantie wird im Zusammenhang mit der Behandlung der Bankgarantie eingegangen – vgl. S. 306ff.)

Weiterhin kommt die vollständige oder teilweise Vorauszahlung vor, wenn der Verkäufer den jeweiligen Markt so uneingeschränkt beherrscht, daß er diese Zahlungsart diktieren kann, oder wenn die politische oder wirtschaftliche Lage im Lande des Käufers sehr unsicher ist. Schließlich spielt sie eine Rolle bei Klein- und Kleinstexporten (z. B. im internationalen Buchhandel), die eine Anwendung kostenspieliger Zahlungsarten ausschließen.

5.1.3.2. Das Dokumentenakkreditiv

Das Dokumentenakkreditiv (auch gebundenes, dokumentäres, bedingtes oder Warenakkreditiv genannt) gehört im Exportgeschäft der DDR mit nichtsozialistischen Ländern zu den am häufigsten vereinbarten Zahlungsarten.

Wesen

Das Wesen des Dokumentenakkreditivs besteht in der vertraglichen Zusicherung einer Bank, für Rechnung ihres Auftraggebers innerhalb eines festgelegten Zeitraumes an einen bestimmten Empfänger gegen Einreichung vorgeschriebener Dokumente einen bestimmten Betrag in einer vorgeschriebenen Währung zu zahlen (vgl. § 256 GIW). Das Dokumentenakkreditiv macht den Verkäufer von der Zahlungsfähigkeit und Zahlungswilligkeit des Käufers unabhängig. Der Verkäufer erhält dadurch, daß ihm eine Bank ein nur von der Einreichung bestimmter Dokumente abhängiges Zahlungsversprechen gibt, eine Sicherung für seine Kaufpreisforderung. Es ist Sache der Bank, sich für den Gegenwert entsprechende Sicherheiten vom Käufer stellen zu lassen.

Durchführung Die Durchführung des Geschäfts geht – allgemein ausgedrückt – wie folgt vor sich:

Der Käufer schließt mit dem Verkäufer einen Kaufvertrag über eine bestimmte Ware ab. In diesem Vertrag vereinbaren die Partner u. a., daß und in welcher Form der Käufer die Bezahlung des Kaufpreises durch Stellung eines Dokumentenakkreditivs sicherstellen soll (sogenannte Akkreditivklausel). Entsprechend dieser Vereinbarung beauftragt der Käufer eine Bank, das Dokumentenakkreditiv zugunsten des Verkäufers zu eröffnen. Die Bank eröffnet das Akkreditiv durch Abgabe ihres Zahlungsversprechens unter den festgelegten Bedingungen und teilt die Eröffnung entweder dem Verkäufer direkt oder über eine in seinem (oder einem dritten) Land gelegene Bank mit. Nunmehr sendet der Verkäufer die Ware ab und reicht die Dokumente bei der Akkreditivbank oder, falls eine Bank in seinem Land eingeschaltet ist, bei dieser Bank ein. Die Bank zahlt ihm dann den Kaufpreis aus. Die Dokumente berechtigen den Käufer, die Ware in Empfang zu nehmen.

Beteiligte Demnach sind bei einem Akkreditiv in seiner Grundform drei Beteiligte vorhanden: der Auftraggeber (Käufer), die Akkreditivbank (Bank des Käufers) und der Begünstigte (Verkäufer). Zu den drei genannten tritt in aller Regel als vierter Beteiligter eine Bank im Land des Begünstigten. Diese Bank dient entweder nur als Durchleitungsstelle zwischen der Akkreditivbank und dem Begünstigten bzw. als Zahlstelle, oder aber sie verpflichtet sich selbständig neben der Akkreditivbank zur Zahlung an den Begünstigten.

Rechtsquellen Das Akkreditiv wurde im GIW in den §§ 256 bis 258 geregelt.

In der innerstaatlichen Gesetzgebung der europäischen nichtsozialistischen Staaten wurde es nur in Griechenland (und dort auch nur bruchstückhaft) geregelt. Im tunesischen Handelsgesetzbuch ist es in Art. 720 ff. rechtlich fixiert. In den USA hat es Eingang in den Uniform Commercial Code (Art. 5), und zwar als die der anglo-amerikanischen Praxis entsprechende Form des Letter of Credit (L/C), gefunden.

Die weitgehend fehlende rechtliche Regelung des Akkreditivs wird allgemein damit begründet, daß es relativ spät wirtschaftliche Bedeutung erlangt habe und infolge rascher Veränderungen für die Gesetzgebung nicht geeignet sei.

Rechtsgrundlagen für das Akkreditiv bilden daher in Ermangelung spezieller gesetzlicher Grundlagen die allgemeinen Bestimmungen des Zivil- und Handelsrechts der einzelnen Länder. Vor allem sind aber verschiedene internationale Vereinbarungen (keine völkerrechtlichen) zu berücksichtigen, die entsprechend dem wachsenden Bedürfnis nach einer gewissen

Vereinheitlichung des zwischenstaatlichen Zahlungsverkehrs geschaffen worden sind und allgemeine Richtlinien enthalten. Sie haben jedoch keinen normativen Charakter, sondern eher den Charakter von Empfehlungen.

Einheitliche Richtlinien

Es handelt sich hierbei in erster Linie um die sogenannten Einheitlichen Richtlinien und Gebräuche für Dokumentenakkreditive (ERA) i. d. F. von 1983[2], die von der IHK in Paris ausgearbeitet und ab 1. 10. 1984 für alle Dokumentenakkreditiv-Geschäfte zur Anwendung empfohlen worden sind. Dieser Empfehlung sind in fast allen Staaten, wie es Praxis bei den Einheitlichen Richtlinien i. d. F. von 1974 war (Banken in 165 Ländern), entweder die Bankverbände insgesamt oder aber einzelne Banken gefolgt. Auch die DABA legt dem Akkreditivverkehr die ERA zugrunde (vgl. dazu Ziff. 11 AGB der DABA).

Entsprechend ihrem Charakter ist in jedes Dokumentenakkreditiv (und daher auch schon in die Akkreditivklausel des AKV) ein Hinweis aufzunehmen, aus dem sich ergibt, daß das Akkreditiv gemäß den ERA, Revision 1983, ICC-Publikation Nr. 400, eröffnet worden ist (s. Art. 1 Satz 2 ERA). Damit sind sie für alle Beteiligten bindend, sofern nicht ausdrücklich anderweitige Vereinbarungen getroffen worden sind. Mit der in Art. 1 Satz 2 erfolgten Neufassung der ERA ist ausdrücklich klargestellt, daß die ERA keinen Handelsbrauch darstellen.

Die ERA enthalten viel umfangreichere Bestimmungen als das GIW, welches lediglich – und dabei im wesentlichen übereinstimmend mit den entsprechenden Bestimmungen der ERA – das widerrufliche und unwiderrufliche Akkreditiv (§ 257 GIW; Art. 7, 9 und 10 ERA) und die Einbeziehung einer weiteren Bank (§ 258 GIW; Art. 8 und 10 ERA) regelt.

Standardformeln

Neben den ERA sind die „Standardformeln für die Eröffnung von Dokumentenakkreditiven" zu erwähnen. Sie enthalten eine einheitliche Form für alle in Frage kommenden Eröffnungsarten.

Einem Dokumentenakkreditiv liegen vielfältige Rechtsbeziehungen zugrunde (zwischen Verkäufer und Käufer, Käufer und Akkreditivbank und bestätigender [zweiter] Bank, Verkäufer und Akkreditivbank bzw. bestätigender Bank).

Im folgenden wird jedoch nur aus der Sicht der Zahlungssicherung, also aus der des Verkäufers, auf die Rechtsbeziehungen zwischen Verkäufer und Käufer sowie zwischen Akkreditivbank (bzw. bestätigender Bank) und Verkäufer eingegangen.

Akkreditivklausel im AKV

Soll die Bezahlung durch Stellung eines Dokumentenakkreditivs gesichert werden, so muß das im AKV durch Aufnahme der sogenannten Akkreditivklausel vereinbart werden. Hieraus resultiert die Verpflichtung des Käufers, zugunsten des Verkäufers ein Dokumentenakkreditiv eröffnen zu lassen, das die Zahlung des Kaufpreises sichern und den Zahlungsweg fixieren soll. Die Stellung des Akkreditivs erfolgt zahlungshalber (erfüllungshalber) nicht an Zahlungs Statt (Erfüllungs Statt).

Bekanntlich hat der Schuldner einer vertraglichen Leistung die Möglichkeit, eine an-

2 IHK-Publikation Nr. 400, abgedruckt in: Internationales Finanz- und Währungsrecht. Finanz- und Währungsbeziehungen zu nichtsozialistischen Ländern, Berlin 1984, S. 279 ff.

dere als die geschuldete Leistung zu erbringen, wenn der Gläubiger dem zustimmt. Diese andere Leistung kann zweierlei Wirkung haben. Nach ihrer Erfüllungswirkung ist sie entweder eine Leistung erfüllungshalber oder eine Leistung an Erfüllungs Statt (vgl. S. 246f.).
Daraus ergibt sich, daß die Kaufpreisforderung des Verkäufers gegen den Käufer erst erlischt, wenn der Verkäufer von der Bank auf Grund des Akkreditivs tatsächlich Zahlung erhält. Der Verkäufer darf den Käufer so lange nicht unmittelbar oder auf anderem Wege zur Zahlung des Kaufpreises in Anspruch nehmen, wie er nicht ernsthaft versucht hat, aus dem Akkreditiv Zahlung von der Bank zu erhalten.

Akkreditivklausel

Das einzelne Dokumentenakkreditiv wird entsprechend der Akkreditivklausel ausgestaltet. Das heißt, die Abfassung der Klausel ist für den Verkäufer die einzige Gelegenheit, auf den Inhalt des Akkreditivs Einfluß zu nehmen, denn die Akkreditiveröffnung selbst geschieht auf Veranlassung des Käufers durch eine Bank, die ausschließlich nach dessen Weisungen tätig wird. Der Verkäufer ist darauf beschränkt, das Akkreditiv, wenn es ihm zugeht, in der eröffneten Form anzunehmen oder als dem AKV nicht entsprechend abzulehnen. Im letzteren Fall muß er den Käufer unverzüglich auffordern, das Akkreditiv durch entsprechende Änderungen (amendments) in Ordnung bringen zu lassen. Der Verkäufer muß sich deshalb bereits zum Zeitpunkt des Abschlusses des AKV eine klare Vorstellung davon machen, wie das Akkreditiv beschaffen sein muß, damit für ihn eine reibungslose Abwicklung des Geschäfts gewährleistet ist.

Hauptpflicht

Bei der Vereinbarung eines Dokumentenakkreditivs ist die Verpflichtung zur Akkreditivstellung eine Hauptpflicht des Käufers aus dem AKV im Sinne des § 50 GIW. Es handelt sich zugleich um eine Vorleistungspflicht, denn der Verkäufer braucht mit der Versendung der Ware erst zu beginnen, wenn er das Akkreditiv erhält. Diese Vorleistung betrifft aber nicht die Zahlung des Kaufpreises, sondern nur die Stellung des Akkreditivs.

Inhalt der Akkreditivklausel

Bei der Abfassung der Akkreditivklausel ist folgendes zu beachten:

Akkreditivbank

a) Die Partner des AKV sollten eine Akkreditivbank (möglichst eine Korrespondenzbank der DABA) festlegen, die über eine ausreichende Bonität bezüglich der von ihr übernommenen Verpflichtungen verfügt, damit Einbußen infolge eines eventuellen Bankkonkurses ausgeschlossen werden. Allerdings sollte man dieses Risiko auch nicht überbewerten, da zum einen die Stellung des Akkreditivs eine Vorleistungspflicht des Käufers ist und zum anderen der Begünstigte regelmäßig einen Vorausbefriedigungsanspruch hat.

Akkreditivsumme

b) Läßt sich zur Zeit des Vertragsabschlusses die genaue Höhe des Betrages noch nicht übersehen (z. B. bei Toleranzvereinbarungen) und will der Käufer es dem Verkäufer überlassen, den Betrag endgültig zu beziffern, so muß der Zusatz „ca." oder ähnliches vereinbart werden. In diesen Fällen ist eine Abweichung bis zu ± 10 Prozent statthaft (s. Art. 43 Buchst. a ERA). Fehlt dieser Zusatz, so ist die Bank später berechtigt und dem Käufer gegenüber mangels anderweitiger Vereinbarung verpflichtet, keine Überschreitung der Akkreditivsumme zuzulassen.

Akkreditivwährung

c) Bei der Festlegung der Akkreditivwährung sind eventuell bestehende Clearingabkommen zu berücksichtigen. Ansonsten ist eine relativ stabile Währung zu wählen, um das Währungsrisiko weitgehend auszuschalten. Gleichzeitig sollte ein wirksamer Schutz durch Vereinbarung einer Wertsicherungsklausel angestrebt werden.

d) Das Verfalldatum ist der letzte Tag, an dem ein Dokumentenakkreditiv an dem Ort, an dem es benutzbar ist, noch in Anspruch genommen werden kann. Alle Akkreditive, gleichgültig, ob widerruflich oder unwiderruflich, müssen ein Verfalldatum enthalten (s. Art. 46 Buchst. a ERA). Es besteht kein Handelsbrauch für die maximale Laufzeit eines unwiderruflichen Akkreditivs. Viele Banken lehnen aber eine längere Laufzeit als sechs Monate ab, andere verlangen höhere Spesen. *Verfalldatum*

e) Die Verladefrist bestimmt, bis zu welchem Tage die Ware vertragsgemäß verladen sein muß. Verladefrist und Verfalldatum müssen sinnvoll aufeinander abgestimmt werden, d. h., die Laufzeit des Akkreditivs muß länger bemessen sein als die Versandfrist, damit der Begünstigte die Versandfrist voll ausnutzen kann und danach erst die Dokumente einzureichen braucht. *Verladefrist*

f) Die exakte Bestimmung der erforderlichen Dokumente ist außerordentlich bedeutungsvoll, da diese die Grundlage für die Auszahlung des Akkreditivbetrages bilden. In den ERA werden zwei Kategorien von Dokumenten unterschieden: *Benennung der Dokumente*
- Transportdokumente (Art. 25 bis 34), Versicherungsdokumente (Art. 35 bis 40) und Handelsrechnungen (Art. 41);
- Zusatzdokumente, z. B. Ursprungszeugnisse, Qualitäts-, Gewichts- und Analysenzertifikate usw. (Art. 23 und 42).

Im Zusammenhang mit den Dokumenten muß festgelegt werden, welche Anforderungen der Käufer an die Art der Verladung und des Transportweges stellen darf; sie müssen in den Dokumenten zum Ausdruck kommen.

g) Von den Arten des Dokumentenakkreditivs sollte aus Sicherheitsgründen möglichst nur vom unwiderruflichen Akkreditiv Gebrauch gemacht werden. Das ist deshalb bedeutsam, weil ein widerrufliches Akkreditiv von der Akkreditivbank bis zur ordnungsgemäßen Annahme der Dokumente widerrufen werden kann (s. § 257 Abs. 2 GIW; Art. 9 Buchst. a ERA) und daher im Prinzip nur die Sicherheit eines Dokumenteninkassos gewährt. Der Käufer wird von sich aus – wenn nichts anderes vereinbart ist – immer nur ein widerrufliches Akkreditiv in Auftrag geben, um die „Unwiderruflichkeitsprovision" einzusparen. Daneben ist die Wahl eines bestätigten Akkreditivs besonders dann nützlich und notwendig, wenn die Akkreditiveröffnung von unbekannten überseeischen Banken bei ausländischen Banken vorgenommen werden soll. Es stellt eine zusätzliche Sicherheit dar, da von der bestätigenden Bank eine eigene rechtsverbindliche Verpflichtung zur Zahlung eingegangen wird (s. § 258 Abs. 3 GIW; Art. 10 Buchst. b ERA). Es ist zweckmäßig, im AKV festzulegen, welcher Bank der Auftrag zur Bestätigung des Akkreditivs zu erteilen ist. *Unwiderrufliches Akkreditiv* *Bestätigtes Akkreditiv*

Es besteht auch die Möglichkeit, den Käufer (wenn es ausnahmsweise erforderlich sein sollte) zu verpflichten, ein übertragbares und teilbares Akkreditiv zu stellen (Art. 54 ERA). Hier ist zu beachten, daß nur übertragbare Akkreditive auch teilbar sein können und die Übertragung nur einmal erfolgen darf. (Teilbarkeit bedeutet, daß die Übertragung an verschiedene Unterbegünstigte erfolgen darf.) Ist das Dokumentenakkreditiv übertragbar und teilbar, so kann der Begünstigte oh- *Übertragbarkeit und Teilbarkeit* ne weitere Mitwirkung des Käufers seine Rechte aus dem Akkreditiv ganz oder teilweise an einen Dritten übertragen. Das hat Bedeutung, wenn das Dokumentenakkreditiv von einer ausländischen Bank gestellt wird und unmittelbar zur Begleichung von Verbindlichkeiten unseres Außenhandels in dem betreffenden Land verwendet werden soll.

Zu beachten ist in diesem Zusammenhang der Unterschied zwischen Teilbarkeit des Akkreditivs und Zulässigkeit von Teilverschiffungen beim Akkreditiv. Nach Art. 44 ERA akzeptieren die Banken Teilverschiffungen (Teilinanspruchnahmen), wenn nicht ausdrücklich etwas anderes vorgeschrieben ist. Die verbreitete Meinung, „teilbar" beim Akkreditiv bedeute Teilverschiffung, ist also nicht richtig, denn Teilverschiffungen bzw. Teilsendungen sind auch ohne diesen Vermerk möglich.

Bankspesen

h) Bezüglich der bei der Anwendung der Zahlungsart „Akkreditiv" anfallenden Bankspesen (Eröffnungs-, Avisierungs- bzw. Bestätigungs-, Dokumentenaufnahmekosten usw.) enthalten die ERA folgende Orientierung: „Bedienen sich Banken einer oder mehrerer Banken, um die Weisungen des Akkreditivauftraggebers auszuführen, tun sie dies für Rechnung und Gefahr dieses Auftraggebers" (Art. 20 Buchst. a).

Rechtsfolgen der Nichtstellung des Akkreditivs

Die Rechtsfolgen der Nichtstellung oder nicht rechtzeitigen Stellung des Akkreditivs richten sich nach den allgemeinen Vorschriften des auf den AKV anwendbaren Rechts.

Objektive Unmöglichkeit

Bei objektiver Unmöglichkeit, das Akkreditiv zu stellen, wird der Käufer gem. § 293 GIW von dieser Pflicht befreit.

Gleiches gilt nach österreichischem Recht (§ 1311 ABGB), nach schweizerischem Recht (Art. 119 OR), nach dem Recht der BRD (§ 275 BGB) sowie nach der CIS (Art. 79).

Objektive Unmöglichkeit liegt z. B. vor, wenn die Akkreditivstellung in der im AKV vereinbarten Form nachträglich von zuständigen staatlichen Organen verboten oder an eine Genehmigung geknüpft wird, die der Käufer aus irgendwelchen von ihm nicht zu vertretenden Gründen nicht zu erlangen vermag. Wird kein Akkreditiv gestellt, so entfällt die Verpflichtung des Verkäufers gegenüber dem Käufer, die Ware zu liefern. Der Käufer kann auch nicht verlangen, daß der Verkäufer die Ware gegen Banküberweisung, Scheck o. ä. liefert.

Die Lieferung der Ware wird dem Verkäufer nur zuzumuten sein, wenn der Käufer auf Grund einer Vertragsänderung anderweitige, dem Verkäufer ausreichend erscheinende Sicherheiten für die Kaufpreiszahlung anbietet. Andererseits ist der Käufer aber verpflichtet, die Ware abzunehmen, wenn sich der Verkäufer angesichts der veränderten Umstände zur Lieferung gegen andere Sicherheiten oder Banküberweisung, Scheck u. ä. bereit findet. Die auf seiten des Käufers eingetretene Unmöglichkeit befreit den Käufer nur von seiner Vorleistungspflicht bezüglich der Zahlungsabwicklung, nicht aber von seiner Verpflichtung, gegen Lieferung der Ware den Kaufpreis zu zahlen.

Subjektive Unmöglichkeit

Ist der Käufer aus Gründen, die er zu vertreten hat, nicht in der Lage, das Akkreditiv zu stellen (findet er z. B. in Anbetracht seiner Vermögensverhältnisse keine Akkreditivbank), so ist das so, wie wenn er einer Zahlungsverpflichtung nicht nachkommen konnte. Infolgedessen gelten die Vorschriften über den Verzug (§ 278 GIW).

Vgl. bezüglich des österreichischen Rechts §§ 918 und 921 ABGB; des schweizerischen Rechts Art. 214 und 215 OR; des Rechts der BRD § 284 ff. und § 326 BGB; der CIS Art. 64 und 74 ff.

Diese gesetzlichen Rechtsfolgen können durch vertragliche Vereinbarung von Sanktionen für die Nichtstellung oder nicht rechtzeitige Stellung des Akkreditivs (z. B. Konventionalstrafe) verschärft werden. (Zur Verschiebung des Liefertermins bei Verzug mit der Stellung des Dokumentenakkreditivs s. S. 250)

Der Käufer muß im Verhältnis zum Verkäufer eine Verspätung bei der Akkreditiveröffnung auch dann gegen sich gelten lassen, wenn sie nicht von ihm selbst, sondern von der von ihm beauftragten Bank verursacht worden ist, denn diese ist ein bei der Erfüllung seiner Vertragspflichten helfender Dritter.

Rechtsbeziehungen zwischen Bank und Begünstigtem

Die Rechtsbeziehungen zwischen der Akkreditivbank und dem Begünstigten werden ausschließlich durch den Inhalt des Akkreditiveröffnungsschreibens bestimmt, das dem Verkäufer von der Bank zugesandt wird. Dieses Schreiben enthält das eigentliche Akkreditiv, denn hierin wird der Verkäufer akkreditiert. Es handelt sich um eine Urkunde, in der genau die gleichen Bedingungen enthalten sind, wie sie der Käufer in seinem Akkreditivauftrag – ausgehend von den Festlegungen der Akkreditivklausel im AKV – der Bank vorgeschrieben hat.

Charakter der Bankverpflichtung

Das Akkreditiveröffnungsschreiben ist als ein abstraktes Schuldversprechen anzusehen (s. § 256 GIW sowie Art. 3 ERA). Das ergibt sich für das unwiderrufliche Dokumentenakkreditiv auch aus Art. 10 Buchst. a ERA.

Da es sich gem. § 256 GIW um einen Vertrag handelt, kommt dieser durch Angebot und Annahme zustande. Die Bankmitteilung ist der Vertragsantrag. In der Praxis ist eine Annahme durch ausdrückliche Erklärung des Begünstigten nicht üblich (die Standardformeln enthalten infolgedessen auch keine Aufforderung an den Begünstigten, irgendwelche Mitteilungen über die Annahme zu machen), so daß das Schuldversprechen der Bank durch Schweigen des Begünstigten wirksam wird.

Aus der abstrakten Natur der Bankverpflichtung folgt, daß eine Kausalbeziehung zwischen der Akkreditivbank und dem Begünstigten nicht vorhanden ist. Deshalb berühren Streitigkeiten aus den Rechtsbeziehungen zwischen dem Verkäufer und dem Käufer bzw. zwischen der Akkreditivbank und dem Käufer diese selbständige Bankverpflichtung nicht.

Einschaltung einer zweiten Bank

Ein Akkreditivgeschäft wird meist unter Einschaltung einer zweiten Bank, einer sogenannten Korrespondenzbank, abgewickelt. Sie wird nicht nur wegen der Schwierigkeiten im internationalen Zahlungsverkehr eingeschaltet, sondern vor allem auch wegen der Sicherungsfunktion des Dokumentenakkreditivs.

Es haben sich drei Arten der Mitwirkung der zweiten Bank entwickelt, die sich rechtlich erheblich voneinander unterscheiden.

Avisbank

Nach § 258 Abs. 2 GIW sowie Art. 8 ERA kann ein unwiderrufliches Dokumentenakkreditiv dem Begünstigten durch eine andere Bank ohne Verbindlichkeit für diese andere Bank avisiert werden.

Dies bedeutet, daß die Avisbank dem Begünstigten lediglich das von der Akkreditivbank eröffnete unwiderrufliche Akkreditiv anzuzeigen hat und damit nur technische Durchgangsstelle ohne Übernahme einer Zahlungsverpflichtung ist (sie hat jedoch gem. Art. 8 ERA mit angemessener Sorgfalt die augenscheinliche Echtheit des zu avisierenden Akkreditivs zu überprüfen). Vielfach übernimmt sie darüber hinaus, ohne eine Verpflichtung einzugehen, die Dokumente zum Inkasso für die Akkreditivbank. Auch in diesem Fall müssen die Dokumente bei der Akkreditivbank innerhalb der Gültigkeitsdauer des Akkreditivs eintreffen.

Zahlstellenbank

Als Zahlstellenbank hat die zweite Bank zwei Funktionen: Sie ist Avisbank und Zahlstelle.

Sie leitet ihre Berechtigung, die Dokumente zu prüfen und die Akkreditivsumme auszuzahlen, von der Akkreditivbank ab und ist insoweit an deren Weisungen gebunden. Eine Zahlungspflicht gegenüber dem Begünstigten entsteht für sie nicht (§ 258 Abs. 2 Satz 2 GIW).
Zur Wahrung der Einreichungsfrist genügt in diesem Fall jedoch die Übergabe der Dokumente am letzten Tag der Gültigkeit des Akkreditivs an die zweite Bank, und zwar auch dann, wenn diese nicht gewillt ist, den Betrag an den Begünstigten auszuzahlen.

Bestätigungsbank

Die wichtigste Form, eine zweite Bank zu beteiligen, ist die Ermächtigung zur Bestätigung. Gemäß § 258 Abs. 3 GIW sowie Art. 10 Buchst. b ERA kann die eröffnende Bank eine andere Bank zur Bestätigung ihres unwiderruflichen Dokumentenakkreditivs ermächtigen oder ersuchen. Übernimmt die zweite Bank diese Funktion und bestätigt sie das Akkreditiv, so erteilt sie ein selbständiges Zahlungsversprechen, welches ganz der Zahlungsverpflichtung der Akkreditivbank entspricht. Als Bestätigungsbank übernimmt sie eine eigene Haftung, sie haftet gesamtschuldnerisch neben der Akkreditivbank. Der Begünstigte kann beide Banken nach eigener Wahl zur Zahlung in Anspruch nehmen.

In diesem Zusammenhang sei erwähnt, daß es im anglo-amerikanischen Rechtskreis eine Reihe von Sonderformen des Akkreditivs gibt, wie Letter of Credit, Commercial Letter of Credit, Authority to Purchase, Rembourskredit usw., die hier nicht behandelt werden können.[3]

Zielakkreditiv

Abschließend sei auf das sogenannte Zielakkreditiv eingegangen. Es handelt sich hierbei um ein Akkreditiv, dessen Betrag dem Begünstigten nicht sofort bei Vorlage der vereinbarten Dokumente, sondern erst zu einem späteren Zeitpunkt zur Verfügung steht. Praktisch liegt diesem Akkreditiv die Gewährung eines kommerziellen Kredits (s. S. 303ff.) zugrunde. Beim Einreichen der Dokumente hat der Begünstigte lediglich einen Anspruch gegen die eröffnende Bank auf eine entsprechend den Akkreditivbedingungen später vorzunehmende Zahlung. Der Auswahl dieser Bank muß demzufolge besondere Bedeutung beigemessen werden.

5.1.3.3. Das Dokumenteninkasso

Inhalt und Abwicklung

Dem Dokumenteninkasso liegt ein Auftrag des Verkäufers an seine Bank zugrunde, den Gegenwert für übergebene Dokumente vom Käufer einzu-

3 Siehe Grundriß des Handelsrechts der USA, KfA der DDR, Juristischer Dienst, Berlin 1981.

ziehen oder durch eine Bank oder einen Spediteur in dessen Land einziehen zu lassen. Es gibt hierbei also drei Beteiligte, und zwar den Auftraggeber oder Einreichenden (Verkäufer), dessen Bank (beauftragte Bank) und die Inkassobank bzw. den Spediteur (im Lande des Käufers). Im Rahmen des Dokumenteninkassos kommen hauptsächlich zwei Zahlungsarten vor, nämlich „Kasse gegen Dokumente" (D/P) und „Dokumente gegen Akzept" (D/A). Während es sich bei ersterer um eine sofortige Zahlung handelt, liegt bei letzterer ein Zielgeschäft vor, das kurz- oder langfristig sein kann und besonderen Anforderungen unterliegt (vgl. S. 303ff.).

Hinsichtlich der technischen Abwicklung haben sich in der Praxis – in Abhängigkeit von den Transportarten – bestimmte Verfahrensweisen herausgebildet.[4]

Rechtsquellen

Die gute Bewährung der ER hat die IHK veranlaßt, sogenannte Einheitliche Richtlinien für das Inkasso von Handelspapieren auszuarbeiten (Neufassung vom Mai 1967) und zur Annahme ab 1. 1. 1968 zu empfehlen.[5] Ihr Rechtscharakter entspricht dem der ERA für Dokumentenakkreditive.
Beim Dokumenteninkasso werden, wenn es sich um einen Export der DDR handelt, zwei verschiedene Rechtsverhältnisse begründet. Das Verhältnis zwischen AHB (Auftraggeber) und DABA (Einreicher-Bank) entsteht durch den Inkassoauftrag des AHB. Grundlage hierfür ist die von der DABA erlassene „Richtlinie für die Durchführung des Inkassogeschäfts" (seit dem 1. 3. 1979 in Kraft). Im übrigen finden das VG und die AGB der DABA Anwendung.
Dem Vertragsverhältnis zwischen der DABA und der ausländischen Inkassobank liegt in erster Linie der sogenannte Inkassoauftrag der DABA zugrunde, in dem vollständige und genaue Weisungen erteilt werden. Im übrigen wird neben den ER für das Inkasso regelmäßig das Recht im Lande der Inkassobank Anwendung finden.

Überlassung der Dokumente zu „treuen Händen"

Charakteristisch für das Dokumenteninkasso ist, daß die Bezahlung bzw. Akzeptleistung Zug um Zug gegen Übergabe der Dokumente erfolgt.
Es ist grundsätzlich davon auszugehen, daß die Dokumente sofort, nachdem sie bei der Inkassobank eingegangen sind, von dieser zur Zahlung bzw. Akzeptleistung präsentiert werden (s. Art. 9 der ER für das Inkasso). Ausnahmen hiervon (wie „nach Ankunft des Dampfers" u. ä.) müssen ausdrücklich vertraglich vereinbart und im Inkassoauftrag fixiert sein. Es ist international üblich, dem Käufer für die Aufnahme der Dokumente eine Frist von 24 Stunden einzuräumen, so daß er die Bezahlung bzw. Akzeptleistung erst an dem der ersten Präsentation folgenden Werktag vorzunehmen braucht. Das bedeutet jedoch nicht, daß die Bank die Dokumente bereits vor Zahlung bzw. Akzeptleistung übergeben darf. Hierfür müßte sie vom Verkäufer besonders ermächtigt sein. In diesem (kaum praktischen) Fall würde sie nur für ordnungsgemäße Überwachung haften.

Die Praxis zeigt indessen, daß viele Inkassobanken im Interesse einer rascheren Geschäftsabwicklung dem Käufer die Dokumente kurzfristig „zu treuen Händen" überlassen. Der Käufer ist in diesem Fall gehalten, die Dokumente lediglich zur Prüfung

4 Einzelheiten s. bei D. Krahl/K. Eberlein, Ökonomische und juristische Probleme des Zahlungsverkehrs in den Wirtschaftsbeziehungen der DDR zu den nichtsozialistischen Ländern, Berlin 1970.
5 IHK-Publikation Nr. 322, abgedruckt in: KfA der DDR, Juristischer Dienst, Dokumente und Materialien, Reihe A, Nr. 11, Berlin 1973.

zu benutzen. Ihm ist aber nicht gestattet, mit ihrer Hilfe die Ware weiter zu übertragen, bei einer anderen Bank einen Kredit aufzunehmen oder an die Ware selbst zu gelangen. Die Inkassobank wird die Dokumente dem Käufer allerdings nur überlassen, wenn dieser für den Inkassobetrag kreditwürdig ist. Auf jeden Fall muß sie für alle Schäden, die infolge dieser Abweichung vom Inkassoauftrag eintreten können, aufkommen. Das bedeutet, daß sie den Inkassobetrag selbst zahlen müßte, wenn sie bei Nichteinlösung der Dokumente nicht in der Lage sein sollte, diese der Bank des Verkäufers zurückzugeben.
Von der Übergabe der Dokumente „zu treuen Händen" zum Zwecke der Prüfung der Dokumente ist das weitergehende sogenannte Trust-receipt zu unterscheiden. Es handelt sich dabei um ein im anglo-amerikanischen Rechtskreis gebräuchliches und gesetzlich festgelegtes Dokument, mit dem eine Bank einem Käufer Dokumente bzw. Waren unter folgenden Bedingungen überläßt:

- Das Eigentum der Bank an der Ware bleibt unangetastet;
- die Ware einschließlich etwaiger Erträge wird vom Eigentum des Käufers getrennt und für eine ggf. nötige Wiederinbesitznahme durch die Bank zur Verfügung gehalten.

Inkassorisiko

Im Gegensatz zum Dokumentenakkreditiv hat der Verkäufer beim Dokumenteninkasso bei Versendung der Ware noch keine Gewähr dafür, daß der Käufer die Dokumente auch einlösen wird. Dieser erhält zwar die Dokumente und die Ware in der Regel erst, wenn er Zahlung leistet, trotzdem trägt der Verkäufer ein Inkassorisiko. Wenn der Käufer (z. B. infolge einer Verschlechterung seiner Geschäftslage) die Dokumente nicht einlöst, können dem Verkäufer – selbst bei Aufrechterhaltung seiner Ansprüche aus dem AKV – Verluste entstehen, bei denen nicht klar ist, ob ihr Ausgleich in Form eines Schadenersatzes gegenüber dem Käufer durchsetzbar ist. Solche Verluste können sich daraus ergeben, daß die Ware am Bestimmungsort eingelagert und versichert werden muß, bis eine weitere Verfügung über sie (z. B. Deckungsverkauf oder Rücktransport) getroffen wird, wobei auch diese weitere Verfügung selbst mit Verlusten verbunden sein kann. Wenn sich daher eine Anwendung des Dokumenteninkassos nicht umgehen läßt, muß im Interesse größtmöglicher Sicherheit geprüft werden, ob der betreffende Käufer auch zum Zeitpunkt der Dokumenteneinlösung noch für den Inkassobetrag gut sein wird, welche Erfahrungen bisher mit ihm gemacht worden sind u. ä. (vgl. im übrigen S. 303ff.).

5.1.3.4. Die Zahlung nach Erhalt der Ware und das offene Ziel

Bei der Zahlung nach Erhalt der Ware entsteht die Verpflichtung des Käufers zur Zahlung erst, nachdem er die Ware erhalten hat.

Risiken des Verkäufers

Für den Verkäufer bedeutet die Vereinbarung dieser Zahlungsart eine zweifache Verschlechterung gegenüber den bisher behandelten Zahlungsarten.

Bei jenen behält er die Verfügungsgewalt über die Ware oder kann sie sich wenigstens durch entsprechende Maßnahmen sichern, bis er die Ware bezahlt oder wenigstens ein Akzept des Käufers erhält. Bei der Zahlung nach Erhalt der Ware ist er jedoch verpflichtet, die Ware ohne gleichzeitige Sicherstellung der Zahlung an den Käufer zu versenden. Er muß auch, wenn über den Warenversand Verladepapiere ausgestellt werden, die die Ware repräsentieren, diese dem Käufer wertfrei zusenden, um ihn in die Lage zu versetzen, die Ware in Empfang zu nehmen. Da der Fälligkeitstermin für die Zahlung frühestens der Tag der Ankunft der Ware beim Käufer ist, kann sich auch eine Verzögerung des Transports auf den Valutaeingang auswirken.

Das sogenannte offene Ziel ist die für den Verkäufer ungünstigste Zahlungsart. Zu allen Nachteilen, die ihm bereits die Vereinbarung der Zahlung nach Erhalt der Ware bringt, tritt noch eine Verzögerung des Zahlungseinganges auf Grund des eingeräumten Zieles (. . . Tage nach Warenversand oder Ausstellung der Rechnung) hinzu. Es handelt sich hierbei regelmäßig um einen ungedeckten Kredit. *Offenes Ziel*

Da diese Zahlungsarten selbst keine Sicherheiten für den Valutaeingang bieten, empfiehlt sich ihre Anwendung nur dann, wenn die Bonität des Käufers zweifelsfrei ist und wenn die Ware infolge der Konkurrenzlage auf dem betreffenden Markt zu anderen Bedingungen nicht absetzbar ist. Da ein relativ hoher Prozentsatz von Waren, insbesondere aus dem Bereich der Leichtindustrie, zu diesen Bedingungen abgesetzt wird, machen sich immer wieder weitergehende Überlegungen zur Ausschaltung des Zahlungsrisikos und Beschleunigung des Valutaeingangs, z. B. mit Hilfe des Factoring, erforderlich.[6]

5.2. Der kommerzielle Kredit und seine Sicherung

5.2.1. Die Voraussetzungen der Gewährung kommerzieller Kredite

Der Absatz von Waren auf nichtsozialistischen Märkten einschließlich der Realisierung der Verkaufserlöse ist auch den ökonomischen Gesetzmäßigkeiten des Kapitalismus unterworfen. Daher tritt den AHB der DDR beim Export in nichtsozialistische Länder das sich aus diesen Gesetzmäßigkeiten ergebende Kreditstreben des Kapitals entgegen, und zwar als Verlangen des Einzelkapitalisten, aber auch in staatlich gelenkter Form, indem verschiedentlich die Erteilung von Importlizenzen von der Gewährung kommerzieller Kredite (das sind den Käufern in Form von Zahlungsfristen eingeräumte Kredite) abhängig gemacht wird.
Der Welthandel ist durch umfangreiche internationale kommerzielle Kreditbeziehungen gekennzeichnet. In der Regel wächst das Verlangen nach kommerziellen Krediten auf den kapitalistischen Märkten mit zunehmenden Krisenerscheinungen und reduziert sich in Perioden der Konjunktur.

Einen Einfluß auf kommerzielle Kreditbedürfnisse übt u. a. auch die sich unter den Bedingungen des wissenschaftlich-technischen Fortschritts vollziehende industrielle Strukturwandlung aus, da die daraus entstehenden Veränderungen in der Struktur des internationalen Warenhandels zugunsten technisch hochentwickelter industrieller Fertigwaren von steigenden finanziellen Anforderungen an die Warenabnehmer begleitet sind und demzufolge deren Kreditbedürfnisse vergrößern.

Konditionszugeständnisse in Form der Gewährung kommerzieller Kredite mit der zu beobachtenden Tendenz der Verlängerung der Zahlungsziele rücken vielfach stärker in den Mittelpunkt der Konkurrenzbedingungen als die Preisgestaltung selbst.

6 Vgl. D. Krahl, „Factoring als Instrument kapitalistischer Absatzfinanzierung und Kreditsicherung", Sozialistische Außenwirtschaft, 1968/2, S. 34ff.

Kreditgewährung und Umschlag der Valutafonds

Die Gewährung kommerzieller Kredite durch AHB der DDR bietet einerseits den Partnern aus den nichtsozialistischen Ländern eine innerhalb gewisser Schranken absolute Verfügung über fremde finanzielle Mittel und damit über fremde Arbeit. Andererseits schmälert sie, da die Valutafonds langsamer umschlagen, das Nationaleinkommen der DDR vorübergehend um diese Mittel. Insofern geht es nicht an, auf die durch die kapitalistischen Partner an die AHB der DDR herangetragenen Kreditbedürfnisse grenzenlos und passiv zu reagieren, denn das hieße, sich dem Wirken kapitalistischer ökonomischer Gesetze zu unterwerfen. Die Gewährung kommerzieller Kredite muß daher von einer ganzen Reihe von Voraussetzungen abhängig gemacht werden, deren wichtigste im folgenden kurz dargestellt werden sollen.

Voraussetzungen für Kreditgewährung

Die Gewährung kommerzieller Kredite muß unbedingt mit den gesamtvolkswirtschaftlichen Erfordernissen im Einklang stehen.

Diese sind, was den Eingang und die Verwendung ausländischer Zahlungsmittel betrifft, im Gesamtvalutaplan der DDR enthalten. In der Hauptposition Valutaeinnahmen/Valutaausgaben für Warenbewegung spiegeln sich u. a. die Einnahmen aus Exporten und die Ausgaben für Importe wider. Allgemein ausgedrückt ist mit dem Gesamtvalutaplan und den Einzelplänen der einzelnen Valutaträger der Rahmen abgesteckt, in dem u. a. kommerzielle Kredite gewährt werden können. Für die Berücksichtigung der gesamtvolkswirtschaftlichen Erfordernisse bei der Gewährung kommerzieller Kredite gibt es darüber hinaus noch eine Reihe konkreter staatlicher Leitungsmaßnahmen, auf die hier im einzelnen nicht eingegangen werden kann.

Absicherung des Kreditrisikos

Unerläßliche Voraussetzung für die Gewährung eines kommerziellen Kredits durch AHB der DDR ist in erster Linie die Prüfung der Kreditwürdigkeit des Vertragspartners.

Die Gründe dafür sind bereits dargelegt worden (vgl. S. 292). Der Umfang dieser Prüfung ist von der Höhe und der Frist des geforderten kommerziellen Kredits sowie von den Möglichkeiten der Kreditsicherung abhängig. Es versteht sich, daß ein hoher und (oder) langfristiger Kredit unsere Volkswirtschaft mehr belastet und mit größeren Risiken verbunden ist als ein relativ niedriger und (oder) kurzfristiger Kredit.

Auskünfte

Zur Prüfung der Kreditwürdigkeit ist es erforderlich, Auskünfte einzuholen. In Betracht kommen:

- Bankauskünfte (Kreditauskünfte), die sich Banken gegenseitig über die Bonität ihrer Kunden erteilen;
- Auskünfte von Auskunfteien in kapitalistischen Ländern, die sich auf entsprechende Recherchen über Firmen oder Einzelpersonen spezialisiert haben;
- Informationen von Außenwirtschaftsorganen der DDR, einschließlich der Handelsvertretungen;
- Angaben von Kontaktpersonen im Geschäftsbereich des kapitalistischen Käufers (Auskünfte von Konkurrenzfirmen, Lieferanten und Abnehmern);
- Auskünfte vom Käufer selbst. Unterlagen des Käufers nebst Erläuterungs- und Ergänzungsmaterial geben verständlicherweise kein objektives Bild und dürften daher in den seltensten Fällen für die Beurteilung der Kreditwürdigkeit ausreichen.

Mit der Einholung von Bankauskünften befaßt sich speziell die DABA, die

hierfür insbesondere ihre Verbindungen zu den Korrespondenzbanken in den nichtsozialistischen Ländern nutzt.
Da Bankauskünfte als die wichtigste Auskunftsquelle angesehen werden, sind sie stets für die Prüfung der Kreditwürdigkeit einzuholen. Sie sollen im Regelfall nicht älter als drei Monate sein.

Andererseits darf man jedoch den Wert von Bankauskünften nicht überschätzen, da diese sich im allgemeinen auf Angaben über die Rechtsform, das Stammkapital und das Gesellschaftsverhältnis beschränken. Zu den finanziellen Verhältnissen und zur Kreditwürdigkeit findet man nur ganz allgemeine Erklärungen, da sich die Banken natürlich davor bewahren wollen, einerseits von ihren Kunden wegen Verletzung des Bankgeheimnisses belangt und andererseits dem Anfragenden gegenüber schadenersatzpflichtig zu werden. Darüber hinaus schließen die auskunfterteilenden Banken regelmäßig jede Haftung durch Freizeichnungsklauseln wie „ohne Obligo" aus.

Entscheidung über Kredithöhe und Laufzeit

Fällt die Prüfung der Kreditwürdigkeit des Käufers zufriedenstellend aus, so ist zu entscheiden, in welcher Höhe und Frist dem Kreditbedürfnis Rechnung getragen werden kann. Hiervon hängen insbesondere auch die Anforderungen an die Kreditsicherung ab. (Zur Notwendigkeit der Absicherung des Währungsrisikos vgl. S. 335ff.)

Sonstige Voraussetzungen

Wenn die Gewährung kommerzieller Kredite unserem Nationaleinkommen zeitweilig Valutamittel entzieht, dann muß dieser Nachteil durch entsprechende Verzinsung des Kaufpreises bei richtiger Wahl der Zinsbasis weitestgehend ausgeglichen werden.

In diesem Zusammenhang sei auch an die Möglichkeit erinnert, im Interesse des schnelleren Valutaumschlags entsprechende Skonti zu vereinbaren. Die Höhe des Skontos wird im allgemeinen den marktüblichen Bedingungen anzupassen sein. Selbst wenn die genannten Voraussetzungen erfüllt sind, können die Gewährung überhaupt oder die Modalitäten der Gewährung eines kommerziellen Kredits in starkem Maße davon abhängen, welche Kreditpolitik das Käuferland gegenüber der DDR betreibt.

5.2.2. Die Hauptformen der Kreditsicherung

Da die Gewährung eines kommerziellen Kredits an einen Partner aus einem nichtsozialistischen Land grundsätzlich mit einem Kreditrisiko behaftet ist, darf sie im Interesse des Schutzes von Vermögenswerten der DDR auch grundsätzlich nur gegen Stellung von Sicherheiten bestimmter Art erfolgen. Man spricht in diesem Fall von einem gedeckten Kredit. Die Beschaffung spezifischer Sicherheiten durch den Käufer ist geeignet, das Kreditrisiko des Verkäufers völlig auszuschalten oder wenigstens zu mindern. Das Vorhandensein von Sicherheiten ermöglicht es dem Verkäufer in der Regel, sich im Fall der Zahlungsunfähigkeit des Käufers aus den ihm eingeräumten Sicherheiten zu befriedigen; d. h., der Verkäufer braucht insoweit auch nicht an Vergleichs- und Konkursverfahren über das Vermögen des Käufers teilzunehmen.
Die möglichen Formen der Kreditsicherung werden allgemein untergliedert in solche, die der Verringerung des Kreditrisikos durch Schuldnerdopplung oder Schuldneraustausch dienen, und in solche, die auf eine vorzugsweise Befriedigung des Verkäufers gegenüber anderen Gläubigern des Käufers gerichtet sind.

Obligatorische Kreditsicherung

Zur erstgenannten Gruppe von Kreditsicherheiten, auch als obligatorische Kreditsicherungsinstrumente bezeichnet, gehören insbesondere die Bankgarantie, die Bürgschaft, die Wechselbürgschaft, das Wechselakzept einer vom Käufer beauftragten Bank und die Annahme eines bereits mehrfach indossierten Wechsels (mit sicheren Vormännern) erfüllungshalber.

Dingliche Kreditsicherung

Zur zweiten Gruppe, die man auch als dingliche Kreditsicherungsinstrumente bezeichnet, gehören der Eigentumsvorbehalt, das Pfandrecht und andere dingliche Kreditsicherungen, wie Mietkauf, Leasing, Sicherungsübereignung, Hypothek usw.

Wenn auch die Anwendung der einzelnen Formen der Kreditsicherung von den Umständen des jeweiligen Außenhandelsgeschäfts und den rechtlichen Regelungen im Lande des Käufers abhängt, läßt sich doch verallgemeinernd sagen, daß die obligatorischen Kreditsicherungsinstrumente bei Bonität des hinzutretenden bzw. an die Stelle des Käufers tretenden Schuldners besser geeignet sind, das Kreditrisiko auszuschalten bzw. zu mindern, als das bei den dinglichen Kreditsicherungsinstrumenten der Fall ist.

5.2.3. Die obligatorische Kreditsicherung

5.2.3.1. Die Bankgarantie

Begriff und Arten von Bankgarantien

Unter dem Begriff „Bankgarantie" ist im weitesten Sinne das rechtsverbindliche und unwiderrufliche Zahlungsversprechen einer Bank zu verstehen, das diese für Rechnung ihres Auftraggebers (z. B. des Käufers) gegenüber einem Dritten, dem Begünstigten (z. B. dem Verkäufer), bei Eintritt des in der Garantie bestimmten Garantiefalles unabhängig von dem der Garantie zugrunde liegenden Rechtsverhältnis übernimmt (s. auch § 252 GIW). Mit diesem Zahlungsversprechen verpflichtet sich die Bank, für den Auftraggeber, falls dieser seine vertraglichen Verpflichtungen gegenüber dem Begünstigten nicht erfüllt (Eventualhaftung), oder unter bestimmten, im Garantietext vorgeschriebenen Bedingungen Zahlung zu leisten. Die einzelnen Fälle, in denen Banken Begünstigte gegen drohende Verluste absichern, sind überaus vielfältig. Gewisse Gruppen von Bankgarantien verdienen es aber, wegen ihrer zahlenmäßigen Bedeutung besonders hervorgehoben zu werden.

Bietungsgarantie

Beteiligt sich der Verkäufer an einer Ausschreibung (Tender), so muß er meist der ausschreibenden Stelle gegenüber eine Bietungsgarantie stellen, die gewöhnlich mit dem Angebot einzureichen ist, spätestens aber bei Ablauf der Einreichungsfrist für die Ausschreibung bei der ausschreibenden Stelle vorliegen muß. Die Höhe der Bietungsgarantie richtet sich nach dem Angebotswert des ausgeschriebenen Projekts.

Die ausschreibende Stelle – meist eine staatliche Institution – verlangt eine Bietungsgarantie, um zu verhindern, daß der Verkäufer sein auf Grund der Ausschreibung eingereichtes Angebot nach erfolgtem Zuschlag aus irgendwelchen Gründen, die sie nicht zu vertreten hat, zurückzieht. Geschieht dies trotz der Stellung einer Bietungsgarantie, so kann sie den Betrag zur Deckung der ihr bei der Auswertung der Angebote entstandenen Kosten verwenden. Die Garantieforderung wird fällig, wenn die ausschreibende Stelle der Garantiebank mitteilt, daß der Einreichende sein Angebot nach erfolgtem Zuschlag zurückgezogen hat.

An Ausschreibungen, die die Stellung einer Bietungsgarantie zur Sicherung des Angebots zur Bedingung machen, können sich daher nur leistungsfähige Firmen beteiligen. Dies ist ein weiterer Vorteil der Bietungsgarantie für die ausschreibende Stelle.

Rückzahlungsgarantie

In der Regel ist der Käufer nur dann bereit, dem Verkäufer eine Anzahlung zu leisten, wenn dessen Bank gleichzeitig eine Rückzahlungsgarantie übernimmt. Diese Rückzahlungsgarantie gibt ihm die Sicherheit, daß er den Betrag zurückerhält, wenn der Verkäufer die Ware nicht liefert (vgl. S. 292f.).

Lieferungs-, Leistungs- und Gewährleistungsgarantie

Die Lieferungs-, Leistungs- und Gewährleistungsgarantie der Bank sichert den Käufer gegen Schäden, die ihm aus der Nichterfüllung oder Schlechterfüllung des Vertrages zu erwachsen drohen.

Die bisher behandelten Garantien werden zusammengefaßt als Vertragsgarantien bezeichnet. Die Internationale Handelskammer, Paris, hat am 20. 6. 1978 „Einheitliche Richtlinien für Vertragsgarantien" (ERVG)[7] verabschiedet und zur Anwendung empfohlen. Ihr Inhalt ist für die Partner von Garantieverträgen nur dann bindend, wenn das in der betreffenden Garantie ausdrücklich vereinbart wird.

Zahlungsgarantie

Als Kreditsicherungsinstrument interessiert uns hier aber vor allem die Zahlungsgarantie. In der Praxis sind insbesondere zwei Formen dieser Bankgarantie anzutreffen:

- Die Garantie dient unmittelbar der Bezahlung des Kaufpreises, d. h., die Bank verpflichtet sich unwiderruflich gegenüber dem Verkäufer, als Hauptzahler gemäß den Bedingungen des AKV – in der Regel gegen Vorlage bestimmter Dokumente – Zahlung zu leisten. Diese Garantie entspricht in ihrem Charakter dem Akkreditiv und wird deshalb in der Regel als sogenanntes Zielakkreditiv entsprechend den ERA – hier in Art. 10 Buchst. a als Akkreditiv mit hinausgeschobener Zahlung bezeichnet – abgewickelt (vgl. auch § 255 Abs. 2 GIW).
- Die Bank verpflichtet sich unwiderruflich, für den Fall, daß die Zahlung der Kaufpreisraten durch den Käufer aus irgendwelchen Gründen nicht in der im AKV vorgeschriebenen Art und Weise, vollständig und zu den festgelegten Fälligkeitsterminen erfolgt, in Erfüllung ihrer Garantie – meist „auf erste Anforderung" – an den Verkäufer Zahlung zu leisten. Es handelt sich um ein unwiderrufliches Zahlungsversprechen der Bank für den Eventualfall.

Rechtsquellen

Die Garantie ist weder international einheitlich geregelt, noch gibt es in den meisten Ländern – ausgenommen die ČSSR und die DDR – spezielle innerstaatliche Bestimmungen über sie. Trotzdem ist sie zulässig und weit verbreitet.

Das gilt auch für Österreich, die Schweiz und die BRD.
Nach österreichischem Recht ist jedoch § 880 a ABGB zu beachten, wonach derjenige, der einem anderen gegenüber hinsichtlich der Leistung eines Dritten für den Erfolg einsteht, für „volle Genugtuung" haftet, wenn die Leistung des Dritten ausbleibt. Diese Haftung erstreckt sich nach österreichischer Spruchpraxis im Zweifel auf den gesamten Ausfall, auch auf den entgangenen Gewinn des Gläubigers, wenn dieser ihn nicht selbst verschuldet hat. Die österreichische Spruchpraxis geht auch davon aus, daß sich der Bankgarantievertrag vom Bürgschaftsvertrag durch die Selbständigkeit der Verpflichtung unterscheidet.
Nach schweizerischem Recht findet auf Garantieverträge Art. 111 OR Anwendung.

7 IHK-Publikation Nr. 325.

Danach ist, wer einem andern die Leistung eines Dritten verspricht, zum Ersatz des hieraus entstandenen Schadens (Art. 97ff.) verpflichtet, wenn die Leistung nicht erfolgt. Nach schweizerischer Spruchpraxis handelt es sich beim Garantievertrag ebenfalls stets um ein selbständiges, von der versprochenen Leistung des Dritten an sich unabhängiges Schuldversprechen.
Nach dem Recht der BRD ist die Bankgarantie einem abstrakten Schuldversprechen im Sinne des § 780 BGB (beachte jedoch § 350 HGB) sehr ähnlich, unterscheidet sich aber von diesem in einem wesentlichen Punkt: Die Bankverpflichtung, „auf erstes Anfordern“ zu zahlen, macht die Bankgarantie zu einem abstrakten Schuldversprechen besonderer Art, bei dem die Bank die Erfüllungseinrede gem. den §§ 821, 812 Abs. 2 BGB nicht erheben darf und bei dem das Anfordern des Begünstigten die materiell-rechtliche Zahlungsverpflichtung der Bank auslöst.

Eine internationale universelle Regelung der Bankgarantie gehörte ursprünglich zur Aufgabenstellung der UNCITRAL. Diese hatte die IHK um die Ausarbeitung eines Entwurfs einheitlicher Richtlinien für Bankgarantien ersucht. Inzwischen liegen die genannten ERVG vor. Die international praktizierten Garantien zur Sicherung des Kaufpreises sind in den ERVG nicht geregelt. Daraus wird ersichtlich, welche Bedeutung die Vorschriften des GIW über den Garantievertrag besitzen. Allerdings werden diese Vorschriften in der Regel nur zur Anwendung gelangen, wenn die DABA als Garantiegeber auftritt (vgl. § 12 Abs. 1 Buchst. k RAG).

Bei der Auslegung einer Garantieerklärung wird, wenn diese nicht selbst auf das anwendbare Recht – in der Regel das der Garantiebank – verweist, in erster Linie auf diesbezügliche internationale Gewohnheiten und Bankgepflogenheiten zurückgegriffen.

Rechtsbeziehungen zwischen Verkäufer und Käufer

Soll der eingeräumte kommerzielle Kredit durch eine Zahlungsgarantie abgesichert werden, so sind hierüber eindeutige Festlegungen im AKV (ähnlich der Akkreditivklausel) zu treffen; denn auch bei der Kreditsicherung durch Bankgarantie kann der Verkäufer auf deren Inhalt lediglich über den AKV Einfluß nehmen. (Zur Annahme bzw. Ablehnung der Garantieerklärung vgl. die Ausführungen zum Akkreditiv auf S. 293ff.)

Inhalt der Garantieklausel

Die Garantieklausel im AKV sollte enthalten:
- die Bezeichnung des Begünstigten mit vollem Firmennamen und Anschrift. In diesem Zusammenhang ist die Abwicklung der zugunsten von AHB der DDR übernommenen Garantien über die DABA, Berlin, zu vereinbaren. Letztere wird dann als avisierende Bank mit dem Anspruch auf Avisierungsprovision gegenüber der Garantiebank tätig;
- die Laufzeit der Garantie (Garantiefrist). Die Garantie muß unbedingt über den letzten Fälligkeitstermin (letzte Rate der Zahlungsverpflichtung) hinaus gültig sein, damit der Begünstigte seine Ansprüche geltend machen kann, wenn der Käufer seinen Verpflichtungen nicht nachkommt;
- die Höhe des garantierten Betrages, die Währung und die Zahlungsform (z. B. Clearing);
- den Zahlungstermin sowie die Höhe und die Laufzeit der Zinsen für den kommerziellen Kredit;
- die Wertsicherungsklausel nach entsprechender Abstimmung mit der DABA;
- eine textliche Ausgestaltung der Garantie, aus der hervorgeht, daß die

Garantiebank eine „Garantie“ übernimmt und daß der Garantiebetrag – je nach der Form der Zahlungsgarantie – unwiderruflich „auf erste Anforderung“ bzw. wenn bestimmte Garantiebedingungen, wie Einreichung der vereinbarten Dokumente, erfüllt sind, ausgezahlt wird;
- gegebenenfalls eine Aufführung der Dokumente, gegen deren Vorlage die Zahlung des garantierten Betrages erfolgt;
- wer die Kosten und Spesen für die Garantie trägt;
- die Bezeichnung der Garantiebank. Es sind hierfür in erster Linie Korrespondenzbanken der DABA heranzuziehen, da erst die Bonität der Bank die Garantie zu einem wirksamen Kreditsicherungsmittel werden läßt. In Zweifelsfällen sollte unbedingt die DABA befragt werden.

Hinsichtlich der Rechtsnatur der Garantievereinbarung im AKV und der Rechtsfolgen der Nichtstellung oder nicht rechtzeitigen Stellung der Bankgarantie wird auf die entsprechenden Ausführungen zum Dokumentenakkreditiv verwiesen (vgl. S. 293ff.). Die AHB der DDR als Verkäufer sind gut beraten, wenn sie den genauen und möglichst mit der DABA abgestimmten Text der gewünschten Bankgarantie als Anlage des AKV zum Vertragsbestandteil erklären.

Rechtsbeziehungen zwischen Garantiebank und Begünstigtem

Die Rechtsbeziehungen zwischen der Garantie gewährenden Bank und dem Begünstigten werden durch den Garantievertrag begründet. Dieser kommt in der Regel dadurch zustande, daß die Bank eine Verpflichtungserklärung abgibt, bei Eintritt des Garantiefalles bis zur garantierten Höhe Zahlung zu leisten. Eine ausdrückliche Annahmeerklärung des Begünstigten erfolgt in der Regel nicht. Der Garantievertrag ist – auch nach dem GIW – an keine bestimmte Form gebunden. Es liegt jedoch im Interesse des Begünstigten, Schriftform zu verlangen, um seine Garantieansprüche im Bedarfsfall besser beweisen zu können.

Zahlung auf erstes Anfordern

Die AHB der DDR sollten – wie bereits hervorgehoben – darauf dringen, daß sich die Bank zur Zahlung „auf erstes Anfordern des Begünstigten“ bzw. „auf erste Anforderung ohne jeden Einwand“ verpflichtet. Eine solche Klausel erhöht den Wert der Bankgarantie erheblich, denn nach allgemeiner Meinung verzichtet die Bank damit dem Begünstigten gegenüber auf die Einwendung, die Hauptverbindlichkeit sei nicht zur Entstehung gelangt oder später entfallen. Die Bank haftet dann nicht akzessorisch (d. h., die Garantie ist unabhängig vom Entstehen und vom Fortbestand der durch sie gesicherten Forderung) und kann keine Einreden und Einwendungen aus dem Grundgeschäft (AKV) geltend machen. Sie darf nicht nachprüfen, ob die Anforderung des Begünstigten berechtigt ist, und zwar auch dann nicht, wenn ihr Auftraggeber der Zahlung aus der Bankgarantie widersprechen sollte. Bei der Bankgarantie soll der Begünstigte auch – das entspricht ihrem Wesen – sicher sein können, daß sich die Bank nicht in einen Streit über die Erfüllung oder Nichterfüllung der vertraglichen Vereinbarungen hineinziehen lassen wird und kann.

Wesen der Bankgarantie

Ihrem Wesen nach ist die Bankgarantie abstrakt und sowohl vom Grundgeschäft zwischen dem Begünstigten und dem Auftraggeber als auch vom Innenverhältnis zwischen der Bank und dem Auftraggeber unabhängig. Diesem Grundsatz folgt auch das GIW, welches Einreden und Ansprüche des Käufers (Auftraggebers) gegen den Garantienehmer (Begünstigten) seitens des Garantiegebers (Bank) ausschließt (§ 254).

Im Gegensatz zur bisher behandelten sogenannten unbedingten Garantie, die „auf erste Anforderung" zahlbar ist, regelt das GIW zwar einerseits, daß der Garantiegeber nicht von Einreden des Auftraggebers Gebrauch machen darf, andererseits verlangt es jedoch den Nachweis des Garantiefalles bei Inanspruchnahme (§ 253) und macht somit die Garantie zu einer bedingten. Für den Fall, daß DDR-Banken Garantien stellen, ist diese Regelung natürlich sehr günstig. Sie sollte aber keine Orientierung für die inhaltliche Gestaltung von Garantien werden, bei denen AHB der DDR als Begünstigte auftreten.

Stellung des Käufers

Die Bankgarantie hat also, wenn sie in vorgenannter Weise ausgestaltet ist, eine ähnliche Funktion wie das Dokumentenakkreditiv. Dem Käufer sind Einwendungen nicht verwehrt. Er muß sie allerdings dem Verkäufer selbst vortragen und kann diesen sogar wegen unberechtigter Inanspruchnahme der Garantie schadenersatzpflichtig machen. Die Parteirollen erfahren damit eine Umkehrung, denn der Käufer muß bei Vorliegen begründeter Einwendungen den von der Bank an den Begünstigten bereits ausgezahlten Betrag, mit dem er von der Bank belastet wird, vom Vertragspartner zurückzuholen versuchen und ggf. einklagen.

5.2.3.2. Die Bürgschaft

Im Gegensatz zur Garantie ist die Bürgschaft in den meisten Rechtsordnungen geregelt.

Vgl. bezüglich des österreichischen Rechts § 349ff. HGB, § 1346ff. ABGB; des schweizerischen Rechts Art. 492ff. OR; des Rechts der BRD § 349f. HGB, § 765ff. BGB; des italienischen Rechts Art. 1936ff. Codice civile; des schwedischen Rechts §§ 8 bis 12 Handelsbalken von 1794; die VO vom 28. 6. 1798, vom 20. 12. 1851 und vom 20. 7. 1855 sowie das Gesetz vom 20. 12. 1946; des französischen Rechts Art. 2011ff. Code civil; des japanischen Rechts Art. 446ff. japanisches Zivilgesetzbuch.

Obwohl ihre rechtliche Ausgestaltung unterschiedlich ist, kann man sie im Zusammenhang mit dem AKV als Vertrag bezeichnen, durch den sich der Bürge gegenüber dem Verkäufer (Kaufpreisgläubiger) verpflichtet, für die Erfüllung der Verbindlichkeit des Käufers (Kaufpreisschuldners) einzustehen (vgl. § 245 GIW; § 1346 ABGB; Art. 492 Ziff. 1 OR; § 765 BGB).

Wesen der Bürgschaft

Der Bürge geht eine Verpflichtung ein, er übernimmt eine eigene Schuld. Die Bürgschaft ist also ein schuldrechtlicher Vertrag, der zwischen dem Verkäufer und dem Bürgen abgeschlossen wird. Eine Mitwirkung des Käufers (Hauptschuldners) ist nicht erforderlich, nicht einmal dessen Kenntnis von dem Bürgschaftsvertrag. Die Leistungspflicht des Bürgen hat ihren eigenen Rechtsgrund, nämlich den Bürgschaftsvertrag zwischen dem Verkäufer und dem Bürgen. Die Bürgschaft setzt aber eine zu sichernde Hauptverbindlichkeit voraus. In dieser Abhängigkeit liegt ihr besonderes und bedeutsamstes Merkmal. Ihre akzessorische Natur (d. h., die Bürgschaft ist abhängig vom Entstehen und vom Fortbestand der durch sie gesicherten Forderung) spielt sowohl bei ihrer Entstehung wie auch bei ihrem Fortbestand und ihrem Haftungsumfang eine Rolle.

Arten der Bürgschaft

Innerhalb des so umrissenen Bürgschaftsbegriffes sind verschiedene Erscheinungsformen zu unterscheiden, denn Verkäufer und Bürge haben die

Möglichkeit, die Bürgschaft im Wege vertraglicher Vereinbarungen besonders auszugestalten.

Kriterien für die unterschiedlichen Bürgschaften können Zahl und Arten der Voraussetzungen sein, unter denen der Verkäufer befugt ist, den Bürgen in Anspruch zu nehmen. So ist für die einfache Bürgschaft kennzeichnend, daß der Bürge erst nach dem Käufer belangt werden kann; ihm steht die Einrede der Vorausklage zu. Von dieser Bürgschaft unterscheidet sich die selbstschuldnerische Bürgschaft dadurch, daß der Bürge die Einrede der Vorausklage nicht vorbringen kann, er also nicht nach, sondern neben dem Käufer haftet. Die Afterbürgschaft – auch Nach- oder Überbürgschaft genannt – ist eine einfache Bürgschaft mit dem Charakteristikum, daß die verbürgte Hauptschuld ebenfalls eine Bürgschaftsverpflichtung ist, und zwar die der sogenannten Vorbürgschaft. Gleichfalls eine einfache Bürgschaft ist die Rückbürgschaft, die sich von der Afterbürgschaft dadurch unterscheidet, daß der Rückbürge einen Bürgen und nicht den Verkäufer zum Vertragspartner hat und daß die Hauptschuld, für deren Erfüllung der Rückbürge einzustehen hat, die Regreßverpflichtung des Käufers an den zahlenden Bürgen ist. Eine weitere Abart der einfachen Bürgschaft stellt die Schadlos- oder Ausfallbürgschaft dar. Bei ihr hat der Bürge für den Ausfall einzustehen, den der Verkäufer trotz Inanspruchnahme des Käufers erleidet.

Kollisionsrechtliche Regelung der Bürgschaft

Es wurde bereits gesagt, daß die Bürgschaft Eingang in die meisten Rechtsordnungen gefunden hat. Aus der Abhängigkeit der Bürgschaft von der Hauptschuld entsteht nun die Frage, ob auf den Bürgschaftsvertrag das Recht der Hauptschuld anzuwenden ist oder ob auch ein anderes Recht berücksichtigt werden kann. Diese Frage ist deshalb von Belang, weil die einzelnen Rechtsordnungen die Form des Bürgschaftsvertrages, die rechtliche Stellung des Bürgen, den Eintritt der Zahlungspflicht, die Stellung des Bürgen gegenüber dem Käufer usw. verschieden regeln. Wegen der unterschiedlichen Regelung der Bürgschaft ist es für den Verkäufer wie für den Bürgen von größter Wichtigkeit, welches Recht auf die Forderung zur Anwendung kommt. Den AHB ist daher – wenn es um die Absicherung eines kommerziellen Kredits geht – zu raten, im Regelfall das Recht der DDR (§ 245 ff. GIW) im Bürgschaftsvertrag zu vereinbaren.
Die meisten Gerichte in den nichtsozialistischen Ländern gehen von dem Grundsatz aus, daß das auf den Bürgschaftsvertrag anzuwendende Recht unabhängig von der Hauptschuld festzustellen ist. Die Anknüpfung der Hauptschuld und die der Bürgschaft erfolgen also gesondert. Das im Ergebnis der Anknüpfung (vgl. S. 61 und S. 80) ermittelte und auf den einzelnen Bürgschaftsvertrag anzuwendende Recht entscheidet, ob der Bürgschaftsvertrag zustande gekommen und gültig ist, ob die vorgeschriebene Form eingehalten, die bezahlte Forderung auf den Bürgen übergegangen ist usw. Dagegen wird das für die Hauptschuld maßgebliche Recht auf die Fragen anzuwenden sein, was der Bürge zu zahlen hat, ob die Forderung abgelaufen, erloschen ist usw.
Natürlich wird eine Abrede, nach der das Recht der Hauptschuld auch für die Bürgschaft maßgebend sein soll, anerkannt.

Voraussetzungen für Abschluß und Zustandekommen des Bürgschaftsvertrages

Soll der kommerzielle Kredit durch Bürgschaft gesichert werden, so muß der AHB neben der Kreditwürdigkeit des Käufers auch die des in Aussicht genommenen Bürgen eingehend prüfen. Fällt diese Prüfung positiv aus, so ist im AKV festzulegen, daß der Käufer den Bürgen zu veranlassen hat, einen Bürgschaftsvertrag mit dem betreffenden AHB als Verkäufer abzuschließen, und zwar mit einem Inhalt, wie er auch Gegenstand des AKV ist.

Gültige Hauptschuld

Die wirksame Entstehung der Bürgschaft setzt eine gültige Hauptschuld voraus (§ 246 GIW; § 1351 ABGB; Art. 492 Ziff. 2 Satz 1 OR; § 767 BGB). Es ist jedoch nicht erforderlich, daß die Hauptschuld bereits zum Zeitpunkt der Bürgschaftsübernahme besteht, denn eine Bürgschaft kann auch für zukünftige oder bedingte Verbindlichkeiten eingegangen werden (§ 246 GIW; Art. 492 Ziff. 2 Satz 2 OR; § 765 Abs. 2 BGB). In solchen Fällen ist die Bürgschaft zunächst „schwebend unwirksam", d. h., die Bürgenschuld wird erst mit dem Entstehen der Hauptschuld voll wirksam (vgl. auch § 767 BGB).

Rechtsbeziehungen zwischen Verkäufer und Bürgen

Der Umfang der Haftung, die der Bürge gegenüber dem Verkäufer übernimmt, wird durch den akzessorischen Charakter der Bürgschaft bestimmt. Nach § 246 GIW ist für die Verpflichtung des Bürgen gegenüber dem Verkäufer der jeweilige Bestand der Hauptschuld maßgebend. Das gilt auch, wenn die Hauptschuld durch Verzug des Käufers geändert, d. h. möglicherweise erweitert wird.

Nach österreichischem Recht ist für den Umfang der Bürgschaft der Bürgschaftsvertrag maßgebend, jedoch besagt der Grundsatz der Akzessorietät, daß die Bürgschaft die Hauptschuld nicht übersteigen kann. Eine bedeutungsvolle Ausnahme von der Akzessorietät besteht beim Zwangsausgleich und Ausgleich; nur der Schuldner wird von der Ausfallhaftung befreit, nicht der Bürge (§ 151 Konkursordnung[8]; § 48 Ausgleichsordnung). Grundsätzlich jedoch kann die Bürgschaft gem. § 1353 Satz 1 ABGB nicht weiter ausgedehnt werden, als der Bürge ausdrücklich erklärt hat. Das bedeutet, daß er sich bis zu einem bestimmten Höchstbetrag verbürgt, mangels besonderer Vereinbarungen jedoch nicht für Nebengebühren (Zinsen, Kreditprovision, Spesen), die diesen Betrag übersteigen, haftet.
Nach schweizerischem Recht ist in der Bürgschaftsurkunde ein zahlenmäßig bestimmter Höchstbetrag der Haftung des Bürgen anzugeben (Art. 493 Ziff. 1 OR). Ohne diese Angabe ist der Bürgschaftsvertrag ungültig. Der angegebene Haftungsbetrag bedeutet die Grenze für die Inanspruchnahme des Bürgen. Gemäß Art. 499 OR haftet der Bürge, mangels anderer Abrede, für den jeweiligen Betrag der Hauptschuld, inbegriffen die gesetzlichen Folgen eines Verschuldens oder Verzuges des Hauptschuldners, jedoch für Schadensersatz bei Rücktritt vom Vertrag und für eine Konventionalstrafe nur dann, wenn dies ausdrücklich vereinbart worden ist, sowie für weitere Kosten und Zinsen gem. Art. 499 Ziff. 2 Abs. 2 und 3 OR. In der Regel wird daher der Höchstbetrag der Haftung um ca. 20 Prozent höher angesetzt als der sicherzustellende Kreditbetrag.

Einwendungen und Einreden

Da sich die Bürgschaftsverpflichtung grundsätzlich nach dem Hauptschuldverhältnis richtet, kann der Bürge gegenüber dem Verkäufer auch die Einwendungen und Einreden erheben, die dem Käufer zustehen (§ 249 GIW; Art. 492 Ziff. 3 OR; § 768 Abs. 1 Satz 1 BGB). So kann er sich z. B. auf ein Zurückhalterecht gem. § 230 GIW (vgl. § 273 BGB), auf Verjährung oder auf Stundung der Hauptschuld berufen. Der Bürge verliert diese Einreden des Käufers nicht, wenn dieser auf sie verzichtet.

Einrede der Vorausklage

Neben den Einreden aus dem Hauptschuldverhältnis stehen dem Bürgen besondere Einreden aus dem Bürgschaftsverhältnis selbst zu. Die wichtigste dieser Einreden ist die in vielen Ländern geregelte Einrede der Vorausklage, mit der der Bürge die Leistung verweigern kann, bis der Verkäufer

8 Konkursordnung (Österreichs) vom 10. 12. 1914, RGBl. S. 337, in der geltenden Fassung.

den Hauptschuldner nicht nur verklagt, sondern sogar eine Zwangsvollstreckung gegen ihn ohne Erfolg versucht hat. Wenn dem Verkäufer ein Pfandrecht oder ein Zurückhalterecht an einer beweglichen Sache des Käufers zusteht, muß er zuerst versuchen, sich aus dieser Sache zu befriedigen. Verzichtet der Bürge ausdrücklich oder stillschweigend auf die Einrede der Vorausklage, indem er sich z. B. als Selbstschuldner verbürgt, so ist sie damit ausgeschlossen.

Selbstschuldnerische Bürgschaft

Im schweizerischen Recht wird eine solche Bürgschaft als Solidarbürgschaft bezeichnet. Gemäß Art. 496 OR kann, wer sich als Bürge unter Beifügung des Wortes „solidarisch“ oder mit anderen gleichbedeutenden Ausdrücken verpflichtet, vor dem Hauptschuldner und vor der Verwertung eventueller Grundpfänder belangt werden, sofern der Hauptschuldner mit seiner Leistung im Rückstand ist und erfolglos gemahnt wurde oder wenn seine Zahlungsunfähigkeit offenkundig ist.
Die Einrede der Vorausklage ist in einer Reihe von Ländern auch ausgeschlossen, wenn der Bürge Vollkaufmann ist und die Bürgschaft für ihn ein Handelsgeschäft darstellt (vgl. §§ 349, 344 Abs. 1 HGB Österreichs; §§ 349, 351 HGB der BRD).

Im GIW ist die Möglichkeit der Einrede der Vorausklage nicht mehr geregelt. Nach § 248 kann der Bürge in Anspruch genommen werden, wenn
a) der Schuldner seiner Leistungspflicht trotz schriftlicher Aufforderung des Gläubigers nicht nachkommt oder
b) es außer Zweifel steht, daß der Schuldner seine Leistungspflicht nicht erfüllen wird.

Die Nachteile einer einfachen Bürgschaft gegenüber der selbstschuldnerischen für den Verkäufer fallen derart ins Auge, daß es an dieser Stelle kaum des Hinweises bedarf, welcher von beiden in den intersystemaren Wirtschaftsbeziehungen der DDR der Vorzug zu geben ist. Um alle Zweifel, insbesondere im Hinblick auf das auf den Bürgschaftsvertrag anzuwendende Recht, auszuräumen, sollte im Bürgschaftsvertrag selbst expressis verbis die selbstschuldnerische Verpflichtung (z. B. Verzicht auf die Einrede der Vorausklage) zum Ausdruck gebracht werden.
Für das Verhältnis zwischen Gläubiger und Bürgen ist noch eine Reihe anderer Regelungen des GIW zu beachten. So sind mehrere Bürgen, die für dieselbe Forderung eine Bürgschaft übernommen haben, als Gesamtschuldner verantwortlich (§ 247).
Für den Fall, daß der Gläubiger berechtigt ist, sich gegenüber dem Schuldner durch Aufrechnung zu befriedigen, ist der Bürge nicht zur Leistung verpflichtet (§ 249 Abs. 2). Schließlich ist der Gläubiger verpflichtet, dem Bürgen die für die Geltendmachung der Forderung notwendigen Dokumente zu übergeben und entsprechende Auskünfte zu erteilen, wenn der Bürge für den Schuldner geleistet hat (§ 251).

Bürgschaft als Form der Kreditsicherung

Die unmittelbare Abhängigkeit der Bürgschaft von den vertraglichen Verpflichtungen der Partner des AKV bestimmt bereits deren Platz als Kreditsicherungsinstrument. Die Bürgschaft stellt die Realisierung einer zweifelsfrei feststehenden und vom Käufer anerkannten Forderung sicher, schützt also vor Insolvenz des Käufers. Das hat zur Folge, daß der Bürge vor Zahlung genau prüft, ob der Verkäufer termin- und qualitätsgerecht geliefert hat, ob ggf. eine Preisminderung beansprucht werden kann oder ob nicht gar die gesamte Kaufpreiszahlung streitig ist. Die exakte Gestaltung und

Realisierung des AKV haben somit einen bedeutenden Einfluß auf die Inanspruchnahme der Bürgschaft als Kreditsicherungsmittel.

5.2.3.3. Der Wechsel

Begriff und Rechtscharakter

Der Wechsel ist eine in gesetzlich vorgeschriebener Form abgefaßte Schuldurkunde, in der der Aussteller verspricht oder einen Dritten anweist, eine bestimmte Geldsumme an einem bestimmten Ort zu einer bestimmten Zeit an eine bestimmte Person zu zahlen. Zum Wesen des Wechsels gehören folgende Merkmale:

- Der Wechsel ist ein Wertpapier, d. h. eine Urkunde, in der ein Forderungsrecht verbrieft ist und aus der nur derjenige Ansprüche geltend machen kann, der die Wechselurkunde als Inhaber in den Händen hat (Art. 16 WG). Das Recht aus dem Papier folgt dem Recht am Papier; d. h., daß die Forderung aus dem Wechsel durch den Erwerb des Papiers erworben wird bzw. daß der durch ununterbrochene Indossamentenkette ausgewiesene Inhaber des Wechsels Inhaber der Wechselforderung ist (Art. 16).
- Der Wechsel ist ein Orderpapier; d. h., die Wechselurkunde mit allen Rechten und Pflichten kann grundsätzlich nur durch eine schriftliche, auf den Wechsel gesetzte Erklärung – das Indossament – weitergegeben werden (Art. 11 WG). Auch wenn er nicht ausdrücklich an Order gestellt ist, ist der Wechsel von Gesetzes wegen ein Orderpapier. Er ist also grundsätzlich kein Inhaberpapier, das einfach und formlos wie eine bewegliche Sache übertragen werden kann. Er kann – wie wir noch sehen werden – ausnahmsweise zu einem solchen werden.
- Der Wechsel ist eine selbständige Zahlungsverpflichtung, d. h., die Wechselverbindlichkeit ist von dem Schuldverhältnis, das der Ausstellung und der Annahme des Wechsels zugrunde liegt, völlig losgelöst und damit selbständig (Art. 17 WG). Diese Wechselstrenge ist erforderlich, weil der Wechsel als Zirkulationspapier häufig durch viele Hände läuft und weil alle, die ihn erwerben, es in dem Glauben tun, daß der Bezogene oder der Aussteller den Wechsel in voller Höhe einlösen wird.
- Die Wechselerklärung darf nicht an Bedingungen geknüpft werden. Die Urkunde wäre dann zwar nicht ungültig, aber keine Wechselurkunde mehr (Art. 1 Ziff. 2 WG).
- Der Wechsel ist an bestimmte Formvorschriften gebunden.
- Der Wechselanspruch kann in einem besonderen Verfahren, dem Wechselprozeß, geltend gemacht werden.

Wechselarten

Man unterscheidet zwei Arten des Wechsels: den gezogenen und den eigenen Wechsel.

Gezogener Wechsel

Der gezogene Wechsel – auch Tratte genannt – hat die Form einer Anweisung, in der der Gläubiger seinen Schuldner anweist, am Verfalltag die Wechselsumme an einen Dritten oder an ihn selbst zu zahlen. Drei Personen sind beim gezogenen Wechsel beteiligt: der Wechselnehmer (Remittent, an den gezahlt werden soll), der Aussteller (Trassant) und der Bezogene (Trassat, der zahlen soll). Sobald der Bezogene den Wechsel akzeptiert, wird er Akzeptant genannt; er ist der Hauptschuldner des Wechsels.

Eigener Wechsel

Der eigene Wechsel – auch Solawechsel genannt – enthält ein Zahlungsversprechen des Ausstellers. Der Aussteller haftet wie der Akzeptant des gezogenen Wechsels.

Für den eigenen Wechsel gelten die gleichen gesetzlichen Bestimmungen wie für den gezogenen Wechsel, sofern sie nicht ihrer Natur nach nur für den gezogenen Wechsel gelten können, wie vor allem die Vorschriften über das Wechselakzept (Art. 77 WG).

Um Schwierigkeiten im internationalen Verkehr auszuräumen, gab es Bemühungen, ein einheitliches Wechselrecht für alle Staaten auf der Grundlage eines internationalen Abkommens zu schaffen, an dem alle Länder teilnehmen sollten. Die angestrebte universelle Vereinheitlichung erwies sich jedoch wegen des aus monopolistischen Widersprüchen geborenen beharrlichen Wunsches Englands und der USA, ihren Wechseltyp aufrechtzuerhalten, als unmöglich. Gegenwärtig existieren daher im Welthandel im wesentlichen zwei Wechseltypen: einmal der Wechsel vom Typ des Genfer Abkommens von 1930 und zum anderen der Wechsel anglo-amerikanischen Typs.

Der erstgenannte Wechseltyp wurde von einer besonderen Kommission des Völkerbundes ausgearbeitet. Dazu wurden 1930 in Genf drei Abkommen geschlossen und unterzeichnet:

- das Abkommen über ein einheitliches Recht auf gezogene und eigene Wechsel,
- das Abkommen über die Lösung einiger Gesetzeskollisionen im Zusammenhang mit dem gezogenen oder eigenen Wechsel,
- das Abkommen über das Verhältnis der Stempelgesetze zum Wechselrecht.

Der vereinbarte Text wurde von den Signatarstaaten Dänemark, Norwegen, Schweden, Niederlande, Schweiz, Belgien, Finnland, Italien, Japan, Österreich, Monaco, Portugal, Frankreich, Sowjetunion, Polen, Brasilien, Griechenland und Deutschland innerstaatlich als Gesetz in Kraft gesetzt. Trotzdem ist jedoch stets eine genaue Prüfung nötig, da manche Signatarstaaten von dem Recht Gebrauch gemacht haben, in Nebenfragen vom Einheitstext abweichende Regelungen zu treffen. Letztlich ist daher, obgleich die Unterschiede innerhalb des Genfer Typs nicht mehr groß sind, immer das auf Grund der kollisionsrechtlichen Regelung anzuwendende nationale Wechselrecht maßgebend.

In der DDR gilt das Wechselgesetz (WG) vom 21. 6. 1933 i. d. F. vom 5. 7. 1934.[9] In Österreich gilt das Gesetz über das Wechselrecht vom 16. 2. 1955; in der Schweiz ist die Regelung des Wechsels Bestandteil des OR (§ 990ff.) geworden; in der BRD gilt das Wechselgesetz vom 21. 6. 1933 i. d. F. vom 5. 7. 1934.[10]

Die Regelung des Kollisionsabkommens ist in das Wechselrecht der Abkommensländer eingeflossen (vgl. Art. 91 bis 98 WG). Jedes dieser Länder kann nach eigenem Ermessen darüber entscheiden, ob es die im Abkommen enthaltenen Prinzipien des Kollisionsrechts auch auf Fälle anwenden will, in denen das zur Anwendung des Wechselrechts eines Landes führen würde, das nicht zu den Abkommensstaaten gehört (so nach dem Wechselrecht der DDR).

England, die USA und andere Common-Law-Länder traten den genannten Konventionen nicht bei, sondern hielten ihren Wechseltyp aufrecht (vgl. bezüglich des Rechts der USA Art. 3 UCC).

Im Zusammenhang mit den Bemühungen um eine Vereinheitlichung des internationalen Handelsrechts, die von den Vereinten Nationen ausgehen, gibt es gegenwärtig verstärkte Anstrengungen zur weiteren Vereinheitlichung des Wechsel- und des Scheckrechts. Als Ergebnis langjähriger Tätigkeit der Arbeitsgruppe „Internationale begebbare Instrumente" der UNCITRAL liegen nunmehr ein Konventionsentwurf für ein „Einheitliches Gesetz über internationale gezogene und eigene Wech-

9 RGBl. I S. 571.
10 Vgl. im einzelnen die Länderbestimmungen bei H. Brandt, Der Wechsel und seine Anwendung in der Außenwirtschaft der DDR, Teil I und II, KfA der DDR, Juristischer Dienst, Informationen, Reihe C, Nr. 12, Berlin 1977.

sel" sowie ein entsprechender Kommentar dazu vor.[11] Mit einer Note des Generalsekretärs der Vereinten Nationen sind diese Dokumente den Regierungen und interessierten internationalen Organisationen mit der Bitte übermittelt worden, dazu Stellung zu nehmen. Auf der XVII. Tagung der UNCITRAL im Juni/Juli 1984 fand eine grundlegende Diskussion unter Einbeziehung der Stellungnahmen von 24 Staaten zu grundsätzlichen Fragen des Konventionsentwurfes statt. Die weitere Qualifizierung des Entwurfs der Konvention wurde der oben genannten Arbeitsgruppe übertragen.[12]

Recht der DDR

Das in der DDR geltende Wechselgesetz (WG)[13] beruht auf den genannten Genfer Konventionen. Es soll daher als Grundlage für die weitere Behandlung der wichtigsten Fragen des Wechselrechts dienen, wobei versucht wird, die kollisionsrechtliche Regelung jeweils den betreffenden Abschnitten zuzuordnen.

Wechselfähigkeit

Nach Art. 91 WG richtet sich die Wechselfähigkeit im zwischenstaatlichen Wechselverkehr grundsätzlich nach dem Recht des Heimatlandes des Wechselpflichtigen. Erklärt dieses Recht wiederum das Recht eines anderen Landes für maßgebend, so ist das letztere Recht anzuwenden (Problem der Weiterverweisung – vgl. S. 80). Gleichwohl kann aber ein Ausländer, der nach dem Recht der DDR, nicht aber nach dem Recht seines Heimatlandes wechselfähig ist, in der DDR eine wechselrechtliche Erklärung abgeben. Nach dem Recht der DDR kann jeder eine Wechselverbindlichkeit eingehen, der voll geschäftsfähig ist. Wechselfähig ist ferner jede juristische Person.

Wesentliche Bestandteile des gezogenen Wechsels

Ein gezogener Wechsel muß acht wesentliche Bestandteile enthalten (Art. 1 WG). Fehlt einer dieser Bestandteile, so gilt die Urkunde grundsätzlich nicht als Wechsel (Ausnahmen hiervon regelt Art. 2).

Die Einhaltung der Formvorschriften ist durch die Verwendung von Vordrucken sehr erleichtert. Bei der Ausstellung ist nur darauf zu achten, daß das Formular ganz ausgefüllt ist, und bei der Entgegennahme von Wechseln ist zu prüfen, ob alle Angaben vollständig und richtig eingetragen sind.

Die acht wesentlichen Bestandteile des gezogenen Wechsels sind:
– die Bezeichnung als Wechsel im Text der Urkunde;
– die unbedingte Anweisung, eine bestimmte Geldsumme zu zahlen;
– die Angabe des Bezogenen oder Trassaten;
– die Angabe der Verfallzeit, d. h. der Fälligkeit des Wechsels.
  In der Praxis sind vier verschiedene Fälligkeitsbezeichnungen gebräuchlich (Art. 33 WG). Sie können lauten: auf einen bestimmten Tag (Tagwechsel); auf eine bestimmte Zeit nach Ausstellung (Datowechsel); auf Sicht (Sichtwechsel); auf eine bestimmte Zeit nach Sicht (Nach-Sicht-Wechsel). Fehlt die Angabe der Verfallzeit, so handelt es sich um einen Sichtwechsel (Art. 2);
– die Angabe des Zahlungsortes;
– die Angabe des Wechselnehmers oder Remittenten;
– die Angabe des Ausstellungstages und -ortes;
– die Unterschrift des Ausstellers (Vorderseite unter dem Text). Sie muß

11 Dok. A/CN. 9/211, Dok. A/CN. 9/213.
12 Vgl. im einzelnen zum Stand der Diskussion über den Konventionsentwurf: H. Brandt/H. Wagner, „Die XVII. Tagung der UNCITRAL", RiA, 1984/36, S. If. (72. Beilage)
13 Vgl. Fußn. 9.

aus dem vollen Namen oder der vollen Firmenbezeichnung des Ausstellers bestehen.

Wesentliche Bestandteile des eigenen Wechsels

Der eigene Wechsel unterscheidet sich vom gezogenen Wechsel nur durch zwei Merkmale: Er enthält keine Zahlungsanweisung, sondern das „unbedingte Versprechen, eine bestimmte Geldsumme zu zahlen“, und es fehlt die Angabe des Bezogenen.

Kollisionsrechtliche Regelung von Form und Wirkung der Wechselerklärung

Für die Form der Wechselerklärung (Wechseltext, Akzept, Indossament usw.) gelten grundsätzlich die Vorschriften des Landes, in dem diese Erklärung unterschrieben worden ist (Art. 92 Abs. 1 WG, s. aber auch Abs. 2 und 3).

Die Wirkung der Wechselerklärung des Annehmers eines gezogenen Wechsels und des Ausstellers eines eigenen Wechsels bestimmen sich nach dem Recht des Zahlungsortes. Die Wirkungen der übrigen Wechselerklärungen bestimmen sich nach dem Recht des Landes, in dessen Gebiet die Erklärungen unterschrieben worden sind (Art. 93).

Haftung des Ausstellers

Der Aussteller eines gezogenen Wechsels haftet dem Wechselnehmer und dem bzw. den Indossanten für die Einlösung.

Das bedeutet, daß der Aussteller in Anspruch genommen werden kann (Art. 9 WG), wenn der Bezogene die Zahlung verweigert. Ein Vermerk, durch den der Aussteller einer Tratte die Haftung für die Zahlung ausschließt („ohne Obligo“), gilt als nicht geschrieben (Art. 9). Die Haftung tritt nur dann nicht ein, wenn die Unterschrift des Ausstellers gefälscht ist, der Aussteller nicht vertretungsberechtigt oder nicht wechselfähig ist.

Der Aussteller eines gezogenen Wechsels haftet dem Wechselnehmer und dem Indossanten auch für die Annahme. Diese Haftung kann er jedoch durch einen ausdrücklichen Vermerk auf dem Wechsel ausschließen (Art. 9).

Annahme des Wechsels

Zur Zahlung der Wechselsumme ist in erster Linie der Bezogene verpflichtet. Doch begründet die Tatsache, daß jemand auf einem Wechsel als Bezogener angegeben ist, noch keine wechselrechtliche Verpflichtung des Bezogenen. Er kann erst aus dem Wechsel in Anspruch genommen werden, wenn er ihn durch seine Unterschrift auf dem Wechsel angenommen hat (Art. 28 WG).

Form des Akzepts

Form und Stelle des Akzepts sind vorgeschrieben. Als Akzept gilt schon die bloße eigenhändige Unterschrift des Bezogenen irgendwo auf der Vorderseite des Wechsels (Art. 25). Nach allgemeinem Brauch steht das Akzept auf der linken Seite quer zum Wechseltext.

Beim Nach-Sicht-Wechsel muß das Akzept zur Feststellung der Fälligkeit datiert werden. Fehlt das Datum, so muß der Wechselinhaber dies durch einen Protest feststellen lassen (Art. 25).

Der Bezogene kann das Akzept auf einen Teil der Wechselsumme beschränken. Das Recht des Zahlungsortes bestimmt, ob ein Teilakzept zulässig ist und ob eine Teilzahlung angenommen werden muß (Art. 96).

Übertragung des Wechsels

Die Übertragung des Wechsels erfolgt regelmäßig durch Indossament, einem Übertragungsvermerk auf der Rückseite der Wechselurkunde oder auf einem mit dem Wechsel verbundenen Blatt, dem Anhang (Art. 11 WG).

Das Indossament muß unbedingt sein. Bedingungen gelten als nicht geschrieben (Art. 12). Darüber hinaus ist ein Teilindossament nichtig. Derjenige, der den Wechsel durch Indossament überträgt, heißt Indossant; derjenige, auf den der Wechsel übertragen wird, heißt Indossatar.

Das Indossament allein genügt jedoch noch nicht zur Übertragung des Wechsels. Da der Wechsel ein Wertpapier ist, muß auch die Wechselurkunde übergeben werden. Nur wer die Wechselurkunde in den Händen hat, kann als Inhaber des Wechsels Rechte daraus geltend machen.

Die Wirkung des Indossaments ist dreifacher Art:

- Das Indossament überträgt alle Rechte aus dem Wechsel auf den Indossatar (Art. 14 WG), insbesondere das Recht, Zahlung zu verlangen (Transportfunktion).
- Das Indossament begründet die Haftung des Indossanten (Art. 15), und zwar haftet jeder Indossant ebenso wie der Aussteller dem rechtmäßigen Inhaber des Wechsels gegenüber dafür, daß der Bezogene den Wechsel annimmt und bei Verfall zahlt (Garantiefunktion).
- Das Indossament legitimiert den, der die Wechselurkunde in Händen hat, als den rechtmäßigen Inhaber, sofern er sein Recht durch ununterbrochene Indossamentenkette nachweisen kann (Legitimationsfunktion – Art. 16).

Nach dem Recht mancher Staaten geht mit der Übertragung des Wechsels auch die zugrunde liegende Forderung auf den Wechselinhaber über. Nach Art. 95 WG bestimmt das Recht des Ausstellungsortes, ob der Inhaber eines gezogenen Wechsels die seiner Ausstellung zugrunde liegende Forderung erwirbt.

Besondere Formen des Indossaments

Das Blankoindossament trägt lediglich die Unterschrift des Indossanten (oder außerdem den Vermerk „an den Inhaber"). Es ist gesetzlich zulässig (Art. 13 WG), obgleich es den Wechsel zu einem Papier macht, das ohne weiteres Indossament formlos übertragen werden kann.

Der Erwerber hat die Möglichkeit, den Inhaberwechsel ohne Indossament weiterzugeben (er schließt damit seine wechselmäßige Haftung aus) oder wieder in einen Orderwechsel umzuwandeln, und zwar durch Eintragung des Namens des Indossatars in das Blankoindossament (Weitergabe mit Indossament) oder durch Eintragung des Namens eines Dritten und Übergabe an diesen.

Der Indossant kann seine Haftung gegenüber seinen Nachmännern durch den Vermerk „ohne Haftung" ausschließen (Art. 15). Doch ist das weitgehend ungebräuchlich, da ein Indossatar sich selten auf eine solche Klausel einläßt.

Es ist auch möglich, ein Inkassoindossament auszustellen. Der Indossatar erlangt dadurch die Berechtigung, die Wechselschuld einzuziehen. Wechselrechte gehen nicht auf ihn über.

Wechselbürgschaft

Für den Aussteller, den Akzeptanten oder einen Indossanten kann sich ein Bürge wechselmäßig verpflichten, indem er seine Unterschrift mit dem Zusatz „als Bürge", „per Aval", „als Garant" o. ä. auf den Wechsel setzt.

Wer ohne Zusatz des Namens dessen, für den er bürgen will, seine bloße Unterschrift auf der Vorderseite des Wechsels schreibt, gilt als Bürge des Ausstellers (Art. 30, 31 WG). Die Bürgschaft kann auch für einen Teil der Wechselsumme übernommen werden.

Der Wechselbürge haftet in gleicher Weise wie derjenige, für den er bürgt. Er haftet aber auch dann wechselmäßig, wenn die Unterschrift dessen, für den er bürgt, gefälscht oder als die eines Geschäftsunfähigen nichtig ist.

Im Gegensatz zu der genannten offenen ist die verdeckte Wechselbürgschaft, bei der das Bürgschaftsverhältnis nach außen gar nicht in Erscheinung tritt, sehr viel häufiger. Der Bürge tritt hier entweder als Aussteller, als Akzeptant oder als Indossant auf.

Eine Wechselschuld ist im Gegensatz zu sonstigen Geldschulden eine Holschuld; d. h., der rechtmäßige Inhaber des Wechsels muß den Wechsel bei Fälligkeit (Verfall) am Zahlungsort zur Zahlung vorlegen.

Zahlung der Wechselschuld

Der Verfall eines Wechsels richtet sich danach, ob es sich um einen Tagwechsel, Datowechsel, Sichtwechsel oder Nach-Sicht-Wechsel handelt (Art. 33 bis 35 WG). Bei der Berechnung der Fristen wird der Tag, an dem sie zu laufen beginnen, nicht mitgezählt. Das gilt für alle gesetzlich oder im Wechsel bestimmten Fristen (Art. 73).

Der Wechsel ist am Zahlungstag oder an einem der beiden folgenden Werktage zur Zahlung vorzulegen, und zwar in den üblichen Geschäftsstunden (Art. 38 WG).

Vorlegungsfrist

Ist der Verfalltag ein Sonn- oder gesetzlicher Feiertag, so kann die Vorlage des Wechsels am folgenden Werktag erfolgen (Art. 72). Zu beachten ist allerdings, daß Bankfeiertage keine gesetzlichen Feiertage sind.

Versäumt der Inhaber des Wechsels die Frist zur Vorlegung und Protesterhebung (Zahlungstag und die zwei folgenden Werktage), so verliert er seine Rechte gegen den Aussteller, die Indossanten und deren Bürgen; nur der Akzeptant (oder bei eigenem Wechsel der Aussteller) bleibt ihm verpflichtet (Art. 53 WG).

Fristversäumnis

Gegen Zahlung hat er dem Bezogenen den quittierten Wechsel auszuhändigen (Art. 39 WG). Bietet der Bezogene Teilzahlung an, so darf der Inhaber die Teilzahlung nicht zurückweisen (Art. 39). Den Wechsel händigt der Inhaber dann natürlich nicht aus. Über die Restsumme ist Protest zu erheben.

Zahlung

Teilzahlung

Lautet der Wechsel auf eine Währung, die am Zahlungsort nicht gilt, so kann die Wechselsumme in der Landeswährung nach dem Wert gezahlt werden, den sie am Verfalltag besitzt (Art. 41 WG). Nur wenn der Wechsel den sogenannten Effektivvermerk („in Valuta“, „in natura“) des Ausstellers trägt, kann ausdrücklich Zahlung in fremder Währung verlangt werden. Die Anwendung der Effektivklausel ist in jedem Fall zu empfehlen.

Valutawechsel

Löst der Bezogene den Wechsel bei Fälligkeit nicht oder nur teilweise ein, so kann der Inhaber den Aussteller, die Indossanten – sofern sie die Haftung nicht ausdrücklich ausgeschlossen haben – und etwaige Wechselbürgen durch Rückgriff in Anspruch nehmen. Voraussetzung für den Rückgriff ist jedoch, daß über das Unterbleiben der Zahlung fristgerecht Protest erhoben wird.

Nichteinlösung des Wechsels

Der Protest ist eine öffentliche Urkunde, in der bestimmte Unterlassungen eines Wechselverpflichteten festgestellt werden. Die Form des Protestes und die Fristen für die Protesterhebung bestimmen sich nach dem Recht des Staates, in dem protestiert werden soll (Art. 97 WG).

Protest

Der Protest mangels Zahlung muß an einem der beiden auf den Zahlungstag folgenden Werktage (nicht am Zahlungstag selbst) erhoben werden (Art. 44 WG). Die Protesterhebung ist überflüssig, wenn bereits Protest mangels Annahme erhoben oder über das Vermögen des Bezogenen ein Konkurs- oder Vergleichsverfahren eröffnet worden ist und ein entsprechender Beschluß beigebracht werden kann (Art. 44).

Die Protesterhebung muß an einem Werktag und in den Geschäftsräumen desjenigen, gegen den protestiert wird, durch zulässige Protestpersonen (Notare, Gerichts- oder Postangestellte) vorgenommen werden. Der Protest ist auf den Wechsel oder auf ein Blatt zu setzen, das mit dem Wechsel zu verbinden ist (Art. 81). Die Angaben, die er enthalten muß, sind in Art. 80 geregelt.

Information der Vormänner und des Ausstellers

Der Wechselinhaber hat bei Nichteinlösung des Wechsels (sowie bei Nichtannahme) außer der Protesterhebung seinen unmittelbaren Vormann und den Aussteller davon innerhalb der vier Werktage zu benachrichtigen, die auf den Tag der Protesterhebung folgen (Art. 45 WG).

Der Indossant, der die Nachricht erhält, muß innerhalb zweier Werktage nach Empfang der Nachricht seinem unmittelbaren Vormann davon Mitteilung machen. Zweck der Notanzeige ist, dem Aussteller und den Indossanten die Möglichkeit zu geben, den Wechsel sofort freiwillig einzulösen, bevor sie durch Rückgriff in Anspruch genommen werden. Wer die rechtzeitige Benachrichtigung versäumt, verliert nicht die Rückgriffsrechte, wird aber schadenersatzpflichtig.

Rückgriff

Ist die Nichteinlösung des Wechsels durch fristgerechten Protest festgestellt, so kann der Wechselinhaber im Wege des Rückgriffs die Bezahlung der Wechselsumme vom Aussteller und von den Indossanten, die ihre Haftung nicht ausgeschlossen haben, sowie von den Wechselbürgen verlangen.

Ausnahmsweise ist der Rückgriff schon vor Verfall möglich, und zwar bei
- Verweigerung der Annahme des Wechsels durch den Bezogenen,
- Eröffnung des Konkurs- oder Vergleichsverfahrens über das Vermögen des Bezogenen oder bei dessen Zahlungseinstellung oder wenn eine Zwangsvollstreckung in sein Vermögen fruchtlos verlaufen ist (dies gilt auch bezüglich des Ausstellers eines eigenen Wechsels, Art. 77 Abs. 1 WG),
- Eröffnung des Konkurs- oder Vergleichsverfahrens über das Vermögen des Ausstellers, falls dieser die Vorlegung des Wechsels zur Annahme untersagt hat (Art. 43).

Der Inhaber des Wechsels ist bei der Ausübung des Rückgriffs nicht an die Reihenfolge gebunden, in der sich seine Vormänner verpflichtet haben, er kann vielmehr jeden einzelnen oder auch mehrere oder gleichzeitig alle in Anspruch nehmen. Er verliert nicht das Rückgriffsrecht gegen die Übersprungenen, diese haften weiter.
Der Wechselinhaber verliert aber seine Rückgriffsrechte gegen Indossanten, Aussteller und Wechselbürgen (nicht aber gegen den Akzeptanten) im Falle bestimmter Fristversäumnisse, vor allem bei Protestversäumnis (Art. 53 WG).

Wechselprozeß

Verjährung von Wechselansprüchen

Wenn ein in Anspruch genommener Schuldner nicht freiwillig zahlt, kann der berechtigte Inhaber des Wechsels ihn allein, aber auch mehrere oder alle Wechselverpflichteten verklagen und aus dem Urteil die Zwangsvollstreckung betreiben. Für die Verjährung der Wechselansprüche gelten grundsätzlich die Vorschriften des Zivilrechts, in einigen Einzelheiten sieht das Wechselgesetz jedoch Abwandlungen vor. Wichtig ist, daß die Verjährung der Ansprüche aus dem zugrunde liegenden Rechtsverhältnis die Wechselforderung nicht berührt.

Die Fristen für die Verjährung von Wechselansprüchen sind der Wechselstrenge entsprechend kurz bemessen. Es gilt nach Art. 70 WG:
- eine Verjährungsfrist von drei Jahren für die Ansprüche gegen den Akzeptanten. Die Frist beginnt am Verfalltag des Wechsels;

- eine Verjährungsfrist von einem Jahr für die Rückgriffsansprüche des Inhabers. Die Frist beginnt mit dem Tag des rechtzeitig erhobenen Protestes. Die Verjährung wirkt zugunsten sämtlicher Indossanten sowie des Ausstellers;
- eine Verjährungsfrist von sechs Monaten für die Ansprüche des Indossanten, der den Wechsel eingelöst hat, gegen andere Indossanten und den Aussteller. Die Frist beginnt mit dem Tag der Einlösung oder dem Tag, an dem der Wechsel dem Indossanten gegenüber gerichtlich geltend gemacht worden ist.

Wechsel als Form der Kreditsicherung

Zusammenfassend läßt sich feststellen, daß der Wechsel in mehrfacher Hinsicht als Kreditsicherungsmittel geeignet ist:
- Er ermöglicht durch seine völlige Abstraktion vom Grundgeschäft (in unserem Fall vom AKV) sowie wegen der in vielen Rechtsordnungen gegebenen mehr oder weniger starken Straffung des Wechselprozesses eine schnelle Realisierung der in ihm verbrieften Ansprüche.
- Er gestattet dem Inhaber durch die Kumulierung von Aussteller-, Akzeptanten- und Indossantenhaftung die Befriedigung seines Anspruchs bei mehreren Schuldnern.
- Durch Wechselbürgschaft kann die Kreditsicherheit weiter erhöht werden.

5.2.4. Die dingliche Kreditsicherung

5.2.4.1. Begriff, Bedeutung, kollisionsrechtliche Anknüpfung und gesetzliche Regelung des Eigentumsvorbehalts

Begriff

Unter einem Eigentumsvorbehalt versteht man die Vereinbarung, daß das Eigentumsrecht an einer beweglichen Sache erst unter der aufschiebenden Bedingung vollständiger Zahlung des Kaufpreises auf den Käufer übergeht bzw. daß das mit dem Abschluß des Kaufvertrages oder mit der Übergabe der Sache auf den Käufer übergegangene Eigentumsrecht unter der auflösenden Bedingung nicht rechtzeitiger Zahlung des Kaufpreises an den Verkäufer zurückfällt.

Aufschiebende Bedingung

In den meisten Rechtsordnungen ist der Eigentumsvorbehalt als aufschiebende Bedingung (u. a. auch DDR, Österreich, Schweiz, BRD) gestaltet: Das Eigentumsrecht an der Kaufsache geht unter der aufschiebenden Bedingung vollständiger Zahlung des Kaufpreises auf den Käufer über. Erfüllt der Käufer die Bedingung, d. h., zahlt er den Kaufpreis (bei Ratenzahlung die letzte Rate), so geht das Eigentum auf ihn über, ohne daß es einer weiteren Erklärung oder Handlung bedarf.

Auflösende Bedingung

Zuweilen ist der Eigentumsvorbehalt jedoch auch als auflösende Bedingung ausgestaltet. In diesem Fall geht das Eigentumsrecht zunächst – entweder mit dem Abschluß des Kaufvertrages oder mit der Übergabe der Sache, je nach der Regelung des rechtsgeschäftlichen Eigentumserwerbs in dem jeweiligen Land – auf den Käufer über, fällt jedoch bei nicht rechtzeitiger Zahlung an den Verkäufer zurück.
Die unterschiedliche Gestaltung des Eigentumsvorbehalts in den einzelnen Ländern – einmal als aufschiebende, ein andermal als auflösende Bedingung – muß bei der Formulierung des Eigentumsvorbehalts im Vertrag beachtet werden.

Bedeutung Wenngleich der Eigentumsvorbehalt nicht das vorteilhafteste und wirksamste Mittel zur Kreditsicherung darstellt, besitzt er doch seine Bedeutung, vor allem für die Fälle, bei denen die Vereinbarung obligatorischer Kreditsicherungsmittel nicht möglich ist (unter Umständen kann er auch neben obligatorischen Sicherungsmitteln vereinbart werden, wenn deren Wirksamkeit ungewiß ist).

Mit der Androhung der Vertragsannullierung bei Zahlungsverzug hält er den Käufer dazu an, pünktlich den Kaufpreis zu zahlen; zugleich – und darin liegt wohl die spezifische Bedeutung des Eigentumsvorbehalts – erhält der Verkäufer dingliche Rechte, die bei Zahlungsverzug wie auch bei Zahlungsunfähigkeit des Käufers in der Regel eine Rücknahme der Ware ermöglichen.

Der Eigentumsvorbehalt bietet einen gewissen Schutz für unser staatliches sozialistisches Eigentum vor Zugriffen dritter Gläubiger, insbesondere der Banken, vor einer Erscheinung also, die mit dem fortschreitenden Differenzierungsprozeß in den kapitalistischen Ländern ständig zunimmt.

Bei Anerkennung aller Vorteile, die die Vereinbarung eines Eigentumsvorbehalts in vielen Fällen zu bieten vermag, muß doch vor einer Überschätzung seiner Wirksamkeit als Kreditsicherungsmittel, wie sie in unserer Außenhandelspraxis vielfach anzutreffen ist, gewarnt werden. Hält man den Eigentumsvorbehalt in jedem Geschäft für das Allheilmittel, so führt dies allzuleicht – sehr zum Schaden unseres Volkseigentums – zum Verzicht auf die Vereinbarung einer im konkreten Fall wirksameren Kreditsicherungsform.

Kollisionsrechtliche Anknüpfung Die aus der unterschiedlichen Ausgestaltung des Eigentumsvorbehalts in den einzelnen kapitalistischen Rechtsordnungen resultierenden Schwierigkeiten lassen sich nicht dadurch beseitigen, daß neben der Eigentumsvorbehaltsklausel eine Bestimmung über die Anwendung des Rechts der DDR in die Verkaufsbedingungen unserer AHB aufgenommen wird. Gerade die Seiten des Eigentumsvorbehalts, die seine besonderen Vorzüge ausmachen – die dinglichen Wirkungen –, werden nach den meisten Rechtsordnungen (s. jedoch § 13 RAG) nicht nach dem von den Partnern vereinbarten Recht, sondern grundsätzlich nach dem Recht des Lageortes der Ware beurteilt.

Ob z. B. das Eigentumsrecht des Verkäufers untergeht, wenn ein gutgläubiger Dritter die unter Eigentumsvorbehalt verkaufte Ware erwirbt, ob der Verkäufer den Eigentümerherausgabeanspruch oder ähnliche dingliche Rechte geltend machen kann usw., all das wird grundsätzlich nach dem Recht des Staates beurteilt, auf dessen Territorium sich die Ware befindet.

Dieser kollisionsrechtliche Grundsatz der Anwendung des Rechts des Lageortes (Lex rei sitae) gilt in den kapitalistischen Ländern für die Fragen des Eigentumsrechts an beweglichen und unbeweglichen Sachen. Er gilt auch für den Übergang des Eigentumsrechts, einschließlich des Übergangs des Eigentumsrechts beim Eigentumsvorbehalt (vgl. S. 87f.).

Wirkungen im Konkurs Was die Wirkungen des Eigentumsvorbehalts im Konkurs und in der Zwangsvollstreckung anbelangt, so ist dafür grundsätzlich die sogenannte Lex fori – das Recht des Gerichtsortes bzw. des Ortes, an dem das Konkursverfahren eröffnet wird – maßgebend. Auch in diesen Fragen sind entgegenstehende vertragliche Vereinbarungen unwirksam (vgl. S. 85f.).

Für die obligatorischen Wirkungen des Eigentumsvorbehalts schließlich ist zwar im allgemeinen das Obligationsstatut – also bei Vereinbarung des Rechts der DDR unser Recht – maßgebend. Doch hat gerade in diesen Fragen der sogenannte Ordre public ein Anwendungsfeld gefunden. Das auf Grund kollisionsrechtlicher Verweisung anzuwendende ausländische Recht wird häufig nicht angewandt, weil es in seinen Auswirkungen angeblich der öffentlichen Ordnung des Gerichtsstaates widerspricht.

Ausschluß der Anwendung ausländischen Rechts

Die bestehende (wenn auch in den einzelnen Ländern zum Teil unterschiedliche) kollisionsrechtliche Regelung und die Spruchpraxis der kapitalistischen Gerichte laufen also darauf hinaus, daß Existenz, Inhalt und Wirkungen des Eigentumsvorbehalts nicht nach dem von den Partnern vereinbarten Recht, sondern nach dem Recht des Lageortes der Ware oder dem Recht des Gerichtsstaates beurteilt werden. Diese mit dem Eigentumsvorbehalt verbundene Spezifik macht es erforderlich, bei Vereinbarung desselben die unterschiedliche Ausgestaltung des Eigentumsvorbehalts in den einzelnen Ländern zu beachten.

Gesetzliche Regelung

Der Eigentumsvorbehalt hat in einer ganzen Reihe von Ländern eine ausdrückliche rechtliche Regelung erfahren. In vielen nichtsozialistischen Ländern ist dies jedoch nicht der Fall; dennoch wird er in nahezu sämtlichen Ländern als Mittel zur Sicherung von Warenkrediten anerkannt.

Da Anerkennung, Bedeutung und Wirkungen des Eigentumsvorbehalts maßgeblich von den konkreten Bedingungen des Kampfes zwischen den einzelnen Gruppierungen des Kapitals beeinflußt werden, ist die Spruchpraxis der kapitalistischen Gerichte zum Eigentumsvorbehalt – insbesondere in den Ländern, in denen eine ausdrückliche gesetzliche Regelung fehlt – häufig widersprüchlich.

Im Recht der DDR ist der Eigentumsvorbehalt gesetzlich geregelt. Nach § 233 GIW kann sich der Verkäufer einer Kaufsache das Eigentum – das sonst gem. § 54 auf den Käufer übergeht (vgl. S. 225) – bis zur Zahlung des Kaufpreises vorbehalten.

Das schweizerische Recht regelt den Eigentumsvorbehalt in Art. 715f. ZGB; im Recht der BRD ist er in § 455 BGB geregelt. Im österreichischen Recht ist der Eigentumsvorbehalt nicht ausdrücklich geregelt, aber nach oberstgerichtlicher Rechtsprechung anerkannt.

Außer den Vorschriften, die den Eigentumsvorbehalt unmittelbar regeln, sind die gesetzlichen Bestimmungen bedeutsam, die

- den Eigentumserwerb regeln, soweit daraus Konsequenzen für den Eigentumsvorbehalt entstehen (in erster Linie Bestimmungen über den rechtsgeschäftlichen Eigentumserwerb, aber auch Normen, die den gutgläubigen Erwerb und den Eigentumserwerb durch Verbindung, Vermischung und Verarbeitung regeln);
- die Voraussetzungen und die obligatorischen Wirkungen des Eigentumsvorbehalts betreffen (z. B. Formvorschriften, Bestimmungen über das Rücktrittsrecht bzw. über Erfordernisse, die bei der Ausübung des Rücktrittsrechts zu beachten sind);
- die dinglichen Wirkungen des Eigentumsvorbehalts regeln (Bestimmungen über den Eigentümerherausgabeanspruch; zivilprozessuale Normen, welche die dinglichen Wirkungen des Eigentumsvorbehalts betreffen);

– in Spezialgesetzen zum Eigentumsvorbehalt oder zu anderen Formen der dinglichen Kreditsicherung ergangen sind;
– ein gesetz- bzw. vertragswidriges Verhalten des Käufers von Waren, an denen ein Eigentumsvorbehalt besteht, unter Strafe stellen.

5.2.4.2. Die Begründung und die Geltendmachung des Eigentumsvorbehalts

Erfordernisse für das Zustandekommen

In den meisten Ländern wird für das wirksame Zustandekommen des Eigentumsvorbehalts dessen vertragliche Vereinbarung verlangt. Auf jeden Fall wird sie in all den Ländern verlangt, in denen das Eigentumsrecht bereits mit dem Abschluß des Kaufvertrages übergeht. Man kann jedoch generell davon ausgehen, daß eine einseitige Erklärung des Eigentumsvorbehalts nicht anerkannt wird, schon gar nicht dann, wenn sie erst nach Vertragsabschluß (etwa auf einer Rechnung) abgegeben wird. Einige Länder kennen besondere Formerfordernisse für die wirksame Begründung eines Eigentumsvorbehalts – beispielsweise die einfache Schriftform, die notarielle Beurkundung oder die Registereintragung (vgl. daher auch § 233 Abs. 2 GIW).

Nach dem Recht der DDR ist für die Begründung des Eigentumsvorbehalts eine schriftliche Vereinbarung erforderlich (§ 233 Abs. 1 GIW). Das geschieht in der Regel dadurch, daß der ansonsten unbedingt abgeschlossene AKV eine entsprechende Klausel enthält.

Auch soweit keine qualifizierten Formvorschriften bestehen, wird es nicht immer genügen, eine Eigentumsvorbehaltsklausel in die Verkaufsbedingungen der AHB aufzunehmen, die auf der Rückseite der Firmenformulare aufgedruckt sind oder als Beilage zum Vertragstext versandt werden. Schon allein im Interesse der Beweissicherung muß – vor allem bei größeren oder wertvollen Objekten – angestrebt werden, daß der Vertragspartner eine ausdrückliche schriftliche Einverständniserklärung zum Eigentumsvorbehalt abgibt.

In Österreich bedarf der Eigentumsvorbehalt einer Vereinbarung. Formvorschriften existieren nicht. Der Zeitpunkt der Vereinbarung muß vor der Übergabe der Ware liegen. Die Vereinbarung kommt zustande, wenn der Vorbehaltsvermerk auf dem Auftrag vom Käufer unterschrieben wurde oder durch die Auftragsbestätigung des Käufers, mit der er den Auftrag mit den darin enthaltenen Vertragsbestimmungen vorbehaltlos zur Kenntnis genommen hat.

Nach dem Recht der Schweiz bedarf die Wirksamkeit des Eigentumsvorbehalts neben der Vereinbarung der Vertragspartner der Eintragung in das Eigentumsvorbehaltsregister beim Betreibungsamt am jeweiligen Wohnsitz des Käufers (Art. 715 ZGB).

Nach dem Recht der BRD kann der Eigentumsvorbehalt mangels entsprechender Formvorschriften auch mündlich vereinbart werden. In der Regel ergibt sich die Schriftform durch die Verwendung von Allgemeinen Geschäfts- oder Lieferbedingungen.

Voraussetzungen für die Geltendmachung

Unterschiedlich sind in den einzelnen Ländern auch die Voraussetzungen für die Geltendmachung von Rechten aus vereinbartem Eigentumsvorbehalt geregelt. In manchen Ländern kann der Verkäufer seine Eigentümerrechte geltend machen, wenn der Käufer den Zahlungstermin nicht einhält, in anderen nur dann, wenn der Käufer die Kaufpreiszahlung schuldhaft verzögert. In einigen Ländern schließlich setzt die Geltendmachung der Eigentümerrechte darüber hinaus noch den Rücktritt vom Vertrag voraus.

Konkurrierende Ansprüche

Hauptaufgabe des Eigentumsvorbehalts ist die Sicherung der Kaufpreisforderung. Unsere AHB vereinbaren einen Eigentumsvorbehalt vor allem deshalb, um den Eingang der geplanten Valuta zu sichern. Die Rückgängigmachung des Kaufes und die Rückforderung der Kaufsache auf Grund des Eigentumsvorbehalts kann nur die Ausnahme bilden. Deshalb ist es zweckmäßig, in die Verkaufsbedingungen zusätzliche Klauseln aufzunehmen, die einen Zahlungsverzug des Käufers mit Vertragsstrafe oder Schadenersatz ahnden. Nach den meisten kapitalistischen Rechtsordnungen können derartige Ansprüche – wenn sie vertraglich vereinbart sind – unbeschadet einer eventuellen Rückforderung der Kaufsache erhoben werden. Die Geltendmachung dinglicher Rechte aus vereinbartem Eigentumsvorbehalt wird meist erst bei Zahlungsunfähigkeit des Käufers geboten sein.

Rücktritt und Rückgabe der Kaufsache

Die Mehrzahl der Rechtsordnungen geben dem Verkäufer bei wirksam vereinbartem Eigentumsvorbehalt das Recht, vom Vertrag zurückzutreten und die Kaufsache herauszuverlangen, wenn der Käufer den Kaufpreis nicht rechtzeitig zahlt. In diesem Zusammenhang spielen jedoch noch folgende Fragen eine Rolle:

- Kann der Verkäufer ohne weiteres vom Vertrag zurücktreten, oder ist eine Fristsetzung erforderlich?
- Muß der Rücktritt ausdrücklich erklärt werden, oder ist in der Geltendmachung des Herausgabeanspruchs die Ausübung des Rücktrittsrechts enthalten?
- Kann neben der Rückgabe der Kaufsache die Zahlung des Kaufpreises gefordert werden?
- Kann der Käufer die Herausgabe der Sache verweigern, bis der Verkäufer bereits gezahlte Raten zurückgezahlt hat?
- Kann das Rücktrittsrecht auch bei unverschuldeter Zahlungsverzögerung ausgeübt werden?

Diese Fragen werden in den einzelnen Ländern unterschiedlich beantwortet. Manchmal wird angenommen, daß die Rückforderung der Kaufsache zugleich eine Ausübung des Rücktrittsrechts ist; Herausgabe der Sache und zugleich Zahlung des Kaufpreises kann hier folglich nicht verlangt werden. In einigen Ländern wird eine Klage auf Zahlung des restlichen Kaufpreises sogar als Verzicht auf den Eigentumsvorbehalt gewertet (z. B. Brasilien, der Verkäufer kann in die verkauften Waren zwangsvollstrecken).

In anderen Ländern hingegen besteht eine derartig enge Verknüpfung zwischen der Geltendmachung des Herausgabeanspruchs und der Rückgängigmachung des Kaufes nicht. Der Verkäufer kann die Sache herausverlangen, wenn der Käufer den Kaufpreis nicht rechtzeitig zahlt, ohne daß darin ein Rücktritt vom Vertrag erblickt wird und ohne daß der Verkäufer verpflichtet wäre, das Rücktrittsrecht geltend zu machen. Der Verkäufer verliert seine dinglichen Rechte aus dem Eigentumsvorbehalt auch nicht, wenn er bei Verzug des Käufers vom Vertrag zurücktritt.

In den zum romanischen Rechtskreis gehörenden Ländern hingegen ist die Auflösung des Kaufvertrages regelmäßig Voraussetzung für eine Zurücknahme der Sache. Unabhängig von einem vereinbarten Eigentumsvorbehalt hat die Ausübung des Rücktrittsrechts hier in der Regel dingliche Wirkungen, d. h., der Verkäufer wird mit Auflösung des Vertrages Eigentümer der Kaufsache, und zwar auch ohne Eigentumsvorbehalt. Deshalb ist es wichtig, in Verträgen mit diesen Ländern ein Rücktrittsrecht für den Fall der Nicht- oder nicht rechtzeitigen Zahlung des Kaufpreises auszubedingen. In einigen Ländern wird die Ausübung des Rechts auf Rücknahme der Kaufsache davon abhängig gemacht, daß der Verkäufer bereits geleistete Teilzahlungen unter Abzug von Mietzinsen und des Ersatzes für eine Wertminderung zurückgewährt.

Nach dem Recht der DDR ist der Verkäufer berechtigt, die Rückgabe der Kaufsache und Schadenersatz zu verlangen, wenn der Käufer mit der Kaufpreiszahlung in Verzug ist oder bei vereinbarter Ratenzahlung mit mehr als einer Rate oder mit einer Rate länger als drei Monate in Verzug ist.

Nach österreichischem Recht kann der Verkäufer entweder den ausstehenden Kaufpreis einklagen oder vom Vertrag zurücktreten und die Kaufsache herausverlangen. Der Eigentumsvorbehalt gilt als Rücktrittsvorbehalt. Der Verkäufer kann die o. g. Rechte nur wahlweise geltend machen. Das Recht auf Rücktritt lebt aber wieder auf, wenn der Verkäufer seine Klage auf Kaufpreiszahlung zurücknimmt oder die Zwangsvollstreckung aus dem Zahlungsurteil fruchtlos geblieben ist.
Nach schweizerischem Recht kann der Verkäufer auf Zahlung der rückständigen Raten klagen oder vom Vertrag zurücktreten und die Vorbehaltssache zurückverlangen (Art. 226 h OR). Die Forderung auf Herausgabe der Sache schließt die Ausübung des Rücktritts ein.
Nach dem Recht der BRD kann der Verkäufer bei Zahlungsverzug des Käufers vom Vertrag zurücktreten (§ 455 BGB) oder Schadenersatz wegen Nichterfüllung verlangen (§ 326). Er kann aber auch auf Zahlung der rückständigen Raten klagen und auf Grund des Eigentumsherausgabeanspruchs (§ 985) die Vorbehaltsware zurückverlangen. Das Herausgabeverlangen schließt die Ausübung des Rücktritts nicht ein.

Eigentumsvorbehalt im Zwangsvollstreckungs- und Konkursverfahren

Zuweilen ist für die Geltendmachung dinglicher Rechte aus vereinbartem Eigentumsvorbehalt die Vornahme bestimmter Handlungen bzw. die Beachtung bestimmter Fristen erforderlich. Vor der Wahl des Eigentumsvorbehalts als Kreditsicherungsmittel muß der Regelung der Rechte des Verkäufers in der Einzelzwangsvollstreckung und im Konkurs des Käufers besondere Aufmerksamkeit gewidmet werden, da es sich hier um die wichtigsten Anwendungsfälle des Eigentumsvorbehalts handelt.
Nach dem Recht der DDR kann der Verkäufer einen Antrag auf Unzulässigkeit der Vollstreckung in der Einzelzwangsvollstreckung stellen (§ 133 Abs. 1 Ziff. 2 ZPO) und das Aussonderungsrecht im Konkurs des Käufers geltend machen (vgl. S. 369).

Nach österreichischem Recht kann der Verkäufer gegen die Zwangsvollstreckung Dritter eine Exzindierungsklage beim Exekutionsgericht erheben (§ 37 Exekutionsordnung[14]). Im Konkurs des Käufers hat der Verkäufer ein Recht auf Aussonderung (§§ 11, 44 Konkursordnung[15]). Der Konkursverwalter kann aber auch den restlichen Kaufpreis zahlen und die Vorbehaltssache in die Konkurssumme einbeziehen.
Nach schweizerischem Recht kann der Verkäufer bei Vollstreckungsmaßnahmen in die Vorbehaltssache nicht intervenieren, sondern lediglich vorzugsweise Befriedigung verlangen (Art. 106, 107, 126, 127 Bundesgesetz über Schuldbetreibung und

14 Exekutionsordnung vom 27. 5. 1896, RGBl. 79, in der geltenden Fassung.
15 Vgl. Fußn. 8.

Konkurs[16]). Im Konkurs hat der Verkäufer ein Aussonderungsrecht (Art. 242 Bundesgesetz über Schuldbetreibung und Konkurs.).
Nach dem Recht der BRD kann der Verkäufer die Interventionsklage in der Einzelzwangsvollstreckung (§ 771 ZPO) und das Aussonderungsrecht im Konkurs geltend machen, sofern der Konkursverwalter gemäß § 17 Konkursordnung[17] die Erfüllung des Vertrages abgelehnt hat.

Versagt der Eigentumsvorbehalt in der Zwangsvollstreckung oder im Konkurs (vgl. S. 368f.), so wird es in aller Regel notwendig sein, andere Kreditsicherungsmittel zu wählen.

5.2.4.3. Eigentumsvorbehalt und Weiterverkauf, gutgläubiger Erwerb, Verbindung, Verarbeitung und Vermischung der Vorbehaltsware

Die meisten der von unseren AHB auf Kredit verkauften Waren sind zum Weiterverkauf oder aber zur Verarbeitung bzw. zur Verbindung mit Grundstücken oder Gebäuden bestimmt. Das ist zumindest dann der Fall, wenn unseren Exporteuren als Partner Handelsunternehmen gegenüberstehen (Weiterverkauf) oder wenn es sich bei den Exportgütern um Rohstoffe, Halbfertigerzeugnisse und Maschinen handelt (Verarbeitung, Verbindung).

Weiterveräußerung

In einigen Ländern ist ein Eigentumsvorbehalt an Sachen, die zur Weiterveräußerung bestimmt sind, unwirksam. Von der Formulierung einer Eigentumsvorbehaltsklausel, aus der die Zulässigkeit einer Weiterveräußerung hervorgeht, ist bei Verträgen mit Partnern aus solchen Ländern folglich abzuraten. Die Vereinbarung eines verlängerten Eigentumsvorbehalts (vgl. S. 330) oder die vielfach gebräuchliche Klausel, die den Käufer zur Weiterveräußerung nur im ordnungsgemäßen Geschäftsgang berechtigt, kann hier die völlige Unwirksamkeit des Eigentumsvorbehalts zum Ergebnis haben.
In vielen kapitalistischen Ländern wird zwar die Wirksamkeit eines Eigentumsvorbehalts nicht schon dadurch beeinträchtigt, daß die Ware zur Weiterveräußerung bestimmt ist, der Eigentumsvorbehalt geht jedoch unter, wenn die Ware tatsächlich veräußert wird. Das ist in den meisten Ländern zumindest dann der Fall, wenn der Erwerber in gutem Glauben ist.

Gutgläubiger Erwerb

Für den gutgläubigen Erwerb ist meist Voraussetzung, daß der Dritte (der Erwerber) bereits in den Besitz der Sache gelangt ist. Die einzelnen Rechtsordnungen stellen unterschiedliche Anforderungen an den gutgläubigen Erwerb.
Nach dem Recht der DDR erwirbt der Käufer Eigentum von einem Nichtberechtigten, wenn er sich in gutem Glauben über das Eigentumsrecht oder die Verfügungsbefugnis des Verkäufers befindet (§ 54 Abs. 2 GIW).

Nach österreichischem Recht geht der Eigentumsvorbehalt bei vertragswidriger

16 Bundesgesetz über Schuldbetreibung und Konkurs vom 11. 4. 1889, SchKG, Amtliche Sammlung 11, S. 529.
17 Konkursordnung vom 10. 2. 1877 (RGBl. I S. 351) i. d. F. der Bkm. vom 20. 5. 1898, RGBl. S. 612.

Veräußerung der Sache an einen gutgläubigen Dritten unter (§ 366 Abs. 2, 1. Halbsatz HGB).
Nach schweizerischem Recht ist der gutgläubige Erwerb von Fahrniseigentum möglich, soweit der Erwerber nach den Besitzregeln (Art. 933 bis 935 ZGB) im Besitze der Sache geschützt ist (Art. 714 Abs. 2 ZGB).
Nach dem Recht der BRD wird der Käufer auch dann Eigentümer, wenn die Sache nicht dem Verkäufer gehört, es sei denn, daß er zu der Zeit, zu der er nach dem BGB das Eigentum erwerben würde, nicht in gutem Glauben ist (§ 932 Abs. 1 Satz 1 BGB; vgl. bezüglich des erweiterten Schutzes des guten Glaubens auch § 366 HGB).

Im allgemeinen ist jemand nicht in gutem Glauben, wenn ihm bekannt ist oder bekannt sein müßte, daß die Sache nicht dem Veräußerer gehört.

Vgl. bezüglich des Rechts der DDR § 54 Abs. 3 GIW; des österreichischen Rechts § 366 Abs. 2, 1. Halbsatz HGB; des schweizerischen Rechts Art. 934 ZGB; des Rechts der BRD § 932 Abs. 2 BGB.

Inwieweit sich die AHB durch besondere Vereinbarungen (Vereinbarung eines verlängerten Eigentumsvorbehalts) gegen diese Rechtsfolge schützen können, hängt von der konkreten rechtlichen Situation im jeweiligen Partnerland ab. Soweit ein verlängerter Eigentumsvorbehalt anerkannt wird, wird bei Vereinbarung einer entsprechenden Klausel der Käufer in aller Regel berechtigt, die Ware im ordnungsgemäßen Geschäftsgang weiterzuveräußern, und verpflichtet, die dabei entstehenden Kaufpreisforderungen im voraus an den Verkäufer abzutreten. Mindestvoraussetzung für die Wirksamkeit der Vorausabtretung ist die Bestimmtheit oder Bestimmbarkeit der Forderungen. In einer ganzen Reihe kapitalistischer Länder führt eine derartige Klausel jedoch nicht zu dem gewünschten Erfolg, da eine Vorausabtretung von Forderungen nicht zulässig ist (z. B. in Belgien, in Frankreich und in der Schweiz bestritten).
Unabhängig von der konkreten rechtlichen Situation im jeweiligen Partnerland wird es stets angebracht sein, dem Käufer ausdrücklich zu untersagen, die Vorbehaltsware an Dritte zu verpfänden oder sicherungshalber zu übereignen. Für den Fall, daß der Käufer diese Verpflichtung verletzt, stehen in den meisten Ländern neben wirksamen zivilrechtlichen auch strafrechtliche Sanktionen zur Verfügung.

Verbindung mit Grundstücken

Die Verbindung mit Grundstücken betrifft in erster Linie Maschinen, Anlagen und Ausrüstungen, bei deren Verkauf häufig langfristige Kredite gewährt werden müssen und deshalb ein besonderes Bedürfnis nach einer wirksamen Kreditsicherung besteht. Gerade bei diesen Waren erweist sich jedoch der Eigentumsvorbehalt vielfach als wenig geeignetes Kreditsicherungsmittel. Vielfach erlischt der Eigentumsvorbehalt, wenn die Sache mit einem Grundstück oder Gebäude verbunden wird.
Viele Rechtsordnungen unterscheiden zwischen „wesentlichen Bestandteilen" und „Zubehör" eines Grundstücks. Wird die Vorbehaltsware wesentlicher Bestandteil, so geht der Eigentumsvorbehalt unter, wird sie nur Zubehör, so bleibt er meist erhalten, verliert aber seinen Wert, wenn auf dem Grundstück dingliche Belastungen liegen, oder erlischt, wenn die Zubehörstücke gutgläubig erworben werden.
Das alles wird noch dadurch kompliziert, daß die Frage, was als wesentlicher Bestandteil anzusehen ist, häufig nicht davon abhängig gemacht wird,

wie fest die Verbindung der Sache mit dem Grundstück ist, sondern von deren wirtschaftlicher Zweckbestimmung. Grundsätzlich kann man jedoch davon ausgehen, daß eine bewegliche Sache dann als wesentlicher Bestandteil angesehen wird, wenn sie so fest mit einem Grundstück oder Gebäude verbunden ist, daß sie ohne Beschädigung oder Zerstörung nicht abgetrennt werden kann (vgl. z. B. § 467 Abs. 2 ZGB [18] der DDR). In manchen Rechtsordnungen erlischt der Eigentumsvorbehalt jedoch auch dann, wenn die Ware nur Zubehör eines Grundstücks oder Gebäudes wird. Andere Rechtsordnungen wiederum bejahen die Wirksamkeit des Eigentumsvorbehalts selbst in dem Fall, daß die Vorbehaltsware durch Verbindung mit einem Gebäude oder Grundstück zu einer unbeweglichen Sache geworden ist.

Nach dem Recht der DDR entsteht Miteigentum, wenn Sachen (hierzu gehören bewegliche Gegenstände, Grundstücke und Gebäude – § 467 Abs. 1 ZGB) verschiedener Eigentümer untrennbar miteinander verbunden oder vermischt werden. Ist eine der Sachen als Hauptsache anzusehen, erwirbt ihr Eigentümer Alleineigentum. Der bisherige Eigentümer der anderen Sache hat einen Anspruch auf Wertersatz in Geld (§ 30 Abs. 1 ZGB).

Nach österreichischem Recht erlischt der Eigentumsvorbehalt, wenn die Vorbehaltssache unselbständiger Bestandteil einer beweglichen Sache oder eines Grundstücks wird. Das gilt auch für Maschinen, soweit sie durch Verbindung mit einem Gebäude dessen unselbständiger Bestandteil werden. Im übrigen gilt für Maschinen die Regelung des § 297 a ABGB. Werden sie mit einer unbeweglichen Sache in Verbindung gebracht, so gelten sie nicht als Zugehör, wenn im Grundbuch eingetragen wurde, daß sie Eigentum eines anderen sind. Sie unterliegen dann nicht – wie Zugehör allgemein – der Hypothekenhaftung gem. § 457 ABGB. Bei einfacher Verbindung geht das Eigentum nicht unter; es entsteht Miteigentum.

Nach schweizerischem Recht geht der Eigentumsvorbehalt unter, wenn die Vorbehaltssache mit dem Grundstück so verbunden wird, daß eine Trennung ohne Zerstörung, Beschädigung oder Veränderung nicht möglich wäre (Art. 642 ZGB).

Nach dem Recht der BRD geht der Eigentumsvorbehalt unter, wenn die Vorbehaltssache mit dem Grundstück so verbunden wird, daß sie wesentlicher Bestandteil (vgl. § 93 ff. BGB) des Grundstücks wird (§ 946 BGB).

Da die Rechtsfolgen der Verbindung von Sachen mit Grundstücken nahezu ausnahmslos zwingend geregelt sind, kann man das Erlöschen des Eigentumsvorbehalts nicht durch vertragliche Vereinbarung abwenden. Es ist ggf. zu prüfen, ob in diesen Fällen die Bestellung eines Pfandrechts oder einer Hypothek möglich ist.

Verarbeitung und Vermischung

Wird eine unter Eigentumsvorbehalt verkaufte Ware verarbeitet oder vermischt, so taucht die Frage auf, wer Eigentümer der neuen Sache wird.

In vielen Ländern geht bei einer Verarbeitung das Eigentumsrecht auf den Verarbeiter über. Sofern es sich in dem jeweiligen Land um eine dispositive Regelung handelt, kann der Eintritt dieser Rechtsfolge durch Vereinbarung einer entsprechenden Klausel abgewendet werden.

Nach dem Recht der DDR gilt zunächst der Grundsatz, daß der Eigentümer der verarbeiteten Sache Eigentümer der neuen Sache wird, wenn durch die Verarbeitung eine neue Sache hergestellt wird (§ 31 Abs. 1 ZGB). Übersteigt allerdings der Wert der Verarbeitung wesentlich den

18 Zivilgesetzbuch der Deutschen Demokratischen Republik vom 19. 6. 1975, GBl. I Nr. 27 S. 465.

Wert der verarbeiteten Sache, wird der Hersteller der neuen Sache deren Eigentümer, es sei denn, daß die Verarbeitung im Auftrage des Eigentümers der verarbeiteten Sache erfolgt ist (§ 31 Abs. 2 Satz 1 und 2).

Nach neuerer österreichischer Rechtsprechung entsteht bei Verarbeitung einer unter Eigentumsvorbehalt gelieferten Sache Miteigentum des Vorbehaltseigentümers und des Verarbeiters im Verhältnis der beiderseitigen Wertanteile zum Zeitpunkt der Verarbeitung.
Nach schweizerischem Recht geht der Eigentumsvorbehalt ohne Verarbeitungsklausel unter, wenn die Sache verarbeitet wird und die Arbeit wertvoller als die Vorbehaltsware ist (Art. 726 Abs. 1 ZGB, s. jedoch auch Abs. 2 und 3). Da die Regelung des Art. 726 Abs. 1 ZGB abdingbar ist, wird der Eigentumsvorbehalt mit Verarbeitungsklausel als zulässig angesehen.
Nach dem Recht der BRD geht das Eigentumsrecht auf den Verarbeiter über, sofern nicht der Wert der Verarbeitung erheblich geringer als der Wert der verarbeiteten Sache ist (§ 950 BGB). Der Verkäufer kann sich gegen einen Eigentumsverlust durch Vereinbarung eines Eigentumsvorbehalts mit Verarbeitungsklausel schützen. In ihr muß zum Ausdruck kommen, daß der Käufer die Sache für den Verkäufer verarbeitet.

Manche Rechtsordnungen (z. B. Niederlande, Norwegen, Schweden) erklären jedoch den Eigentumsvorbehalt überhaupt für unwirksam, wenn eine Verarbeitung gestattet wird. In der Regel handelt es sich hier um die gleichen Länder, in denen der Eigentumsvorbehalt an Waren unwirksam ist, die zur Weiterveräußerung bestimmt sind. Wird die Vorbehaltsware mit anderen Sachen untrennbar vermischt, so erwirbt der Verkäufer nach vielen Rechtsordnungen Miteigentum, d. h., der Eigentumsvorbehalt erlischt in der Regel nicht.

5.2.4.4. Verlängerter, weitergeleiteter und erweiterter Eigentumsvorbehalt

Bei der Vereinbarung eines Eigentumsvorbehalts, wie oben dargelegt, können noch weitere Sicherungen ausbedungen werden. Die Praxis hat hierfür über den sogenannten einfachen Eigentumsvorbehalt hinausgehende Arten entwickelt, die im folgenden kurz dargestellt werden sollen.

Verlängerter Eigentumsvorbehalt

Der verlängerte Eigentumsvorbehalt erfaßt den Fall der Weiterveräußerung (Vorausabtretung) und den der Verarbeitung (Verarbeitungsklausel).

Vorausabtretung

Für den Fall der Weiterveräußerung der Vorbehaltsware behält sich der Verkäufer das Eigentum an der Ware bis zur restlosen Zahlung des Kaufpreises vor, doch ist es dem Käufer gestattet, die Ware (in seinem regelmäßigen Geschäftsbetrieb) zu verkaufen, wenn er vorweg die Forderungen, die ihm aus dem Weiterverkauf zustehen, an den Verkäufer abtritt.

Nach österreichischem Recht ist die Vereinbarung eines verlängerten Eigentumsvorbehalts in Form der Vorausabtretung der Forderung aus der Weiterveräußerung zulässig. In der Rechtsprechung des Obersten Gerichtshofes wird die Abtretung von Forderungen auch gegen noch unbekannte Schuldner für wirksam erklärt.
Nach schweizerischem Recht ist die Vereinbarung eines verlängerten Eigentumsvorbehalts mit treuhänderischer Abtretung der Kaufpreisforderung ebenfalls zulässig. Sie muß schriftlich erfolgen (Art. 165 OR). Bei einer Vereinbarung der Vorausabtretung in Allgemeinen Lieferbedingungen ist diese Schriftform nicht gewahrt. Der Käufer muß eine schriftliche Abtretungsurkunde ausstellen. Mindestens zum Zeit-

punkt des Wirksamwerdens der Abtretung müssen der Gegenstand und der Umfang der Forderung wirklich hinreichend bestimmt sein.
Nach dem Recht der BRD wird die Vereinbarung eines verlängerten Eigentumsvorbehalts in Form der Vorausabtretung anerkannt.

Verarbeitungsklausel

Ist die Vorbehaltsware geeignet, verarbeitet bzw. mit anderen Sachen verbunden oder vermischt zu werden, so ist im Rahmen der Vereinbarung des verlängerten Eigentumsvorbehalts regelmäßig die Klausel anzutreffen, daß der Verkäufer an der durch Verarbeitung neu entstandenen Sache bzw. bei Verbindung oder Vermischung an den betreffenden Sachen Miteigentum erwirbt und sich der (verlängerte) Eigentumsvorbehalt auf dieses Miteigentum erstreckt (bezüglich der Zulässigkeit von Verarbeitungsklauseln nach dem österreichischen, schweizerischen und dem Recht der BRD siehe S. 329).

Weitergeleiteter Eigentumsvorbehalt

Beim sogenannten weitergeleiteten Eigentumsvorbehalt ist es dem Käufer gestattet, die unter Vorbehalt des Eigentums gekaufte Ware nur unter Offenlegung des bestehenden oder unter Begründung eines neuen Eigentumsvorbehalts zwischen dem Verkäufer und dem Dritterwerber weiterzuveräußern. (Diese Form des Eigentumsvorbehalts ist auch nach österreichischem Recht und nach dem Recht der BRD zulässig.)

Kontokorrentvorbehalt

Der sogenannte Kontokorrentvorbehalt beinhaltet, daß dem Verkäufer das Eigentum an der Ware so lange vorbehalten bleibt, bis alle aus laufender Rechnung stammenden Forderungen des Verkäufers bezahlt sind.

Konzernvorbehalt

Der sogenannte Konzernvorbehalt macht den Eigentumsübergang von der Erfüllung aller Forderungen abhängig, die der Konzern, dem der Verkäufer angehört, gegen den Käufer hat. Die letztgenannten Arten werden auch als erweiterter Eigentumsvorbehalt bezeichnet. Sie sind dadurch charakterisiert, daß die Kaufsache nicht nur den Kaufpreisanspruch selbst, sondern darüber hinaus noch andere Forderungen, seien es welche des Verkäufers, seien es welche Dritter, etwa des Konzerns, dem der Verkäufer angehört, sichern soll.

Nach österreichischem und schweizerischem Recht sind der Kontokorrent- und der Konzernvorbehalt nicht zulässig. Nach dem Recht der BRD sind beide Formen des erweiterten Eigentumsvorbehalts zulässig.

5.2.4.5. Das Pfandrecht

Wesen

Eine weitere Form dinglicher Sicherung der Vertragserfüllung stellt das Pfandrecht dar. Es ist seiner rechtlichen Ausgestaltung nach die dingliche Belastung einer beweglichen Sache oder einer Forderung (§ 234 Abs. 2 GIW), die es dem Pfandgläubiger ermöglicht, im Falle des Verzuges den Pfandgegenstand zu verwerten (§ 234 Abs. 1), d. h., sich wegen seiner Forderung bevorzugt gegenüber sonstigen Gläubigern aus dem Wert des Pfandgegenstandes zu befriedigen.

Wie die Bürgschaft ist das Pfandrecht durch die sogenannte Akzessorietät gekennzeichnet, d. h., das Pfandrecht sichert alle sich aus dem Vertragsverhältnis für den Pfandgläubiger ergebenden Forderungen in ihrem jeweiligen Bestand. Hierin eingeschlossen sind nach der Regelung im GIW Zinsen, Ersatz von Verwendungen für den Pfandgegenstand, Kosten für die Geltendmachung der Forderung und für die Pfandverwertung (§ 235).

Vertragliches Pfandrecht

Nach dem GIW kann das Pfandrecht vertraglich begründet werden (vertragliches Pfandrecht) oder kraft Gesetzes entstehen (gesetzliches Pfandrecht). Das vertragliche Pfandrecht kann als Besitzpfandrecht oder als besitzloses Pfandrecht begründet werden. Die Begründung eines Besitzpfandrechts durch Vertrag setzt den Abschluß eines Vertrages über die Verpfändung und die Übergabe des Pfandgegenstandes an den Pfandgläubiger voraus (§ 234 Abs. 3).

Besitzpfandrecht

Die Besitzübertragung erübrigt sich in Fällen der Übergabe von Warenpapieren (Konnossemente, Ladescheine usw., vgl. § 313ff. GIW), da diese den Besitz der betreffenden Sachen repräsentieren, und auch dann, wenn sich der Pfandgläubiger bereits im Besitz des Pfandgegenstandes befindet.

Nach § 237 GIW entsteht das vertragliche Pfandrecht auch dann, wenn der Pfandgegenstand dem Pfandgeber nicht gehört. Voraussetzung dafür ist allerdings, daß sich der Pfandgläubiger zum Zeitpunkt der Übergabe der Sache in gutem Glauben über das Eigentumsrecht oder die Verfügungsbefugnis des Pfandgebers befindet.

Die Rechtsordnungen Österreichs (§§ 366 bis 368 HGB, § 447f., § 1368f. ABGB), der Schweiz (Art. 884f. ZGB, Art. 495f. OR) und der BRD (§ 1204f. BGB, § 368 HGB) folgen dem Faustpfandprinzip – Besitzpfandrecht. Das heißt, daß eine bewegliche Sache nur verpfändet werden kann, indem dem Gläubiger der Besitz an der Pfandsache übertragen wird.

Besitzloses Pfandrecht

Die Begründung eines besitzlosen Pfandrechts setzt den Abschluß eines schriftlichen Vertrages über die Verpfändung und Kennzeichnung des Pfandgegenstandes voraus (§ 234 Abs. 4 GIW).

Gesetzliches Pfandrecht

Ein allgemeines gesetzliches Pfandrecht ist im GIW mit der Regelung des § 236 begründet worden. Seine Ausübung setzt voraus, daß der Pfandgläubiger bewegliche Sachen oder Rechte des Schuldners ausweisende Urkunden, die Eigentum des Schuldners sind oder über die er verfügungsberechtigt ist, zum Zeitpunkt der Fälligkeit seiner Forderung in seinem Besitz hat (§ 236 Abs. 1).

Ausnahmsweise besteht dieses Pfandrecht auch bezüglich noch nicht fälliger Forderungen, wenn die in § 230 GIW geregelten Gründe vorliegen (§ 236 Abs. 2).

Vermieterpfandrecht

Eine besondere Form des gesetzlichen Pfandrechts stellt beispielsweise das in § 175 GIW geregelte Vermieterpfandrecht dar.

Verpfändung von Forderungen

Neben dem Pfandrecht an einer beweglichen Sache regelt das GIW auch die Verpfändung von Forderungen (§ 234 Abs. 2, § 240). An diesem Rechtsverhältnis sind beteiligt: der Pfandgläubiger, der Gläubiger der Forderung (Pfandgeber) sowie der Schuldner der verpfändeten Forderung (Drittschuldner). Pflicht des Pfandgebers ist es, die zur Geltendmachung der Forderung gegenüber dem Drittschuldner notwendigen Papiere zu übergeben (§ 240 Abs. 1).

Zur Information des Drittschuldners über die Verpfändung der Forderung ist der Pfandgeber nur auf Verlangen des Pfandgläubigers verpflichtet (§ 240 Abs. 2). Hierin spiegelt sich eine entsprechende Dispositionsmöglichkeit des Pfandgläubigers wider, die die Interessen der Partner im Einzelfall berücksichtigt. In aller Regel wird der Pfandgläubiger dieses Verlangen stellen, denn erst dann kann er sicher sein, daß der Drittschuldner während der Zeit der Verpfändung nur an ihn leistet (§ 240 Abs. 3).

Hinsichtlich der Beziehungen der Partner während der Dauer des Pfandrechtsverhältnisses regelt das GIW lediglich die Aufbewahrungspflicht des Pfandgläubigers beim Besitzpfandrecht (§ 239 Abs. 1) und ein auf Vereinbarung beruhendes Nutzungsrecht des Pfandgläubigers (§ 239 Abs. 3). Sorgfalts- und Obhutspflichten des Pfandgebers im Falle des besitzlosen Pfandrechts sind dagegen nicht geregelt. Sie sollten deshalb im Interesse des Pfandgläubigers in aller Regel im Vertrag über die Verpfändung vereinbart werden.

Rechtliche Regelung der Beziehungen Pfandgeber – Pfandgläubiger

Für die Ausübung des Pfandrechts gilt es zunächst zu beachten, daß in der Regel die Fälligkeit der gesicherten Forderung vorliegen muß. Des weiteren sind die rechtlich geregelten Vorrangregeln zu berücksichtigen.

Voraussetzungen für die Ausübung des Pfandrechts

Nach dem GIW hat ein Besitzpfandrecht Vorrang vor einem besitzlosen Pfandrecht (§ 238 Abs. 1), und bei mehreren besitzlosen Pfandrechten geht das früher begründete dem später begründeten vor (§ 238 Abs. 2).

Bei einem besitzlosen Pfandrecht setzt die Pfandverwertung in der Regel zunächst die Besitzerlangung durch den Pfandgläubiger voraus. Deshalb regelt das GIW einen diesbezüglichen Herausgabeanspruch (§ 241 Abs. 1).

Pfandverwertung

Die Pfandverwertung selbst setzt – abgesehen vom Fall des drohenden Verderbs des Pfandgegenstandes (§ 241 Abs. 3) – eine Nachfristsetzung von mindestens einem Monat voraus (§ 241 Abs. 2). Der Pfandverkauf ist nach dem GIW an kein besonderes Verfahren (wie etwa öffentliche Versteigerung) gebunden. Der Pfandgläubiger kann den Pfandgegenstand zu handelsüblichen Preisen verkaufen (§ 241 Abs. 2), wobei ein eventueller Überschuß an den Pfandgeber herauszugeben ist (§ 241 Abs. 5). Der Pfandverkauf hat zur Folge, daß an dem Pfandgegenstand bestehende Rechte Dritter untergehen (§ 241 Abs. 6).
Der Pfandgeber kann die Pfandverwertung trotz eingetretener Verjährung der Forderung nicht abwenden (§ 243). Beseitigt werden kann die Pfandverwertung durch Ablösung des Pfandes. Berechtigt dazu sind insbesondere alle diejenigen, die durch die Veräußerung des Pfandes ein Recht an dem Pfand verlieren würden. Befriedigt ein Dritter den Gläubiger, geht die Forderung auf ihn über (§ 242 Abs. 1).

Ausgehend von der Akzessorietät des Pfandrechts erlischt dasselbe mit dem Erlöschen der gesicherten Forderung. Es kann auch durch Vereinbarung der Partner zum Erlöschen gebracht werden. In beiden Fällen ist der Pfandgläubiger zur Rückgabe des Pfandgegenstandes verpflichtet (§ 244 GIW).

Erlöschen des Pfandrechts

5.2.4.6. Sonstige Formen dinglicher Kreditsicherung

In den Ländern, in denen der Eigentumsvorbehalt nur beschränkt wirksam wird – sei es, daß er bei Weiterveräußerung, Verarbeitung, Verbindung und Vermischung erlischt, sei es, daß er im Konkurs oder in der Zwangsvollstreckung ohne Wirkungen bleibt –, gibt es vielfach andere Formen der Sicherung von Warenkrediten.
Eine relativ verbreitete, aber im allgemeinen nicht sehr wirksame Form ist der sogenannte Mietkauf. Eine genaue Begriffsbestimmung für den Miet-

Mietkauf

kauf (auch Location vente, Hire-purchase-agreement) zu treffen, ist sehr schwer, da dieser einerseits als Miete mit Kaufoption und andererseits als Miete mit Kaufzwang angesehen wird.

Während bei der Miete mit Kaufoption zumindest formell ein Rückgaberecht des Mieters besteht und der eigentliche Kaufvertrag – hier sei von Modifikationen des Vertragsinhalts durch das vorangehende Mietvertragsverhältnis abgesehen – erst mit einer besonderen, erneuten Vereinbarung der Partner zustande kommt, geht das Eigentum bei der Miete mit Kaufzwang bei Vertragsablauf, d. h. nach Ablauf der Grundmietzeit, und nach Erfüllung aller Verpflichtungen automatisch auf den Mieter über. Es besteht also ein beträchtlicher qualitativer Unterschied zwischen den beiden Varianten.

Es ist deshalb zweifelhaft, ob man überhaupt von *einem* Mietkauf sprechen kann. Besser wäre es, die unterschiedliche rechtliche Qualität der hierunter verstandenen modifizierten Mietverträge auch begrifflich auszudrücken. Diese Auffassung widerspricht nicht den rechtlichen Besonderheiten in den einzelnen Ländern.
Soweit überhaupt, ist der Mietkauf in den meisten Ländern nur beschränkt anwendbar. Seine Vereinbarung ist nur bei langlebigen Gebrauchsgegenständen möglich; die Gültigkeit der Vereinbarung wird zuweilen von der Höhe des Kaufpreises abhängig gemacht.

Die Gerichte wenden sich oft gegen den Mietkauf, weil sie in ihm eine Gesetzesumgehung vermuten. Der Mietkauf wird vielfach als Scheinkauf gewertet, der zur Umgehung zwingender gesetzlicher Vorschriften abgeschlossen wird, insbesondere dann, wenn der Mietkäufer nicht das Recht haben soll, die Sache zurückzugeben.

Will man die Zulässigkeit und die Grenzen der Anwendung des Mietkaufs in den einzelnen Ländern feststellen, so muß man vor allem die Rechtsprechung beachten.

Im schweizerischen Recht ist der Mietkaufvertrag im Zusammenhang mit dem Kauf auf Abzahlung (Art. 226 a bis 226 m OR) geregelt worden. Das ergibt sich aus Art. 226 m Ziff. 1, wonach die Bestimmungen über den Abzahlungsvertrag auch für Mietkaufverträge gelten. Dieser globale Verweis erfährt allerdings durch Art. 226 m Ziff. 4 eine – insbesondere auch für Außenhandelsverträge zu beachtende – starke Einschränkung.

Sicherungs-übereignung

In manchen Ländern (u. a. in Österreich, in der Schweiz und in der BRD) ist das Faustpfandrecht die einzige Form eines Pfandrechts an beweglichen Sachen. In einigen von ihnen wurde die sogenannte Sicherungsübereignung entwickelt, die im Ergebnis auf das gleiche hinausläuft wie das besitzlose Pfandrecht. Das Anwendungsgebiet der Sicherungsübereignung ist jedoch in erster Linie der Geldkredit.

In Österreich und in der Schweiz ist die Sicherungsübereignung von der Rechtsprechung als unzulässige Umgehung des Faustpfandprinzips angesehen und daher nicht gebilligt worden.
In der BRD ist die Sicherungsübereignung zulässig. Sie erfolgt nach den allgemeinen Vorschriften des § 929ff. BGB. Da ihr Zweck darin besteht, dem Kreditnehmer das Sicherungsobjekt zu belassen, wird die Übergabe gem. § 930 durch die gleichzeitige Vereinbarung eines Besitzmittelverhältnisses (sogenanntes Besitzkonstitut) ersetzt. Daher ist die genaue Bezeichnung des Sicherungsobjekts von besonderer Bedeutung.

Letzteres gilt auch für das sogenannte Trust-receipt, das anglo-amerikanischen Ursprungs ist und etwa dem Rechtsinstitut der Sicherungsübereignung entspricht. Es enthält die Bestätigung des Trustees (Treuhänders, Importeurs), einen bestimmten Gegenstand von dem Entruster (Treugeber, Bank) als Treugut erhalten zu haben, und zugleich die Verpflichtung, mit dem Treugut nach Maßgabe der im Trust-receipt niedergelegten Vereinbarung zu verfahren.

Trust-receipt

Bei Maschinen und Ausrüstungen, die ihrer Bestimmung nach mit einem Grundstück oder Gebäude fest verbunden werden, muß unter Umständen auch geprüft werden, ob eine Hypothek (vgl. bezüglich des schweizerischen Rechts Art. 793ff. ZGB; des Rechts der BRD § 1113ff. BGB) bestellt werden kann. Wegen der Kompliziertheit der Formvorschriften wird man davon jedoch nur im Ausnahmefall Gebrauch machen können.

Hypothek

5.3. Möglichkeiten des rechtsgeschäftlichen Schutzes gegen die Auswirkungen des Verfalls kapitalistischer Währungen

5.3.1. Die Notwendigkeit des rechtsgeschäftlichen Schutzes

Die permanente Labilität der kapitalistischen Währungen im allgemeinen und die Zuspitzung der Währungskrise durch den Zusammenbruch des Währungsmechanismus von Bretton Woods (s. S. 36f.) im besonderen gebieten – da die Geldverbindlichkeiten aus Rechtsgeschäften im Handel mit nichtsozialistischen Ländern in den Währungen dieser Länder ausgedrückt werden – ein Eingehen auf die daraus hervorgehenden praktischen Probleme für die Außenwirtschaftsbeziehungen der DDR. Das ist um so dringlicher, als von den vielseitigen Versuchen der kapitalistischen Staaten, dem Zerfall des kapitalistischen Währungsmechanismus verstärkt mit staatsmonopolistischen Regulierungsmaßnahmen zu begegnen, auf Grund der Widersprüche innerhalb des kapitalistischen Weltwirtschaftssystems keine Dauerlösung erwartet werden kann. Vor allem gilt das für die wachsenden inflationistischen Tendenzen, die einerseits zunächst zu stärkeren latenten Entwertungen führen und andererseits die weitere Abwertung kapitalistischer Währungen auf die Tagesordnung setzen. Infolge dieser Entwicklung nimmt das Valuta- und Kursrisiko jedes Besitzers kapitalistischer Valuta und jedes Gläubigers von Forderungen, die in kapitalistischen Währungen auszugleichen sind, in beträchtlichem Maße zu.

Kapitalistische Währungskrise

In bezug auf die in effektiven kapitalistischen Währungen auszugleichenden Forderungen entsteht daher die Frage, inwieweit und ob überhaupt in den Rechtsordnungen der einzelnen Staaten ein wirksamer Schutz zur Minderung bzw. Ausschaltung der durch das chronisch labile Währungssystem bedingten Risiken getroffen wird.

Obwohl von den bürgerlichen Ökonomen und Juristen angesichts der Tatsachen nicht bestritten werden kann, daß der Realwert kapitalistischer Währungen ständigen Schwankungen unterliegt, die innerstaatlich in der Kaufkraft und zwischenstaatlich im Kursverhältnis zum Ausdruck kommen, gehen alle kapitalistischen Rechtsordnungen von dem Grundsatz aus,

Nominalismus

daß Währungsschulden mit einem festen Nennbetrag grundsätzlich zu ihrem Nennbetrag vom Gläubiger angenommen werden müssen.

Das bedeutet, daß Geldschuldner ihre Schulden je nach dem Charakter einer Geldentwertung praktisch nur noch zum Teil oder gar nicht zurückzuzahlen brauchen. Diese als Nennwerttheorie oder Nominalismus bezeichnete bürgerliche Geldtheorie geht davon aus, daß das Geld den vom Gesetzgeber festgelegten nominellen Wert besitzt. Damit wird die Warennatur des Geldes geleugnet und das Papiergeld als reales Geld betrachtet. So gesehen dient der Nominalismus den Interessen der inflationistischen Geldpolitik der kapitalistischen Staaten, die bei offizieller Abwertung der Währung oder inflationistischer Entwertung die Kaufkraftänderung des Geldes bewußt außer Betracht lassen, um sich von ihren Schulden durch Zahlung „billigen Geldes" zu befreien. Die Durchsetzung des Nominalismus in den kapitalistischen Ländern führt schließlich dazu, daß dieser auch auf Geldverbindlichkeiten mit ausländischen Partnern bzw. mit Partnern, die sich im Ausland befinden, angewendet wird und sogar nicht nur für Verbindlichkeiten, die auf die Währung des betreffenden Landes lauten, sondern auch für Schulden in ausländischer Währung gilt.

Verzug des Zahlungsschuldners

Eine völlig andere Situation ergibt sich nach dem Recht vieler Länder nur dann, wenn sich der Zahlungspflichtige zum Zeitpunkt einer Währungsabwertung mit seiner Leistung im Verzug befindet.

In den Mitgliedstaaten des Europarates (dem auch Österreich, die Schweiz und die BRD angehören), die die Konvention vom 11. 12. 1967[19] angenommen und ihr innerstaatliches Recht den Bestimmungen des Anhangs der Konvention angepaßt haben, ist dieser Fall ausdrücklich geregelt.
So heißt es in Art. 4 der Konvention: „Wenn der Schuldner am Verfalltag seiner Verpflichtung nicht nachkommt und wenn die Währung, in der die Geldsumme geschuldet wird, nach diesem Verfalltag einer Entwertung gegenüber der Währung des Zahlungsortes unterliegt, ist der Schuldner verpflichtet – ganz gleich, ob er in der geschuldeten Währung zahlt oder entsprechend den vorangegangenen Artikeln in der Währung des Zahlungsortes –, einen zusätzlichen Betrag zu zahlen, der der Differenz zwischen dem Wechselkurs am Tage des Verfalls und am Tage der effektiven Zahlung entspricht.
Die Zahlung der zusätzlichen Summe ist jedoch nicht erforderlich, wenn der Schuldner durch die Handlung des Gläubigers oder infolge höherer Gewalt nicht in der Lage ist, seiner Verpflichtung nachzukommen, oder wenn die Entwertung keinen Schaden für den Gläubiger mit sich bringt. Der Beweis dafür obliegt dem Schuldner."

Zusammenfassend läßt sich feststellen, daß das Recht in den kapitalistischen Staaten auf Grund des herrschenden Prinzips des Nominalismus nur ausnahmsweise und dann auch nur zum Teil und in sehr unterschiedlicher Art Währungsrisiken im Sinne eines Gläubigerschutzes berücksichtigt.

Kollisionsrechtliche Anknüpfung

Nach den Rechtsauffassungen in der DDR geht es im Verhältnis der Partner kommerzieller Außenhandelsverträge nicht um die Abwertung der Währung bzw. den Kursverlust selbst, sondern um den Bestand oder die Veränderung der in dieser Währung ausgedrückten Forderung bzw. Schuld. Deshalb hängt nach dem Recht der DDR das Schicksal der Forderung auch nicht vom Währungsstatut (Lex monetae oder Lex pecuniae) oder von anderen Sonderstatuten wie dem Recht des Zahlungsortes (Lex loci solutionis) ab, wie das in manchen Ländern üblich ist, sondern ausschließlich vom Schuldstatut (Lex obligationis).

19 European Convention on foreign money liabilities, abgedruckt in: European Yearbook 1967, Den Haag 1969, S. 283.

Schuldstatut ist nach dem Kollisionsrecht der DDR das von den Partnern gewählte Recht, dem sie ihren Vertrag unterwerfen. Soweit die Partner keine Vereinbarung über das anzuwendende Recht getroffen haben, gilt beim AKV das Recht des Verkäuferlandes (§ 12 RAG,[20] vgl. S. 70f.).

Falls sich der Schuldner in Verzug befindet, so ist er nach dem Recht der DDR verpflichtet, dem Gläubiger den durch den Verzug entstandenen Abwertungsverlust bzw. Kursverlust als Verzugsschaden zu ersetzen (§ 278 GIW).

Konsequenzen für die Außenwirtschaft der DDR

Für die AHB der DDR ergibt sich daraus die Notwendigkeit, in den Beziehungen mit Partnern aus den nichtsozialistischen Ländern Sonderbedingungen zum Schutze gegen Wertänderungen kapitalistischer Währungen zu vereinbaren. Die gegenwärtige Währungssituation in der kapitalistischen Weltwirtschaft gebietet ein solches Verhalten, zumal die Ereignisse der letzten Jahre selbst die relative Stabilität der traditionellen kapitalistischen Vertrags- und Handelswährungen bzw. Reservewährungen in Frage gestellt haben. Allerdings besteht bei der rechtsgeschäftlichen Sicherung gegen Geldwertänderungen das Problem, ob und inwieweit die gegebenen Möglichkeiten einer Stabilisierung des Wertgehalts der Geldverbindlichkeiten (der beim Vertragsabschluß vorhandenen Kaufkraft) in den Beziehungen zum jeweiligen kapitalistischen Staat rechtlich zulässig sind oder nicht und welchen Effekt sie haben.

Nach dem materiellen Recht der DDR sind Wertsicherungsklauseln in internationalen Verträgen – unabhängig davon, in welcher Form sie erscheinen – unbeschränkt zulässig; sie werden bei Vorliegen entsprechender Voraussetzungen in der Außenwirtschaftspraxis vereinbart.

Wenn also ein Vertrag eine Wertsicherungsklausel enthält, hat der Zahlungsgläubiger nach dem Recht der DDR im Fall einer Abwertung bzw. bei einem Kursverlust der Vertragswährung einen Anspruch auf eine entsprechende Aufwertung seiner Forderung.

Nominalismus und Wertsicherung

Was die kapitalistischen Länder angeht, so kann man zunächst davon ausgehen, daß der Nominalismus rechtsgeschäftliche Klauseln zur Wertsicherung nicht unwirksam macht, und zwar auch nicht in den Beziehungen zu kapitalistischen Ländern, in denen der Nominalismus ausdrücklich gesetzlich verankert ist (vgl. z. B. für Frankreich Art. 1895 Code civil). In diesem Fall darf der Nominalismus nicht als zwingendes, sondern – so jedenfalls die herrschende Meinung – als dispositives Recht qualifiziert werden. Um den Schutzmaßnahmen, die sich gegen den Nominalismus richten, ihre Gültigkeit zu nehmen, bedarf es unter diesen Voraussetzungen ausdrücklicher rechtlicher Regelungen.

Regelungen dieser Art gibt es heute in den meisten kapitalistischen Ländern. Bei der Prüfung der Zulässigkeit und Wirksamkeit von Wertsicherungsabreden in den Beziehungen zu den einzelnen kapitalistischen Ländern ist allerdings zu beachten, daß manche Staaten einige dieser Schutzmaßnahmen zwar für den innerstaatlichen Gebrauch verbieten, sie aber für Verträge mit internationalen Zahlungsverpflichtungen zulassen.

20 Gesetz über die Anwendung des Rechts auf internationale zivil-, familien- und arbeitsrechtliche Beziehungen sowie auf internationale Wirtschaftsverträge – Rechtsanwendungsgesetz – vom 5. 12. 1975, GBl. I Nr. 46 S. 748.

Gesetzliche Beschränkungen der Wertsicherungsklauseln

Die gesetzlichen Einschränkungen der Wertsicherungsklauseln werden nahezu übereinstimmend mit einer „Gefährdung der Währungsstabilität" und einer „Ausweitung der Inflationsgefahr" begründet.

Damit aber werden die wirklichen Verhältnisse auf den Kopf gestellt. Denn nicht die Vereinbarung von Wertsicherungsklauseln bringt Mißtrauen in die Währungsstabilität hervor, sie ist vielmehr die Folge eines bereits bestehenden Mißtrauens. Der wahre Grund für die gesetzliche und gerichtliche Zurückdrängung der Wertsicherungsklauseln in den kapitalistischen Ländern besteht darin, daß die inflationistische Geldpolitik durch eine verbreitete Anwendung dieser Klauseln gehemmt wird, stößt doch die staatliche Einwirkung auf den Wertgehalt der Geldverbindlichkeiten insoweit ins Leere. Nicht zuletzt aber macht eine verbreitete Anwendung und Realisierung von Wertsicherungsklauseln sehr schnell und mit erschreckender Deutlichkeit den Kaufkraftverfall in den kapitalistischen Staaten offenkundig.

Die gesetzlichen Einschränkungen der Wertsicherungsklauseln in den einzelnen kapitalistischen Ländern sind in ihrer Ausgestaltung sehr mannigfaltig. Manche dieser Gesetze gelten nur für bestimmte Vertragstypen, einige betreffen ausschließlich die Goldklausel, andere erstrecken sich auf Waren- und Preisindexklauseln. Bemerkenswert ist allerdings, daß eine völlige gesetzliche Ausschaltung von Schutzklauseln jeglicher Art bisher in keinem kapitalistischen Land anzutreffen ist.

5.3.2. Möglichkeiten der Wertsicherung

Für den Schutz des Wertgehalts der Geldverbindlichkeiten in der Zeit zwischen dem Abschluß des AKV und dem Zahlungseingang steht dem Exporteur in unseren Außenwirtschaftsbeziehungen mit nichtsozialistischen Ländern eine ganze Reihe von Möglichkeiten zur Verfügung. Welche dieser Möglichkeiten im konkreten Außenhandelsgeschäft mit weitgehender Sicherheit für den Exporteur verwirklicht werden kann und muß, hängt von den jeweiligen Umständen ab. Im einzelnen werden daher solche Faktoren wie die Konjunkturentwicklung auf dem jeweiligen Markt, die zu erwartende Kaufkraft oder die Kurstendenz der betreffenden Währung, die Stabilitätsreihenfolge der kapitalistischen Währungen und – nach dem endgültigen Zusammenbruch des Funktionsmechanismus des kapitalistischen Währungssystems von Bretton Woods – insbesondere die Devisenkursform der betreffenden Währung (vgl. S. 40) zu prüfen sein.

Formen des Schutzes

Als rechtsgeschäftliche Schutzmaßnahmen gegen die Auswirkungen des Verfalls kapitalistischer Währungen kommen in Betracht:

- die Kombination des Geldanspruchs mit entsprechenden schützenden Vorkehrungen,
- der Ersatz der Geldschuld durch ein anderes Schuldverhältnis,
- die inhaltliche Gestaltung des Geldanspruchs,
- die die Veränderung des Devisenkurses der Vertragswährung berücksichtigende Valutapreisgestaltung.[21]

21 Auf die die Veränderung des Devisenkurses der Vertragswährung berücksichtigende Valutapreisgestaltung als Form der Wertsicherung wird hier nicht eingegangen.

5.3.2.1. Die Kombination des Geldanspruchs mit entsprechenden schützenden Vorkehrungen

Die Wirkung einer Geldentwertung kann dadurch abgefangen werden, daß auf der Grundlage von Zusatzklauseln zum festgelegten Preis eine Beziehung zwischen Kaufpreis und Währungsniveau hergestellt wird. Solche Zusatzklauseln, die für den Fall der Entwertung der Zahlungsvaluta eine Korrektur vorsehen, sind insbesondere die Valuta- und die Preisindexklauseln.

Goldklausel

Bis zum Zusammenbruch des Systems fester Wechselkurse im Frühjahr 1973 gehörte in diese Gruppe auch die in verschiedenen Formen angewandte Goldklausel.[22]

Valutaklausel

Die Valutaklausel gewährt dem Verkäufer bei Existenz entsprechender Devisenkursform Schutz, soweit sich die Entwertung der Vertragswährung in deren Kurs zur gewählten Relationswährung ausdrückt. Die Valutaklausel kann in zwei Formen angewandt werden.

Die erste Form knüpft an die Möglichkeit an, im Vertrag den Warenpreis in einer Valuta und die Bezahlung in einer anderen Valuta zu fixieren. Für den Warenpreis ist eine aller Voraussicht nach relativ stabilere Währung als für die Zahlung (z. B. die Währung des Importlandes) zu wählen. Bei Veränderungen der Kursrelation infolge Kursschwankungen oder Abwertung der Zahlungsvaluta nach Vereinbarung des Kaufpreises hat der Käufer einen entsprechend höheren oder geringeren Kaufpreis zu zahlen.

Bei der zweiten Form der Valutaklausel wird der Kaufpreis zwar in der Währung des Importlandes ausgedrückt, diese Währung aber durch eine Zusatzklausel ins Verhältnis zu einer anderen, relativ stabileren Währung gesetzt, so daß der Warenpreis im gleichen Maße verändert wird, wie sich die Kursrelation zwischen beiden Währungen in der Zeit zwischen Vertragsabschluß und Zahlungstermin ändert.

Die besondere Problematik bei der Anwendung dieser Wertsicherungsklausel besteht darin, daß sich einerseits Veränderungen in der Kaufkraftentwicklung nicht automatisch in der Kursentwicklung niederschlagen und daß es andererseits gerade unter den gegenwärtigen Erscheinungen des Zerfalls des kapitalistischen Währungsmechanismus eine wirklich stabile kapitalistische Währung nicht gibt.

Des weiteren besteht die Problematik darin, daß die Valutaklausel in dieser herkömmlichen Art im gegenwärtig existierenden System der Devisenkursformen nur begrenzt anwendbar ist (Möglichkeiten bieten sich bei Währungen an, die einen festen Devisenkurs zu einer anderen Währung bzw. einen festen Devisenkurs zu einem Währungskorb haben, wobei auch hier ständige Veränderungen zu beachten sind). Somit stellt die Valutaklausel über weite Strecken (vor allem bei Währungen mit freigegebenem Devisenkurs) keine genügende Sicherheit dar.

Multiwährungsklausel

In der internationalen Handelspraxis ist deshalb eine neue Form der Valutaklausel entwickelt worden, die sogenannte Multiwährungsklausel.

Danach wird der Preis des Vertragsgegenstandes in einer bestimmten Währung, z. B. US-Dollar, festgelegt. Ein US-Dollar ist dann am Tag der Vertragsunterzeichnung gleich dem arithmetischen Mittel der durchschnittlichen Kaufs- und Verkaufskurse von einer bestimmten Anzahl ausgewählter Währungen auf dem Devisenmarkt an einem bestimmten Ort, und zwar 1 US-Dollar = jeweilige Kursrelation der ausgewählten Währungen. Wenn sich zum Zeitpunkt der Zahlung der Kurs des US-

22 Vgl. Handbuch der Außenhandelsverträge Band 1, Berlin 1979, S. 374.

Dollars zu den ausgewählten Währungen verändert hat und der durchschnittliche Mittelkurs um mehr als einen vereinbarten Prozentsatz (z. B. 2 Prozent) vom Mittelkurs am Tag des Vertragsabschlusses abweicht, muß die Zahlungssumme in derselben Proportion verändert werden.

Der Vorteil der Vereinbarung einer Multiwährungsklausel besteht darin, daß mehrere Währungen (Währungskorb) als Sicherung fungieren und die Wertschwankungen des Währungskorbes in aller Regel gering sind.
Den gleichen Effekt kann man erzielen, wenn man die Vertragswährung an die den Sonderziehungsrechten (vgl. S. 39) zugrunde liegenden 5 Währungen mit entsprechender Gewichtung (US-Dollar 42 Prozent, D-Mark 19 Prozent, japanischer Yen 13 Prozent, französischer Franc 13 Prozent, Pfund Sterling 13 Prozent) bindet.

Preisindexklausel

Man kann zum Schutz gegen Geldwertschwankungen auch eine Preisindexklausel vereinbaren. Unter einer Preisindexklausel ist jede Klausel zu verstehen, die die Höhe des Kaufpreises nach der Entwicklung von Marktpreisen, Kursen und staatlichen Preisen einer vertraglich festgelegten Gruppe von Waren variieren läßt.

Es ist nicht erforderlich, auf einen staatlicherseits periodisch festgestellten Mittelwert verschiedener konkreter Preise, also einen Index im eigentlichen Sinne, Bezug zu nehmen. Mit der Vereinbarung einer Preisindexklausel wird somit praktisch eine „unechte Sachschuld“ begründet. Die Kaufpreisforderung muß aber im Gegensatz zu der unten behandelten echten Sachschuld in Geld beglichen werden.

Wahl des Index

Schwierigkeiten bereitet bei der Vereinbarung einer Preisindexklausel die Wahl des Index. Sie entscheidet darüber, ob mit der Preisindexklausel der Wert der Forderung vor der allgemeinen Geldentwertung tatsächlich bewahrt bleibt.

Abzuraten ist von der Vereinbarung eines Index, der nach dem Preis einer einzigen Ware errechnet wird, denn die Veränderungen im Preis einer einzigen Ware stimmen nicht notwendig mit den Veränderungen der Kaufkraft des Geldes überein. Auf einzelne Warenpreise wirken oft Bedingungen (technischer Fortschritt, Bedarfssituation, Konkurrenzlage auf den Weltmärkten usw.) ein, die von der allgemeinen Entwicklung des Preisniveaus und damit des Geldwertes erheblich abweichen können. Ein Index hingegen, der aus den Preisen einer ganzen Warengruppe gebildet wird, hat den Vorteil, daß er Preisschwankungen einzelner Güter in gewisser Hinsicht ausgleicht.

Obwohl nicht übersehen werden kann, daß den Preisindexklauseln eine gewisse Schwäche anhaftet, da der Wert der einzelnen Güter zwar nicht die Geldwertschwankungen mitmacht, dafür aber eigenen Schwankungen unterworfen ist, gewinnen diese Klauseln nach allgemeiner Auffassung – vor allem unter dem Aspekt der weitgehenden Wechselkursfreigabe – praktische Bedeutung. Dies ist u. a. darauf zurückzuführen – und hierin liegt auch ihre große Anziehungskraft –, daß die meisten kapitalistischen Staaten sie nicht verboten haben.

Preisrevisionsklausel

Gegebenenfalls kann auch eine Preisrevisionsklausel vereinbart werden. Sie gewährt auf der Grundlage der Vereinbarung eines Festpreises dem Verkäufer das Recht, bei wesentlicher Veränderung der zur Zeit des Vertragsabschlusses bestehenden Bedingungen den Kaufpreis zu revidieren. Der Käufer hat dann die Wahl zwischen Billigung des revidierten Kaufpreises oder Rücktritt vom Vertrag.

Hauptsächliche Unterformen der Preisrevisionsklausel sind die Kostenelements- und die Preisgleitklauseln. Bei den Kostenelements- oder Teilklauseln handelt es sich um Vereinbarungen, nach denen sich der Preis einer Ware anteilig im gleichen Maße wie die Preise der wichtigsten Kostenelemente dieser Ware ändern soll. Hingegen handelt es sich bei den Preisgleit- oder Vollklauseln um Vereinbarungen, nach denen sich der Kaufpreis insgesamt am Liefertag im gleichen prozentualen Maße ändern soll, wie sich ein bestimmtes wesentliches Kostenelement (bzw. mehrere von ihnen) verändert hat. Die Kostenelements- und die Preisgleitklauseln sind keine echten Wertsicherungsklauseln zum Schutz gegen die Auswirkungen des Verfalls kapitalistischer Währungen, sondern reine Kostenklauseln, die vornehmlich dazu dienen, Verluste infolge gleichbleibender Vertragspreise bei entsprechenden Preissteigerungen zu vermeiden. Da Preissteigerungen u. a. auch stark durch die Auswirkungen des Verfalls der kapitalistischen Währungen bedingt sein können, bieten Klauseln dieser Art indirekt auch Schutz vor einem Währungsverfall.

Insbesondere unter dem Aspekt der weitgehenden Wechselkursfreigabe ist im internationalen Handel eine spezifische Unterform der Preisrevisionsklausel entwickelt worden. Es handelt sich um die sogenannte Klausel für Neuaufnahme von Preisverhandlungen infolge von Paritätsveränderungen der Vertragswährung, starken Wechselkursschwankungen bzw. einer Veränderung der Relation zu den den Sonderziehungsrechten zugrunde liegenden Währungen. Wenn diese Veränderungen einen bestimmten vertraglich fixierten Prozentsatz überschreiten, sind beide Vertragspartner berechtigt, erneute Preisverhandlungen zu verlangen.

Wahlschuldverhältnisse

Für die Wertsicherung in der Phase zwischen Vertragsabschluß und Kaufpreisrealisierung durch Kombination des Geldanspruchs mit schützenden Vorkehrungen gibt es weitere Möglichkeiten. So kann der Wert auch durch die Vereinbarung einer Wahlschuld gesichert werden, und zwar in der Weise, daß als Leistungsentgelt mehrere Sachleistungen oder aber auch Geldleistungen und Sachleistungen wahlweise nebeneinander geschuldet werden.

Wird die Vereinbarung eines Wahlschuldverhältnisses über Geld- und Sachleistungen erwogen, so ist jedoch zu bedenken, daß ein Währungsverfall im allgemeinen von einer mehr oder weniger weitgehenden Zwangsbewirtschaftung einer Reihe von Gütern begleitet ist, so daß die betreffenden Sachleistungen unter Umständen unmöglich werden und das Leistungsentgelt letztlich doch in Geldform erbracht werden muß. Dagegen, daß in einem solchen Fall nur der nominelle Kaufpreis als Leistungsentgelt angenommen werden muß, kann sich der Verkäufer in gewisser Weise schützen, indem er zusätzlich eine Klausel vereinbart, nach welcher der Wert der unmöglich gewordenen Sachleistung und nicht der nominelle Kaufpreis am Zahlungstag zu entrichten ist. Allerdings kann auch diese Zusatzklausel ihren Wert verlieren, wenn für die zwangsbewirtschafteten Güter staatliche Festpreise festgelegt werden, die den eingetretenen Währungsverfall nicht berücksichtigen.

Um eine Wahlschuld handelt es sich auch, wenn vereinbart wird, daß der Kaufpreis in mehreren Währungen gefordert werden kann (alternative Währungsklausel). Diese Klausel räumt dem Verkäufer das Recht ein, die Zahlung des Kaufpreises und der Zinsen in einer von mehreren vereinbarten Währungen zu verlangen.

Ein Währungsverfall trifft den Verkäufer dann nur, wenn alle Vertragswährungen davon betroffen werden. Bei der Vereinbarung einer Wahlschuld ist darauf zu achten, daß das Wahlrecht ausdrücklich dem Verkäufer eingeräumt wird, da es sonst ggf. dem Käufer zufällt.

5.3.2.2. Der Ersatz der Geldschuld durch ein anderes Schuldverhältnis

Die Geldschuld kann auch durch ein Schuldverhältnis anderen Inhalts ersetzt werden, indem z. B. anstelle der Geldsumme eine bestimmte Warenmenge, d. h. ein Leistungsentgelt in Gestalt von Sachwerten, vereinbart wird. Eine Vereinbarung dieser Art läuft praktisch auf ein Bartergeschäft hinaus. Statt eines Kaufvertrages schließen die Partner einen Tauschvertrag ab, auf den aber die Bestimmungen des Kaufrechts entsprechend Anwendung finden.

5.3.2.3. Die inhaltliche Gestaltung des Geldanspruchs

Die Wirkung der Geldentwertung kann abgefangen werden, indem von vornherein auf die Vereinbarung eines Festpreises verzichtet und die Höhe der Zahlungsverpflichtung vom künftigen Preis gleicher oder gleichartiger Waren, wie sie im Einzelfall gerade die vertragliche Gegenleistung für die Geldschuld bilden, abhängig gemacht wird. Der Kaufpreis ist unter diesen Voraussetzungen in der Höhe des am Zahlungs- oder Zahlungsvortag an einem bestimmten Platz gültigen Börsen- oder Marktpreises zu entrichten. Eine Vereinbarung dieser Art setzt allerdings eine relativ leichte Bestimmbarkeit des Börsen- oder Marktpreises voraus und verlangt außerdem eine sorgfältige Prognose der künftigen Preisentwicklung, da sie den Verkäufer zwar weitgehend vor einer Entwertung des Geldes, nicht aber vor Valutaverlusten infolge Absinkens des Warenwertes schützt.

6. Die Anspruchssicherung und die Durchsetzung von Ansprüchen

6.1. Allgemeine Sicherungsmaßnahmen

Bekanntlich kommt es im Geschäftsleben nicht allein darauf an, Rechte zu haben. Wichtig ist es auch, die eigene Rechtsposition zu sichern und zu behaupten.
In den vorangegangenen Abschnitten wurde dargelegt, welche juristischen Mittel ausgeschöpft werden müssen, um die Vertragserfüllung durch beide Partner zu sichern, gestörte Vertragsverhältnisse zu stabilisieren, Vertragsverletzungen vorzubeugen und erforderlichenfalls durch Sanktionen ahnden zu können. In aller Regel gelingt es auch, mit einer sachgemäßen Gestaltung des Vertrages die reibungslose Abwicklung der vertraglichen Beziehungen zu gewährleisten. Allein die Tatsache, daß dem säumigen, schlecht oder nicht erfüllenden Partner als Folge seiner Vertragsbrüchigkeit eine Schadenersatzverpflichtung oder andere Sanktionen drohen, stimuliert zur Einhaltung getroffener Abmachungen.
Wie die Praxis zeigt, kommt es doch hin und wieder zu Unstimmigkeiten zwischen den Partnern über die beiderseitigen Rechte und Pflichten, sei es infolge unterschiedlicher Auslegung nicht ganz eindeutig gefaßter Vertragsbestimmungen, sei es aus anderen Gründen. In einem solchen Fall ist derjenige im Vorteil, der alle Maßnahmen getroffen hat oder trifft, die seine Rechtsposition stützen und festigen.

Aktenführung

Dazu gehört in erster Linie die sorgfältige Behandlung aller einen Vertragskomplex betreffenden Unterlagen. Deren geordnete Sammlung ist eine wichtige Voraussetzung für die Sicherung der eigenen Ansprüche.

Das gilt für die Vertragsdokumente, welche die Verhandlungen abschließen, nicht weniger aber auch für Gesprächsnotizen oder -protokolle, Tonbandaufnahmen von Verhandlungen, Vermerke über geführte Telefonate u. a.

Aufzeichnungen über die im Verlauf der Vertragsverhandlungen abgegebenen Erklärungen können über den mutmaßlichen Willen der Partner Aufschluß geben, wenn unklare Vertragsbestimmungen verschiedene Deutungen zulassen.
Schließlich verlieren Unterlagen über vorvertragliche Verhandlungen auch dann ihre Bedeutung nicht, wenn im endgültigen Vertrag erklärt ist, daß

mit seinem Abschluß alle vorherigen Abmachungen, Gespräche und Übereinkünfte jedweder Art ihre Wirksamkeit verlieren.

So notwendig und wichtig auch die Aufnahme einer solchen Klausel ist, kann es doch vorkommen, daß zur Auslegung einer Bestimmung des Vertrages auf Vorangegangenes zurückgegriffen werden muß. Das Gericht läßt sich in der Regel in seiner Beweiserhebung nicht einengen (in manchen Ländern werden allerdings Partnervereinbarungen über die Zulässigkeit von Beweismitteln bzw. deren Ausschluß im Prozeß anerkannt; außerdem gelten für die Handelsschiedsgerichte Besonderheiten, worauf noch einzugehen ist). Derjenige Partner hat eine gute Ausgangsposition, der die von ihm gewünschte Auslegung durch Vorlage entsprechender Beweismittel aus den Vertragsverhandlungen unter Beweis stellen kann.

Besondere Bedeutung haben Dokumente und andere Beweismittel, die geeignet sind, die Erfüllung von Vertragspflichten oder die Vornahme von Handlungen zu beweisen, von denen das Gesetz den Eintritt bestimmter Rechtsfolgen abhängig macht. Dabei kommt es darauf an, beweisen zu können, daß die Pflichterfüllung bzw. die Vornahme von Handlungen sowohl rechtzeitig als auch ordnungsgemäß erfolgt ist.

Um dazu in der Lage zu sein, müssen Postaus- und -eingangsbücher, Belege für Einschreibebriefe, Postrückscheine, Kopien von Mängelrügen, Nachfristsetzungen, Informationen über den Eintritt von Umständen unabwendbarer Gewalt, Transportdokumente, Bankaufträge u. a. m. zur Verfügung stehen. Stets ist derjenige Partner im Vorteil, der sämtliche für seine Auffassung sprechenden Materialien unverzüglich präsentieren kann, sei es, um den anderen Partner von der Unrichtigkeit seiner Position und der Aussichtslosigkeit ihrer Durchsetzung zu überzeugen und damit den Streitfall intern beizulegen, sei es, um dem (Schieds-)Gericht die Richtigkeit des eigenen Standpunktes klarzumachen und damit eine schnelle, günstige Entscheidung zu erreichen.

Reaktion bei Vertragsstörungen

Tritt eine Vertragsstörung ein, so verändert sich meist die ursprüngliche Rechte- und Pflichtenlage der Vertragspartner. Es werden regelmäßig neue Aktivitäten erforderlich, oder es treten zeitliche Veränderungen für bestimmte Aktivitäten ein. Durch eine entsprechende Organisation im AHB ist folglich zu gewährleisten, daß beim Eintritt einer Vertragsstörung Aktivitäten ausgelöst werden, wie sie je nach Art der Störung im Vertrag oder im Gesetz vorgesehen sind – unter Berücksichtigung des im internationalen Geschäftsverkehr und in der jeweiligen Branche Üblichen (so brauchen z. B. geringfügige Verzögerungen, geringe Mengenabweichungen u. a. in vielen Branchen keine Aktivitäten des Gläubigers auszulösen).
Je nachdem, ob die Vertragsstörung durch das Verhalten des Partners, durch unabwendbare Gewalt (vgl. Abschn. 4.6.3.1.), durch nicht am Vertragsverhältnis beteiligte Dritte oder aber durch eigenes Verhalten ausgelöst wurde und welcher Art sie ist (z. B. Terminüberschreitung, Qualitätsmangel, unvollständige Lieferung u. a.), werden unterschiedliche Aktivitäten notwendig.

So kann es erforderlich werden, die eigene Leistung wegen einer Pflichtverletzung des Partners nicht zu bewirken, die nicht vertragsgemäße Lieferung des Partners zu rügen, wegen Terminüberschreitung eine Nachfrist zu setzen, den Partner über das Eintreten von Umständen unabwendbarer Gewalt zu informieren u. a. m.

Eine Stärkung der eigenen Rechtsposition wird insbesondere durch unverzügliches Reagieren auf jedwedes vertragswidriges Verhalten des anderen Partners erreicht.

Besonderen Wert muß jeder Partner naturgemäß den Dokumenten beimessen, die geeignet sind, Ansprüche gegen den Partner zu beweisen. Aber auch der Zeugenbeweis hat in der internationalen Praxis seine Bedeutung nicht völlig verloren.

Beweisführungspflicht

So statuiert z. B. Art. 11 CIS[1] in Übereinstimmung mit der Rechtslage in der DDR, der BRD, Österreichs und der Schweiz, daß der Kaufvertrag nicht schriftlich geschlossen oder nachgewiesen zu werden braucht und auch sonst keinen Formvorschriften unterliegt, vielmehr auf jede Weise bewiesen werden kann, auch durch Zeugen.

Schließlich ist zu beachten, daß die Beweisführung gegenüber Dritten eine Rolle spielen kann und mitunter besonderen Regeln unterworfen ist.

Beweisführung gegenüber Dritten

So gelten in einer Reihe von Ländern (z. B. AR Ägypten, Irak, Jordanien, Syrische AR) privatschriftliche Urkunden gegenüber Dritten als Beweismittel nur dann, wenn sie mit einem „sicheren Datum“ versehen, d. h. gerichtlich oder notariell beglaubigt worden sind.

Dokumente mit „sicherem Datum“

Der Verkäufer, der eine Ware unter Eigentumsvorbehalt geliefert hat, kann sich also gegen Ansprüche von Dritten auf die Vorbehaltsware (z. B. bei Weiterverkauf an Dritte, bei Vollstreckung in die Ware durch Gläubiger des Käufers oder im Konkurs des Käufers) nur dann mit Erfolg zur Wehr setzen, wenn er ein entsprechendes Dokument vorweisen kann.

Eigentumsvorbehalt

Wer welche Tatsachen zu beweisen hat, d. h., wer die Beweislast trägt, und mit welchen Mitteln (Urkunden, Zeugen usw.) diese Beweise geführt werden können, ist in den Zivilprozeßgesetzen geregelt. Kommt es zu einem Rechtsstreit vor einem staatlichen Gericht, so genügt es allerdings nicht, sich im Zivilprozeßrecht der DDR zu informieren, selbst wenn im Vertrag das Recht der DDR vereinbart worden ist oder dieses auf Grund der Kollisionsnorm zur Anwendung kommt. Grundsätzlich wendet jedes Gericht die Prozeßgesetze des eigenen Landes an, unabhängig davon, welchem Recht die meritorische Beurteilung des Streitfalles unterliegt. Das ist bedeutsam, weil zwischen dem Prozeßrecht der DDR einerseits und dem vieler nichtsozialistischer Länder andererseits in bezug auf die Beweisführung ein grundlegender Unterschied besteht.

Das Prozeßrecht der DDR stellt dem Gericht die Aufgabe, mit Hilfe der Prozeßparteien den wahren Sachverhalt zu erforschen. Dem Gericht sind bei der Aufklärung kaum Grenzen gesetzt. Eine Bindung an Beweisanträge der Prozeßparteien besteht nicht. Demgegenüber wird im Prozeßrecht vieler nichtsozialistischer Länder der sogenannte Verhandlungsgrundsatz dahingehend ausgelegt, daß das Gericht lediglich die von den Prozeßparteien vorgetragenen Tatsachen zu prüfen und zu beurteilen sowie sich dabei ausschließlich der von den Prozeßparteien vorgebrachten Beweismittel zu bedienen hat. (Auf eine Würdigung der unterschiedlichen Standpunkte

1 Deutscher Text in: F. Enderlein/D. Maskow/M. Stargardt, Kommentar. Konvention der Vereinten Nationen über Verträge über den internationalen Warenkauf. Konvention über die Verjährung beim internationalen Warenkauf. Protokoll zur Änderung der Konvention über die Verjährung beim internationalen Warenkauf, Berlin 1985.

kann hier verzichtet werden. Sie ist in der sozialistischen Prozeßrechtsliteratur ausführlich vorgenommen worden.)

Internationale Handelsschiedsgerichtsbarkeit

Etwas anders ist es in der internationalen Handelsschiedsgerichtsbarkeit. Zwar legen die Verfahrensvorschriften der meisten institutionellen Außenhandelsschiedsgerichte fest, daß der Schiedsausschuß Beweiserhebungen nach eigenem Ermessen anordnen kann und daß die Art der Beweiserhebung sowie die Würdigung der Beweise seiner Kompetenz unterliegen, der spezifische Charakter der Außenhandelsschiedsgerichtsbarkeit verlangt aber, den Anträgen der Parteien, auch soweit sie prozessuale Fragen betreffen, besondere Aufmerksamkeit zu schenken. Im Ergebnis führt das dazu, auf der Grundlage der Verhandlungsmaxime prinzipiell einer Bindung des Schiedsausschusses an die Anträge der Parteien in bezug auf die Beweiserhebung zuzustimmen.

Hier kommt es nur darauf an, die Partner von AKV auf die dringende Notwendigkeit eigener aktiver Mitwirkung im (schieds-)gerichtlichen Verfahren zu orientieren. Jede Unterlassung kann zu schwerwiegenden Folgen und zum Verlust der im Prozeß geltend gemachten Rechte führen. Der Vorbereitung dieser Mitwirkung in einem möglichen künftigen (Schieds-) Gerichtsverfahren dient die Ordnung in den Vertragsunterlagen, die Sichtung, Sammlung und Registrierung von „Beweismitteln".

Beweislast

Als Grundregel für die Verteilung der Beweislast kann gelten: Wer einen materiellen Anspruch geltend macht, der hat den Beweis für die rechtsbegründenden Tatsachen zu bringen. Umgekehrt obliegt demjenigen, der widerspricht, die Beweislast für die rechtshindernden und rechtsvernichtenden Tatsachen. In manchen Fällen wird die Beweislast vom Gesetz direkt geregelt (vgl. z. B. § 151 Abs. 1 und 4 GIW[2]).

Gesetzliche Vermutung

Auch werden gesetzliche Vermutungen aufgestellt, die die Beweislast ändern.

So wird z. B. gemäß § 315 GIW vermutet, daß der Aussteller eines Warenpapiers die Waren so übernommten hat, wie sie im Warenpapier bezeichnet sind. Der Aussteller kann jedoch das Gegenteil beweisen. Hat er beispielsweise die Art, Menge oder den Zustand der übernommenen Güter irrtümlich falsch angegeben (z. B. 100 statt 10 Kolli, Ware I. Wahl statt II. Wahl), so kann sich der Inhaber des Warenpapiers, der den wahren Sachverhalt kennt, nicht auf die Angaben im Warenpapier stützen. Ihm gegenüber kann der Aussteller den Beweis über die tatsächlich übernommenen Waren führen. Einem gutgläubigen Dritten gegenüber, an den das Warenpapier gegeben wurde, ist dieser Beweis jedoch ausgeschlossen.
Nach § 63 Abs. 4 SHSG[3] wird vermutet, daß der Verfrachter die Güter so abgeliefert hat, wie im Konnossement oder der Empfangsbescheinigung angegeben, wenn die Beschädigung oder der Verlust des Frachtgutes nicht entsprechend den gesetzlichen Vorschriften angezeigt oder festgestellt worden ist.

Prima-facie-Beweis

Aufgelockert wird diese Regel durch den sogenannten Prima-facie-Beweis (Beweis nach dem ersten Anschein), der vor allem die Schwierigkeiten bei der Feststellung des Einstehenmüssens für Vertragsverletzungen und des Kausalzusammenhangs in Schadenersatzprozessen mildert. Danach genügt es, wenn der eine Partner Tatsachen darlegt, die – einen typischen

2 Gesetz über internationale Wirtschaftsverträge – GIW – vom 5. 2. 1976, GBl. I Nr. 5 S. 61.
3 Seehandelsschiffahrtsgesetz der Deutschen Demokratischen Republik – SHSG – vom 5. 2. 1976, GBl. I Nr. 7 S. 109.

Verlauf der Ereignisse nach allgemeiner Erfahrung vorausgesetzt – den anderen Partner als Schadensverursacher erscheinen lassen.
Die detaillierte Kenntnis prozessualer Bestimmungen gehört nun sicher nicht zum üblichen Wissensfundus des Außenhandelskaufmanns. Es ist vielmehr Sache des Justitiars oder Anwalts, für die richtige Prozeßführung zu sorgen. Die Voraussetzungen dafür müssen aber bereits in unmittelbarer Verantwortung des Außenhandelskaufmanns geschaffen werden. Die Kenntnis der wichtigsten, grundsätzlichen Verfahrensregelungen ist deshalb für ihn ein nicht zu unterschätzendes Plus. Sie befähigt ihn, auch die Aussichten für die Durchsetzbarkeit von Ansprüchen in einem künftigen (Schieds-)Gerichtsverfahren einzuschätzen und etwa vorhergehende Vergleichsverhandlungen mit einem der zu erwartenden Prozeßposition adäquaten Konzept zu führen. Dadurch können sowohl die Kosten aussichtsloser Prozesse erspart als auch ungerechtfertigte Zugeständnisse an den Partner vermieden werden.
Zu den bei der Vertragsgestaltung zu prüfenden Mitteln, die die gehörige Erfüllung stimulieren, gehört die Vertrags- oder Konventionalstrafe (vgl. S. 284ff.). Ihre Vereinbarung verpflichtet den Schuldner im Fall der Nicht- oder nicht gehörigen Erfüllung zur Zahlung einer festgelegten Geldsumme. Damit dient sie der Verstärkung und der Sicherung einer vertraglich übernommenen Pflicht. Die Vertragsstrafe übt indirekten Zwang und Anreiz zur Erfüllung auf den Schuldner aus.

Vertrags- oder Konventionalstrafe

Ihre rechtliche Gestaltung, die abweichende Vereinbarungen zuläßt, weist in den einzelnen Staaten gewisse Unterschiede auf (vgl. § 304 GIW, § 330ff. BGB und § 1330ff. ABGB i. V. m. § 340ff. HGB, Art. 130ff. OR). Sie wird nach dem Recht beurteilt, welchem der Vertrag unterstellt ist, in dem sie als Sanktion vereinbart ist.

6.2. Beweissicherung

Ebenfalls der Durchsetzbarkeit von Ansprüchen in einem möglichen künftigen Verfahren dient die Beweissicherung, für die in handelsrechtlichen, zivilprozessualen oder anderen Gesetzen bestimmte Verfahrensweisen vorgesehen sind.
Der schnelle Umschlag von Waren ist eines der Elemente des internationalen Wirtschaftsverkehrs, an dem in der Regel beide Partner interessiert sind. Der Umschlag wird gestört, wenn einer der an der Abwicklung eines IWV Beteiligten seine Pflichten verletzt.

Liefert z. B. der Verkäufer Waren minderer Qualität, obwohl erste Qualität vereinbart war, oder läßt das Transportunternehmen es an der notwendigen Sorgfalt fehlen und wird dadurch die Ware in ihrem Wert gemindert oder bleibt der Käufer mit seiner Abnahmepflicht säumig und besteht dadurch die Gefahr des Verderbs der Ware, so muß einerseits der tatsächliche Zustand der Ware beweiskräftig festgehalten werden, um später Ansprüche auf Minderung oder Schadenersatz mit Erfolg geltend machen zu können, andererseits besteht auch in diesen Fällen manchmal ein dringendes Interesse, über die Ware im gegenwärtigen Zustand weiterzuverfügen. Die Ware kann nicht solange gewissermaßen „auf Eis" gelegt werden, bis sie den Beauftragten des Verkäufers oder später in einem (Schieds-)Gerichtsverfahren als Beweismittel präsentiert werden kann. Das verbietet sich bei leicht verderblichen Waren von selbst, ist aber auch sonst nicht praktikabel, weil z. B. der Käufer an der Abnahme der wertgeminderten Waren (mit entsprechendem Preisnachlaß) interessiert sein kann.

In solchen Fällen ist eine beweiskräftige Feststellung über den tatsächlichen Zustand der Waren vonnöten, die schnell getroffen werden kann und verbindlich ist und anschließend die weitere Verwertung der Ware gestattet.

Verfahrensarten Den Vertragspartnern steht hierfür eine Skala gesetzlich geregelter bzw. im Handelsverkehr gebräuchlicher Verfahren zur Verfügung, die jeweils bestimmten Zwecken angepaßt sind. Dazu gehören u. a. die Vornahme einer Kontrolle (vgl. § 157 ff. GIW), deren Ergebnis in einem Dokument niedergelegt wird, das im (schieds-)gerichtlichen Verfahren als wichtiges Beweismittel dient. Spezialisierte Dienstleistungsbetriebe, wie die intercontrol GmbH, die Tally-GmbH für den Seehafenumschlag und die Gesellschaft der Havariekommissare mbH stehen in der DDR dafür zur Verfügung (vgl. dazu Handbuch der Außenhandelsverträge Band 3, Berlin 1984, S. 375 ff.). Die Tatbestandsaufnahme zur Feststellung von Transportschäden bei Eisenbahn- und Kraftverkehr sowie von Schäden an Schiffen und Behältern (vgl. Handbuch der Außenhandelsverträge Band 3, S. 304) bildet eine wichtige Grundlage für die Schadenersatzleistung. Schließlich steht in nahezu jedem Falle die gerichtliche Beweissicherung zur Verfügung. Die richtige Auswahl des Verfahrens obliegt dem Partner, der seine Ansprüche gesichert wissen will oder verpflichtet ist, Ansprüche des anderen Partners gegen Dritte zu sichern. Die Partner können auch vertraglich festlegen, in welcher Weise bestimmte rechtserhebliche Tatsachen beweiskräftig festzustellen sind.

Beweisfeststellung Speziell dem Schutz des Verkäufers dienen einige Vorschriften, die den Empfänger der Ware verpflichten, Schäden, die auf dem Transport entstanden sind, beweiskräftig feststellen zu lassen.

So ist z. B. der Spediteur verpflichtet, die zur Feststellung von Ansprüchen gegenüber den von ihm zur Durchführung seines Auftrages herangezogenen Betrieben, die vom Auftraggeber oder vom Spediteur geltend gemacht werden können, erforderlichen Maßnahmen einzuleiten und Beweismittel zu sichern (§ 141 Abs. 1 GIW).

Gerichtliche Beweissicherung Das gerichtliche Beweissicherungsverfahren wird den Erfordernissen des internationalen Handelsverkehrs nicht in vollem Maße gerecht. Es zeichnet sich wohl durch Gründlichkeit und hohe Beweiskraft der Feststellungen aus, ist aber wegen der zu beachtenden Formvorschriften oft zeitraubend. Trotzdem wird in Einzelfällen darauf zurückgegriffen.

Das gerichtliche Beweissicherungsverfahren kann – wenn die Beweisaufnahme dringlich ist – vor Einleitung eines (schieds-)gerichtlichen Verfahrens bei dem Kreisgericht beantragt werden, in dessen Bereich sich der Beweisgegenstand befindet oder die zu vernehmenden Zeugen ihren Aufenthalt haben. Für die Beweissicherung gelten in der DDR die Bestimmungen der ZPO[4] (§ 19) über die Beweisaufnahme.

Zulässigkeit Das gerichtliche Beweissicherungsverfahren ist zulässig, wenn glaubhaft

4 Gesetz über das gerichtliche Verfahren in Zivil-, Familien- und Arbeitsrechtssachen – Zivilprozeßordnung – vom 19. 6. 1975, GBl. I Nr. 29 S. 533 i. d. F. des Gesetzes vom 25. 3. 1982, GBl. I Nr. 13 S. 169.

gemacht wird, daß ein Beweismittel nach Klageeinreichung nicht oder nur unter Schwierigkeiten zur Verfügung steht (§ 19 ZPO).

Beweismittel

Der Beweis kann durch mündliche oder schriftliche Aussagen, Sachverständigengutachten, Urkunden oder andere Gegenstände geführt werden (§ 53 ZPO).

Wirkung

Eine gewisse Beschleunigung des Verfahrens tritt dadurch ein, daß der Richter über die Anordnung der Beweissicherung allein entscheidet und ebenso die Beweisaufnahme allein vornimmt. Das Beweissicherungsverfahren stärkt die Position des Beweispflichtigen in einem künftigen Prozeß. Das Verhandlungsprotokoll kann im späteren (schieds-)gerichtlichen Verfahren benutzt werden. Die darin enthaltenen Feststellungen bilden eine relativ sichere Grundlage für die Beweiswürdigung des (Schieds-)Gerichts.

Mängelanzeige

Die Einleitung eines Beweissicherungsverfahrens ersetzt grundsätzlich nicht andere gesetzlich geforderte Maßnahmen zur Erhaltung von Ansprüchen, wie z. B. die Mängelrüge, die unverzüglich zu erheben ist (vgl. § 285 GIW; § 377 HGB; Art. 201 OR; Art. 38, 39 CIS sowie S. 204ff.).

Schadensanzeige

Gleiches gilt für die Schadensanzeige, mit der der Empfänger des Gutes bei Annahme bzw. Ablieferung von der Beschädigung des Gutes zu informieren hat (vgl. § 145 GIW; § 63 Abs. 1 SHSG; Art. 16 § 3 SMGS[5]; Art. 46 § 2 Buchst. c CIM[6]; Art. 39 CIS).

Verjährung

Der Antrag auf ein Beweissicherungsverfahren gehört nicht zu den in §§ 326 und 327 GIW aufgezählten Tatbeständen, die die Verjährung unterbrechen oder hemmen. Er hat also nach dem Recht der DDR keinen Einfluß auf die Verjährung.

Eine gleichartige Regelung besteht in Österreich (§ 149 ABGB) und in der Schweiz (Art. 134, 135 OR). In der BRD wird dagegen die Verjährung der Mängelansprüche beim Kaufvertrag durch das Beweissicherungsverfahren zwischen den Parteien unterbrochen (§ 477 Abs. 2, § 480 Abs. 1 und § 490 Abs. 1 BGB). Das gilt nach der in der BRD herrschenden Rechtspraxis auch, wenn es sich um eine Beweissicherung im Ausland handelt, sofern das Verfahren dem in der BRD entspricht.

Ausländische Zuständigkeit

Die Zuständigkeit eines ausländischen (Schieds-)Gerichts für den Rechtsstreit hindert ein Beweissicherungsverfahren im Inland nicht. Welche Bedeutung das Prozeßgericht diesem zumißt, ist allerdings von der ausländischen Prozeßordnung abhängig. Eine Beweiserhebung im Ausland für einen inländischen Prozeß (z. B. im ausländischen Entladehafen) kann nur mit Hilfe des zuständigen ausländischen Gerichts erreicht werden. Das setzt nach der bisherigen internationalen Praxis regelmäßig das Bestehen multi- oder bilateraler Rechtshilfeverträge voraus.

Derartige Verträge sind bisher außer mit sozialistischen Staaten mit der AR Ägypten[7], der Syrischen AR[8], dem Irak[9], der VDR Jemen[10], der DV Algerien[11], mit Gui-

5 Abkommen über den Internationalen Eisenbahn-Güter-Verkehr vom 1. 11. 1951; deutscher Text in: Ministerium für Verkehrswesen, Nr. 101 des Tarifverzeichnisses mit nachfolgenden Änderungen und Ergänzungen.
6 Übereinkommen über den Eisenbahnfrachtverkehr vom 7. 2. 1970, GBl.-Sdr. Nr. 783.
7 GBl. I 1969 Nr. 12 S. 215.
8 GBl. I 1970 Nr. 22 S. 299.
9 GBl. I 1971 Nr. 4 S. 101.
10 GBl. I 1971 Nr. 4 S. 57.
11 GBl. II 1973 Nr. 9 S. 85.

nea-Bissau[12], Großbritannien[13], Österreich[14] sowie den Kapverden[15] in Kraft. In den letztgenannten Verträgen verpflichten sich die Partner gegenseitig zur Vornahme einzelner Prozeßhandlungen wozu die Beweiserhebung gehört. Die recht langwierige Prozedur des Rechtshilfeersuchens verfehlt aber den Zweck der Beweiserhebung.

Beweissicherung im Eisenbahnverkehr

Da ein erheblicher Teil des zwischenstaatlichen Warenverkehrs auf dem Schienenweg abgewickelt wird, sind die speziellen Bestimmungen der Eisenbahn-Verkehrsordnung (EVO)[16] über die Beweissicherung von Interesse. Neben der gerichtlichen Beweissicherung, die mangels anderweitiger Vereinbarung immer zulässig ist, sind zwei Arten der Feststellung von Tatsachen möglich:

- Wird der Verlust oder eine Beschädigung der Ware von der Eisenbahn entdeckt oder vermutet oder vom Verfügungsberechtigten behauptet, so hat die Eisenbahn unverzüglich die Ursache und den Zeitpunkt des Schadens, ggf. den Zustand und das Gewicht der Ware sowie den Betrag des Schadens durch eine Tatbestandsaufnahme festzustellen; hierbei sind unbeteiligte Zeugen oder Sachverständige und möglichst auch der Verfügungsberechtigte hinzuzuziehen (§ 81 Abs. 1 EVO).
- Auf Veranlassung des Absenders oder des Empfängers der Ware kann der Verlust oder eine Beschädigung auch durch „amtlich ernannte Sachverständige“ festgestellt werden. Die Eisenbahn ist hierzu einzuladen (§ 81 Abs. 4 EVO).

Zu beachten ist, daß im Geltungsbereich des Vertragsgesetzes[17] die VO über den öffentlichen Gütertransport durch Eisenbahn, Binnenschiffahrt und Kraftverkehr – Gütertransport-VO (GTVO) – vom 10. 12. 1981[18] anzuwenden ist. Sie enthält in § 24 Vorschriften über die Tatbestandsaufnahme und qualifiziert diese als Beweisgrundlage für die Geltendmachung von Ansprüchen. Neben der Tatbestandsaufnahme sind weitere Beweismittel zulässig. In § 29 sind die Voraussetzungen für das Geltendmachen und Erlöschen von Ansprüchen aufgezählt. In der 1. DB zur GTVO[19] werden in § 58 die Tatbestandsaufnahme und in § 63f. das Geltendmachen und Erlöschen von Ansprüchen weiter präzisiert. Die GTVO gilt für Transportkunden, die ihren Sitz außerhalb der DDR haben, nur dann, wenn das vertraglich vereinbart worden ist. Anderenfalls gilt die EVO.

Vertragliche Bestimmung der Feststellung von Tatsachen

Die Partner von AKV können vereinbaren, daß ein sachkundiger Dritter (oder mehrere) mit verbindlicher Wirkung Tatsachen feststellen soll, die als Tatbestandselemente für ein Rechtsverhältnis zwischen den Partnern erheblich sind.

Qualitätsarbitrage

Sie können auch Feststellungen über die Qualität, Geeignetheit oder Vertragsgemäßheit der Kaufsache in einem sogenannten Schiedsgutachterverfahren treffen lassen. Viele Branchen haben hierfür international bekannte und geachtete Gutachterstellen (z. B. Baumwollarbitrage Gdynia, Wollarbitrage Gdynia, Arbitrage für Häute und Rohleder Gdynia). Das Verfah-

12 GBl. II 1977 Nr. 7 S. 93.
13 GBl. II 1980 Nr. 6 S. 87.
14 GBl. II 1981 Nr. 3 S. 55.
15 GBl. II 1982 Nr. 3 S. 58.
16 Die EVO gilt in der auf Grund der AO Nr. 30 vom 8. 1. 1970 (GBl. II Nr. 4 S. 17) bekanntgegebenen Fassung mit den Änderungen, die im Tarif- und Verkehrs-Anzeiger (TVA) Nr. 46 vom 15. 12. 1981 veröffentlicht worden sind.
17 Gesetz über das Vertragssystem in der sozialistischen Wirtschaft vom 25. 3. 1982, GBl. I Nr. 14 S. 293.
18 GBl. I 1982 Nr. 2 S. 13.
19 1. DB zur Gütertransportverordnung – Bestimmungen für den Ladungstransport durch die Eisenbahn – vom 10. 12. 1981, GBl. I Nr. 2 S. 23.

ren folgt einfachen Regeln, mündliche Verhandlungen gibt es meist nicht. Diese Schiedsgerichte sind von den Schiedsgerichten, die für Rechtsstreitigkeiten zwischen den Partnern von AKV zuständig sind, zu unterscheiden (vgl. S. 358).
Ergebnis des Schiedsgutachterverfahrens ist ein Gutachten, das die Partner rechtlich nicht bindet, es sei denn, sie verpflichten sich im voraus, das Gutachten als für sie verbindlich anzuerkennen und die sich daraus ergebenden rechtlichen Verpflichtungen und finanziellen Folgen freiwillig zu übernehmen.

Superarbitrage

Bei Schiedsgutachterverfahren gibt es nicht selten die Einrichtung einer Superarbitrage; das ist ein als Obergutachter fungierendes zweites „Schiedsgericht". Den Vertragspartnern steht es frei, sich dort das Erstgutachten bestätigen oder korrigieren zu lassen.
Kompliziert wird es, wenn Institutionen, die Schiedsgutachten abgeben, zugleich als Schiedsgerichte im Rechtssinne tätig werden (so z. B. die Baumwollarbitrage Gdynia). Hier muß man die Schiedsgerichtsordnung genau studieren, will man nicht riskieren, fehlerhafte Anträge zu stellen. Die Schiedsgerichtsordnungen solcher Institutionen sehen grundsätzlich zwei verschiedene Verfahrensweisen vor, die je nachdem zur Anwendung gelangen, ob die Institution als Gutachterstelle oder als echtes Schiedsgericht angerufen wird.

6.3. Die Forderungseinziehung durch Aufrechnung

Begriff der Aufrechnung

Stehen den Partnern gegeneinander gleichartige und fällige Forderungen zu (in aller Regel Geldforderungen), so können sie durch Aufrechnung (Verrechnung, Kompensation) zum Erlöschen gebracht werden (§ 275f. GIW; § 387ff. BGB; § 1438ff. ABGB; Art. 120 OR). Die gegenseitige Auszahlung wird vermieden. Die Aufrechnung hat insofern einen Rationalisierungseffekt. Diese frappierend einfache Art des Forderungseinzuges wird im kaufmännischen Kontokorrentverkehr praktiziert. In anderen Fällen kann die Aufrechnung ein wichtiges Mittel der Zahlungssicherung werden.

Schuldet z. B. der importierende AHB A. der ausländischen Firma X. 50 000 Dollar aus Warenlieferungen und dieselbe Firma X. ihrerseits dem (exportierenden) AHB B. 50 000 Dollar aus Warenlieferungen, so sind diese Schuldverpflichtungen normalerweise unabhängig voneinander zu begleichen.
Nehmen wir nun an, die Firma X. geriete in Zahlungsschwierigkeiten und könnte ihren Verpflichtungen gegenüber dem AHB B. nicht nachkommen. Natürlich wäre sie bemüht, die Außenstände beim AHB A. hereinzubekommen, um drückende Verbindlichkeiten zu begleichen und der drohenden Insolvenz zu entgehen. Das Nachsehen hätte in diesem Fall der AHB B., da dessen Forderung unter den gegebenen Umständen schwer zu realisieren wäre.
Unter der Voraussetzung gegenseitiger Information der AHB ließe sich jedoch eine Aufrechnungslage schaffen, die den Eingang der Forderung des AHB B. sicherstellen würde. Träte nämlich der AHB B. die ihm gegen die Firma X. zustehende Forderung von 50 000 Dollar an den AHB A. ab, so würde der AHB A. Gläubiger der Firma X. in dieser Höhe. Da er gleichzeitig den gleichen Betrag schuldet, könnte er nunmehr mit seiner Forderung (Aktivforderung) gegen die Forderung der Firma X. (Passivforderung) aufrechnen und damit die Forderungen zum Erlöschen bringen,

deren Fälligkeit vorausgesetzt. Er bliebe nur zum Ausgleich gegenüber dem AHB B. verpflichtet.
Beliefe sich die Schuld des AHB A. auf 70 000 Dollar, so würden beide Forderungen in Höhe von 50 000 Dollar erlöschen, eine Schuld von 20 000 Dollar bliebe bestehen.

Aufrechnungserklärung

Ihrem Wesen nach ist die Aufrechnung die wechselseitige Tilgung zweier sich gegenüberstehender Forderungen durch Verrechnung. Sie kann durch einseitige Aufrechnungserklärung eines Partners erfolgen, der zugleich Gläubiger und Schuldner des anderen Partners ist. Diese Form ist im Rechtsleben üblich und gesetzlich geregelt.

Aufrechnungsvertrag

Die Partner können auch vertraglich vereinbaren, daß gegenseitig entstehende Forderungen aufgerechnet werden, soweit sie sich decken. Dann wäre keine besondere Aufrechnungserklärung mehr nötig. Der Aufrechnungsvertrag hat jedoch so geringe Bedeutung, daß sich ein näheres Eingehen auf ihn erübrigt. Die Aufrechnung kann auch vertraglich ausgeschlossen werden.

Wirksamkeitsvoraussetzungen

Voraussetzungen für die Wirksamkeit der Aufrechnung sind:

- Die Forderungen müssen gleichartig sein. In der Praxis spielen Geldforderungen die entscheidende Rolle; die Aufrechnung gleichartiger Warenforderungen gehört zu den extremen Seltenheiten, wenngleich sie nicht ausgeschlossen ist.
  Eine Aufrechnung von Forderungen in verschiedener ausländischer Währung ist grundsätzlich zulässig. Die Umrechnung erfolgt nach dem Kurswert des Zahlungsortes zum Zeitpunkt der Aufrechnungserklärung. Handelt es sich jedoch um unterschiedliche vereinbarte Währungen, ist die Zulässigkeit der Aufrechnung fraglich, da hierin ein Verbot gesehen werden kann, mit Forderungen in einer anderen Währung aufzurechnen.
- Beide an der Aufrechnung beteiligten Personen müssen gegenseitige Schuldner und Gläubiger sein. Die Gläubigereigenschaft kann, wie das o. g. Beispiel zeigt, leicht durch Abtretung erworben werden, ohne daß der Schuldner gefragt zu werden braucht (§ 222 Abs. 2 GIW; § 398 BGB; § 1395 ABGB; Art. 164 OR). Dagegen ist ein Schuldneraustausch nur mit ausdrücklicher schriftlicher Zustimmung des Gläubigers möglich (§ 226 Abs. 1 GIW; § 415 BGB; § 1405 ABGB; Art. 176 OR).
- Es muß sich um fällige Forderungen handeln.
- Die Aufrechnung muß dem Partner gegenüber erklärt werden. An eine Bedingung oder Zeitbestimmung darf die Erklärung nicht gebunden sein. Die Aufrechnungserklärung wird mit Zugang beim anderen Partner wirksam (§ 9 Abs. 1 GIW; § 130 BGB; § 1438 ABGB; Art. 124 Abs. 1 OR).

Wirkungen

Die Wirkungen der Aufrechnung sind recht weitgehend. Beide Forderungen erlöschen rückwirkend zu dem Zeitpunkt, zu dem sie sich erstmals aufrechnungsfähig gegenüberstanden (sogenannte Aufrechnungslage – § 276 GIW; § 389 BGB; § 1438 ABGB; Art. 124 Abs. 2 OR). War nach diesem Zeitpunkt der Schuldner in Verzug geraten oder eine Vertragsstrafe verwirkt, so gilt das als nicht geschehen. Die Zinszahlungspflicht entfällt rückwirkend; nach Eintritt der Aufrechnungswirkung gezahlte Zinsen können nach den Bestimmungen über die Pflicht zur Rückgabe von unberechtigt erlangten Leistungen zurückgefordert werden.

Die Aufrechnung ist auch noch möglich, wenn die Aktivforderung bereits verjährt ist, die Verjährung jedoch noch nicht eingetreten war, als die Forderung erstmals aufgerechnet werden konnte. Das folgt aus der Rückwirkung der Aufrechnung.

Einfluß der Verjährung

Im Geltungsbereich der EVO (s. S. 350) ist bei Ansprüchen gegen die Eisenbahn wegen Verlustes, Beschädigung oder Überschreitung der Lieferfrist die Aufrechnung nach Vollendung der Verjährung nur unter bestimmten Voraussetzungen zulässig (§ 94 Abs. 5 EVO).
Gleiches gilt in der BRD und in Österreich hinsichtlich der Aufrechnung gegen Forderungen des Spediteurs (§ 414 Abs. 3 HGB).

Gesetzlicher Ausschluß der Aufrechnung

Die Aufrechnung kann aus verschiedenen Gründen ausgeschlossen sein. Die gesetzlichen Ausschlußgründe des § 432 Abs. 3 ZGB[20] spielen im internationalen Wirtschaftsverkehr keine Rolle.

Vertraglicher Ausschluß der Aufrechnung

Der vertragliche Ausschluß der Aufrechung hat relativ große Bedeutung. Dem Verkäufer ist zu empfehlen, einen Verzicht des Käufers auf Aufrechnung gegen die Kaufpreisforderung des Verkäufers in den AKV aufzunehmen. Damit wird verhindert, daß die Durchsetzung der Kaufpreisforderung in einem (schieds-)gerichtlichen Verfahren durch eine Aufrechnungserklärung des Schuldners vereitelt oder zum mindesten die Verfahrensdurchführung komplizierter und damit in der Regel langwieriger wird.

Besonderheiten beim Akkreditiv

Bei einer Akkreditivgestellung durch den Käufer kann die Akkreditiv- oder die Zahlstellenbank mit Forderungen, die ihr gegenüber dem Begünstigten unabhängig vom Akkreditiv zustehen, gegen die Akkreditivforderung des Begünsigten nicht aufrechnen. Das Akkreditiv soll dem Begünstigten den Gegenwert für seine Warenlieferung sichern. Dazu ist die Bank beauftragt. Es ist ihr deshalb nicht gestattet, mit Forderungen, die das Akkreditivgeschäft nicht betreffen, aufzurechnen. In der Annahme des Akkreditivvertrages ist vielmehr zugleich ein Verzicht der Akkreditivbank auf Aufrechnung gegen den Begünstigten mit Forderungen zu sehen, die das Akkreditiv nicht betreffen.
Einen stillschweigenden Verzicht der Partner auf Aufrechnung bei Durchführung des Inkassos enthält nach allgemeiner Auffassung die zwischen Verkäufer und Käufer vereinbarte Zahlungsklausel „Kasse gegen Dokumente". Der Verkäufer bringt die Ware zum Versand und läßt die Transportdokumente zusammen mit der Rechnung durch eine von ihm beauftragte Bank dem Käufer zur Zahlung präsentieren. Die beauftragte Bank ist nicht befugt, dem Käufer die Dokumente Zug um Zug gegen eine Aufrechnungserklärung auszuliefern. Die Aushändigung darf vielmehr auftragsgemäß nur gegen Zahlung erfolgen. Das gleiche gilt, wenn „Kasse gegen Faktura" vereinbart ist.

Geltendmachung im Prozeß

Im Prozeß erfolgt die Geltendmachung der Aufrechnung nicht als Einrede. Die vollzogene Aufrechnung begründet vielmehr den Einwand, daß der Gläubiger befriedigt ist.

Rechtsanwendung bei der Aufrechnung

Wird die Aufrechnung gegen eine Forderung gerichtet, die dem Recht eines anderen Staates unterliegt, so ist nach dem Kollisionsrecht der DDR

20 Zivilgesetzbuch der Deutschen Demokratischen Republik vom 19. 6. 1975, GBl. I Nr. 27 S. 465.

das Recht dieses Staates für die Aufrechnung maßgebend (§ 14 RAG[21]). Auch in der BRD, Österreich und der Schweiz gilt die Kollisionsregel, daß die Aufrechnung nach dem Recht beurteilt wird, welches für die Forderung (Passivforderung) gilt, gegen die aufgerechnet werden soll.

6.4. Die Überwachung der Anspruchsverjährung

Forderungskontrolle

Die Kontrolle darüber, daß offene Forderungen beglichen und Ansprüche rechtzeitig geltend gemacht werden, ist Sache des Berechtigten, also des Gläubigers. Wenn der Verpflichtete (Schuldner) säumig bleibt, muß der Gläubiger seinen Anspruch geltend machen. Dazu kann er sich notfalls (schieds-)gerichtlicher Hilfe bedienen. Übt der Gläubiger seine Rechte nicht aus, so kann sein Anspruch verjähren. Alle Forderungen aus Kaufverträgen unterliegen der Verjährung (§ 322 GIW; § 194ff. BGB; §§ 1478 bis 1502 ABGB; Art. 127 bis 142 OR). Verzögert sich also die Einziehung von Forderungen oder die Erfüllung anderer Ansprüche, so müssen zur Vermeidung materieller Nachteile der Lauf der jeweiligen Verjährungsfrist überwacht und ggf. Maßnahmen zur Hemmung oder Unterbrechung der Frist getroffen werden.

Allgemeine Verjährungsfrist

Für den internationalen Wirtschaftsverkehr sind nach dem Recht der DDR die Verjährungsvorschriften des GIW (§§ 322 bis 330) maßgebend. Danach beträgt die allgemeine Verjährungsfrist zwei Jahre (§ 324 Abs. 1). Die Verjährungshöchstfrist beträgt zehn Jahre, d. h., die Verjährung eines Anspruchs tritt spätestens zehn Jahre nach dem in § 325 festgelegten Beginn der Verjährungsfrist ein (§ 329).

Vollstreckungsverjährung

Die Frist, in der die Vollstreckung eines durch (Schieds-)Gericht festgestellten oder für vollstreckbar erklärten Anspruchs beantragt werden kann (sogenannte Vollstreckungsverjährung), beträgt zehn Jahre ab Eintritt der Rechtskraft der Entscheidung (§ 330 GIW).

Spezielle Verjährungsfristen

Für eine Anzahl von Ansprüchen existieren spezielle Verjährungsvorschriften:

- Ansprüche wegen nichtqualitätsgerechter Leistung, Mengendifferenzen und fehlender Freiheit von Rechten Dritter verjähren in einem Jahr (§ 324 Abs. 2 GIW).
- Außervertragliche Ansprüche – das sind solche, die auf der Verantwortlichkeit für Schadenszufügung (§ 330ff. ZGB) oder auf der Pflicht zur Rückgabe von unberechtigt erlangten Leistungen beruhen (§ 356f. ZGB) – verjähren in vier Jahren (§ 474 Abs. 1 Ziff. 3 ZGB).
- Ansprüche auf Herausgabe von Sachen verjähren in zehn Jahren (§ 474 Abs. 1 Ziff. 4 und 5 ZGB).

Eisenbahnfrachtverkehr

Der Eisenbahnfrachtverkehr unterliegt den Sonderbestimmungen der EVO oder der GTVO (s. S. 350). Nach § 94 EVO (und Art. 47 CIM) verjähren Ansprüche aus dem Frachtverkehr grundsätzlich in einem Jahr. Ausnahmsweise beträgt die Frist drei Jahre (nach Art. 47 CIM zwei Jahre), und zwar bei Ansprüchen

21 Gesetz über die Anwendung des Rechts auf internationale zivil-, familien- und arbeitsrechtliche Beziehungen sowie auf internationale Wirtschaftsverträge – Rechtsanwendungsgesetz – vom 5. 12. 1975, GBl. I Nr. 46 S. 748.

- des Absenders auf Auszahlung einer Nachnahme, die die Eisenbahn vom Empfänger eingezogen hat,
- auf Auszahlung des Erlöses eines von der Eisenbahn vorgenommenen Verkaufs,
- wegen eines durch Vorsatz verursachten Schadens.

Gemäß § 65 der 1. DB zur GTVO beträgt die Verjährungsfrist ein Jahr. Der Beginn der Frist ist in der EVO und der 1. DB zur GTVO in Beachtung der Spezifik des geltend gemachten Anspruchs festgelegt.

Verjährungsbeginn

Allgemein beginnt die Verjährungsfrist am ersten Tag des auf die Fälligkeit des Anspruchs folgenden Monats, bei Verzug am ersten Tag des auf die Vertragsverletzung folgenden Monats und bei Sach- und Rechtsmängeln am ersten Tag des auf die Mängelrüge folgenden Monats (§ 325 GIW).

Bei außervertraglichen Ansprüchen beginnt die Verjährungsfrist mit dem Zeitpunkt, in welchem der Berechtigte vom Entstehen des Anspruchs und von der Person des Verpflichteten Kenntnis erlangt. Die Verjährung tritt unabhängig davon spätestens mit Ablauf von 10 Jahren nach Vollendung der schädigenden Handlung ein.

Hat z. B. ein DDR-AHB an eine ausländische Firma Waren geliefert und ist die Kaufpreisforderung am 1. Oktober 1982 fällig, so beginnt nach dem GIW die Verjährungsfrist am 1. November 1982. Mit Ablauf des 1. November 1984 ist die Forderung verjährt (zur Fristberechnung vgl. §§ 24 bis 27 GIW).

Für Ansprüche aus bestimmten Verträgen ist der Verjährungsbeginn speziell festgelegt. Dazu gehören z. B.
- Ansprüche gegen die Eisenbahn aus Frachtverträgen (Verjährungsbeginn wie in § 94 Abs. 2 Buchst. a bis h EVO festgelegt),
- wechsel- und scheckrechtliche Ansprüche (zum Verjährungsbeginn vgl. S. 320f.).

Hemmung der Verjährung

Die Verjährung kann zeitweilig gehemmt sein. Der Zeitraum, in dem sie gehemmt ist, wird nicht in die Verjährungsfrist eingerechnet, das Ende der Frist wird also entsprechend hinausgeschoben (§ 327f. GIW).

Wird z. B. eine am 1. Oktober 1982 fällige Forderung des AHB A. gegen die Firma S. nicht bezahlt, so verjährt sie in zwei Jahren. Nach Mahnung stellt sich in Verhandlungen heraus, daß die Firma S. vorübergehend Zahlungsschwierigkeiten hat, jedoch bald mit Solvenz zu rechnen ist. Der AHB stundet nunmehr die Forderung für sechs Monate ab 1. Februar 1983. Der Zeitraum der Stundung vom 1. Februar bis 1. August 1983 wird nicht in die Frist eingerechnet, da die Verjährung gehemmt ist. Die Verjährung tritt somit nicht am 1. November 1984 sondern erst am 1. Mai 1985 ein.

Eine Hemmung erfolgt:
- von der (schieds-)gerichtlichen Geltendmachung des Anspruchs an bis zur rechtskräftigen Entscheidung. Die Hemmung gilt als nicht erfolgt, wenn die Klage oder der Antrag zurückgenommen wird;
- von der Anmeldung in einem anderen rechtlichen Verfahren (z. B. im Konkurs) bis zu dessen Beendigung;
- solange eine Rechtsverfolgung nicht möglich ist;
- solange der Gläubiger keine Kenntnis von der Person oder dem Wohnsitz des Schuldners hatte oder haben mußte;
- solange die Partner über den Anspruch verhandeln bis zur Ablehnung des Anspruchs durch den Schuldner;

- solange der Schuldner die Mängelrüge prüft oder die Beseitigung des Mangels vornimmt bis zur Mitteilung des Prüfungsergebnisses an den Gläubiger oder bis zur Beseitigung des Mangels.

Wird ein (schieds-)gerichtliches Verfahren ohne Entscheidung zur Sache oder durch Antragsrücknahme beendet, so kann der Gläubiger innerhalb von sechs Monaten erneut Klage erheben (§ 327 GIW).

Bei gesamtschuldnerischer Haftung wird die Verjährungsfrist gehemmt, wenn ein (schieds-)gerichtliches Verfahren nur gegen einen Schuldner eingeleitet wird, der Gläubiger aber die übrigen Schuldner innerhalb der Verjährungsfrist vom Verfahren schriftlich verständigt (§ 328 GIW).

Vergleichsverhandlungen haben nach dem GIW einen Hemmungseffekt (§ 327 Abs. 2 Buchst. e). Das ist nicht generell der Fall. Ist das Rechtsverhältnis einer anderen Rechtsordnung unterstellt, so kann es sich unter Umständen empfehlen – soweit gesetzlich zulässig – vertraglich eine Verlängerung der Verjährungsfrist zu vereinbaren, um sicherzugehen, daß zwischenzeitlich keine Verjährung eintritt.

Nach der EVO (§ 94 Abs. 3) wird die Verjährung von Ansprüchen gegen die Eisenbahn, abgesehen von den genannten gesetzlichen Gründen, auch durch deren schriftliche Anmeldung gehemmt. Die GTVO enthält in § 29 Abs. 3 die gleiche Regelung.

Unterbrechung der Verjährung

Eine andere Wirkung als die Hemmung hat die Unterbrechung der Verjährung. Sie hat zur Folge, daß die bis zum Eintritt der Unterbrechung abgelaufene Verjährungsfrist nicht mehr in Betracht gezogen wird und nach Beendigung der Unterbrechung eine neue Verjährungsfrist zu laufen beginnt, die in ihrer Länge der ursprünglichen entspricht. Die Verjährungsfrist beginnt am ersten Tag des auf die Unterbrechung folgenden Monats erneut (§ 326 Abs. 1 GIW). Wird der Anspruch durch Entscheidung eines (Schieds-)Gerichts zuerkannt, beginnt ab Rechtskraft eine zehnjährige Verjährungsfrist (§ 330).

Eine Forderung, die der zweijährigen Verjährungsfrist unterliegt, verjährt z. B. am 31. Dezember 1982. Am 10. Oktober 1982 wird die Verjährung unterbrochen. Die Verjährungsfrist beginnt erneut zu laufen und endet am 1. November 1984.

Anerkenntnis

Eine Unterbrechung der Verjährung erfolgt, wenn der Schuldner den Anspruch schriftlich anerkennt oder wenn er durch Erbringung einer Teilleistung oder durch Zinszahlung auf eine Geldforderung ein Verhalten erkennen läßt, aus dem sich ergibt, daß er sich des Bestehens des Anspruchs bewußt ist und ihn anerkennen will (§ 326 GIW).

Andere als die genannten Handlungen sind nach dem GIW nicht geeignet, die Verjährung zu unterbrechen.

Mahnung

Das gilt sowohl für die Mahnung durch den Gläubiger als auch für andere Handlungen des Schuldners, auch wenn sie nach den im Geschäftsleben üblichen Auffassungen dessen Überzeugung vom Bestehen der Forderung gegenüber dem Gläubiger oder seinem Vertreter Ausdruck verleihen. Es empfiehlt sich deshalb, bei drohendem Ablauf der Verjährungsfrist auf schriftliche Anerkennung der Forderung oder auf Bewirkung einer Teilleistung zu bestehen. Ein ähnliches Ergebnis kann auch durch Vereinbarung der Verlängerung der Verjährungsfrist erreicht werden, sofern eine solche nach dem anwendbaren Recht zulässig ist. Das GIW läßt Vereinbarungen über eine Verlängerung ebenso wie über eine Verkürzung der Verjährungsfrist zu, sie bedürfen jedoch der Schriftform (§ 324 Abs. 4).

Gerichtliche Geltendmachung

Die gerichtliche Geltendmachung von Ansprüchen kann nach der ZPO in verschiedener Form erfolgen, und zwar durch Klageerhebung (§ 8ff.), gerichtliche Zahlungsaufforderung (§ 14ff.), Anmeldung des Anspruchs im Konkurs[22], Aufrechnung des Anspruchs im Prozeß, Einbeziehung einer weiteren Prozeßpartei in ein anhängiges Verfahren (§ 35), Einleitung der Vollstreckung (§ 85ff.).

Der gerichtlichen Geltendmachung ist die Antragsstellung bei einem Schiedsgericht gleichgesetzt (§ 327 Abs. 2 Buchst. a GIW). Das Schiedsgericht kann sowohl ein institutionelles als auch Ad-hoc-Schiedsgericht sein.

Gerichtliche Geltendmachung im Ausland

Die Klageerhebung vor einem ausländischen Gericht bewirkt eine Unterbrechung nur dann, wenn das ausländische Verfahren anerkannt wird. Keine Unterbrechung bewirken dagegen gerichtliche Maßnahmen wie einstweilige Anordnungen (vgl. S. 362). Sie haben zwar vollstreckungsähnlichen Charakter, dienen aber der Sicherung des Anspruchs, nicht seiner Feststellung.

Rechtsanwendung

Die mit der Verjährung eines Anspruchs zusammenhängenden Fragen werden nach dem Recht der DDR und einer Anzahl anderer Länder nach der Rechtsordnung beurteilt, die für den zugrunde liegenden IWV maßgebend ist.

Da sich die Dauer der Verjährung nach dem Vertragsstatut richtet, ist es notwendig, jeweils die Verjährungsvorschriften des auf den Vertrag anzuwendenden Rechts zu beachten. In den einzelnen Rechtsordnungen sind die Fristen und die Bestimmungen über die Hemmung und die Unterbrechung oft unterschiedlich geregelt. Wird das nicht zur Kenntnis genommen, können Rechtsverluste eintreten.

Qualifikation

Aufmerksamkeit ist auch hinsichtlich der Zuordnung (Qualifikation) der Verjährungsvorschriften geboten. Sie werden z. B. im indischen Recht (ebenso wie die Aufrechnung) zum Prozeßrecht gerechnet. Da für jedes Gericht das eigene Prozeßrecht verbindlich ist, wendet das indische Gericht also stets seine eigenen Verjährungsvorschriften an, unabhängig davon, welchem Recht die vertraglichen Beziehungen unterstehen. Das kann zu unterschiedlichen Ergebnissen führen, je nachdem, in welchem Land über den Rechtsstreit entschieden wird.

Werden z. B. vor einem Gericht der DDR Ansprüche aus einem IWV geltend gemacht, der indischem Recht unterliegt, und macht der Beklagte Verjährung geltend, so dürfte das DDR-Gericht, da es die Verjährungsvorschriften als materielles Recht qualifiziert, nach indischem Recht beurteilen, ob Verjährung eingetreten ist oder nicht.

Hat ein indisches Gericht über gleichen Sachverhalt zu urteilen, nur mit dem Unterschied, daß die Parteien die Anwendung des Rechts der DDR auf ihren Vertrag vereinbart haben, so wendet der indische Richter nicht die Verjährungsbestimmungen der DDR, sondern seine eigenen an, weil diese zum indischen Prozeßrecht gerechnet werden und die innerstaatlichen prozessualen Vorschriften verbindlich sind.

Internationale Rechtsvereinheitlichung

Im Interesse der Partner internationaler Kaufverträge wird eine internationale Rechtsvereinheitlichung angestrebt. Als Ergebnis liegt die von der

22 Vgl. VO über die Gesamtvollstreckung vom 18. 12. 1975, GBl. I 1976 Nr. 1 S. 5.

UNCITRAL ausgearbeitete und auf einer diplomatischen Konferenz im Jahre 1974 verabschiedete Konvention über die Verjährung beim internationalen Warenkauf vor, mit der wesentliche Verjährungsvorschriften einheitlich geregelt werden.

Die Konvention ist mit Stand vom 1. 1. 1985 von einer Reihe von Staaten (Brasilien, DDR, Ghana, Mongolische VR, VR Polen, UdSSR, Ungarische VR) gezeichnet worden, aber noch nicht in Kraft getreten.

Vertragliche Gestaltung

Die erwähnte Möglichkeit, daß die Verjährungsfrist von Ansprüchen durch schriftliche Vereinbarung verkürzt oder verlängert werden kann, ist nicht in allen Rechtsordnungen gegeben. Soll daher ein IWV ausländischem Recht unterstellt werden, und sind Abmachungen über die Verjährung vorgesehen, so muß vorher geprüft werden, ob die maßgebliche Rechtsordnung die Verjährungsvorschriften dispositiv oder zwingend regelt.

In Österreich kann die Verjährungsfrist durch Parteivereinbarung weder verkürzt noch verlängert werden (§ 1502 ABGB).
In der Schweiz dürfen die im OR enthaltenen Verjährungsfristen nicht abgeändert werden (Art. 129 OR). Die schweizerische Rechtsprechung erachtet es jedoch als zulässig, die kurze Verjährungszeit für Gewährleistungsansprüche im Kaufvertrag (Art. 210 OR) vertraglich zu verlängern.

Wirkungen

Ansprüche, die Partnern im Geltungsbereich des GIW zustehen, können nach Ablauf der Verjährungsfrist nicht mehr gerichtlich oder schiedsgerichtlich durchgesetzt werden, wenn der Schuldner sich auf Verjährung beruft (§ 322). Mit dem Eintritt der Verjährung wird der Anspruch nicht vernichtet; die Verjährung verhindert nur die Durchsetzung des Anspruchs, sofern sie als Einrede geltend gemacht wird. Die Verjährung wird also nicht von Amts wegen, sondern nur dann berücksichtigt, wenn sie der Schuldner geltend macht. Verweigert der Schuldner die Leistung nach Vollendung der Verjährung nicht, so wird er zur Leistung verurteilt.
Aus dem Umstand, daß es sich bei der Verjährung nur um ein Leistungsverweigerungsrecht handelt, folgt, daß auch das in Unkenntnis der Verjährung Geleistete nicht zurückgefordert werden kann. Das gilt auch für ein in Unkenntnis der Verjährung abgegebenes vertragliches Anerkenntnis sowie für eine Sicherheitsleistung des Verpflichteten (§ 323 GIW).

Geltendmachung im (Schieds-)Gerichtsverfahren

Wird eine bereits verjährte Forderung (schieds-)gerichtlich geltend gemacht, so ist es also Sache des Beklagten, die Einrede der Verjährung zu erheben. In der Regel wird er das sofort tun, um die Prozeßführung zu beschleunigen. Allerdings kann ein Partner unter Umständen ein erhebliches Interesse an einer sachlichen Klärung eines Streitfalles haben. In diesem Fall wird er mit der Berufung auf die Verjährung bis nach Erledigung der Beweisaufnahme warten. Unterläßt der Beklagte willentlich oder aus Unkenntnis die Erhebung der Verjährungseinrede, so darf die Verjährung vom (Schieds-)Gericht nicht beachtet werden.

Ausschlußfrist

Von der Verjährungsfrist streng zu unterscheiden ist die Ausschlußfrist. Sie bestimmt den Zeitraum, in dem ein bestehendes Recht geltend gemacht werden kann. Nach Ablauf der Frist erlischt das Recht. Dabei kommt es grundsätzlich nicht darauf an, ob und welche Hindernisse der Ausübung entgegenstanden. Ausnahmen müssen im Gesetz oder im Vertrag besonders vorgesehen sein.

Um eine Ausschlußfrist handelt es sich z. B. meist bei der Mängelrügefrist. Da es aber Rechtsordnungen mit anderer Regelung gibt, ist stets die Prüfung des anwendbaren Rechts geboten.

6.5. Die Forderungseinziehung durch Inkassobüros

Für den einzelnen Betrieb ist es oft aufwendig, Forderungen gegen Auslandsschuldner in eigener Regie einzutreiben, da viele Faktoren, insbesondere auch die Besonderheiten der Rechtsordnung des Schuldnerlandes, die nicht immer in ausreichendem Maße bekannt sind, berücksichtigt werden müssen.
In vielen nichtsozialistischen Ländern besteht zwar die Möglichkeit, in einem vereinfachten gerichtlichen Verfahren zunächst einen Vollstreckungstitel zu erwirken (in der DDR entspricht dem das Verfahren der gerichtlichen Zahlungsaufforderung, welches zum Erlaß eines vollstreckbaren Titels führen kann) und dann die zuständigen gerichtlichen Organe mit der Vollstreckung zu beauftragen. Das setzt aber in der Regel die Beauftragung eines mit den Prozeßgesetzen und der Gerichtspraxis des Schuldnerlandes vertrauten Rechtsanwalts voraus. Ein solches Vorgehen führt mitunter zu Komplikationen in den Geschäftsbeziehungen, die nicht im Interesse des Gläubigers liegen. Die Geschäftspraxis hat deshalb noch andere Wege entwickelt.

Begriff des Inkassobüros

So kann der Leistungswille säumiger Schuldner durch die Inanspruchnahme eines Inkassobüros stimuliert werden. Das sind gewerbliche Unternehmen, die in zahlreichen kapitalistischen Ländern bestehen, zum Teil sogar in Dachorganisationen mit internationalem Charakter zusammengefaßt sind und sich speziell mit der Einziehung fremder Forderungen befassen.

Bekannt ist im Außenhandel insbesondere das Dokumenteninkasso, das als Inkassogeschäft (zum Teil gegen Provision) von den Banken betrieben wird (vgl. hierzu S. 300ff.).

Arbeitsweise

Das Inkassobüro wird auf der Grundlage eines mit dem Gläubiger geschlossenen Vertrages tätig, der auf die Einziehung der Forderungen gegen Zahlung einer vereinbarten Vergütung gerichtet ist. Entweder wird in dem Vertrag die Forderung dem Inkassobüro zur Einziehung abgetreten oder dieses wird lediglich vom Gläubiger zur Einziehung beauftragt. Die hierbei auftretenden rechtlichen Unterschiede sind für das Verständnis der Arbeitsweise ohne Belang. Für die Einziehung ist ein Auftragshonorar zu zahlen, welches üblicherweise 10 bis 20 Prozent der Forderung ausmacht; meist ist die Honorarzahlung unabhängig davon, ob die Einziehung Erfolg hat oder nicht.

Vorteile des Inkassoverfahrens

Die Inanspruchnahme von Inkassobüros hat mancherlei Vorteile. Das Inkassobüro besitzt, da es sich meist auf Auskunfteien stützt, Informationen über die Lage des Schuldners, die ein individuelles, auf den einzelnen Schuldner zugeschnittenes Einwirken auf seinen Zahlungswillen, zugleich aber auch ein schnelles Erkennen der Aussichtslosigkeit einer Beitreibung ermöglichen und damit Kosten sparen helfen. Oft betreibt es auch eine Schuldnerüberwachung für die Zukunft und versucht bei Veränderungen in der Vermögenslage des Schuldners aus eigener Initiative die Einziehung.

Nachteile des Inkassoverfahrens

Wohl der einzige gewichtige Nachteil der Inanspruchnahme von Inkassobüros ist die Kostentragung. Während (schieds-)gerichtliche Kosten im Fall des Obsiegens regelmäßig dem unterliegenden Partner auferlegt werden, können die mit der Beauftragung eines Inkassobüros entstandenen Kosten in verschiedenen Ländern nicht auf den Schuldner übertragen werden, sondern sind vom Gläubiger zu tragen.

Unter Beachtung der dargelegten Gesichtspunkte ist in jedem einzelnen Fall zu prüfen, ob die Beauftragung eines Inkassobüros zur Forderungseinziehung angebracht ist.

6.6. Die Anspruchsdurchsetzung beim Gericht oder Schiedsgericht

Meinungsverschiedenheiten bei Handelsgeschäften

Internationale geschäftliche Transaktionen enthalten immer die Möglichkeit von Mißverständnissen. Die geographische Entfernung der Partner, deren unterschiedliche Sprache und die Verschiedenheit der Rechtssysteme der einzelnen Länder können vor allem dann, wenn Gegensätze oder Unterschiede in der Gesellschafts- und Wirtschaftsordnung hinzukommen, leicht dazu führen, daß die vertraglich vereinbarten Rechte und Pflichten unterschiedlich verstanden, Rechtsregeln und Vertragsbestimmungen auf verschiedene Weise ausgelegt und angewandt werden. Selbst bei Gesellschafts- und Wirtschaftsstrukturen, die in den Grundlagen gleichartig sind, und bei solchen einheitlichen Rechtsnormen, wie sie z. B. in Gestalt der ALB/RGW, der AKB/RGW und der AMB/RGW für die Außenwirtschaftsbeziehungen der im RGW zusammengeschlossenen sozialistischen Länder gelten, ist die Auslegung und Anwendung der Regelungen durchaus nicht immer einheitlich.

Schiedsgerichtsbarkeit

Die sich im internationalen Wirtschaftsverkehr ergebenden Differenzen und Streitigkeiten betreffen im allgemeinen weniger schwerwiegende Rechtsprobleme als vielmehr einzelne Rechtsfragen und handelstechnische Probleme des geschäftlichen Alltags. Charakteristisch für diese Kontroversen ist auch ihre Kurzlebigkeit. Sollen derartige Streitfälle nicht zu weitreichenden Störungen der geschäftlichen Beziehungen führen, so muß die Methode der Streitregulierung und -entscheidung zu schnellen und juristisch einwandfreien Lösungen führen. Diese schnelle und unkomplizierte Methode ist in den sozialistischen Ländern im allgemeinen die Schiedsgerichtsbarkeit. Auch in den nichtsozialistischen Ländern ist die Schiedsgerichtsbarkeit weit verbreitet.[23]

Anruf staatlicher Gerichte

Geht es jedoch um komplizierte Rechtsfragen, so empfiehlt es sich in manchen Ländern (z. B. in denen des anglo-amerikanischen Rechtskreises), sich direkt an das zuständige staatliche Gericht zu wenden und den schieds-

23 Vgl. zur rechtlichen Regelung der Schiedsgerichtsbarkeit auch Handbuch der Außenhandelsverträge Band 4, Berlin 1982, S. 193ff.

gerichtlichen Weg beiseite zu lassen. Die Inanspruchnahme staatlicher Gerichte ist darüber hinaus in all den Fällen notwendig, in denen zwischen den Geschäftspartnern eine Vereinbarung über die Zuständigkeit von Schiedsgerichten nicht getroffen und auch nicht nachträglich erreicht worden ist. Schließlich ist zu beachten, daß die Zivilprozeßordnungen vieler Länder für die Verfolgung und Durchsetzung bestimmter Ansprüche vereinfachte gerichtliche Verfahren vorsehen (z. B. Wechselprozeß und gerichtliche Zahlungsaufforderung), deren Inanspruchnahme unter Umständen zweckmäßiger sein kann als die Durchführung eines Schiedsverfahrens.

Die Beantwortung der Frage, welchem Verfahrensweg der Vorzug zu geben ist, hängt von den Besonderheiten des Einzelfalles ab und setzt Grundkenntnisse der hauptsächlichen Verfahrenswege voraus. Solche Grundkenntnisse sind insbesondere dann vonnöten, wenn es darum geht, bei einem Bankrott der gegnerischen Firma eigene Ansprüche im Wege der Beteiligung an der Gesamtvollstreckung (Konkursverfahren) maximal zu sichern und durchzusetzen.
Der praktischen Bedeutung und Häufigkeit nach nimmt die Streitregulierung durch Schiedsgerichte den ersten Platz ein. Die Aufgabe des Schiedsverfahrens, eine schnelle und gerechte Beilegung von Streitfällen vorzunehmen, und der darin liegende Beitrag zur Erweiterung und Erleichterung des Handels und der Zusammenarbeit fanden in der Schlußakte der KSZE[24] vom 1. 8. 1975 ihre Würdigung.

Zuständigkeit des staatlichen Gerichts

Ist eine Schiedsgerichtsvereinbarung nicht getroffen worden oder haben sich die Parteien darin wahlweise den Weg zu den staatlichen Gerichten offengehalten, so kann sich der Kläger an ein Gericht wenden, das nach den Rechtsvorschriften des Gerichtsstaates für die Behandlung des Streitfalles zuständig ist.

Funktionelle und sachliche Zuständigkeit

Für Streitigkeiten aus IWV sind grundsätzlich die erstinstanzlichen Zivilgerichte funktionell und sachlich zuständig. In manchen Ländern bestehen auch spezielle Handelsgerichte bzw. Kammern für Handelssachen.

Örtliche Zuständigkeit

Örtlich zuständig ist regelmäßig das Gericht am (Wohn-)Sitz des Beklagten. Dort hat der Beklagte seinen „Allgemeinen Gerichtsstand". Daneben besteht nach dem Prozeßrecht zahlreicher Länder eine Zuständigkeit am Erfüllungsort des Vertrages (z. B. § 20 Abs. 2 Ziff. 1 ZPO). Sind mehrere Gerichte örtlich zuständig, hat der Kläger die Wahl (§ 20 Abs. 3 ZPO).

Internationale Zuständigkeit

Die internationale Zuständigkeit betrifft die Frage, ob für die Entscheidung eines Rechtsstreites, an dem ausländische Parteien beteiligt sind, die Zuständigkeit der Gerichte eines Staates gegeben ist.[25] In erster Linie ist das eine Frage der Souveränität des Staates und der Beziehungen der Staaten untereinander. Die internationale Zuständigkeit der Gerichte der DDR ist gegeben, wenn ein Gericht der DDR örtlich zuständig ist, wenn Gegenstand des Verfahrens eine in der DDR belegene Sache oder eine hier entstandene Verpflichtung ist oder wenn sich Vermögen des Verklagten in der DDR befindet.
Außenhandelsbetriebe der DDR können schließlich für Klagen gegen einen ausländischen Vertragspartner die Gerichte der DDR in Anspruch nehmen (§ 184 ZPO). In manch anderen Ländern ergibt sich die internationale Zuständigkeit nicht aus Rechtsvorschriften, sondern aus der Gerichtspraxis.

24 Für Entspannung und dauerhaften Frieden in Europa. Dokumente, Berlin 1979, S. 141 ff.
25 Vgl. M. Hofmann/H. Fincke, Der internationale Zivilprozeß, Berlin 1980, S. 61 ff.

Gerichtsstands-vereinbarungen Im allgemeinen ist es den Partnern internationaler Handelsgeschäfte freigestellt, eine Vereinbarung darüber zu treffen, ob die Gerichte des einen oder des anderen Landes über eventuelle Rechtsstreitigkeiten aus ihren Beziehungen entscheiden sollen (vgl. § 185 ZPO). Diese Frage ist durchaus nicht belanglos. Die Unterschiede in der Prozeßführung, vor allem was die Durchführung der Verhandlung und der Beweiserhebung betrifft, sowie im Rechtsmittelsystem sind von Land zu Land beträchtlich; die Aussichten für die Rechtsverfolgung können dadurch wesentlich beeinflußt werden.

Auch über das örtlich zuständige Gericht können die Parteien Vereinbarungen treffen (§ 20 Abs. 4 ZPO). Dagegen sind die funktionelle und die sachliche Zuständigkeit der Parteidisposition entzogen.

Régime national Die Rechtsverfolgung vor ausländischen Gerichten wird dadurch erleichtert, daß die meisten Staaten Ausländern und ausländischen juristischen Personen, die im Inland ihre Rechte verfolgen wollen, im gerichtlichen Verfahren die gleichen Rechte wie Inländern, das Régime national, gewähren. Das schließt allerdings nicht aus, daß der ausländische Kläger auf Antrag des Verklagten für die zu erwartenden Prozeßkosten Sicherheit zu leisten hat (§ 183 ZPO).

Sicherheitsleistungen für Prozeßkosten

Die Staaten sind aber bemüht, durch völkerrechtliche bi- und multilaterale Vereinbarungen diese Erschwerung des Zugangs zu den Gerichten zu beseitigen.

Haager Zivilprozeß-abkommen Die DDR hat das Haager Abkommen über den Zivilprozeß[26] von 1905 für wiederanwendbar erklärt. Nach Art. 17 dieses Abkommens darf den Angehörigen der Teilnehmerstaaten allein wegen ihrer Eigenschaft als Ausländer oder wegen ihres ausländischen (Wohn-)Sitzes nicht eine Sicherheitsleistung für Prozeßkosten abverlangt werden. Ähnliche Regelungen finden sich in den von den sozialistischen Ländern abgeschlossenen Rechtshilfeverträgen.

Klage Das (Schieds-)Gerichtsverfahren wird grundsätzlich durch die Klage eingeleitet, deren Form und Inhalt in vielen Ländern Ähnlichkeiten aufweist. Von Staat zu Staat sind aber Besonderheiten zu beachten, z. B. die in einigen Rechtsordnungen enthaltene Verpflichtung, sich durch einen Rechtsanwalt vertreten zu lassen.

Prozeßvertretung Bei der Rechtsverfolgung aus Außenwirtschaftsvertragsbeziehungen vor ausländischen Gerichten ist es allerdings wegen der Unterschiedlichkeit der einzelnen Rechtssysteme, insbesondere des Gerichtsaufbaus und der Verfahrenspraxis, stets notwendig, einen Rechtsanwalt des Gerichtsstaates mit der Prozeßvertretung zu beauftragen. Er ist auch in der Lage zu entscheiden, ob und welche gerichtlichen Maßnahmen zur Vollstreckungssicherung (z. B. Einstweilige Anordnung – § 16 ZPO, Arrest) beantragt werden können, ob beschleunigte Verfahrensarten, wie der Wechsel- bzw. Urkundenprozeß oder die gerichtliche Zahlungsaufforderung (vgl. § 14f. ZPO), dienlich sind und ob ausreichende Erfolgsaussichten für die Einlegung eines Rechtsmittels bestehen.

Verfahren beim (Schieds-)Gericht Das staatliche Gericht führt das Verfahren entsprechend seinen nationalen

26 Vgl. Beschluß des Staatsrates der DDR über die Wiederanwendung des Haager Abkommens über den Zivilprozeß vom 17. 7. 1905, RGBl. 1909, S. 410, nebst Protokoll vom 4. 7. 1924 über den Beitritt von Staaten zu den Haager Abkommen über den Zivilprozeß, RGBl. II 1926 S. 533, vom 8. 4. 1965, GBl. I 1965 Nr. 9 S. 133.

Prozeßrechtsvorschriften durch. Ständige (institutionelle) Schiedsgerichte verhandeln in der Regel nach einer für sie und die Parteien verbindlichen Schiedsgerichtsordnung. Ad-hoc-Schiedsgerichte bestimmen meist das Verfahren selbst oder halten sich an entsprechende Parteivereinbarungen.

Anzuwendendes Recht

Das angerufene (Schieds-)Gericht beurteilt den geltend gemachten Anspruch nach den schuldrechtlichen Bestimmungen des Landes, das die Partner durch eine Rechtswahlvereinbarung festgelegt haben. In manchen Ländern wird die Zuständigkeitsvereinbarung zugleich als Wahl des am Ort des vereinbarten Schiedsgerichts geltenden Rechts angesehen. Ist eine Rechtswahlvereinbarung nicht getroffen worden, so wendet das (Schieds-) Gericht das Schuldrecht des Landes an, auf das die Kollisionsnorm im Gerichtsstaat bzw. in dem Lande, in dem das Schiedsgericht tagt, verweist (vgl. S. 70ff.).

Urteil, Schiedsspruch

Die Entscheidung des staatlichen Gerichts ergeht in der Regel durch Urteil, während das Schiedsgericht einen Schiedsspruch fällt. Das gerichtliche Urteil beendet das Verfahren in der Instanz und kann meist mit einem Rechtsmittel angefochten werden. Der Schiedsspruch ist dagegen grundsätzlich endgültig und verbindlich. Beides sind vollstreckbare Titel, die die Grundlage für die notfalls zwangsweise Durchsetzung der darin zuerkannten Ansprüche bilden.

Andere Vollstreckungstitel

In der DDR werden auch „verbindliche gerichtliche Einigungen" und im Schiedsverfahren abgeschlossene Einigungen zu den Vollstreckungstiteln gerechnet (§ 88 Abs. 1 ZPO).

Prinzipiell das gleiche gilt für die BRD (§ 794 ZPO), Österreich (§ 1 Ziff. 3 und 6 Exekutionsordnung[27]) und die meisten Kantone der Schweiz (z. B. Kanton Bern – §§ 152, 397 ZPO, Kanton Genf – § 55 ZPO).

Während aber die vom staatlichen Gericht erlassenen Vollstreckungstitel in der DDR mit Erlangung der Rechtskraft ohne weiteres vollstreckbar werden bzw. in anderen Ländern (z. B. in der BRD) das Gericht selbst über die Vollstreckbarkeit entscheidet, bedarf der Schiedsspruch in der DDR und in zahlreichen anderen Ländern grundsätzlich der Vollstreckbarkeitserklärung durch das Gericht (§ 27 SchiedsgerichtsVerfVO[28]).

Vollstreckung im In- und Ausland

Die Vollstreckung von inländischen Urteilen und Schiedssprüchen wird entsprechend den nationalen Rechtsvorschriften vorgenommen, die auch für einen Ausländer als Vollstreckungsgläubiger ohne Schwierigkeiten zu erfüllen sind.

Dagegen ist zur zwangweisen Durchsetzung einer ausländischen Entscheidung deren Anerkennung und Vollstreckbarkeitserklärung erforderlich.

Die Rechtsordnung der meisten Staaten lassen die Anerkennung und die Vollstreckung ausländischer Entscheidungen zu, machen sie jedoch von der Erfüllung einer Anzahl von Voraussetzungen abhängig, deren wichtigste die Gewährleistung der Gegenseitigkeit ist. Darunter ist das Vorhandensein etwa gleichwertiger Bedingungen für die Vollstreckung eigener Urteile in dem anderen Staat zu verstehen.

27 Exekutionsordnung vom 27. 5. 1896, RGBl. 79, in der geltenden Fassung.
28 Verordnung über das schiedsgerichtliche Verfahren vom 18. 12. 1975, GBl. I 1976 Nr. 1 S. 8.

In der DDR ist die Anerkennung und Vollstreckbarkeitserklärung ausländischer Entscheidungen, die vermögensrechtliche Angelegenheiten betreffen, in §§ 193 und 196 ZPO geregelt. Die dort aufgezählten Gründe, die eine Anerkennung ausschließen, finden sich auch in gleicher oder ähnlicher Weise in anderen Rechtsordnungen.
Manche Staaten verlangen demgegenüber zur Vollstreckbarkeitserklärung eine darauf gerichtete völkerrechtliche Vereinbarung mit dem Urteilsstaat. Liegt eine solche nicht vor, muß im Inland, d. h. im Vollstreckungsstaat, neu geklagt werden.

Schlußfolgerung

Generell gilt, daß die Realisierung einer Entscheidung außerhalb des Staates, in dem sie gefällt worden ist, heute oft noch schwierig und zeitraubend ist. Die Erfolgsaussichten sind im voraus nicht mit Sicherheit abzuschätzen. Erleichtert wird die Vollstreckung, wenn sie in bi- oder multilateralen völkerrechtlichen Verträgen speziell geregelt ist.

Auf dem Gebiet der internationalen Handelsschiedsgerichtsbarkeit kann die UN-Konvention über die Anerkennung und Vollstreckung ausländischer Schiedssprüche vom 10. 6. 1958[29] (New Yorker Konvention) als Beispiel dienen, der neben zahlreichen anderen Staaten alle sozialistischen Länder angehören. Sie fordert u. a., daß die Anerkennung und Vollstreckung ausländischer Schiedssprüche weder wesentlich strengeren Verfahrensvorschriften noch wesentlich höheren Kosten unterliegen als die Anerkennung und Vollstreckung inländischer Schiedssprüche.
In den EG-Staaten gilt das Übereinkommen über die gerichtliche Zuständigkeit und die Vollstreckung gerichtlicher Entscheidungen in Zivil- und Handelssachen[30] vom 27. 9. 1968. Darin ist vereinbart, daß aus Gerichtsentscheidungen, die in einem Vertragsstaat ergangen sind, in allen anderen Vertragsstaaten vollstreckt werden kann, wenn im vorgesehenen Vollstreckungsland die Vollstreckungsklausel erteilt worden ist. Das gilt auch für (juristische) Personen mit (Wohn-)Sitz außerhalb der Vertragsstaaten. Hat demnach ein DDR-AHB vor einem Gericht in den EG-Staaten eine obsiegende Entscheidung (Urteil, Beschluß, Vergleich) erwirkt, so kann er die ihm darin zuerkannten Forderungen bei Einhaltung der Formalitäten, die der Vertrag vorschreibt und die auch für Angehörige von Drittstaaten relativ leicht zu erfüllen sind, in allen Vertragsstaaten gegen den Schuldner vollstrecken.

6.7. Die Beteiligung von Außenhandelsbetrieben der DDR an Konkursverfahren im Ausland

Grundsätzliches

Der Konkurs ist eine der sozialistischen Gesellschaftsordnung fremde Erscheinung. Daher spielt auch das Konkursrecht in der Wirtschaftspraxis der DDR keine Rolle.
In den kapitalistischen Ländern hingegen ist der Konkurs in das System von Maßnahmen einzureihen, mit denen die Konzentration der Produktion und die Zentralisation des Kapitals vollzogen wird. Insbesondere in Krisenzeiten (aber keinesfalls ausschließlich) macht der Konkurs der wirtschaftlichen Tätigkeit einer Vielzahl von Unternehmen ein Ende. War es der staatsmonopolistischen Steuerung des Produktionsprozesses zeitweilig gelungen, bei großen Unternehmen im Falle von Zahlungsschwierigkeiten für Lösungen außerhalb des Konkurses zu sorgen, so zeigt die Entwicklung der letzten Jahre, daß selbst bedeutende kapitalistische Konzerne der Krise

29 GBl. II 1976 Nr. 9 S. 220.
30 Veröffentlicht u. a. im BGBl. II 1972 Nr. 46 S. 773.

und damit dem Konkurs zum Opfer fallen können. Das Konkursverfahren ist eines der Mittel, um auf „gesetzliche" Weise die Reste des Vermögens des Konkursschuldners umzuverteilen.
Die AHB der sozialistischen Staaten, die mit Partnern aus nichtsozialistischen Ländern Geschäftsbeziehungen unterhalten, sind also weiterhin mit konkursrechtlichen Fragen konfrontiert. Es ist nie auszuschließen, daß der kapitalistische Handelspartner in Konkurs fällt und der DDR-AHB im Konkurs seine Rechte wahrnehmen muß.

6.7.1. Grundzüge des Konkursverfahrens

Einleitung

Das Konkursverfahren kann in den meisten Ländern eingeleitet werden, wenn eine Überschuldung und/oder die Zahlungsunfähigkeit des Schuldners festgestellt wird. Regelmäßig ist zur Einleitung ein Antrag des Schuldners oder eines seiner Gläubiger erforderlich. In manchen Ländern kann das Gericht aber auch von Amts wegen tätig werden.

Eröffnung

Die Eröffnung des Konkursverfahrens hat zur Folge, daß dem Schuldner die Verfügungs- und Verwaltungsbefugnis über sein Vermögen entzogen und auf den vom Gericht (oder der Gläubigerversammlung) bestellten Konkursverwalter übertragen wird.

Wirkung

Ob sich die Verwaltung auf das zum Zeitpunkt der Konkurseröffnung vorhandene oder auch auf das danach erworbene Vermögen des Schuldners erstreckt, ist in den einzelnen Ländern nicht einheitlich geregelt und muß von Fall zu Fall geprüft werden.

So beziehen z. B. die Konkursgesetze der BRD und Österreichs nur das zum Zeitpunkt der Konkurseröffnung vorhandene Vermögen in das Konkursverfahren ein, während in der Schweiz mit gewissen Einschränkungen auch das Vermögen erfaßt wird, welches dem Schuldner während des Verfahrens zufällt.

Teilnahme

Zur Teilnahme am Konkurs ist jeder berechtigt, der eine Forderung gegen den Schuldner hat.
Der gleichberechtigten Beteiligung von DDR-AHB an Konkursverfahren, die über das Vermögen ihrer Handelspartner im Ausland eröffnet werden, stehen grundsätzlich keine rechtlichen Hemmnisse entgegen. Die ausländischen Rechtsordnungen machen die Zulassung von Auslandsgläubigern meist allein davon abhängig, daß ihren Staatsbürgern im Gläubigerland gleiche Rechte zustehen.

Diesem Erfordernis wird in § 181 ZPO ausdrücklich Rechnung getragen. Dort wird der Rechtsgrundsatz aufgestellt, daß Bürger anderer Staaten, Staatenlose und ausländische juristische Personen im gerichtlichen Verfahren – und dazu gehört auch das Vollstreckungsverfahren, einschließlich das der Gesamtvollstreckung (Konkurs) – in gleicher Weise behandelt werden wie Bürger und juristische Personen der DDR.

Anmeldung der Forderung

Im Unterschied zur anderen Art des Vorgehens gegen den Schuldner – der (Einzel-)Vollstreckung – bedarf der Gläubiger im Konkursverfahren keines vollstreckbaren Titels. Der Gläubiger hat seine Forderung innerhalb der Anmeldungsfrist, die in den einzelnen Konkursgesetzen unterschiedlich geregelt ist, dem Konkursverwalter unter Beifügung entsprechender

Beweisunterlagen mitzuteilen. Der Konkursverwalter entscheidet darüber, ob die Forderung in das Verzeichnis der Schulden aufgenommen wird oder nicht. Erfolgt die Aufnahme, so nimmt der Gläubiger in Höhe der Forderung an der Konkursverteilung teil. Lehnt der Konkursverwalter die Forderung ab, kann ihre Aufnahme in das Verzeichnis im Klagewege gegen den Konkursverwalter durchgesetzt werden. Verzichtet der Gläubiger auf die Klage, so bleibt er vom Konkursverfahren ausgeschlossen. Auf den Bestand der Forderung hat das aber keinen Einfluß. Sie kann nach Beendigung des Konkursverfahrens gegen den Schuldner erneut geltend gemacht werden, sofern dieser noch existiert.

Meldet beispielsweise der AHB eine Forderung im Konkurs an, und stimmt der Konkursverwalter ihrer Aufnahme in das Verzeichnis zu, so nimmt der AHB in Höhe der Forderung an der Verteilung teil. Lehnt der Konkursverwalter die Aufnahme ab, so muß der AHB entscheiden, ob er Klage erhebt. Hat er z. B. eine Forderung in bestimmter Höhe, und würde das Gericht im Konkursland diese Summe der Streitwertberechnung, von der die Gerichts- und Anwaltskosten abhängen, zugrunde legen, so sollte von der Klage Abstand genommen werden. Die Konkursquote, d. h. der Prozentsatz, zu dem die Forderungen der gewöhnlichen Konkursgläubiger (das sind diejenigen ohne besondere Rechte auf vorrangige Befriedigung) ausgezahlt werden, beträgt selten mehr als 5 %. Die Kosten der Rechtsverfolgung würden diese Summe aber mit Sicherheit übersteigen, so daß der AHB im Endergebnis schlechter gestellt würde.

Aufgaben des Konkursverwalters

Der Konkursverwalter hat folgende Aufgaben:

a) das gesamte pfändbare Vermögen des Schuldners zu erfassen.
   Hinsichtlich des inländischen Vermögens bereitet das meist keine Schwierigkeiten. Bei im Ausland befindlichen Vermögenswerten ist das dagegen nur unter bestimmten Voraussetzungen durchführbar. Nach den Konkursgesetzen zahlreicher Länder ist zwar auch dieses Vermögen einzubeziehen, es greifen aber völkerrechtliche Grundsätze ein:

Territorialitätsprinzip

   – Das Territorialitätsprinzip beschränkt die Machtbefugnisse des Staates und seiner Organe grundsätzlich auf sein Gebiet; an den Grenzen finden sie ihr Ende. Das gilt auch für Maßnahmen des Konkursgerichts. Es ist nicht in der Lage, Vermögenswerte des Schuldners in anderen Staaten zu beschlagnahmen und der Konkursmasse zuzuführen.

Universalitätsprinzip

   – Ausnahmsweise erkennen einzelne Staaten eine „universelle" Wirkung des Konkursverfahrens an und gestatten dem ausländischen Konkursverwalter, auf ihrem Staatsgebiet gelegenes Vermögen des Schuldners zur Konkursmasse zu ziehen.

Verbürgung der Gegenseitigkeit

   – Voraussetzung für die Anwendung des Universalitätsprinzips ist die Verbürgung der Gegenseitigkeit. Mitunter werden zur Klarstellung dieser Rechtsfolge auch völkerrechtliche Verträge abgeschlossen.

DDR-Regelung

   Die rechtliche Regelung der DDR versagt dem Auslandskonkurs eine Wirkung innerhalb der DDR. Der ausländische Schuldner behält also im Falle eines über ihn in einem anderen Staat eröffneten Konkursverfahrens die freie Verfügungsbefugnis über sein in der DDR gelegenes Vermögen.

b) Versuche des Schuldners zu vereiteln, durch Verschiebung von Vermö-

genswerten ungesetzliche eigene Vorteile zu erlangen oder bestimmte Gläubiger zu begünstigen.
Zu diesem Zweck enthalten die Konkursgesetze meist Bestimmungen, die derartige Geschäfte für nichtig erklären oder der Anfechtung durch den Konkursverwalter mit der Folge der Nichtigkeit unterwerfen.

c) das von ihm erfaßte und verwaltete Vermögen gleichmäßig an die Konkursgläubiger zu verteilen.
Der Grundsatz der gleichmäßigen Befriedigung der Gläubiger ist das Kernstück des Konkursverfahrens. Kein Konkursgläubiger darf vor dem anderen und jeder nur in gleicher prozentualer Höhe wie die anderen befriedigt werden. Das unterscheidet den Konkurs von der in den Zivilprozeßgesetzen geregelten Vollstreckung, die von dem Prinzip beherrscht wird, daß gleichrangige Gläubiger nach der zeitlichen Reihenfolge ihrer Pfändungen zu befriedigen sind.
Die Abwägung der Gläubigerinteressen führt allerdings auch im Konkurs zur Privilegierung von Forderungen, die in den einzelnen Staaten unterschiedlich geregelt ist. Meist wird eine Rangfolge vorgegeben, in der zu befriedigen ist. Privilegien genießen oft staatliche Abgaben und Steuern, Forderungen aus Arbeitsrechtsverhältnissen und auf Unterhalt u. ä.

Rangfolge

Das Konkursverfahren wird nach Verteilung des Erlöses und Prüfung des Abschlußberichts eingestellt. Die Gläubiger, die nicht in voller Höhe befriedigt worden sind, können nach dem Recht der DDR (§ 13 Abs. 3 VO über die Gesamtvollstreckung[31]) und gleichermaßen nach dem Recht der BRD (§ 164 Konkursordnung[32]), Österreichs (§ 60 Konkursordnung[33]) und der Schweiz (Art. 265, 149 Bundesgesetz über Schuldbetreibung und Konkurs[34]) ihre Restforderung gegenüber dem Schuldner geltend machen. In den genannten Ländern hat die Konkursbeendigung also nicht die volle Entlastung des Schuldners zur Folge. Das setzt allerdings voraus, daß der Schuldner noch existiert und nicht – wie es bei der juristischen Person der Fall ist – durch das Konkursverfahren aufgelöst wird.

Beendigung des Konkursverfahrens

6.7.2. Die Anspruchssicherung beim Auslandskonkurs

6.7.2.1. Vorbeugende Sicherungsmaßnahmen

Da Vermögensverfall und Konkurs bei Geschäftspartnern aus dem NSW nie auszuschließen sind, müssen alle Möglichkeiten genutzt werden, um eigene Forderungen und Waren für einen solchen Eventualfall so gut wie möglich zu sichern. Das kann auf verschiedene Weise geschehen. Eine wichtige Voraussetzung dafür ist die Kenntnis der Rechtsordnung im Lande des Schuldners, sowohl des materiellen wie des Verfahrens- und speziell des Konkursrechts. Sie ermöglicht es erst, die optimale Variante der Siche-

Sicherungsaspekt bei Vertragsgestaltung

31 vom 18. 12. 1975, GBl. I 1976 Nr. 1 S. 5.
32 Konkursordnung vom 10. 2. 1877 (RGBl. I S. 351) i. d. F. der Bkm. vom 20. 5. 1898, RGBl. S. 612.
33 Konkursordnung (Österreichs) vom 10. 12. 1914, RGBl. S. 337, in der geltenden Fassung.
34 Bundesgesetz über Schuldbetreibung und Konkurs vom 11. 4. 1889, SchKG, Amtliche Sammlung 11, S. 529.

rung der eigenen Vermögenswerte im Vertrag zu finden. Die regelmäßig für den Vertrag maßgeblichen AGB enthalten bereits Klauseln, die auf diesen Zweck gerichtet sind. Trotzdem sollte im Einzelfall nicht versäumt werden, die generell gehaltenen Klauseln auch unter dem Gesichtspunkt ihrer Wirksamkeit im Konkursverfahren zu prüfen und sie ggf. zu ergänzen.

Einzelne Sicherungsmaßnahmen

Bei AKV wird die Zahlungsabwicklung oft von Banken vorgenommen. In so gelagerten Fällen ist das Dokumentenakkreditiv für den Exporteur das wirksamste Mittel zur Sicherung der Kaufpreiszahlung (s. auch S. 293ff.). Das gilt sowohl für den Konkurs des Vertragspartners als auch, was ebenfalls passieren kann, für den Konkurs der Bank, die das Akkreditiv eröffnet hat.

Dokumentenakkreditiv

Konkurs des Vertragspartners

Der Exporteur kann bei Eröffnung eines Dokumentenakkreditivs vom Konkurs des Vertragspartners überhaupt nur berührt werden, wenn der Konkurs vor Inanspruchnahme des Akkreditivs vom Exporteur eröffnet wird. Fällt der Vertragspartner erst danach in Konkurs, gleichgültig, ob die Ware zu diesem Zeitpunkt ihren Bestimmungsort erreicht hat oder nicht, so ist das Geschäft mit der Auszahlung des Akkreditivbetrages durch die Bank für den Exporteur bereits abgeschlossen. Doch auch dann, wenn das Dokumentenakkreditiv eröffnet, aber vom Exporteur bei Konkurseintritt noch nicht in Anspruch genommen ist, kann dieser bei der Bank durch Übergabe der Dokumente die Zahlung erreichen. Der Konkursverwalter hat keine Eingriffsmöglichkeit. Durch die Akkreditivgestellung bleibt der Exporteur vor den Nachteilen einer Insolvenz und eines Konkurses des Partners bewahrt.

Konkurs der Bank

Fällt der Vertragspartner vor Akkreditiveröffnung in Konkurs, so wird sein Konkursverwalter entscheiden, ob der Kaufvertrag abgewickelt werden soll oder nicht. Entscheidet er sich für die Realisierung, so muß erst das Akkreditiv gestellt werden. Damit ist der Exporteur wiederum voll gesichert. Im anderen Fall ist er mit seiner Schadenersatzforderung Konkursgläubiger ohne Bevorrechtigung.

Fällt die Bank vor Akkreditiveröffnung in Konkurs, so entscheidet der Konkursverwalter, ob das Akkreditiv eröffnet werden soll. Geschieht dies, so hat der Exporteur Anspruch auf Zahlung in Höhe des vollen Akkreditivbetrages gegen Übergabe der Dokumente.

Beim Konkurs der Bank nach Akkreditiveröffnung interessiert nur der Fall, daß das Akkreditiv noch nicht in Anspruch genommen ist. Der Exporteur wird die Dokumente nicht einreichen, da sein Zahlungsanspruch gegen die Bank nur den Charakter einer gewöhnlichen Konkursforderung hätte. Er wird sich vielmehr wegen seiner Kaufpreisforderung direkt an den Vertragspartner halten, da das Akkreditiv grundsätzlich nur erfüllungshalber eröffnet wird. Beim Dokumentenakkreditiv trägt demnach der Käufer das Risiko des Bankkonkurses; der Exporteur ist nur insofern daran beteiligt, als er im Fall des Bankkonkurses die mit der Akkreditivvereinbarung angestrebte Sicherheit verliert.

Eigentumsvorbehalt

Wird das Exportgeschäft nicht auf der Grundlage eines Dokumentenakkreditivs abgewickelt, weil z. B. eine Kreditierung der Lieferung vereinbart ist, so sucht sich der Exporteur häufig durch Vorbehalt das Eigentum an den gelieferten Waren zu sichern. Die Wirkung des Eigentumsvorbehalts ist in den einzelnen Ländern verschieden. Darauf muß geachtet werden

(s. auch S. 324ff.). Nach der Wirkung des Eigentumsvorbehalts im Konkurs läßt sich folgende Einteilung vornehmen:

- Der Eigentumsvorbehalt führt zur Aussonderung im Konkurs, soweit es der Konkursverwalter nicht vorzieht, den restlichen Kaufpreis zu bezahlen und die Ware zur Konkursmasse zu ziehen (§ 10 Abs. 1 VO über die Gesamtvollstreckung).

  Gleiches gilt in der BRD (§ 43 Konkursordnung i. V. m. § 455 BGB) und in Österreich (§§ 11, 44 Konkursordnung i. V. m. der Rechtsprechung, die den Eigentumsvorbehalt anerkennt).

- Der Eigentumsvorbehalt führt zur Aussonderung, wenn bestimmte Publizitätserfordernisse (Registereintragung) bzw. Formvorschriften (Schriftform) beachtet werden.

  Diese Regelung gilt gem. Art. 715 Abs. 1 ZGB in der Schweiz. Der Eigentumsvorbehalt muß in ein öffentliches Register eingetragen werden und erlangt erst damit Wirkung auch im Konkurs (Art. 242 Bundesgesetz über Schuldbetreibung und Konkurs).

- Der Eigentumsvorbehalt äußert keine Wirkung im Konkurs.

  Mit einer solchen Situation wird der Außenhändler z. B. in der AR Ägypten, DV Algerien, in Argentinien, Australien, Belgien, Chile, Kostarika, im Iran, in Luxemburg, Marokko, Nikaragua, Saudi-Arabien, im Senegal, in der DR Sudan, in der Syrischen AR und in Venezuela rechnen müssen.

Dem Exporteur ist deshalb zu empfehlen, bei Vereinbarung eines Eigentumsvorbehalts als Sicherungsmaßnahme sorgfältig zu prüfen, gegen welche Eventualitäten er Schutz bietet. Das ist aus der Rechtsordnung im Lande des Schuldners festzustellen. Diese Prüfung wird in manchen Fällen dazu führen, andere, wirksamere Sicherheitsgarantien in den Vertrag einzubauen (vgl. dazu S. 325).

Weitere Sicherungsmittel

Bei der Vertragsgestaltung können noch weitere Möglichkeiten der Sicherung für den Konkursfall in Betracht gezogen werden, die bereits unter dem Aspekt ihrer Wirksamkeit als Kreditsicherung dargestellt worden sind (vgl. S. 305ff.).

Mietkauf

Dazu gehört der Mietkauf, der z. B. in Australien, Brasilien, Irland, Neuseeland, den Niederlanden, Peru, Portugal, Spanien und der Schweiz grundsätzlich als Sicherungsmittel im Konkursfall des Mietkäufers geeignet ist.

Verkäuferprivileg

In gleicher Weise kann das Verkäuferprivileg z. B. in der AR Ägypten, in Belgien, Brasilien, Kostarika, Frankreich, Großbritannien, Indien, im Iran, in Italien, Japan, Marokko, den Niederlanden und in Spanien genutzt werden.

Sicherungsübereignung

Die nach außen schwer oder gar nicht erkennbare Sicherungsübereignung wird dagegen nur von wenigen Rechtsordnungen anerkannt. Dazu gehören u. a. Brasilien, die BRD, Indonesien, Japan und die Niederlande.

Konsignationsvertrag

Schließlich hat der Konsignationsvertrag in gewisser Hinsicht die Qualität eines Sicherungsmittels. Im Konkurs des Konsignatars (im Ausland tätiger Handelsvertreter) spielt die Frage, wer Eigentümer der bei diesem befindlichen Waren ist, eine entscheidende Rolle. Ist im Konsignationsvertrag exakt festgelegt, welche Waren bis zum Weiterverkauf im Eigentum des Konsignanten verbleiben sollen, so werden sie regelmäßig nicht zur Konkursmasse gezogen. Der Konsignant hat vielmehr ein Aussonderungsrecht als Eigentümer. Das gilt insbesondere in der AR Ägypten, in Dänemark, Finnland, Griechenland, im Irak, in Norwegen, Portugal und Schweden.

Anwendbares Recht

Um im Konkurs wirksam werden zu können, muß ein Sicherungsmittel meist den Anforderungen verschiedener Rechtsordnungen genügen. In manchen Ländern wird das vereinbarte Sicherungsmittel nach dem auf den Vertrag anwendbaren Recht beurteilt. Das gilt z. B. für die DDR (vgl. § 13 RAG). Bei Exportverträgen von AHB ist deshalb mangels anderweitiger Vereinbarungen das Recht der DDR auch für die im Vertrag enthaltenen Sicherungsmittel maßgebend (§ 12 Abs. 1 Buchst. a RAG), welches zur Anwendung des GIW führt. Dieses Vertragsstatut ist zunächst zu beachten. Nach Verkauf und Lieferung der Ware wird die Sicherungsmaßnahme aber auch den Rechtsvorschriften des Landes unterworfen, in dem sie sich befindet.

Dafür einige Beispiele:
Ist ein Sicherungsrecht im Lande des Verkäufers am ursprünglichen Belegenheitsort der Ware gültig vereinbart worden, so wird es – soweit es auch am neuen Belegenheitsort zulässig ist – dort grundsätzlich anerkannt. Eine Einschränkung gilt dann, wenn im Verkäuferland die bloße Verweisung auf Sicherungsklauseln in AGB zu deren Einbeziehung in den Vertrag führt, dagegen im neuen Belegenheitsland eine ausdrückliche auf die Einbeziehung der Sicherungsmaßnahme gerichtete Erklärung der Vertragsparteien gefordert wird. Fehlt diese, so ist die Sicherungsmaßnahme unwirksam. Wird am neuen Belegenheitsort eine Urkunde mit „sicherem" Datum verlangt, so genügt die Einhaltung der (einfacheren) Formerfordernisse im ursprünglichen Belegenheitsland nicht.
Will sich bei einem Exportvertrag eines AHB mit einer französischen Firma der AHB als potentielles Sicherungsmittel das Verkäuferprivileg erhalten, so muß er das ausdrücklich vereinbaren, da das Verkäuferprivileg nur nach französischem Recht gilt, der Exportvertrag aber mangels anderweitiger Vereinbarung dem Recht der DDR untersteht (§ 12 Abs. 1 Buchst. a RAG; Rechtspraxis in Frankreich).
Kommen im Belegenheitsland neue Tatbestände hinzu, wie gutgläubiger Erwerb durch Dritte oder die Rechtsstellung der Gläubiger im Konkurs, so gilt dafür das Recht im Belegenheitsland – die Lex rei sitae. Es entscheidet insbesondere darüber, ob das vereinbarte Sicherungsrecht die Aussonderung der Waren aus der Konkursmasse zur Verfügung des Sicherungsnehmers gestattet oder ob dieser abgesonderte Befriedigung aus dem Verwertungserlös des Sicherungsgegenstandes verlangen kann.

Die Beispiele zeigen, daß bei der Vereinbarung von Sicherungsmaßnahmen sowohl das Vertragsstatut als auch die Rechtsvorschriften im Lande, in dem die Sicherungsmaßnahmen ihre Wirkung entfalten sollen, zu beachten sind. Läßt z. B. das Recht im Bestimmungsland der Exportware erweiterte oder verlängerte Formen des Eigentumsvorbehalts (vgl. S. 330f.) nicht zu, so ist es besser, von vornherein einen einfachen Eigentumsvorbehalt zu vereinbaren. Es ist nämlich nicht immer mit Gewißheit vorauszusagen, daß die Gerichte im Belegenheitsland der Ware eine Umdeutung in einen einfachen Eigentumsvorbehalt vornehmen und damit die Sicherungswirkung insoweit aufrechterhalten. Vielmehr muß damit gerechnet werden, daß die Vereinbarung als unzulässig und nichtig beurteilt wird und damit die Sicherung überhaupt entfällt.

6.7.2.2. Maßnahmen während des Konkursverfahrens

Wirkung des Territorialitäts- bzw. Universalitätsprinzips

Die genaue Prüfung der Wirkung des im Ausland eröffneten Konkurses auf das Vermögen des Schuldners, welches in anderen Staaten gelegen ist – und zwar für jeden Staat gesondert –, hat für die Sicherung der Rechte des Gläubigers entscheidende Bedeutung. Erst sie kann zu der Erkenntnis führen, welche Maßnahmen zur Realisierung der Forderung die erfolgversprechendsten sind.

Ergibt sich, daß die dem Schuldner gehörenden Vermögenswerte, die sich im Ausland befinden, auf Grund gesetzlicher Regelungen der Konkursmasse zugeschlagen werden können und damit dem Zugriff einzelner Gläubiger entzogen sind, so bleibt dem Gläubiger nur der Weg, seine Forderung im Konkursverfahren geltend zu machen. Damit wahrt er seine Rechte auf anteilmäßige Befriedigung aus dem verbleibenden Schuldnervermögen.

Wie die Praxis zeigt, hat er in solchen Fällen mit erheblichen Einbußen, meist mit dem Verlust des größten Teils der Forderung zu rechnen. So lag z. B. in der BRD die Befriedigungsquote für die Gläubiger in den letzten Jahren bei etwa fünf Prozent. In Österreich stieg die Zahl der Konkurse, die mangels hinreichenden Vermögens abgewiesen wurden, zwischen 1974 und 1982 auf das Fünffache, von 269 auf 1333 Fälle.

Spezielle Maßnahmen zur Anspruchssicherung

Zeigt sich hingegen, daß dem Schuldner „freies", d. h. dem Zugriff des Konkursverwalters nicht erreichbares Vermögen in anderen Ländern bleibt, so sind folgende Maßnahmen zu empfehlen: Innerhalb der Anmeldefrist, die das Konkursgericht festsetzt, wird die Forderung angemeldet. Damit ist gesichert, daß die Forderung bei der Verteilung der Konkursmasse berücksichtigt wird.

Unabhängig davon ist eine Zwangsvollstreckung in das in anderen Ländern befindliche Vermögen des Schuldners zu betreiben. Voraussetzung dafür ist der Besitz eines zur Zwangsvollstreckung geeigneten und in dem betreffenden Land zugelassenen Titels. Häufig werden die Voraussetzungen für den Erfolg einer beabsichtigten Vollstreckung in einem besonderen Verfahren geschaffen.

Das geschieht z. B. in der BRD im Arrestverfahren, mit dem eine anderweitige Verfügung durch den Schuldner oder der Zugriff anderer Gläubiger unterbunden wird (vgl. § 916ff. ZPO der BRD).

Unbedingt notwendig ist ein schnelles Handeln, da die Priorität der Pfändung entscheidet. Man muß sich aber vergewissern, daß die Konkurseröffnung in diesem Staat keine Wirkung zeigt, da sonst die Rechtsverfolgung aussichtslos ist und lediglich Kosten verursacht.

Gleichlaufend mit den genannten Maßnahmen ist zu prüfen, wie die Rechtsordnung im Lande des Konkursverfahrens auf gesonderte Vollstreckungsmaßnahmen einzelner Gläubiger in „freies" Vermögen des Schuldners in anderen Ländern reagiert. Es liegt auf der Hand, daß Einzelvollstreckungen in Auslandsvermögen des Schuldners das Ziel des Konkursverfahrens, die Gläubiger gleichmäßig anteilig zu befriedigen, durchkreuzen. Trotzdem ist die Reaktion der verschiedenen Konkursgesetze nicht einheitlich.

So waren bis 1983 nach der Rechtspraxis der BRD dem Gläubiger keinerlei Pflichten auferlegt. Im Urteil vom 13. 7. 1983 hat der BGH nun gefordert, daß das, was von einem inländischen Konkursgläubiger durch im Ausland zulässige Einzelvollstreckungen erlangt worden ist, wegen ungerechtfertigter Bereicherung an den Konkursverwalter herauszugeben ist.[35] Inwieweit diese Rechtsprechung auf Auslandsgläubiger ausgedehnt wird, bleibt abzuwarten.

In manchen anderen Ländern ist jeder Konkursgläubiger verpflichtet, den Erlös einer Einzelvollstreckung der Konkursmasse zuzuführen, wenn er am Konkursverfahren beteiligt sein will. In diesen Fällen steht der Gläubiger vor der Frage, entweder seine Befriedigung im Wege der Einzelvollstreckung zu suchen, also das Beigetriebene zu behalten und auf die Konkursquote zu verzichten, oder aber das Erlangte herauszugeben und am Konkurs teilzunehmen. Die richtige Entscheidung hängt hier von einer möglichst genauen Information über die Situation des Schuldners, d. h. über die anderen Gläubiger und die Höhe ihrer Forderungen sowie über die verbliebenen finanziellen Möglichkeiten des Schuldners, ab. Daraus kann unter Umständen auf die voraussichtliche Konkursquote geschlossen werden. Eine aussichtsreiche Einzelvollstreckung ist dem Gläubiger aber in jedem Fall zu empfehlen, zumal ihm die Wahl der Teilnahme am Konkursverfahren trotzdem noch bleibt.

Als Beispiel für Maßnahmen zur Anspruchssicherung mag ein Verfahren dienen, das vor dem Schiedsgericht der KfA der DDR (SG 403-83-63) durchgeführt wurde: Ein DDR-Betrieb hatte vor dem Schiedsgericht auf Grund gültiger Schiedsvereinbarung Klage gegen einen Geschäftspartner aus dem kapitalistischen Ausland erhoben. Nach Klageerhebung hatte der Kläger ein Arrestverfahren beim Stadtbezirksgericht Berlin-Mitte eingeleitet und die Pfändung einer Forderung betrieben, die dem Schuldner gegen einen AHB der DDR zustand. Ebenfalls nach Klageerhebung war der Schuldner in Konkurs geraten. Der ausländische Konkursverwalter erhob nun Einwände gegen die Berechtigung der Klage mit dem Hinweis, der Kläger habe seine Forderung ordnungsgemäß im Konkursverfahren angemeldet. Sie werde wie üblich reguliert. Weder sei eine Klage vor dem Schiedsgericht zulässig, noch könne durch die Pfändung die Forderung an den AHB aus der Konkursmasse herausgelöst werden. Das ergebe sich aus dem Prinzip der Einheit des Konkurses, welches verlange, nunmehr das betreffende ausländische Konkursrecht anzuwenden.
Der Schiedsausschuß wies die Einwände des ausländischen Konkursverwalters mit der Begründung zurück, daß nach dem geltenden DDR-Recht der Konkurs dem Territorialitätsprinzip unterworfen sei, der im Ausland eröffnete Konkurs nicht das in der DDR befindliche Vermögen erfasse und deshalb die Klageerhebung zulässig sei.[36]

Anfechtung von Rechtshandlungen des Schuldners

Zur Sicherung der Rechte der Gläubiger können unter bestimmten Voraussetzungen Rechtshandlungen des Schuldners, die vor Eröffnung des Konkursverfahrens vorgenommen worden sind, den Konkursgläubigern gegenüber als unwirksam angefochten werden. Das hat seinen Grund darin, daß es zwar jedem grundsätzlich freigestellt ist, unbeschränkt über sein Vermögen zu verfügen, dieses Prinzip aber dann zu ungerechten Ergebnissen führt, wenn ein vor der Zahlungsunfähigkeit stehender Schuldner die ihm noch verbliebene Verfügungsfreiheit dazu mißbraucht, Teile seines Vermögens beiseite zu schaffen oder bestimmte Gläubiger zu begünstigen.

35 RIW/AWD, 1983/9, S. 691.
36 Vgl. J. Völter, „Inlandprozeß bei Auslandskonkurs", RiA, 1965/3, S. 4 (3. Beilage).

Vor solchen Machenschaften schützen die Anfechtungsvorschriften der Konkursgesetze. Im Prinzip enthalten alle Konkursgesetze derartige Bestimmungen. Diese variieren lediglich in der Spezifizierung der Rechtshandlungen und den Fristen für das Anfechtungsrecht. Betroffen sind in der Regel Verträge und Rechtshandlungen des Schuldners, welche die Gläubiger benachteiligen oder mit denen unentgeltlich Zuwendungen gemacht worden sind. Das Anfechtungsrecht wird meist vom Konkursverwalter ausgeübt. Wird es mit Erfolg geltend gemacht, so muß das durch die angefochtene Handlung Erlangte der Konkursmasse zugeführt werden.

6.7.2.3. Forderungsabtretung und Aufrechnung und ihre Wirkung im Konkurs

Forderungsabtretung des Schuldners

Abtretungsgeschäfte des Käufers und späteren Konkursschuldners sind vor Eröffnung des Konkurses unbeschränkt zulässig. Unter gewissen Voraussetzungen, die sich aus den einzelnen Konkursgesetzen ergeben, können sie angefochten werden. Besteht eine solche Möglichkeit nicht, so ist nach manchen Rechtsordnungen (z. B. nach dem DDR-Recht) die Forderungsabtretung, die zwischen dem früheren Gläubiger (jetzigen Konkursschuldner) und dem neuen Gläubiger ohne Beteiligung oder Kenntnisnahme des Schuldners erfolgt ist, voll wirksam (§ 222ff. GIW, so auch § 398 BGB, § 1395 ABGB und Art. 164 OR). Der Drittschuldner hat nicht in die Konkursmasse, sondern an den neuen Gläubiger zu zahlen.
Andere Rechtsordnungen verlangen bei der Abtretung eine Art Beteiligung des Schuldners. Der neue Gläubiger muß dem Schuldner die Abtretung mitteilen. Erst mit dieser Handlung tritt der Rechtserwerb ein; sie kann nach Konkurseröffnung nicht mehr nachgeholt werden.

Tritt z. B. Gläubiger A. eine Forderung an Gläubiger B. ab und fällt Gläubiger A. nach der Abtretung in Konkurs, so ist die Abtretung nur dann wirksam erfolgt, wenn der Schuldner der Forderung vom Zessionar (Gläubiger B.) vor Konkurseröffnung von der Zession in Kenntnis gesetzt worden ist.

Da die Anknüpfungspunkte bei der Forderungsabtretung mannigfaltig sind und bei Auslandskonkursen die Kollisionsnormen eine Rolle spielen, empfiehlt es sich in den Fällen, in denen der Kaufpreis oder ein Teil davon durch Forderungsabtretung beglichen oder gesichert wird, unverzüglich dem Schuldner die erfolgte Abtretung schriftlich mitzuteilen.

Aufrechnung

Die Zulassung der Aufrechnung gegen eine Forderung des Schuldners, die in die Konkursmasse fällt, gewährt dem Konkursgläubiger praktisch die Stellung eines Absonderungsberechtigten. Die Stellung der einzelnen Rechtsordnungen zur Aufrechnung ist deshalb unterschiedlich. Der unbeschränkten Zulassung, wie sie dem Recht einiger Länder eigen ist, steht das Verbot der Aufrechnung in solchen Ländern gegenüber, die auch dem Eigentumsvorbehalt wenig oder keine Wirkung zugestehen.

Anwendbares Recht

Wird die Aufrechnung vom Konkursgesetz für zulässig erklärt, wie z. B. in der BRD (§ 53ff. Konkursordnung), in Österreich (§ 19 Konkursordnung) und in der Schweiz (Art. 123 OR), so entscheidet über den rechtlichen Bestand der Aufrechnungsforderung und über die Voraussetzungen der Aufrechnung das Schuldstatut. Nach dem Schuldstatut wird auch über die Frage befunden, ob es dem Gläubiger möglich ist, sich durch Aufrechnung von seiner Verbindlichkeit zu befreien, wobei das Schuldstatut der Forderung, gegen die aufgerechnet werden soll, maßgebend ist (vgl. § 14 RAG, gleiche Rechtspraxis in der BRD, Österreich und der Schweiz, vgl. Abschn. 6.3.). Die Aufrechnung mit einer dem DDR-Recht unterliegenden Forderung, wenn sie nach dem Schuldstatut der Gegenforderung als zulässig anzusehen ist, unterliegt den allgemeinen Vorschriften des § 275f. GIW.

Hierzu folgendes Beispiel:
Der AHB A. hat an eine Firma in der BRD aus einem Lizenzgeschäft 50 000 DM zu zahlen. Er hat seinerseits Forderungen gegen die Firma aus anderen Geschäften in gleicher Höhe. Ehe die gegenseitigen Forderungen reguliert werden, fällt die BRD-Firma in Konkurs. Als der AHB A. vom Konkursverwalter aufgefordert wird, die 50 000 DM aus dem Lizenzgeschäft an die Konkursmasse zu zahlen und etwaige Gegenforderungen anzumelden, erklärt der AHB A. mit seiner Gegenforderung Aufrechnung. Dadurch erlöschen die gegenseitigen Forderungen, und eine Teilnahme des AHB A. am Konkurs erübrigt sich.
Die Konkursordnung der BRD läßt eine solche Aufrechnung und damit die Befriedigung außerhalb des Konkursverfahrens zu, und zwar selbst für den Fall, daß die Forderung des AHB A. noch nicht fällig ist (§ 53f. Konkursordnung der BRD; gleiche Regelung in § 19 der österreichischen Konkursordnung und in Art. 123 des schweizerischen OR).
Ob ein Aufrechnungsverzicht, wie er häufig in AGB enthalten ist, auch für den Konkurs gelten soll, ist mangels eindeutiger Festlegungen durch die Vertragspartner von Fall zu Fall zu prüfen.
Eine Aufrechnungslage kann auch in Hinblick auf Zahlungsschwierigkeiten eines Partners und zu erwartende Konkurseröffnung oder während des Konkursverfahrens geschaffen werden.
Hat der AHB A. eine Schuld in Höhe von 50 000 DM an eine BRD-Firma und hat andererseits der AHB B. eine Forderung in gleicher Höhe an dieselbe Firma, so kann der AHB B. seine Forderung an den AHB A. abtreten, um diesem zu ermöglichen, sie gegen die Forderung der BRD-Firma zur Aufrechnung zu stellen und damit seine Schuld zu tilgen. Eine solche Verfahrensweise ist insbesondere dann in Betracht zu ziehen, wenn die BRD-Firma sich in Zahlungsschwierigkeiten befindet oder in Konkurs fällt.
Die Konkursordnung der BRD läßt nur eine Aufrechnung nicht zu, wenn jemand vor Konkurseröffnung in Kenntnis der Zahlungsunfähigkeit des Konkursschuldners oder nach Eröffnung des Konkursverfahrens eine Forderung an den Konkursschuldner erwirbt (§ 55 Ziff. 1 und 3 Konkursordnung der BRD; prinzipiell gleiche Regelung in § 20 österreichische Konkursordnung und Art 213, 214 schweizerisches Bundesgesetz über Schuldbetreibung und Konkurs). Nach dem Konkursrecht der BRD würde deshalb der AHB A. 50 000 DM an die Konkursmasse zu zahlen haben, während der AHB B. seine Forderung im Konkursverfahren geltend machen müßte.
Tatsächlich sind die beiden AHB aber nach Abtretung und Aufrechnung mit ihren Forderungen bzw. Schulden am Konkurs nicht mehr beteiligt, da die Schuldverhältnisse nach dem Recht der DDR, welches insoweit eine extraterritoriale Geltung ausländischer Konkursvorschriften nicht zuläßt, wirksam beendet worden sind.

6.7.3. Übersicht über weitere Bestimmungen des Konkursverfahrens unter besonderer Berücksichtigung der in der DDR geltenden Regelung zur Gesamtvollstreckung

Zuständigkeit bei Gesamtvollstreckung

Für das Verfahren der Gesamtvollstreckung ist ausschließlich das Kreisgericht zuständig, bei welchem der Konkursschuldner (Gemeinschuldner) seinen Wohnsitz oder Sitz hat. Besteht nur eine gewerbliche Niederlassung des Schuldners in der DDR, aber kein allgemeiner Gerichtsstand, so kann die Gesamtvollstreckung in das im Inland gelegene Vermögen beantragt werden.

In den ausländischen Rechtsordnungen gibt es ähnliche Zuständigkeitsregelungen. Begründet wird die Zuständigkeit für das Konkursverfahren in der Regel durch den Geschäftssitz, den allgemeinen Gerichtsstand oder die Lage von Vermögen des Schuldners. Dabei variieren die Konkursgesetze in Einzelheiten.

Teilnahme am Konkurs

Die Teilnahme an der Gesamtvollstreckung steht grundsätzlich jedem offen, der eine Forderung gegen den Schuldner hat, auch dem Gläubiger, der eine fremde Staatsangehörigkeit besitzt und im Inland keinen Wohnsitz hat. Dieses Prinzip der Gleichstellung ist auch in den meisten ausländischen Rechtsordnungen enthalten. Verlangt wird in der Regel nur, daß die Gegenseitigkeit verbürgt ist, d. h., daß Inländer in dem Staat, dem der ausländische Gläubiger angehört, prinzipiell die gleichen Rechte genießen, wie sie dem Ausländer im Inland gewährt werden.

Anmeldung der Forderung

Der Gläubiger muß seine Forderung innerhalb einer bestimmten Frist, die vom Gericht festgesetzt wird, anmelden. In der Anmeldung sind die Höhe der Forderung, der Grund und die gesetzliche Bestimmung eines beanspruchten Vorrechts genau anzugeben. Beweisstücke für das Bestehen der Forderung (Urkunden, Abschriften u. a.) sind beizufügen. Die angemeldeten Forderungen werden vom Verwalter gem. § 9 VO über die Gesamtvollstreckung in ein Verzeichnis eingetragen. Verspätete Anmeldung bewirkt nach der VO über die Gesamtvollstreckung keinen Verlust der Forderung, da die Anmeldefrist keine Ausschlußfrist ist, kann aber Nachteile im Verfahren nach sich ziehen (z. B. die Nichtberücksichtigung bei der Verteilung). Der Gläubiger kann, soweit er nicht befriedigt ist, nach Beendigung des Konkursverfahrens ungehindert gegen den Gemeinschuldner vorgehen.

Aussonderung

Eine Forderung gilt als festgestellt, wenn sie vom Verwalter in das Verzeichnis des Vermögens und der Verpflichtungen aufgenommen worden ist. Befinden sich in der Konkursmasse Gegenstände, die nicht dem Schuldner gehören oder die gepfändet sind, so können die Berechtigten Ansprüche auf Aussonderung dieser Gegenstände geltend machen.

Meist handelt es sich um Gegenstände, die dem Schuldner unter Eigentumsvorbehalt oder auf Grund eines Miet-, Pacht- oder Verwahrungsvertrages überlassen worden sind (§ 10 VO über die Gesamtvollstreckung).

Ein Aussonderungsanspruch ist außerhalb des Verfahrens der Gesamtvollstreckung, aber vor demselben Kreisgericht gerichtlich geltend zu machen. Ob er besteht, richtet sich nach dem auf das betreffende Rechtsverhältnis anzuwendenden materiellen Recht. Nach seinen Regeln entscheidet sich, ob eine zur Konkursmasse gehörende Sache mit einem dinglichen Recht belastet ist oder ein persönliches Recht dem Schuldner nicht zusteht. Welches materielle Recht Anwendung findet, richtet sich nach dem Kollisionsrecht des Konkurslandes. Dieses ist auch maßgebend dafür, ob nach Konkurseröffnung ein dingliches Recht, etwa durch Pfändung, entstehen kann oder ob ein Statutenwechsel, z. B. durch Verbringung einer Sache in ein anderes Land, das rechtliche Schicksal der Sache beeinflußt (s. auch S. 75ff. und S. 87ff.). Die Zulässigkeit der Aussonderung oder abgesonderten Befriedigung richtet sich dagegen ausschließlich nach den konkursrechtlichen Vorschriften des Konkurslandes.

Abkürzungsverzeichnis

AB	Allgemeine Bedingungen
ABGB	Allgemeines Bürgerliches Gesetzbuch (Österreichs)
ABl. EG	Amtsblatt der Europäischen Gemeinschaften
Abs.	Absatz
AG	Aktiengesellschaft
AGB	Allgemeine Geschäftsbedingungen
AGBG	Gesetz zur Regelung des Rechts der Allgemeinen Geschäftsbedingungen (der BRD)
AHB	Außenhandelsbetrieb
AHB-VO	Verordnung über die Aufgaben, Rechte und Pflichten der volkseigenen Außenhandelsbetriebe
AHVO	Verordnung über die Leitung und Durchführung des Außenhandels
ALB/RGW 1968/1975 i. d. F. 1979	Allgemeine Bedingungen für die Warenlieferungen zwischen den Organisationen der Mitgliedsländer des RGW 1968/1975 i. d. F. 1979
AKB/RGW 1973 i. d. F. 1982	Allgemeine Bedingungen für den Kundendienst für Maschinen, Ausrüstungen und andere Erzeugnisse, die zwischen den zur Durchführung von Außenhandelsoperationen berechtigten Organisationen der Mitgliedsländer des Rates für Gegenseitige Wirtschaftshilfe geliefert werden, 1973 i. d. F. 1982
AKV	Außenhandelskaufvertrag
AMB/RGW 1973	Allgemeine Bedingungen für die Montage und die Durchführung anderer technischer Dienstleistungen von Maschinen und Ausrüstungen zwischen den Organisationen der Mitgliedsländer des Rates für Gegenseitige Wirtschaftshilfe, 1973
Anm.	Anmerkung
ÄndGes.	Änderungsgesetz
AO	Anordnung
AR	Arabische Republik
Art.	Artikel

ASMW	Amt für Standardisierung, Meßwesen und Warenprüfung
Ausg.	Ausgabe
AW	Zeitschrift „AW – Dokumentationen zur Außenwirtschaft“
AWID	Zeitschrift „DDR-Außenwirtschaft“, Informationen – Dokumente, ab Juli 1983 Zeitschrift „AW – Dokumentationen zur Außenwirtschaft“
BAZ	Bundesanzeiger
Bkm.	Bekanntmachung
BGB	Bürgerliches Gesetzbuch (der BRD)
BGBl.	Bundesgesetzblatt (der BRD)
BRD	Bundesrepublik Deutschland
Buchst.	Buchstabe
C & F	Cost and Freight (Kosten und Fracht)
CIF	Cost, Insurance, Freight (Kosten, Versicherung, Fracht)
CIS	Convention on international Sales of Good (Konvention der UNO über Verträge über den internationalen Warenkauf)
COCOM	Coordinating Committee for East-West Trade Policy (Koordinierungsausschuß für Ost-West-Handelspolitik)
DABA	Deutsche Außenhandelsbank Aktiengesellschaft
DARAG	Auslands- und Rückversicherungs-Aktiengesellschaft der DDR
DB	Durchführungsbestimmung
DBB	Deutsche Bundesbank
DVO	Durchführungsverordnung
DVR	Demokratische Volksrepublik
DSR	Demokratische Sozialistische Republik
ECE	Economic Commission of Europe (Wirtschaftskommission der Vereinten Nationen für Europa)
EG	Europäische Gemeinschaften
EGBGB	Einführungsgesetz zum Bürgerlichen Gesetzbuch (der BRD)
EGKS	Europäische Gemeinschaft für Kohle und Stahl
ERA	Einheitliche Richtlinien und Gebräuche für Dokumenten-Akkreditive
ERVG	Einheitliche Richtlinien für Vertragsgarantien
EWG	Europäische Wirtschaftsgemeinschaft
EWS	Europäisches Währungssystem
FAO	Food and Agriculture Organization (Ernährungs- und Landwirtschaftsorganisation der UN)
FAS	Free Alongside Ship (frei längsseits Seeschiff)
FOB	Free on Board (frei an Bord)
GATT	General Agreement on Tariffs and Trade (Allgemeines Zoll- und Handelsabkommen)
GBl.	Gesetzblatt (der DDR)

GBl.-Sdr.	Gesetzblatt Sonderdruck (der DDR)
GIW	Gesetz über internationale Wirtschaftsverträge
GmbH-Gesetz	Gesetz, betreffend die Gesellschaften mit beschränkter Haftung
HGB	Handelsgesetzbuch
IBRD	International Bank for Reconstruction and Development (Internationale Bank für Wiederaufbau und Entwicklung)
IHK	Internationale Handelskammer (Paris)
IMF	International Monetary Fund (Internationaler Währungsfonds)
Incoterms	International Commercial Terms (Internationale Regeln für die Auslegung der handelsüblichen Vertragsformeln)
i. V. m.	in Verbindung mit
IWV	Internationaler Wirtschaftsvertrag
KfA	Kammer für Außenhandel (der DDR)
Kombinats-VO	Verordnung über die volkseigenen Kombinate, Kombinatsbetriebe und volkseigenen Betriebe
KSZE	Konferenz für Sicherheit und Zusammenarbeit in Europa
MAH	Ministerium für Außenhandel
NJ	Zeitschrift „Neue Justiz“
NSW	Nichtsozialistisches Wirtschaftsgebiet
OR	Obligationenrecht (der Schweiz)
PCT	Patent Cooperation Treaty (Vertrag über die internationale Zusammenarbeit auf dem Gebiet des Patentwesens)
PVÜ	Pariser Verbandsübereinkunft zum Schutz des gewerblichen Eigentums
Rabels Z	Rabels Zeitschrift für ausländisches und internationales Privatrecht
RAG	Gesetz über die Anwendung des Rechts auf internationale zivil-, familien- und arbeitsrechtliche Beziehungen sowie auf internationale Wirtschaftsverträge – Rechtsanwendungsgesetz –
Register-VO	VO über die Führung des Registers der volkseigenen Wirtschaft
RGBl.	Reichsgesetzblatt
RGW	Rat für Gegenseitige Wirtschaftshilfe
RiA	Bis 12/1967 „Recht im Außenhandel“, Beilage zur Zeitschrift „Außenhandel“, ab 1/1968 bis 6/1973 „Recht in der Außenwirtschaft“, Beilage zur Zeitschrift „Sozialistische Außenwirtschaft“, ab Oktober 1973 Beilage zur Zeitschrift „DDR-Außenwirtschaft“, ab Juli 1983 Beilage zur Zeitschrift „AW-Dokumentationen zur Außenwirtschaft“
RIW/AWD	Zeitschrift „Recht der Internationalen Wirtschaft – Außenwirtschaftsdienst des Betriebs-Beraters“

SG	Schiedsgericht
SHSG	Seehandelsschiffahrtsgesetz der Deutschen Demokratischen Republik
SPK	Staatliche Plankommission
SR	Sozialistische Republik
SDR	Sozialistische Demokratische Republik
SuR	Zeitschrift „Staat und Recht“
SZR	Sonderziehungsrechte
UCC	Uniform Commercial Code (der USA)
UN	Vereinte Nationen
UNCITRAL	United Nations Commission for International Trade Law (UN-Kommission für Internationales Handelsrecht)
UNCTAD	United Nations Conference on Trade and Development (Konferenz der Vereinten Nationen für Handel und Entwicklung)
UNIDO	United Nations Industrial Development Organization (Organisation der Vereinten Nationen für industrielle Entwicklung)
UNIDROIT	Institut international pour l'unification du droit privé (Internationales Institut zur Vereinheitlichung des Privatrechts)
UNO	Organisation der Vereinten Nationen
VDR	Volksdemokratische Republik
VEB	volkseigener Betrieb
VG	Gesetz über das Vertragssystem in der sozialistischen Wirtschaft – Vertragsgesetz –
VO	Verordnung
VR	Volksrepublik
WG	Wechselgesetz
WIPO	World Intellectual Property Organization (Weltorganisation für geistiges Eigentum)
WITZ-Abkommen	Abkommen über wirtschaftliche, industrielle und technische Zusammenarbeit
ZGB	Zivilgesetzbuch der Deutschen Demokratischen Republik
ZHR	Zeitschrift für das gesamte Handels- und Wirtschaftsrecht
ZIDA	Zentrum für Information und Dokumentation der Außenwirtschaft
ZPO	Gesetz über das gerichtliche Verfahren in Zivil-, Familien- und Arbeitsrechtssachen – Zivilprozeßordnung –

Gesetzesregister

Sachregister